Poder Presidencial e os Presidentes Modernos

A política de liderança de Roosevelt a Reagan

Richard E. Neustadt

Posfácio de Eric Redman

Brasília – 2008

ENAP Escola Nacional de Administração Pública

Presidente
Helena Kerr do Amaral

Diretor de Formação Profissional
Paulo Carvalho

Diretora de Desenvolvimento Gerencial
Margaret Baroni

Diretora de Comunicação e Pesquisa
Paula Montagner

Diretora de Gestão Interna
Mary Cheng

Comissão Editorial da ENAP
Helena Kerr do Amaral, Paula Montagner, Paulo Sergio de Carvalho, Elisabete Ferrarezi, Elizabeth Nardelli, Livino Silva Neto.

Fundação Editora da UNESP

Presidente do Conselho Curador
Marcos Macari

Diretor-Presidente
José Castilho Marques Neto

Editor-Executivo
Jézio Hernani Bomfim Gutierre

Conselho Editorial Acadêmico
Antonio Celso Ferreira, Cláudio Antonio Rabello Coelho, José Roberto Ernandes, Luiz Gonzaga Marchezan, Maria do Rosário Longo Mortatti, Maria Encarnação Beltrão Sposito, Mario Fernando Bolognesi, Paulo César Corrêa Borges , Roberto André Kraenkel e Sérgio Vicente Motta.

Editores-Assistentes
Anderson Nobara
Dida Bessana

Poder Presidencial e os Presidentes Modernos

A política de liderança
de Roosevelt a Reagan

Richard E. Neustadt

Posfácio de Eric Redman

Copyright © 2008, Fundação Editora da UNESP, São Paulo, SP, Brasil

Título original: *Presidential Power and The Modern Presidents – The politics of leadership from Roosevelt to Reagan*
Copyright 1990 by Richard E. Neustadt, The Free Press, New York, N.Y., 1991, EUA

Neustadt, Richard E.
    Poder presidencial e os presidentes modernos: a política de liderança de Roosevelt a Reagan / Richard E. Neustadt. Posfácio de Eric Redman. – Brasília/São Paulo: ENAP/UNESP, 2008.
    452p.
    Tradução de: Presidential power and the modern presidents: the politics of leadership from Roosevelt to Reagan.

ISBN: 9788525600608

ISBN: 9788571398993

    1. Política e Governo – Estados Unidos. 2. Presidencialismo – Estados Unidos. 3. Poder Político – Estados Unidos. 4. Liderança. I. Neustadt, Richard E. II. Título.

CDU 328(73/79)

Tradução: Diamond Promoções Ltda.– *Revisão Técnica:* Ruy Fabiano – *Revisão de Texto:* Ruy Fabiano, Beth Nardelli e Juliana Girão – *Projeto Gráfico:* Maria Marta da Rocha Vasconcelos e Livino Silva Neto – *Capa:* Livino Silva Neto e Vinicius Loureiro – *Editoração Eletrônica:* Alice Prina e Vinicius Loureiro – *Catalogação na fonte:* Biblioteca Graciliano Ramos/ENAP

É vedada a reprodução total ou parcial da obra sem prévia autorização (Lei nº. 9.610/1998).
Tiragem: 1.000 exemplares

ENAP Fundação Escola Nacional de Administração Pública
SAIS – Área 2-A
70610-900 – Brasília, DF
Telefones: (61) 3445 7096 / 3445 7102 – Fax: (61) 3445 7178
Sítio: www.enap.gov.br

Fundação Editora da UNESP (FEU)
Praça da Sé, 108
01001-900 – São Paulo – SP
Telefone: (11) 3242 7171 – Fax: (11) 3242 7172
Sítio: www.editoraunesp.com.br

Para Bert e Roger

SUMÁRIO

Apresentação	5
Prefácio à edição brasileira por Eric Redman	7
Prefácio à edição de 1990	11
Prefácio à primeira edição	25
Agradecimentos (1990)	31
Primeira parte: Poder presidencial	
1.Líder ou funcionário?	37
2.Três casos de comando	45
3.O poder de persuadir	67
4.Reputação profissional	93
5.Prestígio público	121
6.Duas questões de escolha	147
7.Homens que ocupam o cargo	191
8.Os anos sessenta vêm a seguir	221
Segunda parte: Reflexões posteriores	
9.A avaliação de um Presidente	237
10. Reavaliação do poder	255
11. Os perigos da transição	315
12. Uma questão de detalhe	363
13. Dois casos de auto-ajuda	397
Posfácio: Neustadt no Brasil, por Eric Redman	427
Carta de Richard E. Neustadt para Helena Kerr	447

APRESENTAÇÃO

Os momentos de crise são sempre reveladores do papel das lideranças. Isso é ainda mais verdadeiro em países de regime democrático, em que essa liderança se expressa e é exercida, muitas vezes, por uma só pessoa, em nome dos muitos que a elegeram para esta função. As constantes transformações do mundo em que vivemos, acentuadas pelas turbulências do momento atual, parecem reforçar a necessidade de grandes líderes, que sinalizem uma sociedade mais justa para todos e que sejam os primeiros voluntários para sua construção. Líderes que refutem os abusos do poder econômico permitidos pela visão neoliberal de mercados auto-regulados, que rejeitem a diminuição da presença do Estado. Grandes líderes que garantam mais espaço para a diversidade social, cultural, étnica e religiosa, e menos para a discriminação. Líderes que confiem nos governados e nos governos e que se disponham a conciliar oportunidades justas e eqüidade de tratamento para todos os cidadãos.

É neste contexto, em que a incerteza econômica está sendo contrabalançada pela esperança de uma transformação positiva, que tenho a alegria de apresentar ao público brasileiro o trabalho do professor Richard Neustadt sobre o poder presidencial nos Estados Unidos. Meu entusiasmo com sua visão sobre o poder de transformação que os presidentes americanos podem mobilizar ganha corpo na publicação em português de seu livro mais importante – Poder Presidencial e os Presidentes Modernos –, uma co-edição da Escola Nacional de Administração Pública - ENAP e da Editora Unesp.

Entre os privilégios que a vida profissional me proporcionou, destaco o encontro com este professor de ciência política da Universidade de Harvard. Richard Neustadt soube, como poucos, fazer convergir o conhecimento empírico – adquirido nas atividades de consultoria aos presidentes democratas Harry Truman, John Kennedy e Lyndon Johnson – com uma reflexão arguta. Da realidade do espetáculo e dos bastidores da política da Casa Branca, Neustadt extraiu lições precisas, críticas e lúcidas sobre o poder da persuasão, da negociação e do prestígio pessoal dos presidentes. A permanência deste livro, originalmente publicado em 1960, em catálogo até os dias de hoje, assim como sua menção obrigatória nos estudos sobre o tema, comprovam a clareza, a nitidez de sua análise.

No primeiro semestre de 2003, Neustadt esteve no Brasil para uma série de palestras e conversas com dirigentes do serviço público federal, ministros e integrantes do gabinete do Presidente da República. Ultrapassando as limitações físicas que seus já 84 anos lhe impunham, encantou a todos por sua vitalidade, curiosidade e percepção da situação que cercava o novo presidente brasileiro. Como ele mesmo afirmou, tratava-se de uma das mais interessantes experiências políticas em andamento no mundo contemporâneo, com a qual ele desejava ardorosamente contribuir. Seu entusiasmo contagiava a todos, como relata seu biógrafo, Eric Redman, em posfácio à publicação brasileira, que conta ainda com uma carta do professor Neustadt com suas reflexões posteriores, na qual ainda estava presente o anelo de nova visita ao país.

Lamentamos todos que ele não tenha podido voltar ao Brasil. Estou segura, porém, de que Neustadt teria enorme alegria em rever o governo brasileiro e em conhecer suas realizações. E tenho certeza de que ele seria novamente arrebatado pela brasileira combinação de desafios e sonhos, muito sedutora para quem conheceu governantes à exaustão, mas ansiava por encontrar líderes, pessoas que, diante de problemas e tormentas, acreditam na perseverança, na força dos ideais. Neustadt enxergava a fertilidade nas crises. Procuremos, pois, inteligência – individual e coletiva –, direitos e liberdades em suas páginas.

Helena Kerr do Amaral
Presidente da ENAP

PREFÁCIO À EDIÇÃO BRASILEIRA

Durante meio século, Richard Elliot Neustadt (1919-2003) serviu como um conselheiro-chave de Presidentes dos Estados Unidos de ambos os partidos políticos, Democrata e Republicano. Também se tornou o acadêmico mais influente da Presidência. Combinar os papéis de conselheiro político e acadêmico é raro, pelo menos nos Estados Unidos. Fazê-lo com sucesso, durante várias décadas, e com tanta proeminência e distinção, é sem precedentes ou paralelos. Neustadt era único.

Ainda assim, os rótulos "conselheiro presidencial" e "acadêmico presidencial" capturam apenas uma fração da peculiaridade e das realizações de Neustadt. Por exemplo, ele sabia quase tanto sobre o Reino Unido quanto sobre os Estados Unidos. O Presidente John F. Kennedy, horas antes de sua morte, leu e elogiou o relatório secreto de Neustadt (agora não mais sigiloso e já publicado) analisando uma desconcertante crise diplomática entre o Reino Unido e os Estados Unidos envolvendo um programa conjunto de mísseis nucleares. Outros conheceram Neustadt como o criador de grandes instituições, notavelmente a *Kennedy School of Government* e o *Institute of Politics*, ambos na Universidade de Harvard, cujo corpo docente Neustadt honrou por longo período como professor de Governo. Ele escreveu trabalhos importantes sobre história (e se considerava um historiador em vez de um cientista político). Ele é lembrado como um professor acessível e inspirador em sala de aula, um palestrante notável, um comentarista e narrador de televisão, um mentor incansável para outros conselheiros e acadêmicos, e – talvez o mais importante – um ser humano absolutamente charmoso: aberto, sorridente e atencioso; cheio de empatia, otimismo, bom humor e acolhedora camaradagem.

Em 2003, o último ano de vida de Neustadt, ele veio a Brasília a convite da Escola Nacional de Administração Pública (ENAP). Os brasileiros que o observaram e se tornaram amigos dele tiveram a sorte de conhecer seu melhor lado pessoal e profissional. A partir dessa visita – muito feliz para ele – surgiu a idéia na ENAP de uma edição em português do primeiro e mais famoso livro do Neustadt: *Presidential Power*. A visita é descrita em um capítulo de uma publicação com ensaios biográficos sobre Neustadt, lançada nos Estados Unidos em 2007: *Guardian of the Presidency*, reimpresso como posfácio nesta edição.

Presidential Power lançou Neustadt à proeminência nacional quando o então recém-eleito John F. Kennedy foi fotografado caminhando com o livro embaixo do braço. É irônico, embora apropriado, que esta edição em português do freqüentemente atualizado *Presidential Power* de Neustadt apareça, quase cinqüenta anos depois, durante o que muitos comentaristas dos Estados Unidos chamaram de "a Presidência falida" de George W. Bush, e durante o que Neustadt acreditou ser a promissora presidência de Luiz Inácio Lula da Silva do Brasil. O livro está disponível desde 1960; George W. Bush poderia tê-lo lido na escola ou em qualquer outro momento desde então. De fato, o Professor Anthony King, da Universidade de Essex, notou que *Presidential Power* se equipara ao Príncipe de Maquiavel não apenas em influência, mas também em número de cópias vendidas. Ainda assim, infelizmente, lições fundamentais do *Presidential Power* parecem ter escapado ao Presidente Bush (ele não é o único: o Ex-Presidente Jimmy Carter revelou, com descontentamento amargurado e autodepreciativo, que ele deveria ter dado mais atenção ao livro). De modo contrário, mesmo sem ter tido o benefício de ler o livro, o Presidente Lula e seus assessores parecem ter compreendido muitos de seus pontos mais importantes quase instintivamente – ou ao menos assim pareceu a Neustadt em 2003, no meio do primeiro ano do governo Lula.

As lições do *Presidential Power* incluem que o poder pessoal do Presidente – sua habilidade em atingir os resultados que deseja – é bem distinto dos poderes formais que lhe são conferidos pelas leis, Constituição, costumes e precedentes. O Presidente *divide* seus poderes mais importantes com o Legislativo e o Judiciário, escreveu Neustadt, e não pode esperar exercer esses poderes sem levar em consideração essas confusas sobreposições institucionais. Dos ensinamentos mais famosos de Neustadt destaca-se que o poder do Presidente consiste, em última instância, não de sua habilidade para emitir comandos, mas de suas habilidades para *persuadir*. O Presidente, enfatizou Neustadt, precisa utilizar "escolhas do presente para proteger sua influência futura". O poder presidencial não é uma força constante, como a gravidade. Por meio das próprias ações do Presidente, o poder futuro de persuasão pode ser potencializado, preservado, diminuído ou, em última instância, esgotado quase completamente.

Neustadt não defendeu, muito menos reclamou a autoria da assim chamada "Presidência Imperial," embora por vezes recebesse o crédito – mais freqüentemente a culpa – pelo conceito de tomada de poder presidencial do final do século 20. Esse mal entendido sobre seu trabalho o frustrou, como mostra seu prefácio ao *Presidential Power* em 1990. Neustadt não impelia Presidentes à tomada de mais poder ou a seu engrandecimento pessoal, nem tampouco que seus gabinetes o fizessem. Pelo contrário, impelia-os a estarem em alerta, e considerarem cuidadosamente o impacto que as decisões de hoje teriam sobre sua capacidade de persuasão amanhã. Neustadt percebeu que todo Presidente dos EUA é surpreendentemente *fraco*: "E na maior parte do tempo, deve ser fraco. E no curso normal das coisas, conseguir o que quer deve ser difícil. São na verdade atributos de um governo constitucional nos Estados Unidos." Um Presidente desatento ou pouco sofisticado, que falhe em notar a fragilidade de seu poder e sua necessidade em permanecer persuasivo, amanhã pode acordar atônito, e se perceber como um Guliver sem esperanças e amarrado pelos Liliputianos, nacionais e estrangeiros, alguns no Congresso ou em *Wall Street* – alguns até em cavernas.

Extrair lições-chave do *Presidential Power* não significa resumir o volume inteiro. Realmente, como o Professor King escreveu, "[*Presidential Power*] emprega argumentos sutis e interligados e impossíveis de resumir." Freqüentemente, a jovem geração de cientistas políticos nos Estados Unidos, quantitativista, habituada a pensar por estatísticas e análises de regressão, se incomoda com a impossibilidade de resumir seu livro estruturado a partir de observações ilustradas por incidentes históricos e narrativas.

Mas essas mesmas qualidades – notadamente do especialista que desvenda as decisões presidenciais-chave, de Roosevelt a Reagan – têm atraído milhões de pessoas em todo o mundo à leitura de *Presidential Power*. Agora, graças à ENAP, leitores brasileiros podem compartilhar essa experiência, os *insights* e os prazeres do livro.

Eric Redman
Seattle, setembro de 2007

Eric Redman foi aluno de Neustadt em Harvard e
membro do *Institute of Politics* quando Neustadt o dirigia.
Redman mais tarde escreveu *The Dance of Legislation*, um registro do processo
legislativo no Congresso, para o qual Neustadt escreveu o prefácio tanto da primeira
edição (1973) quanto depois, quase trinta anos mais tarde, da segunda (2001).

PREFÁCIO À EDIÇÃO DE 1990

Ao escrever este livro, há 30 anos, tentei caracterizar o poder de um Presidente norte-americano moderno. Abordei não o cargo, mas a pessoa como uma dentre muitas em um conjunto de instituições. Defini o poder como a influência pessoal, de um tipo específico, sobre a ação governamental. Fiz forte distinção – nova, na ocasião – entre os "poderes" formais atribuídos à Presidência pela lei constitucional e legislativa e os costumes. Ao considerar Dwight D. Eisenhower e Harry S. Truman – tendo Franklin D. Roosevelt como pano de fundo imediato –, constatei que a influência pessoal efetiva era uma coisa arriscada: difícil de consolidar, fácil de dissipar, dificilmente garantida. Continuo achando isso. Ronald Reagan acumulou-a ocasionalmente, mas de forma alguma o tempo todo, nem em todas as situações.

A fraqueza presidencial era o tema subjacente de o *Poder Presidencial*. Este continua sendo o meu tema. Ele perpassa os oito capítulos originais, aqui reimpressos, e os cinco capítulos posteriores, que pretendem complementar, atualizar, revisar e reconsiderar o texto original, como cabe a uma nova edição. Esse processo não levou a uma mudança no tema. Fraqueza ainda é o que vejo: fraqueza no sentido de uma grande lacuna entre o que se espera de um homem (ou, algum dia, de uma mulher) e a garantia da capacidade de levá-lo a cabo. As expectativas aumentam, assim como as tarefas burocráticas e, enquanto pioram as perspectivas de se obter apoio consistente – seja lá de que lado for –, as alianças internacionais vão perdendo sua força e os partidos políticos minguam.

Um Presidente, apesar de republicano e, portanto, temporário, é nosso substituto para a monarquia britânica, não somente no sentido do século XX, de chefe de Estado, mas também no sentido do século XVII, de chefe de Governo. Final do século XVII, para ser mais preciso: o nosso é um monarca constitucional, versão conscientemente purificada de William e Mary. Nossa Constituição pretende ter um brilho extra, mesmo que não reconhecido, em relação ao *English Act*, de 1688. O Presidente é muito mais poderoso do que a Rainha Vitória, até mesmo que a jovem Vitória, mas também é mais dependente do parlamento – chamado Congresso – do que o jovem George II, e nem o seu eventual favoritismo consegue domá-lo. Tampouco pode 'desligar' o parlamento, como se fosse um Cromwell. Nem pode o parlamento cortar sua cabeça como se fosse um Charles I – exceto em um caso especial como o de Watergate, e nesse caso apenas em conjunto com os meios de comunicação e os tribunais. O Presidente e o Congresso são, ao mesmo tempo, tão independentes e tão interligados, que não se pode afirmar que nenhum deles pode governar em segurança, exceto se ambos o fizerem. Tampouco os tribunais, os estados, a imprensa, os interesses privados – todos protegidos por nossa Constituição – e os Governos estrangeiros que ajudam a dar forma às nossas políticas. Todos são instituições separadas, compartilhando os poderes uns dos outros. Compartilhar é limitar; esse é o cerne da questão, e tudo que é explorado neste livro parte dessa constatação.

Como os poderes formais de nosso monarca são tão amplamente compartilhados, sua efetividade pessoal (poder efetivo) encontra-se, ao mesmo tempo, sob risco, dependente do consentimento de outros 'compartilhadores do poder'. Por precisar deles, precisa barganhar com eles, reforçando sua parcela de poder com os seus próprios recursos de reputação pessoal e posição – conforme percebido por eles. Ao lado dos poderes institucionais, reputação e prestígio tornam-se fonte de poder pessoal, caso a caso. Antecipar como os três podem ou não combinar-se para servi-lo no futuro é o tema deste livro. Porque, quando o poder não depende somente da autoridade oficial, mas também dos pontos de vista subjetivos de outros, olhar para adiante é essencial. Contudo, qualquer coisa tão duplamente subjetiva como prever os pontos de vista de outrem é, por sua própria natureza, frágil. Com poderes formais na base do poder, necessários mesmo que muitas vezes não suficientes – e, se suficientes, onerosos –, a fraqueza é constitucional, tanto quanto natural. Abordarei esta questão nos capítulos 2 e 3.

Dito dessa forma, a "fraqueza" pode surpreender. Desde 1960, seis novos Presidentes chegaram e se foram. (George Bush, quando partir, será o número sete.) De modo geral, a experiência de três deles apóia esse ponto de vista, apesar de terem ocupado o cargo por períodos tão curtos a ponto de reduzirem sua utilidade como evidência, totalizando apenas nove anos: John F. Kennedy, Gerald R. Ford e Jimmy Carter. Mas Reagan, que ocupou o cargo durante período quase semelhante, foi suficientemente bem-sucedido, tanto em suas negociações com o Legislativo quanto nas internacionais, e, acima de tudo, teve bastante credibilidade enquanto chefe de Estado a ponto de deixar atrás de si um brilho temporário de aparente maestria. Ele também deixou uma reafirmação ousada e popular do que Richard Hofstadter denominou – quarenta anos antes, ao escrever o que ele acreditava ser seu obituário – "a tradição política norte-americana". E os dois Presidentes remanescentes desde 1960, que juntos totalizaram quase onze anos no cargo, mostraram sucessivamente o que a maioria dos norte-americanos percebe – pelo menos em retrospectiva – como

Poder presidencial e os Presidentes modernos

influência excessiva sobre demasiados atos do Governo: Lyndon B. Johnson e Richard Nixon. Seu poder está simbolizado na americanização do Vietnã. A guerra e sua continuação e, no caso de Nixon, também por todas as coisas que reunimos sob o nome "Watergate". Contudo, sua força era, de certa forma, ilusória, pois esses também são símbolos de sua autodestruição.

Em 1960, minha preocupação com o poder pessoal voltou-se para o problema de aumentá-lo ou conservá-lo de forma prospectiva, em termos estratégicos, "olhando para o amanhã a partir do momento atual". Os Presidentes, eu argumentava, deveriam pensar a respeito da sua efetividade de forma prospectiva, na medida em que fazem suas escolhas atuais – seja atuando de forma cautelosa em relação ao futuro ou obtendo orientações para o presente. Quanto melhor pensarem a respeito do poder em termos prospectivos, maior a probabilidade de fortalecerem a influência futura e também as políticas escolhidas. Eles têm de pensar por si próprios, visto que, em nosso sistema, não podem contar com ninguém mais para fazê-lo por eles, segundo os seus próprios termos. Precisam concentrar tais pensamentos em suas próprias escolhas, já que, em nosso sistema, esses são os únicos meios que estão sob seu controle pessoal e pelos quais podem afetar os atos do Governo. Esse foi e continua sendo o 'esqueleto' do meu argumento. Poderá ser encontrado com 'mais carne cobrindo os ossos' nos capítulos 6 a 8, após eu lhe ter preparado o terreno nos capítulos 1 a 5.

Porém, considerando esse argumento, Johnson e Nixon, ambos muito dedicados a pensar no poder – ambos, de fato, preocupados com ele, a ponto de virar obsessão –, enveredaram por caminhos desastrosos, levando um deles à aposentadoria precoce e o outro à resignação forçada. Durante esse processo, comprometeram as metas políticas que lhes eram mais caras: a Grande Sociedade doméstica de Johnson e o equilíbrio de poder mundial de Nixon.

Surgem aí duas perguntas: o que eles fizeram, que se encaixa com o que escrevi há trinta anos? Caso negativo, como poderei mudar minhas palavras à luz de seus anos na Casa Branca? Tendo ponderado a respeito dessas perguntas, abordarei-as inicialmente no capítulo 10. Esse capítulo foi escrito como comentário sobre a totalidade do livro original. E continua assim: ajusta detalhes, mas não muda aspectos essenciais. Apesar das aparências, Johnson e Nixon descobriram que seu poder era tão contingente e variável quanto o dos outros. Portanto, a preocupação com a influência e os esforços prospectivos do próprio Presidente no sentido de obter o máximo possível permanece sendo questão tão crucial à Presidência como eu pensava na época, há trinta anos.

Alguns críticos das edições anteriores não podiam compreender como tal força – a exemplo da demonstrada por Nixon em 1973, quando confiscou recursos apropriados pelo Congresso –, pôde ser percebida por mim como fraqueza. Mas isso significa confundir a 'primeira mordida' da autoridade invocada com os efeitos de longo prazo sobre a perspectiva de poder. Nixon complicou sua relação com o Congresso Democrático um pouco antes de virem abaixo seus esforços para abafar o caso Watergate. Ele provocou um sem-número de ações judiciais pelos congressistas, que derrubaram seus confiscos mais ousados. Deu espaço para um estatuto restritivo, que acabou privando a Presidência de seu direito de confisco (dessa maneira) para sempre: tudo em troca de um breve show de sucessos. Poder? Não em termos prospectivos.

Nixon, apenas para esclarecer, não acreditava no acúmulo de poder somente para dizer a si mesmo que o tem (e eu, tampouco). Seus objetivos, como aqueles de outros Presidentes antes e depois dele, estavam todos vinculados a políticas de ação e resultado. Ele não jogaria suas preferências na lata do lixo, a não ser que obscurecessem suas expectativas, com a intenção de avançar em direção às políticas por ele almejadas e de impedir aquelas que não queria – com estratégias que levavam sua visão plenamente em consideração. Uma abordagem menos draconiana durante aquele inverno poderia ter-lhe economizado um bocado de esforço no longo prazo, do que lhe foi permitido através daqueles confiscos. Sua escolha, porém, não se baseou numa estratégia presidencial, mas sim em um bocado de orgulho pós-eleitoral ou numa visão estreita, no Departamento de Administração e Orçamento, ou ambos.

O capítulo 10 é precedido por outro comentário, com propósito diferente. O capítulo 9 adapta a análise de poder deste livro, de forma prospectiva, de modo a estabelecer os termos para o julgamento do desempenho de um Presidente em retrospectiva. Tais termos – assim espero – aplicam-se a qualquer um, mas somente retrospectivamente; deixam claro, por exemplo, quão prematuros são julgamentos antecipados a respeito da falta de "compromisso" de Bush, em comparação com Reagan. No capítulo 9 os termos foram aplicados a John Fitzgerald Kennedy (JFK), o homem que a história espremeu entre Eisenhower e Johnson. Kennedy também foi o primeiro Presidente a lidar diretamente com um confronto nuclear e o segundo a nos envolver diretamente no Vietnã. Nessas pontuações, entre outras, sua condição de titular do cargo se projeta para além dos seus dois anos e dez meses. Assim, o capítulo 9 cumpre tarefa dupla, não oferecendo somente termos para uso geral, mas também ajudando a conduzir os leitores dos anos cinqüenta até os anos noventa.

O capítulo 11 prossegue nessa tarefa, comparando, entre outros, Kennedy e Carter, enquanto aprendiam fazendo. Esse é um aspecto inevitável do cargo, ressaltado pelas dificuldades de Carter; parece ser mais difícil e mais essencial do que era antes. A "transição", que inclui o tempo de aprendizado, foi prejudicial a Kennedy, mas ainda mais a Carter. Deixando estilos pessoais de lado, isso reflete as mudanças em nosso sistema. Essas, ainda que cumulativas desde os anos cinqüenta, aceleraram-se nos anos setenta, tornando o contexto institucional de Carter diferente até mesmo do de Johnson. O capítulo 11 sugere como e por quê. Também esboça, com dois novos estudos de caso, quais são os perigos da transição. O episódio da Baía dos Porcos, de 1961, e o caso Lance, de 1977, ilustram esse capítulo, e ressalto um aspecto adicional que nos foi ensinado por David Stockman, em 1981. O capítulo 11, portanto, acrescenta novo material ilustrativo aos capítulos de 1 a 4 e acrescenta dimensão televisiva ao capítulo 5.

A par de todas as pequenas mudanças ocorridas nas instituições e no estado de espírito da população, o problema de poder de Carter foi parcialmente similar ao enfrentado por Truman. Porém, para além dos detalhes, há diferenças significativas e substanciais. Os Estados Unidos não mais eram a potência militar mundial esmagadora, não mais certa de nunca perder guerras, nem mais confiante de ter aprendido a manter os níveis de emprego e inflação, nem mais usufruindo de independência de recursos, supremacia tecnológica, taxas de câmbio favoráveis e a vida privilegiada no exterior. Se *houve* um "século americano", como Henry Luce proclamou durante a II Guerra Mundial, ele durou apenas o dobro do Reino-de-Mil-Anos de Adolf Hitler. De uma forma tentadora, e diferente do Reich, as condições que favoreciam o senso de independência e segurança deste país – mesmo que não da forma antiga – poderiam ter retornado com alguns avanços tecnológicos bem posicionados. Mas não ocorreram e não o fizeram desde então. O problema de Carter pode ter sido pior do que o de Truman; psicologicamente, com certeza foi pior, em especial por não dispor de Stalins que representassem dramas educativos no além-mar; em vez disso, tinha de se haver com falta de gás, inflação e aiatolás. Contudo, isso é bastante relativo. O medo, e não a confiança, marcou o estado de espírito durante vários anos da era Truman, bem como a raiva contra o Presidente. Carter evocou um balançar de ombros e de cabeças; Truman evocou gritos de traição.

Reagan, contudo, após Carter – com a supremacia norte-americana ainda mais distante, dependendo, como nunca havíamos, ao longo de seis décadas, de credores estrangeiros – evocou sorrisos amistosos ao longo da maioria de seus oito anos. Isso levanta uma outra pergunta em relação ao meu texto original: como um homem tão desatento pode sair-se, aparentemente, tão bem? O capítulo 12 volta-se para Reagan – não de modo geral, mas segundo o foco bastante específico deste livro –, em relação às perspectivas de poder pessoal. Reagan tinha boas perspectivas (parcialmente, graças a contrastes com Carter, claramente ressaltados) e, durante muitos anos, o "Grande Comunicador" fez o máximo a seu favor. Em uma situação bem conhecida, esse não foi o caso: a venda de armas ao Irã e o desvio de lucros para os

Contras nicaragüenses. Acrescento esse caso porque oferece novo material ilustrativo e argumentos bastante afiados a favor do ponto que quero defender (escrevo isso antes de o almirante Poindexter ser julgado; mas estou razoavelmente confiante de que minha reconstrução irá resistir a todas essas provas posteriores).

O estilo operacional de Reagan foi único nos tempos modernos. Mesmo assim, alguns de seus êxitos, do seu jeito, se comparam com alguns dos sucessos de Johnson, enquanto seus fracassos parecem incrivelmente evitáveis em comparação com os de Carter ou até mesmo de Nixon. Isso me dá esperanças de que, até mesmo um estilo similar ao de Reagan, com um mínimo de adaptações, poderia servir a um Presidente que buscasse consistentemente administrar com cuidado as perspectivas de poder, enquanto enfrenta escolhas presentes. Isso é bom, pois espero mais Presidentes cuja experiência os tenha acostumado a tal estilo. Bush, assim parece, não é um deles; talvez tenha observado Reagan demais.

O capítulo 13 sugere duas regras genéricas para ajudar um pretenso Reagan, e mais: oferece dois exemplos de sucesso sobre o uso de escolhas presentes para proteger a influência prospectiva. Esses tornam-se novos escudos em defesa do argumento e oferecem material novo para ajudar a abordar o que mais se deve fazer além de consultar os poderes em pauta: uma questão colocada inicialmente referindo-se a Johnson e Nixon. Os dois exemplos lidam, respectivamente, com Kennedy enfrentando Khrushchev na parte final da crise dos mísseis de 1962, e com Eisenhower enfrentando a derrota francesa em Dien Bien Phu, em 1954. O Eisenhower visto aqui é o Presidente "da mão oculta", por excelência. Seu lugar é bem aqui, ao lado do Eisenhower do orçamento, de 1956, e de Little Rock, de 1957. Não posso resolver as contradições entre eles, mas é bom que ambos estejam representados. Isso, contudo, é um bônus, porque aquelas histórias de sucesso foram incluídas aqui para colocar alguma luz sobre o argumento básico apresentado na primeira edição deste livro e desde então – ou seja, que um Presidente (ou algum dia, uma Presidente) que busca preservar suas perspectivas em prol da efetividade deveria pensar a respeito de seus interesses de poder em cada ato de escolha. Além disso, há algumas outras coisas sobre as quais ele pode pensar, para ajudá-lo a identificar tais contradições em seus interesses, como aquelas que assolaram Lyndon Baines Johnson – ajudando-o, assim, a definir suas estratégias melhor do que LBJ pôde fazê-lo. Essas outras coisas estão especificadas no capítulo 13. São suplementares, não substitutas, para pensamentos a respeito do poder pessoal.

O problema de poder abordado por mim em 1960 foi definido como limitado pelo tempo, atuando sobre a Presidência em dado contexto. Escolhi o contexto – na época, contemporâneo – dando-lhe o nome de "meio do século" e o defini, em termos políticos e institucionais, derivado dos anos após a II Guerra Mundial. Daí a ênfase em Truman e Eisenhower. Não achei provável que três décadas mais tarde todas as mudanças no contexto tivessem tomado tal forma de modo a deixar o problema basicamente como era na época. Era certo que a mudança viria; não previ este resultado. Em algum momento durante a década de setenta, pensei que poderíamos vir a ter alinhamentos partidários fortalecidos, vinculando o Presidente e o Congresso através de seus processos de nomeação. "Em algum momento" poderia ser qualquer momento, se não nos anos setenta, talvez nos anos noventa ou na primeira década do século seguinte, caso os republicanos conquistassem maioria no Congresso, almejada durante tanto tempo (ou essa perspectiva é apenas um sonho fictício?). Contudo, por ora, temos visto o oposto, especialmente desde que a divisão da legenda eleitoral se tornou endêmica. A elaboração de políticas retoma alguns aspectos da era Franklin Roosevelt, ao redor de 1939, quando o Congresso se mostrava belicoso para com o Presidente tanto em relação à política internacional, quanto aos programas domésticos. É claro: tratava-se de um Congresso muito diferente, em um mundo muito diferente de partidos, equipes, departamentos, interesses, questões, populações, economia, armamentos e meios de comunicação. Contudo, os termos e condições de uso para um Presidente que busca administrar cuidadosamente seus recursos e estender o seu alcance parecem iguais, naquele tempo e hoje, de uma forma muito significativa. Bush agora concilia um Congresso de oposição dando tom bastante semelhante ao dado por Truman, em 1947. Por que diferenças geram semelhanças – e onde pára a semelhança – são perguntas abordadas em várias ocasiões ao longo de todos os capítulos que acrescentei após 1960.

Os novos capítulos aumentaram o livro, algo que lamento. Já foi um livro breve – algo que admiro. Mas não tive alternativas. Revisar o texto original me pareceu inadequado, um tanto orwelliano. Os livros devem ficar onde nasceram, expressando seus próprios contextos e limitados por eles. Portanto, o que fiz com os capítulos de 1 a 8, nesta edição, foi encontrar e riscar um "esperançosamente" mal utilizado, corrigir erros ortográficos, e ocasionalmente incluir notas de rodapé sobre eventos posteriores. Exceto por isso, esses capítulos permanecem como eram 30 anos atrás, com verrugas e tudo o mais; da mesma forma como foram mencionados, citados e criticados. Os capítulos 9 a 13 foram construídos a partir deles, fornecem comentários a respeito deles, diferem um pouco deles, mas não ofuscam (assim espero) sua argumentação analítica. Essa continua sendo o cerne do livro. Minha intenção nos novos capítulos é fortalecê-la.

Depois de 1960, por diversas vezes fui importunado a fazer mais do que isto. Alunos e outros solicitaram, por exemplo, que eu expandisse o texto em relação aos paralelos, histórica e comparativamente, antes da Presidência moderna e para além de nossas fronteiras; ou que tratasse as relações públicas como algo à parte, alternativa real de barganha entre os washingtonianos; ou discorresse sobre a frase precisa de Franklin Delano Roosevelt (FDR), "a Presidência é, proeminentemente, um lugar de liderança moral". Mas fico com minha última opção: não farei isso. A primeira é grande demais. A segunda, eu a entendo como equivocada: apelos públicos fazem parte da barganha, apesar de que reconheço aí uma parte em mudança, visto que o prestígio ocupa hoje espaço muito maior do que antes na reputação. E a terceira está esperando por outra pessoa. A Presidência também é um serviço público que serve para manter o Governo em movimento. Neste livro, busco enfocar as conseqüências desse aspecto do cargo para um Presidente no poder, como um ser humano entre outros no sistema. Penso ser essa uma tarefa suficientemente grande para um livro.

Por motivos que considero difíceis de desvendar, os leitores com experiência no Governo acompanham meu argumento mais facilmente do que alguns daqueles para os quais ele continua sendo teórico. Esses têm grande dificuldade para separar em suas mentes a busca tática de objetivos imediatos das tentativas relativamente imprecisas de antecipar probabilidades de prazo mais longo. Contudo, esses são os únicos esforços com os quais estou preocupado: tentar julgar a influência de forma prospectiva, visto que poderá estar disponível para usos ainda a serem especificados, em vez de revisar as condições atuais para uso particular neste momento. Trata-se de diferenciação cotidiana para pessoas que fazem ambas as coisas, apesar de raramente – se é que alguma vez já foi feito – em termos tão abstratos. Considere duas perguntas de mais longo prazo: será que terei a possibilidade de querer mais do que posso querer na próxima semana, próximo mês, próximo ano? Estarei em piores condições mais tarde, e com quem, se eu fizer X agora, ao invés de Y? Essas são situações comuns no dia-a-dia de um político, invocando apenas as questões que eu busco ressaltar. Elas não são a mesma coisa que perguntar – apesar de poderem incorporar: o que é necessário para conseguir que X seja feito hoje? A previsão e o mergulho no agir imediato podem estar próximos ou distantes ou em algum lugar entre os dois extremos. Não serão idênticos, exceto por acaso: a previsão humana a respeito de outros humanos não é boa o suficiente. Por que os leitores inexperientes no Governo às vezes têm dificuldades para reconhecer isso, não sei dizer. Tenho pensado a respeito como professor, sem chegar a conclusões claras. De qualquer forma, espero que os exemplos que foram acrescentados a esta nova edição – sete ao todo, espalhados pelos capítulos 10 a 13 – tornem isso mais claro do que, assim eu o temo, o tenha sido para alguns leitores em 1960.

Por falar em lecionar, eu talvez tenha feito isso algumas vezes inadvertidamente – com péssimos resultados! Em dezembro de 1972, em uma conferência em Harvard sobre campanhas eleitorais recém-concluídas, um jovem bem vestido se apresentou a mim e disse: "Prazer em conhecê-lo. Li seu livro há alguns anos; de fato, tive que fazê-lo: Bob Haldeman fez com que cada um de nós o lesse tão logo entrávamos para a equipe da Casa Branca...". O nome do homem era Jeb Magruder. A próxima coisa que ouvi a seu respeito é que havia sido indiciado. Posteriormente, foi preso por participar da autorização e depois por tentar acobertar algumas das ações ilícitas, muitas vezes idiotas, que ocorreram durante o caso Watergate. Cerca de seis anos mais tarde, na Universidade de Utah, encontrei outro antigo subordinado de Haldeman, Gordon Strachan, o homem que mantinha o arquivo de lembretes. Ele me disse, lembrando Watergate: "Você sabe, você tem que dividir a responsabilidade... seu livro...".

Inicialmente, achei incompreensível como as páginas deste livro – na ocasião, capítulos 1 a 9 –, lidas ou simplesmente folheadas, poderiam dar a impressão de autorizar atos ilegais, juntamente com tais inépcias como "encanadores" da Casa Branca, arrombamentos do Comitê Nacional Democrata, e um encobrimento lunático dos fatos. Na frase de Talleyrand, um vexame é pior que um crime: essas pessoas cometeram ambos. Ocasionalmente percebi que aqueles capítulos haviam sido escritos com base em um pressuposto não válido para os assessores da Casa Branca. É claro, eu os escrevi na esperança de que essas pessoas lessem o livro. Mas supus que seriam, na sua maioria, razoavelmente experientes no Governo, como fora o caso quando estive lá, durante o segundo mandato de Truman, ou como o era a maioria de meus colegas e a de nossos sucessores, sob o comando de Eisenhower.

Que uma tripulação totalmente nova pudesse aterrissar na Pennsylvania Avenue, 1600, com alguém tão inocente quanto Haldeman em termos de experiência de Governo, de fato acreditando que seu Presidente é o "CEO", numa analogia próxima às corporações privadas – isso não me ocorreu quando estava escrevendo o livro, há 30 anos. Ao invés disso, supus que a maioria deles, juntamente com seu Presidente, traria consigo certa "sensibilidade" para lidar com o Congresso e as agências, em parte como servidores públicos, em parte como colaboradores de subcomitês do Congresso, e certa sensibilidade também para relacionar-se com os meios de comunicação – juntamente com um senso prudente do que significa trabalhar dentro de uma Presidência, compartilhando poderes com o Congresso, o Judiciário, os estados, onde ninguém tem a palavra "final", exceto, às vezes, os eleitores. Em suma: pressupus funcionários da Casa Branca com pelo menos a experiência dos assessores de Reagan durante seu primeiro mandato, ou os conselheiros mais próximos de Bush hoje, não os alemães de Nixon ou seus assessores, sem mencionar o pessoal que Carter trouxe da Geórgia. Portanto, não me preocupei em explicitar o que supunha tais leitores trariam consigo ao ler o livro. A considerar gente como Magruder, isso mostra que eu errei.

Talvez tenha cometido um segundo erro similar. Também pressupus que os jornalistas e estudantes universitários – dois outros grupos de possíveis leitores – teriam absorvido de seus estudos em suas faculdades e escolas uma sensibilidade um pouco semelhante – como de fato achava que eu (e grande parte de meus colegas) havia feito na década de 30. Deixei de reconhecer o acentuado declínio da história – praticamente apagada pelos "estudos sociais" nas escolas ou da qual os alunos passaram a escapar através de eletivas nos currículos das universidades. Isso tornou o conhecimento prévio de *The Federalist* – sem falar em Edward Corwin – um fato raro entre os jovens, assim como talvez também fosse rara a experiência entre os assessores de Nixon que leram ou deram uma passada de olhos no meu livro sem esse conhecimento – e aparentemente não estavam conscientes dessa falta, até ser tarde demais.

Permita-me fazer uma pausa aqui, já no início desta nova edição, para emitir um alerta – tão petulante quanto possa parecer. A própria probabilidade da fraqueza presidencial deveria impor àqueles que buscam ajudar um Presidente a obter o que ele deseja, bem como ao próprio Presidente, um respeito decente para com as opiniões – e, de fato, os direitos civis – de todos aqueles que compartilham a sua autoridade, os seus "poderes". Isso representa, na maioria das vezes, centenas ou milhares de pessoas, conforme o caso, em Washington, no país e no exterior. Quando se trata de algo tão absurdo como a instalação de "encanadores" em um porão adjacente, pode-se dizer que milhões estão envolvidos, literalmente, porque a Casa Branca é a "sua" casa, um templo nacional. Leve em consideração os seus interesses, pondere seus direitos, dê-lhes o que é seu – e seja conhecido por fazê-lo! É o que conclamo os assessores de qualquer Presidente a fazer. Nos termos do capítulo 3, "instituições separadas *compartilhando* poderes" inclui o Presidente, e, portanto, inclui você! E na maioria das vezes, supõe-se que o Presidente seja fraco. E, normalmente, conseguir o que ele deseja é supostamente difícil. Esses são, de fato, os atributos do Governo constitucional dos Estados Unidos. Um Presidente faz bem começando por respeitar esses atributos, caso deseje obter o máximo de suas perspectivas de poder. Seus assessores não têm justificativa alguma, exceto ajudá-lo a sair-se bem.

Os assessores deveriam conhecer o seu lugar e mantê-lo; contudo, muitas vezes não o fazem. Logo após ter ido trabalhar na Casa Branca, começando como assessor júnior, meu chefe imediato – um funcionário de escalão intermediário – ficou um pouco irritado com um senador que não estava colaborando – e o demonstrou. Isso aconteceu numa manhã. O senador queixou-se a Truman naquela tarde. Truman lembrava-se muito bem de como era ser um senador acossado por assessores arrogantes da Casa Branca. No dia seguinte, eu estava procurando meu novo chefe, pois o anterior não mais trabalhava na Casa Branca. (Futuros Magruders, favor observar: não é tão diferente hoje como vocês podem estar pensando – ou, pelo menos, não deveria ser!)

E os Presidentes também devem saber qual é o seu lugar. Eles também podem esquecê-lo. Em 1985, Reagan permitiu que operações secretas fossem gerenciadas a partir do que era visto como sendo a sua casa. Em 1971, Nixon permitiu que "encanadores" entrassem naquela mesma casa, depois tentou ocultar suas atividades criminosas, cometendo as suas próprias ao longo do processo. No início dos anos 1960, JFK supostamente permitiu-se aventuras amorosas nos aposentos da família com a namorada de um gângster que estava sendo vigiado pelo FBI, apesar de não saber disso; assim, tornou-se vulnerável para o diretor do FBI, J. Edgar Hoover. Em 1937, após reeleição triunfal, FDR adotou, em público, diretamente do salão oval, atitude de aparente franqueza, com o que prontamente ficou conhecido como o seu "esquema" para "empacotar os tribunais". A partir de um templo, atacou o outro, a Constituição, e seu tradicional intérprete, os tribunais – e o fez de forma dissimulada, muito pouco esperta, alegando preocupação com a carga de trabalho de juízes idosos, quando todo mundo sabia que ele se ressentia de suas decisões.

Em todos esses casos dos quais estou ciente, os Presidentes não pensaram o suficiente, cuidadosa e antecipadamente, a respeito das conseqüências previsíveis e prováveis de sua própria efetividade no cargo, olhando para adiante e pelas esquinas à frente. Não pensaram o suficiente a respeito do poder prospectivo, de qualquer modo não em suas dimensões simbólicas e constitucionais. Por isso sofreram um tanto – Nixon, tudo – e assim também nós, estando ou não engajados ativamente na vida pública.

Esse é meu ponto alto. Não apenas o Presidente, mas todos os que se importam com o desempenho de nosso Governo têm interesse em sua preocupação com a própria influência, prospectivamente. Um Presidente serve a outros no sistema como fonte costumeira das iniciativas, da mediação e, em relação a certas questões, de julgamentos finais necessários aos que estão empenhados em fazer o *seu* trabalho. Quanto melhor fizer, tanto melhor podem fazer o deles. Como argumentei na primeira edição deste livro, nosso Governo madisoniano é energizado pela tensão produtiva entre suas partes atuantes. Como fonte de tal tensão, as iniciativas são essenciais. Todos temos interesse nelas. Um Presidente muitas vezes não terá melhores meios para situá-las ou avaliá-las do que a consulta cuidadosa às suas próprias perspectivas de influência. Nós, portanto, temos interesse em que o faça.

Além disso, entre nossas diversas instituições segmentadas, a Presidência apresenta combinação singular de partes interessadas – partidárias e burocráticas, nacionais e internacionais –, mais ampla e mais variada do que aquelas de qualquer outro cargo individual no sistema. Um Presidente que pensa a respeito de suas perspectivas de efetividade, com e através de todos os demais, está pensando a respeito de questões relevantes para as políticas públicas, invocando amplos grupos de interessados e instituições. Um pensar melhor a respeito das perspectivas pessoais pode contribuir, creio eu, para um melhor pensar a respeito da viabilidade de uma política pública. A ameaça de Roosevelt de "empacotar" os tribunais foi suficiente para mudar sua própria direção; mais tarde disse que perdeu a batalha em prol de seu projeto de lei, mas ganhou a guerra. Ao longo dos anos seguintes, contudo, ele e seu sucessor perderam muito mais do que isso: perderam o controle do Congresso em relação à legislação doméstica. Um FDR aparentemente menos franco poderia não ter sido alvo tão óbvio para a emergente coalizão conservadora. Ela formou-se durante a luta pelo "empacotamento dos tribunais". O surgimento daquela coalizão poderia ter sido postergado, ou moderado, com efeitos positivos sobre a legislação social pendente – uma parcela muito pequena dela foi aprovada quase trinta anos depois disso. No caso de Kennedy, não podemos saber o que sua suposta indiscrição poderia ter-lhe custado em termos de políticas públicas, mas, se a alegação for verdadeira, Hoover teria tirado algo disso, não tenho dúvidas. Sabemos o preço pago por Nixon pelos "encanadores" e pelo abafamento do caso: sua Presidência e, com ela, suas ambições para com o Vietnã e as relações Rússia-Estados Unidos, sem falar de suas expectativas para os republicanos em 1976. Também sabemos o custo que o coronel North e o almirante Poindexter tiveram para Reagan em termos de políticas públicas: longos atrasos, pelo menos, em opções caras a ele para as relações iranianas e para a Nicarágua.

Portanto, insisto em que a crença expressa na edição anterior deste livro – ou seja, que a busca do Poder Presidencial, uma vez corretamente compreendida, constitucionalmente condicionada, com olhar para adiante, atende a propósitos bem mais amplos do que satisfazer um Presidente – faz bem ao país, tanto quanto a ele. O Presidente que maximizar sua influência prospectiva dentro do sistema ajuda a energizá-lo ao longo do processo. Aumentará também as perspectivas de que as políticas que escolher possam ser viabilizadas: implementáveis, administráveis, com poder de permanência. Se em dado momento proteger ou gastar sua influência, irá, se tiver calculado de forma sábia, fortalecer justamente essas políticas. Suponhamos que essas não sejam políticas que eu aprove? Que seja. Isso não me parece preço demasiado alto a pagar. Além disso, ele tem de usar toda e qualquer influência que possuir sobre o Congresso, as agências, os meios de comunicação, os Governos estaduais, investimentos privados, aliados estrangeiros, e opinião pública, tanto no exterior quanto doméstica. Por outro lado, é pouco provável que venha a me sentir só por falta de associados. Isso também é madisoniano. Em comparação com todas as oposições, até mesmo um Presidente "forte" é fraco. Tudo isso será desenvolvido no que se segue; *fraco* continua sendo a palavra com a qual iremos iniciar.

Richard E. Neustadt

Universidade de Harvard
Cambridge, Massachusetts
Novembro de 1989

PREFÁCIO À PRIMEIRA EDIÇÃO

Quando empossamos um Presidente dos Estados Unidos, damos a um homem os poderes relativos ao nosso mais alto cargo público. A partir do momento que ele faz seu juramento, confronta-se com um problema pessoal: como fazer com que tais poderes trabalhem a *seu* favor. Esse problema é o assunto deste livro. Meu tema é o poder pessoal e sua política: o que é, como obtê-lo, como mantê-lo, como perdê-lo. Meu interesse é o que um Presidente pode fazer para que seu próprio querer seja sentido dentro do seu próprio Governo; o que ele pode fazer, como um dentre muitos, para que suas próprias escolhas possam avançar ao longo daquele labirinto de personalidades e instituições denominadas o Governo dos Estados Unidos.

Este não é um livro sobre a Presidência enquanto organização ou enquanto poderes legais ou procedimentos. Não se trata da política para chegar à Casa Branca; tampouco é a história do que aconteceu lá. Muito menos é uma lista do que acontece lá, dia após dia. Felizmente, temos muitos livros sobre todos esses outros aspectos da Presidência: abordagens históricas, levantamentos administrativos, nomeações e estudos eleitorais, comentários contemporâneos, e um sem-número de biografias. O leitor que estiver buscando referência histórica será encaminhado a outras fontes; suas contribuições não serão reproduzidas aqui.

Nosso propósito é explorar a questão do poder que tem o homem que habita a Casa Branca. Esse é o problema clássico de qualquer homem que esteja no topo de qualquer sistema político: como estar no topo de fato, e não apenas nominalmente. Trata-se de problema comum a primeiros ministros, ditadores, não importa quão estilizados, e àqueles reis que governam e reinam. Trata-se de um problema também para os chefes de "governos" privados – presidentes corporativos, líderes sindicais, clérigos. Mas este livro não é comparativo, apesar de possivelmente facilitar comparações. Trata-se de um esforço para olhar de perto o problema enfrentado pelo titular de um certo cargo, em um determinado sistema político: o cargo é a Presidência, o sistema é o norte-americano. Os objetivos desta análise são nossos Presidentes mais recentes. Os problemas enfrentados pelo homem sentado naquele escritório não têm sido os mesmos todo o tempo. Estaremos lidando aqui somente com o tempo "presente". Este livro não compara períodos históricos, nem sistemas políticos. Fazer comparações não é meu atual objetivo.

A busca por influência pessoal é a questão central do trabalho de ser Presidente. Para analisar o problema de se obter poder pessoal, é necessário tentar perceber a Presidência 'por sobre os ombros do Presidente', olhando para frente e para baixo, com a perspectiva do lugar onde ele está. Essa não é a maneira como convencionalmente olhamos para o cargo; normalmente estamos do lado de fora, olhando para dentro. Olhando de fora ou de baixo, um Presidente é muitos homens, ou um homem que usa muitos chapéus ou desempenha muitos papéis. Convencionalmente, dividimos o trabalho de ser Presidente de acordo com as categorias que tal visão sugere – "legislador-chefe", "administrador-chefe", "chefe do partido", e outros que tais – e analisamos seu trabalho a partir das chefias exercidas. Para muitos fins, essa perspectiva de análise é valiosa. Para o nosso objetivo atual, contudo, ela é um bloqueio ao *insight*. O próprio Presidente desempenha todos os papéis, usa todos os chapéus de uma só vez. Seja lá o que fizer em um dos papéis, por definição terá sido feito em todos e tem efeito sobre os demais. Ao tentar manifestar os seus desejos, seu próprio desejo será percebido como o de um homem, não o de muitos. Para analisar esse aspecto de seu trabalho, precisamos de um marco de referência tão diferente das categorias usuais como a visão de dentro para fora difere da visão de fora para dentro.

Nada tem sido tão difícil ao escrever este livro como o esforço de escapar de chefes-disso-e-daquilo. A mesma dificuldade pode também estar presente na leitura. Mas é necessário fazer tal esforço se pretendemos explorar a questão do poder do homem que está no topo de nosso sistema político.

Como meu propósito é analítico e meu marco referencial é não-convencional, ilustrei cada passo importante da análise com relatos de casos de Governos recentes, especialmente os de Truman e Eisenhower. Para aliviar a carga da mera descrição e poupar o leitor da dependência exclusiva das minhas próprias palavras, tentei seguir dois padrões ao selecionar tais casos: primeiro, eles devem ter sido amplamente divulgados e discutidos quando ocorreram; segundo, devem ter sido descritos em algum outro estudo ao qual os leitores possam referir-se para obter mais detalhes e fazer um julgamento próprio, independentemente do meu. Nos poucos casos em que não foi possível seguir esse último padrão – por falta de estudos independentes de outra fonte – busquei compensar essa lacuna por meio de tratamento bastante detalhado. Na maioria dos casos, contudo, os leitores encontrarão notas sobre outros textos no início de meus exemplos. Foram transcritas na esperança de serem lidas.

Meus exemplos destinam-se a clarear um problema, não a oferecer visão equilibrada dos Governos recentes. Com uma única exceção, todos os principais exemplos neste livro, de alguma maneira, são a história de um fracasso; sem exceção, cada caso baseia-se em incidentes dramáticos. Isso não quer dizer que os Presidentes recentes não tiveram qualquer sucesso, ou que o trabalho presidencial invariavelmente é dramático. Simplesmente, quer dizer que exemplos negativos tendem a ser mais ilustrativos, e os dramáticos tendem a ser mais bem lembrados e registrados. Tais casos servem ao meu propósito, mas meu objetivo não é histórico. O tratamento que dou aos eventos e aos homens não tem qualquer outro objetivo, exceto esclarecer a natureza da busca por poder pessoal.

Em diversas ocasiões, meus exemplos envolveram pessoas e eventos que ainda estavam em andamento enquanto eu escrevia. A integração escolar em Little Rock é um exemplo. Outro exemplo é o "novo" Eisenhower, de 1959. Minhas observações e conclusões baseiam-se no que aconteceu naquele mês e antes dele. Quando tratamos de questões contemporâneas, é necessário parar em algum lugar; foi aqui que eu parei. Para ajudar o leitor a identificar esse ponto no tempo: a economia norte-americana basicamente havia se recuperado da recessão de 1958; uma greve de metalúrgicos acabava de começar; os colégios (*high schools*) de Little Rock em breve iriam reabrir; o Congresso estava se aproximando de seu recesso, assim como haveria uma conferência de ministros estrangeiros em Berlim; o vice-presidente estava na União Soviética; o Presidente estava por visitar a Europa Ocidental; o primeiro-ministro soviético havia aceitado um convite para visitar os Estados Unidos. Este livro não fala do que aconteceu depois disso.

Enquanto escrevo, estou ciente de que em breve teremos acréscimos riquíssimos à literatura relacionada aos Presidentes modernos, que estão trabalhando no Governo moderno. O Programa *Inter-University*, pioneiro em estudos de caso aprofundados acerca de decisões sobre políticas, agora está preparando diversos outros, voltados, em grande parte, para as decisões tomadas na Casa Branca. O *Twentieth Century Fund*, através de seu projeto sobre as relações civis-militares, está por publicar uma série notável de estudos de caso sobre a formulação de políticas internacionais e militares; esses casos também podem estender-se até a Casa Branca. Uma série comparável e complementar foi realizada pelo *Institute of War and Peace Studies*, da Universidade de Columbia. Em 1960 e em 1961, publicações dessas fontes irão fornecer relatos detalhados da ação governamental nos mais altos níveis, envolvendo ampla variedade de decisões políticas em questões internacionais, militares, orçamentárias, científicas e econômicas tomadas no Governo Roosevelt, bem como nos de Truman e Eisenhower. Mantive essa perspectiva em mente ao preparar este livro. Três de meus principais exemplos, a maioria de meus exemplos menores e a organização geral do meu argumento foram planejados de modo a oferecer um elo entre esta apresentação e aquele material de estudos de caso. Os estudantes, espero, acharão fácil passar da perspectiva específica deste livro, que enfoca o próprio Presidente, para o foco mais amplo desses estudos de caso vindouros.

Sinto ter tido contato pessoal com apenas um dos Presidentes envolvidos nos meus exemplos. No caso do Presidente Truman, pude observar certos aspectos de seu trabalho enquanto trabalhei na sua equipe, e tive oportunidades, posteriormente, de trocar idéias com ele. Nesses encontros, sua disposição de respeitar meu propósito acadêmico, independentemente de nosso vínculo anterior, foi extremamente gentil e útil; e registro aqui meus agradecimentos. No caso do Presidente Roosevelt, tive um substituto parcial: as lembranças dos amigos de meu pai e de meus próprios conhecidos que trabalharam com ele em seu Governo, e algumas oportunidades que tive de conversar com certos membros de sua família. No caso do Presidente Eisenhower, por outro lado, apesar de seus assistentes terem sido prestativos e fornecido informações, não se sentiam em condições de me estender o privilégio do contato direto com ele ou com o seu trabalho. Isso não é uma queixa, mas um reconhecimento dos limites dos meus recursos de observação pessoal. Por reconhecer esses limites, busquei compensá-los da forma usual: entrevistando os que tinham os contatos que não tive.

Este livro é responsabilidade minha, é claro, mas muitas outras pessoas contribuíram para o seu desenvolvimento. Comecei a escrevê-lo quando voltei a lecionar, ao final do Governo Truman, depois de uma década fazendo parte das equipes do Departamento de Administração de Preços, da Marinha, do Departamento de Orçamento e da Casa Branca. Durante os sete anos que se passaram desde então, praticamente forcei meus antigos colegas a me darem acesso às suas memórias e a seus arquivos pessoais. Questionei intensamente diversos amigos e estranhos que fazem parte da imprensa de Washington e no Capitólio. E entrevistei funcionários do alto escalão do Governo Eisenhower, com a desconsideração que os estudantes normalmente têm pelo tempo das outras pessoas. Em todos os lugares, fui recebido com gentileza e franqueza, bem como com informações. Sou profundamente grato por todos os três. Muitos dos meus informantes de Washington foram assegurados de que a autoria de suas informações não seria identificada. Portanto, como não posso agradecer a todos nominalmente, não citarei o nome de nenhum deles. Mas posso declarar minha dívida para com todos: sem sua ajuda, este estudo não poderia ter sido realizado.

Meu trabalho também recebeu suporte financeiro nos anos de 1955 e 1957, por parte do Conselho de Pesquisa em Ciências Sociais da Universidade de Columbia. A pesquisa e a redação foram completadas enquanto atuava como

Professor de Pesquisa em Governo Americano na mesma universidade. Desejo aqui agradecer imensamente à Universidade por isso.

Enquanto este livro ainda estava em versão preliminar, quatro amigos e colegas me ofereceram comentários minuciosos sobre o manuscrito: Roger Jones, Wallace Sayre, Harold Stein e David Truman. Sou-lhes enormemente grato por suas críticas e sugestões, que certamente tornaram este livro melhor. Também desejo agradecer a muitos outros que fizeram comentários sobre partes do manuscrito: Daniel Bell, Douglass Cater, Violet Coffin, Herbert Deane, Henry Graff, Samuel Huntigton, Frances Low, Warner Schilling, e Kenneth Young. Também devo agradecimentos a Everard Meade e Rose Marie O'Reilley, do Columbia Broadcasting System, e a George Gallup e John Fenton, do American Institute of Public Opinion, pelo seu valioso tempo e bons conselhos, bem como pelos dados fornecidos tão generosamente.

Por fim, devo mais do que posso expressar a Elinor Truman, que se fantasiou de datilógrafa, mas atuou como editora; a Bertha Neustadt, que aderiu a esta empreitada, não somente como esposa, mas também como minha assistente de pesquisa; e a Rick e Beth Neustadt, que passaram um ano inteiro atendendo ao pedido: "Shhhh – ele está *escrevendo*."

Richard E. Neustadt

Universidade de Columbia
Cidade de Nova York
Dezembro de 1959

Agradecimentos (1990)

Três dos cinco capítulos acrescentados a esta edição inicialmente foram preparados, um de cada vez, para as edições de 1968, 1976 e 1980. Tal como os capítulos originais, estes também permaneceram inalterados, exceto o fato de eu ter riscado outro "esperançosamente", acrescentado algumas frases de esclarecimento, deletado algumas introduções ultrapassadas e removido breves conclusões dos capítulos 10 e 11, visto que o propósito destas é agora atendido pelo capítulo 13.

O capítulo 9 é basicamente idêntico ao posfácio preparado em 1968 para uma edição francesa, posteriormente incluído nas edições norte-americanas subseqüentes. Esse capítulo adapta os termos da edição original de seu foco na influência prospectiva a uma preocupação com a retrospectiva – a princípio, de qualquer um enquanto Presidente, mas, neste caso, de Kennedy (sua vida sexual continua não sendo mencionada; adaptei-me às convenções da época – que ainda aprecio – e até porque eu nada sabia, exceto alguns rumores esparsos).

O capítulo 10 é, em forma condensada, o texto das três palestras proferidas durante o ciclo de palestras William W. Cook, realizadas durante a primavera de 1976 na Faculdade de Direito da Universidade de Michigan, sob o título "Revisando o Poder Presidencial: Reflexões sobre Johnson e Nixon"[1]. Sou grato à faculdade de Direito por sugerir esse tema no período após Vietnã e Watergate, e também por concordar que meu texto fosse publicado no material ao qual pertence: neste livro, e não em um volume separado.

O capítulo 11 é uma versão ampliada da palestra "Phi Beta Kappa" que ministrei no início de 1979 como professor visitante em diversas universidades e faculdades (inclusive na Universidade de Utah). Agradeço à National Phi Beta Kappa Society por aquelas visitas tão interessantes, e ao Center for Advanced Study in the Behavioral Sciences por um local extremamente prazeroso para escrever e editar este capítulo, entre outras coisas, durante um período sabático. O capítulo foi finalizado lá em maio de 1979 e editado parcialmente enquanto aguardava em longas filas nos postos de gasolina. O "discurso do mal-estar" de Carter, Edward Kennedy, Afeganistão, reféns em Teerã, e Reagan ainda estavam por vir.

Os capítulos 12 e 13 são novos, apesar de algumas das idéias já terem sido comentadas em 1988, durante conferência sobre o legado de Reagan, patrocinada pela Universidade da Califórnia em Davis. Juntos, porém, eles vão muito além dos meus comentários durante aquela conferência, avançando sobre novos territórios. Eles também mantêm este livro dentro de uma linha de pensamento única – o argumento esboçado no prefácio a esta edição e no texto original. Se eu estivesse começando do zero, usaria menos exemplos de Truman e mais exemplos de Reagan; fora isso, manteria o mesmo argumento. Então tentei fazê-lo em dois capítulos.

Vários amigos leram os manuscritos e fizeram suas recomendações em um momento ou outro sobre os cinco capítulos que foram acrescentados desde 1960. Sou profundamente grato por essa ajuda. Permitam-me agradecer em especial àqueles que leram três ou mais: Fred Greenstein, Anthony King, Ernest May, Austin Ranney e, acima de tudo, David Truman. Truman, ao longo de trinta anos, teve que ler os manuscritos de cada palavra contida neste livro. Também sou grato à minha esposa, Shirley Williams, por sua busca cuidadosa e aguçada ao longo dos capítulos 12 e 13, caçando erros. Espero ter corrigido todos que ela encontrou! Acho que sou grato a meu editor – editor, amigo e ex-aluno – Erwin Glikes, por insistir que eu não deixasse o livro sem Reagan. E certamente sou grato também a Pennie Gouzoule, Barbara Witt e Sally Makacynas pela digitação. Agradeço a Thomas Balliett e a Bruce Harley pela ajuda na pesquisa. Desnecessário dizer que a ajuda de todos eles foi muito valiosa e que assumo a responsabilidade pelos erros.

Devo agradecimentos a Erwin Glikes ainda por outro motivo: ele aturou meu uso idiossincrático das letras maiúsculas. Desdenhando o uso contemporâneo, este livro usa letras maiúsculas para "Presidente" e "Presidência", juntamente com "Congresso" e "Judiciário". Pretendo, desta forma, garantir a igualdade constitucional – apenas isso – no contexto norte-americano, contra as tendências liberais dos atuais lexicógrafos. Além disso, este livro usa maiúsculas para referir-se ao "Governo" quando a palavra se refere coletivamente àqueles que foram politicamente nomeados por um dado Presidente. Isso está de acordo com cinqüenta anos ou mais de uso por parte da comunidade de Washington.

As edições anteriores de Poder Presidencial – e agora esta – foram dedicadas a duas pessoas. Uma delas é minha falecida esposa, Bert, que ajudou a este livro (e a mim) ao longo de todos os estágios, desde seu esboço inicial, em 1955, até a edição de 1980. A outra pessoa é meu ex-chefe no então Departamento de Orçamento[2], Roger W. Jones, que ajudou a lançar-me na carreira acadêmica e depois disciplinou meus interesses na Presidência, primeiro insistindo para que eu tirasse uma licença e fizesse uma dissertação de doutorado a partir de nossos arquivos, e depois, anos mais tarde, revisando cuidadosamente cada manuscrito do texto original deste livro. Há trinta anos, ele não queria ser identificado. Em 1980, eu não mais estava disposto a mantê-lo no anonimato. E esse continua sendo o meu sentimento a respeito. Devo-lhe muito.

Desde 1960, além de seis Presidentes a mais, tivemos, em maior número, novas obras sobre a Presidência, sobre o Congresso e sobre as relações entre os dois. Algumas delas são contribuições valorosas. Juntas, deixam claro que o pleno entendimento da Presidência enquanto instituição, e também de seus problemas operacionais, requer que compreendamos o Congresso. Os dois são inseparáveis. Assim, senti-me tentado a apoiar-me nesses livros, bem como nos Presidentes, mas resisti à tentação, a não ser que eu mudasse a natureza deste livro. Poder Presidencial nunca foi e não é agora uma revisão bibliográfica completa. O novo material para esta edição não é completo nem mesmo quando se propõe a abordar as críticas recebidas pela primeira edição. As críticas que atendi foram as minhas próprias, que, às vezes, coincidiram com as de outros, às vezes, não. O livro continua sendo hoje o que ele foi originalmente – a argumentação de um homem, ilustrada com os registros públicos da Presidência, valendo-me de minha própria experiência e observação; portanto, uma argumentação limitada em suas ambições e seus usos. Minha experiência foi consideravelmente ampliada depois de 1960, bem como as oportunidades de observação, na qualidade de consultor da Casa Branca durante os Governos Kennedy e Johnson, e ocasionalmente junto ao Projeto de Reorganização de Carter. Além disso, minha atividade docente tem produzido, ao longo dos anos, um conjunto de ex-alunos simpáticos a mim em cada novo Governo. Que presente para um observador de Presidentes! Sempre busquei usar a observação participativa a favor do conhecimento acadêmico e que este pudesse, por sua vez, auxiliar os participantes. Deixo todas as tarefas mais amplas do que esta para outros – ou, pelo menos, para uma outra ocasião.

Primeira Parte:
Poder Presidencial

CAPÍTULO 1
LÍDER OU FUNCIONÁRIO?

Nos Estados Unidos, gostamos de "classificar" o Presidente. O avaliamos como sendo "fraco" ou "forte" e denominamos o que estamos avaliando como sendo a sua "liderança". Não esperamos até a sua morte; nós o avaliamos a partir do momento em que toma posse. E é correto que o façamos. Seu cargo passa a ser o ponto focal da política e das políticas públicas em nosso sistema político. Nossos comentaristas e nossos políticos se especializam em 'medir' esse homem. O resto de nós se junta a eles sempre que sentimos que o "governo" está afetando nossa vida privada. Durante o último quarto do século XX, essa sensação tem sido freqüente para milhões de nós.[1]

Este livro representa uma tentativa de clarear o que estamos avaliando. Apesar de todos emitirmos julgamentos a respeito da liderança presidencial, muitas vezes baseamos nosso julgamento em imagens que temos do cargo, que podem estar muito distantes da realidade. Também usamos essas imagens quando dizemos uns aos outros a quem escolher para Presidente. Mas é arriscado avaliar alguém que está ocupando o cargo ou escolher uma pessoa para o cargo com base em premissas falsas a respeito da natureza de seu trabalho. Quando o emprego é a Presidência dos Estados Unidos, o risco torna-se enorme. Espero que este livro ajude a reduzi-lo.

Estamos lidando aqui com o próprio Presidente e com sua influência sobre as ações do Governo. Em termos institucionais, a Presidência hoje inclui dois mil homens e mulheres. O Presidente é apenas um deles. Mas seu desempenho dificilmente poderá ser mensurado sem concentrar-se nele. Em termos de partido político ou do país, ou do assim chamado Ocidente, a sua liderança envolve muito mais do que a ação governamental. Mas esse aprimoramento do espírito e dos valores e propósitos não acontece em meio a um vazio. Apesar de a ação governamental talvez não representar a totalidade da liderança, todo o resto é alimentado por ela e obtém seu valor a partir dela. Contudo, se tratarmos a Presidência como sendo o Presidente, não podemos avaliá-lo como se ele fosse o Governo. Não a ação como resultado, mas o impacto que tem sobre o resultado é a medida desse homem.

Sua força ou fraqueza, portanto, baseia-se em sua capacidade pessoal para influenciar a conduta dos homens que compõem o governo. Sua influência torna-se a marca da liderança. Para avaliar um Presidente de acordo com essas regras, olhemos para as próprias capacidades do homem como buscador e detentor de influência efetiva sobre os outros homens envolvidos em governar o país. É isso que este livro se propõe a fazer.

O termo 'presidencial' na página do título significa nada além do Presidente. O 'poder' significa a sua influência. É bom esclarecermos esses significados desde o início.

Há duas maneiras de estudar o poder presidencial. Uma é enfocar as táticas, por assim dizer, para influenciar certas pessoas em determinadas situações: como obter a aprovação do Congresso para certo projeto de lei, como resolver greves, como aquietar feudos ministeriais, ou como superar os conflitos no Suez. Outra maneira é recuar em relação a táticas para "fatos consumados" e lidar com a influência de forma mais estratégica: qual é sua natureza e quais são as suas fontes? O que este homem pode fazer para melhorar a perspectiva de ter influência quando o desejar? Estrategicamente, a pergunta não é como ele domina o Congresso em uma situação específica, mas o que faz para aumentar suas chances de dominá-lo em qualquer momento, olhando para o futuro e para além do presente. O segundo caminho foi a escolha que fizemos para este livro.

Para analisar a estratégia da influência presidencial, é necessário decidir para quem iremos voltar nosso olhar. Problemas de poder variam com o escopo e a escala dos governos, com o estado da política, com os avanços tecnológicos, com o ritmo das relações mundiais. O poder na década de 1960 não pôde ser adquirido ou empregado da mesma maneira como o foi por Calvin Coolidge ou Theodore Roosevelt ou Grover Cleveland ou James K. Polk. Mas há uma grande possibilidade de que na próxima década o Presidente tenha que buscar influência e usá-la sob condições bastante semelhantes àquelas que conhecemos após a II Guerra Mundial. Sendo assim, os homens cujos problemas melhor podem esclarecer as perspectivas da Casa Branca são Dwight David Eisenhower e Harry S. Truman. E serão eles, basicamente, para quem voltaremos nosso olhar. Fazendo isso, enxergaremos a sombra de um terceiro – Franklin D. Roosevelt, em cujos restos de coalizão eles trabalhavam, ocupando um cargo ampliado por sua atuação.

Nossos dois Presidentes mais recentes tiveram em comum algo que possivelmente irá perdurar no futuro: o contexto para grande parte de seu trabalho. Eles atuaram em um ambiente político e de políticas públicas marcado por alto grau de continuidade. Para verificar a continuidade da era Truman até a de Eisenhower, basta colocar lado a lado jornais de 1959 com os de 1949. Exceto pela questão dos comunistas domésticos, a questão principal de nossas políticas públicas e da política externa permanece praticamente inalterada. Lidamos da mesma maneira com a Guerra Fria, com a corrida armamentista, com a concorrência estrangeira, com as fronteiras do estado de bem-estar social e com as bordas das relações raciais. Certos aspectos mudam, mas os rótulos continuam os mesmos. Assim como os dilemas. Tudo permanece indefinido. Não houve durante este século uma continuidade comparável entre o início e o fim de uma década; basta fazer uma contagem regressiva a partir de 1949 e isso ficará claro. Houve até mesmo continuidade no comportamento do eleitorado nacional; o que Samuel Lubell, há nove anos, denominou "a estagnação" de nossos alinhamentos partidários, ainda não foi rompido.

As semelhanças entre o contexto de Truman e o de Eisenhower dão a esses anos unidade diferente da dos anos de guerra, ou da era da depressão, ou da década de 1920, ou antes disso. Em termos governamentais, pelo menos, os quinze anos transcorridos desde a vitória sobre o Japão merecem designação própria. "Meio do século" é expressão que atende aos nossos propósitos. E o que diferencia o meio do século pode ser expresso de forma bastante concisa: emergência nas políticas públicas com política, como sempre.

"Emergência" descreve as condições do meio do século somente pelos padrões do passado. Pelos padrões atuais, o que teria sido uma emergência virou lugar comum. Os dilemas nas políticas públicas ao longo do período pós-guerra se assemelham às emergências do passado: sua dificuldade e complexidade para o governo. A inovação tecnológica, as mudanças sociais e políticas no exterior, o crescimento populacional doméstico impõem peso enorme, não apenas aos equipamentos administrativos de nossos formuladores de políticas, mas também a seus recursos intelectuais. O tatear de homens maduros no meio do século evoca a confusão mental derivada da depressão, há trinta anos, quando as pessoas eram desafiadas em sua compreensão pela novidade de sua condição. Hoje, a inovação nos mantém constantemente confusos; tão logo começamos a compreender, acrescenta-se algo novo e voltamos a tatear no escuro. Mas diferentemente das grandes dificuldades do passado, nossos dilemas de políticas públicas raramente geraram algo semelhante a um consenso nacional. Desde 1945, inúmeras situações foram percebidas como sendo crises dentro do governo; raramente houve um sentimento comparável fora do governo. Durante a Guerra Fria, praticamos a política dos "tempos de paz". O que mais poderíamos ter feito? A Guerra Fria não é uma crise; ela tornou-se uma maneira de viver.

Nossa política prossegue como de costume, mas somente segundo os padrões das crises passadas. Em comparação com o que uma vez foi a normalidade, nossa política tem sido incomum: o enfraquecimento dos vínculos partidários, a ênfase na personalidade, a aproximação de eventos mundiais, as constantes mudanças nos ânimos públicos e, acima de tudo, a divisão de votos[2] – nenhum dos quais era comum antes da II Guerra Mundial. O símbolo das condições políticas do meio do século era a Casa Branca nas mãos de um partido, enquanto o Congresso estava nas mãos do outro partido – um símbolo totalmente visível durante oito dos últimos quinze anos e absolutamente invisível em quatro dos sete anos remanescentes. Nada comparável de fato foi visto neste país desde 1880. E aquela década de 80 não foi perturbada por emergências nas políticas públicas.

Quanto à combinação de política e políticas públicas, temos visto alguns precursores de nosso contexto no meio do século. Franklin Roosevelt tinha um contexto razoavelmente comparável em seus anos intermediários como Presidente, apesar de não ter sido assim durante os anos iniciais e nem após Pearl Harbor. De fato, à exceção da guerra, poder-se-ia dizer que o meio do século começou com o segundo mandato de Roosevelt. Nossa situação recente também deve ser comparada com certos aspectos da Guerra Civil. Abraham Lincoln está muito mais próximo de nós em termos de contexto do que de tempo: um Lincoln atormentado por Radicais e rechaçado por Democratas em meio às confusões administrativas e intelectuais da arte de guerrear do século XX, em pleno século XIX. Em 1919, Woodrow Wilson enfrentou e foi derrotado por condições um tanto quanto similares às nossas. Porém, exceto por esses homens, podemos dizer que Truman e Eisenhower foram os primeiros a ter de moldar a influência presidencial a partir do material oferecido pelo meio do século. Supostamente, não serão os últimos.

Temos uma tendência a avaliar os que antecederam Truman como se a "liderança" consistisse de iniciativas na economia, ou na diplomacia, na legislação ou nos meios de comunicação. Se o avaliarmos e a seus sucessores dessa maneira, então automaticamente seriam líderes. Uma característica marcante de nosso passado recente foi a transformação de ações que antes víamos como excepcionais em práticas rotineiras. Um Presidente pode preservar sua liberdade – na frase de Wilson "ser um homem tão grande quanto o conseguir". Mas hoje ele não pode ser tão pequeno quanto o quiser.

Nossos dois últimos Presidentes passaram por todos os movimentos que tradicionalmente associamos à força nesse cargo. Esse também será o caso daquele que fizer o juramento em 20 de janeiro de 1961. A cada momento, o excepcional comportamento de nosso Presidente "forte" anterior passa a estabelecer um novo patamar, que passará a atuar como exigência comum. Theodore Roosevelt certa vez assumiu a posição de guardião durante a emergência criada pela grande greve do carvão, em 1902; a Lei do Trabalho em Ferrovias e a Lei Taft-Hartley agora tornam tais intervenções obrigatórias para os Presidentes. O outro Roosevelt certa vez assumiu responsabilidade pessoal por 'calibrar' e orientar a economia americana; a Lei do Emprego prende seus sucessores a esta tarefa. Wilson e Franklin D. Roosevelt tornaram-se os principais porta-vozes, os protagonistas, em um palco mundial no ápice da guerra; agora, como membros das Nações Unidas, as alianças globais prescrevem esse papel continuamente em tempos denominados "de paz". Durante ambas as guerras mundiais, nossos Presidentes tatearam experimentalmente em relação às necessidades criadas pela emergência de integrar políticas estrangeiras e militares; a Lei da Segurança Nacional hoje pressupõe tal necessidade como sendo coisa certa e constante em nossos tempos. F.D. Roosevelt e Truman se responsabilizaram pelo desenvolvimento e pelo uso inicial das armas atômicas; a Lei de Energia Atômica hoje coloca peso comparável sobre os ombros de cada Presidente. E o que escapou do reconhecimento estatutário foi acrescido à lei presidencial comum, confirmada pelo costume, mas nem por isso com um peso menor: a conversa ao lado da fogueira e a coletiva de imprensa, por exemplo, ou os programas legislativos pessoalmente apresentados, ou as campanhas pessoais nas eleições para o Congresso.

Em sua forma, todos os Presidentes hoje são líderes. De fato, isso não garante nada além do fato de que serão funcionários. Todo mundo hoje espera que o homem que ocupa a Casa Branca faça algo a respeito de tudo. Leis e costumes hoje refletem a aceitação dele como o grande iniciador, o que é corrente no Capitólio, bem como na outra ponta da Avenida Pensilvânia[3]. Mas tal aceitação não significa que o resto do Governo está a seus pés. Significa apenas que outros homens acharam praticamente impossível fazer o seu próprio trabalho sem que ele – o Presidente – desse garantia às suas iniciativas. Serviço para si próprios, não poder para o Presidente, os levou a aceitar a sua liderança quanto à forma. Acham que suas ações são úteis para os seus negócios. A transformação de suas obrigações de rotina indica quão dependente estão de uma Casa Branca atuante. Um Presidente, hoje em dia, é um funcionário valioso. Seus serviços são requisitados por toda a Washington. Sua influência, contudo, é questão bastante diferente. Leis e costumes nos dizem muito pouco a respeito da liderança de fato.[4]

Por que nossos Presidentes foram honrados com esse serviço? A resposta é que o serviço de mais ninguém é suficiente. Nossa Constituição, nossas tradições, nossa política não oferecem nenhuma fonte melhor para as iniciativas que um Presidente pode tomar. O alto escalão do

Governo precisa de decisões, de proteção política e de um juiz para as brigas. De onde virá isso, senão da Casa Branca? Os congressistas precisam de uma agenda que venha de fora, algo com um alto *status*, à qual responder ou contra a qual reagir. Quem melhor para oferecê-lo que o programa do Presidente? Os políticos partidários precisam de um histórico, para defender na próxima campanha nacional. Como fazê-lo senão por meio da "sua" administração? Pessoas físicas que precisam afiar seu 'machado político' podem precisar de ajuda ou podem precisar de uma pedra na qual afiá-lo. Seja lá qual for o caso, o que daria maior satisfação do que um Presidente? E fora dos Estados Unidos, em cada país onde nossas políticas e posturas influenciam a política doméstica, haverá pessoas precisando que a coisa "certa" seja dita e feita ou que a coisa "errada" seja detida em Washington. O que simbolizaria Washington mais apropriadamente do que a Casa Branca?

Um Presidente moderno certamente enfrentará pedidos de ajuda e de serviço por parte de cinco fontes mais ou menos diferenciáveis: do alto escalão do governo, do Congresso, dos membros do seu partido, dos cidadãos como um todo e do exterior. A função da Presidência expressa essas pressões. De fato, são pressões do 'eleitorado', e cada Presidente tem cinco tipos de eleitorado. Os cinco não podem ser diferenciados por afiliação; a afiliação é uma questão que se sobrepõe, obviamente. E se os tomarmos um a um, não combinam com o eleitorado desse homem; um deles, de fato, está fora de seu eleitorado. Eles se diferenciam, isto sim, por suas diferentes solicitações a ele. Iniciativas é o que desejam, por cinco motivos diferentes. Como o governo e a política não ofereceram alternativas, nossas leis e costumes transformam tais desejos em obrigações.

Por que, então, o Presidente não tem assegurada uma influência proporcional aos serviços realizados? Relações com o eleitorado são relações de dependência. Todo mundo com alguma parcela no Governo deste país pertencerá a um (ou dois, ou três) de seus eleitorados. Como todos dependem dele, por que ele não tem assegurado o apoio de todos? A resposta é que ninguém mais está sentado onde ele está ou vê exatamente como ele vê; ninguém sente o peso integral de nosso sistema político. Mas justamente por sua singularidade é que recai sobre ele apenas. *As mesmas condições que promovem sua liderança em termos da forma, excluem a garantia da liderança de fato.* Nenhum homem ou grupo em qualquer uma das pontas da Avenida Pensilvânia compartilha seu status específico em nosso Governo e em nossa política. É por isso que há uma alta demanda por seus serviços. Porém, do mesmo modo, as obrigações de todos as outras pessoas são diferentes das suas. As pessoas que compõem o alto escalão de seu Governo têm deveres e eleitorados departamentais. Seus líderes no Legislativo lideram partidos no Congresso, um em cada Casa. A organização nacional do seu partido está separada de sua família oficial. Seus aliados políticos nos estados não precisam enfrentar Washington, nem uns aos outros. Os grupos privados que o procuram não são obrigados a governar. E os amigos no exterior não são obrigados a concorrer em nossas eleições. Sem ocupar a sua posição, nem dispor das suas prerrogativas, esses homens não podem perceber as suas obrigações como sendo suas próprias obrigações. Eles têm os seus empregos; nenhum deles é o mesmo que o dele. Na medida em que reconhecem seu dever, podem achar correto segui-lo – ou não. Se sentir-se-ão obrigados ou não em relação à responsabilidade de fazer o que ele deseja que seja feito, ainda está em aberto. Essa pergunta serve de introdução a este livro.

Notas

[1] N.A.: Ao longo de todo o texto, o gênero masculino está justificado historicamente, mas não prospectivamente, ao referir-se ao Presidente. Seu uso como sinônimo para seres humanos está ultrapassado.

[2] N.T. :*Ticket splitting* ou divisão de votos é quando o eleitor vota em candidatos de partidos diferentes; por ex., vota no partido A para Presidente e no partido B para o Senado.

[3] N.T.: A Pennsylvania Avenue, em Washington, D.C., é a via que une o Capitólio (sede do Legislativo) à Casa Branca (sede do Executivo).

[4] N.A.: Essa é a base para uma diferenciação-chave, de ponta a ponta, entre poderes formais ou "poderes", como sinônimo da "autoridade", e poder jurídico e costumeiro, sempre no singular, sem aspas, como sinônimo da influência pessoal. Ver capítulo 3, nota 1.

›
Capítulo 2
Três Casos de Comando

Em meados de 1952, antes do calor da campanha, o Presidente Truman costumava contemplar os futuros problemas do general-transformado-em-Presidente – caso Eisenhower ganhasse as eleições que se aproximavam. "Ele vai sentar aqui", Truman dizia (apontando para sua mesa, enfaticamente), " e ele dirá: 'Faça isto! Faça aquilo!' *E nada vai acontecer.* Pobre Ike – não vai ser nem um pouco parecido com o exército. Ele vai achar isto aqui muito frustrante".

Eisenhower evidentemente constatou isso. "Considerando a constante dissidência e desunião, o Presidente às vezes simplesmente explodia em desespero", escreveu Robert Donovan, comentando sobre os primeiros meses do primeiro mandato de Eisenhower. "De que adiantava, ele exigia saber, tentava liderar o Partido Republicano..."[1]. E essa reação não se limitou apenas aos meses iniciais, ou a seu partido apenas. "O Presidente ainda acha", disse um assessor de Eisenhower em 1958, "que, quando ele decide algo, isso *deve* ser o fim da questão... e quando ela retorna sem ter sido resolvida ou então realizada de forma errada, ele tende a ficar chocado e surpreso."

Truman sabia do que ele falava. Usando "resignado" em lugar de "chocado e surpreso", a descrição do assessor teria servido para Truman. O ex-senador pode ter ficado menos chocado do que o ex-general, mas não esteve menos sujeito à mesma experiência dolorosa e repetitiva: "Faça isto, faça aquilo, e nada irá acontecer." Bem antes de falar de Eisenhower, havia expressado sua própria experiência em outras palavras: "Eu fico sentado aqui o dia todo, tentando convencer as pessoas a fazer as coisas que elas deveriam fazer sem que eu tivesse que persuadi-las... Esse é todo o poder que um Presidente tem."

Dito dessa forma, por um Presidente no exercício de seu cargo, encontramos a essência do problema à nossa frente: "poderes" não representam nenhuma garantia de poder; o cargo não é garantia de liderança. O Presidente dos Estados Unidos tem uma gama extraordinária de poderes formais, de autoridade na lei legislativa e na Constituição. Ele é testemunha de que, apesar de seus "poderes", não obtém resultados dando ordens – ou pelo menos, não simplesmente dando ordens. Ele também tem uma condição extraordinária, *ex-*

officio, de acordo com os costumes de nosso governo e de nossa política. Ele é testemunha de que, apesar de sua posição, não consegue ação sem argumentação. Poder presidencial é poder para persuadir.

Numa primeira olhada, pode parecer que os eventos de conhecimento público sobre o próprio Governo de Truman e de Eisenhower contradizem frontalmente esse testemunho. Três casos – dentre muitos outros – exemplificam essa aparente contradição. Em 1951, Douglas Mac Arthur recebeu ordens de renunciar ao comando; ele fez o que lhe foi ordenado. Em 1952, Truman confiscou as siderúrgicas do país; elas permaneceram sob posse governamental durante cerca de sete semanas, até ele ordenar que fossem liberadas, após a Suprema Corte lhe dizer que havia excedido sua autoridade. Em 1957, Eisenhower enviou tropas federais a Little Rock; a multidão foi dispersada e as crianças negras foram à escola. Evidentemente, alguns comandos são efetivos; alguns resultados podem ser obtidos simplesmente dando ordens; algumas ações são executadas sem discussão. Os comentários de Truman parecem ser desmentidos por seus próprios atos e por aqueles de seu sucessor nesses casos, entre outros.

A contradição é superficial. Existe, se as palavras de Truman forem entendidas como se os poderes formais não exercessem qualquer influência. Desaparece se entendermos que Truman quis dizer que a mera afirmação de um poder formal raramente é suficiente. Entendidas nesse segundo sentido, suas palavras de fato são corroboradas por esses casos de comando. Pois a alusão a MacArthur, ao confisco das siderúrgicas e às tropas federais em Little Rock vai muito além para mostrar quão especiais são as circunstâncias que favorecem o comando. Mostra também quão limitado pode ser seu efetivo alcance, quão oneroso o seu emprego. Uma análise do poder presidencial precisa começar demarcando os limites em relação aos "poderes" presidenciais. Tais exemplos nos dizem muito a respeito de limites.

Mas antes de voltar-me ao que esses casos demonstram, permitam-me revisar os fatos em cada um deles. Cronologicamente, o caso MacArthur vem primeiro; o confisco das siderúrgicas, em segundo; e o caso de Little Rock, em terceiro. Para fins de revisão dos fatos, é conveniente discuti-los nessa ordem. Depois de declararmos os fatos, a cronologia pode ser ignorada.

Quando estourou a Guerra da Coréia, no fim de junho de 1950, com um avanço sobre a Coréia do Sul a partir do Norte, MacArthur estava em Tóquio, a seiscentos mil quilômetros de distância, como comandante supremo da ocupação aliada no Japão e como comandante das forças norte-americanas no Extremo Oriente, postos que havia assumido cinco anos antes, quando aceitou a rendição japonesa. A ele e suas tropas, necessariamente, Truman primeiro confiou a ajuda militar à Coréia do Sul.[2] Não havia outras tropas à mão. Quando as Nações Unidas tomaram a guerra para si e deram o comando aos Estados Unidos, Truman acrescentou aos demais títulos de MacArthur a denominação de comandante de campo das Nações Unidas.

Em agosto, o general havia demonstrado que conseguiria manter a Coréia sob controle e que, pessoalmente, talvez tivesse pretensões que iam além de devolver os comunistas da Coréia do Norte à sua posição inicial. Durante os primeiros dias da guerra, Washington havia "neutralizado" Formosa, ordenando à Sétima Esquadra que se interpusesse entre o regime comunista na China continental e o regime nacionalista que ocupava a ilha. MacArthur logo encontrou-se com Chiang Kai-shek, e declarações públicas de ambos implicavam algum tipo de adesão à causa de Chiang e algum tipo de envolvimento por parte dos nacionalistas na Coréia. Tais declarações não estavam em sintonia com a política de Washington, sem falar dos parceiros nas Nações Unidas, e Truman, por fim, teve que dizer a MacArthur que retirasse uma declaração adicional enviada aos Veteranos de Guerras no Estrangeiro.

Três semanas após esse episódio, Washington estava pronta a perdoá-lo e esquecê-lo, encantada com seus sucessos nos campos de batalha. Em 15 de setembro, as tropas de MacArthur aterrissaram em Inchon; depois disso, a vitória de fato chegou rapidamente. Um mês mais tarde, Truman reuniu-se com o general em Wake Island. Concordaram não haver qualquer disputa em relação aos nacionalistas chineses e estavam confiantes de que a luta chegaria ao fim rapidamente, com a ocupação de toda a Coréia do Norte.

Sua confiança não duraria muito. Na primeira semana de novembro, foi fortemente abalada quando as tropas das Nações Unidas encontraram os comunistas chineses. Na última semana de novembro, foi destroçada por um ataque da China comunista, que pegou MacArthur despreparado e lamentavelmente mal instalado. Para desafogar suas tropas, foi obrigado a retroceder dois terços do caminho em direção à península. Somente em meados de janeiro de 1951, Washington começou a sentir-se confiante de que novas linhas poderiam formar-se, manter-se e apoiar uma real recuperação. Entrementes, MacArthur havia anunciado que uma "nova guerra" estava a caminho. Ele havia desistido de manter qualquer parte da península e havia publicamente culpado Washington por sua derrota, por ter insistido em que os combates ficassem confinados à Coréia. Imediatamente após a intervenção chinesa, começou a fazer campanha em prol de medidas de guerra contra a China comunista em seu território.

Truman e seus assessores e a maioria dos governos aliados tiveram reação oposta ao ataque de Beijing. Seus olhos estavam fixos na Europa, onde estavam seus maiores interesses na Guerra Fria. Eles esperavam minimizar o risco de um envolvimento de longo prazo em outras regiões e, especialmente, o risco de uma III Guerra Mundial. Se o objetivo original da luta – a Coréia do Sul – pudesse ser salvaguardado sem aumentar tais riscos, eles estariam bastante satisfeitos. Em fevereiro, o general Ridgway, que comandava as tropas terrestres na Coréia, lhes assegurara que isso poderia ser feito. Em março, suas tropas o estavam fazendo. Antes de o mês terminar, basicamente toda a Coréia do Sul estava novamente em mãos das Nações Unidas, e as tropas de Ridgway voltavam-se para o norte, em direção a linhas de defesa naturais, situadas logo após a fronteira.

Aparentemente as hostilidades poderiam terminar com a restauração, em linhas gerais, da situação inicial. Para Washington e seus aliados europeus, essa pareceu ser a melhor opção de um mau negócio; para MacArthur e muitos cidadãos norte-americanos, parecia ser a pior opção. Em vez de aceitá-la, deu início a nova saraivada de declarações públicas, cujo alvo, aparentemente, era empurrar Washington a "vencer" a guerra. Em 7 de março, numa declaração à imprensa, conclamou todos a agir para "dar o mais alto nível de resposta internacional às obscuridades da guerra não declarada da China Vermelha".[3] Em 25 de março, publicou uma exigência de rendição do inimigo, comprometendo uma declaração presidencial que já havia sido planejada e que pretendia expressar o interesse do Governo em um acordo negociado. Em 5 de abril, Joseph Martin, o líder da minoria na Câmara dos Deputados, leu na plenária uma carta do general que lamentava as políticas de seus superiores, e encerrava com as seguintes palavras: "Não há substituto para a vitória".

Em 5 de abril, a decisão de Truman já havia sido tomada; cinco dias mais tarde, MacArthur foi liberado de seu posto. Uma explosão extraordinária de emoção popular anunciou seu retorno. As emoções foram se apagando – assim como ele – durante as audiências no Senado, que remexeram em todos os recantos das políticas oficiais. Entrementes, a guerra continuava limitada. Em julho iniciaram-se as negociações de armistício; dois anos mais tarde, chegou-se ao armistício ao longo de uma linha que as tropas haviam alcançado em junho de 1951.

Basta por ora quanto a fatos relacionados ao caso MacArthur. O próximo é o caso do confisco das siderúrgicas. Em 31 de dezembro de 1951, cinco meses após o início das negociações de armistício na Coréia, expiraram os contratos entre o Sindicato dos Trabalhadores da Indústria Siderúrgica e os principais conglomerados siderúrgicos, levando a uma estagnação nas negociações coletivas.[4] A pedido pessoal de Truman, os homens continuaram trabalhando sem contrato, enquanto ele encaminhava sua disputa ao Conselho de Estabilização de Salários[5], órgão composto igualitariamente por trabalhadores, empresários e funcionários públicos, encarregados do controle de salários e funções aliadas durante a Guerra da Coréia. Como esse conselho salarial ainda estava realizando audiências sobre o caso, o sindicato adiou greves por duas vezes, novamente por insistência de Truman. Então, com greve marcada para 19 de abril de 1952, os membros trabalhadores e públicos do conselho concordaram, em 20 de março, com os termos de um acordo a ser recomendado às partes da disputa. Os membros empresários discordaram. À primeira vista, as propostas da maioria foram abraçadas pelos sindicatos, denunciadas pelas empresas e, nos escalões acima do conselho, os representantes do poder público consideravam-nas demasiado "elevadas".

O Conselho de Estabilização de Salários fazia parte de uma hierarquia administrativa complexa, estabelecida durante os primeiros seis meses da Guerra da Coréia. O topo do Conselho era composto pelo Departamento de Mobilização da Defesa (ODM)[6], chefiado por Charles E. Wilson, a quem Truman havia atribuído "direção", "supervisão" e "controle" de todo o esforço econômico no *front* doméstico (esse era o "Electric Charlie" Wilson, da General Electric, que não deve ser confundido com o secretário da Defesa de Eisenhower). O ODM havia sido imposto a tudo o mais, logo após a intervenção chinesa. Logo a seguir, vinha a Agência de Estabilização Econômica (ESA)[7], que havia sido criada antes da nomeação de Wilson. No papel, essa Agência administrava os poderes decisórios a respeito de preços e salários, que haviam sido conferidos ao Presidente pela Lei de Produção da Defesa[8]. De fato, tais poderes eram administrados por duas unidades subordinadas: o Departamento de Estabilização de Preços[9], chefiado por Ellis Arnall, ex-governador da Geórgia, e o Conselho de Salários em si. O Departamento estava organizado como agência de linha normal. O Conselho tinha autoridade estatutária, por delegação da ESA, para estabelecer limites máximos sobre os salários. Também tinha autorização direta da Casa Branca para recomendar soluções voltadas a questões não-salariais em disputas trabalhistas. Ambas as funções estiveram envolvidas no caso das siderúrgicas. Decisões salariais por parte do Conselho tinham poder legal; suas propostas não-salariais, não. Teoricamente, seus tetos salariais estavam sujeitos a revisão por parte do estabilizador econômico, ou o mobilizador da defesa, ou o Presidente. Mas em termos práticos, caso a caso, a composição tripartite do Conselho e os procedimentos quase judiciais tornavam decisões majoritárias irreversíveis em relação a salários, e nem mesmo passíveis de revisão em se tratando de outras questões. Comparativamente, o Departamento de Estabilização de Preços era uma unidade administrativa sem qualquer independência de seus superiores nominais – ou não mais do que seria possível mediante brigas burocráticas internas – e sem quaisquer deveres que pudessem desviá-lo das preocupações com o controle de preços. Uma coisa, contudo, os controladores de salários e de preços tinham em comum: não confiavam em seus superiores e eram agressivos uns com os outros.

As propostas do Conselho de Salários, em 20 de março, precipitaram uma crise no caso das siderúrgicas. O setor as declarou inaceitáveis. O Sindicato afirmou que isso era o mínimo que iria aceitar. O Governo não podia desautorizá-las sem destruir a máquina de estabilização de preços. Uma greve estava marcada para dali a apenas três semanas. De acordo com o Pentágono, as possibilidades de ofensivas por parte do inimigo na Coréia excluíam qualquer perda na produção de aço. Sob tais circunstâncias, Wilson, como diretor da Mobilização da Defesa, assumiu pessoalmente o caso. Sua resposta à crise foi uma concessão de preço às companhias, suficiente para permitir acordo salarial e outras questões, antes da data marcada para a greve. Após consultas apressadas ao Presidente, que estava encerrando suas férias em Key West, Wilson sondou a indústria em relação a um eventual 'alívio' nos preços. Infelizmente, numa conferência de imprensa improvisada, ele havia expressado seu descontentamento pessoal em relação aos termos do acordo estabelecido pelo Conselho. Isso acabou com a confiança que os sindicatos tinham nele e colocaram em xeque o seu argumento de que estava agindo em nome do Governo. A seguir, Wilson foi rechaçado pelos representantes da indústria, que queriam preços mais altos do que aqueles que ele tinha em mente e não se comprometeram a chegar a um acordo com os sindicatos. Ellis Arnall, o diretor de Preços, ganhou apoio de Truman em prol de uma posição mais firme no controle de preços. Seriam permitidas concessões para aumentos dentro do tempo normal, mas somente *após* os custos terem sido incorridos. Um acordo entre empregados e empregadores deveria vir primeiro. Esse era o argumento de Arnall. Truman simpatizou com isso. Wilson demitiu-se em 29 de março.

Durante os dias que antecederam a greve, a Casa Branca, agora envolvida diretamente, tentou pressionar companhias e sindicatos em direção a um acordo, sem concessão de preços antecipada. A negociação coletiva foi retomada e tentou-se fazer a mediação. Muitas negociações e muitas desventuras se seguiram, mas nenhum acordo. Por fim, para evitar o fechamento da produção, Truman confiscou o setor duas horas antes do prazo para o início da greve. Ordenou ao secretário de Comércio que administrasse as usinas e convocou os homens para trabalhar como funcionários do governo.

O sindicato atendeu ao chamado de Truman; as empresas aceitaram o controle governamental – e foram aos tribunais. Ao ordenar o confisco, o Presidente havia agido sem sanção do Legislativo. De fato, ignorou legislação existente – a Lei Taft-Hartley –, que lhe dava a alternativa de obter mandado de segurança contra as convocações de greve dos sindicatos para um período adicional de 80 dias. Nessas circunstâncias, as companhias siderúrgicas consideraram que seu confisco era ilegal. E esse foi seu argumento perante a imprensa e o Tribunal Federal Distrital, em 9 de abril, e também depois disso.

Os advogados do Governo retrucaram com apelos em nome das necessidades da defesa nacional. Também reivindicaram poderes presidenciais ilimitados e "inerentes". O próprio Presidente repudiou tais reivindicações. O tribunal, contudo, ficou furioso com elas, fúria compartilhada por congressistas e editores.

Em 29 de abril, o juiz distrital negou a autoridade de Truman para confiscar o setor. A greve iniciou-se de vez. Três dias mais tarde, a ordem daquele juiz foi adiada por um tribunal de recursos, que permitiu ao governo submeter o caso à Corte Suprema. Os homens retornaram ao trabalho. A pedido de Truman, as empresas e os líderes sindicais foram à Casa Branca para negociar uns com os outros, cara a cara. Em 3 de maio, enquanto prosseguiam as negociações, a Corte Suprema assumiu a jurisdição do caso e, com a decisão ainda pendente, ordenou que não houvesse mudanças nos salários. As negociações na Casa Branca entraram em colapso de vez; todas as partes envolvidas dirigiram-se à Corte.

Em 2 de junho, a maioria da Corte Suprema sustou a decisão do juiz distrital com um conjunto de opiniões tão variado que não definiu nada, exceto o resultado. O Presidente imediatamente devolveu as usinas à iniciativa privada. Houve novamente greve. Dessa vez, as usinas ficaram paradas durante sete semanas, até que novas negociações coletivas e promessas da Casa Branca de afrouxar os preços levaram a um acordo, em 24 de julho. Os homens obtiveram condições um pouco menos favoráveis que os membros do Conselho haviam proposto; as empresas obtiveram aumento nos preços consideravelmente maior do que Wilson havia, a princípio, oferecido.

Esse foi o resultado do confisco das siderúrgicas. Entre esse e o terceiro caso, passaram-se cinco anos e as duas eleições de Eisenhower. O caso de Little Rock teve início nos primeiros meses de seu segundo mandato.[10] Em abril de 1957, um tribunal federal de recursos aprovou o plano de integração elaborado pelas autoridades escolares de Little Rock, após decisão da Suprema Corte de 1954 de que a segregação nas escolas era inconstitucional. O Conselho Escolar de Little Rock anunciou que o ensino integrado se iniciaria em setembro na *Central High School*, intensificando esforços para acostumar a comunidade com essa perspectiva. As coisas ficaram assim até agosto de 1957, quando um cidadão local entrou com uma ação, com sucesso, perante o tribunal local, para suspender a integração. O mandado de segurança do tribunal local foi declarado nulo por um juiz federal e, legalmente, o caminho estava aberto para as turmas integradas, assim que as aulas fossem retomadas, em 3 de setembro.

Mas no dia 2 de setembro, Orval Faubus, governador do Arkansas, enviou homens da Guarda Nacional para que cercassem a escola. As tropas, seguindo suas instruções, mantiveram todos os negros fora da escola, a fim de impedir violenta reação por parte dos cidadãos, que ele antevia, caso as crianças negras entrassem na escola. Incapaz de levar a cabo seu plano de integração, o Conselho Escolar solicitou instruções ao juiz federal. Ele ordenou que o conselho prosseguisse conforme planejado. As tropas de Faubus, contudo, impediram o cumprimento, seguindo suas ordens. Uma petição, proibindo a ação do governador, foi apresentada ao juiz em 10 de setembro, incluindo, entre outros, o procurador-geral dos Estados Unidos como requerente. No dia seguinte, Faubus pediu audiência a Eisenhower; o Presidente consentiu-a. Na ocasião, estava de férias em Newport, Rhode Island, e uma reunião foi organizada lá para 14 de setembro. Mas a reunião não produziu qualquer efeito em nenhum dos lados.

Em 20 de setembro, o juiz federal proibiu o governador de interferir no plano do Conselho Escolar. O governador retirou a Guarda Nacional e no dia de aula seguinte, 23 de setembro, uma multidão barulhenta rompeu os cordões da polícia, importunando várias pessoas. As crianças negras que haviam ido à escola foram levadas para casa. Naquela tarde, o Presidente fez uma declaração aos cidadãos de Little Rock, ordenando que "todas as pessoas" parassem de obstruir a justiça. Naquela noite, a Casa Branca e o prefeito de Little Rock conversaram. Na manhã seguinte, Eisenhower convocou a Guarda Nacional de Arkansas para o serviço federal, removendo-a, portanto, das mãos de Faubus, e enviou tropas normais do Exército a Little Rock. A ordem foi restaurada, e as crianças negras retornaram à escola. Elas permaneceram na escola e as tropas federais permaneceram nas proximidades ao longo de todo o ano letivo, até junho de 1958.

Depois disso, a tentativa de integração de Little Rock entrou em nova fase. No reinício das aulas, em 1958, Faubus havia proposto, recebido e então invocado uma legislação estadual que o autorizava a fechar a escola, caso fosse integrada. Em 1959, os tribunais federais aboliram essa legislação e tudo foi providenciado para que a escola abrisse, basicamente nas mesma condições de 1957. Enquanto escrevo, o governador sinaliza a intenção de contornar tais condições, se encontrar uma forma de fazê-lo. Concluo este resumo sem que a história tenha chegado ao fim.

A demissão de MacArthur, o confisco das usinas siderúrgicas, e o envio de tropas a Little Rock compartilham uma característica comum: em termos da intenção imediata, as ordens do próprio Presidente geraram resultados, como se suas palavras equivalessem à ação. Ele dizia "Faça isto, faça aquilo" e era feito. Do ponto de vista presidencial, essas três ordens eram auto-executáveis. Dar tais ordens significava que seriam executadas. Literalmente, nenhuma ordem é executada por si só; auto-execução de fato significa executado por outros. Mas a auto-execução descreve o efeito prático, conforme parece àqueles que deram as ordens. Aos olhos de quem dá a ordem, o comando equivale ao cumprimento.

O que estava por trás da "auto-execução" dessas ordens? Quando as tropas foram enviadas a Little Rock, a ação de Eisenhower assumiu a forma de ordem executiva, que "autorizava e direcionava" o secretário de Defesa a cumprir as ordens de um tribunal distrital no Arkansas, utilizando-se "das Forças Armadas dos Estados Unidos... conforme necessário". Para implementar essa ordem, ocorreram sucessivas delegações de autoridade, do secretário de Defesa ao secretário do Exército, até as unidades da 101ª. Divisão Aérea e a Guarda Nacional do Arkansas, executores físicos das ordens de Eisenhower. Cada delegação tinha poder discricionário. De fato, de acordo com um participante da Casa Branca, "o Presidente decidiu quais tropas usar, quão rapidamente deveriam chegar lá e o que deveriam fazer quando lá chegassem. Isso foi decidido bem aqui e tudo que aqueles caras no Pentágono tiveram que fazer foi entrar em ação. Eles sabiam exatamente o que deveriam fazer, assim que a ordem foi assinada". Eles também sabiam que o Presidente pretendia fazer um pronunciamento à nação, justificando a ação tomada. Sob tais circunstâncias, comando e cumprimento são fáceis de equacionar.

No caso de MacArthur, a equação é ainda mais fácil, pois as circunstâncias eram as mais simples possíveis: Truman, como comandante-em-chefe, assinou a ordem que liberou o general e ele próprio era executor, transferindo seu comando a seu sucessor designado. Era impossível não entender; a discussão foi excluída através da publicação da ordem e por uma fala presidencial no rádio, explicando-a.

Quanto ao confisco das usinas siderúrgicas, Truman anunciou sua ação em um pronunciamento transmitido nacionalmente pela televisão; ao mesmo tempo, por ordem executiva, instruiu o secretário de Comércio, Charles S. Sawyer, a tomar posse das usinas como administrador governamental. Para executar essa ordem, tudo que foi inicialmente exigido de Sawyer era uma notificação telegráfica à direção das empresas e uma delegação de autoridade aos executivos das próprias empresas, solicitando que permanecessem em seus cargos e que içassem a bandeira sobre as usinas. Logo após o comunicado nacional, o secretário dificilmente poderia fazer menos do que isso, e o governo, assim, estava de posse, sem ter que fazer qualquer outra coisa.

Esse breve relato é suficiente para mostrar o que estava por trás da pronta execução dessas ordens. Pelo menos cinco fatores comuns estavam atuando. Em cada uma das ocasiões, o envolvimento do Presidente estava claro. Assim como eram claras as suas palavras. Sua ordem foi amplamente divulgada. Os homens que a receberam tinham controle sobre tudo que necessitavam para executá-la. E não tinham dúvida aparente sobre sua autoridade para emitir tal ordem. Não por acaso, os cinco fatores podem ser encontrados em todos os três casos. São os fatores que produzem ordens auto-executadas. Se algum faltar, é provável que o mero comando não gere cumprimento.

Para ver o que acontece na ausência desses fatores favoráveis, permitam-me retomar incidentes ocorridos no mesmo contexto fatual das três ordens agora descritas. Essas foram prontamente executadas. Antes e depois, contudo, houve muitas outras que não foram executadas. Tais ordens servem para ilustrar o que acontece quando está faltando um fator favorável.

O primeiro fator a favorecer o cumprimento de uma ordem presidencial é a certeza de que o Presidente falou. As três ordens auto-executadas foram dadas pelo próprio Presidente – não apenas em sua forma, mas de fato. As ordens eram suas no duplo sentido de que vieram dele e expressavam clara decisão dele próprio. Os receptores não tinham espaço para duvidar de qualquer aspecto: as palavras escolhidas, o momento e a publicidade cuidaram disso. Para ver o que pode acontecer quando esse fator está ausente, apenas precisamos contrapor o incidente que levou à demissão de MacArthur: sua exigência pública de que o inimigo se rendesse em 24 de março de 1951.

A convocação do general de que o inimigo se rendesse chegou numa ocasião em que o Presidente, em consulta aos governos aliados, estava planejando declaração que basicamente convidaria a uma negociação para terminar a guerra. MacArthur divulgou primeiro suas ameaças de ampliar a guerra. A declaração da Casa Branca, então, foi deixada de lado. Para Truman, essa ação por parte de MacArthur significava duas coisas: sabotagem deliberada da política presidencial e violação deliberada de ordens explícitas. Publicamente, não há dúvidas de que o Presidente estava correto em ambos os aspectos. Pois o general havia sido informado antecipadamente, pelos devidos canais, a respeito da iniciativa que a Casa Branca estava por tomar. E havia recebido ordens, desde o mês de dezembro anterior, para não dar declarações públicas a respeito da política externa ou militar, sem aprovação prévia dos Departamentos de Estado e da Defesa. "Com esse ato", escreve Truman, "MacArthur não me deixou escolha – eu não mais podia tolerar sua insubordinação."[11]

O comentário de Truman indica o que os registros deixam claro: ele basicamente abriu espaço para esse resultado ao tolerar uma longa lista de atos anteriores, quase tão insubordinados quanto aquele. Desde a eclosão da questão coreana, bem como em anos anteriores, MacArthur regularmente havia utilizado declarações à imprensa para contrapor-se ou influenciar os pontos de vista de seus superiores. Até então, não havia usado tal meio para barrar seus atos. Mas nenhuma penalidade com conseqüências havia sido invocada para nada do que ele havia feito antes disso. Para Truman, a ampliação da tática do general era a gota d'água. MacArthur talvez não tivesse idéia de que a Casa Branca reagiria tão intensamente.

É verdade que MacArthur violou ordem explícita. Mas, do seu ponto de vista, a ordem mais parecia uma formalidade. Em 6 de dezembro de 1950, ela foi dirigida a todos os departamentos governamentais e chegou a Tóquio como uma rotina do Pentágono. A ordem estava expressa em termos mais suaves, mais como um produto de assessores de imprensa para calar secretários assistentes do que como a palavra de Truman ao seu comandante supremo. MacArthur, de fato, *era* o alvo dessa ordem; suas declarações à imprensa imediatamente após a intervenção chinesa foram a causa dela. Sua conduta era motivo de grande preocupação para Truman, pessoalmente. Mas como o general poderia saber? A ampla aplicação da ordem e sua aparência rotineira pretendiam poupá-lo de constrangimentos pessoais (um fato que, por si só, já diz muito). O efeito foi uma minimização do impacto e pouca clareza quanto à fonte. Mesmo que se tenha reconhecido como destinatário e Truman, pessoalmente, como emitente, MacArthur talvez tenha notado que a única reprimenda que sua ofensiva na imprensa ao início da "nova guerra" havia gerado por parte de Washington era aquela tímida ordem. Quando o que está em jogo é grande – politicamente e em termos de orgulho –, as convicções estão claras e os aliados políticos são poderosos, por que um comandante supremo não deveria tentar algo mais ousado em março do que ele havia feito em dezembro, sem maiores conseqüências?

Outro fator que contribui para o cumprimento de um pedido do Presidente é a clareza a respeito de seu significado. Ajuda a assegurar-se de que os destinatários sabem que *ele* quer o que está pedindo, e também é útil fazê-los saber exatamente o que ele quer. Para mudar o exemplo, quando o governador do Arkansas se encontrou com Eisenhower em Newport, uma semana antes de as tropas serem enviadas a Little Rock, não há dúvida de que Faubus sabia que o Presidente queria que algo fosse feito. Mas se tinha clareza acerca do que este algo era, continua incerto; eles se reuniram a sós e os termos da conversa deixaram espaço para mal-entendidos, aparentes ou reais. De acordo com um assistente de Eisenhower, "Faubus sabia muito bem o que o Presidente queria: que a ordem do tribunal fosse cumprida e que as crianças estivessem na escola, pacificamente... e ele prometeu fazer isso. Fomos enganados, isso é tudo." Mas Ashmore, da *Arkansas Gazette*, registra a impressão de que o governador acreditava poder "adiar o dia temido" até sua próxima campanha para governador, e "levou essa ilusão consigo para Newport... e a trouxe de volta para casa, intacta."[12]

Um aspecto mais ou menos comparável a esse marcou a crise das siderúrgicas, em 1952, e levou à demissão do diretor de Mobilização, Wilson. No início da crise, Wilson havia conversado com Truman em Key West, longamente e a sós. Mas pouco mais de uma semana mais tarde, ao trocar cartas a respeito da renúncia de Wilson, registravam pontos de vista muito diferentes a respeito das conversas em Key West. Wilson acusou Truman de mudança no tom; Truman acusou Wilson de distorcer ordens. E ambos podem ter razão, pois Wilson voltou de Key West com um mandato, conforme o havia entendido: resolver a disputa por meio de concessões de preço se e como pudesse. Essa era uma tarefa que exigia amplo poder discricionário para que sua execução fosse efetiva e, portanto, tinha algum espaço de manobra. Quando é inevitável haver certo grau de ambigüidade, como foi o caso aqui, basta uma pitada de imprecisão verbal ou de ares de férias para produzir um mal-entendido. Ambos estiveram presentes na receita de Key West e em Newport, cinco anos mais tarde.

Um terceiro fator que favorece o cumprimento de uma diretriz presidencial é sua publicidade. Mesmo quando não há necessidade de ambigüidade, nenhuma possibilidade de imprecisão, nenhum espaço de manobra discricionária, e nada para ser mal-entendido, o cumprimento pode depender não apenas da consciência do destinatário a respeito do que irá fazer, mas também da consciência de outros do que lhe foi dito que fizesse. Ao enviar tropas a Little Rock, ao confiscar a indústria siderúrgica, ao demitir MacArthur, todo o país foi convocado a sair a campo, informado sobre o compromisso do Presidente, convidado a observar a resposta. Mas o círculo de observadores raramente é assim tão amplo. Caso desse tipo é o comportamento interessante do secretário Sawyer durante suas primeiras semanas enquanto administrador das siderúrgicas confiscadas.

Tendo confiscado as usinas em meio ao desespero de impedir perdas de produção, a Casa Branca queria livrar-se delas tão rapidamente quanto possível – o que queria dizer tão logo tivesse segurança de que a produção continuaria, assim que elas retornassem a mãos privadas. Isso exigia certa solução para a disputa trabalhista, cuja falta de resolução havia levado ao confisco em si. O círculo somente poderia ser quebrado se o controle governamental continuado se tornasse tão pouco atrativo aos olhos de ambos os contendores, que preferissem concordar uns com os outros. Com esse fim, foi elaborada uma tática: o secretário de Comércio, como administrador das usinas, deveria tornar efetiva uma parcela das exigências salariais dos sindicatos às quais os trabalhadores automaticamente tinham direito, sob as regras existentes de controle de salários (um reajuste chamado de 'custo de vida'). Ao mesmo tempo, deveria pedir aos controladores de preços um 'alívio' equivalente àquilo que as empresas automaticamente tinham direito, dentro do contexto das disposições de compensação por aumento nos custos da legislação em vigor (a assim chamada Emenda Capehart). O secretário Sawyer então deveria anunciar que não poderia fazer nada além disso. Empregados e empregadores seriam confrontados com um fato consumado que não satisfaria nem as exigências salariais do Sindicato, nem as exigências de aumento de preços das empresas, mas que colocaria algumas coisas fora do território da disputa e excluiria termos melhores no longo prazo. Confrontados com essa perspectiva, ambos os lados poderiam concluir que poderiam ganhar mais chegando a acordo entre si do que de uma direção governamental continuada. Essa, pelo menos, era a expectativa da Casa Branca.

Uma semana após o confisco, Truman havia decidido avançar nessa direção. Pediu a Sawyer que agisse imediatamente e planejou convocar empresas e sindicatos para negociações, com seu secretário agindo por detrás. A intenção do Presidente era clara. Não havia ambigüidades. Mas Sawyer não agiu. No ministério, o secretário de Comércio falava em nome do empresariado. Oficial e pessoalmente, Sawyer não simpatizava com o confisco. Não queria administrar as usinas, e havia assumido a tarefa a contragosto. Estava obviamente insatisfeito com a perspectiva de ter sua assinatura nas ordens de pagamento de salário e nas solicitações de preços que comprometeriam a indústria siderúrgica. Apesar de não se recusar a agir, deu um jeito de mergulhar em preparativos. Então, o tribunal distrital livrou-o do constrangimento (e, ao governo, da oportunidade) ao negar sua autoridade para administrar as usinas. [13] Quando o tribunal de apelação restaurou seus poderes, Sawyer somente chegou a ponto de agir após ter obtido a anuência do Presidente de que, oficialmente, o seu departamento estaria atuando com base na assessoria de outros. Havia se passado quase quatro semanas desde o confisco quando Truman reuniu o Sindicato e as empresas para negociarem em seu escritório. A ação do secretário, portanto, estava marcada para dali a dois dias. Mas então já era tarde demais. No dia de abertura da sessão de negociações, a Suprema Corte barrou alterações nos salários.[14]

Se o Presidente inicialmente tivesse divulgado seu plano, Sawyer teria que executá-lo prontamente ou pedir demissão. Essa fora sua opção na noite após o confisco. Mas Truman não divulgou esse esquema de ajuste de preços. Próximo ao final das quatro semanas, sua pressão sobre o secretário tornou-se segredo aberto. No início, contudo, era pouco conhecido e Sawyer não tinha que se defrontar com escolha tão clara. Quando funcionários estão relutantes em fazer o que lhes foi dito, a publicidade incita a execução. Mas a publicidade faz seu serviço sob o risco de transformar uma relutância particular em des-respeito público. Às vezes isso pode não importar muito, ou pode até mesmo prometer alguma vantagem, ou o Presidente pode não ter opção. Aqui, fez grande diferença. Truman havia acabado de perder seu diretor de Mobilização da Defesa (e ele havia acabado de demitir seu procurador-geral, por questões não relacionadas ao aço). Praticamente, não podia permitir-se perder seu secretário de Comércio, especialmente numa questão envolvendo a administração das usinas que ele havia colocado nas mãos dele. Truman tinha uma opção e a usou. Deu instruções privativamente e tolerou resposta lenta.

Um quarto fator que favorece o cumprimento de um pedido de um Presidente é a efetiva capacidade de executá-lo. Ajuda se quem recebe a ordem contar com os meios necessários. Em certo sentido, a situação de Sawyer após o confisco tinha paralelos com sua situação na noite do confisco: tinha autoridade e recursos suficientes para executar a intenção imediata do Presidente. Tudo de que Sawyer necessitava era de pessoal para preparar documentos, uma caneta com a qual assiná-los e acesso a um telégrafo. Tais recursos estavam à sua disposição. Nesse sentido, em ambas as ocasiões, Sawyer estava numa situação bastante semelhante à de MacArthur quando da chegada de suas últimas ordens, ou do secretário do Exército quando chegaram as notícias sobre Little Rock. Cada um tinha os meios necessários à disposição. Sem os meios em suas próprias mãos, um agente presidencial pode ser incapaz de fazer o que lhe ordenaram, não importa quão bom seja seu entendimento ou honesta a sua intenção.

Um exemplo de homem sem os meios é Wilson, o diretor de Mobilização, na fase que antecedeu o confisco das siderúrgicas. Seja lá o que Truman tenha dito a ele ou não em Key West, está bastante claro que queria que a disputa fosse resolvida sem greve, mesmo que isso tivesse algum custo em termos do controle de preços. Mas assim que Wilson tentou atender esse desejo, duas coisas ficaram claras. As empresas queriam garantias de liberação nos preços, mas não prometer um acordo. E o diretor de Preços, Ellis Arnall, queria recusar qualquer aumento de preços, a não ser o exigido automaticamente pela lei *após* o acordo. De fato, a posição de Arnall tornou-se "jogue do meu jeito ou me mande embora", e apesar de Wilson ser superior a ele em termos burocráticos, Arnall fora nomeado pelo Presidente. Wilson de fato não controlava nem as empresas, nem o diretor de Preços. Não conseguiria nem mesmo influenciá-los significativamente, visto que o argumento de estar falando em nome de Truman havia sido comprometido por um comentário malfadado à imprensa a respeito do Conselho Salarial. Wilson não tinha outro recurso, senão retornar ao Presidente de mãos vazias. Quando Truman se inclinou na direção de Arnall, Wilson demitiu-se. Mas, mesmo que o Presidente tivesse renovado o mandato de Wilson, não está muito claro o que ele poderia ter feito.

Outro exemplo sobre o mesmo aspecto pode ser verificado no próprio ato do confisco. Descrevi a ordem de Truman nesse caso como auto-executável de fato, com Sawyer sendo o executor de fato. Mas Sawyer tinha um parceiro silencioso, o Sindicato dos Trabalhadores da Indústria Siderúrgica[15]. O propósito do confisco era a produção. A ordem de Truman foi efetiva após ser emitida porque os trabalhadores honraram a promessa de seu sindicato de que trabalhariam se seu empregador fosse o governo. Contudo, até duas horas antes de o confisco ser anunciado, o Presidente havia planejado, simultaneamente, invocar o procedimento de averiguação de fatos da Lei Taft-Hartley.[16] Esse plano foi abandonado em função da contestação urgente de que greves-relâmpago – e, portanto, perdas de produção –, poderiam resultar daí. A fim de garantir que o parceiro silencioso de Sawyer pudesse alcançar o propósito da ordem presidencial, Truman teve que modificá-la antecipadamente.

Um quinto fator que contribui para o cumprimento do pedido de um Presidente é a percepção de que o que deseja é seu direito. Os metalúrgicos supunham, assim como Truman, que ele tinha ampla autoridade constitucional para confiscar e operar as usinas. Uma interjeição do termo *Taft-Hartley* poderia ter alterado sua resposta, mas, na sua ausência, eles se conformaram à convenção de que não sairiam em greve contra o seu governo, aceitando como legítimo o pedido feito a eles pelo Presidente. O sentimento de obrigação, legitimamente imposta, estava presente na transferência de MacArthur de seu próprio comando e na resposta do Exército às ordens relativas a Little Rock, assim como na ação do Sindicato após o confisco. Sem um sentimento desse tipo por parte daqueles que receberam as ordens, elas não teriam sido executadas tão prontamente. Mas, a julgar pelos exemplos oferecidos até agora, o oposto não é verdadeiro. Não há garantias de que ordens serão executadas apenas por parecerem legítimas àqueles que as recebem. Em nenhum dos casos citados – nem mesmo no caso de Faubus em Newport –, o pedido do Presidente foi considerado ilegítimo por aqueles que deixaram de realizá-lo.

Talvez a legitimidade exerça uma influência tanto mais forte quanto mais diferenciado for um relacionamento em relação a alguma atribuição específica da autoridade constitucional. A ordem final de Truman a MacArthur, por exemplo, teve uma fundamentação constitucional mais clara do que o *tête-à-tête* com Faubus, em que a autoridade foi compartilhada e, portanto, tornou-se menos nítida. Mas a ordem anterior de Truman a MacArthur sobre a emissão de declarações públicas teve exatamente a mesma fundamentação constitucional que a demissão. A ordem anterior não teve nenhum efeito sobre o general, do mesmo modo que Eisenhower não teve sobre o governador. Seja lá qual for sua fonte ou força relativa, um sentimento de legitimidade por si só não garante o cumprimento de um pedido do Presidente.

Quando MacArthur foi demitido, quando as siderúrgicas foram confiscadas, quando as tropas foram enviadas a Little Rock, cinco fatores fizeram com que o comando parecesse equivalente ao cumprimento. Em cada um desses três casos, uma ordem clara de um Presidente determinado e comprometido foi levada a cabo por pessoas que estavam em condições de dar resposta imediata e que aceitaram sua autoridade. A aparente auto-execução foi produzida por todos esses três aspectos combinados. E quando em outros casos não houve tal combinação, também não houve nenhum efeito de execução automática.

Qual é a provável freqüência de que tal combinação venha a ocorrer? Até que ponto, então, pode um Presidente depender do puro comando para obter o que deseja? Não é preciso mais do que uma breve olhada nos exemplos deste capítulo para sugerir uma resposta: não muitas vezes, e não muito. "Faça isto, faça aquilo e nada irá acontecer" foi a regra presente nos incidentes envolvendo a demissão do general, o confisco das siderúrgicas, e o uso de tropas federais na *Central High School*. Analisadas em seus contextos, essas tornam-se exceções à regra. Esse também é o caso, geralmente, nas atividades presidenciais. Nas condições presentes neste meio de século, as ordens auto-executáveis simplesmente são raras. De fato, tomando-se a totalidade dos históricos, de Truman e Eisenhower, esses três casos saltam aos olhos por este motivo: o que representam é relativamente raro.

As lembranças de MacArthur, o confisco das siderúrgicas e o envio de tropas a Little Rock compartilham ainda outra característica notável: em cada um desses casos, a ordem decisiva foi um último e penoso esforço, resposta forçada perante a exaustão dos demais remédios, sugerindo, não maestria, mas sim fracasso – o fracasso das tentativas de atingir o objetivo pretendido por meios mais suaves.

Truman registra em suas memórias que em abril de 1951, após ler o arquivo do Pentágono, o general Marshall "concluiu que MacArthur deveria ter sido demitido há dois anos".[17]

Nem tudo que foi lido por Marshall é informação pública, mas há o bastante disponível para corroborar o ponto de vista de que a demissão de MacArthur viera tarde demais. Mesmo se deixarmos de lado todas as questões pré-Coréia, ignorarmos todas as questões de desempenho profissional após Inchon, e fizermos uma busca em seu histórico apenas em relação à insubordinação que levou à demissão, encontraremos pelo menos dois casos anteriores relativamente comparáveis em todos os sentidos, exceto na resposta do Presidente. Os dois são o protesto de MacArthur após a intervenção chinesa (que levou à ordem de liberação de dezembro de 1950) e, meses antes, sua discordância pública em relação à política de Formosa.[18] O comunicado da Casa Branca a respeito de seu retorno, em abril de 1951, poderia ter sido emitido em agosto ou dezembro de 1950, sem mudar uma só palavra. Truman, contudo, conteve-se nessas duas ocasiões anteriores (apesar de, aparentemente, a demissão ter passado por sua cabeça) e tentou consertar o dano, vencer as diferenças, sem ofender a dignidade de ninguém, exceto a própria. A história indica que ele definitivamente não queria mandar MacArthur embora. Em todos os desafios – exceto pelo último – antes e durante a Guerra da Coréia, o Presidente buscou maneiras de manter o general dentro de limites e no cargo. Seja lá quais foram os motivos, a busca de Truman por seu objetivo – com um risco considerável para a política, com um sacrifício real de orgulho – parece ser tão persistente quanto tudo o mais em sua carreira. Neste sentido, a demissão, quando ela finalmente veio, indicou um fracasso.

O mesmo ocorreu com Eisenhower na questão de Little Rock. Havia poucas coisas que ele quisesse *menos* do que tropas federais tendo que policiar e fazer cumprir a dessegregação de uma escola sulista. De fato, ele pode ter ajudado a compor o cenário para Faubus, ao comentar, em julho de 1957:

> Não consigo imaginar qualquer conjunto de circunstâncias que jamais me levariam a enviar tropas federais (...) a qualquer área para fazer cumprir as ordens de uma Corte Federal, pois acredito que o senso comum da América jamais exigirá isto.

> Contudo, pode haver aquele tipo de autoridade em algum lugar, mas eu certamente não estou buscando uma autoridade adicional desse tipo, e jamais acreditarei que essa seja uma coisa sábia a se fazer neste país.[19]

Quando – no reinício das aulas, em setembro – o governador ordenou que membros da Guarda Nacional interferissem no cumprimento das ordens judiciais, o Presidente fez um esforço intencional no sentido de evitar o uso da força, um esforço que culminou na conversa não-conclusiva em Newport. Eisenhower concordou em reunir-se com Faubus sem exigir garantias antecipadas. Isto é um claro indício do desejo do Presidente de encontrar uma saída que não aquela que ele, por fim, escolheu. Daí o sentimento de traição que por muito tempo persistiu na Casa Branca após o encontro de Newport, decorrência natural de se querer acreditar que havia outra maneira.

Quanto ao confisco das siderúrgicas, o elemento de fracasso é evidente. Truman havia tentado resolver a disputa trabalhista a fim de garantir que não houvesse uma parada na produção. Quando o contrato do sindicato expirou, em dezembro de 1951, ele tentou obter uma solução sem que os trabalhadores parassem, encaminhando a disputa ao Conselho de Estabilização Salarial. Quando o relatório do Conselho, em vez disso, gerou uma crise, Wilson e o Presidente começaram a buscar uma solução. Seu desacordo tinha a ver com a tática, não com o objetivo. Após a demissão de Wilson, a busca continuou, sob os auspícios da Casa Branca, até o dia anterior ao confisco. Este ato drástico nem ao menos era considerado como uma alternativa séria até a semana anterior e só foi escolhido naquele mesmo dia. A Casa Branca estava tão ansiosa por um acordo que Truman cancelou seus planos para apresentar o seu ponto de vista na televisão alguns dias antes do prazo final para a greve, para não gerar um efeito negativo sobre as negociações coletivas de última hora. Conseqüentemente, quando o confisco aconteceu, ele teve que associar um comunicado grave a um argumento questionável – esta dificilmente seria a opção feita por um Presidente determinado a realizar um confisco, para começo de conversa. Mas ele não tinha tal intenção. Truman não tentou preparar o país para esse caminho, porque, até o último instante, buscou uma alternativa.

Nesse caso, e nos outros, o comando tornou-se o último recurso; porém, exceto em termos de muito curto prazo, não se tratava de "último" em absoluto. Truman não queria as usinas siderúrgicas; ele queria uma produção de aço e controles de preço razoavelmente fortes. Esses objetivos somente poderiam ser alcançados por meio de um acordo entre o sindicato e as empresas, cujos termos não estivessem em desacordo com as políticas de controle existentes. O Presidente não tinha o poder – e o confisco não lhe dava nenhum poder – de atingir seu propósito por meio de decreto. O confisco simplesmente retardou sua desistência e mudou o contexto de seus esforços para induzir um acordo satisfatório. Inicialmente, o novo contexto acrescentou novos estímulos à disposição do Presidente. Mas o confisco também gerou complicações, e essas, por fim, lhe custaram seus dois objetivos. Dois meses de produção sumiram com a guerra que se seguiu à invalidação judicial do confisco. E os controles de preço foram rompidos de maneira irreparável durante os esforços da Casa Branca em pôr fim à greve. Ainda assim, não é necessário ter-se uma perspectiva histórica para perceber que o confisco, desde o início, foi um expediente emergencial, que afetou de maneira poderosa eventuais soluções, sem resolver o problema em si. Esse teria sido o caso se o resultado tivesse sido mais feliz, do ponto de vista de Truman. Na melhor das hipóteses, não o confisco em si, mas a alavancagem adicional que ele proporcionou ao seu argumento, poderia ter gerado o acordo que ele queria.

O mesmo pode ser dito a respeito de Little Rock, onde o uso de tropas por parte de Eisenhower ganhou tempo e mudou o contexto de seus apelos aos "corações e mentes" dos sulistas, mas não resolveu os problemas de dessegregação, nem mesmo da *Central High School*. Quanto ao caso MacArthur, sua remoção certamente resolveu as relações de comando na Guerra da Coréia, mas essas dificilmente eram o único motivo de preocupação. O que estava em jogo era nada mais nada menos do que nosso propósito estratégico na condução da guerra. E a ordem de Truman não pôs fim ao desafio de MacArthur à política do Governo, independentemente de quanto ela pode ter mudado o contexto de sua disputa. A ameaça do general à política foi encerrada pelo inquérito do Senado que se seguiu à sua remoção – e pelo início das conversações de armistício na Coréia. Truman cavou uma sepultura, mas não suficiente para empurrar MacArthur para dentro dela. Sem o empurrão administrativo dado pelas audiências do Senado, não está muito claro de quem seria a cova.

Tais "últimos" recursos não são somente inconclusivos, como também onerosos. Mesmo que haja certeza de que a ordem será executada, a ação drástica raramente vem a um preço baixo. Pode ser onerosa aos objetivos em cuja defesa foram empregados. Também pode ser onerosa aos objetivos mais amplos.

Ao demitir MacArthur, por exemplo, Truman teve de pagar pelo menos um preço na moeda da política coreana. O preço foi a exposição pública, nas audiências do Senado, dos pensamentos mais íntimos do regime a respeito da condução posterior das hostilidades. Quaisquer que tenham sido os seus efeitos sobre eventos subseqüentes, Beijing e Moscou foram, dessa maneira, deixados de sobreaviso a respeito das intenções norte-americanas durante o resto do mandato de Truman e, domesticamente, o público leitor foi informado de que Washington não via muito sentido numa nova tentativa de conquistar a Coréia do Norte. Com esse pano de fundo, iniciou-se o longo sofrimento das negociações de armistício. Os chineses podem não ter sido influenciados por tais revelações; os norte-americanos certamente o foram. Henry Kissinger, entre muitos outros, argumentou, de forma bastante justa, que "ao pararmos operações militares [ofensivas]... no início das negociações de armistício... removemos o único incentivo que os chineses teriam para um acordo; produzimos a frustração de dois anos de negociações inconclusivas."[20] Mas ninguém sugeriu como deveríamos manter-nos na ofensiva após o funcionalismo de Washington ter formulado para si e depois expresso em público um intenso desejo de terminar, tão logo Beijing se cansasse das hostilidades. Atacado durante as audiências para que definisse uma outra "saída" diferente daquela de MacArthur, o Governo cristalizou sua própria capacidade de resposta a ofertas de negociação antes de jamais terem sido feitas. Quando as ofertas vieram, foram tomadas como "desagravo". Mesmo sem toda a comoção em torno de MacArthur, não teria sido fácil assumir a ofensiva assim que as negociações de armistício se iniciaram. Após as audiências no Senado, isso pareceu psicologicamente, senão politicamente, impossível.

Além desses custos, diretamente atribuíveis ao propósito que se estava tentando proteger, a demissão de MacArthur por Truman envolveu ainda outros custos, cobrados de outros objetivos políticos. Tais custos "indiretos" são difíceis de isolar, porque a causa não é uma via única, mas certamente não foram insignificantes. Entre outros, é possível que a inabilidade de Truman em convencer o Congresso, a Corte e o público na crise do aço de 1952 tenha sido o resultado da exaustão de seu crédito, por assim dizer, na batalha com MacArthur, no ano anterior. Que essas coisas estão relacionadas ficará mais claro em capítulos posteriores.

A ação drástica pode ser onerosa, mas menos do que a falta de ação continuada. Truman não poderia mais ter mantido MacArthur sem deixar-lhe a condução da guerra. Eisenhower não poderia mais ter deixado de interferir em Little Rock, sem dar a cada governador sulista o direito – e até mesmo o dever – de fazer o que Faubus fez. Essas conseqüências eram ameaçadoras pelo motivo óbvio de que o desafio abertamente desconsiderava a posição da Presidência e claramente colocava a pergunta: "Quem é o Presidente?". Em ambos os casos, uma resposta suave teria sido equivalente à abdicação, tão público era o desafio. Quando Truman confiscou as siderúrgicas, o Pentágono estava avisando que nova ofensiva chinesa, e até uma intervenção soviética, poderia estar por vir na Coréia "tão logo a lama secasse". O confisco mostrou ser empreendimento oneroso. Mas, com base nas informações disponíveis na época, uma parada das usinas em abril poderia ter sido bem mais cara. Olhando retrospectivamente, parece que uma greve – em vez de um confisco – teria sido o caminho mais barato disponível. Os chineses não avançaram tão intensamente quanto se temera. Caso tivessem avançado, o confisco poderia ter-se mostrado grande sucesso. Truman agiu sem contar com o benefício da visão retrospectiva.

As ordens auto-executáveis têm seu uso, independentemente de quão inconclusivas ou onerosas possam ser. Em cada um desses três casos, até mesmo das siderúrgicas, a ordem presidencial trouxe a garantia de que um objetivo político seria mantido, no exato momento em que sua perda parecia inevitável. Isso é, de fato, uma realização bem-sucedida. Mas, necessariamente, é realização transitória. Até mesmo os últimos recursos acabam assumindo o caráter de todas as medidas mais suaves que vêm substituir. Acabam sendo incidentes em um processo de persuasão, pelo qual alguém sem controle absoluto busca conseguir com que algo seja feito através de outros, que têm poder para resistir.

Truman estava certo quando declarou que o poder presidencial é o poder de persuadir. O comando nada mais é do que um método de persuasão, não um substituto, nem um método adequado para ser utilizado cotidianamente.

Poder presidencial e os Presidentes modernos

Notas

[1] Robert J. Donovan, *Eisenhower: The Inside Story*. New York, Harper, 1956, p. 151.

[2] Esta e referências posteriores à demissão do general Mac Arthur e o histórico daquela ação baseiam-se nas seguintes fontes: "The Military Situation in the Far East", *Hearings*, U.S. Senate Committee on Armed Services and Committee on Foreign Relations, 82d Cong., 1st sess., Washington: 1951, partes 1-5 (daqui em diante denominadas *MacArthur Hearings*); Harry S. Truman, *Memoirs*, vol. 2, *Years of Trial and Hope*, Garden City, New York, Doubleday, Time Inc., 1956, capítulos 23-28.

Tais fontes foram complementadas em parte com entrevistas com o ex-Presidente Truman, realizadas em dezembro de 1955 e em fevereiro de 1958, e por notas pessoais feitas à época. Para um histórico geral, recomendo a leitura de Water Millis, Harvey C. Mansfield e Harold Stein, *Arms and the State*, New York: Twentieth Century Fund, 1958, capítulo 7.

[3] Conforme relatado no *New York Times*, 8 de março de 1951, e reproduzido em *MacArthur Hearings*, parte 5, páginas 3540-41.

[4] (Ver também Nota 31, Capítulo 10.) Esta e as referências posteriores ao confisco das siderúrgicas e eventos correlatos baseiam-se no estudo de caso realizado por Grant McConnell, *The President Seizes the Steel Mills*, University of Alabama Press, 1960, complementado amplamente com notas pessoais feitas na época e por entrevistas com o ex-Presidente Truman, em dezembro de 1955.

Aos leitores interessados na leitura de documentos esclarecedores sobre os avanços públicos e jurídicos antes e depois do confisco, recomendo Alan F. Westin, *The Anatomy of a Constitutional Law Case*, New York, Macmillan, 1958. Ver também Truman, *Memoirs*, volume 2, capítulo 29.

[5] N.T.: Em inglês, *Wage Stabilization Board*.

[6] N.T.: Em inglês, *Office of Defense Mobilization*.

[7] N.T.: Em inglês, *Economic Stabilization Agency*.

[8] N.T.: Em inglês, *Defense Production Act*.

[9] N.T.: Em inglês, *Office of Price Stabilization*.

[10] Estas e as referências subseqüentes ao caso de Little Rock baseiam-se nas seguintes fontes: reportagens e textos de documentos publicados em *Southern School News* e *New York Times*; o relato pessoal do ex-congressista Brooks Hays, *A Southern Moderate Speaks,* Chapel Hill: University of North Carolina Press, 1959; o relato pessoal de um ex-superintendente escolar, Virgil T. Blossom, *It Happened Here,* New York: Harper, 1959, especialmente nas páginas 120 e seguintes; o estudo de caso de Corinne Silverman, *The Little Rock Story,* University of Alabama Press, 1958. Essas fontes foram complementadas com entrevistas, realizadas em fevereiro e abril de 1958 com três membros da equipe da Casa Branca.

[11] Truman, *Memoirs*, vol. 2, p. 442.

[12] Harry S. Ashmore, *An Epitaph for Dixie*, New York: Norton, 1958, p. 41.

[13] Durante o período anterior a essa ação por parte do tribunal distrital, a demora de Sawyer baseava-se, parcialmente, nas recomendações da assessoria jurídica da Secretaria de Comércio, após consultas com os advogados da Justiça que estavam preparando a defesa do Governo. Os advogados da Justiça temiam que aquela ação sobre salários pudesse complicar sua

argumentação perante os tribunais. Os advogados da Casa Branca não compartilhavam dessa mesma preocupação; também há dúvidas se o procurador-geral em exercício compartilhava dessa posição. Mas Sawyer estava encarregado das usinas, e estes eram os advogados responsáveis pelo caso. Suas preferências fortaleceram a sua inclinação, e a responsabilidade era dele.

[14] N.A.: Sawyer mais tarde contestou essa interpretação de suas ações. Eu a mantenho. Ver capítulo 10, nota 11.

[15] N.T.: Em inglês, *United Steelworkers.*

[16] As disposições sobre disputas de emergência da Lei Taft-Hartley, que Truman até então havia se recusado a invocar nesse caso, exigem, como primeiro passo, a nomeação de um conselho de averiguação. Somente após esse conselho emitir seu relatório, e se achar que suas constatações justificam tal ação, o Presidente está autorizado a pedir que o procurador-geral solicite aos tribunais um mandado de segurança, proibindo uma greve trabalhista durante o prazo de 80 dias. Portanto, o primeiro passo – a averiguação de fatos – não pode parar uma greve em andamento, nem compromete o Presidente automaticamente a fazer uso de um mandado de segurança.

[17] Truman, *Memoirs*, vol. 2, p. 448.

[18] Conforme indicado especialmente na mensagem de MacArthur aos *Veterans of Foreign Wars*, que foi "retirada" após uma ordem presidencial datada de 6 de agosto de 1950. Nessa ocasião, uma versão preliminar do texto já havia sido entregue à imprensa e fora publicada integralmente pelo *U.S. News & World Report*, 1º. de setembro de 1950, vol. 29, nº. 9, pp. 32-34. O texto está reproduzido em *MacArthur Hearings*, part 5, pág. 3477.

[19] Transcrição da conferência de imprensa presidencial de 17 de julho de 1957, em Public *Papers of the Presidents: Dwight D. Eisenhower, 1957* (Washington, D.C.: National Archives, 1958), p. 546.

[20] Henry A. Kissinger, *Nuclear Weapons and Foreign Policy*, New York: Harper, 1957, pp. 50-51.

CAPÍTULO 3
O PODER DE PERSUADIR

Os limites do comando sugerem a estrutura de nosso Governo. A Convenção Constitucional de 1787 supostamente criou um Governo com "poderes separados". Mas não fez nada disso. Ao invés, criou um Governo com instituições separadas *que compartilham* poderes.[1] "Faço parte deste processo legislativo", disse Eisenhower por diversas vezes em 1959, para lembrar seu poder de veto.[2] O Congresso, o distribuidor de autoridade e de recursos, também faz parte do processo administrativo. O federalismo acrescenta ainda outro conjunto de instituições separadas. A Declaração de Direitos e Garantias[3] acrescenta outros tantos. Muitos propósitos públicos somente podem ser alcançados por meio de atos voluntários de instituições privadas; a imprensa, de um lado, na expressão de Douglass Cater, é o "quarto poder do Governo".[4] E com a chegada das alianças internacionais, as diversas instituições separadas de Londres ou Bonn compartilham da elaboração das políticas públicas norte-americanas.[5]

O que a Constituição separa, nossos partidos políticos não misturam. Os partidos são, eles próprios, compostos por organizações separadas, que compartilham autoridade pública. A autoridade consiste em poderes de nomeação. Nossos partidos nacionais são confederações de instituições partidárias estaduais e locais, com uma sede que representa a Casa Branca, mais ou menos, se o partido tiver um Presidente no poder. Tais confederações administram as indicações presidenciais. Todos os demais cargos públicos dependem de eleitorados confinados dentro dos estados.[6] Todas as demais indicações são controladas dentro dos estados. O Presidente e os congressistas que usam o rótulo de um partido estão divididos pela dependência de diferentes conjuntos de eleitores. As diferenças são mais acentuadas durante o estágio da indicação. A Casa Branca tem participação muito pequena na indicação de membros do Congresso, e o Congresso tem peso muito pequeno na indicação de presidentes para que um partido venha a apagar sua separação constitucional. Os vínculos partidários são mais fortes do que muitas vezes se supõe, mas os processos de indicação garantem a separação.[7]

A independência das instituições e o compartilhamento de autoridade prescrevem os termos com base nos quais um Presidente exerce a persuasão. Quando uma pessoa compartilha a autoridade com outra, mas o estado de espírito do outro não determina se ele ganha ou perde seu emprego, sua disposição para agir em resposta à solicitação do outro depende de considerar a ação acertada ou não. A essência da tarefa persuasiva de um Presidente é convencer tais pessoas de que aquilo que a Casa Branca quer delas é o que elas devem fazer, para o seu próprio bem e com base em sua própria autoridade.

O poder da persuasão, definido dessa forma, significa mais do que charme ou argumento bem fundamentado. Estes têm sua utilidade para um Presidente, mas não representam a totalidade de seus recursos, pois os indivíduos que ele induziria a fazer o que deseja que seja feito, assumindo a responsabilidade por isso, necessitarão ou temerão alguns atos por parte dele, e sob a responsabilidade dele. Se eles compartilham a sua autoridade, ele tem alguma participação na deles. Os "poderes" presidenciais podem ser não-conclusivos quando um Presidente comanda, mas sempre serão relevantes quando ele persuadir. O *status* e a autoridade inerentes ao cargo reforçam sua lógica e seu charme.

O *status* acrescenta algo à persuasão; a autoridade acrescenta ainda mais. Quando Truman incitou seu secretário de Comércio a promover aumentos nos salários enquanto ele administrava as usinas siderúrgicas, ele e o secretário Sawyer não eram meramente dois homens argumentando um com o outro. Se fosse assim, Sawyer provavelmente nunca teria concordado em agir. A condição de Truman deu-lhe meios de exigir lealdade – ou, pelo menos, atenção – de Sawyer. Na charmosa frase de Walter Bagehot, "nenhum homem consegue *argumentar* de joelhos". Apesar de não ficarmos de joelhos neste país, poucas pessoas – e pouquíssimos funcionários da Presidência – estão imunes ao impulso de dizer "sim" ao Presidente dos Estados Unidos. Fica ainda mais difícil dizer "não" quando sentados no Salão Oval na Casa Branca, ou em seu escritório particular, no segundo andar, onde é possível compartilhar, de forma quase tangível, da aura irradiada pelo ambiente. Além disso, no caso de Sawyer, o Presidente possuía autoridade formal para intervir em quaisquer questões da alçada do secretário de Comércio. Tais questões cobriam desde disputas jurisdicionais entre agências de defesa até leis pendentes de aprovação do Congresso e, por fim, a própria estabilidade do secretário. Não consta nada nos registros que sugira que Truman tenha feito ameaças específicas quando ambos negociaram a respeito de aumentos nos salários. Mas, considerando os seus poderes formais e a sua relevância para outros interesses de Sawyer, é seguro supor que a própria posição de Truman em defesa de que algo fosse feito em relação aos salários continha uma ameaça implícita.

A autoridade e a posição do Presidente dão-lhe grandes vantagens ao lidar com os homens a quem pretende persuadir. Para ele, cada "poder" representa uma posição estratégica ou ponto de vista, que depende de até que ponto a sua autoridade tem utilidade para outras pessoas. Do veto às nomeações, da publicidade ao orçamento, e descendo pela lista, a Casa Branca hoje controla a palheta mais ampla de posições estratégicas no sistema político norte-americano. Com pouquíssimas exceções, aqueles que compartilham do governo deste país estão cientes de que, em algum momento, em algum nível, a ação em *seus* cargos, a realização de *suas* ambições podem depender do Presidente dos Estados Unidos. Sua necessidade de ação presidencial – ou o medo que têm dela – certamente será recorrente, ou até mesmo contínua. E essa é a vantagem do Presidente.

As vantagens de um Presidente são maiores do que a mera listagem de seus "poderes" pode sugerir. Aqueles com os quais lida precisam lidar com ele até o último dia de seu mandato. Por terem relações continuadas com ele, seu futuro, enquanto durar, apóia sua influência presente. Mesmo que não haja necessidade ou medo dele hoje, o que fizer amanhã pode definir a vantagem de hoje. Relações continuadas podem converter qualquer "poder", qualquer aspecto da sua condição, em posições estratégicas praticamente em todos os casos. Quando o Presidente induz outras pessoas a fazer o que deseja que seja feito, pode negociar a dependência deles, hoje e mais tarde.

As vantagens do Presidente são checadas pelas vantagens dos outros. Relacionamentos continuados exercerão pressão em ambas as direções. Esses são relacionamentos de dependência mútua. Um Presidente depende de pessoas a quem possa persuadir; tem que se haver com sua necessidade e medo delas. Elas também terão *status* ou autoridade – ou ambos –, caso contrário, seriam pouco úteis a ele. Suas posições estratégicas confrontam as dele; seus poderes temperam o dele.

A persuasão é uma via de mão dupla. Sawyer, podemos lembrar, não respondeu de imediato ao plano de Truman de promover aumento salarial nas siderúrgicas. Pelo contrário: o secretário hesitou e retardou sua ação, e somente aquiesceu quando lhe foi assegurado que, publicamente, não teria que carregar o ônus da decisão. Sawyer tinha algumas posições estratégicas próprias, a partir das quais podia resistir à pressão presidencial. Teve que contar com implicações coercitivas em relação às "situações de poder" do Presidente, assim como Truman teve que levar em consideração implicações subjacentes à posição de Sawyer como chefe do Departamento, como administrador das siderúrgicas, e como porta-voz da Presidência em relação ao setor. A lealdade é recíproca. Tendo assumido um trabalho desagradável na crise do aço, Sawyer estava em condições de exigir apoio e lealdade. Além disso, tinha autoridade para fazer algumas coisas que a Casa Branca dificilmente poderia se dar ao luxo de fazer.

Copiando Wilson, poderia ter se demitido raivosamente (o poder de remoção também funciona em mão dupla). Ou, copiando Ellis Arnall, poderia ter se recusado a assinar as ordens necessárias. Ou poderia ter divulgado que refutava o que lhe haviam dito para fazer e protestado contra isso. Ao seguir qualquer um desses caminhos, Sawyer teria fortalecido a posição da administração, enfraquecido a posição da Casa Branca, e deixado o sindicato amargurado. Mas o propósito do aumento salarial era aumentar a capacidade de persuasão da Casa Branca no sentido de acelerar acordo entre o sindicato e as empresas. Apesar de a posição e autoridade de Sawyer não lhe darem poder de evitar um aumento imediato, davam-lhe capacidade para minar os seus propósitos. Se sua autoridade sobre os salários tivesse sido outorgada por meio de lei, e não por ordem presidencial revogável, seu poder de prevenção poderia ter sido completo. Harold Ickes o demonstra no famoso caso da venda de gás hélio à Alemanha, antes da II Guerra Mundial.[8]

O poder de persuadir é o poder de barganhar. A condição e a autoridade contêm vantagens de barganha. Mas, em um governo com "instituições separadas que compartilham poderes", tais vantagens estão em todos os lados. Com toda uma gama de posições estratégicas à sua disposição, um Presidente pode ser muito mais persuasivo do que sua lógica ou charme poderiam fazê-lo. Mas suas vantagens não garantem resultados. Continuam existindo pressões contrárias que os que ele deseja influenciar podem contrapor-lhe, a partir das posições estratégicas à disposição deles. Os comandos têm utilidade limitada; a persuasão torna-se um toma-lá-dá-cá. Tudo bem que a Casa Branca detenha as posições estratégicas que tem. Em um negócio como esse, qualquer Presidente pode precisar de todas elas – e de muito mais.

E ssa visão de poder, como similar à barganha, normalmente a aceitamos na esfera das relações congressistas. Todo livro didático afirma e toda sessão legislativa demonstra que, exceto em tempos como os extraordinários Cem Dias de 1933 – tempos basicamente excluídos, por definição, deste meio de século –, um Presidente muitas vezes será incapaz de conseguir que o Congresso aja segundo os seus termos ou até mesmo terá meios de deter uma ação à qual se oponha. O contrário também é aceito: o Congresso muitas vezes é frustrado pelo Presidente. Seus poderes formais estão tão interligados que nenhum deles consegue muita coisa, por um período muito longo, sem a aquiescência do outro. Da mesma forma, contudo, o que um exige, o outro pode negar. Assim, o cenário para o grande jogo está estabelecido, semelhante a uma barganha coletiva, onde cada qual busca lucrar com as necessidades e os medos do outro. É um jogo que cada um joga como pode, caso a caso. E todo mundo conhece o jogo, tanto os participantes quanto os observadores.

O conceito de poder real como sendo um toma-lá-dá-cá é igualmente familiar quando aplicado à influência presidencial fora da estrutura formal do Governo Federal. O caso de Little Rock pode ser extremo, mas as negociações de Eisenhower com o governador – e com os cidadãos – tornou-se um caso desse tipo. Menos extremo – mas não menos pertinente – é o caso do confisco das siderúrgicas em relação aos líderes sindicais, e aos trabalhadores, bem como aos executivos das empresas. Quando lida com tais pessoas, um Presidente obtém vantagens de barganha a partir de sua posição ou autoridade. Em função de suas posições públicas ou de seus direitos privados, tem certa capacidade para responder na mesma moeda.

Nas esferas da política partidária, ocorre o mesmo, necessariamente, como conseqüência da natureza confederativa de nossas organizações partidárias. Até mesmo no caso de indicações nacionais, as vantagens de um Presidente são comparadas àquelas dos outros candidatos. Em 1944, não está claro, em absoluto, se Roosevelt conseguiu que seu companheiro de chapa fosse quem fora sua primeira opção. Em 1948, Truman – Presidente na ocasião – enfrentou sérias revoltas contra sua indicação. Em 1952, suas intervenções a partir da Casa Branca permitiram-lhe garantir a escolha de Adlai Stevenson, mas não está claro, em absoluto, se Truman poderia ter feito o mesmo por qualquer outro candidato aceitável para ele.[9] Em 1956, quando Eisenhower era Presidente, os registros não deixam claro quem apoiou os esforços de Harold Stassen para bloquear Richard Nixon de ser novamente indicado como vice-presidente. Mas, evidentemente, as coisas não correram como Eisenhower queria, quaisquer que tenham sido suas intenções.[10] Os resultados desses casos apresentam todas as marcas dos limites de comando e poder checados pelo poder que caracteriza as relações congressistas. Tanto dentro quanto fora da política, essas verificações e limites parecem ser amplamente compreendidos.

A influência torna-se ainda mais uma questão de toma-lá-dá-cá quando os Presidentes tentam lidar com governos aliados. Exemplo clássico é a longa e infeliz briga em torno da política para o Suez, em 1956. Ao lidar com ingleses e franceses, antes de sua intervenção militar, Eisenhower teve parcela de vantagens na barganha, mas nenhum poder de comando efetivo. Seus aliados tinham sua parcela de pressões contrárias, e finalmente tentaram a mais extrema de todas: agir, apesar dele. Sua pressão, na ocasião, foi crucial para revertê-las. Mas, se o Governo britânico estivesse pisando em terreno firme, em casa, os desejos de Eisenhower poderiam ter feito tão pouca diferença após a intervenção quanto antes. Por trás do decoro da diplomacia – que não foi muito decorosa no caso do Suez –, os relacionamentos entre aliados não são muito diferentes das relações entre delegações estaduais numa convenção nacional. O poder é a persuasão, e o persuadir torna-se barganhar. O conceito é familiar a todos os que acompanham a política internacional.

Em uma única esfera o conceito não é familiar: na esfera das relações executivas. Talvez devido aos livros didáticos sobre civismo, bem como o que é ensinado nas escolas, os norte-americanos instintivamente resistem à visão de que o poder nessa esfera se parece ao poder em todas as outras. Até mesmo repórteres de Washington, assessores da Casa Branca e membros do Congresso não estão imunes à ilusão de que as agências administrativas compreendem uma única estrutura – "o" Poder Executivo, onde a palavra presidencial é lei, ou deveria ser. Ainda assim, vimos no Capítulo 2 que quando um Presidente deseja algo de funcionários do Executivo, sua capacidade de persuasão está sujeita aos mesmos tipos de limitações a que estão sujeitos os congressistas ou governadores, ou membros de comitês nacionais, ou cidadãos privados, ou governos estrangeiros. Não há diferenças genéricas, não há diferenças quanto ao tipo e, somente às vezes, em termos de grau. Os incidentes que precederam a demissão de MacArthur e os incidentes em torno do confisco das usinas siderúrgicas deixam claro que aqui, como em todo lugar, a influência deriva das vantagens de barganha; o poder é um toma-lá-dá-cá.

Assim como a nossa estrutura governamental como um todo, o Poder Executivo consiste de instituições separadas que compartilham poderes. O Presidente lidera um deles; os membros do Gabinete, os administradores das agências, e os comandantes militares lideram outros. Abaixo do nível ministerial, chefes de agências praticamente independentes lideram muitos outros. Nas condições do meio do século, as operações federais extravasam por sobre as linhas divisórias dos organogramas; praticamente toda política pública envolve muitas agências; praticamente todos os programas requerem colaboração interagências. Tudo, de alguma forma, envolve o Presidente. Mas as agências operacionais não devem sua existência umas às outras – e somente em parte ao Presidente. Cada uma tem base legislativa independente; cada uma tem sua parcela de legislação a administrar; cada uma lida com um conjunto diferente de subcomitês no Capitólio. Cada uma tem seu conjunto específico de clientes, amigos e inimigos, fora do governo formal. Cada uma tem um conjunto de carreiristas especializados dentro de seu próprio território. Nossa Constituição atribui ao Presidente a cláusula do "tomar cuidado" e o poder de nomear. Nossos estatutos lhe dão um orçamento central e certo grau de controle sobre o pessoal. Todos os administradores de agências têm de se reportar a ele. Mas eles também têm de se reportar ao Congresso, aos seus clientes, a seus funcionários e a si mesmo. Em suma, eles têm cinco mestres. Somente após todos esses é que devem alguma lealdade uns aos outros.

"Os membros do Gabinete", costumava dizer Charles G. Dawes, "são os inimigos naturais do Presidente". Dawes foi diretor de Orçamento de Harding, vice-presidente de Coolidge, e embaixador de Hoover em Londres; também havia sido o assistente-chefe do General Pershing para suprimentos durante a I Guerra Mundial. Suas palavras têm tom dramático, mas Dawes sabia do que estava falando. As pessoas que servem a tantos mestres não podem fazer outra coisa senão ser um pouco o "inimigo" de algum deles. Da mesma maneira, qualquer mestre que deseje ser servido é, em algum grau, o "inimigo" de tal servo. É provável que um Presidente queira contar com apoio leal, mas não aprecie que lhe tragam problemas à sua porta. Contudo, quanto mais os membros de seu Gabinete se agarrem a ele, tanto maior a probabilidade de que venham a precisar de sua ajuda para defender-se da ira de mestres rivais. A ajuda, portanto, é sinônimo de problema. Muitos funcionários do Gabinete, cuja lealdade não foi devidamente recompensada – segundo seus próprios critérios –, acabaram por achar a Casa Branca um local naturalmente hostil a chefes de departamento. A frase de Dawes pode ser usada ao contrário.

Um alto assessor presidencial disse-me certa vez que, nos tempos de Eisenhower, "se alguns desses membros do Gabinete só por um momento parassem e perguntassem a si mesmos 'se eu fosse o Presidente, o que eu desejaria?', lhe dariam muito menos trabalho do que ele vem tendo". Mas mesmo que se fizessem essa pergunta, tais funcionários não poderiam agir segundo sua própria resposta. Seu vínculo pessoal com o Presidente muito freqüentemente é esmagado pelo dever a seus outros mestres.

Os funcionários do Executivo não têm a mesma vantagem em suas relações e negociações com o Presidente. Tampouco têm as mesmas vantagens todo o tempo. Nem todo funcionário consegue resistir como um MacArthur, ou como Arnall, Sawyer ou Wilson em uma ordem súbita e descendente de contrapressões efetivas. As posições estratégicas concedidas aos funcionários por sua própria autoridade e condição variam enormemente. A variação é acentuada por particularidades de tempo e circunstância. Em meados de outubro de 1950, Truman, durante conferência de imprensa, comentou a respeito do homem a quem pensaria em demitir em agosto e a quem veio a demitir no mês de abril seguinte por insubordinação intolerável:

> Permitam-me dizer-lhes algo que fará bem às suas almas. É uma pena que vocês (...) não possam compreender as idéias de dois homens intelectualmente honestos quando se reúnem. O general MacArthur (...) é um membro do Governo dos Estados Unidos. Ele é leal ao Governo. Ele é leal ao Presidente. Ele é leal ao Presidente em sua política exterior (...) Não há desacordo entre mim e o general MacArthur.[11]

A posição de MacArthur dentro e fora do governo nunca esteve tão em alta como quando Truman proferiu aquelas palavras. Tais palavras, uma vez ditas, representaram acréscimo à credibilidade do general quando, depois disso, tentou usar a imprensa em campanha contra o Presidente. E o que aconteceu entre agosto e outubro? Uma quase-vitória, juntamente com aquela conferência prematura sobre planos pós-guerra, e a reunião de Wake Island.

Se as vantagens que um MacArthur tem em barganhar flutuam com as circunstâncias, esse certamente também é o caso dos subordinados que têm à disposição menos poderes, um *status* inferior do qual possam se valer. Quando os funcionários não têm poderes próprios, ou dependem do Presidente para terem *status*, sua pressão contrária pode, de fato, ser limitada. Os assessores da Casa Branca, que se encaixam em ambas as categorias, estão entre os mais sensíveis de todos, e por um bom motivo. Como comentou certa vez um diretor de Orçamento: "Graças a Deus, estou aqui, e não do outro lado da rua. Se o Presidente não me ligar, tenho um bocado de coisas que eu posso fazer aqui e há muitas coisas que chegam a mim por direito, que podem justificar que eu lhe telefone. Mas aqueles caras lá, se o chefe não os chamar, não lhes pede para fazer algo, o que mais eles *podem* fazer, exceto ficar sentados?" Autoridades e posições tão condicionais são bases frágeis para resistir aos desejos do próprio Presidente. Dentro dos recintos da Casa Branca, sobrancelhas erguidas podem ser o suficiente para colocar um assessor em movimento, sem nem mesmo precisar de comando, coerção ou charme. Mas mesmo na Casa Branca, um Presidente não monopoliza o poder efetivo. Até mesmo lá, a persuasão equivale à barganha. Um ex-assessor de Roosevelt escreveu certa vez a respeito dos funcionários do Gabinete:

> Metade das sugestões do Presidente, que, teoricamente, têm o peso de uma ordem, podem ser tranqüilamente esquecidas por um membro do Gabinete. E se o Presidente perguntar uma segunda vez a respeito da sugestão, pode-se dizer a ele que está sendo investigada. Se ele perguntar uma terceira vez, um funcionário sábio lhe dará pelo menos uma parte do que ele sugere. Mas apenas ocasionalmente, exceto nas questões mais importantes, os Presidentes conseguem evitar ter que pedir três vezes.[12]

Essa regra se aplica aos funcionários, assim como aos membros do Gabinete, e certamente foi aplicada por membros da equipe nos tempos de Truman e Eisenhower.

Alguns assessores terão não uma memória seletiva, mas uma posição privilegiada. Sherman Adams, por exemplo, como assessor do Presidente Eisenhower, dificilmente mereceria ser denominado "assistente da Casa Branca", no sentido do termo, antes de sua passagem por lá, ou conforme aplicável a outros membros do séquito de Eisenhower. Apesar de Adams de forma alguma ser "chefe de gabinete", no sentido amplo – ou restrito – que os comentários na imprensa muitas vezes tomavam como certo, aparentemente dependia tanto de Eisenhower quanto Eisenhower dependia dele. "Eu preciso dele", disse o Presidente quando Adams se mostrou surpreendentemente imprudente no caso Goldfine, e delegou a ele, pelo menos formalmente, a decisão de sua própria saída.[13] Esse é um exemplo extremo, mas ilustra uma tendência bastante comum. Qualquer assessor que demonstrar aos demais que sistematicamente conta com a confiança do Presidente e que consistentemente desempenha um papel nas negociações presidenciais, irá conquistar um espaço tão grande que acabará se tornando, num certo sentido, independente de seu chefe. Não há nada na Constituição que impeça um assessor bem posicionado de converter sua condição em poder próprio, que poderá ser utilizado, em certo grau, até mesmo contra o Presidente – resultado bastante conhecido no Governo Truman e, certamente, também no de Eisenhower.

Quanto mais a posição de um funcionário e seus poderes advierem de fontes independentes do Presidente, tanto maior será sua potencial pressão sobre o Presidente. Os titulares de um departamento em geral têm maior poder de barganha do que a maioria dos membros da equipe da Casa Branca; mas chefes de departamento (*bureau chiefs*) podem ter ainda mais, e especialistas nos níveis mais altos de carreiras estabelecidas têm poder quase ilimitado, que consiste em ficar parado. Como comentou Franklin Roosevelt certa vez:

> O Tesouro é tão grande e tão aberto e está tão entranhado em suas próprias práticas, que acho quase impossível conseguir a ação e os resultados que desejo – até mesmo com Henry [Morgenthau] lá. Mas o Tesouro nem se compara ao Departamento de Estado. Você deveria passar pela experiência de tentar obter quaisquer mudanças no pensamento, nas políticas e na ação de diplomatas de carreira e então você saberá o que de fato é um problema. Mas o Tesouro e o Departamento de Estado juntos não são nada comparado à Marinha. É preciso saber líder com os almirantes – e eu deveria saber isso. Mudar qualquer coisa na Marinha é como dar socos em um cobertor de penas. Você bate com a direita, e você bate com a esquerda até ficar exausto, e então você constata que o maldito cobertor está do mesmo jeito que estava antes de você começar a bater.[14]

Sob circunstâncias corretas, é claro, um Presidente poderá conseguir que as coisas sejam feitas do seu jeito por qualquer uma dessas pessoas. O capítulo 2 inclui três casos nos quais as circunstâncias estavam "corretas" e uma ordem presidencial foi prontamente executada. Apenas precisamos observar os fatores favoráveis que deram àquelas três ordens sua qualidade auto-executável para reconhecer que, assim como entre um Presidente e seus "subordinados" – ou seja, pessoas das quais ele depende – o poder real é recíproco e varia enormemente com a organização, o tema em questão, a personalidade e a situação. O mero fato de que a persuasão está direcionada aos funcionários executivos não significa necessariamente que seu caminho será mais fácil. Qualquer novo membro do Congresso do partido do Governo, especialmente se eleito com pequena maioria de votos, poderá mostrar-se mais receptivo (apesar de menos útil) ao Presidente do que qualquer chefe de departamento "no centro da cidade". *As probabilidades do poder não derivam da teoria literária da Constituição.*

Há uma crença bastante difundida nos Estados Unidos de que, não fosse pela loucura ou pela desonestidade, um Presidente razoável não precisaria de outro poder que não a lógica do seu argumento. E nenhum personagem endossou tal crença com maior ênfase durante sua campanha e coletivas de imprensa do que Eisenhower. Mas um raciocínio equivocado e más intenções não são a origem de todas as brigas com Presidentes. O melhor raciocínio e a melhor das intenções não podem acalmá-las todas. Porque, em primeiro lugar, o que o Presidente quer raramente parecerá banal àqueles de quem ele o quer. Em segundo lugar, eles provavelmente estarão inclinados a julgá-lo segundo suas próprias responsabilidades, não as dele. Não importa quão lógico seja o argumento, de acordo com o ponto de vista presidencial: o julgamento deles não poderá transportá-los para o ponto de vista do presidente.

Aqueles que compartilham o Governo deste país freqüentemente parecem agir como se estivessem tocando o seu próprio negócio. E assim é – em um sentido real, porém não completo – e precisa ser. Quando Truman e MacArthur começaram a brigar, por exemplo, o que estava em jogo era, nada mais, nada menos do que o cerne da política internacional dos Estados Unidos, o risco de uma guerra maior ou da estagnação militar, as prerrogativas dos Presidentes e comandantes de campo, o orgulho de um pró-cônsul e seu lugar na história. Entremeados, inevitavelmente, havia ainda outros interesses: os interesses políticos de homens e facções de ambos os partidos; o poder de grupos de interesse com os quais estavam ou desejavam estar associados. E todos os interesses foram mobilizados pelo aparente descontentamento presente no estado de espírito público dos Estados Unidos. Não há motivos para supor que, sob tais circunstâncias, homens com responsabilidades grandes, porém divergentes, veriam todas as coisas através das mesmas lentes. Pelo contrário: é de se esperar que seus pontos de vista sobre o que deveria ser feito e o que eles deveriam então fazer variem com as diferentes perspectivas que suas responsabilidades particulares evocam. Como os seus deveres não foram atribuídos a

Poder presidencial e os Presidentes modernos

um "time" ou a um "colegiado", mas sim a eles próprios, como indivíduos, deve-se esperar que venham a perceber as coisas a partir do seu próprio ponto de vista. Além disso, quando têm responsabilidades perante muitos mestres e quando um evento ou política pública confronta uma lealdade com outra lealdade – um fato cotidiano –, deve-se supor que aqueles que tenham a responsabilidade de agir irão escolher os termos de reconciliação. Essa é a essência de sua responsabilidade pessoal. Quando suas próprias responsabilidades puxam em direções opostas, quem mais, além deles, pode escolher o que irão fazer?

Quando Truman demitiu MacArthur, este perdeu três cargos: o comando norte-americano no Extremo Oriente, o comando aliado na ocupação do Japão, e o comando norte-americano na Coréia. Perdeu também sua condição de oficial graduado na ativa nas Forças Armadas dos Estados Unidos. Porém, enquanto detinha esses cargos e posições, tinha um dever para com suas tropas, sua profissão e ele mesmo (este último é difícil para qualquer pessoa dissociar do resto). Como personagem público e como foco da esperança de muitos, tinha um dever perante pessoas e grupos em seu país, na Coréia e no Japão. Também tinha deveres perante outros grupos, inclusive os governos membros das Nações Unidas, que contribuíam para esse campo de forças. Como patriota, ele tinha um dever perante seu país. Como oficial responsável e especialista, estava a serviço do Congresso. Como oficial militar ele tinha, além disso, um dever para com o Presidente, seu comandante constitucional. Alguns desses deveres podem ter-se manifestado em termos mais tangíveis e mais diretos do que outros. Mas seria insensato argumentar que esse último negaria todo o resto, não importa quanto alguns argumentem que se sobrepõe aos demais. Tampouco faz sentido pensar que qualquer pessoa, exceto MacArthur, estaria efetivamente credenciada para decidir como ela própria reconciliaria as demandas concorrentes que seus deveres lhe colocam.

Observações similares poderiam ser feitas a respeito dos demais funcionários graduados mencionados no capítulo 2. O diretor de Preços, Arnall, podemos lembrar, recusou-se antecipadamente a assinar um aumento significativo do preço do aço, caso o diretor de Mobilização Wilson ou a Casa Branca o concedesse antes de a administração chegar a um acordo com o sindicato. Quando Arnall fez isso, o fez com base no juramento de seu cargo. Ele faria o que havia jurado fazer segundo *seu* melhor julgamento, enquanto estivesse lá para fazê-lo. Essa postura poderia ter sido assumida para fins de barganha e poderia ter sido abandonada, caso seu desafio tivesse sido aceito pelo Presidente. Mas ninguém poderia estar certo disso e ninguém, certamente, poderia questionar o direito de Arnall por fazer tal julgamento ele próprio. Como chefe de uma agência e como político, com um programa a defender e um futuro a promover, tinha que decidir o que faria no caso de questões que, da sua perspectiva,

77

eram excessivamente importantes. Tais questões não poderiam ser consideradas secundárias – nem em termos de políticas públicas, pessoais ou em termos de sobrevivência da agência – nem por um Arnall, não importa quanto
possam ter sido assim consideradas por um Wilson (ou um Truman). Tampouco
os méritos pareceriam os mesmos a um estabilizador de preços, em oposição a
pessoas com deveres mais amplos. Pessoas razoáveis – como já foi dito muitas vezes – deveriam ser capazes de concordar com as exigências de certas
situações. Mas quando a perspectiva varia com a posição de cada pessoa, e a
resposta exigida depende da decisão de cada uma delas, seu raciocínio pode
facilmente levar ao desacordo – e de forma igualmente razoável. A vaidade ou
o vício pode enfraquecer a razão, com certeza, mas é inútil atribuir a estes a
causa da ameaça de Arnall ou o desrespeito de MacArthur. As hesitações do
secretário Sawyer, citadas anteriormente, estão na mesma categoria.
Não é preciso desmerecer tais homens para explicar-lhes a conduta. Pelas
responsabilidades que sentiram, os "fatos" que viram simplesmente não eram
os mesmos vistos por seus superiores; eles, contudo, não os superiores, tinham
de decidir o que fazer.

Fora do Poder Executivo, a situação é a mesma, exceto pelo fato de que a
lealdade ao Presidente muitas vezes pode ser *menos* relevante. Não há necessidade
de comparar governador do Arkansas, executivos de companhias siderúrgicas,
líderes sindicais e afins. E quando se trata de membros do Congresso, que não
podem fazer nada por eles mesmos (nem por seus eleitores), exceto como são
eleitos, mandato a mandato, em distritos e por meio de estruturas partidárias
diferentes daquelas das quais o Presidente depende, fica tudo muito claro. Um
habilidoso assessor de Eisenhower, com longa experiência no Congresso, me fez
um comentário em 1958: "O pessoal do Morro (do Capitólio) não faz o que talvez
gostaria de fazer; faz o que acha que *tem* de fazer, em nome de seus próprios
interesses, como *os* vê." Isso descreve a situação com bastante precisão.

A essência da tarefa persuasiva de um Presidente, perante congressistas
e todos os demais, é induzi-los a acreditar que o que quer deles é o que sua
própria avaliação a respeito de suas responsabilidades exige que façam, em
nome dos seus interesses, não dos dele. Pelo fato de as pessoas terem diferentes
pontos de vista sobre as políticas públicas, porque as diferenças de perspectiva
advêm de diferenças em termos de deveres – dever para com o cargo, o eleitorado, consigo próprio – é que a tarefa obrigatoriamente assemelhar-se-á mais
a uma barganha coletiva do que a um argumento racional entre sábios filósofos.
Abertamente ou implicitamente, a dura barganha caracterizou todos os exemplos
apresentados até agora. Este é o motivo: a persuasão negocia com a moeda do
interesse próprio, com pessoas que têm certo grau de liberdade para rejeitar o
que acham falso.

Um Presidente obtém influência barganhando vantagens. Mas será que sempre precisa delas? Os episódios descritos no capítulo 2 foram exemplo de que os pontos de vista a respeito das políticas públicas divergiam de uma maneira bastante acentuada. Suponhamos que tais divergências acentuadas estejam em falta; suponhamos que a maioria dos atores do jogo governamental perceba os objetivos políticos de forma bastante semelhante; será que então não poderá valer-se da lógica (ou do charme) para conseguir o que quer? A resposta é que até mesmo nesse caso a maioria dos resultados faz uso da barganha. O motivo para essa resposta é simplesmente um: a maioria daqueles que compartilham o Governo tem interesses próprios, que vão além do âmbito dos objetivos das políticas públicas. Seu endosso às políticas, à forma que adquire, como é conduzido, e o crédito por isso separam seus interesses daqueles do Presidente, apesar de estarem de acordo quanto ao fim pretendido. No Governo político, os meios podem ser tão relevantes quanto os fins; muitas vezes são ainda mais relevantes. E sempre há diferenças de interesse quanto aos meios.

Permitam-me introduzir um caso que, externamente, é o oposto de meus exemplos anteriores: o Programa de Recuperação da Europa, de 1948, o assim chamado Plano Marshall. Este talvez tenha sido o maior exercício de construção de um acordo sobre políticas públicas desde o início da Guerra Fria. Quando o então secretário de Estado, George Catlett Marshall, falou aos formandos de Harvard, em junho de 1947, lançou uma das mais criativas, mais imaginativas iniciativas da história das relações internacionais dos Estados Unidos. O que torna essa política mais notável para os propósitos atuais, contudo, é que ela se tornou efetiva por meio de ações tomadas pelo Octagésimo Congresso, a pedido e ordem de Harry Truman, no ano eleitoral de 1948.[15]

Oito meses antes de Marshall discursar em Harvard, os democratas haviam perdido o controle das duas Casas do Congresso pela primeira vez em catorze anos. Truman, a quem o secretário representava, acabava de terminar seu segundo – e complicado – ano como Presidente-por-sucessão. Truman era percebido de forma tão pouco calorosa dentro de seu próprio partido que, em 1946, havia sido solicitado a não participar da campanha para o Congresso. Na abertura do Congresso, em janeiro de 1947, o senador Robert A. Taft, o "Sr. Republicano", tinha uma certa atitude de Presidente eleito. Essa visão era amplamente compartilhada em Washington, sendo Truman, assim, relegado ao papel de 'zelador de plantão'. Além disso, duas semanas após o discurso de formatura de Marshall, Truman vetaria duas realizações bastante caras à maioria de Taft no Congresso: a Lei Taft-Hartley e a redução de impostos.[16] Mesmo assim, apenas dez meses mais tarde, o Plano Marshall estava a caminho, de modo a satisfazer seus patrocinadores;

sua autorização havia sido finalizada, os recursos para o primeiro ano estavam à vista, sua agência administrativa existia: tudo isso viabilizado por uma grande demonstração de cooperação entre o Executivo e o Congresso como jamais tivemos, desde a II Guerra Mundial. Para qualquer Presidente, em qualquer época, essa teria sido uma enorme realização. Nos anos que antecederam o meio do século, isso teria sido suficiente para moldar a reputação futura de seu mandato. E para Truman, nesse momento, a aprovação do Plano Marshall parecia quase milagrosa.

Como tal milagre foi possível? Como um Presidente, em tal situação, conseguiu fazê-lo decolar? Para responder a essa pergunta, a primeira coisa a fazer é assinalar que não fez isso sozinho. Truman obteve ajuda tão extraordinária quanto o seu resultado. Apesar de cada um deles representar algo mais complexo, os nomes Marshall, Vandenberg, Patterson, Bevin e Stalin contam a história dessa ajuda.

Em 1947, dois anos após a vitória sobre o Japão, o general Marshall era mais do que um secretário de Estado. Ele era um homem venerado pelo Presidente como "o maior americano vivo", literalmente uma corporificação dos ideais de Truman. Era venerado no Pentágono como um arquiteto da vitória. Foi profundamente respeitado pelo secretário da Marinha, James V. Forrestal, que naquele ano se tornou o primeiro secretário de Defesa. No Capitólio, Marshall contava com enorme respeito, proveniente de seu histórico de guerra como chefe de gabinete do Exército; e perante o país, de modo geral, nenhum oficial havia saído da guerra com reputação mais sólida em termos de bom julgamento, intelecto e probidade. Além disso, como secretário de Estado, tinha em sua retaguarda a primeira geração de servidores maduros em relações exteriores produzida pelas reformas dos anos 1920, e misturados com eles, no serviço departamental, havia alguns dos homens mais capazes que tinham sido atraídos de suas vidas privadas a Washington durante a guerra. Tanto em termos de talento de pessoal como de uso de pessoal, os anos iniciados por Marshall no Departamento de Estado inauguraram uma "idade de ouro", que perdurou até a era de McCarthy. Ademais, como seu subsecretário, Marshall teve, sucessivamente, Dean Acheson e Robert Lovett, homens que contavam com o respeito dos profissionais e dos membros do Congresso. (Acheson havia sido brilhantemente bem-sucedido em relações com o Congresso enquanto secretário-assistente durante os anos de guerra e no pós-guerra). Por fim, como subsecretário especial, Marshall tinha Will Clayton, um homem altamente respeitado, por bons motivos, em ambas as extremidades da Pennsylvania Avenue.

Juntos, representavam recursos excepcionais para um secretário de Estado. Naquelas circunstâncias, foram praticamente tão necessários como obviamente foram relevantes. O Plano Marshall foi lançado por um Governo perdedor, programado para deixar o cargo dezoito meses mais tarde. No Congresso, o programa de Marshall enfrentou uma liderança tradicionalmente isolacionista e atualmente focada na economia. A ajuda à Europa era percebida com inveja por um Pentágono irritado e praticamente desarmado pelos cortes orçamentários e por agências domésticas, que almejavam a ampliação de programas sociais. Não era percebido com simpatia pelo Tesouro, que visava ao superávit orçamentário. O plano necessitava de todos os recursos que pudessem ser extraídos da posição pessoal de seu autor nominal e das habilidades de seus assistentes.

Sem a posição igualmente memorável do veterano senador por Michigan, Arthur H. Vandenberg, é difícil imaginar como os recursos de Marshall poderiam ter sido suficientes. Vandenberg era o presidente do Comitê de Relações Internacionais do Senado. De fato, era muito mais do que isso. Senador há vinte anos, era o membro mais antigo de seu partido na casa. Assiduamente cultivado por FDR e Truman, dentro do Partido Republicano era um proponente importante do bipartidarismo nas políticas internacionais e conscientemente percebia a si mesmo como seu símbolo vivo perante seu partido, o país e no exterior. Além disso, por meio de acordo informal, mas plenamente operacional, com seu colega Taft, Vandenberg detinha a reconhecida liderança entre os senadores republicanos em todo o campo das questões internacionais. Tal reconhecimento significava mais em 1947 do que pode ter significado em outros tempos. Confiantes no advento de um Governo republicano dois anos à frente, o estado de espírito da maioria dos cavalheiros era de sensibilidade e responsabilidade. A guerra havia terminado, Roosevelt havia falecido, Truman era o 'zelador', e a confiança era deles. Que o senador de Michigan via as coisas sob essa perspectiva fica claro em seus diários.[17] E essa não era a perspectiva vigente somente por parte do Senado; a atitude dos deputados republicanos associados ao Comitê Herter e suas viagens pelo exterior sugerem o mesmo estado de espírito de responsabilidade. Vandenberg não era a única fonte de ajuda no Capitólio. Mas, em termos relativos, a sua posição era a mais notável, assim como a de Marshall o era no centro da cidade.

Outro tipo de ajuda foi prestada por um grupo de cidadãos privados dedicados, que organizaram um dos mais efetivos instrumentos de informação pública jamais vistos desde a II Guerra Mundial: o Comitê para o Plano Marshall, dirigido por eminentes republicanos a quem FDR, em 1940, havia trazido para o Departamento de Guerra: Henry L. Stimson, como presidente honorário, e Robert P. Patterson, como porta-voz. Um memorável leque de banqueiros, advogados, sindicalistas e editores que haviam se unido em defesa do "internacionalismo" antes de Pearl Harbor e haviam unido seus talentos na própria guerra, uniram-se novamente para dar impulso ao trabalho desse comitê.

Seus esforços geraram um bocado de apoio público verbal, fortalecendo os argumentos de Marshall e de Vandenberg, perante o Congresso.

Antes de conquistar apoio público, era necessário contar com um propósito tangível o suficiente, concreto o suficiente, que estabelecesse o território dessa busca. Em Harvard, Marshall havia expressado a idéia em termos gerais. Que fosse transformada em um programa sólido, passível de ser apresentado e de receber apoio, deve-se, em grande parte, a Ernest Bevin, o secretário de Relações Internacionais da Grã-Bretanha. Ele bem merece o crédito que muitas vezes lhe tem sido atribuído de co-autor efetivo do Plano Marshall. Pois Bevin apossou-se do discurso de Marshall feito em Harvard e organizou a resposta européia com uma prontidão e concretude muito além das expectativas do Departamento de Estado. O que havia sido, basicamente, um tubo de ensaio para testar as reações de ambos os lados do Atlântico foi saudado em Londres como um convite para que os europeus enviassem a Washington uma lista detalhada do que pretendiam. Eles se organizaram prontamente para fazê-lo e o Governo norte-americano então, por sua vez, organizou sua recepção sem uma maior argumentação interna a respeito dos prós e contras de se emitir o "convite", para começo de conversa. Não tivesse sido por Bevin, porém, provavelmente problemas teriam surgido por parte do secretário do Tesouro e outros, além dele.[18]

Se a ajuda de Bevin foi útil na fase inicial, a de Stalin foi vital do início ao fim. Em um espírito de autodepreciação, Truman certa vez comentou que sem os movimentos "malucos" de Moscou "nós nunca teríamos tido nossa política externa... nunca teríamos conseguido qualquer coisa do Congresso".[19] George Kennan, entre outros, havia deplorado o tom anti-soviético que a defesa do Plano Marshall teve perante o Congresso e o país, mas não há dúvida de que isso foi decisivo para muitos segmentos da opinião norte-americana. Também não há dúvidas de que Moscou deu contribuições essenciais ao caso.

Em 1947, os eventos – muito mais do que a antevisão ou ação governamental – haviam dado a várias platéias a impressão de que as intenções da Rússia eram pouco amistosas (e que a Europa estava especialmente frágil), gerando crescente clamor por "façamos algo a respeito". Três meses antes de Marshall discursar em Harvard, a ajuda à Grécia e à Turquia e a promulgação da Doutrina Truman mais pareciam cristalizar do que criar um estado de espírito público e uma resposta do Congresso. Os planejadores do Plano Marshall, é preciso dizer, estavam em uma posição ruim para aproveitar-se desse estado de espírito, tampouco o secretário desejava fazer isso. Seu objetivo, de fato, era cortá-lo, ressaltando a causa da fragilidade européia, mais do que a agressividade soviética em si. Uma economia forte na Europa Ocidental, idealmente falando, demandava medidas restauradoras de escopo continental.

A assistência norte-americana proferida em contexto anti-soviético poderia ter sido contraditória em teoria e inaceitável, de fato, para vários membros dos Governos que Washington estava ansioso por ajudar. Segundo a visão do próprio Marshall, a lógica desse propósito proibia-o de usar sua cartada mais forte junto ao Congresso. Os russos então passaram a jogar por ele. Quando os europeus se reuniram em Paris, Molotov saiu da reunião. Após os tchecos demonstrarem continuado interesse na ajuda norte-americana, o golpe comunista derrubou o seu Governo, deixando forças soviéticas posicionadas ao longo de suas fronteiras, facilmente ao alcance de Praga. Molotov transformou a apresentação inicial do Plano Marshall; a Tchecoslováquia assegurou sua aprovação final, que aconteceu um mês após a tomada de Praga.

Essa foi a ajuda dada a Truman para conseguir com que o Plano Marshall entrasse em ação. Considerando suas circunstâncias politicamente tensas, dificilmente poderia ter conseguido alguma coisa com menos do que isso. É possível imaginar que parte da contribuição de Moscou poderia ter sido dispensável, mas não a de Marshall ou Vandenberg ou Bevin ou Patterson, ou aquela prestada por muitos outros homens cujo trabalho está representado pelos seus nomes em meu relato. Sua ajuda não foi estendida meramente ao Presidente. Ele não foi favorecido dessa forma apenas porque gostavam dele pessoalmente ou por estarem impressionados com o seu intelecto ou charme. Poderiam ter sido igualmente prestativos, caso tivessem desdém por ele, o que alguns certamente tinham. Os londrinos que agarraram a bola, Vandenberg e Taft e a maioria no Congresso, Marshall e seus planejadores, o alto escalão das outras agências que ativamente os apoiaram ou "seguiram a onda", a legião de cidadãos privados influentes que defenderam a causa: todos desempenharam seus papéis por acharem que tinham de fazê-lo, em nome de seus próprios interesses, e considerando as suas próprias responsabilidades, não as de Truman. Contudo, dificilmente teriam considerado ser de interesse colaborar uns com os outros ou com ele, se não lhes tivesse propiciado exatamente o que precisavam da Casa Branca. Truman não teria conseguido o que queria sem a ajuda deles, mas não a teria recebido sem um esforço incessante de sua parte.

Nesse caso há um aspecto essencial a ser ressaltado: apesar da compatibilidade entre os diversos pontos de vista em relação às políticas públicas, Truman não recebeu nenhuma ajuda pela qual não tivesse pago (exceto a de Stalin). Bevin dificilmente teria agarrado as palavras de Marshall se este não tivesse sido claramente apoiado por Truman. Os interesses de Marshall não teriam se submetido à exploração de seu prestígio por parte de um Presidente que não o respeitasse, seja aberta ou sutilmente, ou até mesmo por inadvertência, a qualquer momento. Vandenberg, supostamente, não poderia ter apoiado propostas por parte de uma Casa Branca que o tratasse com má vontade, negando-lhe a deferência e o acesso que gratificariam seus colegas de partido (e a ele próprio). Republicanos proeminentes da iniciativa privada não teriam achado fácil promover uma causa associada a Truman e a seus argumentos de 1948 – tampouco os proeminentes planejadores do *New Deal*, que estavam então engajados em encontrar um substituto.

Truman pagou o preço necessário pelos seus serviços. Até onde indicam os registros da época, a Casa Branca não deixou de dar firme apoio a Marshall e ao Plano Marshall uma única vez. Truman apoiou a jogada de seu secretário na forma de um convite dirigido a toda a Europa. Transformou o plano de Marshall em seu próprio plano, em um discurso muito oportuno aos canadenses. Não perdeu nenhuma oportunidade para ampliar o envolvimento junto à sua própria família oficial nessa causa. Averell Harriman, o secretário de Comércio; Julius Krug, o secretário do Interior; Edwin Nourse, o presidente do Conselho Econômico; James Webb, o diretor de Orçamento – todos foram responsabilizados por estudos e relatórios que contribuíram diretamente para a apresentação ao Legislativo. Assim, essas pessoas estavam antecipadamente comprometidas. Além disso, o Presidente continuamente enfatizou a todos ao seu alcance que não tinha dúvidas, não queria complicações, e iria realizar tudo que lhe fosse possível fazer. A ênfase dada ao Plano aparentemente foi percebida no Tesouro, com bons efeitos. Além disso, Truman esforçou-se sobremaneira para abrir o caminho para Vandenberg. O senador insistia em que não houvesse nenhum viés político por parte do Governo; não havia nenhum. Considerava essencial haver um levantamento dos recursos e da capacidade norte-americana; ele o obteve através dos relatórios de Krug e Harriman. Vandenberg esperava consultas antecipadas; era consultado, passo a passo, em reuniões freqüentes com o Presidente e conferências semanais com Marshall. Pediu por um contato efetivo entre o Congresso e as agências envolvidas; Lovett e os outros deram-lhe o que queria. Quando o senador decidiu que havia necessidade de mudar aspectos da legislação relacionados a financiamento e administração, Truman ignorou o mau humor do Departamento de Orçamento e concordou de bom grado. Quando, por fim, Vandenberg desejou que um republicano liderasse a nova agência administrativa, seu candidato, Paul Hoffman, foi nomeado, a despeito da preferência do próprio Presidente por outra pessoa. De todas essas maneiras, Truman empregou as escassas vantagens que seus "poderes" e sua condição lhe davam na ocasião para obter a ajuda de que necessitava.

Truman ainda ajudou a si mesmo de outra maneira. Tradicional e praticamente, ninguém estava em melhor posição do que ele para chamar a atenção do público para a tarefa do Congresso (e de seus líderes republicanos). Ao longo de todo o outono e inverno de 1947 e até a primavera de 1948, fez uso repetitivo dos "poderes" presidenciais para lembrar ao país que a ação do

Congresso fazia-se necessária. Mensagens, discursos e uma sessão extraordinária foram usados para ressaltá-lo. Aqui, mais uma vez, tirou vantagem de sua posição. Contudo, naquelas circunstâncias, a defesa pública feita por Truman poderia ter atrapalhado, e não ajudado, caso suas palavras parecessem estar dirigidas às próximas eleições. Truman obteve vantagens para seu programa somente na medida em que seu próprio endosso permanecia do lado certo daquela linha tênue que separa o "zelador" que está no cargo, do suposto candidato. Nas declarações públicas relacionadas ao Plano Marshall, somente uma vez parece ter arriscado macular tal diferenciação, quando convocou o Congresso, em novembro de 1947, tanto para tratar de ajuda interina à Europa quanto do controle de preço em tempos de paz. O segundo pedido vinculava a inflação da época ao atual Congresso (e a Taft), tornando-se um primeiro passo avante em direção aos principais temas de Truman em 1948. Ao invocar ambas as medidas na sessão extra, poderia ter sido acusado – e o foi – de misturar políticas domésticas com ajuda internacional. Nesse caso, nenhum mal sucedeu ao programa europeu, e nem às suas políticas. Antecipadamente, porém, vários assessores temiam que tal convocação dupla pudesse comprometer o Plano Marshall. Seus medos dão testemunho de sua limitada vantagem para empregar seus próprios "poderes" em seu benefício.[20]

É sintomático da situação de Truman que a acomodação bipartidária por parte da Casa Branca fosse então considerada como significando consulta e conciliação com o Congresso, numa escala jamais igualada nos tempos de Eisenhower. Mesmo assim, Eisenhower saiu-se praticamente tão bem quanto Truman com congressos oposicionistas, em termos de pedidos concedidos para fins de defesa e ajuda internacional. Pode-se dizer que Truman pediu medidas mais extraordinárias. Mas também pode-se dizer que Eisenhower nunca penou por falta de prestígio, o que seu predecessor teve de emprestar de outros. Muitas vezes foi comentado, na época de Truman, que ele parecia ter dupla personalidade, tão forte a diferenciação entre sua conduta relativa a políticas domésticas e segurança nacional. Mas, deixando a personalidade de lado, de que outro jeito ele poderia, em seu primeiro mandato, ter conquistado terreno para uma política externa em desenvolvimento? O fato é que Truman tinha de jogar o jogo do bipartidarismo, como o fez; caso contrário, teria perdido a partida.

C aso Truman não tivesse tido as vantagens pessoais que seus "poderes" e sua posição lhe davam, ou se tivesse feito mau uso deles, provavelmente não teria havido um programa maciço de ajuda à Europa em 1948. Algo desse tipo, talvez com uma ênfase bastante diferente, quase certamente teria sido aprovado antes do fim de 1949. Alguma resposta norte-americana à fragilidade européia e à expansão soviética era tão certa quanto essas coisas podem ser. Mas em 1948, a tentação de esperar por um plano Taft ou um plano Dewey poderia muito bem ter causado pelo menos um ano de atraso na resposta, caso o Governo tivesse bagunçado suas relações com o Congresso, o público, os aliados ou executivos. À parte as virtudes específicas de seu plano, Truman e seus ajudantes ganharam, pelo menos, aquele ano no cronograma da ajuda norte-americana. Na mensuração européia do tempo, foi um ganho precioso. A parcela de participação do próprio Presidente nessa realização foi vital. Ele deu sua contribuição mediante a exploração das suas vantagens. Truman, de fato, emprestou a Marshall e aos demais as regalias e o *status* de seu cargo. Em troca, eles lhe emprestaram o seu prestígio e a sua própria influência. A transferência multiplicou-lhe a influência, apesar de sua autoridade limitada em termos de forma e a sua falta de força, politicamente. Sem os recursos necessários para essa barganha, Truman não poderia ter contribuído para a ajuda européia.

Ter vantagens numa barganha não significa ter garantias. A influência continua sendo via de mão dupla. No caso afortunado do Plano Marshall, o que Truman precisava estava de fato nas mãos de pessoas preparadas para "negociar" com ele. Pessoalmente, estava em condições de entregar-lhes em troca o que queriam. Marshall, Vandenberg, Harriman e outros possuíam prestígio, energia, associações e pessoal necessários ao esforço legislativo. O próprio Truman tinha controle o suficiente sobre mensagens e discursos presidenciais, política orçamentária, reuniões de alto nível e seu próprio tempo e temperamento para levar a cabo todos os aspectos que lhe cabiam. Mas uma negociação requer duas pessoas. É necessário que haja alguém capaz de emprestar seu prestígio – seja lá quais forem as condições. Suponhamos que Marshall tivesse declinado de seu cargo como secretário de Estado em janeiro de 1947; Truman talvez não tivesse encontrado substituto tão bem-equipado para oferecer-lhe o que iria precisar nos meses seguintes. Ou suponhamos que Vandenberg tivesse sido vítima de câncer dois anos antes do que de fato ocorreu; o senador Wiley, de Wisconsin, não teria sido uma pessoa com quem Taft teria estado disposto a dividir o mundo. Ou suponhamos que o secretário do Tesouro tivesse a estatura, a força e o charme de seu sucessor no Governo Eisenhower, o imponente George M. Humphrey. E se Truman tivesse dado aos republicanos a impressão do que seria em 1948: um formidável candidato à Presidência? É improvável que uma dessas suposições, isoladamente, tivesse mudado o resultado final; duas ou três, contudo, poderiam tê-lo mudado completamente. Não foi assegurado a Truman qualquer outro poder além dos seus "poderes", apenas por manter relações contínuas com os secretários de seu Gabinete e com senadores mais antigos. Aqui, como sempre, o resultado foi condicionado por quem eles eram e o que ele era e como cada um percebia os eventos, e o que efetivamente fizeram em resposta.

Considerando que a persuasão não traz consigo nenhuma garantia, como pode um Presidente reduzir os riscos de fracassar? Como pode maximizar suas perspectivas de eficácia para minimizar as possibilidades de que o poder venha a escapar-lhe das mãos? O Plano Marshall sugere uma resposta: preserva suas perspectivas de poder na medida em que faz escolhas. O próprio Marshall, bem como Forrestal e Harriman, e outros, ocuparam cargos com base em nomeações feitas pelo Presidente. Vandenberg tinha vasto poder simbólico, parcialmente porque FDR e Truman haviam feito todo o possível, desde 1944, para edificá-lo. O Departamento do Tesouro e o Departamento de Orçamento – que, juntos, poderiam ter comprometido os planos que os outros fizeram – eram chefiados por funcionários cujo prestígio dependia totalmente de seus empregos. O que Truman precisava desses "doadores" ele recebeu, em parte, devido às suas escolhas passadas de pessoas e medidas adotadas. O que eles receberam em troca foram ações realizadas – ou não – por ele mesmo. As coisas de que mais necessitavam envolviam, na maioria das vezes, a conduta dele próprio lá onde seus escolhidos atuais estavam no comando. As ações do próprio Presidente no passado haviam aberto caminho para a negociação atual. Suas ações no presente eram a sua moeda de troca. Por trás de cada ação, havia uma escolha pessoal, e estas, juntas, representavam o seu controle sobre o toma-lá-dá-cá que lhe dava o que queria. Como Truman, pessoalmente, afetava as vantagens que obtinha de seus relacionamentos com outras pessoas no Governo, seu poder estava protegido por suas escolhas.

Por "escolha", quero dizer nada mais nada menos do que aquilo que normalmente é chamado "decisão": o ato do próprio Presidente de fazer ou não fazer. Com muita freqüência, a decisão não é clara, e a indecisão é decisiva, de modo que *escolha* passa a ser o termo mais apropriado. "Escolha" tem a sua parcela de conotações indesejáveis. No sentido comum da palavra, implica alternativa preto-e-branco. As escolhas presidenciais raramente são dessa natureza. Também pode implicar que as alternativas são colocadas perante aquele que irá escolher por outra pessoa. Um Presidente muitas vezes fica só, tentando identificar suas opções. Nenhuma dessas implicações é adequada para qualquer das referências feitas ao longo deste livro à palavra escolha.

Se os Presidentes pudessem valer-se de escolhas passadas para aumentar sua influência atual, assim como as escolhas feitas por Truman anteriormente (de pessoas para ocupar cargos) o fizeram por ele, a persuasão enfrentaria menos dificuldades do que de fato enfrenta. Mas os Presidentes não podem contar com isso. Dependendo das circunstâncias, as escolhas anteriores podem ser tão constrangedoras como foram úteis no caso do

Plano Marshall. Os incidentes descritos no capítulo 2 incluem alguns exemplos contundentes de tal constrangimento. Entre outros: a influência de Eisenhower junto a Faubus foi comprometida por suas declarações anteriores à imprensa e pela aceitação incondicional de seu pedido para conversar amistosamente em Newport; o domínio de Truman sobre MacArthur foi fragilizado por sua deferência para com ele no passado.

Supondo que as escolhas passadas protegeram a influência – e não a prejudicaram –, as escolhas presentes ainda assim podem ser inadequadas. Se os Presidentes pudessem valer-se de sua própria conduta para obter suficientes vantagens na barganha, como foi o caso da conduta de Truman quanto à questão que envolveu Vandenberg e Marshall, a negociação efetiva poderia ser bem mais fácil de gerenciar do que muitas vezes o é. Na crise do aço, por exemplo, o poder de persuasão do próprio Truman junto a ambos, empresas e sindicato, foi comprometido pela conduta de um conselho salarial independente e pelos advogados do Governo nos tribunais, sem falar de Wilson, Arnall, Sawyer e outros que tais. Contudo, na prática, se não na teoria, nunca coube ao Presidente muitas das escolhas essenciais que tiveram que fazer. Decisões que legalmente estão nas mãos de outros, ou delegadas de modo a não poderem mais ser retomadas, têm uma forma infeliz de vir a ser a matéria de barganha mais necessária quando a Casa Branca quer negociar. Um motivo pelo qual Truman foi consistentemente mais influente no caso do Plano Marshall do que no caso do aço ou no caso de MacArthur é que o Plano Marshall envolveu diretamente o Congresso. Nas relações com o Congresso, há algumas coisas que ninguém, exceto o Presidente, pode fazer. Sua possibilidade de escolha é maior quando uma mensagem precisa ser enviada, ou uma nomeação ser submetida, ou um projeto de lei ser transformado em lei, do que quando a esfera de ação está confinada ao Executivo, onde todas as tarefas decisórias podem ter sido delegadas, sem possibilidade de voltar atrás.

Mas as escolhas de um Presidente – acertadas ou não – são o único meio de que dispõe para proteger suas próprias perspectivas de influência efetiva. Ele pode obter poder de relacionamentos contínuos, no sentido de que pode capitalizar a partir das necessidades dos outros em relação à condição e à autoridade da Presidência. Contudo, para fazê-lo, ajuda a si mesmo por meio de nada além do que sua capacidade para reconhecer as pré-condições e possíveis vantagens e proceder de acordo com elas ao longo das escolhas que vêm ao seu encontro. Perguntar como pode proteger sua influência prospectiva significa, portanto, levantar outra questão: o que ajuda o Presidente a proteger seus interesses no poder ao longo de seus próprios atos de escolha?

Poder presidencial e os Presidentes modernos

Notas

[1] Sugiro que o leitor mantenha em mente a distinção entre os dois sentidos nos quais a palavra poder é empregada. Quando utilizei a palavra (ou o seu plural) para referir-me à autoridade formal constitucional, baseada na legislação ou nos costumes, ela vem acompanhada do adjetivo "formal" ou entre aspas, como "poder(es)". Sempre que a utilizei no sentido da influência efetiva sobre a conduta de outros, aparece sem as aspas (e sempre no singular). Quando a clareza e a conveniência o permitem, substituí autoridade por "poder", no primeiro sentido da palavra, e usei influência em lugar de poder, no segundo sentido.

[2] Ver, por exemplo, a Conferência de Imprensa de 22 de julho de 1959, conforme relatado no *New York Times*, de 23 de julho de 1959.

[3] N.T.: Em inglês, *Bill of Rights*.

[4] Ver Douglass Cater, *The Fourth Branch of Government*. Boston, Houghton Mifflin, 1959.

[5] N.A.: Para diferenciações feitas ao longo de todo o texto entre *poderes* e *poder*, ver nota 1.

[6] À exceção da Vice-Presidência, é claro.

[7] Ver o estudo esclarecedor de David B. Truman sobre o relacionamento dos partidos no 81° Congresso, *The Congressional Party*. New York, Wiley, 1959, especialmente capítulos 4, 6 e 8.

[8] Na qualidade de secretário do Interior, em 1939, Harold Ickes recusou-se a aprovar a venda de gás hélio à Alemanha, apesar da insistência do Departamento de Estado e da solicitação do Presidente Roosevelt. Sem a aprovação do secretário, tais vendas foram proibidas por lei. Ver *The Secret Diaries of Harold L. Ickes*, New York, Simon & Schuster, 1954, vol. 2, especialmente páginas 391-393, 396-399. Ver também Michael J. Reagan, "The Helium Controversy", na coletânea de estudos de caso sendo preparada para o *Twentieth Century Fund*, sob a direção editorial de Harold Stein.

Nesse caso, a autoridade legal cabia ao secretário, estando a decisão a seu critério. Um Presidente dificilmente demitirá um membro de seu Gabinete em decorrência do exercício consciente de tal autoridade. Quanto à autoridade do Presidente para colocar de lado determinações discricionárias desse tipo, ela se apóia – se é que existe – em terreno legal duvidoso, muito improvável de ser percorrido em segurança nas situações mais graves.

[9] As *Memoirs de* Truman indicam que, após tentar e fracassar em tornar Stevenson um candidato declarado na primavera de 1952, o Presidente decidiu apoiar a candidatura do vice-presidente Barkley. Mas Barkley desistiu, logo no início da convenção, por falta de apoio crucial no norte. Apesar de Truman manter-se em silêncio a respeito da questão, a ativa candidatura de Barkley quase foi revivida durante a votação, mas as forças então alinhadas para reavivá-la foram lideradas pelos oponentes do *Fair Deal* de Truman, especialmente os sulistas. Como questão prática, o Presidente não poderia ter emprestado seu peso às suas iniciativas e poderia ter apoiado qualquer um, exceto Stevenson, para contrapor-se a elas. A força deste último não poderia ser, naquele ponto, transferida a Harriman ou Kefauver. Em vez disso, os outros nortistas tinham de ser demovidos. Truman ajudou a demovê-los. Mas não tinha outra opção. Ver Harry S. Truman, *Memoirs*, volume 2, *Years of Trial and Hope*. Garden City, New York, Doubleday, Time Inc., 1956, pp. 495-96.

[10] Refere-se à declaração pública de Stassen, de 23 de julho de 1956, conclamando todos a substituírem Nixon como candidato republicano pelo governador Herter, de Massachusetts, que posteriormente foi secretário de Estado. A declaração de Stassen foi emitida após conferência com o Presidente. As declarações públicas de Eisenhower sobre a indicação

vice-presidencial, tanto antes como depois da chamada de Stassen, permitem inferências alternativas: ou que o Presidente preferiria outro candidato, contanto que pudesse ser providenciado, sem indicar que teria sido ditado pela Casa Branca, ou queria Nixon, sob a condição de que demonstrasse apelo popular. Naquela ocasião, nenhum dos dois resultados foi alcançado. As próprias observações de Eisenhower fortaleceram movimentos rápidos por parte do partido, que acabaram sufocando os esforços de Stassen. A indicação de Nixon, assim, foi assegurada demasiado rapidamente para ser a conseqüência de uma demanda popular. Para fins de registro público sobre o assunto, ver declarações relatadas de Eisenhower, Nixon, Stassen, Herter e Leonard Hall (o Presidente Nacional do Partido Republicano) no *New York Times* de 1, 8, 15 e 16 de março; 27 de abril; 15, 16 e 25-31 de julho; 3, 4, 17 e 23 de agosto de 1956. Ver também os relatos feitos por Earl Mazo em *Richard Nixon: A Personal and Political Portrait*. New York, Harper, 1959, páginas 158-87.

[11] Transcrição estenográfica da Conferência de Imprensa Presidencial, 19 de outubro de 1950, nos arquivos da Biblioteca Truman, em Independence, Missouri.

[12] Jonathan Daniels, *Frontier on the Potomac*. New York, Macmillan, 1946, páginas 31-32.

[13] Transcrição da Conferência de Imprensa Presidencial, 18 de junho de 1958, em *Public Papers of the Presidents Dwight D. Eisenhower*, 1958, Washington, D.C., National Archives, 1959, página 479. No verão de 1958, uma investigação do Congresso a respeito dos negócios de um fabricante têxtil da Nova Inglaterra, Bernard Goldfine, revelaram que Sherman Adams havia aceitado vários presentes e favores dele (o mais conhecido estava associado a um casaco de vicunha). Adams também havia feito investigações a respeito da situação de um processo na Comissão Federal de Comunicação (FCC), no qual Goldfine estava envolvido. Em setembro de 1958, Adams teve autorização para demitir-se. O episódio foi altamente divulgado e discutido naquele ano de campanhas eleitorais para o Congresso.

[14] Conforme relatado em Marriner S. Eccles, *Beckoning Frontiers*, New York, Knopf, 1951, p. 336.

[15] Ao reunir essas observações sobre o Plano Marshall, baseei-me nos relatos pessoais de Joseph M. Jones, *The Fifteen Weeks*, New York, Viking, 1955, especialmente pp. 89-256; no recente estudo de Harry Bayard Price, *The Marshall Plan and Its Meaning*, Ithaca, Cornell University Press, 1955, especialmente pp. 1-86; nas *Memoirs* de Truman, vol. 2, capítulos 7-9; em Arthur H. Vandenberg Jr. (ed.), *The Private Papers of Senator Vandenberg*, Boston, Houghton Mifflin, 1952, especialmente pp. 373 e seguintes; e em minhas próprias anotações da época. Esse é um caso de desenvolvimento de políticas públicas não coberto, até onde sei, por nenhum dos programas acadêmicos de produção de estudos de caso.

[16] O discurso do secretário Marshall, formalmente sugerindo o que viria a ser conhecido como o Plano Marshall, foi feito em Harvard, em 5 de junho de 1947. Em 20 de julho, o Presidente vetou a Lei Taft-Hartley; esse veto foi derrubado três dias mais tarde. Em 16 de junho, ele vetou o primeiro de dois projetos de lei sobre redução de impostos (HR 1) aprovados durante a primeira sessão do Octogésimo Congresso; o segundo (HR 3950), uma substituição do primeiro, ele também o desaprovou em 18 de julho. Em ambos os casos o seu veto foi sustentado com dificuldade.

[17] *Private Papers of Senator Vandenberg*, pp. 378-79, 446.

[18] A relutância inicial do secretário do Tesouro, John Snyder, em apoiar gastos em grande escala no além-mar, tornou-se questão de conhecimento público em 25 de junho de 1947. Numa coletiva de imprensa realizada naquele dia, ele interpretou o discurso de Marshall

Poder presidencial e os Presidentes modernos

como uma convocação para que os europeus se ajudassem mutuamente, por conta própria. Em outra coletiva de imprensa, no mesmo dia, Marshall, de sua parte, indicou que os Estados Unidos considerariam ajudar programas que contassem com a anuência dos europeus. No dia seguinte, Truman realizou uma coletiva de imprensa e ouviu a pergunta inevitável. Ele respondeu: "O general Marshall e eu estamos totalmente de acordo". Quando pressionado, Truman respondeu firmemente: "O secretário do Tesouro, o secretário de Estado e o Presidente estão totalmente de acordo." Assim o Presidente cortou Snyder, mas, se o impulso de além-mar tivesse sido menor, não há dúvidas de que se teria ouvido falar dele, à medida que o tempo avançasse e houvesse oportunidade.

As citações acima foram retiradas da transcrição estenográfica da coletiva de imprensa de 26 de junho de 1947, disponível nos arquivos da Truman Library, em Independence, Missouri.

[19] Comentário feito em dezembro de 1955, três anos após deixar o poder, mas ainda assim significativo em relação aos pontos de vista que expressou, ocasionalmente, enquanto era Presidente.

[20] Isso também pode ser entendido com testemunho da timidez política dos funcionários do Departamento de Estado e do Departamento de Orçamento, onde tal medo parece ter sido mais forte. Contudo, conversas realizadas na época com assessores da Casa Branca me levam a acreditar que também lá a interferência na questão dos preços era percebida como arriscada. Para maiores comentários, ver meu texto *Congress and the Fair Deal: A Legislative Balance Sheet*", public Policy, vol. 5, Cambridge, Harvard University Press, 1954, pp. 362-64. Baseava-se, parcialmente, nas recomendações da assessoria jurídica da Secretaria de Comércio,

91

CAPÍTULO 4
REPUTAÇÃO PROFISSIONAL

A capacidade de persuasão de um Presidente perante outras pessoas do Governo depende de algo mais que as vantagens de que dispõe ao barganhar. As pessoas que pretende persuadir precisam estar interiormente convencidas de que tem habilidade e vontade o suficiente para *fazer uso* de suas vantagens. O julgamento que fazem dele é fator significativo de sua influência sobre elas. A pergunta final colocada no capítulo 3 é como um Presidente protege seu poder em seus próprios atos de escolha. Essa pergunta pode ser colocada de lado, até analisarmos o que está em jogo para ele quando outros fazem julgamentos a seu respeito.

As pessoas que compartilham o Governo deste país são observadores inveterados de um Presidente. São elas que realizam o que ele deseja que seja feito. São elas o objeto da persuasão pessoal dele. Elas também são as pessoas mais atentas de sua platéia. Esses fazedores representam o que, em espírito – não em geografia –, pode ser denominado de "comunidade de Washington". Essa comunidade perpassa as diversas bases eleitorais do Presidente. Os membros do Congresso e aqueles que compõem seu Governo, os governadores dos estados, comandantes militares na ativa, lideranças políticas de ambos os partidos, representantes de organizações privadas, a mídia em geral, diplomatas estrangeiros (e as lideranças internacionais): todos são "washingtonianos", não importa qual a sua localização física. Na maioria dos casos, a comunidade de Washington está longe de ser homogênea. Em certo sentido, de fato está fortemente interligada: por definição, todos os seus membros são compelidos a observar o Presidente, não por prazer, mas por vocação. Precisam dele para suas atividades, assim como ele precisa deles. Seu próprio trabalho, portanto, requer que fiquem de olho nele. Como o observam atentamente, a capacidade de persuasão do Presidente sobre eles vale-se de suas avaliações – bem informadas – assim como das supostas vantagens do cargo presidencial.

Para influenciar os washingtonianos, a lei mais importante à disposição de um Presidente é a "lei das reações antecipadas", proposta há vários anos por Carl J. Friedrich.[1] Os indivíduos que compartilham o Governo fazem o que pensam que devem. O efeito de um Presidente sobre eles aumenta ou diminui, dependendo de seus pensamentos a respeito da provável reação dele ao que fizerem. Baseiam suas expectativas naquilo que podem observar dele. E o estão observando todo o tempo. Olhando para si mesmos, para ele, para o evento imediato, e para o futuro, podem pensar que aquilo que ele poderia fazer teoricamente, não arriscaria fazê-lo de fato. Foi isso que MacArthur evidentemente pensou antes de ser demitido. Podem pensar que o Presidente está de mãos atadas, como Faubus pensou, aparentemente, antes e depois de Newport. Eles podem concluir, como Arnall, que o Presidente tem mais a perder do que eles, caso não o apóiem. Ou podem concluir, como Sawyer obviamente o fez, de que arriscam mais do que ele, caso não o apóiem. Um Marshall e um Vandenberg podem decidir acreditar em que o Presidente colocará os poderes e a posição a serviço deles. Um Charles E. Wilson, após Key West, pode decidir o contrário.

O que essas pessoas pensam pode ou não ser verdade, mas é essa a realidade com base na qual agem, pelo menos até os seus cálculos se mostrarem corretos ou equivocados. Na medida em que uma nova crise do aço se aproximava em 1952, muitos washingtonianos tinham certeza de que, caso novamente se chegasse a ponto de haver uma greve, Truman já enfrentava preocupações demais para arriscar algo tão controvertido quanto um confisco. Em abril daquele ano, ele e seu partido enfrentaram ampla concorrência nas indicações presidenciais; o governador de Illinois, a quem queria proclamar seu herdeiro, aparentemente não servia. No Congresso, havia brigas em meia dúzia de fronts diferentes. Na cidade[2], estava envolvido com esforços – amplamente divulgados – no sentido de abortar uma "faxina" na "corrupção". De que nesse momento poderia dar-se ao luxo de confiscar toda a indústria siderúrgica, deveu-se, em grande parte, à própria indústria, ao Capitólio e até mesmo a alguns membros de seu gabinete. Pensavam que "não teria outra escolha" que não a de recorrer à lei Taft-Hartley. Esse pensamento pode ter reduzido os incentivos da administração das siderúrgicas no sentido de buscar um acordo; certamente reduziu as preocupações do Pentágono acerca do resultado.

As expectativas muitas vezes estão muito mais próximas da realidade do que estavam aqueles pontos de vista a respeito de Truman no caso do aço. Dez meses antes da crise do aço, em junho de 1951, ele fez um apelo passional na TV, solicitando apoio popular para um controle de preços mais rígido do que aquele que o Congresso parecia estar prestes a conceder quando renovasse a legislação de autorização. As forças anticontrole não ficaram visivelmente impressionadas, nem antes, nem depois de seu apelo. A capacidade de um Presidente para "lançar um apelo ao povo" pode ser um aspecto crucial de seu ferramental estratégico, como dizem todos os livros didáticos, mas ninguém temia uma ampla resposta popular ao chamado de Truman por uma regulamentação mais rígida em tempos de guerra, dois meses após ter demitido MacArthur. Nesse caso, a expectativa mostrou-se correta. "Nunca pedi a ninguém para escrever ao seu representante no Congresso", disse Truman posteriormente à imprensa.[3] E, de fato, quase ninguém o fez.

O que outras pessoas esperam dele torna-se fator crucial no poder de persuasão do próprio Presidente. Quando as pessoas no Governo consideram os seus relacionamentos com ele, não revêem toda a Constituição ou lembram a si próprias que os Presidentes possuem potenciais pontos de vantagem que vão além dos poderes listados na Constituição. O problema delas nunca é o que Presidentes abstratos poderão fazer em teoria, mas sim o que aquele que de fato está no poder tentará fazer. Elas precisam antecipar, tanto quanto possível, a sua capacidade e vontade de fazer uso das vantagens e possibilidades de barganha de que ele dispõe. As oportunidades dele para influenciá-las emergem daquilo que pensam dele. Se pretende maximizar suas perspectivas de ser efetivo, deve preocupar-se com o que pensam. Formular o problema de poder do Presidente nesses termos é colocar luz sobre o seu trabalho como Presidente.

Em um mundo perfeitamente racional e nítido, pode ser que os washingtonianos pudessem tomar o desempenho passado de um Presidente como um determinante exato, preciso e definitivo de sua conduta futura, caso a caso. A história conhecida e pública, plenamente compreendida, poderia ser revista em busca de equivalentes para todos os detalhes de cada nova situação. Sua habilidade – ou a falta de – no uso de vantagens estratégicas comparáveis para propósitos similares poderia ser avaliada com tal precisão que a previsão de cada movimento dele tornar-se-ia ciência praticada com o auxílio da matemática.

Contudo, no mundo real, ninguém está totalmente certo sobre quais aspectos do passado se encaixam com qual peça do presente ou do futuro. Como os exemplos deste livro sugerem, particularidades de tempo, conteúdo, organização, personalidades, podem fazer uma diferença tão grande, caso a caso, que a previsão continua sendo um jogo cheio de truques, e as expectativas baseiam-se em percepções um tanto quanto imperfeitas. Isso tanto pode ajudar um Presidente, como prejudicá-lo. Pode ajudá-lo no sentido de que quase todo mundo no Governo, até certo ponto, dá desconto às falhas de seu desempenho num dado momento. Mas pode prejudicar, no sentido de que, ao longo do tempo, isso pode levar a um desconto antecipado de sua capacidade em ocasião futura.

Em cada movimento que um Presidente pode vir a fazer, provavelmente haverá inúmeros aspectos que estão além de seu controle imediato. São tantas as coisas que podem dar errado, que na maioria das vezes algo de fato dá errado. Assim, os washingtonianos que observam um Presidente, profissionalmente por assim dizer, não podem basear suas expectativas nas escorregadelas e nos erros que ocorrem a cada esforço da parte dele. Mas esses acumulam e, à medida que o fazem, as pessoas procuram identificar um padrão. Na falta de melhor embasamento, tendem a basear suas previsões em tais padrões, conforme acreditam que são. O maior perigo para a potencial influência de um Presidente junto a elas não é a presente demonstração de incapacidade, mas o aparente grau de parentesco com o que aconteceu ontem, mês passado, ano passado. Porque, caso tenham a impressão de que seus erros formam um padrão, a conseqüência certamente será falta de confiança na sua eficácia, da próxima vez. O menino que gritou "Lobo!" teve um final infeliz porque ninguém prestou atenção ao seu derradeiro grito.

Os aspectos mais sutis da técnica de um Presidente ao lidar com dada situação não são as únicas coisas que os observadores profissionais verão, em busca de sinais de padrão. Se deu o telefonema apropriado no dia certo, ou disse as palavras certas no momento certo, ou leu o relatório certo e tirou as conclusões corretas pode fazer toda a diferença em determinado momento. Se a mesma coisa parece acontecer em momentos sucessivos, isso irá estabelecer um patamar para as expectativas a respeito de sua conduta futura. Mas no presente, olhando em direção ao futuro, a maioria das pessoas tem mais acerca do que pensar do que a aparente maestria que ele possa ter de tais técnicas. Como têm que manter em mente suas relações continuadas enquanto pensam no que ele quer delas, elas também têm que pensar acerca de quão intensas, persistentes, determinadas parecem ser as tentativas dele. Com vontade suficiente, até mesmo o técnico mais desajeitado consegue ferir seus inimigos de alguma forma, em algum momento, e fornecer algum tipo de cobertura para seus amigos. Sinais de tenacidade contam tanto quanto sinais de habilidade na modelagem das expectativas acerca do comportamento de um Presidente.

Se os observadores de Washington estivessem limitados às evidências de sua experiência pessoal, um Presidente poderia modelar suas expectativas na medida em que lida com cada um deles. Mas aqueles que observam um Presidente porque seu trabalho assim o exige, não vêem somente o que ele escolhe revelar-lhes. Vêem uma parte de praticamente tudo que ele faz, com quase todo o mundo, e o que não podem ver, tentam ouvir. Tudo que é relatado na imprensa contribui para o seu campo de visão. Qualquer coisa que suceda ao seu bairro amplia seus pontos de vista. Eles fazem perguntas uns aos outros. Contam histórias uns aos outros. Lêem reportagens, informativos e colunistas conhecidos que estejam circulando informações quentes, obtidas de pessoas como eles próprios, com muita atenção. Sua comunidade é extremamente incestuosa. Conseqüentemente, sua perspectiva a respeito de um Presidente em qualquer momento será afetada pelas impressões a respeito de sua vontade e habilidade, conforme estiverem atualmente em voga entre observadores como eles próprios. Se o Presidente quiser ter influência, portanto, precisa preocupar-se não apenas com encontros pessoais *tetê-à-tête* ou indiretos; o problema é, nada mais nada menos, o que toda a Washington pode achar dele. Precisa estar preocupado com sua reputação profissional como governante entre todos os que compartilham o Governo com ele.

A reputação geral de um Presidente em Washington não irá refletir os pontos de vista de cada washingtoniano. Normalmente há um tom dominante, uma tendência central nas avaliações que Washington faz de um Presidente. É possível ouvir os ecos desse tom a cada vez que se lê os textos de Krock, Lippmann, Reston, Revere e meia dúzia de outros. (Também é possível receber alertas antecipados; esses colunistas são lidos atentamente por todos de quem obtêm suas informações). Contudo, não importa qual seja a impressão que esteja na moda no momento, algumas das pessoas das quais o Presidente depende sempre estarão usando isso a favor de como percebem a si mesmas, à luz de suas próprias lealdades, empregos e observações de primeira mão. Os assessores da Casa Branca, o alto escalão, os líderes do Legislativo, e outros similares saberão mais a respeito de algumas coisas do que a maioria dos comentaristas sabe (ou saberão de maneira diferente) e irão avaliar o Presidente à luz daquilo que sabem. Isso pode fazer com que suas impressões sejam bastante diferentes daquelas de seus vizinhos menos afortunados.

Mesmo assim, as diferenças em pontos de vista entre aquele que está mais e aquele que está menos informado tendem a ser auto-ajustáveis. Primeiro, os *insiders*, ou seus assessores, são procurados em busca de dicas e histórias "quentes" que ajudem seus vizinhos a ler o que é relatado publicamente. Segundo, suas próprias avaliações nem sempre funcionam como prova contra aparências que estejam fora do alcance das observações pessoais. Além disso, os homens em melhor posição para obter uma visão independente têm o dever de levar em consideração o que outros pensam, não importa quão equivocado seja. Secretários de Estado ou lideranças no Congresso podem perceber o Presidente como puro de coração, mas, se seus seguidores estiverem profundamente convencidos de que não é, esse é um dado que será considerado em seus próprios cálculos. Sua reputação de modo geral pode não ser conclusiva para aqueles que estão mais bem informados, mas muito provavelmente será fator que estará atuando sobre a maneira de pensar deles.

Um Presidente que valoriza o poder não precisa estar preocupado com toda falha que ocorrer em seu desempenho cotidiano, mas tem todos os motivos para estar preocupado com as impressões residuais da sua tenacidade e habilidade que vão se acumulando nas mentes dos washingtonianos em geral. Suas vantagens ao barganhar por aquilo que quer são aumentadas ou diminuídas pelo que os outros pensam dele. Seus pensamentos são modelados pelo que eles vêem. Eles não vêem sozinhos, mas vêem juntos. O que pensam dele provavelmente será bastante afetado pelas coisas que percebem de modo semelhante. Sua aparência aos olhos de "todo mundo" torna-se estrategicamente importante para sua influência. A reputação, por si só, não convence, mas pode tornar a persuasão mais fácil, ou mais difícil, ou impossível.

Idealmente, qualquer Presidente que valorize o poder pessoal começaria seu mandato com demonstrações vívidas de tenacidade e habilidade em todas as esferas, estabelecendo, assim, reputação que possa resistir aos choques da confusão cotidiana, até estar preparado para demonstrá-las novamente. É o que Franklin Roosevelt fez em seu primeiro mandato. É a fórmula ideal para outros. Infelizmente, os sucessores de FDR não mantiveram a combinação de vantagens que o ajudaram a fazer uma ótima 'demonstração' durante o primeiro mandato: a memória pública de seu predecessor, a crise da Grande Depressão, a fuga fácil das questões internacionais, a ânsia dos intelectuais, o apadrinhamento de correligionários, a amplitude de sua experiência no Governo (não igualada neste século, exceto pelo outro Roosevelt). Tampouco há indícios de que, enquanto perdurarem as condições do meio do século, um Presidente futuro venha a contar com vantagens comparáveis. As emergências nas políticas públicas, juntamente com questões de política partidária, como de praxe, dificilmente poderão favorecer o uso efetivo da fórmula de Roosevelt.

Um Presidente contemporâneo poderá ter que aceitar reputação aquém da ideal. Sendo assim, qual deveria ser o seu objetivo? Deveria ser gerar tanta incerteza quanto possível a respeito das conseqüências de se ignorar o que quer. Se não conseguir fazer com que as pessoas pensem que certamente há de vencer, deverá evitar que pensem que elas podem ignorá-lo sem qualquer tipo de risco, ou então assegurar-se de que sabem quais riscos correm. Ao mesmo tempo – e não é pouca coisa –, precisa evitar que tenham medo – e muito menos que as deixará em apuros – se o apoiarem. Maximizar as incertezas de uma oposição futura, para minimizar as inseguranças do possível apoio, e evitar o efeito oposto em ambos os casos – juntos, formam o objetivo de qualquer Presidente no meio do século em busca de reputação que venha a contribuir para seu poder pessoal.

Como um Presidente pode alcançar esse resultado? Como constrói sua reputação? Como a protege? Permita-me iniciar a consideração dessas perguntas com um exemplo clássico das maneiras pelas quais uma reputação não deve ser preservada. Esse exemplo lida com o primeiro ano do segundo mandato de Eisenhower.

No início de 1958, um técnico do Governo, do Departamento de Orçamento, testemunhou perante um subcomitê da Câmara Federal a respeito das disposições de um projeto de lei pendente dentro de sua área de especialização. Ao concluir, para dar maior ênfase à sua posição, comentou que o que recomendava era essencial "para o programa do Presidente". Em seguida, todos riram. O riso foi geral e ultrapassou as fileiras partidárias; os membros do comitê acharam a referência muito engraçada.[4] Esse incidente ocorreu apenas quinze meses após a esmagadora vitória de Eisenhower em sua reeleição. Ainda assim, é indicador perfeito, pelo menos até onde é possível julgar de fora, de uma impressão que perpassava todos os cantos do Capitólio (e da maioria dos lugares na cidade), em decorrência do que parecia ter acontecido na Casa Branca nos meses que se passaram desde então. Essa impressão iria mudar um pouco com os eventos subseqüentes. Em 1959, um "novo" Eisenhower surgiu. Mesmo assim, ao início da segunda sessão legislativa de seu segundo mandato, aquela gargalhada expressava o que pensava a maioria das pessoas. E por que pensavam assim é uma lição objetiva sobre o que não fazer ao cuidar da reputação profissional.[5]

Na noite da eleição, em 1956, ciente das dimensões de seu triunfo pessoal, mas talvez ainda não sabendo que não havia conquistado nenhuma das Casas do Congresso, Eisenhower disse a uma platéia nacional, via televisão:

> E agora permitam-me dizer-lhes algo que aponta para o futuro. Penso que o republicanismo moderno agora foi posto à prova. E a América aprovou o republicanismo moderno.
>
> E assim, à medida que olhamos para diante, em direção aos problemas que estão à frente, permitam-me relembrar que um partido político merece a aprovação da América somente na medida em que este represente os ideais, as aspirações e as esperanças dos norte-americanos. Se for menos do que isso, é meramente uma conspiração para conquistar o poder, e o Partido Republicano não é isto!
>
> O republicanismo moderno olha para o futuro (...)[6]

Durante alguns meses depois disso, velhas mãos washingtonianas de ambas as convicções políticas estiveram engajadas em especulações a respeito do que esse comentário poderia pressagiar. Não tiveram que se perguntar por muito tempo. Em 16 de janeiro de 1957, o Presidente enviou ao Congresso o seu orçamento para o ano fiscal de 1958, documento marcado, de modo bastante geral, por toques republicanos "modernos", que lembravam a última campanha. Estes estavam evidentes, especialmente no manuseio relativamente generoso de recursos a

Richard E. Neustadt

programas sociais (entre eles, um auxílio geral para a construção de escolas), nos aumentos moderados na área de defesa e ajuda internacional, e em sua suave aceitação de gastos totais da ordem de US$ 72 bilhões. Esse total estava US$ 12 bilhões acima do objetivo expresso durante os discursos realizados na primeira campanha de Eisenhower, quatro anos antes, mas ainda não esquecidos; gastos dessa ordem indicavam que não haveria nenhuma redução de impostos por, pelo menos, mais dois anos. Momentaneamente, o orçamento parecia dar indicação dos pontos de vista de Eisenhower a respeito do futuro de seu partido.

Nesse mesmo dia, o secretário do Tesouro, George M. Humphrey, realizou conferência de imprensa. Em seu discurso pré-elaborado, Humphrey incluía comentários ressentidos sobre o orçamento e o seu valor total, mas foi suave, em comparação com sua resposta ao ser questionado. O relato do *New York Times* a respeito foi preciso e conciso:

> Se o Governo não conseguir reduzir a "terrível" carga tributária do país, "minha previsão é de que teremos uma depressão que irá deixar seus cabelos em pé, porque estamos tirando dinheiro demais da economia, pois precisamos gerar empregos, que são necessários à medida que o tempo passa."... [Humphrey] disse: "Há muito espaço neste orçamento para cortes", e que ficaria feliz, "se o Congresso conseguir encontrar maneiras de cortar e ainda assim fazer um trabalho apropriado.[7]

"Posso ter me excedido um pouco hoje à tarde", Humphrey supostamente comentou um pouco mais tarde ao diretor de Orçamento, Percival Brundage, obviamente surpreso. Para a maioria das pessoas em Washington, isso parecia um eufemismo extraordinário. Nunca na história do orçamento executivo, desde 1921, havia acontecido algo semelhante a esse espetáculo: um membro do primeiro escalão atacando publicamente o orçamento presidencial no mesmo dia em que foi enviado ao Congresso. Os altos funcionários do Departamento de Orçamento estavam furiosos; alguns dos assessores da Casa Branca estavam horrorizados. Os republicanos "modernos" do Gabinete e seus funcionários – e muitos oficiais atentos do Pentágono – se ofenderam, pois obviamente estavam na linha de fogo de Humphrey. No Capitólio e na imprensa, e entre os porta-vozes dos grupos privados atingidos de forma mais vital, as reações foram tão inseguras quanto a situação era inusitada; todo mundo ficava olhando para ver o que Eisenhower iria fazer.

Três dias após seu segundo discurso de posse, o Presidente se colocou perante uma coletiva de imprensa lotada e, ao responder à inevitável pergunta, comentou o seguinte:

100

Poder presidencial e os Presidentes modernos

Bem, nas minhas instruções pessoais ao Gabinete e chefes de todos os departamentos, eu lhes disse que em todo lugar onde haja a possibilidade de economizar um dólar do dinheiro que nós orçamos... qualquer pessoa que esteja analisando os inúmeros detalhes (...) deveria encontrar locais onde seja possível economizar mais um dólar.

Se puderem fazê-lo, penso que, se o Congresso puder, seus comitês, é seu dever fazê-lo.

Portanto, estou totalmente de acordo com o pensamento que está por detrás das declarações do secretário, mesmo que tenha feito declarações que não creio terem aplicação presente e imediata; de fato, a perspectiva para os próximos meses na área econômica são muito boas.[8]

Quando essas palavras chegaram aos aparelhos de telex e aos noticiários, houve poucas risadas no Congresso ou na cidade, mas muitos rostos assustados, alguma alegria, um bocado de suspeita e de deboche. Republicanos da "velha guarda" e membros de todos os partidos que compartilhavam de seus pontos de vista achavam que as perspectivas estavam mais luminosas do que haviam considerado possível, tão cedo após a reeleição de Eisenhower. Republicanos "modernos" sentiram o chão abrir-se sob seus pés, justamente quando achavam que estavam seguros. Os democratas, tanto "liberais" quanto "moderados", sentiram um aperto deliberado atingindo a posição 'intermediária', que consideravam reservada para eles. Por um lado (como eles o viam), o Presidente propôs um orçamento grande, fazendo empréstimos de seu estoque tradicional para esse fim; por outro, uniu-se aos republicanos em seu tradicional ataque aos gastos federais; com ambas as mãos, apontava para o Congresso, onde o partido deles detinha a maioria. Que os republicanos "modernos" tivessem sido pegos em um aperto comparável, não parecia ser suficientemente recompensador para muitos democratas.

Corretas ou não, todas essas impressões parecem ter surgido a partir de acontecimentos ocorridos nas semanas que se seguiram à conferência de imprensa de Eisenhower. De um lado, as caixas de entrada de correspondência do Congresso prontamente ficaram abarrotadas, com protestos contra gastos (e demandas por redução de impostos). "Mas duas semanas mais tarde", escreveu um senador, olhando em retrospectiva, "a onda de protestos inchou a ponto de tornar-se uma torrente organizada... [que] dava a impressão de ser em grande parte estimulada por corporações".[9] Grande número de washingtonianos achava que, por trás dessas corporações, o secretário do Tesouro poderia estar atuando como 'sinalizador'. Em 6 de março, foi relatado pelo *New York Times* (jornal lido com cuidado em Washington) que ele teria informado aos republicanos de Detroit que "reduções específicas e significativas no orçamento eram possíveis se as pessoas deste país continuarem com sua 'insistência'.... [Isso] 'não somente tiraria a pressão dos preços... mas também abriria o caminho para novas reduções tributárias.'... Altos gastos com segurança seriam necessários durante algum tempo, mas isso seria apenas mais um motivo para que as despesas em outras áreas tivessem que ser reduzidas e adiadas."[10] Essas últimas palavras foram lidas com especial atenção pelos proponentes do auxílio às escolas, o maior item novo no orçamento doméstico.

Os membros do alto escalão do Executivo que estavam publicamente identificados com programas com alto nível de despesa não passaram despercebidos durante a campanha via correio. O diretor de Orçamento, por exemplo, recebeu muito mais do que cartas. "Brundage quer tirar a sua camisa", tornou-se o *slogan* de alguns empresários – e roupas, sujas ou limpas, foram inundando o seu escritório, via encomenda postal.

Ao mesmo tempo, o Executivo estava em meio a um dos episódios mais alucinantes de toda a história do orçamento central, a "estação orçamentária fora de época", de 1957. Para provar que o Presidente havia sido sincero, o Departamento de Orçamento passou os meses de fevereiro e março extraindo das agências reduções em relação ao seu orçamento de janeiro. Relatos contemporâneos variam: assessores do Orçamento contabilizaram "aproximadamente" duas revisões "gerais"; alguns altos funcionários cansados achavam ter contado cinco. Em 1°. de março, parcialmente por diversão e parcialmente por raiva, a maioria da Casa resolveu que Eisenhower deveria informar ao Congresso onde cortar.[11] Uma semana mais tarde, o diretor de Orçamento disse a um subcomitê da Casa que, a pedido do Presidente, já estava fazendo o que podia para obter resposta para eles (resposta tão surpreendente para os políticos práticos, que alguns deles prometeram abster-se de leituras políticas do comportamento do Governo). "Parecia", comentou um assessor legislativo numa conversa particular, "que acabavam de chegar ao cargo e estavam tentando limpar o orçamento da turma que estava saindo. Foi uma repetição de 1953, só que mais estranha".

Foi isso que um sem número de observadores pensou quando, em meados de abril, Eisenhower formalmente submeteu os resultados da empreitada de Brundage. Numa carta ao porta-voz da Casa, o Presidente propunha ou aceitava reduções da ordem de US$ 1,3 bilhão em relação à sua solicitação de janeiro para novas apropriações. Contudo, avisava que não teriam muito efeito sobre os gastos de 1958 e que uma economia "de vários bilhões" em gastos poderia ser obtida "somente à custa da segurança e do interesse nacionais". Tomado isoladamente, esse alerta significava uma defesa da estrutura central do orçamento e os ditos cortes tornaram-se nada mais que um aperto razoável por parte de elaboradores de orçamento conscientizados. Mas à luz do que havia acontecido anteriormente, o impacto dessa defesa foi diluído pelas observações iniciais do próprio Presidente:

"Tenho certeza de que muitos membros do Congresso sentem-se tão gratificados quanto eu ao observar a crescente consciência entre os cidadãos em geral (...) de que os benefícios federais não são gratuitos, mas precisam ser pagos por meio de impostos cobrados das pessoas. É bom ver (...) uma ampla insistência no sentido de que a atividade federal seja mantida em um patamar mínimo, que atenda às necessidades nacionais...

A evidente capacidade de resposta do Congresso a essa atitude, considero igualmente encorajadora. Asseguro-lhes (...) de que o Poder Executivo continuará a cooperar.[12]"

Se o seu propósito era defender o seu orçamento – e dar cobertura aos congressistas que lutaram pela causa – aqueles comentários, por assim dizer, colocaram a ênfase de Eisenhower na sílaba errada.

Essa carta, de meados de abril, marcou estágio tardio nos equívocos da Casa Branca após a explosão de Humphrey. Quando Eisenhower dirigiu-se ao porta-voz nesses termos, havia sinais de que estava preocupado, caso o ataque ao seu orçamento fosse longe demais. A preocupação certamente era justificável. Em abril, o Governo enfrentava crise real de confiança em suas próprias fileiras e, simultaneamente, uma perspectiva de cortes profundos e indiscriminados nas apropriações, que não poupariam nem a ajuda internacional, nem a defesa. Na cidade, as equipes ministeriais responsáveis por programas que acreditavam estar na "lista" de Humphrey sentiam-se vítimas de um golpe dado pela retaguarda. Sob o habitual comportamento decoroso em torno de Eisenhower, havia profundos ressentimentos, voltados contra a Casa Branca, tanto quanto Humphrey e Brundage. Pois cada novo impulso econômico de Brundage parecia contar com forte apoio de Sherman Adams e do Presidente. No Capitólio, entrementes, o sentimento de pressão pública, acoplado a suspeitas quanto à "estratégia" do Governo, deixava até mesmo os amigos dos programas do Pentágono – sem falar de assistência social ou da ajuda internacional – cada vez mais inclinados a se mostrarem santos do que o Papa. Entre os membros democráticos da Casa, em especial, cresceu a tentação de querer superar – em economias – os 'economizadores' da cidade. Em 11 de abril, ninguém menos do que o porta-voz Rayburn expressou a esperança de que até junho as perspectivas de receita e os cortes nas despesas, combinados, pudessem abrir caminho para redução de impostos. E do lado do Senado, o senador Byrd, da Virgínia, o líder de todos os economizadores políticos, ganhou um público inusitadamente atento para suas solicitações de redução de gastos, que corporificou, no fim de março, por meio de lista de 5 bilhões de dólares de cortes "viáveis" nas apropriações.

Entre fim de março e meados de abril, Eisenhower oscilava entre a defesa de seu orçamento e as palavras encorajadoras dos economizadores. Em 27 de março, durante conferência de imprensa de rotina, o Presidente defendeu o orçamento numa linguagem mais dura do que a utilizada em qualquer outra ocasião, desde o discurso de janeiro sobre o orçamento. Aparentemente mordido pelas propostas de Byrd e pela conversa sobre redução de impostos, Eisenhower caracterizou ambos os argumentos como "fúteis" e "simplistas". Sem a eliminação de programas, não seria possível gerar economias significativas, afirmou, engajando-se na defesa de programas tais como ajuda internacional. Conseqüentemente, os argumentos a favor de cortes "em pedacinhos" foram fraudulentos. "... dizer que iremos economizar alguns milhões aqui e outros acolá, penso ser o tipo de economia mais pobre que pode haver."[13] Como afirmou um observador aguçado na ocasião:

> A reação do Congresso à atitude forte do Presidente foi singularmente misturada. Os "Republicanos pró-Eisenhower" ficaram felizes e aliviados... Republicanos ortodoxos ficaram de mau-humor. Os democratas não ficaram infelizes com a divisão... Sam Rayburn, do Texas, o porta-voz da Casa, ressaltou que ontem [26 de março] os republicanos da Casa haviam aprovado unanimemente uma resolução que pedia por intensos cortes orçamentários. O ataque do Presidente (...)"parece ser uma ótima resposta àquilo que o seu próprio pessoal fez aqui ontem".[14]

À preocupação quanto às perspectivas orçamentárias, a Casa Branca teve que acrescentar a preocupação com o aparente desalinhamento das fileiras republicanas. Em duas ocasiões, na semana que se seguiu, Eisenhower tentou formular uma posição frente ao orçamento que acalmasse os "ortodoxos" e satisfizesse seus seguidores "modernos".[15] O efeito final pretendido era reduzir, de alguma forma, a intensidade de sua declaração de 27 de março à imprensa. Depois, sua carta de meados de abril ao porta-voz da Casa deixou ainda mais confusa sua posição. Logo depois, o Congresso entrou no recesso de Páscoa, e a Casa Branca teve a oportunidade de parar para pensar.

No início de maio, a Casa Branca anunciou que Eisenhower faria dois pronunciamentos a serem transmitidos em cadeia nacional de televisão, convocando o país a apoiar o seu orçamento. As visitas às bases eleitorais durante o recesso haviam convencido vários congressistas de que convocações para cortar o orçamento, reduzir impostos, estavam começando a calar fundo na consciência de platéias geralmente desatentas. Apesar de difíceis de avaliar, há evidências significativas de que, atendendo ao convite de Humphrey, a "opinião pública", organizada ou não, ficara mais mobilizada acerca dessas questões durante o ano de 1957 do que em qualquer outro momento do primeiro mandato de Eisenhower (tema que, sem dúvida, tinha alguma relação com o aumento no custo de vida, em 1956). E, seja lá quais tenham sido os fatos, fica claro que, em maio, uma ampla variedade de burocratas e políticos pensou que este era o caso, que é o que conta em Washington. A decisão do Presidente de falar ao país é um tributo àquele pensamento.

A primeira das "conversas ao pé da lareira" de Eisenhower – resumo geral do orçamento – veio em 14 de maio. Foi considerada um tanto ineficaz em Washington, visão compartilhada pelo Capitólio e pela imprensa e, de forma bastante evidente, pela Casa Branca. Uma noção do seu impacto público pode ser deduzida do fato de que o secretário de Imprensa do Presidente não fez comentários a respeito de rumores de resposta adversa recebida via correio. E seu impacto sobre os políticos foi reduzido significativamente pela aparência ambivalente do próprio Eisenhower, numa conferência de imprensa no dia seguinte:

> Não penso ser função de um Presidente dos Estados Unidos punir qualquer pessoa por votar no que ela acredita (...) Eu não vejo como seria possível a qualquer Presidente trabalhar com o grupo republicano no Congresso, a totalidade do grupo republicano, exceto através de sua liderança eleita (...) Quando há grandes valores envolvidos, há possibilidade de que ambos, o Executivo e o Congresso, realizem um processo de contenção (...) há possibilidades de contenção e nunca descartei isso."[16]

Como os senadores Knowland e Bridges – ambos líderes republicanos – justamente naquele momento estavam no comboio dos economizadores do Congresso, essas palavras foram comentadas em toda a Washington e tiradas as conclusões apropriadas.

Uma semana mais tarde, todas as conclusões foram novamente abaladas. O segundo pronunciamento do Presidente na televisão, em 21 de maio, tratou da defesa e da ajuda internacional. De modo geral, foi considerado "efetivo" e a Casa Branca alegremente anunciou resposta favorável dos eleitores via correio. Além disso, em sua próxima conferência de imprensa, novamente no dia seguinte, seu tom de voz estava confidente; sua reação, rápida; e suas palavras, relativamente duras:

> Bem, quando estou numa luta, nunca descanso até [conseguir]... o que... acredito ser necessário para a operação deste Governo... Nunca vou parar, até uma decisão ser tomada... Acredito no seguinte: quando um partido político se reúne e concorda com uma plataforma... ele deve continuar fiel a ela. Acredito que eles deveriam ater-se a ela, sob todas

as circunstâncias (...) Eu não tenho o direito e nem o desejo de punir ninguém. Digo apenas isto: estou comprometido em apoiar as pessoas que acreditam, como eu acredito, que a plataforma republicana de 1956 deve ser a nossa doutrina política.[17]

"Durante aqueles que provavelmente foram os dois dias mais efetivos de seu segundo governo", escreveu James Reston a respeito do desempenho de Eisenhower, "ele retomou a iniciativa em relação à oposição de seu próprio partido e do partido democrata".[18] A maioria dos membros da comunidade de Washington parece ter compartilhado esse ponto de vista, que se tornou mais forte na medida em que a iniciativa, uma vez tomada, foi sustentada. Em 22 de maio, uma mensagem presidencial foi enviada ao Congresso, esboçando os planos de ajuda internacional que deveriam ser apoiados pelos dólares do orçamento. A seguir, o secretário de Estado John Foster Dulles fez apresentação pessoal e bastante elaborada ao Comitê de Relações Internacionais do Senado. Tanto a mensagem quanto o seu testemunho enfatizaram o apoio do Governo a inovações nos programas, anteriormente apresentadas por grupos de estudo do Congresso. A principal foi um Fundo de Empréstimos para o Desenvolvimento, como fonte de assistência financeira aos países menos desenvolvidos, com a implicação de que os empréstimos eventualmente substituiriam doações mais diretas no exterior. O resultado da apresentação de Dulles foi uma recepção calorosa do programa de ajuda internacional junto aos gabinetes do Senado e uma cordialidade mais generalizada do que teria sido considerada possível na semana anterior.

Dois dias mais tarde, Eisenhower conversou por telefone em conferência do Partido Republicano em Nova Jersey e enfaticamente sugeriu o veto a itens como caminho em direção a economias "reais". Seu objetivo, aparentemente, era transferir o olhar dos economizadores do seu orçamento para iniciativas do Congresso na área de obras públicas. Na mesma conferência, seu assistente, Sherman Adams, fez discurso, exigindo que houvesse unidade partidária por detrás do Presidente. Considerando que, doze dias antes, Adams supostamente havia comentado durante programa de televisão que o orçamento poderia ser cortado em 2 bilhões de dólares, sem maiores danos, seu discurso em Nova Jersey parecia ser outro sinal em Washington de nova determinação por parte da Casa Branca.

Entre o primeiro e o segundo pronunciamento presidencial na televisão, o secretário da Defesa, Charles E. Wilson, havia realizado conferência de imprensa defendendo, detalhadamente, o orçamento militar que a Casa estava ameaçando cortar em 1,2 bilhão de dólares. (Este era "Engine Charlie" Wilson, da General Motors, que não deve ser confundido com o mobilizador da defesa de Truman.) Eisenhower, em seu segundo pronunciamento pela televisão, havia defendido a posição do secretário. Poucos dias mais tarde, o líder da minoria, Martin, pôde anunciar que, como questão do partido, os republicanos da Casa agora buscariam a restauração de um quarto dos cortes projetados. Quando isso foi tentado na plenária, a proposta foi derrotada pelos democratas. Na chamada crucial, todos, exceto onze deles, votaram contra a restauração, apoiada por três quartos dos republicanos da Casa.[19] Apesar de, numa primeira olhada, este resultado parecer repudiar a liderança recém-afirmada do Presidente, serviu de consolo à Casa Branca mesmo assim e, a partir daí, os observadores mais próximos passaram a ter novo respeito pela força de Eisenhower. Os republicanos no Congresso haviam fechado fileiras em prol da sua causa, mesmo que aquém de seu objetivo declarado. Os democratas da Casa haviam estabelecido um recorde para o partido, um tanto constrangedor para seus colegas de Senado, preocupados com a defesa. Uma base certamente havia sido construída em prol de um futuro melhor no Senado e na conferência.

Os washingtonianos, de modo geral, responderam demonstrando considerável respeito pelo "novo" Eisenhower que havia emergido no mês de maio. Parece que, mesmo tardiamente, mas definitivamente, havia aceitado agora o papel reservado – desde há muito – aos Presidentes no jogo da ação legislativa em relação ao orçamento. Na cidade, as pessoas que estavam tentando conquistar apoio público para os seus programas foram incentivadas. No Capitólio, aqueles que estavam tentando resistir à pressão pública contra os gastos foram aliviados. O Presidente agora poderia ser elogiado ou culpado por aquilo que tentavam fazer. As interpretações políticas de sua conduta floresceram mais uma vez, mas lhe atribuíam motivos quase como os atribuídos em outros anos a outros Presidentes, tornando a familiaridade reconfortante para aqueles que estavam atentos à política. Os republicanos "modernos" sentiram-se gratificados. Os democratas começaram a reavaliar suas posições. Republicanos da "velha guarda" prepararam-se para ceder um pouco. Até onde sei, ninguém riu.

Assim estavam as coisas em junho de 1957. As ações do próprio Presidente ao longo dos últimos cinco meses, juntamente com aquelas de seus associados, agora pareciam mostrar padrões contrastantes, e os sinais mais recentes pareciam desmentir a relevância do que havia ocorrido anteriormente. Momentaneamente, uma legião de expectativas em toda a Washington passou a ser 'temperada' ou revisada, para adequar-se à nova realidade.

No mês de junho, contudo, surgiram presságios de novos acontecimentos. De um lado, a controladoria do Pentágono testemunhou em 4 de junho perante um subcomitê da Casa que os gastos militares estavam quatro bilhões de dólares anuais acima das estimativas de janeiro – em decorrência dos custos crescentes e (paradoxalmente) de melhorias nos procedimentos burocráticos – e que, conseqüentemente, Wilson e Brundage haviam dado instruções, em fins de maio, no sentido de desacelerar os gastos atuais para os patamares originalmente projetados. No mesmo dia em que ocorreu esse testemunho, na outra ponta da Avenida Pennsylvania, o presidente do Comitê Nacional Republicano havia sido informado a respeito da reação adversa dos contribuintes republicanos acerca dos atuais pontos de vista da Casa Branca a respeito do orçamento. Três semanas mais tarde, uma convenção de jovens republicanos, em Washington, votou – praticamente 2 a 1 – contra ajuda às escolas proposta pelo Governo. Uma semana depois, o Presidente, em carta a um de seus mais ardorosos aliados na Casa, disse que não poderia "julgar todos os detalhes" do decreto-lei sobre ajuda às escolas, que aguardava votação – resposta que o destinatário descreveu como "desapontadora." [20]

Acontecimentos tão diversos quanto esses, retrospectivamente, revelaram um padrão para muitos washingtonianos, quando o Governo ficou constrangido em três ocasiões notáveis em julho. No início daquele mês, o Senado aprovou lei de apropriação militar que restabeleceu a maioria dos recursos cortados pela Casa, conforme Wilson e o Presidente haviam solicitado. Confiantes, os conferentes do Senado prepararam-se para lutar em prol de sua versão. Em 18 de julho, enquanto o comitê de conferência estava em sessão, carta do secretário de Defesa anunciou que, para manter os gastos nos patamares da estimativa de janeiro (segundo sua diretriz de maio, recebida de Brundage), cem mil homens seriam demitidos pelo Exército, e parcela do aumento do Senado seria economizada. Esse comunicado não apenas deixou os senadores com cara de bobos, como também comprometia seriamente os defensores da ajuda internacional no Senado, cujo debate recém havia se iniciado. Nove meses mais tarde, a carta de Wilson ainda gerava comentários mordazes na plenária do Senado, sem que houvesse defensores na Câmara.[21]

Em 25 de julho, a ajuda geral para a construção de escolas foi submetida à votação na Casa. A medida, conforme relatado pelo comitê, adequaria os planos do Governo (de recursos para estados com base apenas na necessidade) aos planos dos patrocinadores do projeto de lei, segundo os quais os recursos seriam proporcionais à população em idade escolar. Eisenhower não havia exatamente abençoado tal adequação. Apesar de ter, repetidas vezes, feito apelos em prol de ações relacionadas à medida, havia evitado as oportunidades nas quais poderia ter colocado o seu próprio selo de aprovação na distribuição de recursos. Mesmo assim, a secretária de Saúde, Educação e Bem-Estar Social, Marion Folsom, nunca havia deixado de representar a Casa Branca, apoiando firmemente o projeto de lei. Na plenária da Casa, contudo, a liderança republicana deixou de apoiá-la até mesmo em momento crucial, quando seus patrocinadores democratas fizeram a oferta de aceitar os termos do Governo de subvenções (*grants-in-aid*). Depois disso, o projeto de lei foi assassinado sob circunstâncias parlamentares tão complexas que essa oferta praticamente não foi mencionada pela maioria dos relatos da imprensa, enquanto os membros assinalavam cada comentário que pudesse colocar mais um pouco de culpa na bancada do outro partido.[22] Mas os lobistas, os altos funcionários e os repórteres estavam cientes, é claro, de que se havia chegado a um ponto no debate em que o Governo poderia ter ganhado suas provisões de recursos e garantido o projeto de lei. Por conseqüência, o Presidente foi solicitado em sua próxima conferência de imprensa a comentar sobre a falta de resposta dos líderes republicanos. Ele respondeu: "Nunca ouvi falar disso... Se for verdade, bem, vocês estão me contando algo de que nunca ouvi falar."[23]

O impacto desse comentário na comunidade de Washington foi aumentado pelo fato de que, apenas três semanas antes, o Presidente havia respondido algo semelhante a respeito de questão ainda mais essencial ao seu programa. Na primeira semana de julho, o senador Russell, da Geórgia, havia acusado o Governo de ter intenção oculta, de esperteza, nas disposições do projeto de lei de direitos civis que havia encaminhado e que havia sido aprovado pela Casa. O projeto de lei estava na linha de frente das medidas do Governo; sua elaboração havia sido feita pelo Departamento de Justiça; tais disposições haviam sido incluídas desde o início. Ainda assim o Presidente, ao ser interrogado a respeito deles na conferência de imprensa, disse:

> Bem, prefiro não responder (...) em detalhe, porque estava lendo parte do projeto de lei esta manhã e eu – há certas frases que não entendi totalmente. Assim, antes de fazer quaisquer outros comentários a respeito, desejo falar com o Procurador-Geral e ver exatamente o que querem dizer (...). Obviamente, não sou advogado e não participo da elaboração da terminologia exata das propostas.[24]

Esses três acontecimentos em julho forneceram matéria-prima suficiente para elocubrações por parte daqueles que observam um Presidente profissionalmente, mas não é possível afirmar que tenha havido consenso, de imediato, a respeito de sua interpretação. Porque, durante o mês de agosto, Eisenhower liderou novo esforço por parte da Casa Branca em prol da ajuda internacional. Supostamente, também interveio no sentido de garantir a aprovação de adequação útil em relação aos direitos civis. No final de agosto, quando o Congresso entrou em recesso, seu histórico, apesar de misto, não parecia nada desastroso para o Governo, nem mesmo em relação ao orçamento (se deixarmos de lado os cortes que Eisenhower havia endossado). À luz daquele resultado, houve vários washingtonianos, especialmente na cidade, que pensavam perceber uma probabilidade de maior consistência e maior determinação por parte da Casa Branca no ano que estava por vir. De um lado, Humphrey havia deixado o cargo em julho. De outro, como me disse um alto funcionário, cheio de esperanças: "Penso que o Presidente agora sabe algumas coisas sobre as quais não havia sido informado em seu primeiro mandato." Mais uma vez, como no final de maio, apesar de menos intensamente, houve tendência de identificar dois padrões distintos no comportamento passado de Eisenhower, contrabalançando as expectativas, de alguma forma, com base em um desses padrões.

Então, em setembro, veio o caso de Little Rock. Logo depois, os primeiros *sputniks* soviéticos foram lançados. Os egos americanos sofreram arranhões consideráveis, como o mundo inteiro descobriu, e os cidadãos aliados da Defesa, de todos os setores da sociedade, ficaram abalados com a mera contemplação da propulsão necessária para colocar o Sputnik II em órbita. Ademais, à medida que subiam os *sputniks*, chegavam os primeiros sinais claros de declínio na economia norte-americana, anunciando a recessão de 1958, que se tornou ainda mais perturbadora pelos continuados aumentos no custo de vida. Em dezembro de 1957, as necessidades, os atrasos e as falhas da "capacidade de resposta" do país ao "desafio" russo haviam-se tornado *a* preocupação de Washington, afetando toda a palheta de setores, de equipamentos militares até o ensino de ciências nas escolas. Quanto ao problema criado pela produção decrescente, muitos washingtonianos supunham que uma resposta ao *sputnik* seria a contrapartida.

O orçamento a ser apresentado pelo Presidente e o seu programa legislativo, portanto, tornaram-se foco de nova preocupação, às turras com – e em alguns trimestres, superando – o orçamento "inchado" e as preocupações com altos impostos da primavera. Os congressistas que, seis meses antes, haviam defendido a economia; os oficiais do Pentágono que haviam trabalhado durante todo o mês de setembro para cortar tropas ativas até um nível que estivesse de acordo com os níveis de despesa programados; toda uma gama de especialistas, editores, comentaristas, porta-vozes de diversos grupos de interesse – todos agora clamavam por ação governamental, "liderança", "senso de urgência", para responder às ameaças de superioridade tecnológica russa e instabilidade econômica norte-americana. E para que o programa presidencial não deixasse de atender os ativistas mais urgentes, o líder do senado – senador Johnson, do Texas – deixou claro que os democratas fariam o que fosse possível para recuperar esse atraso. Em novembro, já havia organizado um subcomitê bipartidário, que propiciou aos ativistas fórum de debates durante as semanas que antecederam o retorno do Congresso a Washington.

O próprio Presidente havia passado grande parte de novembro incapacitado por um AVC. Forçando sua recuperação, havia passado parte do mês de dezembro em Paris, participando de um *rally pós-sputnik* da OTAN

Poder presidencial e os Presidentes modernos

– Organização do Tratado do Atlântico Norte. A preocupação e a curiosidade a respeito de seu programa futuro foram aumentadas por doença, ausência e longa suspensão das conferências de imprensa. Portanto, ele era o centro das atenções em um contexto novo, quando sua mensagem anual para 1958 foi submetida a nova sessão do Congresso. A situação parecia tão diferente que os padrões do passado não serviam de orientação; as expectativas, momentaneamente, ficaram em suspensão.

O pronunciamento oficial[25] do Presidente Eisenhower na abertura do Congresso, em 1958, foi vigoroso. Também bastante inespecífico. Mas angariou um bocado de elogios, enquanto Washington aguardava os detalhes do orçamento. O porta-voz Rayburn, por sua vez, denominou-o como a fala mais "forte" que o Presidente já fez perante o Congresso.[26] Isso tornou ainda mais surpreendente o orçamento (para o ano fiscal de 1959) que Eisenhower enviou ao Congresso em 13 de janeiro. Pois os congressistas e os grupos de interesse logo descobriram – o que os funcionários dos departamentos já sabiam – que, exceto por uma resposta mínima ao *sputnik,* esse era exatamente o tipo de orçamento que Humphrey queria, mas não havia conseguido, antes de sua explosão em público, há um ano.

Do lado doméstico, o novo orçamento exigia mudanças no programa no sentido de reduzir a base de despesas em anos futuros. Tecnicamente, era uma rota realista em direção a economias significativas. Politicamente, era uma maneira de irritar os grupos de interesses de todos os tipos e todos de uma só vez. O Presidente propôs o banimento de todos os novos empreendimentos nos setores de energia, controle de enchentes e reforma. Pedia por uma revisão drástica – e para baixo – dos subsídios para a agricultura. Solicitava limite legal para recursos estaduais voltados a programas de construção de hospitais, revitalização de centros urbanos, e de assistência social; indicava redução nos benefícios para veteranos e pedia por aumento na taxa de juros das moradias para soldados. Abandonou as subvenções para a construção de escolas, argumentando que os recursos eram limitados e que o treinamento científico agora merecia prioridade na distribuição de recursos.

Assim como Truman certa vez fez uso do orçamento para projetar seus objetivos do *Fair Deal* para além de suas perspectivas atuais, Eisenhower apresentou uma projeção ideal para os republicanos conservadores. "Politicamente", como disse William S. White, "seu programa doméstico representa retorno a um espírito republicano tradicional, nunca antes visto na atual Casa Branca, e nem tampouco manifesto no Congresso já há muitos anos, exceto por meia dúzia de republicanos ortodoxos assediados."[27]

A reação entre os democratas foi afiada e debochada. "O que ele quer?" – supostamente foi a pergunta feita por um senador a um alto funcionário do Executivo – "todos os lobbies do país se organizando em prol da ajuda internacional?" Quanto aos republicanos, para citar White mais uma vez: "Eles acham que o impacto da política doméstica de Eisenhower é pesado para os membros republicanos no Congresso em todo o país – prejudicial em áreas urbanas... e, simultaneamente, isso de fato é uma péssima notícia para o cinturão agrícola[28]... Assim, como nunca antes visto durante a sua Presidência, Eisenhower desafiou concomitantemente interesses políticos vitais de ambas as alas de seu partido no Congresso."[29] Como ninguém no Congresso podia esquecer, haveria eleição em novembro.

Caso a política doméstica tivesse sido acoplada a investimentos maciços na área militar, talvez tivesse tido recepção mais calorosa por parte daqueles cujo foco é a política. Certamente teriam entendido isso melhor. Mas o orçamento de Eisenhower para a defesa fez muito pouco além de devolver os gastos do Pentágono ao patamar alcançado seis meses antes (permitindo aumentos de preço nesse ínterim), enquanto o aumento na ênfase em mísseis e pesquisa era compensado, em grande parte, por menor ênfase em tropas na ativa. A mais marcante de todas as propostas do próprio Eisenhower na área da defesa foi não um aumento no Orçamento, mas sim reorganização do Pentágono para "dar fim" às rivalidades entre serviços. "A América", ele disse em seu discurso de abertura, "quer que elas parem." Em seguida, comprometeu-se a encontrar uma maneira de fazê-lo: "Em breve, minhas conclusões serão finalizadas. Prontamente tomarei as ações executivas, conforme necessário e... apresentarei recomendações apropriadas ao Congresso."[30]

Essa promessa, pelo menos, conseguiu sair incólume das reações críticas ao seu orçamento. Mas em meados de janeiro, quando perguntado pela imprensa quão duramente pretendia lutar pela reforma do Pentágono, sua resposta teve tom bastante diferente:

> Minhas convicções pessoais, não importa quão fortes, não podem ser a resposta final. É necessário que o gabinete [de ministros] chegue a um consenso – com o Congresso, com as pessoas que têm a tarefa de operar os serviços (...) Eu certamente tenho esperanças de que isso tudo avance em direção àquilo que acredito. Mas... é necessário que a organização seja efetiva depois disso (...) [Eu já] saí de cena.[31]

Alguns dias mais tarde, obviamente ciente das reações à sua declaração, Eisenhower anunciou que "participaria pessoalmente" da reorganização "até que a missão tenha sido cumprida", viajando até o Pentágono para enfatizá-lo.[32] Mas muitos washingtonianos não estavam seguros em qual Eisenhower acreditar. E a sua perplexidade não estava restrita a essa única questão.

No final de janeiro de 1958, aconteceu o episódio com o qual essa história começou: o assessor do Departamento de Orçamento invocou "o programa do Presidente" em seu testemunho perante o Capitólio e todos os ouvintes riram. Não é preciso perguntar o porquê.

A reputação profissional de um Presidente em Washington é construída ou alterada por ele mesmo. Ninguém pode protegê-lo disso; ninguém o salva de si mesmo. Seu cargo foi institucionalizado a um patamar ainda desconhecido até a II Guerra Mundial, mas, como construtor de reputações, não é mero gerente de escritório. Pelo contrário: tudo que disser ou fizer pessoalmente (ou deixar de dizer, ou se omitir em fazer), torna-se significativo pelas avaliações de todos, não importando os argumentos de seu quadro de funcionários. Pois suas palavras, suas próprias ações, fornecem dicas não apenas a respeito de suas próprias inclinações, mas também das previsões e da influência coletiva daqueles que o rodeiam. O que Humphrey diz ganha peso na medida em que Eisenhower parece não se opor a ele. O que Folsom diz torna-se piada, visto que parece que Eisenhower não o apóia. Deixando de lado secretários de imprensa, "chefes de Gabinete" e outros assessores, os atos de um Presidente são decisivos na construção de sua reputação perante Washington.

Como esses episódios de Eisenhower deixam claro, um Presidente corre riscos ao ser pessoalmente responsável por sua própria reputação. Nos quinze meses que se seguiram à sua reeleição, Eisenhower conseguiu reverter o objetivo de um construtor de reputações: aumentou a insegurança daqueles que o apoiavam e diminuiu o risco aparente de opor-se a ele abertamente. Conseguiu isso ao parecer tanto inseguro a respeito de seus objetivos quanto não disposto a persistir, por muito tempo, em qualquer direção definida. Suas palavras e ações colocavam em dúvida, cada vez mais, não somente sua habilidade, mas também sua vontade. A comunidade de Washington passou a dar descontos a ambas. O impacto sobre sua influência foi marcante.

Nem todos os problemas de Eisenhower eram evitáveis; alguns faziam parte da natureza da função presidencial. Em casos concretos, qualquer Presidente pode achar que precisa apoiar ou racionalizar o que as pessoas a ele associadas fizeram, assim como Eisenhower achou ser o caso quando Humphrey falou para a imprensa. Se desautorizar os que o fazem, poderá colocar ainda mais em dúvida a vontade e a capacidade dele próprio, mais do que a deles. E qualquer Presidente é julgado, em parte, segundo padrões de comportamento muito diferentes dos dele próprio. A impressão que der através do que faz depende não apenas do conteúdo das suas ações, mas também dos eventos em torno delas, conforme tais eventos são entendidos pelas pessoas que o observam em seu trabalho. Suas noções a respeito do que deveria fazer caso elas estivessem em seu lugar podem contar tanto quanto o que faz ao dar forma às impressões delas. Quando Eisenhower solicitou cortes nos programas, em janeiro de 1958, os membros da comunidade de Washington com visão política acharam sua posição incrível, segundo seus próprios termos de referência. Como não conseguiam imaginar-se a si mesmos agindo dessa forma, não o levaram a sério; o que pretendia fosse decisivo pareceu, em vez disso, equivocado ou perverso. Ainda assim, há tantos termos de referência diferentes entre os membros da comunidade de Washington que as ações da Casa Branca raramente serão aceitas por toda a Washington – e de uma só vez – como aquilo que são. Eisenhower sofreu de falta de crédito geral. Essa condição poderia ter sido evitada. Mas nada que pudesse dizer ou fazer teria feito sentido para todos os washingtonianos.

O papel decisivo de um Presidente na construção da reputação é fonte de oportunidades, assim como de riscos. Em um Governo onde os secretários do Tesouro podem 'enlouquecer' numa conferência de imprensa, onde secretários de Defesa podem escolher o pior momento possível para fazer pronunciamentos, onde Presidentes podem não ter sido informados a respeito de projetos do Legislativo – e o nosso Governo é assim, não importa quem é o Presidente – o fato de que sua própria conduta irá decidir o que os outros pensam a seu respeito é precioso para quem ocupa a Casa Branca. Pode roubar a cena de seus subordinados. Pode trocar de papel ou até mesmo iniciar nova peça. Em abril de 1957, quando Eisenhower promoveu vigoroso apelo a favor de certas partes de seu orçamento, quase conseguiu, ele próprio, trocar de papel. Também conseguiu atrair atenção a partir daquilo que Humphrey, Brundage, Adams e outros afins pareciam ter dito ou feito até então. Um Presidente pode mudar sua reputação. Essa é a essência da sua oportunidade. "Sempre preciso lembrar a mim mesmo", disse-me certa vez um experiente burocrata, enquanto olhava pela janela de seu escritório em direção à Casa Branca, "que o poder daquele sujeito lá nunca é o mesmo duas semanas seguidas; ele flutua praticamente todo dia". Caso o riso "de todo mundo" no início de 1958 tivesse sido a expressão de uma impressão fixa e imutável, as perspectivas de influência do próprio Eisenhower teriam sido menores do que de fato o foram nos anos subseqüentes.

Poucas ações isoladas por parte de um Presidente irão definir ou transformar totalmente o que Washington pensa dele. O programa de Eisenhower não se tornou risível no momento em que inicialmente pareceu sancionar o ataque de Humphrey ao seu orçamento. A risada veio um ano mais tarde, quando aquele incidente pareceu ser a chave para todo um padrão de equívocos. Um padrão contrastante, igualmente substancial e sustentado, era indispensável para transformar a visão induzida pelos acontecimentos de 1957. Em 1958, entre dificuldades geradas por recessão, dilemas da defesa, casacos de vicunha, grandes problemas de segregação, e uma legião de problemas no além-mar, Eisenhower não conseguiu tal transformação. Mas em 1959, o conseguiu; um "novo" Eisenhower emergiu naquele ano, mantendo-se por vários meses seguidos. As impressões de equívoco foram substituídas por visões de tenacidade e muita habilidade. Em seu sétimo ano, esse Presidente aparentemente granjeou mais respeito de Washington do que lhe havia sido concedido desde a época de sua lua-de-mel tardia, em 1955, após o eclipse do senador McCarthy, e antes do ataque cardíaco de Denver. Que Eisenhower tenha conseguido parecer "novo" em 1959, apesar de sua aparência em 1957, é tributo à oportunidade apresentada pelo papel do próprio Presidente em relação à sua reputação.

Como Eisenhower conseguiu transformar sua reputação? Ele fez isso defendendo um orçamento restritivo, do tipo que havia proposto em 1958, colocando-se contra as tentativas do Congresso de acrescentar novos programas, do tipo que havia endossado ainda em 1957. Isso é, de certa forma, simplificação excessiva: o orçamento de Eisenhower para 1959 foi bem mais restritivo do que anteriormente, e alguns dos acréscimos do Congresso que questionara foram além de sua própria proposta de dois anos antes. Mas, nas áreas de educação, moradia, obras públicas e ajuda internacional os paralelos são bastante próximos. [33] Ele mudou sua reputação opondo-se consistentemente àquilo que, equivocadamente, havia solicitado anteriormente. Manifestou sua oposição, ameaçando fazer uso do veto e usando-o. Deixou seus propósitos claros por sua conduta na conferência de imprensa, e fez livre uso dela para defender sua posição em público. Desde o início de 1959 até o momento em que escrevemos (em julho), as palavras e as ações de Eisenhower foram consistentes – e seus vetos sustentados. Os registros públicos daqueles meses mostram contraste marcante com o mesmo período, em 1957. Seu sucesso foi, em grande parte, negativo, mas ainda assim foi um sucesso. Sua reputação baseou-se em sua consistência e em suas realizações. O "novo" Eisenhower não teve aprovação universal, de modo algum. As interpretações a respeito de sua conduta nem sempre foram elogiosas. Tanto no Capitólio quanto próximo à Casa Branca, algumas pessoas o viam como vítima de idéias fixas. Mas aqueles que defendiam esse ponto de vista tinham respeito ainda maior por sua vontade, pelo menos no âmbito de sua suposta fixação.

A oportunidade de um Presidente para mudar a sua reputação não é ilimitada. As circunstâncias da transformação de Eisenhower sugerem limites. De um lado, sua demonstração de vontade e habilidade foi possível a partir da posição mais sólida que um Presidente pode ocupar ao final de seu último mandato: a oposição às iniciativas do Congresso, quando o Congresso não carrega o rótulo do partido dele. Assim, as vantagens que detinha em termos de poder e status nada sofreram com a Vigésima Segunda Emenda[34]. Por outro lado, quando Eisenhower ocupava aquela posição, seu contexto deu peso às suas ações em Washington. A partir do início de 1959, os índices de produção e emprego aumentaram rapidamente; sua popularidade parecia avançar sobre trilhos de trem. Em maio, falou e atuou dentro de um contexto que lembrava 1957. Psicologicamente, e segundo a maioria dos parâmetros econômicos, a recessão havia acabado. Os *sputniks* já haviam se tornado rotina há muito tempo. A preocupação popular em relação à inflação e aos impostos ressurgiu na medida em que desaparecia o medo de uma depressão. O programa legislativo de Eisenhower tinha parecido risível aos congressistas em 1958; mas, não era risível em 1959. As eleições de 1958 para o Congresso haviam produzido fortes maiorias democratas, mas com a virada econômica, tais maiorias estavam tão suscetíveis às pressões em nome da economia como os democratas haviam estado em 1957. Além disso, ao longo de toda a primavera de 1959, a ameaça de ação soviética em Berlim alertava os washingtonianos de que talvez tivessem que se reunir em torno da Casa Branca em breve. Os críticos de Eisenhower foram se calando à medida que o ano avançava. Isso o deixou livre para insistir na ofensiva e limitou a percepção das falhas em seu desempenho. Um Presidente pode mudar sua aparência, mas primeiro tem que encontrar algumas ações adequadas para esse fim, e então tem que esperar que as outras pessoas respeitem a mudança. Sua ação não dita a reação delas. A situação dele e a delas próprias, como interpretam ambas, decidem o que pensarão a respeito da sua nova aparência. Esses são os limites da oportunidade dele.

Garantir os limites, reconhecer os riscos – como um Presidente explora as oportunidades que tem? Como faz o máximo que pode com sua própria reputação? A resposta nos leva de volta às suas escolhas. Sua reputação geral será modelada pelos sinais de padrões expressos no que diz e faz. São as palavras e ações que escolhe, dia após dia. Suas escolhas são meios pelos quais faz o que pode fazer para construir sua reputação como a quer. As decisões são seus blocos construtores. Não tem quaisquer outros em *suas* mãos. Voltamos assim ao ponto ao qual havíamos chegado no capítulo 3.

O Presidente dos Estados Unidos raramente pode fazer uma escolha com algo mais em mente do que sua reputação profissional. Franklin Roosevelt às vezes indagava a seus assessores a respeito de "algo que eu possa vetar" como lição e lembrete aos congressistas.[35] Um Presidente, porém, terá poucas oportunidades de tomada de decisão como essas. A maioria das escolhas também irá envolvê-lo nos imperativos institucionais de ser Presidente, nos amplos deveres de sua condição de funcionário. Durante o primeiro semestre de 1957, os problemas de Eisenhower estavam no fato de que, seja lá o que pudesse

Poder presidencial e os Presidentes modernos

querer ou parecer, não podia escapar da condição de autor e defensor de um orçamento. Ambos eram exigidos de um Presidente-enquanto-funcionário a fim de que os funcionários do Congresso e das agências pudessem realizar o trabalho deles. Ademais, muitas escolhas envolvem o senso de certo e errado do próprio Presidente. Eisenhower, como vimos, argumentou a favor da economia em meio a gritos a respeito de *sputniks* e recessão; Truman se ateve à defesa de suas medidas do *Fair Deal* nos meses mais árduos da Guerra da Coréia. Além disso, cada escolha envolve não somente a reputação geral, mas relacionamentos particulares. As duas considerações colidem com freqüência. Apesar de um Presidente não contar com outros meios de proteger sua aparência, suas escolhas o envolvem em considerações concorrentes. A escolha que deu início à reputação de Eisenhower na direção descendente, em 1957, foi sua aprovação pessoal de uma conferência de imprensa do secretário do Tesouro no dia da apresentação do orçamento. Os motivos para aquela aprovação ilustram os aspectos concorrentes numa escolha presidencial. A história daquela escolha é contada no capítulo 6.

No início dessa discussão sobre reputação profissional, adiei minhas considerações a respeito do processo de realização de escolhas. Permitam-me adiá-las mais uma vez. As pessoas que julgam um Presidente em Washington observam mais do que seu desempenho e reação dos seus vizinhos. Elas também ficam de olho nas reações do seu público fora da sua comunidade; observam a forma pela qual ele olha para aquela seção transversal residual de eleitores, seu público geral. O que está em jogo, em se tratando do poder dele, não está confinado ao seu relacionamento e reputação dentro de Washington; sua influência também depende de seu aparente prestígio popular. Esse fator da sua influência ainda não foi explorado.

Notas

[1] Carl J. Friedrich, "Políticas Públicas e a Natureza da Responsabilidade Administrativa", *Public Policy,* vol. 1, Cambridge, Harvard University Press, 1940, pp. 3-24.

[2] N.T.: O termo 'downtown', utilizado no original, foi traduzido por 'cidade', identificando toda a administração federal (os poderes Executivo e Judiciário e suas ramificações), excluindo o Poder Legislativo, aqui identificado pelo termo 'Capitólio' ou 'Morro do Capitólio', sede do Legislativo. Na realidade brasileira, seria equivalente a referir-se à 'Esplanada', em substituição ao 'Congresso Nacional'.

³ Citação da transcrição estenográfica da Conferência de Imprensa de 12 de julho de 1951, disponível nos arquivos da Biblioteca Truman, em Independence, Missouri.

⁴ Devo esse relato ao técnico em questão.

⁵ Infelizmente, na época em que isso foi escrito, o debate sobre a apresentação do orçamento e acontecimentos correlatos em 1957 não havia sido objeto de intenso estudo de caso publicado ou em elaboração pelas fontes acadêmicas usuais. Tal estudo agora está sendo planejado pelo Inter-University Case Program. Até sua publicação, contudo, é um caso no qual tive que quebrar minha regra geral de que os leitores deste livro deveriam ser capazes de imediatamente poder acessar uma outra abordagem, mais detalhada, desse material ilustrativo.

Na ausência de outras abordagens, esta e as observações posteriores se baseiam, fundamentalmente, em entrevistas com uma série de altos funcionários da Casa Branca, de agências do Gabinete Executivo, e três dos departamentos executivos. Vários assessores do Congresso e funcionários dos comitês também foram entrevistados, juntamente com vários membros da imprensa de Washington. Devo-lhes todo o meu entendimento, conforme refletido no texto. Essas entrevistas foram realizadas em dezembro de 1956; abril, junho e outubro de 1957; e janeiro, março e abril de 1958. O *Congressional Record* e o *New York Times*, é claro, ofereceram marco referencial essencial.

⁶ Da transcrição dos comentários do presidente, de 7 de novembro de 1956, em *Public Papers of the Presidents: Dwight D. Eisenhower*, 1956, Washington, D.C., National Archives, 1958, p. 1090.

⁷ *New York Times*, 17 de janeiro de 1957. Para ter acesso ao texto completo dos comentários citados na reportagem, ver "The Budget for 1958", *Hearings*, U.S. House of Representatives, Committeee on Apppropriations, 85th Cong., 1st. Sess., Washington: 1957, pp. 5, 7, 14.

⁸ Transcrição da Conferência de Imprensa Presidencial de 23 de janeiro de 1957, em *Public Papers of the Presidents*, 1957, pp. 73-74.

⁹ Paul H. Douglas, "A New Isolationism: Ripple or Tide?", *New York Times Magazine*, 18 de agosto de 1957, p. 10.

¹⁰ *New York Times*, 7 de março de 1957.

¹¹ *House Resolution* 190, 85th Cong., 1st sess.

¹² Carta do Presidente ao porta-voz da Casa, 8 de abril de 1957, em *Public Papers of the Presidents*, 1957, p. 301.

¹³ Transcrição da Conferência de Imprensa, 27 de março de 1957, idem, p. 223.

¹⁴ William S. White, no *New York Times*, 28 de março de 1957.

¹⁵ Em 2 de abril, o Presidente falou à Washington Conference for the Advertising Council (Conferência de Washington sobre o Conselho de Propaganda). Em 3 de abril, falou perante a V Conferência Nacional Anual de Mulheres Republicanas. Ver textos em Public Papers of the Presidents, 1957, pp. 233-37 e 256-59.

¹⁶ Transcrição da Conferência de Imprensa Presidencial de 15 de maio de 1957, idem, pp. 353, 355-56.

¹⁷ Transcrição da Conferência de Imprensa Presidencial de 22 de maio de 1957, idem, pp. 399-400.

[18] James Reston, *New York Times*, 23 de maio de 1957.

[19] Especificamente, 203 democratas e 39 republicanos votaram contra o aumento; 140 republicanos e 11 democratas votaram a favor. Essa votação ocorreu em 29 de maio de 1957.

[20] Carta do Presidente, 25 de junho de 1957, ao representante (deputado) Frelinghuysen (Republicano, Nova Jersey), e comentários deste último, conforme relatado no *New York Times,* de 26 de junho de 1957.

[21] Para reações decorrentes, ver *Congressional Record*, 85th Cong., 1st sess., 19 de julho de 1957, vol. 103, pp. 12121-22, pp. 12136-38. Para comentários retrospectivos, ver *Congressional Record*, 85th Cong., 2nd sess., 17 de abril de 1958, vol. 104, pp. 6666-67.

[22] A seqüência parlamentar foi a seguinte: no *Committee of the Whole* (Comitê do Todo), emenda denominada "tipo Powell", que barrava recursos para os estados com escolas segregadas, recebeu uma oferta de um republicano de Nova York e foi adotada com votação de 136-115 (votos contados). Um republicano de Wisconsin então ofereceu emenda que eliminava recursos de ajuda. Imediatamente outra emenda foi oferecida por um dos apoiadores republicanos do projeto de lei. Isso teria atacado a cláusula anti-segregação anteriormente adotada e, ao mesmo tempo, teria deixado todos os recursos de ajuda atrelados à fórmula de "necessidade" do Governo. Durante o debate que se seguiu, dois dos membros democráticos do Comitê de Trabalho e Educação da Casa convocaram todos os proponentes do projeto de lei a apoiar essa última emenda. Nesse ponto, o presidente democrático do Comitê de Regras da Casa, o deputado Smith, da Virgínia, apresentou moção no sentido de eliminar tudo, exceto a cláusula de aprovação, o que significava descartar totalmente o projeto de lei. Essa moção foi adotada com votação de 156-126 (votos contados). A Casa então confirmou aquela ação por meio de votação nominal de 208-203, sendo que 111 republicanos e 97 democratas apoiaram, 77 republicanos e 126 democratas se opuseram.

[23] Transcrição da Conferência de Imprensa Presidencial, 31 de julho de 1957, em *Public Papers of the Presidents*, 1957, p. 576.

[24] Transcrição da Conferência de Imprensa Presidencial de 3 de julho de 1957, idem, p. 521. A ordem da frase foi mudada um pouco para assegurar maior clareza. Os dispositivos em questão cobriam o Capítulo III do projeto de lei (HR 6127).

[25] N.T.: Em inglês, *State of the Union Address.*

[26] Conforme citado no *New York Times* de 10 de janeiro de 1958; o discurso de Eisenhower foi proferido em 9 de janeiro.

[27] William S. White, no *New York Times,* de 19 de janeiro de 1958.

[28] N.T.: O cinturão agrícola (*farm belt*, em inglês) é composto pelos estados de: Illinois, Indiana, Iowa, Kansas, Minnesota, Missouri, Nebraska, North Dakota, Ohio, Oklahoma, South Dakota, Texas e Wisconsin.

[29] William S. White, no *New York Times,* de 19 de janeiro de 1958.

[30] Texto do discurso presidencial de abertura do Congresso (*State of the Union*), de 9 de janeiro de 1958, em *Public Papers of the Presidents*, 1958, pp. 2-25.

[31] Transcrição da Conferência de Imprensa Presidencial de 15 de janeiro de 1958, em New York Times de 16 de janeiro de 1958. Ver também a transcrição em Public Papers of the Presidentes, 1958, p. 92, onde uma frase não aparece.

[32] Discurso do Presidente Eisenhower ao rally do Partido Republicano em Chicago, em 20 de janeiro de 1958, conforme relatado no *New York Times* de 21 de janeiro de 1958.

[33] N.T.: A Vigésima Segunda Emenda à Constituição dos Estados Unidos, de 1947, estabelece que ninguém pode ser eleito Presidente por mais de duas vezes.

[34] Talvez o exemplo clássico tenha sido a posição de Eisenhower, em 1959, em relação ao Fundo de Empréstimos para o Desenvolvimento (Development Loan Fund), que havia desempenhado um papel central em seu programa de ajuda internacional, dois anos antes. Em 1957, o Presidente havia solicitado financiamentos de longo prazo para o Fundo por meio de empréstimos do Tesouro, no lugar de apropriações anuais. Essa recomendação foi então rejeitada pelo Congresso através de justificativas econômicas, e o fundo foi estabelecido por meio de recursos apropriados. Mas em 1959, o Comitê de Relações Internacionais do Senado preparou-se para mudar o financiamento do Fundo; isso foi considerado indispensável pela maioria dos membros do comitê, caso se pretendesse que o Fundo atingisse seus propósitos e, por vários motivos, 1959 pareceu ser ano propício para a mudança. Contudo, quando o projeto de lei do Comitê chegou ao plenário, a liderança republicana agiu conforme ele havia recomendado. Os comentários do presidente do Comitê de Relações Internacionais, Fulbright, do Arkansas, representam leitura esclarecedora. Ver *Congressional Record*, 86th Congress, 1st sess., 1°. De julho de 1959, vol. 105, no. 110, pp. 11316 e seguintes, e 2 de julho de 1959, volume 105, pp. 11426 e seguintes.

[35] Ver meu texto *"Presidency and Legislation: The Growth of Central Clearance"*, American *Political Science Review*, vol. 48, no. 3, setembro de 1954, p. 656.

CAPÍTULO 5
PRESTÍGIO PÚBLICO

O s washingtonianos têm mais coisas a pensar que na reputação profissional do Presidente. Também precisam pensar a respeito de sua posição perante o público fora de Washington. Precisam avaliar seu prestígio popular. E por pensarem a respeito, sua posição perante o público torna-se fonte de influência para o Presidente, fator a atuar sobre a disposição de lhe dar o que quer.

O prestígio, tal como a reputação, é fator subjetivo, questão de julgamento. Funciona em relação ao poder, assim como a reputação o faz por meio do mecanismo de reações antecipadas. As mesmas pessoas – os washingtonianos – fazem o julgamento. No caso da reputação, antecipam as reações do Presidente. No caso do prestígio, antecipam as reações do público. A maioria dos membros da comunidade de Washington depende de que pessoas de fora as apóiem em seus interesses. A dependência pode ser tão direta quanto um voto, ou tão indireta quanto a tolerância passiva. As pessoas dependentes precisam estar atentas para a reação popular às suas ações. O que os seus públicos podem achar delas torna-se, portanto, fator relevante quando decidem como lidar com os desejos de um Presidente. Seu prestígio entra nessa decisão; seus públicos são parte do público dele. Seus pontos de vista, a partir de Washington, sobre como as pessoas de fora o percebem, portanto, afetam a influência dele sobre elas.

O prestígio de um Presidente não é coisa muito precisa a se observar. "O" público presidencial de fato é um agregado de públicos, tão diverso e sobreposto quanto as demandas dos norte-americanos e dos povos aliados sobre Washington. Os membros de "o" público estão divididos, não apenas por necessidades e desejos percebidos de forma diferente, mas também pelos diferentes níveis de atenção dados a um Presidente. Alguns podem distrair-se com essa atividade observadora, vocacionalmente imposta aos washingtonianos. Mas as respostas da grande maioria têm todos os matizes, desde a total desatenção, quebrada somente na medida em que uma parcela privada dos problemas públicos obriga as pessoas a erguer seus olhos. A posição presidencial, fora de Washington, de fato, é uma confusão de impressões imprecisas de pessoas relativamente desatentas.

Esse fator opera em grande parte como pano de fundo, como condicionador, não como determinante, do que os washingtonianos farão em relação ao pedido de um Presidente. Raramente há qualquer tipo de relacionamento direto entre as avaliações de sua popularidade em geral e as respostas a seus desejos em particular. Os Cem Dias de 1933 continuam sendo excepcionais e absolutamente memoráveis. Até mesmo então, como comentaristas cautelosos deixaram claro, foi necessário um bocado de habilidade e energia para manter o vínculo.[1] Depois do segundo discurso de posse de Roosevelt, vieram as tempestades legislativas de 1937. Após a reeleição de Eisenhower, veio a revolta da Câmara Federal contra seu orçamento militar. Mesmo assim, a impressão prevalecente sobre a posição pública de um Presidente tende a estabelecer o tom e a definir os limites do que os washingtonianos fazem por ele ou a ele. Na retaguarda da insubordinação de MacArthur e da torcida que a acompanhou no Capitólio, prevalecia uma visão de Truman como decididamente impopular. Também a encontramos na retaguarda do caso das siderúrgicas, um ano mais tarde. Em 1958, as risadas ouvidas em Washington tornaram-se cada vez mais altas, na medida em que se espalhava a impressão de que a popularidade de Eisenhower estava caindo. Em 1959, os primeiros sinais de respeito pelo "novo" Eisenhower coincidiram com os relatos de que seu prestígio estava novamente em ascensão.

Ao condicionar as respostas a um Presidente, a qualidade de seu prestígio pode ser tão relevante quanto qualquer noção quantitativa de sua popularidade. Quando os membros da comunidade de Washington fazem um julgamento, não estão preocupados com o motivo pelo qual ele é benquisto, mas sim quantos gostam dele. Em 1949, fazendo referência a um exemplo marcante, os altos escalões da Força Aérea e da Marinha brigaram abertamente, por sua vez, contra o orçamento de Truman para a Defesa.[2] Em 1954, munido de caso tecnicamente superior, o Exército engoliu seco e não lutou publicamente contra o "New Look" que Eisenhower estava apresentando como sendo seu.[3] Até mesmo em 1958, o ano do Líbano, quando as dificuldades do Exército eram ainda maiores, sua defesa não foi melhor, não houve "revolta dos generais".[4] Truman havia sido desafiado poucos meses após sua eleição-surpresa. Eisenhower parecia menos popular em 1958 do que em qualquer período anterior. Truman, é claro, não havia freqüentado Annapolis, enquanto Eisenhower era um graduado de West Point. Isso pode explicar parte da diferença entre a "revolta" da Marinha e a aquiescência do Exército. Mas Truman não era percebido pela população em geral como um dos maiores especialistas militares do país; já seu sucessor contava com essa condecoração. Sem dúvida, um dos fatores que atuaram sobre a conduta do Exército foi a dificuldade de conceber estratégia para vencer uma disputa 'no grito' com o general Eisenhower.[5]

O status de um Presidente dos Estados Unidos perante o público pode ser um tanto quanto diferente de sua posição perante seu 'eleitorado' no exterior. Aparentemente, o status do Presidente no exterior era superior ao que detinha no país durante a maioria dos anos de Truman e inferior ao doméstico na maioria dos anos de Eisenhower. Aqueles washingtonianos que dependem, eles próprios, de um público estrangeiro, precisam pensar a respeito da qualidade do prestígio dele em ambas as esferas e ao mesmo tempo. Mas até mesmo os washingtonianos, cujas platéias são norte-americanas, de tempos em tempos pensarão a respeito de qual o status presidencial no exterior. Os membros do Congresso, por exemplo, estão cada vez mais cientes de que a posição dele no exterior pode ser vantagem nacional e que o comportamento deles perante o Presidente pode ampliar ou diminuir tal vantagem. Suas platéias às vezes também parecem estar cientes disso. A maioria das pessoas no Capitólio está ansiosa por não comprometer as vantagens norte-americanas, e ninguém quer que seu estado ou distrito eleitoral lhe atire tal acusação. Exceto nos anos finais de Truman, as considerações a respeito do prestígio do Presidente no exterior tiveram a tendência de inibir o comportamento do Congresso, desde a II Guerra Mundial. Em 1959, a presença de Berlim, como crise ameaçadora ao longo de toda a sessão do Congresso, contribuiu para gerar uma atitude respeitosa por parte de um Congresso que, supostamente, iria opor-se a ele. Contudo, mesmo que a posição de um Presidente no exterior afete todos os tipos de julgamento feitos em Washington, sua posição em relação a alguns públicos é mais relevante para a maioria dos washingtonianos, na maioria do tempo. Portanto, este capítulo lida somente com o lado doméstico.

Como a comunidade de Washington avalia o prestígio de um Presidente perante o público norte-americano? Seus membros conversam uns com os outros e com os motoristas de táxi. Lêem os colunistas em voga, as pesquisas de opinião e as reportagens. Coletam opiniões entre hóspedes e amigos. Viajam pelo país e ouvem atentamente as pessoas que vão encontrando. Acima de tudo, observam o Congresso. De modo geral, somente os políticos dos partidos nacionais, os líderes do Legislativo, os congressistas que ocupam cadeiras inseguras e os lobistas que enfrentam dificuldades molham os seus dedos todos os dias para checar os ventos que sopram em direção à Casa Branca a partir do público. Os demais, em sua maioria – especialmente a maioria dos burocratas –, concentram-se nos ventos que sopram do Capitólio. Se os funcionários de carreira de uma agência deixam de desafiar um Eisenhower, como no caso do Exército, normalmente não calculam que o público possa apoiá-lo, mas sim que o Congresso, ao temer isso, não os apóie. O sentimento do Congresso tende a ser o substituto pragmático dos oficiais à opinião pública, pois é do Congresso, não do público em geral, que dependem os funcionários, dia após dia, em termos de legislação e recursos para manter seus programas e funcionários. E os burocratas não são os únicos a fazer tal substituição. Por motivos semelhantes, isso é feito, em grande parte do tempo, por diplomatas em muitos países, por funcionários públicos em todos os estados, por representantes de interesses privados, por líderes partidários locais, e até mesmo pelos próprios congressistas.

O Congresso é espelho distorcido do prestígio de um Presidente. Os eleitorados do Congresso são diferentes do eleitorado dele. O que acontece no Capitólio raramente irá refletir a totalidade de sua aparente popularidade. Eisenhower o descobriu em seu primeiro mandato. Tampouco é provável que isso reflita a totalidade de sua impopularidade. Os congressistas precisam conviver com os "poderes" presidenciais. O último Congresso de Truman muitas vezes esteve de péssimo humor; o humor do país às vezes estava ainda pior. As distorções podem ajudar ou prejudicar um Presidente.

Como o público em geral não governa, a influência presidencial está protegida de seus caprichos sentimentais e oscilantes. Truman não conseguiu evitar que seus almirantes se revoltassem em 1949, mas, como comandante-chefe, podia retaliar, e assim o fez: o chefe de operações navais foi aposentado; outros oficiais foram transferidos para o exterior. Naquele ano, ele não conseguiu evitar que a Força Aérea exigisse e obtivesse apropriação maior do que o seu orçamento, mas podia – e conseguiu – manter fundos adicionais sem gastar, "confiscando-os" (por meio da não-transferência), como era permitido pelos estatutos na época.[6] Quando tomou as siderúrgicas, as denúncias da imprensa não podiam fazê-lo desistir delas, a não ser que se diga que a Suprema Corte seguiu os jornais. Quando demitiu MacArthur, o protesto público não podia colocar o general de volta no cargo. Com poderes e status – e com suficiente demonstração de força de vontade – um Presidente dos Estados Unidos pode exercer influência efetiva em muitas situações, mesmo que tenha um Congresso relutante e pareça não contar com apelo popular. Contudo, é óbvio que quanto menos seu poder for demonstrado no Capitólio tanto mais estará confinado, na cidade, onde o mero comando se mostra viável. Quanto mais frágil seu aparente apoio popular, mais freqüentemente suas causas no Congresso poderão depender dos mecanismos negativos à sua disposição, tais como o veto ou o "confisco". Pode não ficar desamparado, mas suas opções serão limitadas, suas oportunidades diminuídas, sua liberdade de manobra checada a ponto de Washington considerá-lo inexpressivo perante o público.

Espaço de manobra é o termo que melhor descreve o que está em jogo nas avaliações de Washington em relação ao prestígio presidencial – espaço de manobra enquanto oportunidade, espaço de manobra no sentido do quanto é possível arriscar. É isto que Truman ganhou do prestígio que emprestou durante o ano de 1947 para os estágios iniciais e cruciais do Plano Marshall. É o que Eisenhower ganhou em 1959, quando, contrário às expectativas, Washington descobriu que sua popularidade estava em ascendência. Espaço de manobra não é garantia de ação governamental. A popularidade pode não produzir uma resposta por parte de Washington. Mas a desaprovação pública anima a resistência de Washington. O espaço de manobra garante uma única coisa: evitam-se os problemas gerados por sua ausência. O prestígio faz diferença para o poder, pois coloca em xeque a resistência das pessoas responsáveis por governar.

O prestígio não apenas confronta os washingtonianos, como freqüentemente aqueles membros do público convocados a atuar como agentes em nome de um Presidente. Algumas tarefas ao governar não são realizadas pela comunidade de Washington. Algumas são feitas diretamente por parte do público. A influência presidencial sobre o Governo torna-se, em parte, questão de relacionamentos diretos com públicos específicos. E os membros de um público especial, assim como os washingtonianos, muitas vezes são influenciados por aquilo que pensam que o público em geral pensa deles.

O que um Presidente pode vir a desejar de uma parte de seu público? Algo que pode vir a desejar é uma alteração da comunidade de Washington para ajudá-lo a atingir os objetivos de suas políticas. Em suma, pode querer votos. Esclarecendo: os votos não são garantia de que se atinja qualquer objetivo relacionado às suas políticas. Mas os resultados das eleições certamente têm peso em relação às suas possibilidades de alcançar seus objetivos por outros meios. Desde 1938, uma conseqüência de cada eleição intermediária[7] para o Congresso (possivelmente à exceção de 1954) tem sido a eliminação, em termos práticos, da perspectiva de algumas alterações nas políticas públicas, desejadas pela Casa Branca. Em 1952, a eleição presidencial teve o mesmo efeito sobre diversos objetivos perseguidos pelo Governo que estava de saída.

Além dos votos, os objetivos de um Presidente são afetados pela disposição de certos públicos específicos para usar meios privados como substitutos a uma ação oficial. Há todos os tipos de situações concretas nas quais uma política ou preferência presidencial parece estar além do alcance de atos do governo formal, ou seriam mais bem atendidas por uma ação privada. Vale lembrar os esforços de Truman para chegar a uma solução no caso das siderúrgicas, sem confisco. Lembremo-nos também de que Eisenhower não enviou tropas a *Little Rock* até a multidão ignorar sua proclamação, que conclamava os cidadãos a não mais obstruir a ação da Justiça. Em ambos os casos, com o fracasso da ação privada, esses Presidentes conseguiram encontrar paliativos oficiais. Mas necessitavam de ação do setor privado para que seus objetivos fossem alcançados. Ademais, no caso do confisco das siderúrgicas, havia o parceiro silencioso de Sawyer: o sindicato. Mesmo como paliativo, a ação oficial dependia da colaboração de seus membros nas usinas.

Quando um Presidente apela aos votos ou à ação privada, aqueles a quem se dirige terão em mente bem mais do que suas próprias noções a respeito do prestígio presidencial interno. Assim como no caso de Washington, raramente encontramos relação direta entre as avaliações a respeito de sua popularidade em geral e as respostas de algum público em particular. Em 1954 e 1956, quando se reconhecia que Eisenhower contava com as boas graças da população, ele apelou em vão a favor de um Congresso republicano. Em 1957, quando ainda parecia bastante popular, suas palavras não contaram com apoio e não conseguiram dispersar a multidão em *Little Rock*. Truman, por outro lado, era considerado bastante impopular em 1952, quando os homens honraram sua convocação para continuarem trabalhando nas usinas. Contudo, quanto mais próximo nosso olhar sobre exemplos como esses, mais claros os sinais de que o prestígio era fator que atuava como pano de fundo para tal comportamento. Eisenhower não ganhou o Congresso que queria, mas os democratas que recebeu em troca estavam comprometidos em tratá-lo bem, e os líderes democratas, em ambas as Casas, trabalharam intensamente para tornar tais apelos significativos. Em *Little Rock*, teve de convocar o Exército; as baionetas dispersaram a multidão. Contudo, vale ressaltar que as multidões não voltaram a aglomerar-se em outro lugar no Sul, nem tampouco voltaram a reunir-se em torno da Central High School. Não sabemos até que ponto os supostos líderes de tais multidões foram influenciados por idéias a respeito do prestígio do Presidente. Mas, caso Eisenhower tivesse mantido a aparência de Truman no sul, as lideranças locais poderiam ter-se apressado em desafiá-lo. No caso do aço, os trabalhadores apoiaram Truman quando a direção dada por ele ao caso servia seus propósitos; não hesitaram em derrubar seu objetivo – a produção de aço – assim que o Presidente deixou de ter utilidade concreta para eles.

Em se tratando de platéias específicas, como os washingtonianos, o suposto prestígio do Presidente pode dar o tom e definir os limites das respostas aos seus apelos. O prestígio pode ter grande impacto sobre o comportamento quando a platéia específica está conscientemente tentando seduzir a "opinião pública". Outra faceta do confisco das siderúrgicas eram os "agentes" presidenciais mais insatisfeitos: os executivos das empresas. Em conseqüência da sua apelação nos tribunais, armaram ataque pessoal extraordinário a Truman. Sem dúvida foram impulsionados por sua pressuposta falta de popularidade. Caso Truman tivesse tido a aparência de Eisenhower, é difícil imaginar que o tivessem denunciado de forma tão pessoal. Públicos mais amplos e mais soltos que executivos de empresas, e públicos bem mais distantes da comunidade de Washington, podem estar bem menos preocupados com o público em geral. Para os eleitores em um distrito eleitoral, ou para os trabalhadores em uma usina de aço, ou para aqueles que participaram das demonstrações nas ruas de *Little Rock*, a percepção de como o Presidente é visto fora de sua vizinhança pode ser fator irrelevante ao decidirem a respeito de seu comportamento. Mas raramente estará totalmente ausente das considerações daqueles que lideram aquela comunidade.

O prestígio de um Presidente, portanto, é fator do mesmo tipo que sua reputação profissional quando se trata de sua influência: um fator que pode não decidir o resultado em determinado caso, mas pode afetar as probabilidades em cada caso – e, portanto, é estrategicamente importante para o seu poder. Se se importa com suas perspectivas de efetividade no Governo, não pode menosprezar nem um, nem outro. Considerando a importância de seu prestígio popular, como um Presidente poderá mantê-lo sob guarda?

Essa pergunta traça paralelo com minha indagação do último capítulo, mas as duas não são iguais. Reputação profissional não é popularidade. Proteger uma, portanto, não é o mesmo que proteger a outra. O prestígio terá influência sobre a reputação – com certeza – e as avaliações profissionais, por parte de washingtonianos atentos, sem dúvida se espalham até aos que estão de fora. A interação é contínua, mas com coisas muito diferentes. No caso de Eisenhower, por exemplo, pesquisas de opinião e reportagens concordam que sua mais marcante perda de popularidade aconteceu no ano de recessão de 1958. Mas tal perda não correspondeu, nem em intensidade, nem em tempo, aos danos causados por sua reputação em Washington durante o ano de 1957. Truman, por outro lado, sem dúvida, conseguiu 'notas mais altas' em Washington por sua capacidade e força de vontade do que obteve do público ao longo de seus dois últimos anos no cargo, após a intervenção chinesa estender a Guerra da Coréia. Como a reputação, o prestígio é questão a ser julgada, não "conhecida". O julgamento, na maioria das vezes, será feito pelos washingtonianos. Julgamentos de prestígio podem sofrer distorções dentro de Washington, mas o que está sendo julgado permanece fora. Questionar como um Presidente pode preservar seu prestígio não significa negociar disfarçadamente com sua reputação em Washington. O prestígio precisa ser preservado em sua própria fonte.

Se estivesse claro que os públicos fora de Washington percebem um Presidente em termos, exclusivamente, de sua personalidade, então a preservação do prestígio poderia ser – como às vezes se pensa que é – caso para a *Madison Avenue*[8]. Mas já ocorreram fortes mudanças na popularidade de pessoas cujo comportamento público permaneceu basicamente inalterado.

O Truman de 1951 parecia e soava um tanto parecido ao do dia da eleição, em 1948. Dando desconto pela idade e pela doença (o que milhões de norte-americanos estavam bastante dispostos a fazer em 1956), Eisenhower parecia ter projetado as mesmas qualidades humanas ao longo de todo o seu tempo no cargo. Mas preservar sua aparência em termos humanos não basta.

Personalidade é fator que afeta o prestígio, mas não é fator muito dinâmico. A experiência recente sugere que a impressão da personalidade presidencial – a *imagem pública,* que é o termo comumente, mas não tecnicamente, empregado – ganha forma para a maioria dos eleitores assim que o percebem como Presidente pela primeira vez (o que é diferente de vê-lo como candidato). E exceto pela comunidade de Washington, onde é avaliado diariamente, tais imagens, uma vez formadas, parecem mudar apenas lentamente, se é que mudam de todo. Louis Harris, entre outros, sugeriu que as percepções públicas da personalidade de Eisenhower mudaram entre 1952 e 1956 de "pai" para "avô".[9] Mas isso significa comparar as percepções que se têm da pessoa como potencial Presidente com as que se têm quando no cargo. A imagem de "avô" que Harris traça em 1956 não parece de modo algum inconsistente com as visões prevalentes relatadas pela imprensa já em 1954 e até 1959. No caso de Truman, a impressão do "pequeno homem" nos sapatos de Roosevelt – corajoso e trabalhador, mas não "grande o suficiente" – prova-velmente foi amplamente difundida nos dias que se seguiram à sua sucessão. Durante algum tempo, ele próprio talvez tenha compartilhado dessa impressão; certamente ajudou a disseminá-la. "Rapazes, se vocês costumam rezar, rezem por mim agora", disse à imprensa, quando a atenção de todo o país estava focalizada na transmissão do cargo. "Quando me contaram... o que havia acontecido, senti que a lua, as estrelas e todos os planetas haviam caído sobre mim."[10] Três anos mais tarde, sua campanha para a eleição e sua vitória ressaltavam qualidades humanas bastante diferentes. O "pequeno homem" pode não ter desaparecido, mas agora, na frase alusiva de Jonathan Daniel, havia se tornado "o Homem da Independência". Apesar de não dispormos de evidências para apoiarmos nossas conclusões a respeito de quais pontos de vista haviam efetivamente mudado, e até que ponto, parece não haver dúvidas de que o ano de 1948 causou enorme efeito sobre as idéias amplamente compartilhadas a respeito da personalidade de Truman.[11] Isso parece testemunhar a favor do impacto causado por eventos excepcionais, mais do que a favor da instabilidade das imagens públicas. A julgar pelo que ocorreu em seus últimos anos, a imagem mais antiga não foi empurrada muito abaixo da superfície.

Uma imagem do cargo – não uma imagem da pessoa – é o fator dinâmico em ação quando se trata do prestígio de um Presidente. As impressões da pessoa se formarão logo no início e perdurarão muito tempo, mas os valores que as pessoas atribuem ao que conseguem ver podem mudar rapidamente. "Capacidade de decisão" pode se transformar em "irascibilidade"; "esperteza" pode vir a ser percebida como enganação; "mente aberta" pode parecer suavidade excessiva; "coragem" pode virar "impetuosidade". Truman, o "político mestre" de 1948, era um "mero" político em 1951. A própria intensidade das impressões causadas por sua eleição tornou-o suspeito no ápice da Guerra da Coréia. Dois anos após a reeleição estrondosa de Eisenhower, todas as pesquisas de opinião indicavam que cada vez menos cidadãos estavam satisfeitos com o que ele representava na Casa Branca. Nesse caso, assim como no de Truman, o sentimento era de que o que ele *era* não parecia ter mudado. Antes, sim, o sentimento do que *deveria* ser havia mudado. Não as percepções de personalidade, mas antes esse *deveria* do cargo está subjacente à maioria das variações de curto prazo em termos de prestígio popular.

Por que o *deveria* do cargo varia tanto? Por que as percepções a respeito variam tanto? A resposta, obviamente, é: o que um Presidente deveria ser é algo a ser considerado pela maioria das pessoas, à luz do que lhes está acontecendo. Suas noções a respeito do papel que um Presidente deve desempenhar, sua satisfação com a forma como o desempenha, são afetadas por esperanças e medos particulares. Por trás de seus julgamentos de desempenho, jazem as conseqüências sobre suas vidas. O que ameaça seu prestígio é a frustração delas.

Durante mais de duas décadas o Gallup fez pesquisas nacionais por amostragem, em intervalos mais ou menos mensais, sobre a aprovação do desempenho do Presidente em exercício. A pergunta praticamente não mudou: "Você aprova ou desaprova a atuação do Presidente [em exercício]?" Diferente de pesquisa pré-eleitoral, essa pesquisa não se relaciona a nenhuma ação concreta por parte dos entrevistados. Diferente de pesquisa sobre questões específicas, não se relaciona a nenhuma informação concreta. A pergunta é desfocada; assim como a resposta, que nos diz algo – ou nada – a respeito do que os entrevistados queriam dizer. A ocasião, contudo, nos dá algumas dicas a respeito do que vêem em torno deles quando falam. Os índices de aprovação apontados pelas pesquisas variam praticamente todo mês. Variações mínimas e mudanças bruscas dentro de um espaço de tempo relativamente curto precisam ser tratadas com cautela. Mas mudanças grandes e relativamente duradouras surgem concomitantemente aos grandes eventos, com amplas conseqüências. Essas mudanças significativas ilustram o que ameaça, de fato, a popularidade.

Duas das maiores mudanças jamais identificadas nas pesquisas de opinião do Gallup surgiram no início de 1951 e na primavera de 1958. Ao longo de todo esse período, a conduta de Truman foi aprovada por uma amostra de seus conterrâneos em proporções que variavam de 46% a 37%[12] (seu menor

Richard E. Neustadt

índice de aprovação durante o primeiro mandato havia sido 32%, em 1946). Depois de 1950, até o final de seu mandato, a aprovação flutuou entre 32% e 23%.[13] Durante quase um ano após a eleição de 1956, a aprovação da conduta de Eisenhower estava acima de 62%; na época de sua posse, chegou aos 79% (o menor índice de seu primeiro mandato havia sido 57%, em 1954). Em 1958, contudo, a aprovação caiu para 49% em um mês – abril – e somente uma vez – em agosto – chegou a 58%; ao longo da maior parte do ano, movimentou-se em torno dos 52% – 56%.[14] Em 1959, iniciou-se linha ascendente de aprovação que foi aumentando um ponto percentual ao mês, até chegar a 62%, em junho, último dado disponível enquanto escrevo.[15] Supondo que haja continuidade nessa tendência, no caso de Eisenhower, diferentemente de Truman, teremos uma recuperação de amplitude.

Analisando esses números, podemos e devemos ignorar as variações mês a mês; o que não pode ser ignorado é a acentuada mudança de amplitude. Tais mudanças não revelam a quem pertencem os pontos de vista que mudaram, em que direção e quando. Esses números podem esconder correntes cruzadas, que certamente escondem diferenças regionais. Mas, supondo que a amostragem seja adequada – ou, pelo menos, erro constante – quando Truman passou da casa dos quarenta para a casa dos vinte, quando Eisenhower passou da casa dos sessenta para a casa dos cinqüenta, e quando os números ficaram estáveis durante vários meses depois disso, a posição do público certamente havia mudado. E não é difícil descobrir o que contribuiu para a mudança.

Em ambos os casos, a aprovação popular tropeçou quando a ação (ou inação) governamental esteve associada a distúrbios significativos na vida particular de milhões de norte-americanos. O que aconteceu entre 1957 e 1958? A "prosperidade" deu lugar à recessão e à inflação; a "paz" deu lugar a uma guerra fria mais intensa, com tropas no Líbano e combates na costa chinesa. O sentimento de calmaria social deu lugar aos embates em torno da dessegregação escolar. A "complacência" nas ciências, na educação e na defesa foi, no mínimo, abalada pelas manifestações pós-*sputnik*. O que aconteceu entre 1950 e 1951? Acima de tudo, a inflação e os impostos e as vidas perdidas na "Guerra de Truman", que se havia tornado uma guerra interminável com os chineses.[16]

Não podemos considerar acidental o fato de que a popularidade de Truman, de acordo com as pesquisas de opinião, nunca esteve menor do que em 1951. Não podemos considerar acidental que as pesquisas tenham apontado Eisenhower como menos popular em 1958 do que jamais antes ou depois disso. Ocorrências como essas certamente hão de ameaçar ou contrariar as perspectivas particulares de grande número de norte-americanos. Na medida em que mudam essas perspectivas, a visão em relação à Presidência só pode mudar também. Nosso sistema de crenças – aquele maravilhoso baú de quinquilharias – está repleto de imagens opostas e contraditórias a respeito do 'cargo instantâneo', pronto para o uso. Eisenhower, que antes satisfazia a tantos como "o homem acima dos embates", aparentemente colidiu durante o ano de 1958 com expectativas em relação a um Presidente cuja presença fosse claramente percebida.[17] Truman, por outro lado, ainda que em evidência sete anos antes, parecia ter se enredado na disputa entre os conceitos-gêmeos, de que um chefe em tempos de guerra deve estar "acima da política" e deve ajudar os generais a vencer. Na medida em que as perspectivas particulares são contrariadas, as pessoas mudam suas expectativas a respeito do Presidente. Na medida em que mudam as imagens que se têm do cargo, as avaliações de desempenho mudam também. Não é de se estranhar que a aprovação tenha caído em 1951 e 1958. Tampouco é de se estranhar que tenha havido aparente recuperação em 1959, mas não em 1952.

Não pretendo sugerir que os membros do público em geral ajam como washingtonianos, observando e reagindo a um Presidente a cada estágio de tudo o que acontece. Nunca devemos subestimar o poder do público em geral para ignorar, condescender, e esquecer, especialmente quando os acontecimentos parecem incalculáveis ou demasiadamente remotos de suas vidas privadas. A não ser que os tiroteios se iniciem, uma crise no Líbano pode parecer remota, uma em Berlim, impensável, e os *sputniks* por sobre nossas cabeças tornam-se rotina. Mas contracheques, contas de supermercado, educação dos filhos, e filhos na guerra claramente são questões da vida real. Nenhum acontecimento durante todo o primeiro mandato de Eisenhower lhe deu maior reconhecimento por parte do público, assim parece, do que o armistício na Coréia e o "espírito de Genebra". Aparentemente, nenhum acontecimento em 1958 representou ameaça mais perturbadora do que a conjunção de recessão com inflação.[18] Há dúvidas, por exemplo, de que a indiscrição de Sherman Adams tenha tido tanta importância assim para os eleitores (como a Casa Branca certamente achava que tinha), exceto por seu simbolismo, quando a "vida" não dispunha de tanta publicidade.[19] Em 1951, não há motivos para supor que, na falta da dura e inesperada extensão da guerra na Coréia, o "comunismo" ou a "corrupção" teria causado frustrações tão profundas, como ficou evidente quando MacArthur voltou para casa.[20]

A personalidade também não deixa de ter lá os seus efeitos sobre o prestígio. As impressões sobre uma pessoa podem funcionar como almofada e como escora. A julgar pelos pontos percentuais indicados nas pesquisas Gallup, a perda de aprovação de Eisenhower durante o ano de 1958 não foi muito menor que a de Truman, após 1950. Mesmo assim, um deles ainda manteve aprovação da maioria, e o outro, aprovação com metade desse tamanho.

Julgando-se, não em termos de números, mas de tendência, essas pesquisas identificam padrões comparáveis para ambos os Presidentes ao longo de seus anos iniciais. Mas as variações de Truman são muito maiores e mais acentuadas, com pontos baixos inferiores aos de Eisenhower.[21] Tais diferenças mostram o quanto a personalidade pode ter efeito amortecedor sobre as expectativas. Eisenhower era um herói, independentemente de seu cargo. Truman era praticamente desconhecido fora dele. A personalidade por si só não é responsável pelas variações de prestígio de cada pessoa, mas deixou Truman bem mais vulnerável ao choque das esperanças privadas, contrariadas pelas ocorrências públicas. Até Eisenhower, mesmo sendo herói, demonstrou não estar imune. Sua falta – se é que houve – deveria servir para ressaltá-lo. O que altera o prestígio é o que as pessoas fora de Washington percebem como acontecendo a *elas próprias*.

Um Presidente preocupado em preservar seu prestígio deve manter olhos abertos em relação às esperanças e ao que acontece a elas nas vidas que seguem fora de Washington. Precisa estar atento para que os de fora não esperem dele prazeres que não pode propiciar, ou para que estejam preparados para as dores que não pode impedir. De qualquer modo, o que ameaça seu prestígio é a frustração popular. "Nós vamos 'vender' o programa de Eisenhower ao máximo", C.D. Jackson[22] supostamente teria comentado em 1953. Mas 'vender uma idéia' só será útil enquanto os eventos se mantiverem incalculáveis. A capacidade de vender não consegue competir com a vida. Saber vender não é páreo para a história. Um Presidente que valoriza o poder naturalmente deseja que sua história produza "boas" respostas; naturalmente desejará minimizar as reações "ruins". Mas, se deseja tais resultados, o que pode fazer a respeito deles? Como – se é que é possível – pode afetar as esperanças e os acontecimentos que geram frustração?

Se um Presidente estivesse livre para controlar os acontecimentos, para acioná-los ou desligá-los segundo sua própria vontade, essa seria a maneira ideal para salvaguardar seu prestígio. Mas não tem tal liberdade. Os exemplos citados nos capítulos anteriores deixam isso claro. Fora do Governo Federal, os eventos nos quais o Presidente não desempenha nenhum papel desencadeiam o que seus eleitores perceberão e sentirão como acontecimentos. Dentro do Governo, os tribunais, os congressistas, o alto escalão do Executivo agem de modo a contribuir ou simbolizar tais acontecimentos. Muitas vezes agem sem recorrer a ele. O Presidente não é mero espectador. Sua ação também contribuirá e pode tornar-se ponto alto dos acontecimentos. O que aconteceu na Coréia? Truman interveio. O que aconteceu quando a guerra foi se arrastando? Ele mandou MacArthur voltar para casa. Mas ações desse tipo

Poder presidencial e os Presidentes modernos

estão muito longe de serem controladas. Nenhum Presidente pode fazer acontecer ou parar a maioria das coisas durante o seu mandato, apenas em nome da sua popularidade. Caso Truman tivesse a opção, a Coréia nem teria acontecido.

Por não poder controlar os acontecimentos, um Presidente precisa fazer o melhor que pode – e manter a esperança. Seu prestígio está a salvo enquanto as pessoas fora de Washington aceitarem as duras condições em que vivem ou, pelo menos, não o culparem por isso. Se conseguir fazê-las pensar que as dificuldades são necessárias, e se conseguir fazê-las suportar a situação de bom grado, seu prestígio pode não sofrer quando elas o sentirem. Se o público de Truman tivesse pensado que a guerra-interminável-dentro-de-certos-limites é uma necessidade, seu prestígio teria aumentado, não diminuído, em 1951. Um Presidente preocupado com espaço de manobra dentro do Governo precisa tentar dar forma aos pensamentos das pessoas fora do Governo. Para ser efetivo enquanto guardião de seu status, precisa sê-lo enquanto professor perante o público. Truman fracassou enquanto professor durante a Guerra da Coréia. Alguns de seus problemas serão comentados no capítulo 6.

Que tipo de tarefa tem esse professor? Não se trata de exercício escolar. O ensino presidencial é instrução um tanto quanto diferente. Conta com, pelo menos, quatro características especiais. Em primeiro lugar, trata-se de instrução dirigida a alunos que, por definição, normalmente não estão prestando atenção ao professor: seus eleitores fora da comunidade de Washington. Tais alunos somente ficam mais atentos quando percebem os problemas públicos que exercem pressão sobre suas vidas. Em segundo lugar, conseqüentemente, pode esperar que lhe darão atenção somente quando as coisas que precisa interpretar para eles, em benefício dele próprio, estão nas suas mentes por motivos que não é necessário contar. Em terceiro lugar, novamente como conseqüência, ensina menos dizendo do que fazendo (ou não fazendo), no contexto que seus alunos criaram em suas mentes. E, em quarto lugar, o que disse e fez anteriormente irá aparecer naquele contexto. Quando o homem que ocupa a Casa Branca recebe atenção fora de Washington, depara-se com dois outros professores ocupando o seu pódio. Os próprios eventos estão lá; assim como as memórias acerca de seu desempenho passado. Sob tais condições, o ensino presidencial é trabalho árduo, não devendo ser confundido com propaganda.

A correspondência entre popularidade e acontecimentos, conforme exemplificado nas pesquisas de "aprovação", vem acompanhada da correlação entre atenção popular e eventos. Permitam-me ilustrar essa segunda correlação com algumas classificações em programas de rádio nos anos pré-televisivos, quando praticamente todos os pronunciamentos presidenciais transmitidos eram classificados por uma única fonte comercial.[23]

De outubro de 1945 (a guerra já havia terminado) até março de 1948 (o processo eleitoral ainda não havia começado), houve oito ocasiões nas quais Truman ocupou todas as redes de rádio em horário noturno para levar "ao país" questões relacionadas a políticas públicas; seus temas cobriram desde inflação, programas sociais, greves, até o Plano Marshall e o golpe de Estado na Tchecoslováquia. Nessas aparições, suas classificações Hooper – estimativa da audiência residencial real em comparação à potencial – foi, sucessivamente, 43,8; 49,4; 34,4; 31,8; 57,6; 30,7; 34,3 e 31,0%.[24] Precisas ou não, em todo caso, a base para essas estimativas permaneceu a mesma; essa seqüência é internamente consistente. As mudanças no tamanho da audiência nessas ocasiões devem-se, em parte, à época do ano e à escolha da data ou do dia; os hábitos dos ouvintes, bem como os hábitos televisivos mais recentes, mudam com a estação, o dia, o horário.[25] Mas fatores desse tipo são insuficientes para explicar o forte pico no meio da seqüência, de 57,6%, que quebra a tendência. E o que estava acontecendo por ocasião do pico na audiência de Truman? Seu tema era o término do controle sobre o preço da carne. Ele estava anunciando o fim do controle, no outono de 1946, quando o país enfrentava falta de carne, e se encontrava em meio à campanha política que terminaria três semanas mais tarde, com a eleição do 80º Congresso.[26] Somente uma vez em seu primeiro mandato, Truman teve classificação Hooper mais alta: 64,1%, quando proclamou o Dia da Vitória na Europa (*V-E Day*), logo após sua posse. Somente seis vezes durante o terceiro mandato de FDR, sua classificação foi mais alta para um pronunciamento noturno comparável; todas as seis ocorreram em período de dezessete meses, entre maio de 1941 e novembro de 1942.[27] Como atração, em 1946, a carne obteve pontuação próxima à da II Guerra Mundial.

Quando um Presidente vai ao ar, o número de ouvintes certamente é influenciado pelo que os norte-americanos têm em suas mentes. Também pode ser influenciado pela percepção acerca de sua relevância. Quando Truman vetou a Lei Taft-Hartley, em 1947, seu pronunciamento explicativo no rádio recebeu classificação de apenas 30,7%. Pode ser que a questão – "poder" sindical, "escravidão" laboral – importasse a menos pessoas do que a carne, no ano anterior. Ou, possivelmente, muitas pessoas talvez se importassem, mas não achassem que a explicação dele fizesse alguma diferença. O fim do controle de preços havia sido entendido como compromisso de melhor abastecimento e ele tinha autoridade para pôr fim ao controle. Mas o veto à Lei Taft-Hartley não oferecia nenhum alívio às greves, e o Congresso tinha os votos necessários para derrubar o seu veto. De qualquer modo, o contexto de seu pronunciamento e a relevância de suas preocupações, conforme entendido pelo público que possuía aparelhos de rádio, supostamente responde por grande parte dos ouvintes perdidos naquela ocasião – e pelos conquistados nas outras.

No início da década de 1959, a mudança dos ouvintes do rádio para a televisão coloca em dúvida o significado das classificações para ambas as mídias. Somente em 1956, os domicílios com televisão começaram a equiparar-se – em número e distribuição – a seus equivalentes providos de rádio na década anterior. Por ora, não é possível obter ordem internamente consistente entre as classificações de TV para Eisenhower com as fornecidas pelas classificações mais antigas, de rádio.[28] Mas não há nada nos dados ainda espalhados e hoje disponíveis para contradizer o exemplo de Truman que acabo de apresentar.[29]

Se a capacidade de um Presidente para conquistar audiência voz-a-ouvido é tão condicionada pelo que acontece, essas mesmas condicionantes certamente afetam a perspectiva de como ou até que ponto suas palavras irão chegar – pelos noticiários, formadores de opinião, vizinhos e outros que tais – àqueles que não viram ou ouviram (ou, pelo menos, não escutaram) por si mesmos. Sem um acontecimento na vida real para chamar sua atenção, as notícias presidenciais – assim como a própria voz do Presidente – provavelmente ficarão perdidas entre ruídos e distrações do dia-a-dia. Deixando as notícias locais de lado, a maioria dos noticiários impressos, televisivos ou radiofônicos está sintonizada com cobertura instantânea e rápida; as histórias da Casa Branca, juntamente com as notícias internacionais, são reunidas em manchetes factuais e sem ênfase sobre os eventos ocorridos em toda parte naquele dia. As revistas semanais de "notícias" tendem a misturar comentários com reportagens e resumos, numa mistura tão homogeneizada que tudo é ressaltado de forma igual e seu impacto é uniforme e digerido antecipadamente. E quanto às reportagens mensais de terceira ou quarta mão, o princípio parece ser o mesmo: os eventos dão a ênfase necessária para ganhar atenção.

Um Presidente não está no firme controle da maioria dos eventos, mas há outros que pode fabricar. Depende dos acontecimentos para ganhar a atenção popular; com habilidade e sorte, às vezes cria um acontecimento. Pode então 'montá-lo' e direcioná-lo a um público mais amplo. No final de 1954, seis semanas de construção gradativa na imprensa, alimentada por ações da Casa Branca e do Ministério, meticulosamente encenadas, atuaram como os arautos do programa legislativo de Eisenhower para 1954 – o primeiro, desde sua posse.[30] Por esses meios, aparentemente, a elaboração de um programa foi apresentada como ocasião importante e oportuna na vida nacional; seu pronunciamento ao país, pouco antes de sua apresentação, trouxe-lhe enorme audiência televisiva.[31] Certamente foi exemplo de acontecimento 'construído', e somente um entre vários construídos ao longo do primeiro mandato de

Eisenhower. Infelizmente, os Presidentes raramente podem contar com a cooperação da imprensa por longo período de tempo, como o que Eisenhower teve à disposição durante seus anos iniciais. Muitas vezes descobrirão que o que pretendiam ressaltar ficou à sombra de eventos externos. Se a primeira rodada de tensão em torno de Quemoy e Matsu tivesse surgido no outono de 1953, em vez de um ano mais tarde, há dúvidas se a Casa Branca poderia ter concentrado tanta atenção em seus preparativos para um programa legislativo. Não importa quão cooperativa seja a imprensa, um Presidente necessita de silêncio em termos de eventos concorrentes, se o que faz deve ser notado enquanto acontecimento.

Os eventos externos não são os únicos a competir com acontecimentos 'construídos'; um Presidente freqüentemente está competindo com ele mesmo. O mestre da arte da comunicação em massa, Franklin Roosevelt, certa vez escreveu a um antigo sócio:

> Eu sei que (...) você simpatiza com o ponto de vista de que a psicologia pública – e também a psicologia individual – não pode, em função da fraqueza humana, sintonizar por longos períodos de tempo na repetição constante da nota mais alta da escala musical (...) Enquanto neste país houver uma imprensa livre e sensacionalista, as pessoas cansam de ver sempre o mesmo nome, dia após dia, nas importantes manchetes dos jornais, e a mesma voz, noite após noite, no rádio (...) se eu tivesse tentado (em 1935) manter o ritmo de 1933 e 1934, a inevitável dramaticidade dos novos atores – Long, Coughlin e Johnson – teria desviado a atenção da platéia do próprio drama principal.[32]

Contudo, na maioria dos anos, desde a II Guerra Mundial, não houve um drama "principal", como a recuperação de Roosevelt. Em vez disso, houve meia dúzia de shows apresentados de uma só vez, todos acontecendo simulta-neamente, interminavelmente e repetitivamente, ato após ato, sendo atribuído aos Presidentes o papel principal em cada um deles, e tudo incessantemente traduzido em manchetes. Nas condições do meio do século, as perspectivas para acontecimentos produzidos, livres de concorrência, não são nada boas.

Os eventos determinam a atenção do público para um Presidente; também tornam suas ações mais importantes que suas palavras. Quando os eleitores se conscientizam da relevância dos eventos para eles, já estão aprendendo. Aí, o fato de ele contar-lhes não transmitirá nenhuma lição, independentemente das coisas que pareça fazer dentro do contexto dos eventos. Quando Truman falou da suspensão do controle sobre a carne, o ato transmitia significado que as palavras, a aparência, o tom da voz podiam apenas ressaltar, não ocultar. É claro que o próprio fato de contar é uma ação, e as palavras passando na mente das pessoas podem ter enorme influência educativa. "Não temos nada a temer, exceto o próprio medo", disse FDR, em 4 de março de 1933; o ensinamento que iniciou com aquelas oito palavras foi tão extraordinário quanto a oportunidade que teve, naquele dia, de diminuir todos os atores presentes no palco da nação. Ainda assim, o que disse naquela ocasião representava uma perspectiva, não um significado. Tornou-se lição aprendida quando o que fez depois disso e o que aconteceu na vida das pessoas parecia requerer a confiança que havia expressado. Não fosse pelos Cem Dias, e pelas frentes de trabalho, e certo grau de recuperação efetiva, a lição daquelas palavras teria sido amarga para o país e sua frase relembrada agora com deboche, não aplauso.

O que Roosevelt ensinou em 1933 foi determinado exclusivamente pelo futuro. Ele não tinha passado presidencial, e tampouco a nação dispunha de precedente para os tempos sombrios em que ele assumiu o cargo. Mas, para Presidentes em outras circunstâncias, discurso e ação podem tomar seu significado da vez anterior ou da próxima, e, portanto, o ensinamento fica duplamente ameaçado.

Permitam-me ilustrar o perigo dos Presidentes enquanto professores com um exemplo retirado do lado doméstico da Guerra da Coréia. No início da II Guerra Mundial, a escassez de artigos para a população civil apenas se iniciara, justamente quando o poder de compra aumentava; mas, enquanto isso, a inflação foi abafada por controles diretos. Quando surgiram os preços altos, depois da guerra, o antídoto proposto pela Casa Branca foi a autoridade para novamente impor controles. Em 1947 e 1948, Truman não perdeu nenhuma oportunidade de promover essa linha de ação perante um Congresso indisposto. Contudo, quando veio a Guerra da Coréia, e ele foi ao Congresso em busca dos recursos e impostos necessários para financiar o rearmamento, pediu por controle de guerra sobre a produção, não por controle de preços. Com essa omissão, Truman tentou ressaltar o que diferenciava o presente do passado. Os economistas lhe haviam dito que o rearmamento não precisaria afetar significativamente a produção civil. O porta-voz da Casa Branca o informou (equivocadamente) que sem a velha e decisiva questão do controle de preços suas outras medidas de controle seriam aprovadas pelo Congresso dentro de uma semana. E Truman também estava preocupado com que seus amigos ou inimigos no exterior entendessem que sua solicitação de controle de preços sugeria previsão de guerra geral. Assim, tentou – pelo que fez, e por declarações na medida em que o fazia – transmitir a lição de que *não* estava simplesmente brincando de política; que *não* era o início da III Guerra Mundial, que os combates *não* prometiam escassez no abastecimento e controles de preço[33].

O que veio a seguir? Ao longo dos meses de julho e agosto de 1950, os preços aumentaram subitamente, em resposta às compras movidas pelo pânico desencadeado pelas lembranças de 1942 e pela crença, amplamente difundida, de que o Governo não tinha remédio efetivo fora do controle de preços. Truman não havia pedido por ele, mas o Congresso lhe deu o poder de decisão (e o ônus) para impor tal controle. Somente com os grandes êxitos na guerra, em setembro, vieram sinais de que o público comprador podia acreditar no que Truman pretendia ensinar. O triunfo de MacArthur – o que não é de surpreender – foi bem melhor professor. Mas, quando os chineses intervieram – inicialmente em fins de outubro e depois com força esmagadora no final de novembro –, a população voltou à carga e às compras e os preços subiram de forma alarmante. O Governo foi pego de surpresa e prometeu congelamento geral de preços. Contudo, o congelamento não foi efetivamente ordenado até fim de janeiro de 1951. Depois, naquele ano e no próximo, quando Truman tentou conquistar a simpatia do público a favor de fortes controles, não conseguiu resposta significativa.

O ensinamento de um Presidente é afetado por seu próprio desempenho, tanto antes como depois. O que Truman tentou ensinar em julho de 1950 foi superado pelas lembranças do passado. O que aconteceu a seguir ensinou lição totalmente diferente daquela que pretendia transmitir. Suas próprias palavras e ações desempenharam papel em ambos resultados. Suas próprias ações contribuíram para a educação do público, de um modo indesejado. Seu passado e futuro não o diminuíram enquanto professor; fizeram-no ensinar o oposto do que pretendia. É esse o perigo do ensino presidencial.

O Presidente-como-professor tem tarefa dura e arriscada. Se pretende resguardar sua aprovação pública, precisa dar significado à experiência real que promova a tolerância para com ele. Mas os acontecimentos criam suas oportunidades de ensinar. Ele tem de avançar com os eventos para ganhar atenção. A maioria dos membros de seu público torna-se atenta somente na medida em que fica preocupada com o que pode acontecer em sua vida. Quando fica atenta, aprenderá com o que ele faz. E se suas próprias ações irão ensinar a lição que ele pretende, depende tão somente do que fez antes e do que acontece depois, conforme entendido por aquela maioria. Esses são os termos e as condições de trabalho para o Presidente que tenta ser professor em nossos tempos. Não se trata da tarefa de um acadêmico – nem da *Madison Avenue*.

Meio século antes, quando Theodor Roosevelt ainda estava no cargo, Woodrow Wilson escreveu que "cada vez mais" a Casa Branca seria ocupada por "pessoas (...) capazes de promover o esclarecimento".[34] Sua previsão quanto às pessoas pode ser debatida; a descrição das suas tarefas, não. Pelo menos, se seus sucessores estiverem preocupados com seu próprio poder e pretenderem proteger todas as suas fontes, essa fórmula descreve o que precisam fazer. O inimigo de seu prestígio é a irrealidade: as esperanças infundadas, os acontecimentos inesperados, os resultados inaceitáveis que a população sente em sua vida diária e, de alguma forma, associa Àquele Homem na Casa Branca. Para tal inimigo, não pode haver defesa, exceto um melhor entendimento por parte do público. E pelos motivos que apontei, tal esclarecimento[35], que os Presidentes podem fazer luzir, consiste na transmissão de significados sobre o que fazem. "A ação que gera efeito considerável sobre o esclarecimento" não é nada além de ensino efetivo. Somente quando ensinarem de forma efetiva, serão capazes de repelir as ameaças ao seu prestígio. Tenho me perguntado como as pessoas que ocupam o cargo podem proteger essa *commodity* tão valiosa de danos significativos e duradouros. A resposta está na fórmula de Wilson.

A fórmula é bastante razoável; e deveria ser inscrita sobre a porta da Casa Branca. Contudo, se os significados dados aos eventos presentes fizerem surgir esperanças que o amanhã não poderá cumprir, ou que ontem desmente, não haverá esclarecimento. E os Presidentes – assim como as outras pessoas – não conseguem avaliar o futuro com precisão; e, menos ainda que a maioria da pessoas, podem expurgar o passado. Esclarecer a ação é sua única possibilidade segura de escapar de uma reação adversa, gerada pela incapacidade do público de entender ou aceitar o que vem a seguir. Nas circunstâncias do meio do século, contudo, poucas coisas conseguem ser mais difíceis de realizar. As dificuldades de Truman em relação ao controle de preços foram apenas um aspecto da sua dificuldade maior de dar significado positivo, do seu ponto de vista, à Guerra da Coréia. Essa foi a tarefa mais difícil já enfrentada por um Presidente e uma tarefa à qual retornaremos no próximo capítulo. Nove anos antes, o urgente problema educativo de Roosevelt foi solucionado para sua total satisfação pelo ataque japonês a Pearl Harbor. O seu próprio sentimento de alívio, naquele sábado à tarde, dá testemunho tanto das dimensões do problema, quanto dos limites do que ele próprio podia fazer.[36] Em 1941 e 1950, não havia consenso quanto à crise neste país. Tampouco tem havido desde 1945. Sem consenso, tudo conspira para complicar a ação, para obscurecer o esclarecimento. Assim, Wilson o descobriu naquele ano de prenúncio do meio de século, 1919.

Apesar da perspectiva de esclarecimento nebulosa, os meios estão claros. Nossa pergunta tem sido como um Presidente, ele próprio, protege o espaço de manobra possível dentro do Governo, resguardando suas próprias possibilidades de aprovação fora de Washington? A resposta nos traz opções, mais uma vez. O prestígio dele se vale do que seu público pensa que quer e pensa obter. Afeta os pensamentos em relação ao que ele faz. As escolhas dele em relação ao que fará, quando e como – suas escolhas, também, sobre a quem irá contar e de que maneira e com que palavras – são os meios de proteger sua fonte de influência, exatamente como são o meio para proteger aquelas outras fontes de poder: poderes formais ou status ou reputação profissional. Da mesma maneira que os outros, um Presidente tem a liberdade de tornar o prestígio seu único critério de escolha. Assim como no caso da comunidade de Washington, a única determinante do sentimento público é o que ele faz. Mas se suas escolhas de fato são utilizáveis e se se comprovam úteis ou não, continua sendo fato que, para o ser humano que ocupa a Casa Branca, as escolhas são os únicos meios de que dispõe para proteger suas fontes de poder e prestígio reais – da mesma maneira que os demais.

Então, para além do alcance de suas ordens auto-executáveis, as possibilidades de o próprio Presidente exercer influência efetiva são regulamentadas (até onde ele as controla) por escolhas de objetivos, e de *timing*, e de instrumentos e por escolha das escolhas a evitar. Assim chegamos à pergunta: o que o ajuda a proteger o seu poder em seus próprios atos de escolha? Considerando que suas escolhas são o seu meio de proteger o poder, considerando que são meios imperfeitos, como pode obter o máximo delas? Ao longo de dois capítulos mantivemos essa pergunta em suspense. Agora podemos abordá-la.

Notas

[1] Ver Pendleton Herring, *Presidential Leadership*, New York: Rinehart, 1940, especialmente pp. 52-72.

[2] Para informações detalhadas a respeito, ver o estudo de Paul Hammond, "Super-Carriers and B-36 Bombers: Appropriations, Strategy and Politics", a ser publicado no livro com estudos de caso sobre relações civis-militares, elaborado para o Twentieth Century Fund, sob a direção editorial de Harold Stein.

[3] A posição do Exército naquela ocasião foi determinada pelo general Ridgway, seu comandante na ocasião. Para maiores detalhes, ver seu livro *Soldier: The Memoirs of Matthew B. Ridgway*, New York: Harper, 1956, pp. 286 ss., e o estudo de caso de Glenn Snyder sobre as origens

do "New Look" no livro a ser publicado com estudos de caso sobre relações civis-militares preparado pelo Columbia University Institute of War and Peace Studies, sob a direção editorial de W. T. R. Fox.

[4] No início de janeiro de 1958, o tenente-general James Gavin, então chefe de pesquisas sobre mísseis do Exército, solicitou aposentadoria, a partir de 31 de março de 1958, supostamente para defender a posição do Exército a partir de fora, procedimento desprezado pela liderança da Marinha quando Truman ocupava a Casa Branca.

[5] Um pouco antes de sua morte, em 1956, Anthony Liviero, do New York Times, um dos mais competentes repórteres a cobrir o Pentágono, disse-me que, do seu ponto de vista, nenhum comandante teria resistido à pressão vinda dos escalões inferiores a favor da "revolta" pública contra o "New Look", em 1954, caso alguém com menor reputação militar tivesse sido Presidente. Contudo, faz-se necessário acrescentar que o general Ridgway poderia ter tentado aplacar uma revolta, de toda maneira. Pois Ridgway era essa relativa raridade entre os comandantes mais recentes, um "profissional" no sentido do tipo ideal, de Samuel Huntington.

[6] N.A.: O confisco, nesse sentido, foi usado exaustivamente por Nixon, em 1973, tendo sido severamente restrito pela legislação um ano mais tarde.

[7] N.A.: Nos Estados Unidos, são realizadas eleições a cada dois anos. Em novembro de cada ano par, são realizadas eleições para todos os deputados (*members of the House of Representatives*) e para um terço dos senadores. Contudo, as eleições presidenciais ocorrem apenas a cada quatro anos. As eleições para o Congresso que não coincidem com as disputas presidenciais são denominadas eleições intermediárias (*mid-term elections*), pois ocorrem no meio do mandato presidencial.

[8] N.T.: Madison Avenue é uma importante avenida comercial de Manhattan, Nova York.

[9] Louis Harris, "How Voters Feel About Ike's Health", *Collier's*, 20 de julho de 1956, vol. 138, p. 17 ss.

[10] Conforme relatado no *New York Times*, em 14 de abril de 1945.

[11] Para maiores comentários, o que me parece adequado, ver Elmo Roper, *You and Your Leaders*, New York, Morrow, 1957, PP. 139-144.

[12] Estes e todos os dados posteriores de "aprovação" e "desaprovação" foram tomados dos registros das Pesquisas de Opinião Gallup (*Gallup Poll*), por cortesia do Dr. George Gallup, diretor do American Institute of Public Opinion, Princeton, N.J. É necessário tomar muito cuidado ao utilizar tais dados. Fiz comentários sobre suas principais limitações no texto. Mas há poucas informações adicionais disponíveis que busquem medir o que denomino "prestígio". E os dados do Gallup têm uma grande vantagem: foram compilados pela mesma fonte, praticamente da mesma maneira, por mais de 20 anos. Para os fins atuais, têm uma segunda vantagem: são amplamente lidos em Washington. Apesar das limitações, são considerados como uma aproximação da realidade.

[13] Relevante ou não, o menor índice de aprovação de Truman anterior havia sido 32%, registrado nos meses de outubro e novembro de 1946, logo após a escassez de carne e as eleições intermediárias. O menor valor seguinte foi 36%, registrado em abril de 1948, mês da ação final em relação ao Plano Marshall, dois meses após seu pronunciamento a respeito dos direitos civis perante o Congresso e o ataque – não relacionado a isso – por parte de Henry Wallace, do Partido Democrata. Entre esses dois pontos baixos de 1946 e 1948, os números

do Gallup sugerem que o "empréstimo" de prestígio feito por Truman em 1947 (conforme descrito no capítulo 3) promoveu o seu próprio de forma marcante. As perguntas relativas à "aprovação" do Gallup para os meses de fevereiro, março, junho, julho e outubro de 1947 registraram resposta favorável nas seguintes proporções: 48%, 60%, 57%, 54% e 55%. A alta de março coincidiu com o anúncio da doutrina Truman, logo após demonstração de firmeza presidencial numa greve de mineradores de carvão. Como indicadores de mudança para cima relativamente duradoura, esses números ilustram o contrário dos exemplos citados em meu texto. Truman, é claro, parecia bem menos partidário e bem menos candidato em 1947 do que em 1948. A aprovação tropeçou no início desse último ano. Subiu novamente para 69%, após sua eleição-surpresa, em janeiro de 1949. Em todos esses casos, os indicados são os meses em que as pesquisas foram realizadas.

[14] Relevante ou não, o menor índice do primeiro mandato de Eisenhower foi de 57%, registrado em novembro de 1954. Coincidiu com as eleições intermediárias e com um estágio crítico da primeira crise Quemoy-Matsu. Durante seus cinco primeiros anos, esse é o único registro de aprovação abaixo de 60%. De fato, dois meses mais tarde, em janeiro de 1955, o número era 69%. Seu ponto baixo em 1958 foi de 49%, em abril, coincidindo com o que acabou sendo o fundo do poço da recessão de 1958. Esse ponto alto de 58% em 1958, em agosto, seguiu-se logo após a aterrissagem sem resistência das tropas no Líbano e do alívio nas tensões no Oriente Médio. Essas conjunções se referem às datas em que as pesquisas eram realizadas, não necessariamente às datas de divulgação dos resultados.

[15] Ao longo de todo o ano de 1959, até o momento em que escrevo, o histórico de aprovação de Eisenhower nessas pesquisas foi de 58% em fevereiro, 59% em março, 60% em abril, 61% em maio e 62% em junho.

[16] Para que nenhum leitor seja ludibriado, permitam-me registrar que não teria formulado essas perguntas dessa maneira se pensasse que o segundo mandato, como tal, fosse fator determinante para dar forma às dimensões dessas perdas de prestígio específicas. Não penso isso. Caso os eventos de 1957-1958 ou os de 1950-1951 tivessem ocorrido quatro anos antes, desconheço qualquer motivo para supor que os resultados, em termos de prestígio, teriam sido muito diferentes. Os dados do Gallup sugerem, contudo, que *uma certa* tendência descendente em termos de "aprovação" e *uma certa* redução nas variações ascendentes podem ser características de segundos mandatos. Deixando outros fatores de lado, o "tédio" pode ter desempenhado papel relevante no caso de Truman e de Eisenhower. É claro: não há como proteger-se do tédio, exceto – como foi o caso de FDR – se nos envolvermos em um novo jogo, como a sua "Presidência de Guerra".

[17] É curioso – mesmo não sendo prova de nada – que a "aprovação" de Eisenhower nas pesquisas de opinião estivessem em baixa em abril de 1958, justamente quando os formadores de opinião emitiam suas críticas mais contundentes sobre sua "inatividade" ou "indecisão" em relação a medidas anti-recessão, e atingiram seu ponto máximo, naquele ano, em agosto, após ele intervir dramaticamente no Líbano, um ato "ativo" e "decisivo", pelo qual ninguém – considerando como estavam as coisas – estava sendo ferido.

[18] Esses são novamente dados do Gallup. A "aprovação" de Eisenhower, conforme medida pela Pesquisa Gallup, chegou a um pico de 79% no primeiro mandato, em agosto de 1955, em comparação com duas altas secundárias de 75% em setembro de 1953 e dezembro de 1955. Excluindo esses três picos, a aprovação nessas pesquisas durante seus três primeiros anos totalizaram, em média, cerca de 67%. Como já foi observado anteriormente, sua maior baixa, até o momento em que escrevo, foi de 49%, em abril de 1958. Durante os doze meses de 1957, sua média havia sido de, aproximadamente, 65%. As médias, é claro, não terão o

Poder presidencial e os Presidentes modernos

menor significado em se tratando de números desse tipo. Comento-os aqui somente para dar um quadro de referência geral para os resultados para cima e para baixo.

[19] Ver capítulo 3, nota 11. Em termos gerais, ver também capítulo 12, nota 2.

[20] Relevante ou não, a pesquisa Gallup, realizada em maio de 1951, demonstrou que a aprovação de Truman estava apenas um ponto percentual acima de sua maior baixa, de 23%. Essa baixa foi alcançada apenas seis meses mais tarde, em meio a acusações de corrupção e a uma estagnação nas negociações do armistício na Coréia.

[21] Desde o verão de 1945 até o fim do outono de 1946, a aprovação de Truman, conforme medida pela pesquisa Gallup, caiu contínua e precipitadamente de 87% para 32%. No início de seu terceiro ano, subiu para 60% e, após estabilização temporária, em torno de 50%, caiu para 36% no início de 1948; subiu acentuadamente, mais uma vez, no fim daquele ano. No caso de Eisenhower, os números comparáveis mostram leve tendência descendente, interrompida por diversas variações ascendentes a partir de alta inicial de 75% para baixa de 57% no final do outono de 1954. Tendência ascendente surge logo a seguir, com aprovação de 69% em janeiro de 1955, chegando a 79% em agosto, em meio ao "espírito de Genebra". Depois disso, houve estabilização temporária em torno dos 70, seguida de pequena baixa até 67% em 1956, com nova ascensão acentuada ao fim do ano, chegando a 79% em janeiro de 1957.

[22] N.A.: Charles Douglas Jackson atuou como Assessor Especial do Presidente Eisenhower entre fevereiro de 1953 e março de 1954.

[23] Na maioria dos anos de Roosevelt e na maioria dos anos de Truman, o serviço de classificação de C.E. Hooper reinou supremo no rádio. A classificação de Hooper era determinada pela proporção da audiência "real" em relação à "potencial" entre rádio-ouvintes domésticos, com base numa amostragem de "rádio-domicílios" com telefones em 36 cidades. Um fator multiplicador de aproximadamente 1.3 era usado para converter aparelhos em ouvintes. Nem todo pronunciamento presidencial recebia classificação Hooper naquela época, mas praticamente todos os principais pronunciamentos foram classificados, até abril de 1948. O fim dessas classificações pode-se dever – suponho – à falta de interesse de alguém nas redes ou na Casa Branca. De 1935 a 1939 a maioria dos pronunciamentos também foi classificada por outro serviço, a *Cooperative Association of Broadcasters* – CAB, mantida conjuntamente pelas redes.

A televisão começou a ser uma mídia presidencial no segundo mandato de Truman. Na medida em que seu uso se espalhou, foram desenvolvidos três serviços comerciais diferentes de classificação, cada um dos quais funcionava de forma diferente e não comparável (e cada um deles, é claro, excluía o rádio). As classificações Trendex baseiam-se numa amostragem de "domicílios com TV" com telefones em 15 das principais áreas urbanas em todo país. Os resultados são compilados para todos os horários, mas a cobertura está limitada a uma semana em cada quatro. As classificações Nielsen e RB são obtidas a partir de amostra nacional de todos os "domicílios com TV" (os dados são obtidos de maneira diferente), mas os resultados são compilados regularmente e, no caso da Nielsen, somente para programas comerciais.

As técnicas de coleta de dados desses três serviços para televisão tornam seus resultados – quando disponíveis – inviáveis de serem comparados entre as diversas linhas de serviço ou com as classificações mais antigas, de Hooper. Ademais, em anos mais recentes, tornou-se costume que *todas* as redes liberassem sua grade de programação para fazer cobertura ao vivo dos principais pronunciamentos presidenciais; essa prática não mais vigora em nenhuma das mídias. Conseqüentemente, somente as classificações de rádio, mais antigas, fornecem medida internamente consistente sobre as audiências presidenciais para pronunciamentos comparáveis, quando os ouvintes da rede não tinham outra opção, senão ouvir ou desligar seus aparelhos. Visto que meu uso de tais dados destina-se apenas à comparação relativa, utilizei somente as classificações Hooper.

[24] Esta e outras classificações para rádio e televisão citadas neste capítulo foram fornecidas por cortesia de Jay Eliasberg e Rose Marie O'Reilly, da Columbia Broadcasting System. Sou especialmente grato pelas compilações da CBS das classificações Hooper e CAB sobre pronunciamentos presidenciais.

[25] As datas, dias, horários, assuntos e classificações destes oito pronunciamentos, realizados em horário noturno, são os seguintes:

Data	Dia	Horário	Assunto	Classificação
30/10/45	3ª. feira	22:00	Salários e política de preços	43,8
03/01/46	5ª. feira	22:00	Programa para o ano que se inicia	49,4
24/05/46	6ª. feira	23:00	Greve de ferroviários	34,4
29/06/46	Sábado	22:00	Veto da lei de controle de preços	31,8
14/10/46	2ª. feira	22:00	Suspensão do controle sobre a carne	57,6
20/06/47	6ª. feira	22:00	Veto à Lei Taft-Hartley	30,7
24/10/47	6ª. feira	22:00	Sessão especial do Congresso	34,4
17/03/48	4ª. feira	22:30	Política externa e defesa	31,0

[26] Para breve indicação dos passos que levaram à suspensão do controle sobre a carne, ver Harry S. Truman, *Memoirs*, vol. 1, *Year of Decisions* (Garden City, N.Y.: Doubleday, Time Inc., 1955), pp. 488-91. Para uma rápida revisão do contexto econômico e político, ver Eric Goldman, *The Crucial Decade*, New York, Knopf, 1956, capítulo 3.

[27] As datas, dias, horários, assuntos e classificações destes seis pronunciamentos de Roosevelt são os seguintes:

Data	Dia	Horário	Assunto	Classificação
27/05/41	3ª. feira	22:30	Emergência ilimitada	69,8
11/09/41	5ª. feira	22:00	Política naval "atire primeiro"	67,0
09/12/41	5ª. feira	22:00	Relatório sobre Pearl Harbor	79,0
23/02/42	2ª. feira	22:00	Relatório sobre a guerra	78,1
28/02/42	3ª. feira	22:00	Política econômica	61,8
12/10/42	2ª. feira	22:00	Relatório sobre a guerra	58,9

[28] Infelizmente, nenhum dos serviços para TV compilou classificações sobre todas as "conversas ao pé da lareira", de Eisenhower, em 1957 e 1958, os dois anos verificados para os fins deste estudo. Ou melhor, se algum dos serviços os classificou de todo, minhas indagações não permitiram sua localização (talvez a Casa Branca saiba mais do que fui capaz de encontrar). Ademais, em seu segundo mandato, Eisenhower não mais ocupava todas as redes de TV em seus pronunciamentos noturnos; em algumas ocasiões, foi transmitido "ao vivo" por duas delas; na maioria dos casos, por uma. Esse é um tributo – creio eu – à economia televisiva e ao medo da Casa Branca de que os telespectadores ficassem irados,

Poder presidencial e os Presidentes modernos

caso não tivessem escolha. Conseqüentemente, até o momento, não consegui reunir as classificações de Eisenhower em uma série razoavelmente completa e consistente, similares àquelas rapidamente obtidas referentes às classificações de rádio de Roosevelt e de Truman, na década de 1940.

[29] N.A.: Cumulativamente, a TV alterou um pouco várias das relações descritas aqui. Ver capítulos 11 e 12.

[30] Para maiores detalhes sobre a promoção que precedeu à apresentação do programa legislativo para 1954, ver meu texto "Presidency and Legislation: Planning the President's Program", *American Political Science Review*, vol. 49, no. 4 (dezembro de 1955), especialmente pp. 980-96.

[31] A referência à "Conversa ao pé da lareira" de Eisenhower de 4 de janeiro de 1954, ocasião em que discutiu seu programa legislativo em termos gerais às vésperas de seu discurso anual ao Congresso (*State of the Union address*). Sua classificação Trendex naquela ocasião foi de 73,1%, em comparação com classificações de 50,7% para sua "Conversa ao pé da lareira" de 3 de junho de 1953 e 52,5% para a de 5 de abril de 1954. Todos esses três pronunciamentos foram transmitidos ao vivo pelas redes de televisão.

[32] Franklin D. Roosevelt para Ray Stannard Baker, 20 de março de 1935. Essa carta está incluída na coleção da Roosevelt Library, em Hyde Park, Nova York.

[33] A atribuição dessas intenções a Truman, assim como os comentários a respeito dos conselhos por ele recebidos, foi retirada de notas tomadas à época. Mas podem ser inferidos de suas próprias palavras. Ver, em especial, sua mensagem ao Congresso, de 19 de julho de 1950, esboçando suas propostas legislativas pós-Coréia; suas cartas subseqüentes, de 1 e 18 de agosto de 1950, relativas ao acréscimo de controles de preço; e sua Conferência de Imprensa de 29 de junho de 1950, na qual, entre outras coisas, aceitou a caracterização de um repórter de que a Coréia seria uma "ação policial". Ver também a Conferência de Imprensa de 27 de julho de 1950, na qual diferencia a situação de então de uma "mobilização geral".

[34] Woodrow Wilson, *Constitutional Government in the United States* (New York: Columbia University Press, 1908), p. 81.

[35] N.T.: O termo '*enlightenment*', utilizado no original em inglês, significa 'elucidação', mas também é o termo inglês para Iluminismo, o movimento filosófico do século 18, marcado pela razão, pela ciência e pela racionalidade.

[36] Um comentário revelador pode ser consultado em Robert Sheerwood, *Roosevelt and Hopkins*, New York: Harper, 1948, pp. 428-38.

Capítulo 6
Duas Questões de Escolha

Em janeiro de 1957, o secretário do Tesouro, George M. Humphrey, alertou a respeito de uma "depressão que irá deixá-los de cabelos em pé", convocando cortes no orçamento de Eisenhower no mesmo dia em que o documento foi encaminhado ao Congresso. As repercussões dessa explosão estão descritas no capítulo 4. O resultado final, como vimos, foi um grave dano à reputação e aos relacionamentos de Eisenhower em Washington. Mas suas observações passionais não foram o único motivo do dano; o dano causado pelo status de Humphrey foi maior do que o de sua falta de diplomacia. Seu alerta e sua expectativa foram declarados à imprensa logo após ter lido pronunciamento formal sobre o orçamento. Na ocasião, parecia estar atuando como porta-voz do Presidente. Como Eisenhower disse à sua própria conferência de imprensa, uma semana mais tarde:

> Agora, em primeiro lugar, vocês lembrarão que havia um memorando que era a base para a discussão [de Humphrey], um memorando escrito, e aquele memorando escrito eu não apenas revisei cada palavra, como o editei e nele expressei minhas convicções muito cuidadosamente.[1]

O Presidente não apenas tinha aprovado a declaração do Tesouro, como tinha autorizado sua apresentação à imprensa no Dia do Orçamento. Aquela declaração, naquele dia, teria prejudicado Eisenhower mesmo sem os comentários duros, tirados da manga, que se seguiram. Pois a declaração já indicava o que os comentários dramatizaram: que o porta-voz do Presidente tinha dúvidas em relação ao orçamento. Eisenhower decidiu colocar seu secretário do Tesouro perante a imprensa com tal declaração, nesse dia; ao fazê-lo, comprometeu a sua influência. A pergunta que se apresenta é como qualquer Presidente protege sua influência quando faz escolhas. A falha de Eisenhower em proteger a si mesmo no caso de Humphrey joga luz sobre essa questão. Um estudo desse exemplo inicia nosso caminho em direção a uma resposta.

Para compreender por que Eisenhower fez a escolha que fez, é útil começar observando como o fez. No início de janeiro de 1957, o Presidente envolveu-se numa última e longa discussão a respeito do orçamento com o seu gabinete. Tratava-se de ato pós-morte, visto que os valores em dólares já haviam sido estabelecidos e o documento já havia sido enviado para a imprensa. Nessa ocasião, a pequena sala do gabinete ao lado do Jardim das Rosas estava lotada, como quase sempre ocorria durante a era Eisenhower (suas reuniões de gabinete normalmente incluíam mais funcionários da Casa Branca e do alto escalão das agências, do que ministros. De todo modo, a multidão estava um tanto quanto abatida. Seja lá o que for que cada um estivesse pensando a respeito de itens específicos, ninguém que tivesse falado, incluindo o Presidente, demonstrou qualquer alegria em relação aos números do orçamento. Quando Humphrey leu sua declaração, expressando preocupação acerca das implicações sobre os impostos causadas pelas tendências de gastos dos programas orçados, ninguém se opôs. Quando sugeriu emitir tal declaração à imprensa, ninguém discordou; em vez disso, a discussão passou a ser qual a melhor maneira de fazê-lo. Inicialmente, o secretário havia proposto escrever uma carta pública ao Presidente. Eisenhower, entre outros, achou preferível uma conferência de imprensa e aprovou tal procedimento imediatamente, concordando em revisar o texto final.[2] O diretor de Orçamento, Brundage, teria comentado que Humphrey deveria ser cauteloso para que a imprensa não o colocasse contra o Presidente. Relata-se que Humphrey foi contundente em sua afirmação de que não permitiria que nada desse tipo acontecesse. Outras cabeças assentiram, entre elas a do Presidente; a discussão encerrou-se de forma amigável.

Considerando o que de fato aconteceu quando o secretário se reuniu com a imprensa, pode parecer estranho que ninguém tenha dado maior atenção ao comentário de Brundage. O ponto de vista do Tesouro a respeito do orçamento não era segredo na sala do gabinete. Quando Humphrey disse à imprensa que "há muitos lugares neste orçamento que podem ser cortados", não disse nada a mais em público do que já havia dito em particular por diversas vezes. Conta-se que Humphrey havia combatido um orçamento do tamanho apresentado pelo Presidente, em alto e bom som. Durante os dois meses anteriores, sua oposição havia sido *amarga, mordaz, veemente e intensa* (os termos nos quais foi descrita a mim por vários participantes). Esse homem estava se preparando para explodir, e Eisenhower sabia disso quando o escolheu como porta-voz. Mas Eisenhower também sabia – ou pensava – que Humphrey iria se conter. Como me disse um assessor da Casa Branca:

Charlie Wilson teria sido outra história, mas George [Humphrey] tinha excelente histórico em conduzir-se com discrição, mantendo-se dentro dos limites. Ele sempre havia sido brilhantemente eficiente no Capitólio.

Ele nunca havia se metido em problemas ao testemunhar lá ou falar com a imprensa... e, como nunca havia feito isso antes, ninguém achou que o faria agora.

Esse pode não ser o único motivo para a aparente despreocupação em torno da mesa do gabinete. Muitas inibições atuam sobre reuniões lotadas de pares (e superpares) e 'guardas palacianos'. Brundage, de um lado, estava em péssima posição para ressaltar seu ponto de vista numa reunião aberta, não importa o que pudesse ter pensado de Humphrey. Mas, independentemente do raciocínio dos demais, o próprio Presidente parece ter estado satisfeito com a reputação de Humphrey quanto à sua discrição.

Mesmo que Eisenhower não estivesse preocupado com que a raiva pessoal de seu secretário viesse a expressar-se como alerta ao público, sua segurança nesse sentido ainda não explica por que teria auxiliado *qualquer* pessoa a falar em seu nome no Dia do Orçamento, valendo-se de termos que questionavam o seu orçamento. O "memorando" de Humphrey não continha palavrões, mas representava um alerta de que nosso progresso econômico demandava redução de impostos, que dependia de novos padrões de contenção nos gastos federais. Como relatou o *New York Times*:

Em uma declaração previamente elaborada, o Sr. Humphrey estabeleceu as seguintes condições para um futuro corte nos impostos:

Restrições por parte do Congresso quanto à apropriação de recursos que vão além das solicitações orçamentárias; esforços para economizar por parte de cada departamento e agência federal; planejamento de reduções adicionais no número de empregos e gastos governamentais...

Ele enfatizou sua esperança de que os gastos no próximo ano fiscal sejam menores – por meio de esforços para economizar por parte do Governo – do que o total estimado de US$ 71,8 bilhões. Em cada um dos dois últimos anos, contudo, os gastos ultrapassaram as estimativas originais.[3]

Comparemos com a ênfase da mensagem de Eisenhower sobre o orçamento:

O Orçamento também precisa refletir as responsabilidades gerais de um Governo que estará atendendo a 172 milhões de pessoas... Face às contínuas ameaças à paz mundial, nossa segurança coletiva precisa ser fortalecida... O avanço em direção a uma maior igualdade de oportunidades para todos, assim como em direção a um desenvolvimento equilibrado e à conservação de nossos recursos naturais precisa prosseguir...

É minha firme convicção de que os impostos ainda estão muito altos... Contudo, a redução de impostos precisa ceder, nas atuais circunstâncias, ao custo do cumprimento de nossas urgentes responsabilidades nacionais.[4]

Se as reduções nos impostos precisam "ceder", por que fazer Humphrey pedir desculpas? Se "urgentes responsabilidades nacionais" estão em jogo agora, por que fazê-lo enfatizar o quanto elas doem? Se Eisenhower estava se preparando para acentuar o positivo, por que enviar Humphrey para fazer o oposto? Em outras palavras, se Humphrey, em nome do Presidente, pediu que se "planeje em busca de maiores reduções", por que fazer as estimativas orçamentárias incluírem novos programas, novos compromissos, que certamente incharão os gastos nos próximos anos?

A mensagem de Eisenhower teve tom diferente do texto de Humphrey; uma olhada nos itens do orçamento tornam a diferença ainda maior. O Presidente estava pedindo mais recursos para o Pentágono e para energia atômica, moradia, saúde pública e obras públicas. Projetava aumento na ajuda internacional. Seu atual esquema de apoio às escolas envolvia categoria totalmente nova de despesas, e estava promovendo meia dúzia de outros novos compromissos na esfera da assistência social doméstica. Em relação aos programas de informação internacionais, onde Cohn e Schine reinavam anteriormente, propunha ceder valores maiores e Arthur Larsen. Contudo, após ter erguido esse monumento ao "Republicanismo Moderno", Eisenhower optou por fazer Humphrey presidir sobre o seu descerramento. A conferência de imprensa do Tesouro realizou-se exatamente na mesma hora em que a mensagem com o orçamento formalmente chegava ao Congresso, a tempo de dividir a maioria das manchetes com o próprio orçamento. E o texto de Humphrey não apenas estava disponível, como seu *timing* parece ter sido compreendido quando Eisenhower lhe disse que seguisse adiante. Por que, então, dizer-lhe para fazer isso? Acima de tudo, por que permitir que ambas as declarações fossem realizadas na mesma hora e no mesmo dia?

Não importa quão discreto o secretário pudesse ter sido, esse curioso procedimento colocou em risco o poder do Presidente. Qual foi o risco de Eisenhower na declaração de Humphrey? Permitam-me uma digressão para responder 'o que' antes de dirigir-me ao 'por que' correu o risco. A apresentação do orçamento está entre os principais serviços que o Presidente-funcionário presta aos congressistas, burocratas e lobistas. Sem orçamento, dificilmente executariam seu trabalho. As estimativas financeiras (do orçamento) e seu programa legislativo são o que mais se aproxima de um roteiro para os esforços em relação ao escopo e ao formato do Governo. Ao estabelecer a posição de participante-chefe, o orçamento dá aos demais um ponto de referência para avaliar seus próprios interesses, riscos e táticas. Como dispositivo para organizar o esforço e para dar aos contendores algo a que responder ou reagir contra, esse roteiro talvez seja o maior 'economizador' de trabalho conhecido em Washington. Os que o usam dependem do Presidente que o elabora, pois lhes poupa trabalho. E como o endosso ajuda ou fere suas causas, dependem da escolha dele quanto ao que pedir. Como podem ganhar proteção ou publicidade por ajudá-lo (ou opondo-se a ele), dependem desse pedido. Como sempre, a dependência representa certa alavancagem para ele. Seu cargo pode ser oneroso, mas serviços como esse geram vantagens para ele, que poderão ser usadas no futuro para fins de barganha. Contudo, a vantagem neste caso baseia-se numa premissa de trabalho: que o orçamento presidencial seja do Presidente; que o que ele diz que quer, seja apoiado, dentro do possível, por seus "poderes" e por sua influência, contanto que seja solicitado. A não ser que essa premissa funcione na prática, ninguém irá beneficiar-se, não haverá economia de trabalho, a dependência desaparecerá, a alavancagem perder-se-á. E a declaração de Humphrey, conforme aprovada e agendada, estava destinada a questionar essa premissa.

Colocá-la em dúvida seria arriscado para qualquer Presidente em qualquer ano, mas jamais tanto quanto em 1957. Pois Eisenhower estava no início de um mandato de quatro anos, com um Congresso oposicionista desde o início, pela primeira vez desde 1849. Ele tinha certeza de que não se candidataria novamente, graças à Emenda Vinte e Dois. Seu partido, visivelmente, não estava em condições de achar substituto à altura de sua popularidade. O resultado da eleição de 1956 garantiu que os políticos de ambos os partidos, os grupos de interesses de todos os tipos, os membros da imprensa estivessem especialmente alertas, em busca de sinais de Eisenhower em resposta à sua própria fragilidade e aos apuros de seu partido. Aqui estava um novo e importante desafio à sua influência, desafio altamente divulgado em Washington. Como pretendia respondê-lo? Naturalmente, seu orçamento pós-eleitoral seria esmiuçado em busca de dicas. Os riscos da declaração de Humphrey aumentavam na mesma proporção. Aquela declaração pregava aquilo que o orçamento de Eisenhower não praticava. O endosso a tal declaração fazia Eisenhower parecer alguém que havia apontado a artilharia contra si mesmo. Os washingtonianos inevitavelmente se perguntariam por quê. Ele poderia ter sido considerado vítima desavisada: da ingenuidade, da ignorância ou da sabotagem, ou da execução desajeitada de alguma malandragem. Ele talvez até mesmo tenha sido considerado o que era de fato: um homem em dúvida quanto à sua própria direção. A escolha de Eisenhower estava destinada a colocar tais pensamentos na mente do alto escalão das agências, recém-saídos de acordos "firmes" com o Departamento de Orçamento, e de congressistas que aguardavam propostas "firmes" às quais reagir, e de comentaristas que buscavam presságios para o segundo mandato. Que sua reputação e seu potencial de negociação em Washington ficariam comprometidos era quase certo, desde o momento em que disse a Humphrey que seguisse em frente.

Naturalmente, a perspectiva era de que o dano fosse menor, mais facilmente reparado do que de fato o foi quando Humphrey não conseguiu se conter. Mas a probabilidade de que Eisenhower escapasse ileso era praticamente nula, caso a conferência de imprensa recebesse a publicidade que lhe cabia por ter ocorrido com a sanção da Casa Branca e por seu *timing*. Caso tivesse passado despercebida, teria poupado o Presidente de embaraços maiores, mas as manchetes foram incentivadas pelo curso que ele próprio escolheu. Quanta atenção e quantos problemas estavam por vir, Humphrey e a imprensa decidiriam. Eisenhower deixou por conta deles. Entre os riscos que correu, o maior foi sua delegação daquela decisão. Humphrey tinha carta branca para ampliar o resto.

Considerando os riscos, por que fazer essa opção? Por que colocar o secretário do Tesouro perante a imprensa com um texto assim, no Dia do Orçamento? Essa é a pergunta a que gostaria de retornar. Abstratamente falando, podemos supor que a resposta estava em julgar esses riscos como menores, em relação a outros, em um cálculo consciente de todos os aspectos envolvidos no caso. De fato, a resposta parece ser que o poder, nesses termos pessoais, nem foi avaliado; pelo menos, não por Eisenhower, enquanto fazia sua escolha. Certamente tinha muitas coisas em mente – entre as quais, fatores de poder de algum tipo – mas a salvaguarda da sua posição pessoal parece não ter sido uma delas. Conta-se que estava preocupado com coisas bem diferentes. A chave para o entendimento do seu comportamento está no abatimento que reinava na sala do gabinete. Quando ouviu a leitura da declaração de Humphrey, o Presidente encontrava-se mergulhado profundamente em outros pensamentos a respeito de seu orçamento. A maioria dos comentários que lhe chegaram só aumentava suas dúvidas. Aceitou aquela declaração basicamente porque estava em dúvida. Suas dúvidas obscureceram os riscos.

As dúvidas de Eisenhower envolviam o tamanho e a tendência do orçamento. O total de gastos o incomodava. Os compromissos com programas, comprometendo o futuro, o incomodavam ainda mais. Em 1956, havia submetido um orçamento de US$ 69 bilhões; agora, o total seria de quase US$ 72 bilhões. As projeções de Brundage mostravam que até mesmo sem aumentos nos preços, e mesmo que não houvesse crescimento adicional nos serviços públicos, o custo dos programas federais agora estabelecidos ou aprovados poderia ultrapassar US$ 80 bilhões, antes de Eisenhower deixar a Casa Branca (novos sistemas bélicos, entre outras coisas, tornavam essa possibilidade bastante plausível). Os preços, contudo, vinham subindo já há vários meses; sua taxa de aumento parecia estar acelerando; o atual *boom* estava tomando rumo inflacionário. E não se podia contar com o Congresso, ainda controlado pelos democratas, para manter os compromissos assumidos no tamanho especificado nos orçamentos republicanos. As projeções de Brundage pareciam conservadoras.

Visto deste modo, em termos de totais e tendências, o orçamento pendente parecia desmentir quase tudo que Eisenhower pessoalmente acreditava e que lhe havia sido dito em relação às exigências de uma política fiscal apropriada. Em termos econômicos, não apenas os republicanos ortodoxos, mas os homens mais "modernos" ao seu redor (com diferenças em relação a "o que" e "quando") estavam ansiosos por ver os gastos federais estabilizados em algum patamar, de modo que as receitas dos impostos, que aumentavam com o crescimento da economia, pudessem fornecer superávits para conter a inflação, cortar a dívida pública e tornar mais próximo o dia em que os impostos seriam reduzidos. Com base na política do partido, não faltavam ao Presidente assessores que pensassem ser essa uma necessidade muito prática; se fosse prolongada a combinação de impostos altos com inflação, o partido e a Casa Branca seriam punidos nas urnas. Tal raciocínio, tanto econômico como político, dificilmente era uma invenção republicana; sete anos antes, nos dias que antecederam a Guerra da Coréia, Truman havia reduzido os gastos militares por motivos mais ou menos semelhantes.[5] Mas inúmeros republicanos percebiam um corolário ideológico que não havia perturbado Truman. Apelando para a economia e para a redução de impostos, trinta anos antes um Presidente dos Estados Unidos afirmara:

> Estamos testando o sucesso do 'autogoverno' (...) Não exigimos nenhum título de propriedade dos eleitores (...) muitas vezes foi constatado que as instituições democráticas tendem a confiscar propriedades a ponto de inviabilizar o progresso econômico (...) É esse o teste que a América precisa vencer, e vencer constantemente e, a não ser que o vença constantemente, a força, o progresso e a prosperidade de nosso país cessarão.[6]

Essas foram palavras usadas por Calvin Coolidge. Creio que teriam sido amplamente endossadas pelo secretário do Tesouro de Eisenhower.

Por qualquer desses motivos – ou todos eles – a resposta lógica às projeções de Brundage foi um esforço de verificação dos gastos na fonte: os mandatos legislativos que os invocavam. Conforme Eisenhower diria à imprensa, bastante apropriadamente, em março de 1957: "Se você pretende economizar...

Richard E. Neustadt

dinheiro, você precisa olhar os programas... pensar quais programas você deseja eliminar."[7] Sem cortes na base de programas, a mera orçamentação teria efeito irrisório sobre cortes. Contudo, evitar gastos na fonte, se não neste orçamento, então no próximo, ou no pós-próximo, pode gerar economias significativas no custo dos programas atuais e abrir espaço para novas necessidades (como equipamentos militares) sem aumento geral nos gastos. Essa era a rota em direção a um platô. Esse o raciocínio, implícito, da declaração formal de Humphrey à imprensa, e bastante explícito, de seus comentários explosivos improvisados. Era esse o curso que havia convocado os elaboradores do orçamento a tomar. Ironicamente, esse seria o curso que o próprio Presidente tomaria um ano mais tarde, e no ano seguinte. Mas, em janeiro de 1957, esse não era o curso – nem o raciocínio subjacente – do orçamento de Eisenhower. Toda a aparência republicana "moderna" daquele orçamento foi a conseqüência de escolhas que apontavam em outra direção. Aqui estavam as dificuldades e as dúvidas.

O Presidente havia agido de boa fé ao aprovar os itens que aumentavam seu orçamento. Individualmente, considerava todas essas coisas apropriadas para o país e para manter o tom de sua campanha, ocorrida no semestre anterior. Cada item tinha sua parcela de defensores ministeriais, estava embasado em políticas públicas, tinha lá suas demandas políticas para serem apoiadas. Ao sancionar mais gastos e novos programas, não lhe faltaram sinais de descontentamento por parte do Tesouro, caso a caso. Tampouco lhe faltaram dados a respeito das tendências de aprovação. Ao longo de todo o processo de orçamento, desde o fim de agosto de 1956, o "montante-alvo" do Departamento de Orçamento para despesas havia estado próximo dos US$ 71 bilhões, número que correspondia à atual taxa de gastos, mais US$ 2 bilhões para a defesa. Como os aumentos para outros programas ficaram acima daquela meta, balancetes preliminares haviam sido enviados a Eisenhower, com todas as principais estimativas, para aprovação. Apesar de ter ficado claro, já antes de dezembro, que iria ultrapassar a meta em US$ 1 bilhão, não se tratava de grande diferença em relação aos seus planos anteriores, de modo geral. O orçamento ainda estaria equilibrado; havia certo superávit; o aumento total nos gastos seria menor do que o aumento da receita gerado pelo crescimento econômico; em comparação com a economia, as despesas ainda seriam menores do que quando assumira o cargo pela primeira vez. Desde o início do planejamento do orçamento, as expectativas dos planejadores – ou, até onde sabemos, do Presidente – não eram inferiores. Com reforços como esse, sua mensagem quanto ao orçamento – conforme a redigiram, e que ele encaminhou ao Congresso – deveria minimizar as conseqüências de mais gastos.

Mas esse havia sido um orçamento planejado em 1956. Aquelas metas haviam sido estabelecidas numa convenção de verão otimista – e repleta de promessas – quando se esperava que os preços fossem nivelar e que o Congresso fosse majoritariamente republicano – assim se pensava. Aquelas estimativas haviam sido apresentadas ao Presidente durante sua campanha pela reeleição ou enquanto presidia conferências sobre a Hungria ou Suez. Seja lá o que for que Eisenhower possa ter sentido em relação ao orçamento em setembro, outubro ou novembro, está claro que, quando olhou para os totais finais em dezembro, não gostou nem um pouco do que viu. Tampouco os assessores da Casa Branca reunidos, que somente então perceberam claramente o que estava por acontecer; a preocupação deles aumentou ainda mais a do Presidente. Os alertas de Humphrey eram agora emitidos em coro.

Como sempre ocorre em anos eleitorais, vários dos aliados do Presidente, que normalmente desempenhariam um papel ativo durante a época de elaboração de orçamento, haviam estado preocupados com outras coisas antes de dezembro. Os totais do orçamento chegaram-lhes com certo choque, sugerindo que o Departamento de Orçamento havia mexido nos números enquanto não estavam olhando. Há relatos de que o próprio Presidente não ficara imune a essas sensações ao retornar de sua campanha e das crises no exterior para enfrentar as escolhas finais em relação ao seu orçamento. Seja lá como possa ser possível, alguns membros de seu círculo mais próximo decididamente tinham a sensação de que os burocratas do orçamento os haviam desapontado.

Ainda havia pessoas em torno do Presidente cuja ideologia e preferências encontravam eco na mensagem do orçamento, mas não em Humphrey. Mas com uma inflação ameaçadora e um Congresso democrata, poucos deles – conta-se – estavam prontos para defender a tática de um orçamento tão elevado. O Governo como um todo agora estaria alinhado com cada um dos membros do Congresso e lobistas que queriam obter mais ganhos; como poderiam ficar limitados a US$ 72 bilhões? Com os gastadores em marcha, onde estavam as tropas para contrapor-se a eles? O Presidente faria parte do desfile. "Temos que criar poder compensatório", disse-me um assessor da Casa Branca mais tarde, racionalizando o impulso de cortes no orçamento em fevereiro; "a questão militar vai ultrapassar todos os limites, a não ser que haja clamor público suficiente sobre o Congresso, em defesa da economia". Mas, ainda que o tema de Eisenhower fosse a expansão confiante, como seu Governo poderia levantar e guiar esse "poder de contraposição"? Esses eram os tipos de perguntas que pairavam no ar – sem resposta – na sala do gabinete, na virada do ano. Até mesmo as pessoas que gostavam do orçamento daquele jeito estavam dispostas a reconhecer que havia um problema geral. Até mesmo seus maiores beneficiários se restringiram, em sua maioria, a proteger seus próprios territórios. Os pontos de vista dos mais "ortodoxos" alinhavam-se com os de Humphrey, exceto por detalhes. Até mesmo os mais "modernos" chefes de departamento não estavam inclinados a argumentar a respeito de princípios abstratos (suas reticências, supostamente, tinham alguma relação com o fato de que em reuniões precedentes não houvera nenhum defensor mais articulado do orçamento do que o homem cujo beijo representava a morte nesse Governo – Harold Stassen[8]).

Quanto a Eisenhower, pessoalmente, permitam-me citar as lembranças privadas de um homem de sua confiança, que não esteve presente na reunião de gabinete, mas o viu antes e depois dela:

A pressão para congelar o orçamento [a tempo] para [cumprir os prazos estabelecidos pela] Gráfica do Governo significava que as diferenças ideológicas e programáticas pendiam sem estar resolvidas e que o Presidente sentia que "mais uma semana, mais um dia para trabalhar nisso poderia torná-lo melhor, mais justo, menor". Esse era o estado de espírito que levou consigo para a reunião de gabinete.

Lá, nesse contexto, o secretário do Tesouro apresentou sua proposta e o Presidente a aceitou em seguida.

Quando Eisenhower fez aquela escolha, nem mesmo as testemunhas concordam sobre quais dentre os argumentos e circunstâncias acima descritos o afetaram mais. O que, exatamente, pretendia ganhar permanece incerto. No mínimo – supostamente – pretendia aliviar sua consciência, conciliar uma facção e agradar um conselheiro de confiança; no máximo, talvez, pretendesse dar um passo em direção a um "poder de contraposição". De qualquer modo, contudo, algo mais está muito claro: até onde mostram as palavras e os modos, fez sua escolha sem pensar no que estava prestes a perder. Poderia ter agido diferente? Um Presidente somente pode pensar a respeito de questões de que está ciente. Sua consciência restringia-se à questão que estava diante dele, ou às palavras dos outros, ou ao que lhe trazia sua própria mente. Nessa ocasião, todas as três fontes evidentemente fracassaram.

A questão tinha uma faceta que indicava US$ 72 bilhões, tendência crescente, pressão inflacionária, Congresso democrata, desencontros – e a reputação de Humphrey como discreto. A proposta dele não apresentava falhas em sua superfície; seus termos não proclamavam o que Eisenhower estava arriscando com seu endosso – nem explicitamente, nem processualmente.

As palavras dos demais não lhe diziam nada mais a respeito. Praticamente nenhum outro meio de consulta lhe daria menos indícios sobre os seus riscos do que uma reunião de gabinete da era Eisenhower, especialmente uma reunião nessa ocasião e contexto.[9] À parte as inibições inerentes a tais encontros, se os que poderiam ter argumentado estavam cientes, eles próprios, dos motivos para resistir ao curso proposto por Humphrey é pergunta que permanece em aberto. Além disso, ninguém, a não ser o próprio Eisenhower, faria papel de bobo; a desproporção entre o risco para os ministérios e o seu próprio era enorme. Exceto por Brundage, talvez não parecesse que qualquer membro do gabinete visse grandes problemas para ele mesmo nos alertas cuidadosamente redigidos pelo Tesouro (e alguns, sem dúvida, viam vantagens positivas). Sem dúvidas próprias, não está claro se alguma vez temeram por Eisenhower ou, de qualquer modo, expressaram-lhe suas preocupações, visto que ele não demonstrava nenhuma. Quanto a Brundage, basta lembrar que, após a explosão inesperada de Humphrey, seu conselho foi encaminhado ao Presidente através de assessores da Casa Branca; esse não era homem a quem recomendar – sem que fosse solicitado – que Humphrey deveria ser detido antes de começar.

Ficou, pois, tudo nas mãos de Eisenhower, e seu estado de espírito estava disposto a obscurecer, não esclarecer, os riscos que corria enquanto Presidente. Pois eram riscos pessoais, riscos a seu poder pessoal, riscos à sua reputação e a seus relacionamentos na comunidade de Washington. Mas Eisenhower não estava pensando nesses termos. Aparentemente, via a si mesmo como um homem em meio a um grupo com uma reputação coletiva, consciente de um problema comum, tentando resolvê-lo, e encurralado pelo tempo. Sob essa perspectiva, Humphrey era seu amigo e o orçamento anual o motivo de estarem encurralados. Que os secretários de ministérios também são "os inimigos naturais de um Presidente", que iniciativas "funcionais", como o orçamento, também são fonte de influência da Casa Branca, evidentemente foi apagado do campo de visão de Eisenhower. Em termos de poder, a coisa de que mais precisava lembrar era que o orçamento traz vantagens para um Presidente. Nessas circunstâncias – é compreensível – parece ser algo que esqueceu. A pergunta esclarecedora naqueles termos seria: qual será a aparência que a apresentação de Humphrey dará à minha (e a mim) quando eu endossar ambas? Era necessário que Eisenhower se fizesse essa pergunta, já que ninguém mais a estava fazendo. Não encontrei nenhum indício de que tivesse lhe ocorrido. Por que deveria? Ele via sua própria apresentação com descontentamento e confiava em Humphrey.

Não significa dizer que o poder não era motivo de atenção quando o Presidente aprovou uma apresentação para a imprensa no Tesouro, mas simplesmente que agarrou a ponta errada do bastão. Alguns de seus assessores iriam discorrer a respeito de "poder de contraposição"; ele provavelmente tinha algo semelhante em mente. Contudo, nessas circunstâncias, não seria um poder que pudesse exercer ou que ele próprio pudesse controlar. Esse movimento por parte de seu secretário poderia promover a posição de barganha de republicanos respeitáveis no Congresso e no país, mas não o do próprio Eisenhower; não enquanto Humphrey estivesse mirando – com a conivência de Eisenhower – o "seu" programa. Inquestionavelmente, o poder fluiu daquela conferência de imprensa, como pode ser visto na prática; acidentalmente (ou de propósito?), Humphrey ganhou um bocado, mas não Eisenhower. E os ganhos e as perdas relativos teriam sido os mesmos, apesar de provavelmente bem menores, caso Humphrey tivesse contido sua língua um pouco e se mantido fiel ao texto.

A diferenciação entre o poder de um homem e de outro pode ser tênue, porém crucial. Eisenhower não percebeu e por isso sua própria escolha atuou contra – e não a favor – de sua influência. Comecei perguntando por que fazer tal escolha; aqui está a resposta, e a resposta aponta para uma moral: a influência adere àqueles que percebem do que é feita.

Se as escolhas são os meios do próprio Presidente para proteger seu poder, é mais provável que se machuque do que ajude a si mesmo, a não ser que saiba o que é o poder e perceba sua forma no que faz. Antes de valer-se do poder, é necessário percebê-lo. Essa certamente é uma das lições mais importantes envolvidas nesse caso. Se Eisenhower tivesse percebido que estava cortejando um real constrangimento, supostamente teria respondido 'não' ou 'espere', quando Humphrey sugeriu uma declaração à imprensa. O que torna esse caso tão útil como exemplo é exatamente a simplicidade e a facilidade de tal opção. Nada mais, além da falta de percepção, impediu uma ordem auto-executável de 'pare' (a aprovação do Presidente, afinal, foi o que ampliou o seu risco).

Mas o fato de um risco ser percebido, não significa que um Presidente possa escolher somente de acordo com seus próprios termos. Quase sempre haverá riscos concorrentes em outros termos de poder, ou das políticas públicas. Quando os problemas decorrem de conteúdo, personalidades e eventos externos, as escolhas que impõem sobre um Presidente têm inúmeras dimensões, cada uma envolvendo diferentes riscos. Se Eisenhower via necessidade de um "poder de contraposição" contra os gastadores, em termos políticos e de políticas, tinha o dever de promovê-lo por todos os meios ao seu alcance. Dizer não a Humphrey dificilmente resolveria a questão. Mas caso Eisenhower tivesse pensado em responder dessa forma, o próprio sentido por detrás desse pensamento o teria alertado em relação a algumas alternativas. A apresentação de Humphrey perante a imprensa certamente não era a única maneira de abordar a "contraposição" nesta situação. Citando mais uma vez o informante mencionado acima:

É claro, havia necessidade de o Presidente parecer decidido, ciente de tudo, sabendo todas as respostas, defendendo cada centavo do seu orçamento – é ridículo, mas é essa a maneira como o Governo funciona... E então ele poderia ter dado meia-volta e proposto emendas, com a mesma ênfase!

Poderia. Também poderia ter entrado numa briga com o Congresso em relação a algum "ataque ao Tesouro" que ultrapassasse seu orçamento. Muitas variações são concebíveis. Não estava indelevelmente escrito no livro do destino que precisaria queimar-se a fim de acender a chama da economia.

Podem surgir problemas – e, de fato, surgem – quando nenhuma das alternativas parece menos arriscada do que o curso à mão no momento. Mas, mesmo assim, ver o risco que se corre significa ser cauteloso quanto ao futuro. Nas circunstâncias desse caso, pode-se argumentar, por exemplo, que assim que Humphrey explodiu, Eisenhower *arriscaria* mais fazendo uma demonstração de irritação do que falando suavemente, como falou. Mas uma plena consciência dos riscos que corria ao agir assim deveria ter sido suficiente para alertá-lo quanto a uma posterior e gratuita demonstração de indecisão em público. Toda a lida com o corte orçamentário de fevereiro mostrou muito pouca percepção do que chamei de "estabelecimento de um padrão". Se Eisenhower tivesse entendido o perigo desde o início, esse sentimento teria sido mais forte e, entre suas escolhas posteriores, várias certamente lhe davam espaço para usá-lo. Em termos de poder, pode haver argumentos a favor do uso da suavidade em relação ao próprio secretário do Tesouro quando este comete um erro, mas nenhum argumento a favor de igual suavidade em relação a uma resolução zombeteira da Câmara de Deputados, perguntando, entredentes, onde deveria cortar o orçamento.[10]

Mesmo que não funcione como um "agora mesmo" decisivo e sim como um meio de posicionar sinais de aviso de "na próxima vez", a percepção de um Presidente acerca de suas possibilidades (e fontes) de poder em cada ato de escolha determinará cada oportunidade que terá de fazer com que o que diz e o que faz sirvam à sua influência. Essas percepções representam para a escolha o que as escolhas representam para o poder: os meios que estão em suas próprias mãos. Perguntar como pode proteger suas possibilidades de poder em atos de escolha significa, portanto, perguntar quão clara é sua percepção. Perguntar como pode se ajudar em relação ao seu poder é perguntar como pode afiar sua percepção. A pergunta agora é o que o ajuda a enxergar.

A história de Humphrey pode sugerir que nada e ninguém pode ajudar um Presidente a enxergar, exceto se ele se ajudar; que nem problemas, nem assessores – da forma como chegam até ele – podem substituir-lhe a sensibilidade em relação ao poder. Significa dizer que, ao responder a essa questão, é necessário dar uma olhada nos recursos de auto-ajuda do Presidente. Perguntar o que o ajuda a ver de fato significa perguntar o que pode fazer por si mesmo. Vale para esse caso, mas será que vale sempre? Minha resposta é sim. Um incidente como o "vá em frente" de Eisenhower a Humphrey decididamente *não* é singular nesse sentido. O que ele sugere se aplica a cada caso do qual eu tenha ciência. [11] A indicação de todos eles é que ninguém que esteja sentado onde Eisenhower estava pode depender da 'leitura' de seus próprios riscos na superfície das questões que lhe são trazidas; ninguém está a salvo, se depender de subordinados para remediar tal falta. Os resultados podem ser muito mais felizes do que nesse caso; as probabilidades, não.

Para demonstrar esse ponto, e testá-lo, permitam-me desviar da declaração de Humphrey em direção a algumas opções bem diferentes, envolvendo políticas e personalidades diferentes, uma ordem diferente de importância e um conjunto de riscos diferente. Essas são as opções subjacentes à alteração dos objetivos americanos no terceiro mês da Guerra da Coréia e que levaram à *ofensiva-para-dar-fim-à-guerra* que se transformou em debandada causada pela intervenção chinesa, dois meses mais tarde. Esse novo exemplo transfere o cenário de 1957 para 1950, de Eisenhower para Truman, de uma quase-paz para uma guerra-limitada, de uma política fiscal para uma política externa e tática militar. Nos leva de volta ao elenco de personagens encontrados na demissão de MacArthur (que se seguiu cinco meses mais tarde); permite o contexto mais diferente do caso Humphrey que eu consegui encontrar – o que facilita uma diferenciação das bases comuns.

Na superfície, esse novo caso é bem mais complexo do que o último, envolvendo escolhas feitas, não em um momento, mas em estágios. É por isso que a história de Humphrey foi colocada primeiro. Por sua complexidade, essa segunda história precisa ser contada em maior detalhe. Mas espero que essa diferença editorial não leve ninguém a crer que percebo o problema de Truman de auto-ajuda como diferindo essencialmente do de Eisenhower, que acabamos de discutir. Essencialmente, me parecem ser os mesmos.

Em 7 de outubro de 1950, a Assembléia Geral das Nações Unidas, "lembrando que o objetivo essencial era o estabelecimento de uma Coréia unificada, independente e democrática", recomendou que "todos os passos apropriados sejam tomados para assegurar a estabilidade" em todo o país, no norte, bem como no sul. Nesse mesmo dia, as primeiras unidades não-coreanas das forças de MacArthur cruzaram o paralelo 38, em perseguição ao inimigo que havia sido quase (mas não totalmente) encurralado pela corrida final de Inchon, três semanas antes.[12] As palavras da Assembléia Geral sancionavam esse movimento militar, é claro, mas fizeram mais; estabeleceram o "objetivo de guerra" dos governos-membros, cujas tropas estavam sob o comando de MacArthur: uma Coréia unificada, não-comunista. Esse objetivo há muito tempo vinha sendo objetivo secundário da política externa norte-americana, perseguido por meios pacíficos. Ele agora se tornara o objetivo político da guerra. Assim, a "vitória" passava a ser definida pelas Forças Armadas e pelo público dos Estados Unidos, que nunca até então – como qualquer criança sabia – havia deixado de "vencer" uma "Guerra".

Três meses antes, quando os exércitos da Coréia do Norte haviam invadido a Coréia do Sul, um objetivo menos ambicioso havia sido esboçado pelos autores da intervenção norte-americana.[13] Em suas *Memoirs*, Truman parafraseia a ata do Conselho de Segurança Nacional, de 29 de junho de 1950:

> Declarei categoricamente que... eu desejava tomar todos os passos necessários para empurrar os norte-coreanos de volta, para trás do paralelo 38. Mas queria estar certo de que não ficaríamos tão profundamente comprometidos na Coréia que não pudéssemos mais cuidar de outras situações que poderiam vir a ocorrer...
>
> Eu queria que ficasse bem entendido que nossas operações haviam sido projetadas para restaurar a paz lá e para restaurar a fronteira.[14]

A Resolução de 27 de junho das Nações Unidas, que justificava e autorizava aquelas operações, foi redigida pelo Departamento de Estado dos Estados Unidos. Recomendava "assistência à República da Coréia, conforme necessário, para repelir o ataque armado e restaurar a paz e segurança internacionais na área". A última frase era ambígua, mas não se pode dizer que sua inclusão no texto tenha refletido qualquer propósito consciente por parte dos escalões ministeriais superiores diferente daquele declarado pelo Presidente. E nas primeiras semanas de combate, na medida em que nossas forças foram comprometidas e empurradas de volta ao perímetro de Pusan, nada que o Presidente ou os membros do gabinete tenham dito em público se contrapõe à ênfase das observações acima citadas.

A resolução das Nações Unidas de 7 de outubro, portanto, corporificou e expressou uma real mudança no objetivo da política externa das hostilidades, uma mudança possibilitada pelas transformações da situação militar na última metade de setembro, após Inchon. O novo objetivo, sendo expressão da Assembléia Geral, não deixava de ser também propósito de guerra dos norte-americanos. Os Estados Unidos estavam envolvidos na guerra como agente das Nações Unidas. Pró-forma, não Washington, mas a sede das Nações Unidas

– na ocasião temporariamente estabelecida em Lake Success, Estado de Nova York – era a fonte apropriada de tais objetivos. De fato, as palavras da Assembléia Geral nessa ocasião foram escolhidas por Washington. Relata-se que o secretário de Estado, Dean Acheson, teria, ele próprio, selecionado a maioria delas. De qualquer modo, a versão preliminar do Departamento de Estado daquilo que ser tornaria a resolução das Nações Unidas contava com sua aprovação pessoal e com a do Presidente. Truman conhecia os seus termos antes de proposta em Lake Success. Apesar de sua forma estar de acordo com as Nações Unidas, a resolução era norte-americana, mais ou menos da mesma maneira que a ajuda das Nações Unidas à Coréia do Sul era norte-americana, ou seja, em todos os pontos essenciais. Muitos outros governos participaram, é claro, em especial o Reino Unido. Apesar da impressão popular contrária, essa mudança nos objetivos políticos não era determinação de Washington. Mas a decisão foi de Washington; como ele assentiu, foi de Truman. Assim, ele assumiu risco pessoal de proporções tais que, comparativamente, tornam insignificante o risco de Eisenhower no caso de Humphrey.

Qual era o risco de Truman? Permitam-me iniciar mencionando o que não foi. O anúncio de um novo objetivo de guerra, por si só, não criava risco militar. Apenas para esclarecer: riscos militares eram incorridos pelo movimento das tropas que acompanhava tal anúncio (outros riscos foram evitados, abandonando aquela linha de defesa muitíssimo pobre, o paralelo 38). Mas a decisão de visar à destruição das forças norte-coreanas em seu próprio território precedeu a decisão a respeito de qual objetivo de guerra anunciar. O mesmo pode ser dito dos riscos diplomáticos. Nenhum aliado foi excluído pelo anúncio do novo objetivo de guerra. Quanto a potenciais inimigos, é improvável que suas intenções fossem afetadas de um ou de outro jeito. A julgar pelo que os chineses disseram, e posteriormente fizeram, a preocupação de Beijing era com o avanço militar de MacArthur, não importando seu objetivo em termos de política externa. A preocupação da China não estava restrita a algo tão simples como uma zona de amortecimento ao longo da fronteira; uma entidade denominada Coréia do Norte, não a fronteira, era o que estava em jogo (talvez, em linhas gerais, do mesmo modo que a Coréia do Sul, sob circunstâncias contrárias, estava em jogo para Washington). Mesmo que as Nações Unidas tivessem prometido a restauração de um Norte independente assim que cessasse a resistência – o que, naturalmente, ninguém propôs –, não sei de nada que possa sugerir que Beijing teria detido a intervenção. O mundo comunista, assim parece, não gosta de quem desmonta os equipamentos de governança de um estado-membro: o partido e o exército. Os avanços militares de MacArthur ameaçavam ambos, não importando o que viria depois. Em suma, os riscos militares e os perigos diplomáticos normalmente associados à marcha de

MacArthur atravessando o paralelo existiam, independentemente dos termos usados na resolução das Nações Unidas. A marcha de MacArthur foi autorizada antes de as palavras serem vistas – e menos ainda aprovadas – em Lake Success.

O risco de Truman quando as Nações Unidas anunciaram seu novo objetivo de guerra era de outro tipo. O risco em questão referia-se às perspectivas para sua própria influência em cada faceta de seu trabalho enquanto Presidente. Seu risco não era o mesmo de Eisenhower no caso de Humphrey. Não teve impacto diretamente sobre seus relacionamentos em Washington ou sobre sua reputação. O que ele colocou em perigo, em vez disso, foi aquela outra fonte de poder: o prestígio junto ao seu público fora de Washington. Nos termos do capítulo 5, o que Truman arriscou foi espaço de manobra. Apostou sua própria capacidade de conseguir fazer muitas coisas bem mais importantes para ele do que a unificação da Coréia. Seu risco foi o pior risco para um Presidente em público: o ensino de uma lição que bate contra ele próprio, o suscitar expectativas em conflito com suas políticas, o risco de que a ação gere confusão, e não esclarecimento. A "Coréia", como uma série de eventos, estava destinada a ser acontecimento relevante na consciência do público, suscitando esperanças e medos que poderiam afetar somente a aparência de Truman e de suas políticas. Como precisava de espaço de manobra para realizar o que queria, dependia das lições que esse acontecimento pudesse ensinar. Como precisava da atenção nacional, dependia do foco que ela fornecia. Somente na medida em que a Coréia pudesse ser levada a apontar em direção à sua moral, poderia promover a aquiescência em relação ao seu regime e aos seus objetivos. Somente poderia influenciar seus ensinamentos através de suas ações. Contudo, aquela resolução das Nações Unidas arriscava impor ao "que aconteceu" o mais infeliz dos significados do ponto de vista dele: o que seus oponentes sintetizaram em três palavras – *Guerra de Truman*[15] –, o derramamento de sangue que ele iniciou, não venceria, e não podia parar.

Se a unificação da Coréia tivesse sido o objetivo mais caro a Truman, seu anúncio como objetivo de guerra teria sido diferente. Mas estava entre os seus objetivos menos importantes. Em julho e agosto de 1950, em dezembro, após a intervenção chinesa, em seus embates com Mac Arthur e depois disso, ao longo de seus dois últimos anos no cargo, seu comportamento não deixa dúvidas quanto às muitas coisas que desejava mais intensamente do que esta. Ele queria afirmar que as Nações Unidas não eram uma Liga de Nações, que a agressão seria respondida com uma força contrária correspondente, que as "ações policiais" valiam o seu custo, que as "lições dos anos 1930" haviam sido aprendidas. Ele queria evitar "a guerra errada, no lugar errado, no momento errado", como disse o General Bradley – e qualquer "guerra", se possível. Queria que a OTAN fosse rapidamente fortalecida, tanto militarmente quanto psicologicamente. Queria os Estados Unidos rearmados, sem inflação, e prepa-

Richard E. Neustadt

rados para sustentar um nível de despesas com forças militares e ajuda internacional bem mais alto do que parecia possível antes da Coréia. Também queria prosseguir com o *Fair Deal*, manter os democratas no poder, fortalecer seu apoio no Congresso por parte do norte e do oeste, e acalmar as águas agitadas por homens como o senador Joseph McCarthy.

Nenhum desses objetivos *exigia* a unificação da Coréia (mesmo que útil, a um custo suficientemente baixo), e todos eram mais importantes para Truman. Precisamos apenas ler as atas de Wake Island, onde ele se reuniu com MacArthur em 15 de outubro, para perceber o relativo desinteresse de Truman pela Coréia, exceto como símbolo de sucesso das Nações Unidas e fonte de tropas experientes para a Europa. Basta ler entre as linhas de seu discurso em San Francisco, dois dias mais tarde, para lembrar que, guerra ou não guerra, mantinha suas esperanças em relação às eleições para o Congresso, em novembro – as mesmas esperanças que o haviam levado a realizar extensa campanha pelo interior do país, em maio, antes do início da guerra.[16]

De fato, a unidade da Coréia estava tão em baixa na lista de prioridades de Truman que estava, de fato, fora da lista até três meses antes de sua adoção. E saiu da lista inglesa assim que os chineses apareceram na Coréia; Truman foi um pouco mais lento, o que lhe custou caro. Mas, assim que os chineses demonstraram que uma guerra ampla na Ásia e o risco de uma III Guerra Mundial seriam preço baixo pela unificação, mostrou firme indisposição para pagá-lo. Em dezembro de 1950, à medida que o inimigo marchava para o sul, seu objetivo tornou-se meramente o de segurar as pontas. Em fevereiro de 1951, com as linhas estabilizadas e uma perspectiva de avanço, retrocedeu para seu objetivo inicial em relação a essa guerra: a restauração da fronteira e o cessar das hostilidades. Em março, estava se preparando para demitir MacArthur. Em junho, com os chineses batendo em retirada (e com o comandante Eisenhower, da OTAN, clamando por tropas), Truman estava preparado para estabelecer o armistício na primeira linha de defesa sólida ao norte do paralelo 38, e a descartar como *propriedade* – o termo não foi dele, mas do Pentágono – todo o território ao norte dessa linha – a "cintura" da península – onde Londres havia, sem sucesso, dito "Alto!" cerca de sete meses antes.

Portanto, se Truman retrocedia assim do objetivo de guerra de outubro de 1950, em vez de pagar à vista por ele na moeda de outras políticas, agiu assim com o total apoio dos assessores de Washington – militares, diplomáticos e políticos. E sua retirada em coro foi performance ainda decorosa, em comparação com a debandada nas Nações Unidas. Em oito semanas, a resolução de 7 de outubro não apenas havia sumido da vista, mas também das mentes e, exceto por certo remorso e constrangimento, posteriormente de fato parece ter estado presente nas mentes de muito poucos em Lake Success.

Infelizmente, o novo objetivo de guerra não foi facilmente expurgado da consciência do público norte-americano, ou da mente do comandante em campo, o general MacArthur. Aquilo que para Washington e Lake Success não passava de capricho passageiro, tomado e abandonado na medida em que mudavam as notícias sobre a guerra, MacArthur parece ter considerado como o único resultado adequado para as hostilidades, pelo menos daquelas nas quais estava engajado (concepção nada absurda para o homem que havia aceitado a rendição do Japão). Ele não havia forçado seu Governo a assumir esse objetivo de guerra, mas esteve bem disposto a tornar-se seu instrumento, sem nenhum sinal das reservas com que seus superiores haviam definido tal escolha. Quando o abandonaram, as conseqüências de tal diferença realmente ficaram sérias, e abordei algumas no capítulo 2. Mas até mesmo nas semanas que antecederam o grande ataque chinês, enquanto Truman e MacArthur proclamavam um objetivo comum, a diferença de intensidade do sentimento deles em relação a esse objetivo contribuiu para o desastre tático iminente.

Muito tempo depois desse evento, certa vez, perguntei ao sr. Truman se não havia ficado preocupado com as tropas das Nações Unidas, que se dividiam à medida que avançavam em direção à sua ofensiva fatal de "vamos acabar com a guerra". Apesar de retrospectiva, penso que a resposta reflete a essência de seu ponto de vista na ocasião:

> O que deveríamos ter feito é parar no pescoço da Coréia, bem aqui [apontando para um globo]... Era isso que os britânicos queriam... Nós sabíamos que os chineses tinham quase um milhão de homens posicionados na fronteira e tudo isso... Mas [MacArthur] era o comandante em campo. A gente escolhe uma pessoa e daí tem que apoiá-la. Essa é a única maneira de uma organização militar funcionar. Recebi a melhor orientação possível e quem estava lá me disse ser essa a coisa certa a fazer... Então concordei. Essa foi minha decisão – não importa o que a história tenha demonstrado posteriormente.

Isso levanta uma pergunta interessante sobre como obter conselhos e quais aceitar – pergunta que deixarei para o capítulo seguinte –, mas o que exige ser enfatizado agora é que "uma pessoa no local" que não estivesse mais comprometida com os termos da "vitória" do que Truman demonstrou estar, provavelmente teria assumido bem menos riscos militares do que MacArthur. O desconforto do Pentágono à medida que suas colunas isoladas avançavam para o norte e o leste dá noção desse aspecto.

Assim, ao escolher a unificação como objetivo de guerra, o Presidente não apenas amarrou o significado da Coréia e seu prestígio a uma fácil ocupação do Norte, mas também aumentou a probabilidade de que não teria nenhum benefício a oferecer em troca. Deter MacArthur pouco antes da "vitória" já poderia ter sido trabalhoso o suficiente, caso a vitória tivesse sido definida como a unificação. Ao invés, por ser essa a sua definição, Truman permitiu que MacArthur arriscasse e perdesse as vantagens tangíveis de terreno e diplomacia conquistadas em cinco meses de luta. As lições que a Coréia ensinou podem não ter sido lá tão agradáveis com um impasse na altura da 'cintura' quanto teria sido com uma vitória. O verdadeiro resultado tornou essas lições tristes, de fato, para Truman e as suas causas ainda mais tristes por seu objetivo de guerra significar tão pouco em seu esquema geral.

Esses são os termos segundo os quais podemos medir o risco de poder de Truman quando endossou as palavras de seu Departamento de Estado perante as Nações Unidas. Todas as outras coisas que desejava mais intensamente do que a conquista da Coréia do Norte demandavam espaço de manobra perante seu público. Para promover a tolerância pública em relação a ele e a seus objetivos, precisava de lições objetivas que demonstrassem o valor daquilo que queria. Fazer com que os ensinamentos da Coréia se voltassem para a unificação representava arriscar o resultado oposto. A Coréia era o professor que estava no centro do palco. Para alcançar e ensinar sua platéia, qualquer Presidente precisa estar na direção dos eventos; ele ensina por meio de sua ação no contexto dos eventos; ensina na medida em que suas ações vinculam significado ao que acontece. A divulgação do novo objetivo de guerra sugeria aos "alunos" de Truman a associação a um significado "errado", onerando sua realização ainda mais. Entre todas as opções disponíveis, Truman deu justamente a MacArthur a possibilidade de definir os custos. MacArthur é o Humphrey desse caso. O maior risco de Truman residia na capacidade de MacArthur de ampliar todos os outros riscos.

Contudo, essa não foi a maneira como o caso chegou a Truman. Perguntas esclarecedoras poderiam ter sido: o que o resultado dessa guerra deveria comunicar às pessoas fora da comunidade de Washington? Como esse objetivo de guerra pode influenciar o que irão ver e sentir? Provavelmente poucos Presidentes – e menos ainda os seus Departamentos de Estado – formulariam tais perguntas com tamanha precisão; fazê-lo significaria transpor instinto em palavras. Portanto, a formulação não é o que está em questão. O que importa é que nada desse tipo – não importa quão declarado ou implícito – parece ter chegado ao Presidente. Ao contrário, a questão do novo objetivo de guerra veio disfarçado de escolha militar; os riscos que se apresentavam eram riscos militares. O perigo nessa questão era político, mas isso não ficou claro, seja na expressão ou nas palavras dos principais assessores de Truman.

Como foi que Truman escolheu um novo objetivo de guerra? A pergunta somente pode ser respondida por meio de relato cronológico. A história se inicia em agosto de 1950. No início de agosto, após certa hesitação e com certas dúvidas, o Presidente e o Estado Maior das Forças Armadas aprovaram o ousado plano de MacArthur para esmagar os norte-coreanos: uma aterrissagem em Inchon, por trás deles, simultaneamente a uma ofensiva à sua frente, no perímetro de Pusan. A data estabelecida na ocasião (e cumprida) foi 15 de setembro; à medida que se aproximava, MacArthur estava extremamente confiante; a Casa Branca e o Pentágono, não. Mas estava claro para Washington que, caso MacArthur fosse bem-sucedido, mesmo que parcialmente, a guerra sofreria grande transformação e ele precisaria de novas instruções. "O que virá a seguir?" foi a pergunta feita aos departamentos de Estado e de Defesa, e sua resposta acabou se tornando documento do Conselho de Segurança Nacional, com o visto de Truman, datado de 11 de setembro. A paráfrase de Truman daquelas conclusões indica as esperanças e os medos – e as incerte-zas – envolvidas nas discussões que antecederam sua aprovação:

> O general MacArthur deveria conduzir... operações militares para forçar os norte-coreanos para trás do paralelo 38 ou para destruir suas forças [ao sul do paralelo 38]. Caso *não houvesse indício ou ameaça de entrada de elementos comunistas soviéticos ou chineses* ... [ele] deveria estender as operações ao norte do paralelo e fazer planos para a ocupação da Coréia do Norte... nenhuma operação de solo deveria acontecer ao norte do paralelo caso os comunistas soviéticos ou chineses entrassem em ação. [itálicos acrescentados pelo autor][17]

A primeira parte foi transformada numa instrução para ser rapidamente despachada a MacArthur; o balanço final deveria aguardar as consultas aos aliados e o resultado de Inchon.

O propósito de Mac Arthur, conforme relatado ao Pentágono, em agosto, era a destruição das forças norte-coreanas antes que pudessem retroceder até suas fronteiras. Ele não conseguiu fazê-lo, conforme previsto nas discussões do Conselho de Segurança Nacional. Apesar dessa exceção (significativa, por sinal), sua operação em Inchon foi um triunfo, transformando não apenas a guerra, mas todo o quadro emocional em Washington e Lake Success. O apetite aumentava na medida em que as tropas avançavam. Em 26 de setembro, o exército das Nações Unidas do sul estabeleceu contato com as unidades de Inchon. Em 28 de setembro, Seul foi finalmente libertada. Em 1º. de outubro, algumas unidades sul-coreanas cruzaram o paralelo, sem muita oposição.

Os norte-coreanos, contudo, o haviam atravessado antes. As tropas comunistas haviam levado uma surra, mas ainda eram força atuante. E não havia o mínimo sinal de que estivessem prontas a render-se ou até mesmo a negociar. Em 21 de setembro, o senador Knowland, da Califórnia, expressou a opinião – como sendo sua – de que deixá-los nesse estado, atrás do paralelo, representaria um "apaziguamento". Dessa vez, o seu ponto de vista foi compartilhado pelo Governo e por governos amigos. A fronteira, no paralelo, já havia demonstrado ser linha de defesa insuficiente. Parar tão logo fosse alcançada era pedir novo ataque, quando e como os norte-coreanos escolhessem. Parecia não haver maneira efetiva de responder a tal ameaça, senão perseguindo e destruindo suas forças em campo. Ninguém entre os assessores do Presidente propôs aceitá-lo.

Dentro de uma semana após o evento de Inchon, todos os assessores de Truman haviam concordado com a perseguição, caso nada mais surgisse que viesse a simplificar (ou complicar) o problema, do ponto de vista militar. Conseqüentemente, e após certa dose de consultas entre aliados, os Departamentos de Defesa e de Estado determinaram – e Truman aprovou – uma segunda missiva a Mac Arthur; parece que a aprovação foi dada em 24 de setembro ou em torno dessa data; as instruções foram despachadas em 27 de setembro. Citando as *Memoirs* de Truman:

> [MacArthur] recebeu instruções de que seu objetivo militar era "a destruição das Forças Armadas da Coréia do Norte." Para atingir esse objetivo, estava autorizado a conduzir operações militares ao norte do paralelo 38... contanto que por ocasião de tais operações não houvesse nenhuma entrada na Coréia do Norte de forças comunistas soviéticas ou chinesas significativas, nenhum anúncio de entrada pretendida, *e nenhuma ameaça por parte de comunistas russos ou chineses de opor-se militarmente às nossas operações.* [itálicos do autor][18]

Caso Truman (e seu Estado-Maior) tivesse estado totalmente confiante em relação a Inchon desde o início, ou se o sucesso não tivesse vindo tão rapidamente, a previdência talvez tivesse recomendado que o objetivo militar para MacArthur tivesse sido ainda mais controlado do que foi o caso nessa segunda instrução (dois dias após seu despacho, ele havia submetido e obtido aprovação para um plano que determinava que avançasse para além da cintura da península). Mas uma total recusa em tentar algum tipo de exploração militar de sua grande vantagem repentina não deveria ser esperada nessas circunstâncias por parte dos governos cujas tropas estavam engajadas [na guerra]; Washington, Londres e os demais governos certamente não se recusariam. Não há evidências de que qualquer um dos governos com tropas sob o comando [de MacArthur] estivessem relutantes em perseguir os norte-coreanos.[19]

Estritamente falando, a decisão de perseguir os norte-coreanos não clamava por ação das Nações Unidas; estritamente falando, sua aprovação já estava registrada. A destruição das forças armadas do inimigo, seja em território doméstico ou não, estava totalmente dentro dos termos daquela frase vaga, no início do verão: "a restauração da paz e da segurança na área". Mas na prática, os principais assessores de Truman, assim como o próprio Presidente, parecem ter tomado como certa a necessidade de algo mais por parte de Lake Success, tão logo decidiram que MacArthur deveria seguir em direção ao norte. Na teoria, Washington podia ter autoridade, mas as letras miúdas das resoluções anteriores haviam sido pouco publicadas. Antes de Inchon, 'repelir a agressão' significava retirar os norte-coreanos da Coréia do Sul, segundo a ênfase dada pelos noticiários de forma geral. Apesar de que o Governo podia imaginar "o que virá depois" em termos de como liquidar o inimigo, a imprensa e os congressistas e certos delegados das Nações Unidas agora colocavam a questão publicamente em termos do paralelo 38. Cruzá-lo ou não podia parecer irrelevante dentro do Pentágono e do Departamento de Estado, mas a maioria dos *insiders* estava ciente de que lá fora essa era *a* questão.

Do Presidente para baixo, os oficiais responsáveis queriam evitar a aparência de "estamos fazendo isso sozinhos" ou de estar dando recado, ou de depender da letra miúda, especialmente pelo fato de não a merecerem. Nessas circunstâncias, alguma sanção específica das Nações Unidas parecia ser decorrência lógica do despacho de novas ordens a MacArthur. "Essa é uma questão que as Nações Unidas devem decidir", disse Truman em 21 de setembro, quando questionado acerca do cruzamento do paralelo durante conferência de imprensa; depois disso, a ação das Nações Unidas não somente era lógica, mas tinha que acontecer.[20]

Além disso, ninguém em Washington agora estava disposto a duvidar do poder de MacArthur para fazer com que sua ousadia valesse a pena. Tão logo lhe fosse ordenado prosseguir em direção ao norte, supunha-se que o faria rapidamente. E foi o que fez – em 10 de outubro, a costa leste estava em suas mãos, até Wonsan, pouco abaixo da cintura da península; a oeste, Pyongyang, a capital da Coréia do Norte, foi tomada em 19 de outubro; antes do fim do mês, estaria controlando toda a península e, com ela, a maioria da população da Coréia do Norte (o "continente" coreano, ao norte e ao leste, era território desocupado, em sua grande maioria). Prevendo isso, em fim de setembro, tanto o Departamento de Estado quanto o Pentágono achavam ser indispensável haver diretrizes das Nações Unidas para a ocupação de um território que não pertencia a Syngman Rhee[21]. Os sul-coreanos reivindicavam que seu Governo, por direito, abarcasse o norte. Isso ia contra a declaração de intenções das Nações Unidas, datada de 1947, de que um Governo unido deveria provir de eleições livres. Essa havia sido questão acadêmica durante três anos; dentro de três semanas, estaria associada a outras questões – a reconstrução e outras similares – que estavam além da autoridade norte-americana enquanto agente militar das Nações Unidas. Deixando a psicologia de lado, esse parecia ser motivo suficiente para que algo novo viesse de Lake Success.

O que seria esse 'algo' parece não ter consumido muito tempo ou muita atenção por parte dos assessores do Presidente, sem falar nele próprio. A tão desejada resolução da Assembléia Geral foi formalmente apresentada por oito delegações das Nações Unidas, não incluindo os Estados Unidos, no último dia de setembro.[22] O esboço inicial deve ter sido completado bem antes de o Estado Maior das Forças Armadas despachar suas novas diretivas a MacArthur. Alinhada com as instruções dadas a ele, o que Washington propunha através de amigos em Lake Success, não continha nenhuma menção ao paralelo – uma ação da Assembléia, por si só, resolveria isso – e citou objetivos políticos rapidamente e tangencialmente (citado na p. 103). Os alertas enviados a MacArthur quanto aos russos e chineses não pretendiam retratar uma probabilidade; não se pensava nesses termos. Mas, por precaução, não deveriam ser registrados termos altamente comprometedores ou carregados. Ao invés, a resolução era dedicada, principalmente, ao maquinário ou às intenções voltadas para a reconstrução política e econômica do país. O que eu denominei 'um novo objetivo de guerra' foi transmitido menos pelas palavras específicas utilizadas que pelo claro pressuposto subjacente a todas as palavras: que a ação militar produziria uma Coréia unificada e não-comunista.[23]

Exceto por parte das delegações nas Nações Unidas que orbitavam em torno de Moscou, houve pouca disposição em Lake Success para argumentar contra um imediato endosso do que Washington propunha. Apenas os indianos recomendaram enfaticamente que houvesse um adiamento. Sua sugestão foi apresentada como intenção de buscar alguma outra forma de negociação (que eles próprios não sabiam ao certo qual seria). Apenas os iugoslavos diferenciavam claramente entre táticas militares e objetivos políticos, ao mesmo tempo em que execravam mudanças em ambos. Mas a delegação de Tito, que havia escolhido abster-se três meses antes, não podia reivindicar muita atenção dos amigos da Coréia do Sul. De qualquer modo, os parceiros na luta estavam de acordo, a maioria das demais delegações estava disposta, havia votos disponíveis, e Washington estava comprometido com sua própria proposta. Em 4 de outubro, a resolução foi aprovada pelo Comitê Político; três dias depois, foi aprovada pela Assembléia Geral por 47 votos a 5, com 7 abstenções.[24]

Esse relato deixa claro qual a cara que esse resultado e seus preparativos mostravam a Truman: uma amarração das pontas soltas quanto à escolha de novo alvo para as tropas, escolha que simplesmente posicionava seu alvo anterior em um novo território. Também ficara claro que tipo de recomendações havia recebido de seus assessores dentro do contexto do Conselho de Segurança Nacional, e no dia em que viu a redação da resolução das Nações Unidas. Se outras recomendações foram ouvidas de outras fontes, como de fato pode ter sido o caso, não deixaram rastros que eu pudesse encontrar. Em todo o caso, com a concordância de Acheson e dos Chefes do Estado Maior das Forças Armadas, é improvável que Truman tivesse prestado atenção. É claro: ele lia cinco jornais; sem dúvida percebeu a expressão de preocupação acerca do lance das Nações Unidas. Mas o que a imprensa transmitia , em sua maioria, eram prós e contras em termos da travessia do paralelo. Tal ênfase, por si só, tinha um significado e representava sinal de alerta para ele. Mas a terminologia era demasiado acadêmica – pela perspectiva de Truman – a ponto de diluir o seu interesse e desviar a sua atenção. Não tenho dúvidas quanto a isso. De onde ele estava, a travessia do paralelo já havia "acontecido" – e por um bom motivo – no dia em que *ele* decidiu enviar MacArthur ao norte, duas semanas (ou mais) antes da votação em Lake Success.

A dificuldade de a imprensa atuar como assessora de um Presidente é que ele acaba tendo sua agenda e sua cabeça cheias, acompanhando de perto os debates a respeito das perspectivas que, para ele, são passadas – exceto, é claro, se um experimento estiver em andamento; mas aqui não se tratava de um tubo de ensaio. Nem os leitores nem os colunistas do *New York Times* se movimentam exatamente na mesma dimensão temporal da pessoa sentada onde Truman esteve durante os dias que se seguiram a Inchon.

Caso tivesse ocorrido algo tangível durante aqueles dias para enfatizar os riscos diplomáticos envolvidos com o avanço em direção ao norte, é plausível supor que os assessores de Truman teriam mudado sua 'melodia', assim como o Departamento de Estado, o Pentágono e a imprensa. Mas a não ser que tomássemos como tangíveis as palavras informais dos generais chineses ou a terminologia de um discurso de Beijing – o que nenhuma autoridade estava inclinada a fazer – nada disso ocorreu durante o intervalo entre Inchon e os últimos estágios do processo nas Nações Unidas.[25] Somente na primeira semana de outubro veio o tipo de ameaça supostamente prevista nas duas diretivas a MacArthur, em setembro. Veio então de uma fonte tal e de maneira tal que levou os americanos a desconsiderarem seu conteúdo.

Em 3 de outubro, o embaixador da Índia na China continental, K. M. Panikkar, avisou seu Governo – que espalhou a notícia no exterior – que Chou En-lai, o primeiro ministro chinês, havia lhe dito que:

> Se as forças das Nações Unidas cruzarem o paralelo 38, a China enviaria tropas para ajudar os norte-coreanos. Contudo, tal ação não seria tomada se somente sul-coreanos cruzassem o paralelo 38.

Cito a paráfrase incluída nas *Memoirs* de Truman, onde também expõe, fielmente, a essência da avaliação que recebeu de seus assessores.

O problema ... era que o Sr. Panikkar, no passado, havia jogado o jogo dos comunistas chineses... Poderia... ser que ele estivesse retransmitindo propaganda comunista. Também estava pendente na ocasião ... na Assembléia Geral... uma clara autorização para que o comandante das Nações Unidas operasse na Coréia do Norte. A votação-chave em relação à resolução seria realizada no dia seguinte, e parecia bem provável que a "mensagem" de Chou En-Lai fosse uma ousada tentativa de chantagear as Nações Unidas.[26]

Além disso, desde as instruções a MacArthur, a grande preocupação do Pentágono era Moscou, não Beijing. Agora que as Nações Unidas estavam em marcha, uma intervenção apenas por parte dos chineses parecia relativamente fácil de enfrentar e, portanto, muito improvável de ocorrer (exercício de lógica interessante). "Eles não têm fôlego", foi o que disseram, equivocadamente, a Truman, em Wake Island; ainda mais confortável era o fato de que seu ataque terrestre não havia vindo quando teria sido decisivo, próximo a Pusan. Em Washington, assim como no quartel-general de MacArthur, faltava disposição "para levar a sério um país que até agora havia sido notório por sua fraqueza política e militar".[27]

Até mesmo se Beijing tivesse aparência mais impressionante, mais séria e menos chantagista; mesmo se os britânicos – e, digamos, não Panikkar – tivessem sido escolhidos para transmitir a ameaça de Chou, é muito improvável que os principais assessores de Truman tivessem recomendado abandonar o amplo avanço de MacArthur ou um adiamento da ação determinada pela Assembléia Geral. Também é improvável que Truman tivesse aceitado tal conselho, caso lhe tivesse sido oferecido. Uma ameaça de intervenção na Coréia apenas poderia ressaltar a necessidade militar de movimentação rápida ao norte; somente lá as tropas encontrariam linhas de defesa sólidas. E por ocasião daquela data tão tardia – 3 de outubro – a ação determinada pelas Nações Unidas já havia sido identificada nos relatos da imprensa como uma "autorização clara", conforme Truman a chamaria mais tarde. Àquela altura, seguir adiante sem efetivar tal ação teria causado imenso constrangimento, tanto doméstica quanto internacionalmente. Não avançar significaria anular todas as considerações táticas e todos os pressupostos diplomáticos nos quais a política havia se baseado ao longo de três semanas, sem qualquer motivo maior do que um alerta verbal de segunda mão, e tal avaliação poderia ser obtida em um ou dois dias após seu recebimento. Antes do alerta de Chou, Truman não recebeu nenhum outro aviso quanto ao risco que corria em relação ao seu poder, nem em termos do que estava decidindo, nem pelo que havia aprendido de seus associados. Quando veio o alerta, não estava em condições de escolher não correr tal risco, não importa quão ciente estivesse a respeito.

Esse relato cronológico explica por que Truman agiu como agiu ao tornar a unificação o objetivo da Guerra da Coréia. Ele escolheu esse objetivo porque parecia ser decorrência natural do movimento militar, basicamente sem nenhum risco diplomático. Com uma oportunidade militar à sua frente, e com perigos diplomáticos fora do campo de visão, as pessoas de cujos conselhos ele dependia consideravam os riscos – de todos os tipos – muito pequenos. Não há nada registrado que sugira que ele tenha percebido mais do que eles. Em junho, havia estado claro para ele que a restauração da fronteira não valia a pena ser defendida. Em agosto, quando sancionou os planos para Inchon, evidentemente não via necessidade de tomar posição antecipada em relação ao que deveria acontecer caso o inimigo escapasse da derrota ao sul da fronteira. Quando essa contingência surgiu, respondeu da maneira que lhe pareceu mais oportuna. O alerta de Chou desafiava a perspectiva daquele momento, mas o alerta era demasiado suspeito e chegou tarde demais para afetar as escolhas feitas dez dias antes. O Presidente incorreu em seu risco de poder sem vê-lo ou, pelo menos, sem avaliá-lo, quando fez as escolhas que lhe foram colocadas em agosto e setembro.

Tendo incorrido no risco antes da chegada do aviso de Chou En-Lai, por que torná-lo ainda pior depois? Essa pergunta surge porque Truman passou o mês de outubro aumentando seu risco de poder a cada escolha feita. O novo objetivo de guerra havia sido anunciado pelas Nações Unidas em palavras cautelosas; Truman imediatamente e repetidamente o reafirmou, sem equívoco. A marcha de MacArthur em direção ao norte havia sido aprovada com restrições; Truman prontamente renunciou à restrição principal. O curso do próprio Presidente ao longo de todo o mês de outubro aumentava ainda mais o perigo de um sentido "equivocado" para a Coréia, caso o aviso de Chou tivesse alguma consistência. E não se pode dizer que uma abordagem alternativa tivesse sido recomendada a Truman por parte de seu círculo de assessores. Infelizmente para ele, fez suas escolhas de acordo com as recomendações deles.

As escolhas do próprio Presidente em outubro consistiam de palavras dirigidas a MacArthur e de outras dirigidas à população. Em 8 de outubro, o segundo dia do avanço do general para além do paralelo, Truman aprovou novas instruções a MacArthur nas palavras propostas pelo Estado Maior das Forças Armadas e endossadas pelo general Marshall, agora secretário de Defesa, com a anuência de Acheson:[28]

À luz de uma possível intervenção de forças comunistas chinesas na Coréia do Norte, encaminhamos a seguinte ampliação de nossas instruções [de 25 de setembro] para sua orientação:

Richard E. Neustadt

A partir de agora, em caso de emprego aberto ou coberto de unidades comunistas chinesas significativas em qualquer lugar na Coréia, sem prévio anúncio, o senhor deve *prosseguir com a ação enquanto, segundo o seu julgamento, a ação por parte das forças agora sob seu controle oferecerem uma chance razoável de sucesso.*" [itálico do autor][29]

O "sucesso" como tal, não-definido, não poderia significar outra coisa que não a destruição do inimigo em nome da unificação. Delegou-se ao julgamento de MacArthur definir o que seria "razoável" a partir de agora, sem nenhum outro qualificativo que não o limite de suas forças. Nas semanas seguintes, ele se equivocaria em seu julgamento, com trágicas conseqüências, mas não se pode acusá-lo de ter ultrapassado as instruções. Nada que tenha sido dito por alguém em Wake Island em 15 de outubro limitava essa delegação a MacArthur; de fato, foi confirmada pela atmosfera prevalente de total confiança nele. Nada que tenha sido dito em público após o retorno do Presidente diminuiu o compromisso em relação a uma Coréia unificada. Na verdade, o comunicado de Wake Island, o discurso de San Francisco, o discurso presidencial às Nações Unidas (em suas comemorações de aniversário, em 24 de outubro), todos aumentavam ainda mais o peso e o caráter definitivo do objetivo de guerra, divulgando-o ainda mais, prometendo que seu alcance seria fácil, e tornando-o objetivo do próprio Truman. A discricionariedade dada a MacArthur em outubro contribuiu diretamente para o desastre em novembro. Quando o desastre veio, de fato, a Casa Branca arcou com a maior parte da frustração popular, com conseqüências para o julgamento de MacArthur. As declarações públicas de Truman, em outubro, contribuíram para tal resultado.

Por que o Presidente estava tão otimista em outubro? Seu otimismo era produto, principalmente, da confiança de MacArthur, em Wake Island. O general havia dito a Truman, sem meias palavras (conforme lembrança de Truman a respeito da conversa privada entre ambos), que, "se algum chinês entrar na Coréia, certamente será derrotado"; mas não esperava que tentassem algo tão imprudente.[30] O Presidente contava com isso para contrapor-se às estimativas de Washington de que Beijing *poderia* montar uma intervenção efetiva, mas provavelmente não *faria* mais do que assistir a Coréia do Norte de forma velada. Uma intervenção do tipo sugerido pelo alerta de Chou foi descartada com base em todos os tipos de lógica (de Washington), conforme reforçado por algumas indagações diplomáticas em outras capitais (incluindo Taipei, obviamente, mas não Beijing, é claro). Tais estimativas não foram lá muito preocupantes; e tornavam-se menos preocupantes ainda devido à certeza do general. Para Truman e para os seus redatores de discursos, a palavra de MacArthur era suficiente – e assim parece ter sido para os demais presentes

Poder presidencial e os Presidentes modernos

em Wake Island: o presidente do Estado Maior das Forças Armadas, o embaixador-mor do Departamento de Estado, o secretário do Exército, e vários outros, de menor calibre.

O aviso de Chou, de 3 de outubro, portanto, desvaneceu-se e tudo parecia estar como antes: uma vitória militar em cujos trilhos se garantia gratificante objetivo político. Talvez seja mais preciso dizer que a aparência das coisas, em meados de outubro, não era a mesma de antes. A vitória estava mais próxima, o objetivo de guerra fora abraçado em público pelo Presidente, e privativamente no Governo a unificação coreana ganhava peso a cada dia. Nos memorandos da Casa Branca, e nos documentos para o Conselho de Segurança Nacional, em avaliações da inteligência e similares, o uso repetido de termos como *o objetivo das Nações Unidas, a decisão das Nações Unidas* e *o propósito das Nações Unidas* de unificar rapidamente adormeceu a consciência de que o novo objetivo de guerra não era senão alvo de oportunidade, escolhido de forma um tanto casual (e, inicialmente, de forma provisória) pelas mesmas pessoas que leram tais palavras. A tendência à linguagem burocrática para criar privativamente as mesmas imagens apresentadas ao público nunca deveria ser subestimada. Em meados de outubro, eu diria, em suas mentes tanto quanto em público, Truman e os demais estavam pensando no objetivo das Nações Unidas não como mera conveniência, mas como uma causa.

Ao discursar em San Francisco e em Lake Success, Truman não tinha a mínima noção de que os chineses haviam iniciado uma movimentação maciça e escondida atravessando o Yalu. Duas semanas após Wake Island, cerca de cinco exércitos chineses estavam estabelecidos no terreno montanhoso diretamente ao norte da península. Reforçados, furtivamente, durante mais quatro semanas, aquela força impressionante praticamente destruiria MacArthur. Até mesmo antes de 1º. de novembro, ela zombava das ordens existentes. Sabemos disso agora, mas Truman não o sabia naquela ocasião. A localização daquela impressionante força chinesa permanecia desconhecida aos norte-americanos até ela atacar, em 28 de novembro.

Truman soube no início de novembro que a guerra poderia não terminar da forma agradável que seu Governo havia previsto. Duas semanas após seu discurso nas Nações Unidas, soube que o resultado poderia não ser bem-sucedido da forma como havia definido o sucesso. No fim de outubro, a presença chinesa na Coréia foi confirmada por contatos no campo de batalha. Na primeira semana de novembro, MacArthur insistiu em ataques com bombas às pontes sobre o Yalu, porque as tropas que estavam "jorrando" para o sul ameaçavam "as tropas (das Nações Unidas) com a destruição total".[31] Antes de 10 de novembro, os assessores de Truman o haviam informado, de fato, que uma ação militar limitada às forças presentes, confinadas à Coréia, não poderia atingir o alvo

175

militar estabelecido em 27 de setembro: a destruição das forças armadas do inimigo. Todos concordaram que nenhuma tropa a mais deveria ser reservada para MacArthur e que não deveria ampliar as fronteiras da guerra. Mas ele agora enfrentava um novo inimigo, com força aérea e tropas massivas ao norte do Yalu e com várias dezenas de milhares de homens já ao sul. Era essa a crença em Washington quando foram empregadas aeronaves das Nações Unidas contra as pontes do Yalu. Washington estava equivocada quanto às proporções ao norte e ao sul, mas não era segredo que o rio provavelmente se transformaria numa ponte de gelo antes que MacArthur completasse sua ocupação da Coréia do Norte. No mínimo, uma negociação seria necessária para que tal ocupação acontecesse; necessária também para sua manutenção e, provavelmente, para sua consecução. No máximo, caso Beijing pretendesse o pior, a unificação não mais seria um objetivo viável; a capacidade chinesa não estava em dúvida.

Assim, um mês após a marcha de MacArthur para além do paralelo 38, ficou claro que o objetivo político, o objetivo de guerra, que antes se considerava iria derivar da ação militar, agora somente poderia ser perseguido numa negociação diplomática com os reivindicadores não-reconhecidos, confessadamente hostis, de Formosa – ou então desistir totalmente. Que essas eram as alternativas políticas, e que não haveria outras sem risco de guerra geral, estava claro a partir das informações de inteligência disponíveis em Washington na primeira semana de novembro. Como mostram as *Memoirs* de Truman, o dilema político já havia sido implicitamente aceito por todas as partes envolvidas na discussão de 9 de novembro do Conselho de Segurança Nacional. O Presidente não estava entre os presentes. Contudo, recebeu um resumo posteriormente e aceitou os pontos de vista expressos. Truman registrou o resumo de Acheson a respeito:

> [Acheson] ressaltou que havia sido acordado que a diretriz do general MacArthur não deveria ser mudada agora e que *ele deveria estar livre para fazer o que fosse possível em termos militares*, mas sem bombardear a Manchúria. Ao mesmo tempo, o Departamento de Estado tentaria descobrir se seria possível negociar com os comunistas chineses, apesar de haver o problema de que nós não mantínhamos qualquer contato direto com o regime de Beijing. [itálico do autor][32]

Em outras palavras, a oportunidade de MacArthur, que antes havia sido motivo para estabelecimento de novo objetivo de guerra, agora estava reduzida a "fazer o que for possível", em apoio a esforços diplomáticos não menos dúbios que os recomendados pelos indianos, seis semanas antes. Esse era o ponto onde as discussões haviam chegado, partindo dos pressupostos – e pré-condições – expressos em setembro.

Já que os pressupostos de Washington haviam mudado, por que as ordens a MacArthur permaneceram inalteradas? Por que ainda deveria manter o objetivo de 27 de setembro com a discricionariedade de 8 de outubro? Por que permitir ao homem a quem Truman havia decidido despedir em agosto tentar o que Washington não mais achava que poderia alcançar? A discussão do Conselho de Segurança Nacional, de 9 de novembro, sugere uma resposta. Citando novamente as *Memoirs* de Truman:

O general Bradley afirmou (...) que (...) [se] os chineses desejassem estabelecer apenas uma área de amortecimento (...) as negociações poderiam ser frutíferas (...) [caso contrário] (...) *deveríamos ser capazes de manter a área geral de nossas atuais posições (...)* perguntando-nos cada vez mais quanta pressão poderíamos suportar sem atacar as bases da Manchúria.

Marshall ressaltou (...) que nosso front oriental na Coréia estava em grande parte disperso e diluído e que isso representava risco adicional (...) Bradley respondeu que, é claro, o general MacArthur havia feito isto a fim de *efetivar as instruções recebidas de que deveria ocupar todo o país e realizar eleições.*

Acheson perguntou (...) se haveria alguma linha que fosse melhor, do ponto de vista militar, do que *a atual*, e Bradley respondeu que (...) quanto mais para trás (...) tanto mais fácil seria mantê-la (...) Contudo, reconhecia que *qualquer movimento para trás (...) poderia significar para nós perda da disposição dos sul-coreanos de lutar.* [itálico do autor][33]

Em termos de política internacional, deter MacArthur ou trazê-lo de volta não teria esclarecido as intenções chinesas; tampouco ajudaria na barganha diplomática. Em termos militares, determinar que parassem, parecia cautela excessiva, considerando os objetivos *políticos* e a possibilidade de que esses poderiam ser salvos pela diplomacia. De fato, não havia essa possibilidade, mas os assessores do Conselho de Segurança Nacional de Truman não sabiam. Ao invés, sabiam, ou achavam que sabiam, que Beijing provavelmente desejava apenas uma zona de amortecimento. Parece que raciocinaram que a China continental dependia dos russos e que ambições maiores significariam que a Rússia teria a intenção de provocar uma guerra. Bradley disse ao Conselho de Segurança Nacional que as intenções alternativas de Beijing poderiam ser "nos forçar a entrar numa guerra de confronto... que correríamos o risco de perder se os soviéticos decidissem iniciar uma guerra mundial" ou "nos expulsar totalmente da península coreana... (o que) significaria uma III Guerra Mundial, pois (os chineses) não conseguiriam fazê-lo sozinhos, e a entrada soviética inevitavelmente ampliaria os combates..." Mas Moscou, pensava-se, não queria guerra geral; então os chineses teriam que se controlar.

Por que esses americanos, que haviam proclamado sua própria aversão à guerra mundial, pensariam que Stalin suporia que *ele* estaria arriscando uma guerra geral caso Beijing entrasse em ação, não tentarei explicar. Basta ver que foi assim que raciocinaram; dessa forma, desconsideraram o que sabiam em 9 de novembro. Além disso, havia algo que não sabiam: que a força impressionante de Beijing estava na margem sul do Yalu.

Tendo mal-entendido os objetivos chineses, mal-interpretado os riscos de Moscou, e sem saber desse fato, os assessores de Truman concentraram-se nas perspectivas diplomáticas de forma tão intensa quanto o haviam feito antes em relação às oportunidades militares. Enquanto buscavam avaliar as possibilidades da diplomacia, MacArthur deveria "fazer o que pudesse". Esse era o curso que propuseram ao Presidente após sua reunião de 9 de novembro. Esse foi o curso que seguiu. Quando a questão lhe chegou, portava aspecto diplomático que fatalmente obscurecia o risco militar – de fato, uma reversão no quadro do fim de setembro. Mas dessa vez – em oposição à outra vez – não se pode dizer que a aparência tenha obscurecido o risco em relação à influência do próprio Presidente. Pelo contrário: suas características diplomáticas mantinham forte semelhança com seu prestígio. A essa altura, o prestígio dos Estados Unidos e o das Nações Unidas estavam praticamente tão comprometidos no mundo como em casa. Nessa época, o seu problema em relação à sua platéia havia-se tornado como melhor retroceder de suas promessas de outubro sem prejudicar todas aquelas coisas que faziam a retirada valer a pena. Seu problema havia se tornado como fazer para que um resultado que não a "vitória" ensinasse tolerância para com ele e com seus propósitos. Seu problema havia se tornado como agir de modo a esclarecer seu público. E modificando apenas um pronome, isso representa claramente o problema de seu país em relação a seus inimigos e aliados.

Não há motivos para crer que os principais assessores de Truman – ou o próprio Presidente – considerassem seu prestígio à parte das questões diplomáticas. Caso o considerassem, nessas circunstâncias, é provável que seu curso tivesse sido praticamente o mesmo. Essencialmente, as considerações eram iguais em ambos os casos. Ambos aconselhavam adiamento das decisões. Ainda que se achasse que Beijing poderia negociar, por que deter MacArthur antes de iniciar a barganha? Caso a intenção dos chineses fosse outra, haveria ainda mais motivos para permitir-lhes demonstrá-la, de modo que todos pudessem ver que sua agressão – não a timidez de Washington – haviam frustrado as Nações Unidas e detido MacArthur. Além disso, havia se saído melhor em Inchon do que seus superiores haviam esperado; pode ser que não fizesse o mesmo novamente. Essa parece ter sido a lógica que corria sob a superfície das discussões no Conselho de Segurança Nacional, lógica bastante boa, tanto em termos de prestígio quanto em termos de diplomacia.

Essa teria sido uma boa lógica se as forças de Beijing se encontrassem onde se supunha que estivessem e se o generalato de MacArthur fosse tão infalível quanto Inchon havia sugerido. Nos 15 dias entre 9 de novembro e a marcha de MacArthur para dentro da cilada inimiga, Washington aprendeu um pouco mais acerca das intenções chinesas. De fato, seus elementos na dianteira perderam contato, o que reforçava a opinião de que seu propósito fosse defensivo e sua demonstração de forças pretendia apenas enfatizar a fronteira. Enquanto isso, MacArthur, parecendo confiante mais uma vez após seu susto em relação às pontes do Yalu, apressou preparativos para uma marcha de vitória, com tropas se espalhando para ocupar o país. Suas tropas começaram a avançar em 25 de novembro; dentro de três dias os chineses atacaram, não do outro lado do Yalu, mas a partir das montanhas ao sul, entre as colunas de MacArthur e por detrás dele. O que aconteceu então, em termos militares, foi "uma das batalhas mais decisivas deste século, seguida da mais longa retirada na história americana."[34] Os chineses não demonstraram poder simplesmente para refutar a vitória das Nações Unidas; demonstraram poder para privar MacArthur de todo êxito, desde Inchon – poder que sua localização colocou nas mãos deles.

Uma coisa era não mudar as ordens de MacArthur em 9 de novembro; outra, bem diferente, era não mudá-las dia após dia depois disso, enquanto preparava e iniciava sua marcha para a vitória. Em 9 de novembro, o Conselho de Segurança Nacional havia concordado que as instruções a MacArthur deveriam ser "mantidas sob revisão", aguardando "esclarecimentos" sobre as intenções de Beijing. Ao aceitar esse acordo, Truman adiou mudança de ordens; não pretendia decidir a questão definitivamente. Contudo, tal adiamento mostrou-se das ações mais decisivas jamais tomadas por Truman. Até onde consigo avaliar, seus assessores no Conselho de Segurança Nacional não levantaram junto a ele – e nem ele junto a eles – pergunta acerca da conclusão daquele adiamento. Nas duas semanas que antecederam a marcha de MacArthur, o general, não o Presidente, tornou-se o juiz e o árbitro dos riscos da Casa Branca. A ação de outubro havia aumentado os riscos pessoais de Truman; a não-ação de novembro aumentou igualmente todos os perigos – militares, diplomáticos e pessoais. Por que então Truman passivamente esperou o resultado dos planos de vitória de MacArthur? Já expliquei porque as ordens ao general permaneceram inalteradas durante a segunda semana de novembro. Mas por que não foram alteradas na terceira ou na quarta semana?

Uma inteligência deficiente ou uma avaliação inadequada podem ser responsáveis pela conduta de MacArthur, mas não são suficientes para explicar o comportamento de Washington nos dias que antecederam sua marcha da vitória. Apesar de que ninguém sabia onde os chineses se encontravam, o Pentágono, pelo menos, dispunha de pessoas capazes de ler mapas e que sabiam onde poderiam estar. Em meados de novembro algumas dessas pessoas estavam bastante certas a respeito da real localização chinesa e estavam ficando preocupadas com o fato de MacArthur não concentrar suas tropas. Antes de suas forças marcharem, a preocupação havia alcançado os principais assessores de Truman. Nos últimos dias, supostamente, tal preocupação havia se tornado bastante intensa para Bradley, Marshall e Acheson. Os britânicos, cujos temores diplomáticos haviam ultrapassado os de Washington, continuavam recomendando que as tropas fossem detidas e que as colunas que estavam adiante retrocedessem até a "cintura". O Estado Maior das Forças Armadas não estava preparado para sacrificar os planos de MacArthur em troca do diz-que-diz de Londres, mas a insatisfação do Pentágono a respeito daquelas colunas separadas aumentou drasticamente, e praticamente imploraram-lhe que fosse mais cauteloso. Quando se opôs – já que segundo as instruções que havia recebido tinha todo o direito de fazê-lo –, o Estado Maior das Forças Armadas não teve coragem (por falta de certeza) para obter alteração nas ordens por parte do Presidente. Apesar da preocupação, ninguém foi até Truman – e isso nos leva a questões mais complexas do que uma inteligência deficiente.

Ninguém falou com Truman porque todos pensavam que outrem o faria. Antes de 25 de novembro, as pessoas que haviam concluído – duas semanas antes – que Truman não deveria alterar as ordens dadas a MacArthur pareciam estar de acordo, esperando que o fizesse. A ênfase diplomática da discussão anterior parou de obscurecer os riscos militares; quando ficaram nítidos o suficiente, isso os reforçou. A lógica de 9 de novembro levou a uma conclusão oposta alguns dias mais tarde, em função daquilo que essas pessoas haviam começado a temer. Em 9 de novembro, o chefe do Estado Maior das Forças Armadas, Bradley, havia dispensado os riscos militares em deferência à política exterior; suas palavras aparecem na página 118. Mas tal política não havia previsto um desastre tático; sugeria que fosse evitado a todo custo. Quando a preocupação aumentou, os chefes militares delegaram ao Estado: deixem que Acheson, como guardião da "política", peça a Truman que MacArthur retroceda. Mas Acheson, já sob fogo cerrado por parte do Capitólio, se movimentava com precaução entre o Pentágono e aquele idealista inveterado quando se tratava de generais: Harry Truman. Em termos imediatos, o risco era "militar"; se isso justifica fazer retroceder o comandante em campo, então o Estado Maior deve julgá-lo e informar Truman. Diz-se que Acheson havia insistido nisso – o que é compreensível – e ficou por isso. [35] Numa questão "militar", os chefes do Estado Maior das Forças Armadas relutavam em deter aquele que fora vitorioso em Inchon, cujas táticas poderiam ser melhores do que pareciam ser a 12.000 km de distância. Quanto ao secretário de Defesa, havia precedido Acheson como secretário de Estado e havia sido Chefe do Estado Maior do Exército quando Bradley era comandante subordinado. Desde seu retorno ao Governo, Marshall havia se retraído, não se metendo no trabalho de seus sucessores – ou seja, no trabalho *deles*. Outro motivo para seu comportamento retraído era evitar reviver a velha disputa de poder no Exército, entre ele e MacArthur. Se Acheson e Bradley não estavam dispostos a levantar a questão, Marshall evidentemente achava que não lhe cabia assumi-la.[36]

Para os membros do gabinete e para os chefes militares, a decisão de ir ao Presidente é como uma decisão governamental de ir à guerra; não é algo que se faça todos os dias, seja lá qual for o assunto. Quando a questão é uma reversão de planos já estabelecidos, com base em meras conjecturas, pessoas prudentes e responsáveis podem dar uma parada – o que não é de se estranhar. Além disso, nesse caso, os planos eram de MacArthur, e Truman gostava de lidar com questões concretas.

Entrementes, o Presidente não pensava muito em anular, por conta própria, as decisões táticas de um comandante qualificado. Esse parece ser o lado da questão voltado para Truman, pessoalmente, pouco antes da ofensiva vamos-vencer-a-guerra: "Você escolhe uma pessoa e aí precisa apoiá-la. Essa é a única maneira pela qual uma organização militar pode funcionar." Caso tenha percebido os riscos políticos e de poder que estavam abaixo dessa superfície, eles foram ultrapassados pela fidelidade à doutrina militar. E seus assessores não lhe pediram que alterasse esse peso que dava às coisas. Ao contrário: todos continuavam buscando esclarecimentos. Eles ainda os estavam procurando em 28 de novembro.[37]

Retrospectivamente, é trágico que Truman não tivesse parado numa linha na qual pudesse ter resistido ao ataque – trágico em termos humanos, assim como em termos mundanos, das políticas e da política. Mas os elementos da tragédia não surgiram do nada em novembro; foram semeados antes de Inchon e amadurecidos em Wake Island. Em novembro, a única pergunta que restava era qual o tamanho exato da perda. Naquela ocasião, a resposta estava nas mãos do Governo que Washington menos conhecia em todo o mundo, e com um general que Truman havia considerado despedir em agosto. A essência da tragédia – mas não seu formato exterior – é que um Presidente deveria ter se dirigido para esse beco sem saída olhando para trás; não foi empurrado – escolheu. As escolhas de setembro e de outubro o levaram para lá.

Truman caminhava lado a lado com seus assessores; por diversas vezes, dificilmente poderia ter agido de outra forma; de vez em quando, contudo, poderia ter mudado o ritmo ou a direção. Em agosto de 1950, quando aprovou os planos para Inchon, Truman poderia ter expressado publicamente o seu objetivo de junho: a restauração da fronteira da Coréia do Sul. Caso o tivesse feito, o sucesso em Inchon teria alcançado a "vitória" e Truman poderia ter convocado as Nações Unidas para proteger a fronteira. Em setembro de 1950, após ter aprovado o cruzamento do paralelo, Truman poderia ter justificado a marcha de MacArthur em direção ao norte com outros argumentos que não a unificação. Oito meses mais tarde, quando as tropas das Nações Unidas estavam marchando novamente para o norte, seu alvo passou a ser a primeira linha de defesa natural adequada após a fronteira. Em outubro de 1950, poderia ter sido a "melhor" linha acima da cintura da península. Essa linha estava ao norte da parte mais populosa e mais produtiva da Coréia do Norte. Mais realismo e menos voracidade em Washington poderiam ter indicado essa vitória como grande o suficiente. Mas Truman fez o que os seus assessores recomendaram e vinculou-se à unificação. Ficou ainda mais amarrado pelas suas declarações de outubro; a confiança de MacArthur apagou a ameaça de Chou. Isso é bastante compreensível, mas dificilmente parece inevitável. E no início de novembro, quando Washington recusou mudança nas ordens a MacArthur, Truman poderia ter agido no sentido de deixar o general saber que suas diretrizes agora significavam algo bem diferente do que pensava que significavam quando foram emitidas. Em meados de novembro, alguns poucos oficiais do Pentágono conversavam entre si acerca de uma visita de Marshall a MacArthur. Não foi adiante. Algo como isso – ou uma nova diretriz – poderia ter reduzido os custos da intervenção chinesa. Truman poderia ter tomado a iniciativa, mas não o fez. Todos esses 'poderia' não são apresentados aqui como sugestões do que deveria ter acontecido. Truman, afinal, agiu sem o benefício da visão retrospectiva. Essas especulações não têm nenhum outro propósito senão demonstrar que tinha *um certo* controle sobre sua direção.

Essa história a respeito do processo de escolha foi precedida por outra, onde um Presidente diferente, sob outras circunstâncias, também andou em direção a um beco sem saída, sem olhar para trás. Comparativamente, aquele exemplo de Eisenhower pode parecer questão "simples", quase cômica, em seu contexto momentâneo e seus resultados. Mas numa visão de mais longo prazo, torna-se complexo – trágico até – equiparando-se a esse exemplo sobre a Guerra da Coréia. Pois a explosão de Humphrey perante a imprensa foi o primeiro dentre vários episódios de uma guerra de interesses e políticas domésticas que comprometeu o futuro de nossa política. O que gerou dúvidas na mente de Eisenhower foram dilemas de longo prazo, que iremos carregar conosco ao longo do século. Ao deixar Humphrey falar por ele em palavras diferentes das suas, Eisenhower meramente tornou público o fato de que fora forçado a buscar objetivos opostos, que a colcha de retalhos que os havia unido ao longo de seus anos iniciais se havia rompido: estabilidade *e* cresci-mento, defesa *e* bem-estar social, recursos para serviços públicos *e* recursos em mãos privadas. Assim que foi reeleito, Eisenhower enfrentou a difícil tarefa de conciliá-los novamente ou de abrir caminho em direção à reconciliação através de um sucessor de sua escolha. Essa mostrou-se tarefa mais árdua do que estava preparado para realizar. Dentro do prazo de um ano, basicamente a abandonou e alijou sua tentativa de reconciliação – o "Republicanismo Moderno". Isoladamente, o fato de ter aprovado a conferência de imprensa de Humphrey é um incidente menor. A perspectiva mostra que era apenas sinal do que estava por vir.

Apesar das diferenças aparentes, meus dois exemplos são semelhantes em relação ao que têm a mostrar: como *não* extrair poder das escolhas. Os Presidentes, em ambos os casos, deixaram de fazer escolhas que contribuíssem para sua influência. Fracassaram porque não calcularam os riscos para si pró-prios, pessoalmente. Não reconheceram seus próprios riscos, porque viam as questões através dos olhos de seus assessores. E os seus interesses pessoais não eram levados em consideração nos conselhos que recebiam. O que Eisenhower viu em torno de sua mesa de gabinete em janeiro de 1957 foi certo abatimento nos rostos das pessoas que mais respeitava na esfera da economia, das finanças e da política partidária. A escolha que o aguardava envolvia política fiscal; portanto, considerou que era essa a esfera de conhecimento relevante e, preocupado como já estava, ele observou que os especialistas também o estavam. O que Truman ouviu no fim de setembro e nas primeiras semanas de outubro foi uma desconsideração excessivamente confiante dos perigos militares-diplomáticos envolvidos na Coréia. As escolhas à sua frente naquela ocasião estavam disfarçadas de ordens militares, apoiadas pela ação diplomática; achou que os especialistas nessas duas áreas tivessem a situação sob controle e agiu de acordo com as recomendações deles.

Em ambos os casos o resultado final foi negligência da esfera de espe-cialização na qual os "especialistas" eram leigos: a esfera do poder pessoal para o próprio Presidente. Pode-se dizer que no caso de Truman os especialistas cometeram erros em seu próprio território; no caso de Eisenhower, seus pontos de vista divergiram. Mas algum nível de erro ou divisão é esperado entre os especialistas. Em meio às revoluções de nosso tempo, julgamentos equivocados por parte de especialistas são comuns, e os especialistas regularmente divergem uns dos outros. Também pode-se dizer em ambos os casos que o Presidente, como leigo, não desafiaria seus próprios especialistas em seu próprio territó-rio. Mas isso deveria ser esperado da maioria dos Presidentes, mais ainda quando tais questões se distanciam da sua experiência. Nos sistemas democráticos – e na vida moderna – um Winston Churchill é uma raridade. A lição desses casos não provém do fato de que os especialistas muitas vezes poderão errar, ou do fato de que os Presidentes poderão não querer antecipar-se a eles. Esses fatos apenas ressaltam o perigo da negligência em relação ao poder pessoal.

A lição a ser aprendida é que, quando se trata de poder, ninguém, além do Presidente, é especialista; se também atuar como leigo, fica difícil para ele.

A especialização em poder não substitui a especialização em políticas; contudo, oferece alguma proteção contra erros e desconcertos na avaliação das políticas. Um Presidente precisa de toda proteção possível contra erros e desconcertos, como os exemplos desse capítulo deixaram claro. E ele próprio, um leigo na maioria das áreas, não tem outro protetor melhor que a preocupação para com seu próprio poder. A percepção daquilo que estava em jogo em termos do poder de Truman não teria esclarecido as intenções de Beijing, mas poderia ter mudado o peso atribuído à ameaça de Chou. Um pequeno risco militar ou diplomático representava grande risco em termos da influência de Truman, considerando sua ordem de prioridades. Logo após a leitura do relatório de Panikkar – ou antes – uma avaliação consistente do risco presidencial teria sugerido cautela – militarmente – e movimentos de restrição – não de ampliação – do novo objetivo de guerra. Do mesmo modo, uma percepção daquilo que estava em jogo para Eisenhower, pessoalmente, talvez não tivesse resolvido seus dilemas quanto às políticas, mas poderia ter alterado o peso atribuído ao senso de urgência de Humphrey. Humphrey podia ser confiável, mas por que atribuir a alguém a tarefa de confundir a apresentação do orçamento do próprio Presidente? Assim que o texto de Humphrey foi lido na reunião de gabinete, as preocupações quanto à reação de Washington deveriam ter suscitado dúvidas acerca de conferência de imprensa por parte do Tesouro no Dia do Orçamento. Para compensar eventuais deficiências em outros tipos de aconselhamento, o conhecimento especializado em relação ao poder tem algumas vantagens óbvias.

Pode ser que, numa dada situação, os conselhos acerca de ambos – poder e políticas – apontem na mesma direção. Sugeri que esse poderia ter sido o caso quando Truman, em novembro de 1950, concordou em adiar uma decisão acerca da alteração de ordens a MacArthur. Mesmo assim, a consciência do que está em jogo em termos de poder – a parte da política – protege um Presidente do futuro. Penso ser muito provável que, caso Truman tivesse sido mais cuidadoso em relação ao seu risco pessoal quando adiou a decisão em relação a uma mudança de ordens, a partir de então teria insistido, dia após dia, que seus principais assessores justificassem novos adiamentos. Se os tivesse pressionado fortemente, dificilmente poderiam tê-lo feito.

Em outras situações, pode ser que um evento ou política não deixe espaço de manobra, independentemente do risco em termos pessoais. Sugeri que esse pode ter sido o caso de Eisenhower, nos dias logo após a conferência de imprensa de Humphrey. Certamente parece ter sido o caso de Truman nos dias que se seguiram à declaração de Chou En-Lai ao embaixador indiano. Aqui, mais uma vez, uma percepção clara do poder – colocando sinais de alerta – poderia ter ajudado a ambos os Presidentes a evitar armadilhas posteriores em seus caminhos, colocadas por seus assessores.

Não há dúvidas de que é possível haver tanta incerteza, tanto erro de julgamento no uso especializado do poder quanto numa outra especialidade qualquer. A sensibilidade quanto ao poder e às suas fontes não é uma panacéia. A sensibilidade excessiva a qualquer aspecto, em qualquer momento, pode destruir aquilo que o Presidente mais deseja e deixá-lo soterrado sob os escombros. Especulando: talvez uma guerra total com a China, na primavera de 1951, tivesse, momentaneamente, aumentado o grau de resposta das políticas domésticas em relação ao homem que então ocupava a Casa Branca. Mas seu efeito final sobre Washington, sobre a platéia internacional, e sobre seus próprios objetivos prioritários poderia ter sido desastroso. Por fim, supomos que o mesmo teria ocorrido com a reação popular neste país. Truman nunca tomou riscos dessa envergadura em relação à popularidade; sorte dele.

As aparências podem enganar, tanto na esfera do poder pessoal quanto na esfera da diplomacia, das táticas militares, da economia, da política partidária ou qualquer outra. As fontes de influência de um Presidente são várias; há inúmeras coisas em jogo em qualquer ato de escolha e variam muito. A qualquer momento, ele pode interpretar erroneamente o poder, assim como as políticas. A qualquer momento, pode ser incapaz de mudar sua condição, mesmo que interprete corretamente a ambos. O que quero dizer é que não tem como garantir-se contra tais destinos, mas que suas chances de afastá-los melhoram na medida em que imprime às suas escolhas o conhecimento especializado sobre cada esfera relevante, e sobre sua própria esfera perante os demais: a esfera do poder pessoal.

Mas se pretende colocar em jogo sua própria esfera, é *ele* quem tem que fazê-lo. Se pretende fazê-lo, precisa superar as dificuldades que seus interesses pessoais talvez não revelem claramente acerca das questões que se lhe colocam ou que sejam ressaltadas nas recomendações de seus assessores. De fato, é provável que aqueles interesses serão obscurecidos. Os dois exemplos deste capítulo meramente indicam uma probabilidade. O que aconteceu nesses casos é o que sempre tende a acontecer. Como os especialistas de todas as esferas – exceto na esfera do próprio Presidente – aconselharam-no a partir da posição em que se se encontravam, o julgamento deles escondeu do Presidente a necessidade de uma perspectiva pessoal. Eles não assumiram sua própria perspectiva por ele (como poderiam?), mas os seus pareceres tampouco lhe recomendaram que começasse a procurá-la. Supostamente não houve "sabotagem", nem má intenção. Em nenhum dos casos há indicações de que os assessores tenham agido de forma "irresponsável". Cada um parece ter desempenhado seu dever, conforme o percebia; nenhum ocupava a cadeira do Presidente. As escolhas de Truman eram mais sérias, e seus próprios riscos menos óbvios do que os de Eisenhower. Porém, ambos foram vítimas da dependência de que as questões e os assessores fizessem mais do que qualquer Presidente poderia esperar que fizessem – para esclarecer o que estava em jogo em termos de seu poder pessoal.

Prefaciei o relato acerca do objetivo de guerra de Truman para a Coréia com assertivas derivadas do "sinal verde" de Eisenhower a Humphrey; se as escolhas representam os meios pelos quais um Presidente constrói o poder, somente na medida em que vê o que está em jogo em termos de poder, naquilo que faz, é que suas escolhas se transformam em blocos construtores. Enxergá-lo pode ou não levá-lo a decidir, mas, no mínimo, significa ter sido alertado antecipadamente. *Contudo, nem ninguém nem nada ajuda um Presidente a enxergar, exceto na medida em que se ajuda a si mesmo.* Essas são as palavras que minha segunda história pretendia testar. Fica a pergunta: como ele pode ajudar a si mesmo?

Notas

[1] Transcrição da Conferência de Imprensa Presidencial, 23 de janeiro de 1957, em *Public Papers of the Presidents*: Dwight D. Eisenhower, 1957, Washington: National Archives, 1958, p. 73.

[2] Esta referência e posteriores às discussões do Gabinete sobre o orçamento de janeiro de 1957 foram obtidas a partir de entrevistas realizadas com dois participantes e cinco funcionários responsáveis ou consultores informados do conteúdo da reunião por participantes dela, logo a seguir. As pessoas que contribuíram com essas memórias de primeira ou segunda

mão foram, respectivamente, funcionários da Casa Branca, do Departamento de Orçamento, do Conselho de Assessoria Econômica e de três departamentos, incluindo o Tesouro. Essas entrevistas foram realizadas em fevereiro e março de 1957 e em fevereiro de 1958. Não encontrei diferenças significativas nos relatos dessas várias fontes. Até mesmo, um ano mais tarde, os incidentes descritos foram relembrados vividamente pelas pessoas consultadas: é fácil perceber o porquê.

[3] Relato sobre a Conferência de Imprensa do secretário Humphrey, *New York Times*, 17 de janeiro de 1957. Para acessar o texto completo da declaração do secretário, ver "The Budget for 1958", *Hearings*, U.S. House of Representatives, Committee on Appropriations, 85th Cong., 1st sess., Washington: 1957, pp. 1-3.

[4] Mensagem do Orçamento, em *Public Papers of the Presidents*: 1957, pp. 40 ss.

[5] Para detalhes, ver estudo de caso a ser publicado por Warner Schilling, "Fiscal 1950", atualmente sendo preparado pelo Columbia University Institute of War and Peace Studies, sob a direção editorial de William R. T. Fox. Alguns aspectos mais relevantes foram ressaltados em meu texto "Presidency and Legislation: Planning the President's Program", *American Political Science Review*, vol. 49, no. 4 (dezembro 1955), especialmente p. 1005 ss.

[6] *Addresses of the President of the United States and the Director of the Bureau of the Budget at the Eleventh Regular Meeting of the Business Organization of the Government* (Washington, D.C.: Government Printing Office, 1926), p. 8.

[7] Transcrição da Conferência de Imprensa Presidencial, 3 de março de 1957, em *Public Papers of the President*, 1957, p. 222.

[8] Harold Stassen, na ocasião assistente especial do Presidente para questões de desarmamento, posto que manteria por mais um ano, era participante regular das reuniões de gabinete de Eisenhower. A partir de sua posição especializada e institucionalmente insegura, Stassen costumava sentir-se livre para dar conselhos em relação a questões de política doméstica, sendo que quase sempre parecia estar bem informado, articulado e ser "liberal". Acrescentem-se esses "pecados" às suas conhecidas diferenças com Dulles e ao seu malfadado movimento "Larguem Nixon", em 1956, e não é de surpreender que, nas palavras de um observador bastante próximo:

> Provavelmente nada chocou tanto a confiança do Presidente – ou contribuiu ainda mais para confirmar a confiança de Humphrey em sua própria opinião – do que ouvir Stassen argumentar que o orçamento, do jeito que estava, representava uma boa opção, tanto economicamente, quanto politicamente... De fato, sua exposição foi de primeira, vigorosa e clara, o que provavelmente piorou ainda mais as coisas... Certamente nada poderia ter deixado os outros amigos do orçamento mais cautelosos em relação ao uso de palavras positivas a seu favor... eles estavam constrangidos, obviamente; tiveram que manter sua posição no clube, o que já era bastante difícil naquela atmosfera, sem ter que aliar-se a Stassen, por assim dizer.

Um de meus informantes chega a afirmar ser esse fator isolado a chave para todo o episódio da sanção presidencial à Conferência de Imprensa de Humphrey.

[9] As limitações inerentes a tais reuniões são discutidas em detalhe em Richard F. Fenno, Jr., *The President's Cabinet,* Cambridge: Harvard University Press, 1959. Ver, em especial, caps. 3 e 4.

[10] Refere-se à Resolução 190 da Casa, mencionada no capítulo 4, acima, p. 58. Apesar de terem existido riscos óbvios em disciplinar Humphrey, não encontrei nenhuma indicação de

que tivessem pesado significativamente junto a Eisenhower, quando deu sua resposta pública aos comentários feitos por Humphrey à imprensa. Contudo, não é possível ter certeza de fora.

[11] Além dos incidentes descritos neste capítulo, indícios sobre o quanto um Presidente depende de si mesmo serão encontrados em cada um desses três casos de "comando" apresentados anteriormente. Para outros exemplos não abordados neste livro, o leitor será encaminhado aos diversos estudos de caso citados nestas notas.

[12] (Ver também capítulo 10, nota 44) Ao preparar esse relato dos acontecimentos na Coréia durante o outono de 1950, dependi, em parte, de minhas próprias notas feitas na época, de entrevistas com o ex-Presidente Truman e de entrevistas com cinco ex-funcionários , que então ocupavam posições-chave nos Departamentos de Estado e de Defesa e na Casa Branca. Tais entrevistas foram realizadas em agosto e dezembro de 1954, em junho e dezembro de 1955, e em janeiro de 1956, fevereiro de 1958 e maio de 1959. Exceto quando indicadas, as citações desse relato sobre os acontecimentos na Coréia durante o outono de 1950 foram retiradas de Harry S. Truman, *Memoirs*, vol. 2, *Years of Trial and Hope* (Garden City, N.Y.: Doubleday, Time Inc., 1956), capítulos 22-24. Exceto quando indicadas, datas e outras referências específicas similares foram retiradas de três fontes: testemunhos e apêndices de "The Military Situation in the Far East", *Hearings*, U.S. Senate Foreign Relations and Armed Services Committee, 82nd Cong., 1st session, Washington: 1951, partes 1-5 (a partir de agora, denominado *MacArthur Hearings* (*Audiências MacArthur*); do *Department of State Bulletin*, vol. 23, nos. 576-97, 17 de julho a 11 de dezembro de 1950; e de Assembléia Geral das Nações Unidas, *Official Records*, Quinta Sessão, Primeiro Comitê, 30 de setembro – 4 de outubro de 1950. Todas as datas foram dadas tendo Washington por referência, não a Coréia.

Para um relato mais detalhado desses desenvolvimentos, colocando-os no contexto de todo o curso da guerra, do início até as negociações de armistício, em julho de 1951, recomendo a leitura do penetrante estudo de caso de Martin Lichterman, *To the Yalu and Back,* preparado para o Twentieth Century Fund em Harold Stein, Ed., *American Civil-Military Decisions*, Birmingham: University of Alabama Press, 1963. Tratamento menos detalhado, que difere um pouco em termos de interpretação, tanto de Lichterman quanto de meu próprio trabalho, encontra-se na seção de Walter Millis em *Arms and the State*, New York: Twentieth Century Fund, 1958, capítulo 7.

[13] Para um relato cronológico sobre a decisão de intervir na Coréia (que foi de fato uma sucessão de decisões tomadas entre 26 de junho e 30 de junho de 1950), ver Beverly Smith, "The White House Story: Why We Went to War in Korea", *Saturday Evening Post*, 20 de novembro de 1951, pp. 22 ss. Comentário muito útil sobre as noções que estavam nas mentes dos que recomendaram tal intervenção – noções que também iriam afetar as escolhas de setembro e outubro de 1950 – pode ser encontrado em Alexander L. George, "American Policy-Making and the North Korean Aggression", *World Politics*, vol. 7, nº. 2 (janeiro de 1955), 209-32.

[14] Truman, *Memoirs*, vol. 2, p. 341.

[15] N.T.: Em inglês, são duas palavras: *Truman's War.*

[16] Truman discursou em San Francisco em 17 de outubro de 1950. Em maio daquele ano, havia viajado de trem de forma despreocupada, de ida e volta da inauguração da represa Grand Coulee Dam, viagem que refletia sua aparente esperança de fortalecer e mudar a participação dos democratas no Congresso nas eleições intermediárias (de fato, essa foi uma esperança equivalente àquela de 1934, com os resultados de 1958, aproximadamente). A esperança não

se concretizou, é claro, apesar das perdas democratas em ambas as Casas do Congresso terem sido menores, em termos proporcionais e absolutos, do que nas três eleições precedentes.

[17] Truman, *Memoirs*, vol. 2, p. 359.

[18] Idem, p. 360.

[19] Naquela ocasião, tropas terrestres do Reino Unido, da Austrália e das Filipinas estavam servindo sob MacArthur, contingentes turcos e tailandeses estavam a caminho, um contingente canadense estava em formação. Logo após os norte-americanos, a Commonwealth – e nela, o Reino Unido – dava a principal assistência externa aos sul-coreanos; daí a ênfase nos pontos de vista britânicos nesse relato. Uma indicação da proporção da participação da Commonwealth em relação aos EUA é o fato de que (em outubro) estavam engajadas uma divisão da Commonwealth e sete divisões norte-americanas. Minhas conjecturas são de que em novembro mais uma divisão da Commonwealth teria mais do que dobrado a influência britânica junto a Washington, mas Attlee escolheu não comprometer ainda mais as suas guarnições.

[20] Transcrição da Conferência de Imprensa Presidencial de 21 de setembro de 1950, disponível nos arquivos da Truman Library, em Independence. Deve-se observar que já em 1º de setembro o Presidente praticamente havia comprometido algum tipo de ação por parte das Nações Unidas – sem especificar os meios das Nações Unidas – ao afirmar durante discurso ao pé da lareira, que "sob a direção e orientação das Nações Unidas, nós, juntamente com os outros, faremos nossa parte para ajudá-los [os coreanos] a usufruir de ... um Governo livre, independente e unido." Esse tema – "as Nações Unidas irão decidir" – também havia sido difundido antes de Inchon em algumas declarações públicas por parte de outros altos funcionários norte-americanos, especialmente por Acheson e Phillip Jessup, o grande embaixador do Departamento de Estado. Para verificar ocasiões e textos, ver *Department of State Bulletin*, vol. 23, nos. 583, 584 e 585, de 4, 11 e 18 de setembro de 1950.

[21] N.A.: Presidente da Coréia do Sul de agosto de 1948 a abril de 1960.

[22] A resolução foi proposta ao (Primeiro) Comitê Político, em 30 de setembro, por Austrália, Brasil, Cuba, Países Baixos, Noruega, Paquistão, Filipinas e Reino Unido – patrocínio estruturado de modo a enfatizar sua natureza internacional. Mas a elaboração e a negociação de tal patrocínio estiveram, em grande parte, nas mãos do Departamento de Estado e da delegação norte-americana.

[23] O texto da resolução de 7 de outubro, no qual me baseei, encontra-se em *MacArthur Hearings*, Parte 3, pp. 2436-2437. Outra possibilidade é ver *Department of State Bulletin*, Vol. 23, no. 590, 23 de outubro de 1950.

[24] Os países que se abstiveram de votar foram Egito, Índia, Líbano, Arábia Saudita, Síria, Iêmen e Iugoslávia. Os votos negativos foram dados pela União Soviética (3), Polônia e Tchecoslováquia.

[25] Em 24 de setembro, o embaixador da Índia em Beijing relatou ter tido conversas preocupantes com uma fonte militar chinesa. Ver K. M. Panikkar, *In Two Chinas: Memoirs of a Diplomat*, London: Allen and Unwin, 1955, p. 108. Em 30 de setembro, o ministro das Relações Exteriores da China, em discurso perante um comitê da Conferência Política Consultiva do Povo, disse, de acordo com uma reportagem, que Beijing "não poderia tolerar, de forma alguma, o cruzamento do paralelo" e "não poderia ficar meramente assistindo". Ameaças mais específicas haviam sido feitas bem mais formalmente acerca de Formosa alguns meses

antes, contudo nesse sentido Beijing havia se mantido firme. Para as representações internacionais aliadas, parecia ser a mesma coisa, em um tom menor. Noventa milhas de mar aberto e uma frota americana separavam Formosa da China continental; nenhuma barreira desse tipo separava a China da Coréia do Norte. A diferença parece não ter causado impressão significativa nos diplomatas aliados em setembro de 1950.

[26] Truman, *Memoirs*, vol. 2, p. 362. Ver também Panikkar, *Memoirs*, pp 109-110.

[27] Leland Goodrich, *Korea: A Study of U.S. Policy in the United Nations*, New York: Council on Foreign Relations, 1956, p. 136.

[28] Marshall havia sucedido Louis Johnson como secretário de Defesa em 21 de setembro, a tempo de compartilhar, pelo menos formalmente, as decisões pós-Inchon.

[29] Truman, *Memoirs*, vol. 2, p. 362.

[30] Idem, p. 373.

[31] Ver idem, pp. 373-380, que contêm os textos dos telegramas de MacArthur de 4, 6 e 7 de novembro e relato da ação posterior em Washington.

[32] Idem, p. 380.

[33] Idem, pp. 378-379.

[34] S. L. A. Marshall, *The River and the Gauntlet*, New York: Morrow, 1953, p. 1.

[35] Para maiores detalhes, ver estudo de Lichterman, citado na nota 12.

[36] N.A.: Pesquisas subseqüentes em arquivos inacessíveis na época constataram ter havido preocupação menor nesses níveis do que sugiro aqui (com base em entrevistas), o que torna as coisas ainda piores. Ver capítulo 10, nota 44.

[37] Em 28 de novembro, coincidentemente, John Hersey estava na Casa Branca e participou da usual reunião matinal do *staff* de Truman, como preparativo para seu memorável "Perfil", publicado como uma série de reportagens pelo *The New Yorker* na primavera seguinte. O relato de Hersey sobre o comunicado de Truman à sua equipe acerca da forte intervenção chinesa esclarece as motivações e a resposta do Presidente. Ver John Hersey, "Mr. President, II – Ten O'Clock Meeting", *The New Yorker*, 14 de abril de 1951, pp. 38 e seguintes. De modo geral, pode-se dizer que a série de Hersey é a fonte isolada mais esclarecedora disponível até agora a respeito de Truman como Presidente e sobre as tarefas diárias de um Presidente em nosso tempo. Um relato excepcional.

Capítulo 7
Os Titulares do Cargo

"O Presidente precisa de ajuda", escreveu o Comitê Brownlow, em 1936, em seu famoso relatório sobre gestão administrativa.[1] Desde então, a "ajuda" ao Presidente foi amontoada em seu escritório na forma de mais facilidades para funcionários de todos os tipos.[2] A visibilidade dessa evolução foi tão grande que os acadêmicos lhe deram um nome: a "Presidência institucionalizada". Algumas das suas vantagens foram tão óbvias que observadores competentes chegam a elogiá-las irrestritamente. "Ela converte a Presidência", escreve Clinton Rossiter, "em um instrumento de Governo do século XX; dá ao titular oportunidade justa de agüentar a pressão e cumprir seu mandato constitucional".[3]

Como Rossiter sugere, a Presidência enquanto posição ocupada por um funcionário público não mais poderia ser desempenhada sem o apoio prestado hoje aos Presidentes por sua equipe. Nesse sentido, o grande aumento no número de funcionários ocorrido desde 1936 é, sem dúvida, de grande ajuda para os ocupantes da Casa Branca que buscam conquistar para si poder efetivo. Despidos da possibilidade de desempenho efetivo, os poderes formais representariam poucas vantagens práticas e os relacionamentos em Washington deixariam de ser fonte de influência para os Presidentes, pessoalmente.

Contudo, pode-se dizer que a estrutura de pessoal moderna ajudou os Presidentes a manter o poder nesse sentido. Uma "oportunidade justa" de realizar as tarefas do cargo não irá transformar-se em influência, automaticamente. Ajudar um Presidente a realizar suas tarefas está muito longe de ajudá-lo a perceber o que está em jogo, pessoalmente, em seus próprios atos de escolha. A pergunta é como a ajuda, nesse segundo sentido, pode ser obtida. Como resposta, não basta apontar em direção à "Presidência institucionalizada". Um Departamento de Orçamento e um Gabinete não ajudaram muito Eisenhower no caso Humphrey. A ausência de um Conselho de Segurança Nacional não prejudicou Truman enquanto lidava com o Plano Marshall. Sua presença não o ajudou na Coréia.

O que ajuda de fato um Presidente é o que lhe chega à mente. Sua primeira necessidade essencial é informação. Não há dúvida de que precisa dos dados que os assessores podem providenciar. Também necessita conhecer os pequenos detalhes que deixam de mencionar. Para ilustrar: há relatos confiáveis de que em meados de dezembro de 1956 o secretário do Tesouro estava recusando chamadas telefônicas do diretor de Orçamento. De fato, Humphrey havia rompido relações diplomáticas com Brundage. Trata-se de fato menor e problema de "diferenças de personalidade"; o tipo de coisa que Eisenhower aparentemente não gostava de ouvir e que os que lhe estavam próximos não gostavam de lhe contar. Mas nada teria sido mais útil ao Presidente do que saber disso enquanto essas duas 'personalidades' conversavam na sala do Gabinete! Se nada mais conseguia acionar o sinal de alerta para ele, saber disso talvez o tivesse feito. Em janeiro de 1957, imediatamente após a explosão de Humphrey perante a imprensa, Brundage estava prestes a argumentar fortemente a favor do orçamento de Eisenhower, do jeito que estava, e a favor da necessidade de defendê-lo em público. Brundage chegou a preparar um comunicado à imprensa em nome da Casa Branca a ser divulgado na tarde daquele mesmo dia. Mas não encontrou apoio entre os funcionários da Casa Branca, e não achava que pudesse passar por cima deles. Uma semana mais tarde, desistiu e mudou de tom. Eisenhower – assim parece – não chegou a saber que seu diretor de Orçamento havia considerado correto, bem como politicamente acertado, dissociar-se da posição de Humphrey. Contudo, poucas coisas poderiam tê-lo ajudado tanto quanto isso para dar-lhe o sentimento de que estava jogando uma partida difícil e com muita coisa em jogo. Não importa o que faria com as recomendações de Brundage: a própria intensidade da reação de Brundage era um sinal de alerta.

Não é a informação geral que ajuda um Presidente a enxergar o que está em jogo para ele, pessoalmente; nem relatórios, nem pesquisas, nem mistura de amenidades. Na verdade, como sugerem esses exemplos, são as minúcias dos detalhes tangíveis que, reunidos em sua mente, jogam luz sobre a face oculta das questões que lhe são colocadas. Para ajudar a si mesmo, precisa estender seus braços até onde conseguir, em busca de cada pedacinho de fato, opinião, fofoca, que possa influenciar seus interesses e relacionamentos enquanto Presidente. Precisa tornar-se diretor da sua própria central de inteligência. Para tal diretoria, duas regras de conduta podem ser derivadas dos estudos de caso apresentados neste livro. De um lado, nunca pode supor que qualquer pessoa ou qualquer sistema irá fornecer os detalhes de que mais precisa; por outro lado, deve supor que grande parte do que precisa não será oferecido voluntariamente por seus assessores oficiais.

Preencher a mente com minúcias é apenas o início. O que ajuda não é a informação meramente, mas seu significado. O Presidente não somente precisa conhecer detalhes tangíveis, mas também precisa ter marco de referência. A

Poder presidencial e os Presidentes modernos

informação de que Brundage queria que a Casa Branca desaprovasse Humphrey pode representar para o Presidente apenas uma questão de "provincianismo", a não ser que tenha compreendido o funcionamento do processo orçamentário bem o suficiente para perceber que cada agência e hordas inteiras de congressistas estavam defendendo compromissos que acreditavam provir *dele*. Contudo, a sensibilidade quanto aos processos – quem faz o que e como – é difícil de adquirir, exceto através da ação. O mesmo é verdade em relação à sensibilidade quanto à substância; ela é conquistada quando nos juntamos aos demais e discutimos com eles. Sempre se diz aos Presidentes que devem deixar que outros se encarreguem dos detalhes. Um conselho questionável. A exposição aos detalhes das operações e das políticas fornece o marco referencial para os detalhes acerca das informações. Para ser efetivo como seu diretor de Inteligência, um Presidente precisa ser o seu próprio assistente executivo.[4] Precisa ser ambos – quer dizer, se quiser ajudar a si mesmo.

Essa é a ajuda que coloca uma pessoa no caminho em direção ao poder. Informações na cabeça e corretamente compreendidas a alertam quanto aos seus interesses pessoais cada vez que se defrontar com escolhas. Ao levar em consideração o que está em jogo para ela própria, faz o que pode para que uma escolha contribua para sua influência. Ao escolher, constrói poder da única maneira que pode. Se o poder é seu objeto, informar-se a si própria é, de fato, útil. Contudo, ao mesmo tempo, não é ajuda suficiente.

Um Presidente em busca de poder não pode se contentar com estar informado. Juntamente com os dados em sua mente, necessita conhecer as escolhas que estão em suas mãos. Mas as escolhas efetivamente imbuídas de poder podem não chegar até ele; outros podem detê-las ou esvaziá-las. Ou podem chegar-lhe demasiado tarde, a ponto de sua perspectiva pessoal não ter qualquer efeito sobre suas opções. Situações de ambos os tipos são familiares aos leitores dos estudos de caso relatados neste livro. Na teoria, qualquer Presidente, suficientemente informado e suficientemente sensível ao que sabe, pode fazer com que tais situações desapareçam, de acordo com sua vontade, na medida em que se serve apenas das escolhas que quer. Contudo, na prática, raramente tem tempo para tal. Não importa o quanto sabe, não importa quão aguçados são os seus sentidos, seu tempo continua prisioneiro de prioridades. E quase sempre surge algo mais para assumir o primeiro lugar na lista.

O uso que o próprio Presidente faz do tempo, a alocação de sua atenção pessoal é determinada pelas coisas que tem de fazer, dia após dia: o discurso que aceitou fazer, a reunião que não pode adiar, o papel que ninguém mais pode assinar, o descanso e os exercícios determinados pelos seus médicos. Essas coisas podem estar muito distantes da imagem acadêmica de que a Casa Branca se concentra em altas políticas e estratégias grandiosas. Não há como ajudá-lo

193

nisso. As prioridades de um Presidente não são determinadas pela importância relativa de uma tarefa, mas pela necessidade relativa de que o faça. Ele lida primeiro com as coisas que lhe são exigidas a seguir. Os prazos regem sua agenda pessoal. Na maioria dos dias de sua semana de trabalho, na maioria das estações do ano, cumpre prazos em número suficiente para exaurir toda sua energia e tomar todo seu tempo, independentemente de todas as outras coisas. O resultado final pode ficar muito longe da ordem de prioridades que satisfaria os acadêmicos ou os colunistas – ou o próprio Presidente.

O que gera um prazo? A resposta – muito simples – é uma data ou um evento, ou a combinação de ambos. A data estabelecida por MacArthur para a chegada em Inchon, ou a data estabelecida por uma lei para a apresentação do orçamento, ou a data estabelecida pela Casa Branca para a conferência de imprensa – essas e outras semelhantes o obrigam a tomar decisões, tomando-lhe o tempo antecipadamente. As declarações de MacArthur ou uma explosão de Humphrey perante a imprensa, ou um corte nas apropriações por parte da Casa, ou o lançamento de *sputniks* pode gerar tal pressão dentro ou fora do Governo, afetando-o exatamente da mesma forma. As datas se transformam em prazos na proporção da sua certeza; os eventos se transformam em prazos na proporção do seu calor. Separadamente ou em conjunto, as datas que se aproximam e o calor que aumenta ateiam fogo à Casa Branca. Tentar apagar incêndios é a primeira coisa que os Presidentes fazem. Isso toma a maioria de seu tempo.

A regra "primeiro as coisas que vêm primeiro" decididamente é uma chatice imposta a um Presidente que deseja fazer com que suas escolhas sirvam ao seu poder. As escolhas com falta de data ou de calor podem acabar nas mãos dos outros ou ser substituídas por eventos; as escolhas que fez anteriormente podem ser distorcidas por sua urgência. E mesmo que conheça uma questão que deveria abordar, mesmo que perceba que uma questão está escapando de suas mãos, o conhecimento não irá ajudá-lo se a regra "primeiro as coisas que vêm primeiro" o atrapalhar. Não basta perceber o que deveria fazer se tivesse tempo. Até mesmo o Presidente mais bem informado e mais alerta precisa de algo mais: precisa de meios que lhe permitam ter tempo. Precisa de meios para pressionar a si mesmo, para impor a si mesmo novos prazos, para que possa tomar nas mãos as coisas que gostaria de fazer por conta própria, caso estivesse livre para interferir e escolher à vontade. Prazos auto-impostos não são menos úteis a um Presidente do que detalhes tangíveis. O primeiro abastece suas mãos, enquanto o segundo abastece sua mente. Juntos, contribuem com o que necessita em sua busca pelo poder.

Nenhum Presidente teve maior consciência a respeito de tais necessidades ou esteve mais atento para atendê-las do que Franklin Roosevelt. Roosevelt pode ser criticado por muitas coisas, mas não por deixar de proteger seus interesses pessoais em relação ao poder em seus atos de escolha. Como relatou Arthur Schlesinger:

> A primeira tarefa de um executivo, como ele obviamente a percebia, era assegurar-se de um fluxo efetivo de informações e idéias... O esforço persistente de Roosevelt, portanto, era checar as informações obtidas por meio dos canais oficiais através de informações adquiridas através de uma miríade de canais particulares, informais e heterodoxos e redes de espionagem. Houve ocasiões em que parecia jogar suas fontes pessoais contra suas fontes públicas.[5]

Suas fontes pessoais eram resultado de uma sociabilidade e curiosidade que retroagiam aos tempos do outro Roosevelt[6]. Ele tinha vasta rede de conhecidos em vários âmbitos da vida nacional e em vários níveis de Governo; também tinha sua esposa e grande variedade de contatos dela. Ampliou sua rede de conhecidos no exterior; durante a guerra, Winston Churchill, entre outros, tornou-se "fonte pessoal". Roosevelt quase que deliberadamente explorou esses relacionamentos e os misturou de modo a ampliar sua própria gama de informações. Mudou suas fontes na medida em que seus interesses mudaram, mas ninguém que o tivesse interessado em algum momento era esquecido ou estava imune a ser subitamente utilizado. A busca de Roosevelt por informações era uma performance extraordinária, de virtuose. Além disso, era efetiva. Ao longo de seu longo mandato[7], FDR manteve pulso firme sobre os detalhes que podem ajudar alguém a construir o poder – mais do que a maioria dos Presidentes antes ou depois dele.

A essência da técnica de Roosevelt para a coleta de informações era a competição. "Ele chamava" – disse-me certa vez um de seus assessores – "e lhe pedia para conseguir as informações a respeito de alguma questão complicada, e você voltava alguns dias mais tarde, depois de um longo trabalho, e lhe apresentava 'o petisco suculento' que você havia descoberto escondido em algum lugar e daí você descobria que ele já sabia tudo a respeito, juntamente com alguma coisa que você *não* sabia. Normalmente, não contava de onde obtinha as suas informações, mas depois de fazê-lo uma ou duas vezes, você se tornava muito cauteloso com as *suas* informações."

Tanto quanto um mestre das redes de inteligência autodirigidas, Roosevelt também era um mestre dos prazos auto-impostos. Também nesse caso seu método estava centrado na promoção da competição. Citando Schlesinger mais uma vez:

> Sua técnica favorita era manter as atribuições de autoridade incompletas, as jurisdições incertas, as responsabilidades sobrepostas. O resultado

dessa teoria competitiva da administração muitas vezes era a confusão e o desespero no nível operacional; mas nenhum outro método conseguiria assegurar de forma tão confiável que, numa grande burocracia cheia de pessoas ambiciosas, ávidas por poder, as decisões e o poder de tomá-las permanecessem com o Presidente.[8]

Ele não apenas manteve suas organizações sobrepostas e dividiu a autoridade entre elas, mas também tendia a encarregar pessoas com temperamentos, perspectivas e idéias conflitantes. Personalidades competitivas misturadas com jurisdições competitivas era a fórmula de Roosevelt para impor pressão a si próprio, para fazer com que seus subordinados lhe repassassem as escolhas que não conseguiam fazer por conta própria. Isso também os fazia divulgar os seus ataques; suas discussões lhe davam não apenas calor, mas também informação. A concorrência administrativa deu-lhe duas recompensas: ficava com as escolhas e era avisado a tempo.

Conseqüentemente, também conseguiu um verdadeiro tesouro para um Presidente: tempo para adiar a decisão. Em suma, suas concorrências embutidas faziam com que as opções lhe fossem apresentadas a tempo, ou pelo menos o deixavam ciente de que estavam a caminho. Ele – não os outros – então determinava o prazo para encontrar e aplicar a sua própria perspectiva. Schlesinger oferece esboço aguçado da abordagem usada por FDR quanto à tomada de decisões:

Ele obviamente sentia que decisões administrativas claras funcionariam apenas se também expressassem realidades igualmente bem definidas em termos de competência e vigor administrativo. Caso não ocorresse, se o equilíbrio de poder administrativo não sustentasse a decisão, então as decisões somente aumentariam a confusão e gerariam descrédito para o Governo. E os fatos do poder administrativo deveriam ser descobertos, não escrevendo – ou lendo – portarias, mas sim através do entendimento intuitivo de uma vasta constelação de forças políticas. Sua complexa sensibilidade administrativa, infinitamente sutil e sensível, sempre estava avaliando questões de força pessoal, de *timing* político, de preocupações com o Congresso, de benefícios partidários, de interesses públicos. As situações precisavam ser desenvolvidas, cristalizadas, esclarecidas; as forças concorrentes tinham que se vingar no cabo de guerra real do conflito; a opinião pública tinha que enfrentar a pergunta, considerá-la, pronunciar-se a respeito – e somente então, depois de muitos embates, as intuições do Presidente consolidariam e precipitariam um resultado.[9]

Mas essa abordagem somente era possível enquanto mantivesse a decisão em *suas* mãos. Pode parecer paradoxal, mas os prazos auto-impostos o ajudavam a empregar a técnica do adiamento. O atraso então o ajudava a ver e pesar os seus interesses quanto a seu poder pessoal. Às vezes, errava o cálculo, mas raramente deixava de fazê-lo e raramente pecou quanto ao tempo.[10]

Tais dispositivos roosaveltianos são quase literalmente opostos àqueles empregados na Presidência de Eisenhower. A imprensa muitas vezes relatou que Eisenhower havia transformado a Casa Branca em um quartel-general do Exército. Isso ele não o fez – ninguém conseguiria – mas conseguiu impor uma simetria e uma ordem mais superficial ao seu fluxo de informações e de escolhas do que jamais havia sido feito antes. Assim, tornou-se o último em seu escritório a saber de detalhes concretos e o último a assumir atos de escolha. Seu ex-assistente-chefe na Casa Branca, Sherman Adams, supostamente comentou com um conhecido próximo: "Considero perdido o dia em que não tiver conseguido aliviar um pouco a carga do Presidente." Isso apenas sugere o espírito do assim chamado "sistema de *staff*" da era Eisenhower. Os propósitos daquele sistema eram os melhores. Dentro de seus limites, era razoavelmente bem-estruturado e mais do que razoavelmente efetivo. No caso de Eisenhower, não questionamos o fato de que pode ter sido essencial à sua saúde e à sua paz de espírito. Mas seu funcionamento muitas vezes foi desastroso para seu poder pessoal.

O que era pernicioso a respeito de todos os funcionários e comitês interagência e da papelada em torno deste Presidente não era sua mera existência. Muitos haviam estado lá antes; outros, sem dúvida, permanecerão por muito tempo depois dele. A dificuldade, contudo, era que praticamente se tornaram sua única fonte de informações e de questões a decidir. Esse foi o caso, particularmente, e muito compreensivelmente, após seu ataque cardíaco, em 1955. Depois disso, durante pelo menos três anos, o "sistema de *staff*" de fato veio a assumir parcela tão grande das atividades de Eisenhower quanto sempre o havia sido em teoria. A única grande exceção parece ter sido a área de relações internacionais; aí – pelo menos enquanto Dulles esteve vivo – o secretário de Estado pessoalmente assumiu o lugar do "sistema".[11]

O caso de Humphrey, no capítulo 6, e vários dos incidentes descritos no capítulo 4, mostram detalhes e escolhas dos quais o Presidente foi poupado, até ser tarde demais, por meio de esforços dos membros do seu staff, que buscavam aliviar sua carga. E há motivos para crer que sua dependência de tais esforços por parte de seu staff crescia na medida em que o atendiam. Nas palavras de um oficial próximo às operações da Casa Branca e claramente compadecido de Eisenhower:

O processo vem sendo cumulativo, desde o infarto. Na ocasião, enorme parcela de tarefas foi delegada, seguindo simplesmente as linhas [de comando] até Adams e para baixo. Tais delegações foram administradas por pessoas que diziam umas às outras (e a si mesmas), "não perturbem o chefe", "não podemos fazer isso com ele agora". Porém, quanto menos era perturbado, tanto menos sabia, e quanto menos sabia, menos confiança sentia em seu próprio julgamento. Ele se permitiu tornar-se ineficiente... Isso tornou as delegações irreversíveis. Fê-lo agarrar-se mais e mais aos julgamentos das pessoas que já estavam ao seu redor. Quanto menos confiava em si próprio, tanto mais tinha que confiar nelas. E pensavam que a maneira de ajudá-lo era "poupá-lo". Grande parte disso foi feita com boas intenções.[12]

O processo de delegação cumulativa parece ter sido revertido pela demissão de Sherman Adams, no outono de 1958, e pela perda de Dulles, alguns meses mais tarde. Conta-se que mais questões e mais detalhes chegaram ao Presidente em 1959 do que em qualquer outro período, desde 1955. Contudo, aparentemente ainda lhe chegavam através de seu "sistema". A mudança não residia em seus métodos, mas no relaxamento parcial do amplo protecionismo do sistema após a saída dos principais protetores. Mesmo assim, o relaxamento o ajudou. Dentro da Casa Branca, Adams foi substituído, não por uma pessoa, mas por um grupo de ex-subordinados, que agora passaram a ter acesso igual ao Presidente. A maioria dos membros desse grupo era mais experiente em Governo do que Adams havia sido. O "novo" Eisenhower de 1959 parcialmente se deve a esse novo arranjo. A ironia é que Eisenhower relutou em aceitar a demissão de Adams.[13]

Não se poderia esperar de um Eisenhower totalmente em forma – menos ainda de um cardíaco – que ajudasse a si mesmo da mesma maneira que Roosevelt. O Governo por ele liderado nos anos cinqüenta era muito maior, mais impessoal, do que o de Roosevelt na década de trinta. Nenhum Presidente pode cobrir a totalidade de áreas de qualquer Governo pós-rooseveltiano. Roosevelt, por sua vez, deu os primeiros passos em direção à "Presidência institucionalizada". Mas Roosevelt raramente deixou-se ficar prisioneiro. Poucas pessoas ou procedimentos jamais receberam autorização exclusiva para guardar suas informações ou determinar os prazos para as escolhas dele. Ninguém jamais teve tal autorização por muito tempo. Essa é a diferença essencial. Eisenhower não alterou meramente os métodos de Roosevelt; os métodos de Eisenhower muitas vezes o deixaram indefeso. O contraste vai muito além da presença ou ausência de um sistema de *staff*. O fator crucial é que as concorrências efetivas não foram embutidas no sistema.

Eisenhower não precisava promover competição através da confusão de jurisdições. A Guerra Fria e os programas sociais automaticamente as confundiram; as políticas públicas e as operações cruzavam as fronteiras demarcadas nos organogramas. Contudo, Eisenhower evidentemente não fez nenhum esforço consciente para reverter essas confusões a seu favor, misturando personalidades competitivas, para assegurar-se de que haveria pessoas com temperamentos e pontos de vista diferentes ao seu redor. Mas um Stassen não garante lá muita competição para um Humphrey, se aquele meramente for um assessor para questões de desarmamento enquanto o outro ocupar um posto com enorme autoridade institucional: o Departamento do Tesouro. E mesmo que suas posições institucionais pareçam equiparar-se, um diretor de Orçamento dificilmente representa concorrência para o principal assistente da Casa Branca quando um deles é um Brundage e o outro é um Adams. O uso que Eisenhower fez das pessoas tendia a abrandar – não ressaltar – a concorrência gerada por jurisdições sobrepostas. Aparentemente isso era intencional; a fórmula de Roosevelt não foi mal-utilizada – foi rejeitada. Eisenhower, aparentemente, preferia deixar os subordinados proceder com base no menor denominador comum de acordo, do que permitir que suas desavenças – e problemas e detalhes – subissem até ele.

O contraste entre o estilo de Roosevelt e o estilo de Eisenhower sugere mais uma pergunta: por que uma pessoa dá a si mesma a ajuda de que necessita? Por que a outra pessoa recusa tal ajuda a si mesma? Esbocei o que um Presidente pode fazer para ajudar a si mesmo. Mas o que o leva a fazê-lo?

Os métodos de Roosevelt foram produto de seus *insights*, seus incentivos e sua autoconfiança. Nenhum Presidente deste século teve senso de poder pessoal mais aguçado, senso do que é isso e de onde vem; ninguém esteve mais faminto por ele, poucos fizeram melhor uso dele, e somente um ou dois puderam equiparar-se a ele em sua fé na própria competência para usá-lo. A percepção, o desejo e a autoconfiança, combinados, produziram suas próprias recompensas. Nenhum Presidente moderno esteve mais próximo de ser o mestre na Casa Branca.

Roosevelt teve um caso de amor com o poder naquele lugar. Foi romance precoce e durou por toda sua vida. Por detrás de sua sensibilidade, havia uma longa e relevante experiência: sete anos de independência burocrática como o secretário-assistente da Marinha, quatro anos como governador do Estado de Nova York, um quarto de século em política partidária e, além disso tudo, um "tio Ted". A experiência deu subsídios a um temperamento minuciosamente apropriado para absorver o que poderia ensinar a respeito da natureza e do uso do poder real no alto escalão. Para Roosevelt, isso era diversão. A experiência também deu subsídios a uma intenção fixa de possuir o poder do mais alto cargo. Roosevelt sempre quis a Presidência, e a maestria no cargo era o que desejava conquistar.

Desejava o poder pelo poder em si; também desejava o que o poder podia alcançar. O desafio e a diversão do poder não residia apenas em ter, mas em fazer. Sua satisfação particular era enriquecida por propósitos públicos e esses tornaram-se cada vez mais convincentes na medida em que mais poder vinha em sua direção. A experiência política e a vida privada criaram-lhe, não uma ideologia, mas um sentimento decidido em relação ao que o Governo deveria ser e aonde suas políticas devem levar. Em termos de compromissos fixos em relação a soluções particulares, não era adepto nem do New Deal, nem iera nternacionalista. Mas compartilhava com pessoas em ambos esses campos um sentimento de direção. E para sorte dele, seu próprio senso de direção coincidia, na maioria das vezes, com o curso da história contemporânea. Seus propósitos corriam na direção – e não na contramão – do curso dos acontecimentos de sua época. Diferente de um Herbert Hoover, não foi preso na armadilha do combate à história. Mas tampouco foi apanhado dormindo ou deixado para trás.

Roosevelt tinha outro motivo para querer ser Presidente: parecia combinar-lhe tão bem. Para ele, a Casa Branca era quase que a sede da família e, assim como Theodore Roosevelt, praticamente percebia todo o país como propriedade familiar. Quando se tornou Presidente dos Estados Unidos, esse sentimento de adequação deu-lhe extraordinária autoconfiança. Roosevelt – caso praticamente único dentre nossos Presidentes – não tinha concepção do cargo que tivesse que cumprir; ele *era* o cargo. Sua imagem do cargo era ele-próprio-no-cargo. As memórias registradas por seus associados concordavam pelo menos nisto: via o emprego de Presidente como sendo FDR. Buscava a maestria, projetava esse desejo para o cargo, e o realizava com todos os sinais de que havia se encontrado. A autoconfiança com tal embasamento estava destinada a reforçar o seu senso de propósito e a garantir confiança em seu próprio senso de poder. Seus métodos de auto-ajuda em buscar o poder eram exatamente o que se esperaria de tal combinação de recursos interiores. Quando Roosevelt permitia que seus canais e assessores funcionassem de forma ordeira, parecia não ser ele mesmo.

Aparentemente, o caso de Eisenhower é exatamente o oposto. Aparentemente, tinha senso de poder e fonte de autoconfiança tão diferentes de Roosevelt quanto o eram os métodos desses dois homens. Quando não podia agir através de procedimento estabelecido, ou quando seus canais falhavam, ou quando seus associados brigavam abertamente, ficava desalentado ou enraivecido. Como confirma Robert Donovan, reações de ambos os tipos eram características desse Presidente, desde os primeiros dias no cargo. [14] Tudo indica que permaneceram vigentes durante os anos seguintes. Se o "sistema" de Eisenhower não o ajudou a perceber o que estava em jogo em termos de poder, o motivo – basicamente – é que esse não era o tipo de ajuda que queria. Suas suscetibilidades não o impulsionavam a desejá-la e sua autoconfiança era maior quando conseguia assegurar-se de que a vantagem pessoal não tinha espaço entre seus propósitos. Pelo menos, assim parece.

Não se pode avaliar os motivos de Eisenhower com a mesma certeza com que se olha para FDR. Roosevelt tinha um séquito de relatores de diários e tomadores de notas; a maioria publicou o que eles escreveram. Os membros de seu círculo familiar escrevem e falam com franqueza. Ele próprio foi correspondente prodigioso e um grande orador perante a imprensa. E fascinou os historiadores. Em poucos anos, quando Frank Freidel e Arthur Schlesinger tiverem terminado com ele, terá recebido mais atenção de pessoas sérias do que a concedida a 80% de seus antecessores. Eisenhower, por outro lado, somente será conhecido – ao que parece – pelo que disse publicamente e pelo que as pessoas ao seu redor dirão em particular. Avaliação baseada em tais fontes merece cautela. Pode ser que não tenha sido o homem que elas relatam. Mas, no momento, tudo sugere que, com as suas motivações, assim como seus métodos, Eisenhower tenha sido um Roosevelt ao contrário.[15]

Ao longo dos primeiros seis anos de Eisenhower, seu senso de poder era tão obtuso quanto o de FDR afiado. Até o final de 1958, ainda não havia superado a "chocante surpresa" de que as ordens não se cumprem por si só. Aparentemente, não conseguia absorver a noção de que o poder efetivo tinha que ser extraído dos interesses próprios de outras pessoas; tampouco havia absorvido a noção de que os interesses alheios pudessem ser totalmente iguais aos seus. E parece não ter estado ciente de todas as suas vantagens naturais em virar os diferentes interesses na direção dos seus próprios. Em 1959, certamente havia aprendido a utilizar o veto como vantagem, mas outros pontos menos obviamente "constitucionais" parecem ter-lhe escapado; o caso Humphrey e suas longas seqüelas dão testemunho disso.

Essa relativa insensibilidade pode ser explicada – pelo menos em parte – pelo histórico de Eisenhower. Ele não tinha a experiência de Roosevelt. Ao invés, tinha em sua retaguarda a irrelevância de uma experiência no exército, em sua maior parte fora de Washington. Como me disse certa vez um membro de sua equipe:

> No Exército – pelo menos no velho Exército, o Exército de Eisenhower – todo mundo conhece todo mundo, e todos sabiam que tipo de trabalho o outro companheiro tinha, e como se esperava que o executasse (...) A responsabilidade era uma via de mão dupla, onde os escalões mais baixos

agiam segundo o que o chefe quer, conforme estabelecido em seu plano diretor – e com um chefe em campo, realizando inspeções. Aqui [no Governo civil], não há um plano diretor, não há um fluxo de mão dupla, e não há inspeções. Além disso, ninguém entende o trabalho do chefe e ele nunca fez o deles. E não estiveram juntos desde West Point. Tampouco esperam permanecer juntos. O Exército era cheio de política, é claro, mas era uma política de personalidades; todos conheciam o jogo e sabiam com quem estavam jogando e para que fins – e estava tudo em *família*. Aqui, não há família.

Chegando à Casa Branca com tal histórico, Eisenhower também não contava com a alegria de Roosevelt. Pelo menos até o seu sétimo ano, a política do poder na Presidência nunca foi um esporte que lhe agradasse; não era recreação para ele; certamente não era divertido. Como a maioria dos norte-americanos politicamente inexperientes, parece ter pensado que a política partidária era negócio "sujo" (o que pode explicar por que sua campanha algumas vezes foi tão calculada). E a política do auto-engrandecimento, conforme praticada por Roosevelt, afrontava o senso de adequação pessoal de Eisenhower. Além disso, o general parece ter tido lá suas reservas a respeito dos políticos enquanto classe, desconfiando não apenas de sua atividade, mas também de seu caráter. Citando um comentário particular de outro de seus assessores:

> Realmente me surpreende quão furioso ele fica, e o tipo de coisas que o incomodam... Ele não dirá nada pessoal contra um membro do Congresso em público, mas em particular pode ficar muito mais furioso do que qualquer 'profissional' ficaria... E não se trata apenas dos democratas; bem no fundo, eu acho que sente o mesmo em relação aos republicanos.

Robert Donovan nos dá a resposta de Eisenhower quando lhe foi sugerido, poucas semanas antes de seu infarto, que o Congresso poderia ser convocado para sessão especial no outono de 1955: "Ele lentamente virou sua cabeça para [Arthur] Burns e lhe disse com pesar que o custo de uma sessão especial pode muito bem representar a sanidade e possivelmente a vida de um certo Dwight D. Eisenhower."[16] Tais comentários simplesmente reforçam a sugestão do caso Humphrey, de que esse homem não gostava do jogo no qual estava envolvido, nem havia compreendido muito bem suas regras.

Contudo, Eisenhower não foi arrastado sob protesto para a Casa Branca e não foi mantido lá contra sua vontade. Em 1952, ativamente empenhou-se em sua indicação; em 1956, ativamente engajou-se em sua reeleição. Na época de sua primeira campanha, sua candidatura havia sido debatida publicamente e em particular durante cerca de cinco anos.[17] Na época de sua segunda campanha, havia sido Presidente por quase um mandato inteiro. Já não mais era alguém "inexperiente". Seu tato, contudo, continuava desajeitado. Todos os exemplos de Eisenhower oferecidos até agora foram tomados de seu segundo mandato.

O que impedia que a experiência afiasse seu senso de poder e seu gosto por ele? A resposta, aparentemente, se volta para um único ponto: Eisenhower queria ser Presidente, mas o que queria estava muito longe do que queria um FDR. Roosevelt era um político que buscava poder pessoal; Eisenhower era um herói que buscava a unidade nacional. Ele veio coroar uma reputação – não contruí-la. Queria ser o árbitro, não o mestre. Seu amor não pertencia ao poder, mas ao dever – e ao *status*. Naturalmente, o que não buscava, muitas vezes não encontrou.[18]

O efeito mais inibidor da carreira pregressa de Eisenhower não residia na sua irrelevância para a política presidencial, mas na influência sobre sua imagem de si próprio enquanto Presidente. Ele genuinamente se percebia como o herói que os outros pensavam que fosse. Nas palavras arrepiantes de Marquis Child: "A visão que tinha de si mesmo era a visão oficial da personalidade Eisenhower, a visão percebida através de canais".[19] E genuinamente achava que a Presidência era, ou deveria ser, a fonte de influência unificadora, moderadora, acima dos conflitos, com base no modelo de George Washington – o Washington da lenda, não o da vida real. Como Eisenhower disse à imprensa, em 1955:

> No sentido geral e depreciativo, pode-se dizer – é claro – que não gosto de política. Mas por outro lado, qualquer pessoa que se encontre numa posição de autoridade, onde tenha grande influência sobre os esforços das pessoas no sentido de trabalhar em prol de um mundo pacífico – pacífico! – na direção das relações internacionais que irão eliminar ou minimizar as possibilidades de uma guerra, todo esse tipo de coisas, é claro, é algo fascinante (...)

> Neste cargo há milhares de oportunidades singulares de encontrar pessoas especialmente interessantes, (...) líderes em termos de cultura, saúde, ação governamental , e de todo o mundo.

> Há muitas coisas a respeito do cargo e do trabalho – o trabalho com associados – que são, digamos, no mínimo intrigantes, até mesmo quando muito cansativas. Mas são – trata-se de uma experiência maravilhosa.

> Mas a palavra "política", como você a usa, penso que a resposta [a esta pergunta] seria não. Não gosto muito disso.[20]

O que o atraiu para a Presidência e o manteve lá, assim parece, foi uma concepção do bom homem acima da política, lembrando o Patriarca de seu País.

Com essa imagem, sua autoconfiança estava em alta quando assumiu o cargo; talvez ainda mais alta quando acedeu a um segundo mandato. Assim, dificilmente poderia contestar os argumentos de todos os seus amigos, de que "ocupava um lugar singular no mundo", de que dispunha de "um dom divino para reconciliar as diferenças entre as nações" e para "curar as cisões entre os norte-americanos" – e, por inferência, de que cumpria o papel da Presidência simplesmente estando lá.[21] Mas o lado reverso da moeda era uma confiança reduzida quando lidava com as questões difíceis, sobre as quais não havia consenso e que eram impostas à Presidência, pelas datas e pelos eventos. Sua confiança maior em 1956, após três anos no cargo, sugere não uma mudança de imagem, mas um truque da história. Quando decidiu a favor de um segundo mandato, havia sinais em abundância de que havia suficiente "paz" na Coréia, prosperidade doméstica, "espírito de Genebra", censura a McCarthy – esses e outros sinais fizeram com que a beneficência parecesse ser sua própria recompensa. Mas precisamente no momento da sua reeleição, a história o alcançou a passos de gigante: a Hungria e o Suez, e George Humphrey. Outros vieram depois.

Enquanto pudesse atuar como estadista e moderador, o senso de propriedade de Eisenhower em relação a seu trabalho parece não ter sido menor do que o de FDR. Sua autoconfiança – assim como a de Roosevelt – estava enraizada em um senso de estar naturalmente equipado para preencher a imagem que tinha do cargo. Mas diferente da imagem de Roosevelt, a de Eisenhower aparentemente não delineava o político e o iniciador naquele lugar solitário, onde os interesses de ninguém mais são iguais aos próprios e ninguém tem especialização para ser um especialista. Assim, a fonte da sua autoconfiança foi freqüentemente inimiga de seu senso de poder e não – como no caso de Roosevelt – constante aliada. Somente no sétimo ano de Eisenhower, após sua última campanha para o Congresso, a imagem de si mesmo aumentou sua sensibilidade quanto ao poder em uma esfera: a esfera das relações com o Congresso. Nessa ocasião, podia assegurar a si mesmo – e supostamente o fez – de que a "política" não desempenhava papel na sua busca por influência pessoal.

Se Eisenhower tivesse tido propósito mais claro como Presidente, seu próprio senso de direção poderia ter resgatado seu senso de poder. Ocasionalmente, isso parece ter acontecido, mas não muitas vezes. Seus propósitos não eram muito adequados à tarefa. Suas declarações públicas, em conjunto, mostraram que o que queria era paz com honra, tanto domesticamente quanto no exterior. Estava mais ou menos comprometido com os propósitos da política

Poder presidencial e os Presidentes modernos

externa que havia herdado, assim como, com os objetivos herdados da política externa, e em manter a herança de bem-estar social do *New Deal*. Também estava comprometido com seu partido como fonte mais segura de liderança para os Estados Unidos; esperava ver republicanos no poder após sua saída. Tomadas como tais, essas metas poderiam ter sido suficientes para um homem com aguçado senso de poder. Os propósitos de Eisenhower parecem tangíveis o suficiente para manterem tal pessoa em movimento, sem serem tão precisos a ponto de impeli-la por vias escuras ou colocá-la na contramão da história. Mas sua própria imprecisão os tornou inadequados para aguçar um senso de poder já não-aguçado. Se fizeram algo, foi deixá-lo ainda mais obtuso. Eisenhower muitas vezes parecia confundir generalidades com empreendimentos concretos; quando de fato chegava a perseguir um objetivo concreto, muitas vezes parecia perder de vista seus objetivos mais amplos.

Ao longo dos anos de Eisenhower no poder, não há dúvidas de que a paz – no sentido de alívio fundamental na ameaça de guerra – foi o objetivo amplo que mais tinha em mente, aquele que mais o atiçava e mais o interessava, para o qual se sentia particularmente apto. A idéia de que ele – somente ele – poderia contribuir para a causa da paz pode tê-lo convencido a almejar um segundo mandato. Como relata Robert Donovan ao acompanhar aquela decisão: "Eisenhower constantemente ouvia esse apelo ser repetido, às vezes expresso em termos de dever, ao qual parecia especialmente inclinado a atender. 'Foi esse conselho', disse mais tarde um membro de seu círculo mais íntimo, 'que levou consigo quando estava tomando a decisão". [22] Mas tanto antes quanto depois de 1956, seu compromisso pessoal parecia guiá-lo somente em direção ao cume dos objetivos gerais; lá embaixo, no vale das aplicações específicas, muitas vezes parecia perdido. Em 1955, em especial, fez grande esforço no sentido de criar e ganhar o crédito pelo "espírito de Genebra". Mas nas semanas que se seguiram entre a conferência de cúpula e seu ataque cardíaco, não deu nenhum sinal de saber o que pretendia fazer, seja com a criação, seja com os créditos. Em 1957, durante as conversações de armistício de Londres, Eisenhower apoiou Dulles em seu enfrentamento com Stassen em relação às abordagens aos russos, sem desautorizar as premissas de Stassen. Ao mesmo tempo, Eisenhower aproximou-se de uma visão do Tesouro em relação ao orçamento para a Defesa que não se enquadrava com as premissas de Dulles. Naquele ano – entre outros –, as disputas sobre política externa em seu Governo mostraram um Presidente comprometido e incerto acerca de ambos os lados, situação que lembrava o caso Humphrey. Os resultados foram bastante similares. Até mesmo na esfera da paz, que mais o importava, os propósitos de Eisenhower freqüentemente eram gerais demais para oferecer-lhe diretriz em relação a empreendimentos específicos.

205

Não surpreende que em outras esferas da política e das políticas públicas, que representavam bem menos para Eisenhower do que a paz, houvesse lacunas ainda maiores entre sua defesa de um objetivo geral e seu senso de direção em relação aos detalhes. Quando os objetivos amplos não eram aplicáveis ou estavam em conflito – como muitas vezes é o caso de objetivos amplos – estava inclinado a jogar a questão para os especialistas e seguir na direção que as pessoas que achava mais qualificadas escolhiam. Tinha enorme respeito por empresários bem-sucedidos, ainda mais quando seu comportamento confirmava as expectativas do leigo; mesmo que não admirasse os políticos da mesma maneira, dava-lhes a devida deferência, como leigo, no que acreditava fosse sua linha de trabalho. Quando Eisenhower lidava com os detalhes das questões domésticas e da política partidária, eram esses os especialistas que estava inclinado a seguir. Às vezes, eles o levavam para bem longe de seus objetivos declarados.

Seria distorção da história de Eisenhower sugerir que inevitavelmente agia dessa maneira. De forma intermitente, os aspectos específicos o interessavam, até mesmo questões específicas da política. Às vezes sua energia e seu entusiasmo pessoal estabeleciam objetivos concretos. Particularmente durante os meses que antecederam o seu infarto e, mais uma vez, após a vitória democrata de 1958, percebe-se que sua própria assertividade a respeito de objetivos específicos definitivamente estava em ascendência. Seus assessores relatam que quando e na medida em que isso acontecia, freqüentemente era bastante capaz de ser seu próprio guia, de escolher uma direção quanto aos detalhes a partir de seu próprio senso sobre onde e como ir. Mas parece que tais incursões ao âmbito do específico muitas vezes desviaram a sua mente dos objetivos gerais. O exemplo clássico parece ser sua concentração no orçamento no sétimo ano de seu governo.

Talvez em parte por seu tempo estar acabando; em parte talvez porque as vitórias democratas de 1958 acordaram seus instintos combativos, Eisenhower voltou sua atenção ao equilíbrio orçamentário com o entusiasmo até então reservado apenas à paz. Em 1959, seu propósito quanto ao orçamento era tão decidido quanto o de Humphrey havia sido dois anos antes. O que Humphrey havia defendido então, Eisenhower assumiu: um esforço para manter os futuros orçamentos equilibrados, resistindo a novos compromissos e reduzindo os já existentes; no longo prazo, isso representou um esforço para manter os gastos baixos, de modo que o aumento das receitas provenientes do crescimento econômico pudesse ser usado para pagamento da dívida e reduções de impostos, sem aumentar a pressão sobre a inflação. Como vimos no capítulo 4, o Presidente perseguiu esse objetivo negativo com fervor – e habilidade na utilização de suas prerrogativas – que o fizeram parecer um "homem mudado", em comparação com seu desempenho hesitante de 1957. Na mesma linha de raciocínio, os objetivos positivos que haviam causado sua hesitação no primeiro ano de seu segundo mandato parecem ter praticamente desaparecido de sua mente.

Eisenhower não mudou os rótulos de seus objetivos mais amplos. Em 1959, ainda defendia os objetivos de 1956: paz, prosperidade, e Republicanismo Moderno. Mas o significado desses objetivos foi alterado de forma bastante marcante quando cada um passou a ser identificado com a manutenção do orçamento. Se estava ou não ciente da alteração não está claro. E se os novos significados eram compatíveis com a contenção soviética, com o avanço norte-americano e com a vantagem republicana, decididamente é duvidoso. A resposta será dada nos anos 1960. Contudo, afirmar sua compatibilidade somente terá credibilidade com base no pressuposto de que o programa de Eisenhower no início de seu segundo mandato baseava-se em premissas equivocadas em praticamente todas as esferas – e que os relatórios do Rockefeller Brothers Fund eram fantasiosos. Supor outra coisa significa concluir que a campanha de Eisenhower em prol de um orçamento equilibrado, com sua pressão totalmente concentrada sobre o lado dos gastos, envolvia risco não somente a seus outros objetivos relacionados a políticas públicas, mas também a suas perspectivas de poder pós-1960 para o republicano que, esperava, viria a sucedê-lo na Casa Branca. Porque, se o orçamento de Eisenhower promovia expectativas que o futuro não poderia cumprir, seu legado político muito provavelmente se transformaria numa frustração popular quando chegasse a vez do próximo Presidente. Conta-se que as esperanças quanto a Rockefeller ou Nixon ainda não haviam sido perdidas. Mas não há relatos de que Eisenhower tenha percebido os riscos que corria, se não para si próprio, então para eles. Pelo contrário, em 1959, parecia estar satisfeito com a idéia de que o objetivo de Humphrey não era meramente uma boa política, mas sim uma base para a política de poder da Casa Branca.

É possível supor que o "novo" Eisenhower de 1959 retratasse uma mudança de perspectiva muito mais profunda do que sugere a análise anterior. É possível supor que esse Presidente, em seus últimos anos, tenha passado a perceber seu cargo e seu poder de forma muito diferente do que havia feito anteriormente. Pode ser, mas é improvável. Um membro de seu Governo – e simpático a ele – disse-me:

> Este é o Eisenhower da África do Norte e da Normandia, motivado pela mesma crença: de que a única batalha que conta é a última. Depois de 1958, sabia que a guerra estava quase terminando e a hora do combate final era agora ou nunca.

Mas na arte da guerra política, o resultado para um Presidente depende igualmente ou ainda mais das *primeiras* batalhas. Essas são as que decidem a sua imagem pública e criam padrão para sua reputação washingtoniana.

Supõe-se que um Presidente que se torna um "novo" homem em seu *sétimo* ano de Governo seja ainda estranho no mundo da política e do poder.

Tanto com Eisenhower quanto com FDR, o desempenho no cargo refletiu qualidades interiores da pessoa que modelaram toda sua abordagem ao poder pessoal. No caso de Roosevelt, uma aguçada sensibilidade quanto ao poder foi aumentada ainda mais por sua ampla confiança em usá-lo, e por seu senso de para que usá-lo. No caso de Eisenhower, uma relativa insensibilidade foi reforçada por uma autoconfiança que vacilava menos quando a "política" estava mais distante, e por um conjunto de propósitos que erguia seus olhos demasiadamente alto ou os direcionava demasiadamente para baixo, impedindo-o de perceber o plano intermediário, onde a estratégia e a tática se encontram. Não surpreende que FDR, na maioria das ocasiões, parecesse intensamente ciente de seus riscos de poder, enquanto Eisenhower freqüentemente parecia inconsciente deles. Tampouco surpreende que os métodos de um o ajudavam a perceber o que estava em jogo em termos de poder, enquanto o outro atuava de modo a obscurecê-los. Roosevelt sempre soube o que era o poder e sempre o desejou.

Em sua busca pelo poder pessoal, Harry Truman divergiu tanto de Roosevelt quanto de Eisenhower. Os métodos de auto-ajuda de Truman eram diferentes. Assim como seus *insights*, seus incentivos e sua imagem de si mesmo enquanto Presidente. Nesse sentido, não antevia o seu sucessor, nem procedia como seu predecessor. Contudo, o comportamento do próprio Truman irá confirmar o que o comportamento deles sugere: de que existe íntima conexão entre auto-ajuda na Presidência e três aspectos dos recursos interiores de um Presidente: seu senso de poder, sua autoconfiança – que se apóia em sua auto-imagem – e seu senso de direção.

Os métodos de Truman na Casa Branca seguiam formas um tanto quanto similares às de Eisenhower em direção a resultados um tanto quanto parecidos aos de Roosevelt. Em teoria, Truman estava tão comprometido quanto Eisenhower quanto às linhas retas e às caixinhas nos organogramas, e ao "trabalho de equipe finalizado". Mas, na prática, Truman tinha maior senso de percepção em relação às personalidades do que às jurisdições, e seu instinto era improvisar arranjos em torno de problemas, ao invés de atuar ao longo de procedimentos fixos. No lidar com seu pessoal, não estabeleceu linhas precisas de demarcação ou de hierarquia; aquelas que de fato chegou a estabelecer, provavelmente ignorou. Até onde fosse possível, recebia todo aquele que o quisesse ver, fosse congressista ou pessoas privadas ou chefes de departamentos ou assistentes, e ouvia o que tinham a lhe dizer e lia-lhes os documentos. Truman teorizava como um oficial de reserva impressionado com a doutrina do Exército; atuava como um senador. Seu escritório estava repleto com muitas das armadilhas que mais tarde ficaram conhecidas como o 'sistema de *staff* ; mas ele próprio permanecia incuravelmente informal e acessível. Além disso, na prática de Truman não havia um único ingrediente que não pudesse ser descrito como senatorial: adorava tomar decisões. Diferentemente de Eisenhower, não estava disposto a manter-se afastado delas, e diferentemente de Roosevelt, estava pouco inclinado a adiá-las quando lhe chegavam. Pelo contrário: seu próprio impulso inicial quando uma questão lhe era colocada era tomar uma decisão firme na hora; sua equipe e o Departamento de Estado estavam sempre grudados nele. Apesar de Truman fazer pouco dos métodos de Roosevelt – jamais pensaria em fomentar a desordem pela desordem –, sua acessibilidade e capacidade de decisão pessoal se combinaram para provê-lo – por debaixo da mesa, por assim dizer – de informações em sua mente e de escolhas em suas mãos numa escala mais semelhante à de Roosevelt do que à de Eisenhower.

Contudo, enquanto Roosevelt foi instintivamente operador de inteligência, Truman era instintivamente juiz. Os detalhes lhe chegavam, normalmente, como subproduto de seu ouvir e ler, caso a caso. Não buscava tão avidamente, quanto FDR o havia feito, os pedaços de informação não relacionados às questões do dia. Apesar de valer-se das fofocas quando lhe chegavam, Truman raramente tentava encaixar as peças para formar um todo, ou para especular a respeito de suas implicações, ou para estabelecer conexões entre algo aprendido em um contexto com algo feito em outro. Normalmente, concentrava-se no aqui e agora, segundo os termos que se adequavam à máquina decisória, buscando o que seria decidido, olhando para o que tinha implicações diretas sobre o caso, e tendendo a descartar todas as outras coisas como interessantes, porém irrelevantes. Ademais, enquanto lidava com a próxima decisão na fila, as que já haviam sido processadas e as que poderiam vir depois, muitas vezes não se ocupava delas. Assim como no caso dos detalhes tangíveis, Truman não tinha tendência a encaixar suas escolhas em padrões ou a visualizar aquela em questão fora de seu próprio contexto. E exatamente como no caso da informação, normalmente permitia que as iniciativas de outros determinassem o prazo para as suas decisões. As questões que existiam eram as que estavam sobre sua mesa. Como sua porta estava aberta e ouvia e lia, os detalhes se amontoavam à sua frente; por estar tão disposto a decidir, as decisões também se amontoavam. Mas Roosevelt havia perseguido tais coisas tendo o poder como objeto; Truman as via com bons olhos, mas com foco no dever. A diferença é significativa. As informações que tinha em sua mente e as escolhas que estavam em suas mãos não serviram a Truman da mesma maneira que haviam servido a FDR.

A sensibilidade de Truman ao poder não se equiparava à de seu antecessor. A experiência anterior de Truman havia sido menos relevante e lhe faltava o instinto de Roosevelt para os usos da posição executiva. Os instintos de Truman corriam em outra direção. Ele havia sido senador durante dez anos, começando numa época em que os emissários de Roosevelt eram um tanto secos e bruscos com os recém-chegados ao Capitólio. Truman nunca gostou do fato de a Casa Branca intrometer-se nas táticas legislativas; de fato, assumiu o cargo decidido a restaurar o equilíbrio "apropriado" entre Presidente e Congresso. Além disso, Truman compartilhava com muitos senadores uma percepção do Executivo como sendo "eles", concebendo-o muito mais como entidade e muito mais como extensão do executivo-chefe do que pareceria adequado quando se olha a partir de dentro. Roosevelt lhe parecia ser um mau administrador –impressão que muitos outros tinham de Roosevelt – e Truman assumiu o cargo decidido a administrar através do gabinete. Como mostra o primeiro volume de suas *Memoirs* (volume baseado em parte nas anotações feitas em 1945), Truman chegou à Casa Branca tendo certeza dos preconceitos normalmente associados a Eisenhower.[23] A experiência dos senadores – como a dos generais – pode estar muito distante, assim parece, da vida vivida no número 1.600 da Pennsylvania Avenue. E Truman não havia sido apenas senador: havia sido candidato da organização de Kansas City e havia ocupado diversos cargos durante um quarto de século. Chegou à Presidência possuído por aquela grande virtude de uma organização política: lealdade para com os que estão acima e abaixo dele próprio. Truman havia permanecido democrata rooseveltiano, leal ao líder de seu partido na Casa Branca, mesmo depois de FDR tentar tirar-lhe a cadeira no Senado durante a campanha primária, em 1940. Quando Truman ocupou a cadeira do líder, quando se tornou o patrão, manteve a mesma lealdade para com seus seguidores. Percebia – de fato, não podia deixar de saber – que Roosevelt, acima de tudo, havia sido leal a FDR. Nesse sentido, assim como em outros, Truman assumiu o cargo decidido a revisar os procedimentos de seu antecessor.

Truman aprendeu fazendo; até certo ponto, livrou-se de suas próprias ilusões a respeito da administração governamental, especialmente em relação ao gabinete, e na prática – se não na teoria – alterou vários de seus pontos de vista a respeito das relações congressuais. O diário não publicado do diretor de Orçamento que herdara, Harold Smith, oferece relato do treinamento – no trabalho e através dele – de um homem muito disposto a educar a si mesmo.[24] Truman muitas vezes aprendeu muito mais do que articulava, e suas *Memoirs* pouco mostram da sua enorme auto-educação; mas de fato – se não de memória – foi vasta. Contudo, nunca tendo sido funcionário governamental, Truman nunca adquiriu a íntima consciência que Roosevelt tinha sobre como exatamente o trabalho era realizado (ou interrompido) a seu redor e abaixo dele no mundo burocrático. E por nunca ter permitido que a ambição pela Casa Branca definisse o seu código de lealdade, Truman, quando chegou lá, não tinha motivos para alterar o código segundo o qual havia vivido toda sua vida política. Ao longo de toda sua Presidência, a falta de *feeling* burocrático de Truman, em associação com sua lealdade, o tornou decididamente menos sensível do que FDR em relação ao que estava em jogo em termos de seu poder pessoal. O modo como esses dois homens escolheram e lidaram com os que nomearam para ocupar cargos é bastante esclarecedor nesse aspecto.

Lembremos que Truman não havia pretendido a Presidência; suas metas pessoais não iam além de uma vida no Senado. Antes de sua indicação não-solicitada para a vice-presidência, dificilmente a idéia de ser Presidente passou por sua cabeça e, segundo seus próprios relatos, dificilmente cruzaram sua mente depois disso, até o dia em que Roosevelt morreu. Até então, Truman não havia estado faminto nem pelo poder, nem pelo status da Presidência. Nada em sua vida havia sido planejado em torno de visões de si mesmo enquanto chefe; Roosevelt era o chefe; e depois de Roosevelt haveria outro. Em 1948, Truman lutou para *eleger*-se Presidente; ele o fez em defesa própria, em nome de seu orgulho, como homem que fez o bem por conta própria e sempre enfrentou uma briga. Mas mesmo assim, não percebia a si mesmo como apto – acima dos demais – para ser Presidente. Até 1952, provavelmente seria capaz de dizer – e acreditar – que "há muitas pessoas, creio que um milhão em todo o país, que teriam feito trabalho melhor do que consegui, mas o trabalho era meu e tinha que fazê-lo". [25] Nessa observação, encontramos a essência da imagem que tinha de si mesmo no cargo.

A imagem de Truman da Presidência e de si mesmo enquanto Presidente diferenciava entre a pessoa e o cargo, em nível desconhecido nos casos de Roosevelt ou Eisenhower. Truman construiu sua imagem do cargo a partir de percepções como político, como democrata, como jovem venerador de Woodrow Wilson, como maduro seguidor de FDR, e como constante leitor de biografias políticas, em que encontrou muitas coisas das quais gostou em Jackson, Polk e Johnson. Truman via a Presidência como "o fim da linha da responsabilidade"; via o Presidente como a pessoa encarregada do Governo, como o que fará história para seu partido, e como a voz de todo o conjunto de norte-americanos. O trabalho que tinha que realizar – conforme Truman o via – era tomar decisões e tomar iniciativas; esses eram os deveres do chefe-e-porta-voz; era o que a sua percepção lhe dizia. Misturados àquelas percepções – talvez até mesmo guiando-as – estavam os valores particulares de Truman; a capacidade de tomar decisões ocupava o alto da lista. Mas parece que nunca, enquanto esteve no cargo, parece ter concebido que preenchia a Presidência simplesmente sendo Harry Truman. Via a si mesmo não como homem para quem o cargo houvesse sido feito, mas sim como homem que tinha um trabalho a fazer. Obtinha sua autoconfiança do fato de perceber-se como alguém que o estava fazendo.

A fonte da autoconfiança de Truman era sua habilidade, em sua própria mente, para viver de acordo com a imagem do Presidente como a pessoa encarregada de uma tarefa. Sua autoconfiança estava em alta quando via a si mesmo decidindo e iniciando. Raramente ficava mais calmo ou mais certo de si mesmo do que quando tinha que agir em meio à crise. Poucas coisas o deixavam mais desconfortável do que ter que ficar ponderando acerca de "ses" e "poréns", sem poder decidir. Mas a autoconfiança de Truman exigia mais do que mera tomada de decisão. Exigia que visse a si próprio decidindo segundo os termos que considerava merecedores de um Presidente. Sua imagem do cargo fazia com que o percebesse como ponto focal da política governamental, da política nacional e da história norte-americana. Não conseguia sentir ter cumprido sua tarefa se permitisse que sua própria inclinação ou seu interesse pessoal se sobrepusessem ao que supunha ser o dever presidencial. Seu próprio senso de separatividade entre a pessoa e o cargo o tornaram mais ciente do que a maioria dos Presidentes acerca de cada mudança de papel, entre os seis ou oito ou dez papéis nos quais os autores modernos dividem a Presidência. Desempenhava o papel de Chefe de Estado como anfitrião gentil, o de chefe do partido como político organizacional, o de chefe da política internacional como funcionário de carreira ansioso por obedecer às suas próprias ordens de que "a política pára na beira da água"[26]. Quando não estava desempenhando um ou outro papel, não via nada errado em ser Harry Truman, mas raramente pensava que suas preferências e antipatias deveriam determinar o que fazia ao desempenhar aqueles papéis.

O tipo de autoconfiança de Truman conseguia compensar a fragilidade de seu senso de poder, mas também era capaz de tornar tal fragilidade ainda pior. Tudo dependia da situação. Conforme registramos no capítulo 3, era muitíssimo bem-sucedido no lidar com o Plano Marshall. Como consta no capítulo 6, meteu-se em grande confusão em relação aos objetivos da Guerra da Coréia. E esses dois resultados foram o produto de uma mesma abordagem. Em ambos os casos, o Presidente permaneceu intensamente leal a seus subordinados e pessoalmente fez o melhor que pôde para abrir caminho na medida em que realizavam sua parcela da política governamental. Em ambos os casos, evitava idéias e intervenções que pudessem deixá-lo à mercê – do seu ponto de vista – da acusação de "manipular a segurança nacional em prol da política". Em ambos os casos, cedeu aos conselhos de pessoas das quais menos suspeitava – via de regra – de que tivessem motivações partidárias, acima de tudo dos generais (seu respeito de leigo pela carreira militar equivalia,

Poder presidencial e os Presidentes modernos

mais ou menos, à de Eisenhower pelos empresários). E em ambos os casos, tomava decisões de forma intencional e rápida, sempre que seus assessores lhe trouxessem alguma a ser tomada. A habilidade política e o olhar de cálculo no caso do Plano Marshall podem dar falsa impressão. Truman não estava sendo sutil; simplesmente estava fazendo o que pensava que um Presidente deveria fazer, dia a dia. Como Jack Redding escreveu em relação a outro assunto:

> O que muitas pessoas não entendem é que, ao falar, o Presidente [Truman] raramente dava voltas para atingir seus objetivos. Dizia o que queria dizer. É por isso que tantos 'entendidos' não conseguiram analisar as ações do Presidente. Eles sempre estavam buscando algo por detrás do que ele dizia e fazia, buscando uma explicação diferente da óbvia.[27]

O senso de direção pessoal de Truman foi talhado da mesma matéria que sua autoconfiança e tinha efeito semelhante sobre seu senso de poder, aguçando-o ou embotando-o em diferentes situações. Ele chegou ao cargo muito consciente da herança de FDR. Em termos de políticas públicas, via a si mesmo como o herdeiro da coalizão de Roosevelt entre o sul democrático e o oeste progressivo, com o norte étnico e as minorias religiosas. Truman não apenas era cuidadoso com sua herança, mas também se sentiu obrigado a protegê-la, a melhorá-la e a passá-la adiante. Associado à imagem de seu cargo, tal sentimento era suficiente para dar-lhe todos os propósitos que uma pessoa pode carregar enquanto tenta lidar com oito anos de história moderna. De fato, a combinação empurrou esse homem em direção a posições fixas que não são facilmente abandonadas em face de eventos alterados, e o tornaram, muitas vezes, relutante para voltar atrás. Enquanto Roosevelt havia evitado posições fixas, Truman as buscava. Assim como Roosevelt tinha a característica de deixar as saídas de emergência sempre abertas, Truman tinha a característica de bater as portas. Quando Eisenhower foi à luta para reduzir os gastos federais, sua posição – mesmo que não o seu objeto – lembrava a de Truman.

"O Presidente precisa definir a direção", foi o comentário de Truman numa conversa ao deixar o escritório. Para ele, a tarefa incluía colocar os pontos nos "is" e cortar os "ts". A *advocacy* em termos específicos era sua concepção de uma iniciativa apropriada. Se os detalhes eram ignorados, ou se mais tarde viriam a assombrá-lo, ainda assim teria cumprido seu dever enquanto Presidente. Nas suas palavras: "O que o país precisava em todas as áreas... dependia de mim dizê-lo... e se o Congresso não respondesse – bem, eu teria feito tudo que podia, de forma direta e correta." Às vezes, essa abordagem o impulsionava em direção ao poder, como certamente foi o caso em 1948. Mas às vezes os detalhes lhe deixavam pouco espaço de manobra quando os eventos produziam mudança em suas prioridades ou alteravam as expectativas do público em relação ao seu cargo. Em 1943, um Roosevelt podia derrotar um "Dr. New Deal" em troca de um "Dr.Vença-a-Guerra", parecer apropriado e marcar ponto. Parece que Truman não poderia tê-lo feito em 1950-51. Além disso, teria achado errado tentá-lo.[28]

A ajuda que Truman deu a si mesmo ao calcular o que estava em jogo em termos de poder era irregular; seu senso de poder também era irregular. Seus métodos na Presidência o colocavam em contato com detalhes e com decisões mais consistentes do que as de Eisenhower, mas o *timing* desses contatos não era páreo para os de Roosevelt do ponto de vista da proteção do poder pessoal. Assim como no caso do seu antecessor e de seu sucessor, os métodos de Truman mantêm relação óbvia com sua própria percepção do poder e seus propósitos e com sua fonte de autoconfiança. Seus métodos eram os de uma pessoa que amava a Presidência, não tanto pelo que poderia dela receber, por meio de poder pessoal ou *status*, mas sim pelo que via nela como corporificação do Governo, do partido e da história, independentemente dele. Truman adorava sua própria imagem da instituição. Quando os interesses de poder para o cargo – segundo sua imagem deles – coincidiam com seus interesses de influência pessoal, sua sensibilidade era facilmente afetada. Mas quando não havia coincidência óbvia, podia ser bastante insensível aos interesses pessoais, ou até mesmo desaprová-los, caso os percebesse como aquém da dignidade de um Presidente. Seu relacionamento com MacArthur oferece exemplos clássicos em relação a ambos os aspectos.

A repugnância de Truman em relação ao que fosse "meramente" pessoal não era menor que a de seu sucessor. Eisenhower também desaprovava vantagens pessoais enquanto orientadoras de tomadas de decisão presidenciais. Mas a imagem de Truman a respeito do cargo o tornava sensível a qualquer coisa que desafiasse sua posição enquanto tomador de decisão e proponente. Seu sentimento em relação à Presidência enquanto serviço público era tão forte que muitas vezes foi levado a autoproteger-se, buscando proteger o que acreditava serem seus deveres. A imagem de Eisenhower não oferecia tal compensação. As sensibilidades de Eisenhower eram reservadas, na maioria das vezes, para o que acreditava ser seu lugar acima das disputas. Paradoxalmente, seu instinto em relação ao elemento honorífico da Presidência muitas vezes fez com que suas próprias reações parecessem intensamente pessoais. Mas raramente pareciam "políticas". Na imagem de Eisenhower, a "política" definia o âmbito meramente pessoal. Na imagem de Truman, a "política" era um dever.

Na imagem de Roosevelt, diferente de ambas, a "política" e tudo o mais eram veículo para *ele*. Dos três, Roosevelt foi o mais efetivo em proteger seu poder pessoal.

E ssas observações a respeito de nossos recentes Presidentes concluem uma linha de argumentação iniciada no capítulo 2. Permitam-me relembrá-la rapidamente. O poder governamental – em realidade, não em forma – é a influência efetiva sobre o comportamento das pessoas efetivamente envolvidas na elaboração e implementação das políticas públicas. A influência efetiva de quem ocupa a Casa Branca provém de três fontes correlatas: primeiro, das vantagens de barganha inerentes ao cargo, com as quais pode persuadir outras pessoas de que o que quer delas é o que suas próprias responsabilidades exigem que façam. Segundo, das expectativas daquelas outras pessoas em relação à sua habilidade e vontade de usar as diversas vantagens que pensam que o Presidente tem. Terceiro, das estimativas daquelas pessoas sobre como seu público o percebe e como seus públicos podem percebê-las, caso façam o que quer. Em suma: seu poder é produto de seus pontos de vantagem no Governo, juntamente com sua reputação na comunidade de Washington e seu prestígio fora de Washington.

O próprio Presidente afeta o fluxo de poder dessas fontes, apesar de que nunca irá decidir sozinho se elas irão fluir livremente ou irão esgotar-se. Ele gera seu impacto pessoal pelas coisas que diz e faz. De acordo com isso, suas escolhas do que deveria dizer e fazer, e como e quando, são seus meios para conservar e acionar as fontes de seu poder. Ou então, as escolhas são os meios pelos quais dissipa seu poder. O resultado – caso a caso – muitas vezes dependerá do fato de perceber ou não seus riscos em termos de poder e de levar em conta o que vê antes de fazer sua escolha. Um Presidente está posicionado de forma tão singular e seu poder está tão intimamente vinculado à singularidade de seu cargo, que não pode contar com mais ninguém para perceber as coisas em seu lugar. Contudo, ele próprio dificilmente consegue ver e avaliar seus interesses de poder, a não ser que seja alertado por detalhes significativos e lide com suas decisões a tempo. Informações úteis e escolhas em tempo hábil poderão não alcançá-lo; precisa buscá-los. Isso significa ajudar a si mesmo a aumentar sua influência pessoal. Esse é o tipo de ajuda de que o Presidente mais necessita. Mas não sentirá tal necessidade, nem a preencherá, caso sua imagem do cargo o mantenha com os olhos virados na direção oposta do poder.

É natural que Franklin Roosevelt – sedento pelo poder da Presidência e percebendo-o como direito de nascença – deva exemplificar o homem que ajuda a si mesmo. É irônico que um homem como Truman – que não sentia tal apetite e não reivindicava tal direito de nascença – ainda assim houvesse criado, a partir de sua experiência e de seus heróis e de suas leituras, uma imagem do cargo que o impelisse em direção à auto-ajuda. É igualmente irônico que Eisenhower, saudado por comentaristas e eleitores (e por muitos intelectuais) como singularmente qualificado para o poder na Presidência, tenha sido afastado da auto-ajuda por suas próprias qualificações. Somente um político extraordinário poderia ter conseguido explorar as oportunidades de influência criadas pela presença de um herói na Casa Branca. Mas, se Eisenhower tivesse sido um homem da política, nunca teria chegado lá como o herói que era. E sendo o que era, olhava para sua presença naquele local pelos olhos de um antipolítico. Não há dúvidas de que trocou seus louros de herói por bem menos do que valiam, na moeda do poder. Mas de que outra forma Eisenhower poderia ter agido? Sua imagem de si mesmo no cargo ditou os termos dessa troca.

Não há nenhuma certeza de que quando uma pessoa se torna o Presidente dos Estados Unidos seu senso de poder e de propósito e sua própria fonte de autoconfiança lhe mostrarão como ajudar a si mesmo a aumentar sua influência pessoal. Mas há inúmeros motivos para crer que nada disso lhe será mostrado se a Casa Branca for sua primeira investida na política. A Presidência não é lugar para amadores.

Notas

[1] Refere-se ao *Report of the President's Committee on Administrative Management* (Washington: Government Printing Office, 1937). Para mais informações, ver o segundo volume de reminiscências do presidente do comitê, Louis Brownlow, *A Passion for Anonymity*, Chicago: University of Chicago Press, 1958, capítulos 28, 30, 31 e 33.

[2] Essas assim chamadas facilidades de *staff* em torno do Presidente de fato são um conjunto desordenado de funcionários pessoais e institucionais e de comitês interagenciais. Seu desenvolvimento nunca foi traçado de forma satisfatória, nem suas operações foram analisadas em profundidade, por nenhuma fonte. De fato, algumas dessas facilidades ainda precisam ser discutidas com algum nível de profundidade, por alguma fonte. Neste momento encontra-se em andamento um estudo sobre a Presidência institucionalizada, por Matthew Dickenson. Quando for publicado, o seu trabalho deverá contribuir significativamente para um melhor entendimento da instituição presidencial. Ver acima, pp. 218-228.

[3] Clinton Rossiter, *The American Presidency* (New York: Harcourt Brace, 1956), p. 104.

[4] É claro que a exposição a detalhes pode ir longe demais. Herbert Hoover talvez seja o exemplo clássico de um homem que foi longe demais. Hoover, por exemplo, lia e aprovava pessoalmente cada carta enviada pela diretoria de Orçamento às agências executivas, "liberando" suas respostas individuais a questionamentos do Congresso acerca de questões referentes à legislação. Ao sugerir que um Presidente seja seu próprio diretor de Pessoal, não o incentivaria a desempenhar rotineiramente o trabalho de todo o seu *staff*. Admiramos a capacidade de trabalho de Hoover, mas não seu julgamento a respeito do que assumir e do que permitir ser executado pelos outros.

[5] Arthur M. Schlesinger, Jr., *The Age of Roosevelt*, vol. 2, *The Coming of the New Deal* (Boston: Houghton Mifflin, 1959), pp. 522-523.

Esta e citações posteriores foram tiradas da caracterização feita por Schlesinger a respeito de Roosevelt em seus primeiros anos. Muitas vezes se supõe que, em seus últimos anos, durante a II Guerra Mundial, Roosevelt tenha sido um "homem mudado" em relação à maneira como passou a lidar com a estratégia militar e a política internacional – suas principais preocupações na época –, praticamente tornou-se uma 'criatura' de seu Estado Maior. O que seus biógrafos farão dele, eu não sei.

Mas está claro que irão lidar com evidências contraditórias. "Franklin Roosevelt as Commander in Chief in World War II", *Military Affairs*, vol. 22, no. 4 (inverno de 1958-59), pp. 181 e seguintes, oferece leitura sugestiva que desconsidera a "mudança". Veja também Harvey Mansfield e Harold Stein, *Arms and the State*, New York: Twentieth Century Fund, 1959, parte um, capítulo 3."Directives for the Occupation of Germany: The Washington Controversy", de Paul Hammond, em Harold Stein, ed., *American Civil-Military Decisions*, uma análise do *Twentieth Century Fund* (Birmingham: University of Alabama, 1963) apresenta estudo de caso detalhado de Roosevelt em ação, próximo ao final. Essa análise mostra um homem que, de fato, está cansado, cujos pés escorregam de vez em quando, como em Quebec, mas de modo algum um homem "mudado". Também mostra o que suspeito possa ser a chave para compreender a Presidência de guerra de FDR: que sua perspectiva pessoal muitas vezes coincidia com os julgamentos de seus assessores militares, *mas não pelos motivos deles*. Seu julgamento pessoal e político pode ter deixado de acompanhar os eventos – como Emerson sugere – apesar da evidência não ser conclusiva. Mas não quer dizer que deixou de consultar – e informar – a si próprio enquanto político, praticamente da mesma maneira que o havia feito até então. E a julgar do que aprendi a respeito de suas conversas finais, pouco antes de sua morte pode ser que estivesse acompanhando os eventos rapidamente ou deles estivesse a par; nesse caso, estava à frente da maioria de seus assessores. Pelo menos, pode-se dizer que estava no processo de avaliar as relações soviético-americanas e que ninguém pode reivindicar saber com certeza como a mente dele funcionava em relação aos problemas que seu sucessor enfrentaria em breve. O homem cuja mente continuava não sendo compreendida por seus parceiros, dificilmente era um homem mudado.

[6] N.T.: Theodore Roosevelt, Presidente dos Estados Unidos de 1901-1909, era um primo distante de Franklin Roosevelt e tio da esposa deste último, Anna Eleanor Roosevelt.

[7] N.T.: Franklin Delano Roosevelt foi Presidente dos Estados Unidos de 1933 a 1945.

[8] Schlesinger, *Roosevelt*, vol. 2 p. 528.

[9] Idem.

[10] Os exemplos clássicos dos erros de cálculo incorridos por Roosevelt são a sua apresentação inicial sobre a reforma da Corte Suprema, em 1937, e sua escolha descuidada de objetos e

táticas para o assim chamado "expurgo" em seu partido, em 1938. Ver James M. Burns, Roosevelt: *The Lion and the Fox*, New York: Harcourt Brace, 1956, especialmente pp. 291 e seguintes e pp. 358 e seguintes.

Muitos autores vêem a fórmula da "rendição incondicional", de 1943, como terceiro exemplo. Não tenho certeza. Da perspectiva de um Presidente, aquela fórmula pode ter sido, entre outras coisas, uma maneira de manter as portas abertas, ao invés de batê-las e fechá-las, numa época em que o "equilíbrio do poder administrativo", na expressão de Schlesinger, continuava indeterminado, domesticamente e internacionalmente. Vale a pena ressaltar os comentários de Winston Churchill nesse sentido; ver seu livro *The Hinge of Fate*, Boston, Houghon Mifflin, 1950, pp. 685-691.

[11] Tais comentários gerais sobre o funcionamento do "sistema de *staff*" de Eisenhower foram obtidos por meio de entrevistas periódicas com funcionários do *staff* na Casa Branca e com alguns outros, cujo trabalho os levava a manter contato próximo com a Casa Branca. Quinze indivíduos foram entrevistados pelo menos uma vez; três dentro e quatro fora da Casa Branca foram entrevistados três vezes ou mais, em intervalos, constituindo uma espécie de "painel". Tais entrevistas foram realizadas em janeiro e junho de 1954; abril, junho e dezembro de 1955; junho de 1956; abril e outubro de 1957; janeiro, fevereiro, março e abril de 1958; e em abril de 1959.

[12] Este comentário, feito durante conversa pessoal, data de janeiro de 1958, três anos antes do encerramento do mandato de Eisenhower.

[13] N.A.: Segundo as memórias de Nixon, tal relutância foi aparente, não real. Ver capítulo 10.

[14] Ver Robert J. Donovan, *Eisenhower: The Inside Story*, New York: Harper, 1956, capítulos 2, 4, 6, 10, 23 e 25.

[15] N.A.: Os registros por escrito de fato deixaram essa caracterização incompleta. Ver capítulo 13.

[16] Idem, p. 357.

[17] Um resumo do envolvimento político de Eisenhower como potencial candidato a partir de 1947 pode ser encontrado em Marquis Childs, *Eisenhower: Captive Hero*, New York: Harcourt Brace, 1958, capítulos 6 e 7.

[18] N.A.: Mas veja o caso contrastante referente a Dien Bien Phu, durante o primeiro mandato, no capítulo 13.

[19] Idem, p. 117.

[20] Transcrição da Conferência de Imprensa Presidencial de 31 de maio de 1955, conforme reportagem no *New York Times*, 1º de junho de 1955.

[21] As citações provêm do relato de Robert Donovan sobre a conferência de Eisenhower com 12 pessoas próximas a ele, em janeiro de 1956, a respeito de um segundo mandato. Ver Donovan, Eisenhower, pp. 394-395.

[22] Idem, p. 402.

[23] Ver *Memoirs*, de Harry S. Truman, vol. 1, *Year of Decisions*, Garden City, N.Yl: Doubleday, 1955, por exemplo, pp. 328-329.

[24] Agradeço ao ex-Presidente Truman por me permitir ler sua cópia fotostática da porção do diário de Harold Smith que cobre os primeiros quinze meses de sua Presidência. Smith, que havia sido diretor de Orçamento desde 1939, pediu demissão em julho de 1946.

[25] Transcrição da Conferência de Imprensa Presidencial para a *American Society of Newspaper Editors*, 17 de abril de 1952, arquivada na Truman Library, em Independence, Missouri.

[26] N.T.: *Politics stops at the water's edge* é uma expressão atribuída ao senador por Michigan Arthur Vandenberg, ao conclamar os norte-americanos a superarem as diferenças partidárias e buscar uma posição comum em se tratando de política internacional após a II Guerra Mundial.

[27] Jack Redding, *Inside the Democratic Party*, Indianapolis e New York: Bobbs-Merrill, 1958, p. 133.

[28] Para maiores detalhes, ver meu artigo "Congress and the Fair Deal: A Legislative Balance Sheet", *Public Policy*, vol. 5, Cambridge: Harvard University Press, 1954, especialmente pp. 374-378.

CAPÍTULO 8
A SEGUIR, OS ANOS SESSENTA

Para criar o máximo de poder para si, um Presidente tem de saber no que consiste. Este livro abordou o poder, tanto no sentido da influência pessoal como da eficácia, prospectivamente, olhando em direção ao amanhã, a partir do hoje. Esse olhar traz a essência da tarefa que se coloca a uma pessoa que procura maximizar o seu poder. Se deseja ter poder no futuro, tem de preservá-lo no presente. Ela o protege, da melhor maneira possível, avaliando os efeitos da ação presente sobre as fontes de sua influência. Ao fazer tal avaliação, não há ninguém de quem possa depender, a não ser de si mesma; seu poder e suas fontes representam área de especialização que lhe é reservada. Entretanto, os assuntos que demandam sua atuação, dia após dia, raramente mostram claramente seus riscos pessoais. Sua especialização deve primeiramente ajudá-la a enxergar abaixo da superfície aparente, caso se espere que venha a ajudá-la a avaliar o que de fato está sob as aparências. O Presidente, enquanto perito, presta a si mesmo dois serviços; sem tal especialização, não pode fazê-lo.

Repito: a Presidência não é lugar para amadores. É quase impossível adquirir esse tipo de perícia sem experiência profunda em um cargo político. Presidência é posição para políticos, mas não, em absoluto, posição para qualquer político.

Não há motivo para supor que os políticos, de modo geral, dispõem dos meios para ajudar a construir o poder presidencial. Os políticos que se especializam no trabalho organizacional e nas atividades do partido dificilmente se qualificam; em um mandato político é a experiência que conta. Para nossos propósitos, podemos considerar como políticos apenas os que constroem carreiras no exercício de um mandato político. Porém, o emprego habilidoso do poder presidencial não advém automaticamente de uma experiência como essa. Posto algum no Governo, em qualquer nível, necessariamente dá a alguém capacidade de reconhecer as fontes específicas de influência da Presidência. O número de tais fontes se equipara ao número de 'bases eleitorais' de um Presidente – estrangeiras e domésticas. Os cargos que proporcionam visão em

221

certo sentido, freqüentemente obscurecem os demais. Além disso, a ocupação de um cargo político no passado não é garantia alguma de que alguém trará consigo para a Casa Branca o grau e o tipo de sensibilidade que o possam auxiliar quando lá estiver. Hoover, o ex-secretário de Comércio, tinha um sentido de propósito tão preciso que chegava a atrapalhá-lo. O ex-senador Harding parece não ter tido essa sensibilidade, de modo algum. Ademais, a mera experiência, por mais relevante, não garante que um Presidente encontrará confiança exatamente na hora em que mais precisa. Essa confiança exige que sua própria imagem no mandato justifique uma busca incessante de poder político. Mas exige também que sua própria imagem admita fracassos e frustração nessa busca.

Conta-se que FDR certa vez comentou que Lincoln "foi um homem triste porque não pôde obter tudo de uma só vez. E ninguém pode."[1] Se um Presidente pretende ajudar a si mesmo ao longo das vicissitudes que encontrará em quatro ou oito longos anos, sua fonte de confiança deve fazê-lo capaz de suportar a tristeza de Lincoln com graça. Aquele que busca poder e cuja auto-confiança requer retorno imediato e sucesso certo pode colocar tudo a perder, inclusive seu próprio poder. Suportar com graça exige humor e perspectiva. A experiência política não garante tais qualidades. De fato, pode diminuir tais qualidades na medida em que traz gosto pelo poder. O detentor de cargo político que combine essas qualidades com percepção de poder presidencial e apetite por esse tal poder não é um político qualquer.

A perícia no poder presidencial parece ser território não de políticos como classe, mas de políticos extraordinários. O que destaca tais homens? Uma vez o Presidente da Suprema Corte norte-americana, o juiz Holmes, caracterizou Franklin Roosevelt como "um intelecto de segunda categoria, mas com um temperamento de primeira". Talvez essa seja a combinação necessária. A política de um Governo bem estabelecido raramente atraiu ou tratou com gentileza pessoas a quem os intelectuais consideram 'intelectos de primeira'. O temperamento, seja como for, é o grande divisor de águas. A experiência deixa suas marcas na especialização; bem como as ambições que alguém tenha para si próprio e para seus constituintes. Mas é o tal temperamento 'de primeira" que transforma *know-how* e desejo em vantagem pessoal. A confiança necessária é alimentada por esse temperamento. É um recurso humano que não se encontra todo dia entre os políticos norte-americanos.

Se habilidade para maximizar o poder para si próprio servisse apenas para promover orgulho ou prazer da própria pessoa, não haveria motivo algum para que nós outros nos preocupássemos em saber se alguém é habilidoso ou não. Mais precisamente, não haveria razão alguma, exceto o sentimento e o partidarismo. Mas o sucesso de um Presidente nesse tipo de empreitada atende a objetivos que vão muito além dos seus próprios propósitos e muito além dos do seu partido. Por motivos que abordarei daqui a pouco, uma busca especializada por influência presidencial contribui para a energia do Governo e para a viabilidade das políticas públicas. O Governo é energizado por uma tensão produtiva entre suas diversas partes funcionais. A política é mantida viva por meio da transformação contínua de intenção em resultado. Nesse início da sétima década do século vinte, precisamos de um Governo enérgico e de políticas públicas viáveis. A perícia em poder presidencial ajuda a ambos. As 'bases eleitorais' do Presidente, sem considerar seu partido (ou até mesmo o seu país), têm grande interesse em sua busca por influência pessoal.

No sistema político norte-americano, o Presidente ocupa lugar único e trabalha dentro de um quadro referencial único. Em relação às coisas que o Presidente tem de fazer pessoalmente, não há distinção entre "civil" e "militar", "estrangeiro" e "doméstico", "Legislativo" e "Executivo" ou "administrativo" e "político". Na sua mesa – e somente lá –, distinções desse tipo perdem totalmente o significado. As expectativas focadas na sua pessoa não convergem para nenhum outro indivíduo; mais ninguém sente a pressão de todas as suas cinco bases eleitorais; mais ninguém se sente pressionado por ter sido "eleito pela nação". Além disso, mais ninguém, além do Presidente, convive dia após dia com suas responsabilidades numa era atômica, em meio à Guerra Fria. Somente ele pode reivindicar para si o direito inquestionável de ter acesso a todas as informações, de todas as partes, sobre os mistérios desta era e desta guerra. Sua posição e seu quadro referencial são únicos. Entretanto, da mesma maneira, seu poder é mutável. Já que ninguém compartilha seu lugar, ninguém tem o compromisso de sustentar o que o Presidente possa vir a fazer lá. As conseqüências são descritas em cada exemplo deste livro.

As coisas sobre as quais o Presidente tem de pensar, caso deseje construir sua influência, são semelhantes às relacionadas à viabilização das políticas públicas. A correspondência pode não ser exata, mas é bastante próxima. Quem pensar sobre a primeira, certamente irá contribuir para a segunda. Um Presidente que percebe de que é feita sua influência e que pretende resguardar seu futuro, irá tratar de seus atos presentes com um olho nas reações de seus eleitorados, dentro e fora de Washington. A própria amplitude e abrangência de suas bases eleitorais e de seus apelos, juntamente com a incerteza da resposta, farão com que o Presidente fique ávido por perceber e avaliar o que Arthur Schlesinger denominou "o equilíbrio do poder administrativo".[2] Trata-se do equilíbrio entre possibilidades políticas, gerenciais, psicológicas e pessoais. Considerando que o quadro referencial do Presidente é, ao mesmo tempo, tão abrangente e tão político, o que percebe como sendo equilíbrio para si próprio, provavelmente estará bastante próximo daquilo que é viável em termos políticos.

O que o Presidente percebe em termos de poder fornece-lhe dicas em termos de políticas para ajudá-lo a procurar além da aparência das questões.

A viabilidade das políticas envolve três ingredientes. Em primeiro lugar, temos o propósito que avança com a marcha da história, uma direção em sintonia com as necessidades vindouras. Em segundo lugar, temos operações que se mostram administráveis para as pessoas delas incumbidas, aceitáveis aos que devem apoiá-las, e toleráveis aos que devem agüentá-las dentro e fora de Washington. O *timing* pode ser crucial para o apoio e a aceitação; esse *timing* é o terceiro ingrediente. O Presidente que percebe o que está em jogo, em se tratando de poder, percebe algo semelhante aos ingredientes que garantem a viabilidade das políticas.

Ninguém mais em nosso sistema dispõe de fonte melhor de indícios. A *expertise* presidencial, portanto, está a serviço da efetividade das políticas. Decidir o que é viável tem-se tornado cada vez mais essencial e mais complexo, praticamente a cada virada nos eventos mundiais (e na política doméstica), desde a II Guerra Mundial. As considerações significativas tornaram-se tão especializadas que os especialistas numa esfera perdem o contato com a *expertise* numa outra esfera. Avaliações significativas tornaram-se tão ardilosas, que os peritos de todas as áreas as ficam disputando entre si. Conseqüentemente, a viabilidade de uma política pode ser o único parâmetro para a tomada de decisão significativa. Quando tal parâmetro é excessivamente complicado pela tendência das políticas de se entrelaçarem e se sobreporem e de saltar para além de fronteiras nacionais, esse parâmetro torna-se uma esfera de *expertise* tão especializada como as outras. Na esfera da viabilidade, o nosso sistema não pode oferecer especialista maior do que um Presidente comprometido em salvaguardar sua influência – desde que compreenda no que consiste tal influência.

Quanto mais determinada for a busca de um Presidente pelo poder, tanto maior a probabilidade de que trará vigor a seu ofício. Na medida em que faz isso, contribui para a energia do Governo. No Congresso, nas agências e nos partidos nacionais, gera-se energia por meio de apoio ou oposição. Mas primeiramente deve haver algo a apoiar ou a que se opor. A maioria dos washingtonianos espera isso da Casa Branca. Muitas vezes não há nenhum outro lugar de onde se possa esperar isso. A necessidade das outras pessoas de que haja iniciativa por parte do Presidente cria uma dependência dele. A dependência dos outros se torna a vantagem do Presidente. Mas ele somente pode fazer uso dessa vantagem na medida em que atende à necessidade. Um funcionário dinâmico energizará todo o Governo; uma pessoa focada na influência é esse tipo de funcionário (ou então uma pessoa focada na história, desde que conte com heróis, como foi o caso de Harry Truman). Mas não se pode esperar que muitas pessoas conheçam a história tão bem quanto ele; pois, mesmo que a conheçam, talvez escolham outros heróis.

As contribuições que um Presidente pode fazer a um Governo são indispensáveis. Supondo que saiba o que é o poder e que o deseje, tais contribuições certamente serão vantajosas de alguma forma como produtos colaterais de sua busca por influência pessoal. Num sentido relativo, mas real, pode-se dizer de um Presidente o que o primeiro secretário de Defesa de Eisenhower disse uma vez da General Motors: "O que é bom para o país, é bom para o Presidente, e vice-versa". Obviamente, não há nenhuma garantia de que todos os Presidentes buscarão o que é bom para eles; seu senso de poder e de propósito e a fonte de sua autoconfiança podem virar sua cabeça numa outra direção. Nesse caso, suas contribuições podem ser a letargia e não a energia, ou políticas que se movem contra a – e não a favor da – marcha da história. A maneira como o Presidente vê e busca sua influência afetará o resto de nós, aconteça-lhe o que acontecer.

Há motivos para supor que nos anos que virão a seguir os problemas de poder de um Presidente continuarão os mesmos que os das décadas que acabamos de deixar para trás. Nesse caso, necessitaremos igualmente de *expertise* presidencial do tipo específico ressaltado neste livro. De fato, a necessidade provavelmente será maior. O próprio Presidente (e com ele, o Governo inteiro), mais do que nunca, provavelmente estará à mercê da sua abordagem pessoal.

Que impacto os anos sessenta poderão ter sobre a política e as políticas e sobre a posição dos Presidentes em nosso sistema político? Os anos sessenta podem destruí-la, da forma como a conhecemos, sem dúvida. Mas, excluindo as hipóteses de uma depressão profunda ou de uma guerra ilimitada, uma transformação total é muito improvável. Sem catástrofes daquelas dimensões, nada na nossa experiência passada sugere que veremos um consenso do tipo disponível para FDR nos anos 1933 e 1942 ou um clamor popular por ajustes institucionais que provavelmente ajudariam o Presidente. Na ausência de clamor popular, o conservadorismo natural das instituições estabelecidas manterá o Congresso e as organizações partidárias bastante resistentes a reformas que possam dar ao Presidente clara vantagem sobre eles. Os mandatos de quatro anos para deputados e senadores poderiam fazê-lo, se os mandatos novos coincidissem com o do Presidente. O que causaria uma demanda assim? Quanto ao consenso propiciado pelas crises, provavelmente estará fora do alcance do próximo Presidente. Podemos ter-nos colocado fora do mercado das crises "produtivas", do tipo que Roosevelt conheceu – produtivas no sentido de que fortaleceram suas chances de apoio sustentado dentro do sistema. A julgar pelos anos cinqüenta, nem a guerra limitada, nem a depressão limitada é produtiva naqueles termos. Qualquer coisa ilimitada provavelmente quebrará o sistema.

Na ausência de crises produtivas, e presumindo que conseguiremos evitar as crises destrutivas, nada que possamos prever agora sugere que nosso próximo Presidente terá apoio garantido de qualquer setor. Não adianta esperá-lo da burocracia, a não ser quando demonstrado pelo Capitólio. Ele não encontrará apoio garantido no Congresso, a não ser que a contemplação de seus próprios eleitorados mantenha a maioria de membros constantemente alinhada com ele. Nos anos sessenta, é de se duvidar – por motivos que serão mencionados depois – que a pressão dos eleitorados irá empurrar a mesma maioria de pessoas em cada câmara na direção de um apoio consistente ao Presidente. Ao invés, parece que irá conquistar maiorias, construindo coalizões pontuais, assunto por assunto. Nesse aspecto, os anos sessenta serão semelhantes aos anos cinqüenta. De fato, um paralelo mais exato talvez seria o final dos anos quarenta. Quanto à fidelidade partidária, nos termos da Inglaterra – a panacéia favorita de cientistas políticos desde os tempos em que Woodrow Wilson era jovem –, o primeiro fator preliminar seria um elo partidário entre a Casa Branca e as lideranças em ambas as Casas do Capitólio. Mas até esse elemento preliminar esteve ausente durante oito dos quinze anos que se passaram desde a II Guerra Mundial. Se o voto dividido continuar durante os anos sessenta, em breve será "não-americano" o Presidente e o Congresso pertencerem ao mesmo partido.

Mesmo que a tendência fosse revertida agora, no curto prazo não há perspectiva de que, por trás de cada etiqueta de partido, venhamos a encontrar um bloco de eleitores com opiniões semelhantes suficientes, alinhados em estados e distritos eleitorais no país inteiro, de modo a negar as barreiras maciças que nossas instituições e tradições ergueram contra a "disciplina" em relação a qualquer coisa semelhante às dimensões inglesas. Isso não significa que uma reversão na tendência do voto dividido não teria nenhum significado. Se a Casa Branca e a liderança legislativa estivessem novamente ligadas por vínculos partidários, haveria vantagem real para ambas. Aumentariam suas possibilidades de negociações produtivas e mútuas. Os resultados – em termos de políticas – talvez surpreendessem os críticos de nosso sistema. Uma negociação dentro da própria família tem qualidade bem diferente do que uma com os membros de um clã rival. Entretanto, estaríamos ainda muito longe de um "Governo partidário". A negociação, não a "disciplina", ainda seria a chave para qualquer ação do Congresso em prol do Presidente. As distinções essenciais entre partido presidencial e partido congressista provavelmente não se perderão durante o mandato do próximo Presidente.

Poder presidencial e os Presidentes modernos

É improvável que nossos partidos sofram algum tipo de revolução como instrumentos de Governo, pois é improvável que sejam alterados fundamentalmente como coalizões de eleitores, alinhados de maneira diferente, para cargos diferentes e em lugares diferentes. A longamente esperada "nacionalização" de nossos partidos – que romperia o velho 'seccionalismo'[3] – pode estar a caminho, a despeito do retrocesso atual no sul do país. Mas, mesmo que a base eleitoral de cada partido fosse nacionalizada amanhã, os problemas dos próximos anos não oferecem nenhuma perspectiva de que os membros de um partido em determinado lugar venham a aderir aos mesmos termos dos membros do partido de outro lugar. Nos próximos anos, enfrentaremos um tipo de política na qual os seguidores dos partidos muito provavelmente serão fragmentados e instáveis, em vez de seguros, tendendo a deslocar-se de maneira diferente nos diferentes lugares. A nacionalização pode estar a caminho, mas se chegar ainda nos anos sessenta, não devemos esperar que gere clivagens claras, tão caras aos proponentes do "alinhamento partidário". Nossa história sugere que somente crises contínuas, que afetem profundamente a vida privada dos eleitores em toda parte, produzirão alinhamentos partidários estáveis – por exemplo, crises como a Guerra Civil ou a Grande Depressão. Mas uma crise comparável em nossos tempos nos afetaria tão profundamente que possivelmente nada sobraria de nosso sistema partidário contemporâneo. Mais uma vez: provavelmente nós mesmos nos excluímos do mercado de produtos úteis para uma crise à moda antiga. Supondo que não haja catástrofe, nos anos sessenta, assim como nos anos cinqüenta, provavelmente teremos período de mutabilidade, sem grandes mudanças em termos de preferências partidárias. As alterações previsíveis agora não serão do tipo que promovem unanimidade entre os representantes dos partidos no Congresso.

Isso não quer dizer que nossa política será tão morna na próxima década como em meados dos anos cinqüenta. Parece que os anos sessenta serão tempos de luta. Nossa política nos próximos anos provavelmente girará em torno de quatro áreas controvertidas e superpostas; estas estão visíveis em 1959 – outras podem surgir. Uma das quatro pode ser identificada, embora imprecisamente, como o deslocamento dos recursos de capital do uso particular para propósitos públicos. As questões de inflação, tributação e crescimento econômico estão vinculadas a uma maior alocação pública. Quão grande deve ser o deslocamento de recursos, e se absoluto ou relativo, e com quais finalidades e por quais meios, e às expensas de quem, não é preciso discutir aqui. Basta observar que esses temas serão motivo de caloroso debate político durante a próxima década, e talvez ainda além. Ninguém que tenha olhado diretamente para a "coexistência competitiva", para as tendências populacionais, para nossas cidades (e seus subúrbios) ou para as necessidades de subsídio e de serviços da iniciativa privada – e então considere que um teto para o setor público tenha sido defendido como a cura para a inflação e como chave para o crescimento – pode duvidar da herança que os anos cinqüenta deixaram para os anos sessenta em termos de luz e calor na política. Ao calor dos anos cinqüenta haverá proporcional escuridão nos anos sessenta.

Debates sobre fontes, tamanho e distribuição da alocação pública podem levantar tanto controvérsias na esfera das políticas internacionais quanto na esfera doméstica. De fato, esse é o caminho pelo qual as relações internacionais estarão diretamente e continuamente vinculadas à política doméstica. Entre as reivindicações mais prementes ao nosso Tesouro, estarão as daqueles que não votam nas nossas eleições. Temos faturas significativas a pagar relativas a importantes empreendimentos. Não terminamos de pagar as contas das Forças Armadas. Além disso, todas essas faturas vencerão enquanto brigamos a respeito da expansão de serviços públicos domésticos. A concorrência entre reivindicações internacionais e reivindicações domésticas afetará cada esfera da política, da defesa militar, do controle de armamentos, da ajuda econômica, do comércio exterior, até das relações políticas em nosso sistema de alianças. A pressão exercida por reivindicações concorrentes certamente não é novidade, mas a intensidade da pressão pode tornar a política externa mais controvertida na nossa política do que o tem sido há muitos anos. E, na medida em que se torna mais controvertida, também se tornará mais crítica. O que vier a acontecer nos anos sessenta poderá decidir o resultado da "coexistência competitiva".

Uma segunda área de controvérsia pode ser descrita em termos bem mais simples: quando, onde e como diminuir os subsídios à agricultura. Ainda que os empregos na agricultura tenham se reduzido a uma fração da força do trabalho norte-americana e a população rural tenha caído proporcionalmente, a escala atual de subsídios sofrerá ataques por parte de cada candidato conhecido em Washington. Mas entre esses pretendentes rivais e o dinheiro encontra-se a influência legislativa das organizações agrícolas, apoiadas pelo remapeamento eleitoral rural tendencioso, ajudado pela nossa herança de valores rurais. Ataques ruidosos e poderosa resistência esquentam a política; essa segunda área torna-se fonte de calor bastante provável.

A posição da agricultura na nossa sociedade muito provavelmente será desafiada nos anos sessenta, e esse também é o caso dos sindicatos. Essa é a terceira área de controvérsia. É possível imaginar que esses venham a produzir debate tão acalorado quanto as outras áreas – ou até mais. Pois temos indícios, em 1959, de que há algo mais profundo do que um desgosto relativo e generalizado para com certos sindicatos. Há indícios de que estamos nos aproximando de uma deterioração diferenciada nas relações industriais. Durante os anos cinqüenta, a preocupação da administração em relação às prerrogativas sindicais tinha sua expressão principal na política – com efeito limitado –, enquanto a pressão econômica foi suspensa de forma bastante generalizada nos contextos em que os sindicatos estavam profundamente enraizados. Contudo, os anos sessenta podem tornar-se o cenário de uma guerra em ambas as frentes. Uma luta na frente econômica aguçará a luta na outra; também intensificará o posicionamento das pessoas em geral nesses campos de batalha. Mas o cerco dos trabalhadores está minguando em proporção à sua força de trabalho, e não parece que teremos uma guerra de "classes". Isso dependerá em grande parte de como os administradores abordarão o trabalho não-organizado ou pouco organizado nas áreas da indústria e dos serviços. Se tivermos uma guerra na frente econômica, não há como saber o resultado. Mas está claro que, caso ocorra e na medida em que ocorrer, irá esquentar a política.

Haverá uma quarta área de controvérsia nos anos sessenta, equivalente a todas as outras juntas: a integração dos norte-americanos não-brancos. Isso está tão claro que basta mencionar o fato. O futuro destaca as moradias nortistas, tanto quanto as escolas sulistas, assim como as oportunidades econômicas *e políticas*. Nenhum outro assunto doméstico está mais propenso a esquentar – ou até mesmo incendiar – o debate político, e nenhum outro será mais essencial nos próximos anos.

É fácil prever que essas quatro áreas representarão as de maior controvérsia nos anos sessenta. Uma indicação de outras questões pode ser encontrada num grupo variado de sinais atuais. Entre eles, por exemplo, há sinais de que a produção e as políticas de comércio (e de mercado) soviéticas poderão tornar-se sério fator em relação às perspectivas de curto prazo para alguns importantes segmentos da indústria norte-americana. Outros sinais sugerem que nosso legado e nossa postura política internacional dos anos cinqüenta incluíram posições rígidas que terão de ser mudadas, mas não sem controvérsia. Como fonte adicional de controvérsia, há dezenas de contingências no exterior que podem surgir a qualquer hora para complicar nossa política doméstica. E, por fim, há assuntos como a proliferação de armas nucleares, ou os perigos da radiação, ou a corrida espacial – assuntos demasiadamente especializados para aquecer nossa política de forma consistente, mas capazes de atear fogo a controvérsias, da noite para o dia, caso sejam atiçados por uma conjuntura de eventos.

O objetivo aqui não é fornecer uma lista exaustiva, mas indicativa; essa lista deve indicar por que a política partidária nos próximos anos dificilmente poderá nos trazer um "Governo partidário". Não importa se a lista enumera cada assunto controvertido ou o descreve à medida que aparece, retrospectivamente. O que interessa é que, até onde podemos enxergar à frente, nossa política será composta por assuntos controvertidos com impactos locais diferentes, sujeitos a alterações súbitas, dependendo da maneira como os assuntos irão se misturar. Juntamente com o *timing* da realização das eleições e com as peculiaridades locais dos eleitorados nas convenções primárias dos partidos, tais impactos díspares praticamente garantem que nenhum partido dará apoio no Congresso – dia após dia – ao Presidente, e que Presidente algum será instrumento passivo dos que usam o nome do seu partido no Congresso. O velho 'seccionalismo' pode estar (ou não) diminuindo; impactos locais díspares estão prontos para tomar seu lugar. Até ocorrer a união entre eleitorados presidenciais e congressionais, especialmente na fase de indicação de candidatos, não haverá união entre Presidente e Congresso. Até lá os Presidentes terão de procurar apoio como puderem, caso a caso. Embora isso seja verdade para o Capitólio, também será válido para a Avenida Pensilvânia. O reverso da moeda é que a posição do Presidente e sua perspectiva continuarão sendo únicas no sistema político norte-americano.

As polêmicas dos anos sessenta serão discutidas e combatidas em um sistema que assegura aos Presidentes posição singular e que não lhes dá nenhuma garantia de apoio continuado. "Emergências nas políticas, com a política de sempre"[4] foi a maneira como caracterizei os últimos quinze anos. Tudo sugere que essas condições do meio do século permanecerão durante a nova década. Mas a orientação política provavelmente se tornará ainda mais difícil, e a política mais acalorada. As condições não serão exatamente as mesmas – podem ser mais intensas. Conseqüentemente, precisaremos ainda mais de um especialista presidencial na Presidência.

Somos confrontados com uma clara necessidade de contar com um Governo mais enérgico, com políticas mais viáveis que aquelas com as quais contamos nos anos cinqüenta. As áreas de controvérsia que acabo de descrever também são campos para a ação governamental. Mas cada plano de ação passa pela controvérsia. Uma política eficaz somente pode ser criada a partir da matéria-prima fornecida por nossa política. Não se trata de matéria-prima há muito promissora. Para que uma política seja viável, precisamos encontrar caminhos para reconciliar todas aquelas coisas que agora denominamos 'irreconciliáveis'. Esse é o território especial do Presidente-enquanto-perito, cuja preocupação com o poder o leva a colocar-se cara a cara com os ingredientes que conduzem à viabilidade das políticas.

Um Presidente que sabe o que é o poder, e o quer, tem de enfrentar coisas irreconciliáveis cada vez que pondera acerca do que está em jogo em seus diversos atos de escolha. As fontes de sua influência são tais que uma pessoa pode sofrer com qualquer coisa que sirva a outro. Um lance que lhe permita avançar em algum sentido particular pode arranhar sua reputação geral em Washington. Uma escolha que 'ilumine' as impressões que Washington tem a seu respeito pode suscitar esperanças públicas que o futuro poderá não realizar. E um movimento que parece imperativo do ponto de vista da alta política pode ameaçar todas as suas três fontes de poder. A essência de sua perícia é a consciência de que essas coisas são irreconciliáveis e que precisam ser reconciliadas. A viabilidade das políticas exige a mesma consciência.

Um perito presidencial não é uma panacéia. Os exemplos deste livro indicam suas limitações. O poder não pode ser seu único critério para fazer escolhas, e suas escolhas tampouco são as únicas reguladoras de sua influência. Elas são as únicas alavancas que estão em *suas* mãos, mas outras mãos seguram outras alavancas. E na melhor das hipóteses, sua influência é apenas um dentre muitos fatores, que se expressa na forma de ação governamental; eventos e pessoas que estão além de seu controle pessoal são os grandes formatadores de fato. Não é possível olhar para o mundo à nossa volta no final dos anos cinqüenta confiando em pessoas ou eventos especiais para os anos sessenta. Não é fácil, depois de tal olhada, discutir com os que pensam que a ciência e a tecnologia empurraram nossa competência social para além dos limites. Entretanto, seria prematuro ignorar a adaptabilidade e a inventividade das políticas públicas norte-americanas. Admitindo que o futuro não está totalmente em nossas mãos, nossas respostas, em termos de políticas públicas, podem fazer toda a diferença. Pontos de vista desesperados poderiam ter sido expressos – e o foram – em 1950, em 1940 ou em 1930. Numa era e em um mundo onde o ritmo da mudança se acelera, os anos sessenta podem ser aquela década que, finalmente, mostrará ser demais para nós. Mas, com base nos dados do passado, as respostas políticas de nosso sistema político nos dão motivos para esperança. (Sob a perspectiva de todo este século até agora, nossa pausa recente parece relativamente breve; além disso, foi uma pausa, não uma regressão.) Podemos também nos alegrar com a esperança; atualmente não há qualquer perspectiva de que mudaremos o sistema político em breve. Tampouco há qualquer perspectiva de que uma mudança de sistema eliminaria nossos dilemas políticos.

Um perito na Casa Branca não garante políticas eficazes, mas, na ausência de um tal especialista, cada esperança é colocada em dúvida. Se as experiências passadas confortam, seu conforto nos chega com esse aviso. As respostas de nosso sistema continuam fortemente dependentes da pessoa do Presidente. "Da maneira como as coisas estão", escreve Edwin Corwin, "... o poder presidencial às vezes tem sido perigosamente *personalizado*", e com um instinto certeiro quanto à especialização no cultivo da influência, desconfia de Franklin Roosevelt quase tanto quanto de Abraham Lincoln.[5] Mas, se desejamos que o sistema norte-americano proporcione políticas eficazes, o perigo não está na nossa dependência de uma pessoa, está na nossa capacidade de nos tornarmos dependentes de alguém que não é especialista. Devemos temer qualquer julgamento humano hoje em dia, mas, fora isso, o perito é uma bênção. Sua especialização assegura uma contribuição ao sistema, e naturalmente o compromete a prosseguir dentro do sistema. O sistema é, afinal, o que ele conhece. O perigo está nas pessoas que não o conhecem.

Essa dependência perigosa da pessoa que está no topo – dependência da sua "percepção" em relação ao poder no sistema em vigor – não se restringe aos Estados Unidos. Parece ser característica de todos os Governos democráticos (presumivelmente de regimes comunistas também), apesar do fato de que, às vezes, assim como na Inglaterra, é tão disfarçada que muitos norte-americanos não a perceberam. O sistema parlamentar britânico tende a encobrir as fraquezas e ressaltar os pontos fortes da pessoa que está no topo; o nosso tende a fazer o oposto. A política inglesa não coloca amadores no topo, enquanto o nosso sistema colocou um amador no topo recentemente. Mas não faltaram chefes de Governo não-especialistas na Inglaterra nesse século, embora muito profissionais, e a política inglesa pagou um alto preço por isso. Mais recentemente, no caso de Eden, sem mencionar o caso de Chamberlain. No caso dos ingleses – assim como no nosso – a estrutura, as convenções e as tradições valem tudo *dentro* do sistema, pois o conhecimento especializado da pessoa que está no topo está unido a elas. Mas os ingleses parecem não depender menos do que os norte-americanos das contribuições do perito que ocupa o topo. Se importássemos o sistema inglês da noite para o dia, o poder da Casa Branca ainda assim seria personalizado – e a pessoa poderia mostrar-se um Ramsey McDonald. A estrutura não nos permite evitar alguns dos perigos de uma sociedade política.

Um desses perigos é o anseio do nosso eleitorado por líderes políticos que estejam "acima da política". Eisenhower, com certeza, é *sui generis*. Mas parte do apelo de Stevenson provinha do fato de que ele há muito tempo não estava na política, e não parecia ser 'político'. Atualmente, os concorrentes para as indicações dos partidos para 1960 estão fazendo o possível, cada um ao seu modo, para livrar-se da maldição de suas carreiras políticas, afirmando sua condição de amadores. O desejo de um amador não é novo na política norte-americana. O caso de Wendell Willkie deixa-o claro. Agora tivemos Eisenhower. Significantemente, na medida limitada em que Eisenhower foi criticado em público, seus detratores, na maioria das vezes, pessoalizam seus argumentos. Grande parte das críticas é injusta. Poucos críticos levam em consideração as palavras atribuídas a Rayburn, Presidente da Câmara dos Deputados, na primavera de 1952: "Não, não dará certo. Homem bom. Profissão errada". Mas esse é o cerne da questão.

O que mais chama a atenção em relação às nossas eleições nacionais nos anos cinqüenta não é a popularidade pessoal de Eisenhower, mas a aprovação genuína de sua candidatura por parte de norte-americanos bem informados, que se supunha deveriam entender melhor do assunto. Uma grande maioria de eleitores o elegeu duas vezes. E exceto por breve intervalo, sua conduta como Presidente sempre teve aprovação bastante razoável, segundo amostragem das pesquisas de opinião Gallup. Por que não? Um herói popular, no sentido genuíno, um homem que conseguisse ser, ao mesmo tempo, grandioso e amigo, sempre foi raro entre nós. No final dos anos quarenta, e durante os anos cinqüenta, Eisenhower era o único que tínhamos. Colocá-lo na Casa Branca, sem perdê-lo como herói, parece razoável e prudente da parte dos cidadãos comuns, não importa qual visão tenham da política ou dos Presidentes em geral. A mesma coisa pode ser afirmada a respeito dos profissionais republicanos que administraram a indicação de Eisenhower, em 1952; sua ação parece razoável e prudente, nos seus termos. Por duas vezes, haviam feito a tentativa de colocar um político de destaque como candidato; essa vez, o que importava era vencer. Mas quando se trata de jornalistas, de altos funcionários do Governo, empresários e professores universitários – que se juntaram à marcha ou a incentivaram – trata-se de fenômeno muito menos razoável. Alguns dos críticos mais rigorosos de Eisenhower já foram seus admiradores mais articulados. Qual era o entendimento deles na época – e qual é agora – a respeito de nossas instituições políticas? Supunha-se que a sua maior virtude era o fato de estar acima da política, e a desilusão para com ele raramente parece ser uma desilusão para com esse estranho critério. Em vez disso, atribuem a Eisenhower toda a culpa pelo fato de não ser o que o seu temperamento e o seu treinamento nunca o prepararam para ser. Quando nos deparamos com atitudes desse tipo entre os observadores mais articulados, nos perguntamos qual será o significado disso para a sociedade norte-americana como um todo.

Antes de chegar à Casa Branca, Woodrow Wilson comentou certa vez: "Pessoas de porte e discricionariedade normais não podem ser Presidentes e sobreviver, a não ser que a tensão seja aliviada, de alguma forma. Sempre seremos obrigados a escolher nossos magistrados principais dentre os atletas sábios e prudentes – um grupo um tanto quanto pequeno".[6] Segundo a perspectiva deste livro, sua fórmula carece de revisão. Hoje, a tensão é imensamente maior, sem previsão alguma de alívio. Se quisermos que nossos Presidentes permaneçam vivos e plenamente úteis, teremos que os escolher dentre os políticos experientes e de temperamento extraordinário – grupo ainda mais restrito.

Notas

[1] Arthur Schlesinger, Jr., *The Age of Roosevelt*, vol. 2, *The Coming of the New Deal* (Boston: Houghton Mifflin, 1959), p. 529.

[2] Ver capítulo 7, p. 226.

[3] N.A.: A atuação política determinada pela área geográfica do país.

[4] N.T.: Em inglês, *Emergencies in policy with politics as usual.*

[5] Edward S. Corwin, *The President: Office and Powers,* 4ª. Ed. (New York: New York University Press, 1957), p. 312.

[6] Woodrow Wilson, *Constitutional Government in the United States* (New York: Columbia University Press, 1908), pp. 79-80.

SEGUNDA PARTE:
REFLEXÕES POSTERIORES

CAPÍTULO 9
COMO AVALIAR UM PRESIDENTE

A o avaliar o desempenho de um Presidente, creio ser útil fazer quatro perguntas. Espero que sugiram o que poderá ser feito a respeito
do marco referencial de *Poder Presidencial*, caso alguém deseje olhar para um
Presidente em retrospectiva[1]. A primeira refere-se a seus motivos: quais eram?
Estavam a favor ou contra o curso da história? Em segundo lugar, como era
sua "percepção", seu conhecimento da natureza humana em relação à natureza
do seu poder, dadas as circunstâncias do seu tempo? O quão próximo das
realidades a seu redor chegou nesse sentido (mais uma vez, um problema de
relevância)? Em terceiro lugar, qual sua postura quando estava sob a pressão
do cargo? E, ainda em relação a este, de onde emanavam as forças necessárias
para suportar, como indivíduo, as naturais frustrações? De que maneira sua
conciliação consigo mesmo afetou o estilo e o conteúdo de suas decisões?
Isso torna-se especialmente importante neste momento em que tanto americanos
quanto soviéticos detêm tecnologia nuclear com capacidade intercontinental; a
pressão sobre a Presidência cresce rapidamente. Em quarto lugar, qual seu
legado? Que marca deixou no cargo seu caráter, e na perspectiva do público?
Em que condição deixou seu partido e o outro partido no âmbito nacional? O
que restou em termos de políticas adotadas ou controvérsias? Que questões
permaneceram na pauta da sociedade americana, e até que ponto o seu
posicionamento pode tê-las influenciado? E quais posições americanas foram
afetadas mundo afora por sua diplomacia?

Para responder a essas perguntas, um observador externo deve procurar
por certas pistas.

1. No que se refere à finalidade, as pistas são encontradas em comprometimentos irreversíveis em cursos de ação definidos. Por "finalidade" não me
refiro a algo tão específico quanto um endosso, digamos, a Medicare[2], ou algo
tão genérico quanto uma promessa de paz, uma vez que todos os Presidentes
a desejam. Por "curso de ação" refiro-me a algo mais amplo do que a primeira
e mais definível do que a segunda, tais como o comprometimento com a
"contenção" de Harry S. Truman, ou o compromisso de Dwight D. Eisenhower

com o que chamou de "responsabilidade fiscal". Por "comprometimento" quero dizer envolvimento pessoal em termos do que a pessoa fala e faz, tão clara e diretamente que nem a política, nem a história permitem que retroceda, tal como Truman em relação aos direitos civis, ou Eisenhower no que diz respeito ao orçamento militar; ou então Lyndon B. Johnson em relação ao sul do Vietnã, onde o retrocesso, ainda que mínimo, tornou-se crível apenas pela promessa de deixar o cargo.

2. No que se refere ao "tato" no cargo, à sensibilidade em relação ao poder, é possível obter pistas a partir de sinais quanto a padrões no estilo de operação próprio da pessoa, na medida em que se depara com casos concretos, de decisão e de acompanhamento em cada esfera de ação, quer legislativa ou executiva, pública ou partidária, internacional ou doméstica. Por exemplo, Truman buscava ser, acima de tudo, decisivo; e Eisenhower, buscando manter-se acima das disputas.

3. No que se refere à pressão e às suas conseqüências, as pistas deverão, mais uma vez, ser encontradas em casos; aqui, devem-se examinar as situações de crise, procurando sinais padronizados na resposta da pessoa: Truman, na época do ataque à Coréia ou da intervenção chinesa; Einsenhower, na época da Hungria, de Suez ou de Little Rock – tempos difíceis que se equiparam aos demais em termos de estresse.

4. No que se refere ao legado da pessoa, devem-se procurar pistas na conduta do próximo Governo. O primeiro *New Deal* de Roosevelt, em 1933, fala – e muito – da Presidência de Hoover. A perturbada mudança de direção de Truman no período do pós-guerra exerceu grande influência sobre a posterior administração de Roosevelt. E a reclamação de Kennedy – em Yale, em 1962 – sobre os "mitos" em relação à gestão econômica, é testemunho de parte do legado de Eisenhower, parte essa que se identifica com o eminente George Humphrey.

Listar as fontes dos recursos necessários para as respostas significa indicar a tolice em que consiste a busca por respostas às minhas quatro questões quando o objeto de estudo é a administração de John F. Kennedy. Ele foi Presidente por dois anos e dez meses. Se alguém quisesse avaliar Franklin Roosevelt, com base na sua atuação antes de janeiro de 1936, ou Harry Truman nas suas realizações antes da aprovação do Plano Marshall, ou Einsenhower, caso não tivesse sobrevivido ao seu ataque cardíaco, ou LBJ, antes das eleições do Congresso de 1966, ou ainda Lincoln, se ele não tivesse sido assassinado seis meses depois de Gettysburg, é muito improvável que as conclusões fossem semelhantes às atuais, nas quais os julgamentos se baseiam no registro completo de seus mandatos. Não há como saber qual teria sido o resultado final do Governo de Kennedy, caso ele tivesse escapado do assassinato. Ainda mais importante: nunca saberemos, precisamente, como avaliar os eventos durante o seu mandato truncado.

Os sete anos de Truman e os oito de Eisenhower sugerem certo ritmo na Presidência moderna. Os primeiros dezoito meses ou mais representam período de aprendizagem – ou de reaprendizagem – para o novo Presidente. A despeito de seu treinamento prévio, nada do que tenha feito até então o terá preparado para todas as facetas do seu trabalho. Alguns aspectos do processo de aprendizagem persistirão para além do primeiro ano e meio. A maioria dos Presidentes continuará fazendo novas descobertas enquanto estiver no poder – até finalmente conhecer a amargura de deixá-lo. Mas o período de aprendizado mais intensivo ocorre no início e domina os primeiros dois anos. O comportamento do Presidente durante esses anos não oferece muitas pistas acerca do que está por vir; não é, portanto, indício confiável de quais serão os padrões de atuação "no cargo", quando o aprendizado já tiver ocorrido. Contudo, o quarto ano também não é confiável, pois, tradicionalmente, representa período de pausa, sendo dominado por um teste muito especial, que requer esforço igualmente especial – o teste da reeleição. A forma como o teste é encarado revela muito sobre um Presidente, mas não tanto sobre sua conduta no cargo em outros anos. O sétimo ano é o começo do fim – agora garantido por emenda constitucional –, uma vez que todos os olhos se voltam para as futuras indicações e para o próximo Governo.

Portanto, na busca por sinais padronizados e pistas quanto à conduta, os anos-chave são o terceiro, o quinto e o sexto. Kennedy teve apenas um desses.

Ademais, nesse círculo presidencial, o retrospecto serve como auxílio essencial na classificação de evidências. O que uma pessoa fez durante os seus últimos anos jorra luz sobre aquilo que de significativo fez durante os seus primeiros anos, distinguindo as ações que obedecem a padrões duradouros dos aspectos comportamentais de caráter transitório. A atuação inicial da pessoa incluirá grande número de pistas sobre o que é típico durante o período em que esteve no cargo, incluindo ainda diversas ações desprovidas de representatividade. A distinção entre essas ações torna-se mais fácil quando a observação é feita a partir dos últimos anos. Mas no terceiro ou quarto ano é difícil dizer que "essa ação, esse comportamento, será dominante por todo o período". Esse é o tipo de afirmação que deve ser reservada para as retrospectivas. O caso de Kennedy não nos deixa espaço para tanto, devido a seu término prematuro.

Ainda assim, acho Kennedy exemplo irresistível. Cometerei, então, uma tolice. Pior ainda: estou escrevendo cedo demais – em 1968.

Voltando à análise de JFK como Presidente em exercício, chego à minha primeira pergunta, isto é, à pergunta sobre finalidade. Não se trata de questão de "ideologia", intenção fixa – longe disso. Franklin Roosevelt não assumiu o cargo obcecado em se tornar "um traidor de sua classe". Truman não fez o juramento sabendo que levaria seu país à Guerra Fria. Lincoln certamente não assumiu a Presidência para granjear o título de "grande libertador". A vitória maciça de Johnson de 1964, com toda a certeza, não tinha por intuito ser um prelúdio à Guerra do Vietnã, da forma como a conhecemos hoje.

As finalidades dos Presidentes não devem ser confundidas com suas intenções no começo de seus mandatos, visto que essas configuram, mais precisamente, suas respostas aos eventos. Igualmente, não devem ser confundidas com sinais de temperamento, com "paixões". É irrelevante saber se Kennedy era "passional" ou não. Certamente Truman merece ter a causa dos direitos civis citada entre seus objetivos, mas se fosse julgado em termos de temperamento, de acordo com os padrões, digamos, dos liberais do leste, dificilmente seria chamado de homem de paixão nesse quesito. Historicamente, FDR é considerado "amigo do trabalho", muito embora a sua frieza em relação à grande demonstração de seu tempo neste campo – a Lei Wagner – tenha perdurado até sentir-se seguro de que a Lei seria aprovada. O que conta aqui não é a "paixão", mas as palavras e as ações que levaram ao compromisso irreversível.

Durante os três anos de Kennedy no cargo, quais foram seus compromissos? Deixemos de lado os seus pensamentos pessoais nos seus vinte ou quarenta anos, bem como as suas preferências por isso ou aquilo. Tampouco nos interessa sua falta de apreço pelas exibições passionais; aceitando o mundo real como era, o que gerou o seu compromisso, no sentido de que se identificou com ele irrevogavelmente?

Penso que a história revelará pelo menos três das finalidades. Em primeiro lugar, e acima de todos, o compromisso mais convincente, mais intenso, foi o de reduzir o risco de holocausto por erro de cálculo mútuo, de "colocar o gênio nuclear novamente dentro da garrafa", de tornar a ação política manuseável por parte dos estadistas; e tolerável para nós. Ele não objetivava algo tão banal (ou inalcançável) como a "vitória" na Guerra Fria. Aparentemente, seu objetivo era sobreviver a ela, deixando a sociedade norte-americana intacta e os riscos nucleares sob controle. Acho que, para Kennedy, nada era mais importante que engarrafar esse gênio. Sei que esse pensamento o acompanhava o tempo todo, chegando inclusive a ser proferido na *American University*, no dia 10 de junho de 1963. Esse discurso representa o selo e o símbolo do objetivo de Kennedy. Todavia, outros sinais também podem ser encontrados em outros atos e em palavras mais particulares acompanhadas de ações, como sua entrevista com Khrushchev em Viena, durante a crise de Berlim no ano de 1961, até chegar à crise dos mísseis de Cuba e os fatos que se sucederam. Evidentemente, esse comprometimento se aprofundou com a experiência, na medida em que Kennedy respondia aos eventos.

Outro discurso, realizado em junho de 1963, representa seu segundo objetivo, ou seja, os direitos civis. O dia 11 de junho e a mensagem ao Congresso oito dias depois lançaram a campanha de Kennedy a favor do que veio a ser a Lei dos Direitos Civis de 1964. Dessa forma, assumiu compromisso irreversível em relação à integração dos negros à sociedade norte-americana. Seu objetivo, mais uma vez, era manter a sociedade norte-americana intacta. Evidentemente, observou os riscos da alienação social tão claramente quanto os da corrida nuclear, e procurou traçar um curso na direção de uma integração que fosse capaz de assegurar a ordem social no âmbito doméstico, tanto para os negros impacientes quanto para os brancos reacionários – a mais difícil tarefa política que jamais conhecemos, sendo que a enfrentou somente quando teve que o fazer; mas a enfrentou. O que Viena, Berlim e Cuba representaram para sua primeira finalidade, Oxford e depois Birmingham significariam para sua segunda: eventos que deram forma a seu compromisso pessoal.

Um terceiro discurso – menos conhecido e de objetivo menos aparente – serve de indício para mais uma finalidade, embora ache que esse tenha sido tão definitivo quanto os dois já mencionados. Trata-se da aula inaugural no dia 11 de junho de 1962, em Yale, logo após sua pequena "guerra" contra o aumento do preço do aço. Nessa ocasião, falou sobre como fazer funcionar de maneira efetiva nossa complexa e *sui generis* economia em prol de um crescimento significativo. Como meio para tal, defendeu a necessidade urgente de deixar de lado a ideologia quando se trata de solucionar problemas. O seu discurso ressaltou a noção de que os principais problemas em relação ao crescimento econômico são técnicos, e não ideológicos, devendo ser solucionados não pela paixão, mas, sim, pelo intelecto; e que as maiores barreiras ao crescimento são as idéias que estão na cabeça das pessoas, os "mitos" – como ele próprio diria – que bloqueiam diagnósticos e respostas equilibradas. Penso que Kennedy estava ciente (de fato, foi dolorosamente conscientizado) de que a ideologia estava morta apenas na nossa esquerda à moda antiga. Em outros locais floresce, reprimindo a inteligência aplicada, impedindo que o poder da mente se engaje racionalmente em prol dos novos problemas da nossa gestão econômica. Evidentemente, ele queria, acima de tudo, pôr fim a tal repressão.

Sem obter a resposta desejada à sua palestra em Yale, recuou e ateve-se à tarefa mais fácil de ensinar uma simples lição de economia, que o projeto de lei sobre impostos continuou depois de sua morte: déficits orçamentários bem planejados levam a orçamentos equilibrados. É claro que isso foi o melhor que pôde conceber para contestar os "mitos", ao menos antes das eleições. Acho que sua ambição, porém, era atacar muitos outros mitos além desse, quando e como fosse possível. Essa ambição dá a medida de seu comprometimento em relação ao crescimento efetivo da economia.

Richard E. Neustadt

A partir do seu terceiro compromisso (e do segundo), é possível discernir um corolário que talvez tivesse se tornado uma quarta finalidade: o que os seus sucessores denominaram de "guerra contra a pobreza". Durante o ano de 1963, Kennedy tornou-se ativo em promover planos para um ataque à pobreza crônica. Indubitavelmente, seu *timing* prospectivo teve utilidade política, mas também teve utilidade social – igualmente importante. Historicamente, a "guerra" pertence a Lyndon Johnson. Tudo o que sabemos sobre Kennedy é que pretendia fazer uma. Ainda assim, ambos envidaram esforços que, caso fossem sustentados, gerariam comprometimento irreversível. Assim parece ter sido para Johnson, embora tenha permitido que outro comprometimento similar priorizasse os setores de energia e fundos.

Cada finalidade que esbocei representou um compromisso para com um curso de ação que envolvia, irrevogavelmente, a pessoa – sua reputação, amor-próprio e senso de si mesmo na história. As indagações agora são as seguintes: o quão relevantes essas finalidades foram para a história? O quão relevantes foram para o Governo Kennedy, bem como para os futuros Governos? Aqui, posso apenas julgar (como tentativa, é claro!) sem perspectiva a longo prazo. Essas finalidades parecem-me absolutamente relevantes. Numa perspectiva de curto prazo, parecem em perfeita conformidade com as preocupações mais prementes da primeira metade desta década.

E quanto ao Vietnã? A pior coisa que alguém pode dizer sobre as decisões de Kennedy naquele trimestre é que foram improvisadas, intermitentes e descontínuas; em suma, que foram o oposto de "comprometidas". Sem dúvida, existiu um lapso assustador em termos administrativos, mas não foi proposital. Em termos de finalidades, a pequena atenção ao Vietnã – prioridade menor – parece correta para os anos 60. Considere os resultados de uma alta prioridade depois que Kennedy saiu de cena!

Muito já falamos sobre Kennedy como homem de finalidades. Mas, e sobre o homem de poder?

Ele me pareceu ser um senador que aprendeu rapidamente nos confrontos com a elite dominante do Executivo, especialmente depois do fiasco da Baía dos Porcos, que lhe ensinou bastante (ver capítulo 1). Em relação a temas de ação especialmente preocupantes para ele, rapidamente desenvolveu um estilo de operação, o qual manteve de maneira consistente, aparando as arestas, nos anos em que esteve no cargo. Quem olhar para Berlim, Oxford, Mississipi, a crise dos mísseis de Cuba, ou outra meia dúzia de temas correlatos, encontrará um padrão: o posto de comando pessoal; a deliberada delegação dos detalhes; o intenso questionamento das alternativas; a iniciativa de proteger suas opções de cancelamento por pura urgência ou por *advocacy parcial*; e, por fim, cuidadosa vigilância em relação ao acompanhamento. Mesmo nos assuntos tidos como secundários para o Presidente e que eram deixados forçosamente sob os cuidados de outrem, Kennedy estava em constante busca por meios e pessoas que assegurassem àqueles outros a utilização desse padrão personalizado, focado em opções abertas e no controle estrito. Inúmeros observadores – entre os quais Hans Morgenthau e Joseph Alsop, para citar apenas dois – às vezes viam esse padrão com alarme e viam Kennedy como "indeciso". Mas isso era válido para as preferências deles, não para a atuação de Kennedy. Kennedy sempre pareceu ser perspicaz ao diferenciar o necessário do meramente possível, decidindo, portanto, com diligência.

É claro que nem tudo era feito efetivamente. Até mesmo os sucessos produziam efeitos colaterais de perplexidade, frustração e irritação, os quais, por sua vez, não estavam desprovidos de custos. Ainda assim, tal padrão dá testemunho de extraordinário tato na distinção entre Presidente e Presidência, desejo extraordinário de controlar a máquina. Isso permitiu a Kennedy avançar significativamente no sentido da maestria nos dois anos e dez meses de Governo. Não temos como saber, todavia, até onde ele teria chegado.

A percepção de Kennedy quanto à sua própria posição executiva extravasou para a de seus colegas regentes em toda parte. Ele evidentemente tinha enorme curiosidade e real preocupação em relação à política do poder, onde quer que a encontrasse. Sua capacidade de fazer sutis distinções entre colegas "reis" era raro, comparável à percepção do líder da maioria, Johnson, em relação às sutis distinções entre os colegas senadores. Com isso, Kennedy aparentemente absorveu, em seu curto período de gestão, uma lição que Franklin Roosevelt nunca aprendeu sobre os russos (ou sobre de Gaulle), isto é, a de que em outro país um político efetivo pode ter motivos bem diferentes dos seus. Que grande lição para se aprender em dois anos! Teria sido útil a Kennedy. De fato, acho que, enquanto estava vivo, lhe foi bastante útil.

O principal teste para Kennedy – como executivo dotado de plenos direitos, assim como um aprendiz de executivos em outros países – foi o confronto, em outubro de 1962, com Khrushchev, ou seja, a crise dos mísseis de Cuba. Praticamente pela primeira vez na trajetória das nossas relações internacionais, o Presidente mostrou, naquela ocasião, sua preocupação pela psicologia do seu oponente e insistência em um objetivo limitado. Em contraste com a Guerra da Coréia, onde, definitivamente, cortejamos a invasão chinesa, ao contarmos com Douglas MacArthur como psicólogo e ao ampliarmos nosso objetivo depois de cada sucesso. "Não há substituto para a vitória", escreveu MacArthur. Naquele época, todavia, tínhamos de fato o monopólio nuclear e mesmo assim nosso governo apressou-se em encontrar um substituto. Agora, em tempos de capacidades mútuas, todo o significado tradicional do termo "vitória" foi alterado. Em confrontos nucleares não há espaço para tal coisa. Kennedy evidentemente sabia disso. Sabia, também, como demonstra sua atuação, que os riscos de uma escalada bélica se escondem por detrás de erros de julgamento de alto nível *e* em impulsos de baixo nível. Washington seguramente era capaz de ambos; assim como Moscou, provavelmente. Conseqüentemente, o Presidente ultrapassou todos os esforços anteriores para defender posições e assegurar o controle. O seu estilo de operação, testado nessa ocasião como jamais o fora, acabou por render-lhe bons frutos.

Infelizmente, outro teste, mais sutil e aparentemente menos urgente, surgiu um ano depois, devido à agitação budista no Vietnã. Nessa prova, Kennedy não passou. O assassinato de Diem provavelmente deixou isso claro, três semanas antes de sua própria morte.

Nos confrontos com o Congresso, um mundo bastante diferente do Executivo, a chave para as relações de Kennedy se encontrava bem além da sua percepção em relação ao poder, além do alcance de suas técnicas. Ele venceu as eleições presidenciais por um triz, enquanto na Câmara dos Deputados o seu partido perdeu vinte das cadeiras conquistadas dois anos antes. Os democratas mantiveram uma considerável maioria, tal como o haviam feito em outros anos, mas não graças a ele. Considerando esse início, o registro pessoal das realizações de Kennedy parece enorme e indeterminado, ou pequeno, dependendo da disposição para lhe conceder o devido mérito pela aprovação dos projetos de lei mais inovadores e decisivos por ele encampados: os projetos de lei sobre direitos civis e impostos aprovados durante o Governo Lyndon Johnson. Seguramente, pode-se afirmar que Kennedy preparou o caminho ao negociar uma abordagem bipartidária, agüentando o calor da disputa, atrasando todo seu programa em função desse processo. Igualmente, pode-se afirmar que, com a sua morte – ou por causa dela –, a Casa Branca ganhou vantagens que ele não teria conseguido reunir. Johnson soube aproveitá-las muito bem. O quão bem Kennedy teria se saído sem elas? Meu palpite é que, no final, com rancor e atraso, ambos os projetos de lei teriam sido aprovados. Mas é ponto passível de controvérsia. Por conseguinte, assim também são as conquistas de Kennedy.

Sejam lá quais tenham sido suas realizações, será que é o máximo que ele poderia ter conseguido durante o seu Governo? Considerando-se os limites estabelecidos pela sua eleição, considerando a divisão que se instalou após Birmingham com sua opção decisiva a favor dos direitos civis, será que aproveitou as vantagens do cargo ao máximo? A resposta pode muito bem ser "nem tanto". Talvez a melhor resposta seja: "Esse homem não poderia ter feito mais do que isso", uma vez que Kennedy, ao que parece, não era apaixonado pelo Poder Legislativo, e os legisladores sabiam disso. Sua postura em relação a eles chegava a ser perversa. Após ter passado catorze anos no Congresso,

Poder presidencial e os Presidentes modernos

compreendia muito bem o funcionamento da Casa, mas nunca havia sido, por assim dizer, "um membro da família" do Capitólio. O Executivo sempre lhe pareceu um *habitat* natural; sua naturalidade nesse meio era algo que os membros do Congresso também conheciam. Além disso, era jovem, aliás, bastante jovem, para os padrões do Senado. Sua presença na Casa Branca, com pessoas ainda mais jovens que ele, era motivo de constante irritação entre os de idade mais avançada. Ademais, não gostava de "misturas sociais" e, de forma alguma, se misturava com os membros do Congresso e suas esposas. Seus modos eram impecáveis, seu charme convincente. Mantinha sua vida pública separada da vida privada, da qual os membros do Congresso raramente faziam parte. Conhecer como funciona o Congresso, mas desdenhar suas alegrias é gosto adquirido pela maioria dos ex-congressistas que passam para o Executivo, resultado de uma dura experiência. Kennedy, entretanto, trouxe esse conhecimento para o seu Governo. Muitas das dificuldades que ele viria a encontrar no cotidiano das relações com o Congresso vinham desse desdém.

Mesmo que tivesse amado profundamente o Congresso, e o sentimento fosse recíproco, caso persistisse com seu programa legislativo, o resultado desse relacionamento não teria sido dos melhores no seu último ano na Presidência. Como Presidente inovador, que confronta um Congresso relutante, Kennedy era herdeiro de Truman, assim como de Roosevelt, pós 1936. O próprio comportamento de Kennedy pode tê-lo prejudicado no Capitólio, mas foram apenas arranhões. As cicatrizes mais profundas tinham fontes mais substanciais, e ele sabia disso.

Quanto aos encontros com públicos maiores fora de Washington (mais uma vez, um mundo diferente), Kennedy teve início brilhante, comparável apenas ao começo, sob diferentes circunstâncias, do seu sucessor. As "relações públicas" de passagem de cargo foram magníficas. Nos três meses que se seguiram à eleição, Kennedy passou de "atrevido", "jovem" e "católico" a Presidente-de-todos, aumentando e aprofundando a aceitação de sua Presidência de maneira fenomenal em relação ao resultado inicial. O episódio da Baía dos Porcos foi dura prova, porém a maneira como conduziu os resultados, mais uma vez, demonstrou excelente percepção acerca do que era o imaginário em relação àquele que ocupa a Casa Branca, algo digno de FDR e Eisenhower. Esse tato ele sempre o possuiu. Acho que nunca lhe faltou.

O que também tinha era certo desapreço por pregações, em especial as políticas. Este desapreço era reforçado por genuína desconfiança do uso da comoção pública como ferramenta política. Uma espécie de atitude rara entre os políticos norte-americanos. Com Kennedy, suas raízes se aprofundaram na experiência e no caráter, âmbitos que eu, como observador, não sou capaz de acompanhar. Mas estavam seguramente enraizadas nesse homem e tiveram efeitos visíveis sobre seu estilo público. Ele se deleitava no jogo das mentes, não no das emoções; adorava entrevistas coletivas de imprensa, mas não discursos formais. Temia a "super-exposição"; tinha pavor a comoções exageradas. Obviamente gostava de multidões que respondessem a seu chamado, e não era insensível a uma multidão de rostos sorridentes – mas creio que raramente observou de fato as reações dessa multidão – ou até mesmo as suas próprias – sem uma dose de apreensão. Nunca demonstrou muita simpatia por conversas mais íntimas, por considerá-las uma forma de apelo público sem público; os programas de televisão noturnos, evidentemente, lhe pareciam mais como dever do que como oportunidade, e mesmo assim, perigoso; algumas palavras sobre abrigos anti-aéreos numa conversa sobre Berlim poderiam dar início à histeria coletiva – e de fato davam. Na ocasião em que teve à sua frente a maior e mais atenta das platéias – no domingo que representou o auge da crise dos mísseis de Cuba –, desviou-se dela (desviando também a atenção do público) com um comunicado breve e seco de dois minutos de duração.

Sabemos hoje, depois de sua morte, o que não se poderia ter imaginado naquele tempo, isto é, que, com um mínimo de pregação, de apelo emocional, de auto-justificativa, até mesmo de explicações, foi capaz de tocar intimamente milhões de pessoas, não somente dentro dos Estados Unidos, mas também mundo afora. Talvez sua frieza natural tenha ajudado. Talvez seu vigor, sua família, sua fortuna, seu senso de humor, suas maneiras, seu gosto, seu senso esportivo, seu evidente amor à vida e ao trabalho tenham sido os ingredientes necessários para que se tornasse o ídolo do coração de todo tipo de pessoas – inclusive entre os jovens – em toda parte. De qualquer modo, estamos cientes hoje de que conseguiu causar enorme impacto sobre a opinião pública internacional, construindo extraordinária base de interesse público e afeição (intercalada, é claro, por duvidosos e detratores). Ninguém sabe o que teria feito com tais recursos no futuro.

Muito se falou sobre o poder. Mas e quanto à pressão? O que dava forças a essa pessoa nas suas decisões, nos momentos de frustração? Quais os efeitos sobre sua abordagem enquanto Presidente? A resposta a essas perguntas torna-se mais clara quando nos voltamos para as já mencionadas evidências de crises – e há sinais claros nesse sentido. Em todas essas situações, Kennedy permaneceu frio, controlado, cortês e conciso, o que não significa que ele não tenha tido emoções. No que se refere ao temperamento, acho que era homem de humor e paixão; ele o havia dominado. Mantinha suas emoções sob controle. Não perdia a calma inadvertidamente, mas quando isso ocorria, nunca era por muito tempo. Ele era a junção do observador com o participante. Sempre se mostrava inteligente, seco com um pouco de amargura e um toque de autocrítica. Era capaz de rir de si próprio, e o fez inúmeras vezes. Com freqüência usava do humor para quebrar a tensão. Em situações difíceis, mostrava profundo conhecimento da situação humana, dos limites humanos (incluindo o seu), sem reduzir o ritmo de seu trabalho.

Os leitores acima dos quarenta podem vir a reconhecer esse retrato como "a postura dos aspirantes a oficial na II Guerra Mundial", expressão cunhada por Elspeth Rostow que, ao menos superficialmente, estava bem certa. Essa era a postura de Kennedy; e a sua autoconfiança, sua proteção contra a frustração, devem muito à sua jovem virilidade naquela guerra.

Isso nos diz muito, mas não o suficiente. Já no primeiro momento em que se deparou com uma crise na Presidência, sua autoconfiança parece ter sido severamente exercitada. O fiasco da Baía dos Porcos tocou-o profundamente, abalando sua confiança em métodos e parceiros[3]. Ainda assim, continuou governando sem descanso, sem alterações em seus modos, temperamento ou humor. O que lhe dava forças? Certamente muito mais do que a experiência da guerra.

O que mais? Não estou apto a responder, mas posso supor. Sua vida familiar e sua educação contribuíram de alguma forma, sem dúvida. Seu sucesso político, de igual maneira, desempenhou papel nesse sentido. Em 1952, lutou contra a maré que estava a favor de Eisenhower para chegar ao Senado; em 1956, quebrou as barreiras da juventude e da religião até então firmes. Em cada ocasião, a sabedoria convencional estava contra ele: "Isto não pode ser feito". Além do mencionado, esse homem esteve excepcionalmente próximo da morte, não somente durante a II Guerra Mundial, mas também dez anos mais tarde. Durante os anos da sua Presidência, constantemente sofria de dores nas costas, convivendo com elas sem nunca falar sobre o assunto. Tudo isso mostra um pouco do seu comportamento durante uma crise. Seu controle, sua objetividade, seu humor e seu reconhecimento dos limites humanos eram nada menos que expressões de sua confiança; sua fonte deve estar em algum desses lugares.

Seja lá qual fosse a fonte, os resultados foram gratificantes para a atuação desse Presidente enquanto ocupou o cargo. Nas situações mais críticas e estressantes, ao lidar com a terrível responsabilidade que representa o uso da força, a imagem que Kennedy tinha de si próprio não o impulsionava a levantar a voz em tom agressivo ou a se esconder. Ao invés disso, essa auto-imagem o conduzia a engajamentos e a decisões ponderadas. Em relação aos aspectos menos imponentes da Presidência, seus valores o refreavam, afastando-o do púlpito, levando-o a reduzir sua lista de convidados, fazendo com que evitasse os exageros da política. Mas como chefe do Executivo, na condução de temas envolvendo ação, decisão e controle, sua responsabilidade e autoconfiança encaixavam-se perfeitamente. É o que o mundo descobriria em outubro de 1962.

Agora, quanto às minhas últimas indagações: o que deixou para trás? Qual o legado dos seus breves anos? No mínimo, deixou a imagem de um mito, de um líder jovem e vibrante, arrancado precocemente de seu lugar. Não sei dizer o que mais isso pode vir a significar com o passar dos anos. Ele deixou para trás um momento de *glamour*, um tempo de juventude e de engajamentos. Porém, como nos lembraremos dele no futuro, dependerá de como nos lembraremos de Lyndon Johnson. Ele quebrou uma promessa, a de que "a tocha havia sido passada para uma nova geração". A juventude, que com ele se identificava, sentiu-se traída no momento em que tanto a promessa quanto o glamour se dissiparam. De que importam seus sentimentos? Teremos de aguardar para ver (embora as evidências sejam, na melhor das hipóteses, ambíguas).

Será que isso é tudo o que a história irá guardar como registro? Talvez, mas duvido. Meu palpite é que quando os observadores puderem avaliar o trabalho dos sucessores de Kennedy, encontrarão alguns elementos substanciais em seu legado. De maneira imprudente, permitam-me registrar o que acho que serão.

Para começar, nosso primeiro Presidente católico escolheu e pavimentou o caminho para a nossa primeira Presidência sulista desde a Guerra Civil (Woodrow Wilson não era, politicamente, um sulista; veio do Estado de New Jersey para a Casa Branca). Ainda que o Texas seja tido hoje como suspeito na visão do sul, certamente é considerado um Estado sulista na visão dos nortistas, como Johnson amargamente o descobriu em 1960. Kennedy fez Johnson Presidente. O quão livre foi sua escolha, para candidato à vice-presidência, contudo, é algo controverso. Todavia, o que parece inquestionável é que, uma vez escolhido, Johnson foi então tratado pelo seu rival de tal maneira que seu caminho à Casa Branca foi enormemente facilitado. Johnson pode ter sofrido grandes frustrações como vice-presidente, mas seu prestígio e seu conhecimento sobre as questões da Presidência foram promovidos naqueles anos. A partir disso, foi-lhe assegurada partida rápida. O crédito pode ser atribuído a Kennedy, em grande parte.

Além disso, Kennedy legou a Johnson amplas opções na esfera das relações internacionais, tais como postura militar muito mais flexível e utilizável do que entregue a ele, e postura diplomática mais sofisticada em sua abordagem geral em relação aos neutros e aos de esquerda, muito mais consciente acerca de distinções existentes no mundo, mesmo entre os aliados. Nas relações com a Europa e nas negociações com os soviéticos, LBJ construiu sua política baseando-se no legado diplomático de Kennedy. No Vietnã, desviou-se dessa linha, dissipando, pois, seu legado militar. Infelizmente, deve-se registrar que, sem a postura militar que Kennedy deixou, os oficiais, que também foram deixados para trás, não teriam tido os recursos necessários para oferecer a Johnson a desastrosa opção de intervenção bélica total no Vietnã.

A coisa mais dúbia que Kennedy deixou para Johnson foi o envolvimento dos Estados Unidos em Saigon. Imprudentemente, isso havia crescido nos últimos meses de vida de Kennedy, por aquiescência à tomada de poder de Diem, movimento que transferiu à entidade abstrata, "ao Governo do Vietnã do Sul", obrigação até aqui identificada com Diem. O envolvimento poderia ter sido condicionado no regime de Diem e descartado quando ele partiu, ou transferido quando seus aliados passaram a negociar com o norte. Aconteceu o contrário, e Kennedy foi responsável por isso. Em retrospectiva, esses foram erros cujas conseqüências foram assumidas por Johnson. Em decorrência, tomou decisões ainda mais desafortunadas, responsáveis por uma guerra mais onerosa e fútil do que a da Coréia.

Teria Kennedy feito o mesmo? Impossível saber. Meu palpite é que teria feito de maneira bem diferente. Considerando-se idade, experiência, temperamento, prioridades emergentes nesses três anos no cargo e vantagens em nossa política doméstica concedidas a um homem que havia resolutamente enfrentado Khrushchev, acho que teria mantido distantes os seus bombardeiros e suas tropas de combate, relegando aos habitantes de Saigon, de 1965, a tarefa de acomodar-se à situação da melhor maneira. "Essa guerra é deles, são eles que têm que vencê-la", disse Kennedy antes de morrer. Supostamente, teria mantido essa posição quando a perdessem. Mas esse assunto é controverso.

Em se tratando de controvérsias, no âmbito doméstico, Kennedy – um jovem de origem católica e urbana do nordeste do país – deixou larga herança, a qual seu sucessor, um protestante do sudoeste, teria tido mais problemas em lidar com a situação no início, mas que, agora, poderia tomar as rédeas; ou até mesmo "curar as feridas". Deixando o Vietnã de lado, essa poderia ter sido uma divisão de trabalho produtiva. Mesmo que não fosse, Kennedy viveu tempo suficiente para cumprir ao menos uma promessa: a de colocar o país "em movimento novamente".

Na política dos EUA, a condição *sine qua non* para políticas inovadoras é a controvérsia. Até 1963, estávamos engajados em controvérsias com uma abertura que teria sido impensável, ou ao menos "não-americana", durante os últimos anos da gestão de Eisenhower. Os eventos, é claro, têm mais a ver com as controvérsias do que um Presidente. Ninguém pode criar um tema por conta própria. Mas os Presidentes ajudarão a dar forma ao significado associado a um evento, aos termos do discurso, à atenção devida e ao volume do barulho. Os anos de Eisenhower foram marcados por uma densa neblina de auto-congratulações que abafava o barulho. A máquina de neblina concentrava-se na Casa Branca. Talvez tivéssemos precisado dela após os anos de cisão de

Truman. Mas, no final da década de 50, reduziu as nossas chances de inovar no tempo. Kennedy conseguiu livrar-se dela, dando a seu sucessor uma oportunidade inicial.

Por fim, JFK estabeleceu novo padrão de atuação para o cargo, adequado a um novo 'estado de ser' Presidencial, estado que foi o primeiro a encarar ao longo de todo seu mandato: o estado de uma substancial capacidade de ataque nuclear em mãos que não as nossas. Seja lá o que mais os historiadores venham a falar sobre Kennedy, acho que provavelmente começarão desse ponto. Eventualmente, se perguntarão, aterrorizados, sobre o que poderia ter justificado arriscar o hemisfério norte, e encontrarão resposta insuficiente na crise de mísseis de Cuba. Mas, levando-se em consideração a conjuntura de 1960, essas respostas teriam sido suficientes para qualquer um no âmbito da Presidência naquela ocasião. Não há como duvidar de que seus sucessores tiveram tarefa mais branda devido ao fato de ter sido pioneiro na forma de lidar com o confronto nuclear. Durante a crise dos mísseis de Cuba, e depois disso, fez algo que não havia sido realizado antes; fez bem feito e o tornou publicamente aceito. A inovação estava na pauta da nossa agenda; a tecnologia a pusera lá. Ele mostrou e dramatizou – em sua busca por informação e controle, em seu equilíbrio entre firmeza e cautela – o que os Presidentes devem fazer para minimizar o risco da guerra nuclear gerado por possível erro de cálculo. Isso poderá ser o principal risco à espreita de seus sucessores. Se assim for, terá dado enorme contribuição à Presidência.

O cenário com que LBJ convive em 1968 é conseqüência de uma segunda capacidade de ataque nuclear adquirida pela União Soviética, bem como pelos Estados Unidos. É essa capacidade mútua que impulsiona nossa tomada de decisão – e, claro, a deles também – para nova dimensão de risco. Em ensaios anteriores, denominei tal risco de "irreversibilidade", isto é, risco de que o ímpeto burocrático em uma obrigação de larga escala ou um erro de cálculo mútuo por parte dos beligerantes atômicos, ou ambos combinados, venham a tornar impossível revogar, desfazer ou revisar medida tomada em nossas relações internacionais, pelo menos dentro do contexto da Guerra Fria. Mas o termo "irreversibilidade", em si, não é suficiente para transmitir o que há de novo nessa dimensão. O ímpeto burocrático e os mútuos erros de cálculo tornaram "irreversível" a reação impetuosa de um imperador após Sarajevo, em julho de 1914. Portanto, corrigindo o termo: o que é novo desde que os soviéticos adquiriram mísseis é o risco da irreversibilidade se tornar irreparável. Diferentemente dos problemas enfrentados pelo Kaiser Wilhelm na época – ou dos de FDR na II Guerra Mundial, ou mesmo os de Truman na Coréia –, um possível resultado da ação presente é que nada que alguém faça mais tarde poderá evitar, reduzir, reparar ou compensar os custos gerados para nossa sociedade.

Os confrontos com Cuba me parecem assunto relativamente simplificado, tanto em termos geográficos quanto em relação à própria questão levantada, quer em número de competidores, quer na duração. Mas, e se dois ou três desses elementos de cálculo existissem simultaneamente? E se a duração, ao invés de duas semanas, tivesse se estendido por dois meses? O que teria acontecido se houvesse uma multiplicidade de potências nucleares, uma multiplicidade de maus estrategistas, capazes de dar início a conseqüências irreparáveis? Considere o risco para o próximo Presidente, sem falar nos riscos de Kennedy ou Johnson. Essa nova dimensão se aprofunda a cada ano.

As conseqüências disso para a Presidência são profundas.Uma delas é que o Presidente que estiver ocupando o cargo convive, diariamente, com o conhecimento de que a qualquer hora ele, pessoalmente, terá de fazer um julgamento humano – ou que talvez não consiga controlar o julgamento de outrem – colocando meio mundo em perigo, sem poder voltar atrás. Muitos de nós reconhecemos seu fardo intelectualmente, enquanto ele o tem em convívio emocional. Isso forçosamente lhe impõe uma perspectiva muito diferente da nossa – e da de seus assessores e conselheiros – em relação às suas necessidades. Tal como Kennedy comentou em uma entrevista de fim de ano na televisão em 1962: "O Presidente carrega o peso da responsabilidade. Os assessores podem seguir em frente e até mesmo alterar suas recomendações".

Uma segunda conseqüência relacionada é a de que agora, muito mais do que antes, sua mente passa a ser a única fonte disponível de onde obter julgamentos políticos legítimos acerca do que, de maneira geral, pode ser chamado de possibilidades políticas de ações contempladas em relação aos nossos antagonistas mundiais: julgamentos a respeito de para onde tende a caminhar a história, o que os oponentes poderão agüentar, o que os amigos aceitarão, o que os gestores públicos ressaltarão, o que as "pessoas nas ruas" irão tolerar – julgamentos a respeito do equilíbrio do apoio, da oposição e da indiferença, tanto no âmbito doméstico quanto no internacional. Nossa Constituição determinava que deveriam emanar do Presidente e do Congresso, de uma combinação de pessoas que devessem os seus lugares aos seus eleitores, que tivessem, elas mesmas, vivenciado os perigos das nomeações e das eleições. O elemento democrático no nosso sistema consiste, essencialmente, em reservar esses julgamentos a pessoas com tal experiência. Mas, em se tratando de ações que envolvem o risco de uma guerra nuclear, a tecnologia modificou a Constituição. O Presidente, forçosamente, torna-se a única pessoa desse sistema capaz de exercer o julgamento sob os limites extraordinários, agora impostos pelo sigilo, pela complexidade e pelo tempo.

Assim sendo, não apenas para garantir sua paz de espírito, mas também para preservar o essencial em nossa ordem democrática, um Presidente, nos dias atuais, é realmente forçado a buscar informações e controle sobre os detalhes de planos concretos, de atuações reais, sobre "pequenas" operações (para não mencionar as grandes operações), onde quer que exista mínima chance – algumas vezes única – de interpor julgamento efetivo. É aí que se encontram os riscos mais graves. A "irreversibilidade se tornar irreparável" não deve ser considerada separada dos detalhes da operação. Se, como relatado, Kennedy seguia cada movimento dos navios de guerra envolvidos no bloqueio durante a crise dos mísseis de Cuba, de outubro de 1962, não é senão um corolário natural e necessário da nova dimensão de risco que paira sobre nós, e acima de tudo sobre um Presidente.

O efeito final é o de restringir, senão repelir, um consagrado aspecto da doutrina militar norte-americana, isto é, o da autonomia dos comandantes de campo, que, já no tempo de Truman, bem como na Guerra da Coréia, pretendia estabelecer limites precisos nas intervenções da Casa Branca sobre detalhes das operações. A conduta da diplomacia também é afetada, assim como – suponho – o é a conduta da inteligência. Também descobrimos agora o velho problema dos governantes estaduais, isto é, o das comunicações seguras e em tempo oportuno. As complicações aqui são desafiadoras.

As únicas pessoas qualificadas para avaliar as necessidades de um Presidente em situações como essas são Eisenhower, considerando-se os seus últimos anos de Governo, e Johnson, que observava Kennedy em 1962 e agora está no seu lugar. Nikita Khrushchev também poderia contribuir. A situação é tão nova e tão sem precedentes que, fora do estreito círculo desses homens e dos seus assessores imediatos, dificilmente podemos esperar que alguém compreenda suas perspectivas ou exigências, na medida em que despontam para eles.

Assim, encontramos, ao menos agora, nova fonte de diferenças entre o Presidente e a maioria do alto escalão do Executivo. O primeiro, em breve, perceberá o que o aguarda; e os outros ainda não observaram lá muitas pessoas nessa situação, a ponto de compreenderem ou terem senso apurado sobre como é ser Presidente sob tais condições. O que essas pessoas vêem certamente é o que elas, em seus cargos, querem do Presidente no seu cargo – questão bastante diferente. Essas percepções tão divergentes do que é a tarefa presidencial certamente irão aumentar ainda mais as diferenças entre a Casa Branca, onde a responsabilidade é direcionada, e o funcionalismo público, onde não é.

Esse mesmo fenômeno das percepções divergentes parece desempenhar papel também em outras relações presidenciais. Sem dúvida tem influência sobre as atuais dificuldades de relacionamento entre a Casa Branca e suas contrapartes em certos países aliados, onde os líderes políticos, no exercício de suas próprias responsabilidades, não vivenciaram o risco herdado por nosso Presidente, pois carecem do poder que o produziu. Supostamente, alguns dos pontos delicados nas relações com o Congresso possuem origem semelhante. Esse é certamente o caso de algumas das reclamações contra Eisenhower e Kennedy por parte de grupos privados em programas de ação específicos.

A falta de visão comum aumenta o isolamento do Presidente e, conseqüentemente, reforça os ditames da simples prudência para a pessoa que carrega o fardo desse cargo na atualidade, em especial no que diz respeito ao aumento do seu controle pessoal e do seu julgamento humano, da maneira mais ampla e profunda que puder alcançar.

Doravante, tudo afirmado neste livro deverá ser considerado nesses termos. O Presidente continua sendo o que aciona nosso sistema. Quando aquilo que outrora chamávamos de "guerra" se tornar iminente, sua função passará a ser a do árbitro final. Em ambos os casos, não passa de um funcionário. No segundo exemplo, entretanto, aqueles aos quais ele serve dependem completamente de seu julgamento, que se torna a marca da "liderança". O comando pode ser de curto alcance, mas envolve conseqüências irreparáveis. Mesmo assim, a persuasão é necessária para o exercício desse comando, para ter o domínio sobre as decisões dos subordinados. Nós e o nosso sistema não possuímos qualquer experiência prévia em relação a essa quase total e absoluta dependência do julgamento presidencial, reforçada por sua habilidade presidencial. Agora, nos anos 60, começamos a explorá-la.

Podemos apenas torcer para que cidadãos e Presidentes o façam sem medo, exageros teatrais, fugas da realidade ou inclinações para a agressão. A despeito dos perigos, o poder presidencial, mesmo nessa nova dimensão, ainda deve ser almejado e utilizado; não se pode dele escapar. Dependemos, mais do que nunca, do espírito e do temperamento da pessoa que ocupa a Casa Branca.

Notas

[1] O relato a seguir apareceu pela primeira vez na edição francesa deste livro, publicada em 1968. Representa adaptação e ampliação do testemunho perante o Subcomitê do Senado sobre Funcionários e Operações de Segurança Nacional (*Senate Subcommittee on National Security Staffing and Operations*), em 25 de março de 1963 (ver "Administration of National Security", *Hearings*, U.S. Senate Committee on Operations, 88th Congress, 1st Session, Washington, D.C.: 1963, parte I, pp. 74-84), juntamente com uma ampliação de um artigo "Kennedy in the Presidency", *Political Science Quarterly*, vol. 70, no. 3 (setembro de 1064).

[2] N.T.: O serviço de saúde pública dos E.U.A.

[3] A Baía dos Porcos, no sul de Cuba, foi o local de uma invasão mal-sucedida tentada por exilados do regime de Castro, treinados pela CIA. Para maiores detalhes, ver capítulo 11.

CAPÍTULO 10
UMA REAVALIAÇÃO DO PODER

Em 1900, Woodrow Wilson, em Princeton na época, fez algo admirável ao demonstrar rara franqueza enquanto autor. Quinze anos antes, publicara seu primeiro livro, *Congressional Government* – verdadeiro *tour de force*, mas que vale a pena ser lido – que identificou o Congresso como o centro de nossa vida pública e o porta-voz do Congresso como provável fonte de liderança governamental. Em 1900, em meio às conseqüências da Presidência de Grover Cleveland, à eleição de William McKinley e à Guerra Hispano-Americana, Wilson estava preparado para mudar o seu tom e de fato o fez. Apresentou nova edição do livro, incluindo um debate sobre a emergência não-intencional da Presidência, sensível aos acontecimentos, a partir da função subordinada à qual ele a tinha destinado nos anos de 1880. Escrevendo às vésperas da Presidência de Theodore Roosevelt, a leitura dos acontecimentos feita por Wilson demonstrou grande antevisão, compensando os erros de sua avaliação anterior.[1]

Em 1976, eu o admiro e invejo, adoraria competir com ele, mas sou incapaz de fazê-lo. Porque não vejo nenhuma mudança semelhante. Desde abril de 1960, quando o *Poder Presidencial* foi publicado pela primeira vez, ocorreram inúmeros eventos: não apenas Vietnã e Watergate, mas também assassinatos, tumultos, inflação, recessão, até mesmo um confronto nuclear, sem falar das mudanças em nossos relacionamentos mundiais, políticos e econômicos. Mesmo assim, não parecem ter alterado muito o caráter geral do Poder Presidencial. Tampouco, oferecem indícios de possível mudança do papel central do Presidente perante o Congresso ou o Judiciário, ou em outras esferas, semelhantes àquelas que Wilson verificou estarem emergindo na mudança do Congresso para a Presidência.

Não tendo identificado tal mudança, não posso relatá-la. Assim, posso ter perdido minha possibilidade de antevisão. Porém, do meu ponto de vista, hoje o poder de um Presidente deriva, grosso modo, das mesmas fontes da geração anterior; é comparativamente limitado, igualmente frustrante, mais mutável que nunca, porém, tão crucial para nosso sistema quanto antes, e

255

ainda muito distante de um governo congressional. Se esse for o caso, a caracterização dos dilemas presidenciais retratada neste livro, as noções de como ajuda a si mesmo a enfrentá-los, ainda permanecem relevantes, pelo menos em termos gerais. Acho que o são.

Isso não significa que eu confirmaria todas as minúcias e detalhes do texto inicial. Em seis aspectos, os anos e Presidentes desde então sugerem uma necessidade de mudança de ênfase ou reinterpretação. Permitam-me identificar esses seis, e então abordar um de cada vez, separadamente.

Em primeiro lugar, há dois fatores que, agora sabemos, podem afetar de forma extraordinária as fontes do potencial poder de um Presidente: as percepções de legitimidade e os sentimentos de lealdade.

Em segundo lugar vêm as mudanças em detalhes institucionais, as "letras miúdas" de nosso sistema, que vão se acumulando com o tempo, afetando as vantagens relativas dos Presidentes ao buscarem o que desejam dos demais. A seguir, ofereço nove das tais mudanças, que creio representarem todas as que ocorreram desde 1960.

Em terceiro lugar, há mudanças no ambiente das políticas públicas – as questões mais proeminentes e os atores que são o palco principal – os quais podem afetar as vantagens de um Presidente, tanto quanto os pormenores institucionais, ou mais, e muitas vezes de forma diferente.

Em quarto lugar, estão as qualidades pessoais com as quais um Presidente enfrenta o que a história lhe apresenta, a adequação de seu temperamento para a posição ocupada e as enormes conseqüências no caso de tal temperamento não estar disponível. Veja os casos de Johnson e Nixon.

Em quinto lugar, estão as dificuldades que esses homens tiveram com o poder, como fonte de dicas quanto às políticas. Em situações cruciais, suas análises de poder aparentemente os levaram às mesmas políticas que posteriormente os puxaram para baixo. É justamente contra desempenhos equivocados como esses que a primeira edição deste livro tentou alertar. Contudo, fracassos tão espetaculares levantam dúvidas quanto à adequação desses alertas!

Em sexto lugar, estão os desenvolvimentos ocorridos na "Presidência institucionalizada", o grande aparato de agências e assessores hoje presentes no outro lado da rua, ou no fim do quarteirão, ou, literalmente, na Casa Branca, que se desenvolveram sob Franklin Roosevelt e seus seis sucessores, quatro deles desde 1960.

Esses seis pontos são examinados em seções sucessivas ao longo deste capítulo. Permeando-os, há um pressuposto trazido do livro original, encontrado em cada capítulo, isto é, que os norte-americanos não conseguem escapar de um governo federal ativo porque muitos querem muito dele, e que as atividades em Washington exigem um Presidente ativo: quer queira, quer não, o sistema governamental o impelirá a tomar iniciativas e a fazer julgamentos. Ele pode tentar liderar o sistema: está destinado a ser seu funcionário. Em 1898, dois anos antes da apologia de Wilson, um observador acadêmico, que pode tê-lo influenciado, escreveu um livro mais profundo do que *Congressional Government*. Foi Henry Jones Ford, em seu livro *The Rise and Growth of American Politics*. Corretamente, no meu modo de ver, até mesmo colocou a Presidência no centro do sistema:

> A instância do cargo presidencial tem sido tal força-mestra em formatar as políticas públicas que oferecer um relato detalhado dela seria equivalente a escrever a história política dos Estados Unidos.

> A evidência (...) que a história permite parece concluir que o único poder que (...) define questões de tal maneira que a opinião pública pode emitir uma opinião é aquele que emana da autoridade presidencial.

> O crescimento da autoridade presidencial não pode ser atribuído à intenção dos Presidentes; é o produto de condições políticas que dominam todos os departamentos do governo, de modo que o próprio Congresso demonstra uma disposição inconsciente de engrandecer o cargo presidencial.[2]

> Oitenta anos depois, a tendência parece ser a mesma.

Em 1960, vinculei a influência presidencial a três fontes correlatas. Uma, eram os poderes formais, muitas vezes chamados de autoridade, instituídos pela Constituição, pelas leis ou costumes na Presidência, juntamente com o status que conferiam ao Presidente, e às vezes – como no caso de Eisenhower – pelo brilho de sua própria aura. Esses eram uma fonte de poder para o Presidente, contanto que fosse capaz e estivesse disposto a usá-los. Uma segunda fonte era a reputação profissional, que correspondia às impressões que a comunidade de Washington tinha sobre a habilidade e a vontade com as quais usava seus recursos. Uma terceira fonte era o prestígio, sua reputação pública, que correspondia às impressões que o país tinha de modo geral sobre quão bem ou mal estava se saindo enquanto Presidente.

Não vejo necessidade de mudar essa formulação agora. Porém, mudaria essa ênfase em dois aspectos. O primeiro trata da legitimidade como elo entre prestígio e poderes formais; o segundo, da lealdade como fonte de influência (e como armadilha).

O prestígio de um Presidente eu considerara como sendo importante, principalmente na mente dos washingtonianos – os participantes reais diretos do Governo –, tentando prever reações de *suas* platéias quando tratavam com ele. O prestígio, tanto quanto a reputação, era fator de sua influência, em virtude dos seus cálculos. Diferentemente da reputação, o prestígio entrava indiretamente como um tipo de limitação, aumentando ou restringindo o espaço percebido por eles para manobras, sua "liberdade de movimento". Porque os seus cálculos tinham a intenção de não serem gerais, mas específicos, e bem profissionais, valendo-se da sua leitura acerca das próprias responsabilidades, à luz dos pedidos dele, sendo que o seu público importava apenas na medida em que afetava o deles e, conseqüentemente, a eles.

No rastro de Watergate, porém, vimos ocasiões em que as distinções entre reputação e prestígio pareciam se dissolver, sendo que os washingtonianos pareciam funcionar exatamente como o público em geral, reagindo a um Presidente praticamente nos mesmos termos, comportando-se de acordo.[3] Uma dessas ocasiões foi o "massacre de sábado à noite", de 1973, quando Nixon demitiu o promotor público de Watergate, forçando a demissão do procurador-geral e de seu substituto, tendo todos eles respondido ao fato na TV. Essa seqüência dramática – televisionada para todo o país e, portanto, "de primeira mão" – parecia contradizer todas as alegações do Presidente, retirando-lhe toda credibilidade, ampliando o que agora chamamos de "lacuna de credibilidade". De fato, abrindo-a a ponto de lançar dúvidas sobre sua legitimidade e, com isso, sobre sua autoridade enquanto Presidente. Nixon parecia estar engajado em encobrir uma atividade criminosa. Aparentemente, estava combatendo o cumprimento da lei. Mas havia feito um juramento ao assumir o cargo, que incluía uma cláusula relativa ao "cuidar". Daí a nuvem que envolveu sua legitimidade. O "massacre" disparou os procedimentos do *impeachment*.[4] É fácil ver o porquê.

O que chamava a atenção então é que, dentro do Governo ou próximo a ele, no círculo observador da comunidade de Washington, as reações contra Nixon tivessem tanto em comum com as impressões populares fora do Governo. Os cidadãos, de modo geral, foram atirados em meio a um turbilhão. O mesmo aconteceu com comentaristas, membros do Congresso e funcionários públicos. Aparentemente, o comportamento do Presidente colocou a mesma pergunta em todas as cabeças. Alguns washingtonianos, aguardando evidências, eram mais lentos que outros para tirar conclusões definitivas, e eram muito mais lentos do que outros cidadãos; mas ele passou a ser tratado pela comunidade de Washington com reservas a partir de então. Exceto pela diplomacia – havia uma crise acontecendo no Oriente Médio –, esquivou-se da tarefa de governar, concentrando-se na possibilidade de um *impeachment*. Se Nixon tivesse tentado ser assertivo na esfera doméstica, penso que ele teria sido ignorado ou resistido. Por toda a cidade, funcionários livravam-se da Casa Branca, liberados

Poder presidencial e os Presidentes modernos

de acatar suas ordens, por suspeita, distanciando seus programas da pessoa dele. Isso ocorreu um ano depois de sua reeleição triunfante, três anos antes do término de seu mandato. Para os washingtonianos, foi reação pouco característica, especialmente no início do mandato. Os cálculos sobre um possível *impeachment* desempenharam um papel, sem dúvida. Mas o mesmo aconteceu com os sentimentos furiosos sobre o desempenho de Nixon. Houve muito pouco apoio ao redor dele. Ao invés disso, pelo que posso julgar, existia amplo sentimento, mesmo em alguns setores da Casa Branca, de que ele havia comprometido seu direito de estar ali e deveria ir embora, com ou sem *impeachment*.

Em 1951, quando Truman demitiu o general MacArthur, a indignação pública não ressoou tão amplamente nos círculos oficiais de Washington, nem o eco persistiu por tanto tempo. O ato específico do Presidente fora simplesmente constitucional (como o de Nixon *pode* ter sido). Além do mais, era apoiado pelos conselheiros presidenciais do Pentágono, incluindo os Chefes do Estado Maior. Não aconteceram pedidos de demissão, nada que sugerisse conspiração criminosa. Seguiu-se ampla investigação no Capitólio; aqueles assessores mantiveram-se firmes; as críticas se acalmaram; o general desapareceu. O prestígio de Truman, medido pelas pesquisas Gallup – cujos índices seis semanas antes haviam caído para 23% – não cresceu mais do que nove pontos nos seus anos seguintes no cargo. Mas sua reputação profissional, sua fama perante os washingtonianos – como observei então, e agora recordo – disparou, reagindo à firmeza e à calma com as quais demitiu (com atraso) MacArthur, algo que nem FDR jamais ousara fazer.[5]

Necessário dizer que a televisão teve importância menor nessa ocasião do que em 1973 – menor por ser nova na técnica e na distribuição. Mas também deve ser dito que – como pura especulação – se a demissão tivesse estado disponível para a TV com a cobertura contemporânea, MacArthur ouvindo e reconhecendo suas ordens em um palco esplendidamente preparado, então *tanto* o protesto contra Truman como o respeito de Washington por ele poderiam ter sido exaltados, conseqüentemente aumentando a disparidade entre eles, deixando a distinção maior, não menor.

O imediatismo das mensagens e a disponibilidade das telas de televisão, hoje em dia, sobrepõem-se para complicar todos os aspectos da nossa política, e também das relações públicas presidenciais. Mas, se eu estiver certo quanto a Truman e MacArthur, então a televisão como tal não pode ser a responsável pela íntima correspondência entre reputação e prestígio em 1973.

O que, então, distingue a demissão do promotor público por Nixon, da demissão do general por Truman? A resposta é sugerida pela atual conotação de termo ainda não usado em 1960, *credibilidade*, combinado com *lacuna*. Os

259

observadores de Truman muitas vezes encontraram disparidades entre suas palavras e atos, intenções e resultados, junto com inconsistências na conduta. Brechas dessa índole o levaram a dificuldades públicas, reduzindo-lhe a confiança e diminuindo-lhe a atenção. O controle de preços durante a Guerra da Coréia é um caso esboçado no capítulo 5; ali são ilustradas algumas das dificuldades de um Presidente-como-professor, tentando instruir o público em geral.[6] Essas brechas ou lacunas, porém, parecem ter sido geralmente consideradas, salvo retoricamente por alguns oponentes extremos, como produtos de mau julgamento ou má sorte ou mau gerenciamento – talvez tolas, mas não propositalmente enganosas – podendo ser atribuídas à sua falta de visão, sorte, ou competência, mas não à sua desonestidade. Truman levou tantos insultos como qualquer outro Presidente antes ou depois dele, mas não por falta de franqueza. Por outro lado, no caso de Watergate, Nixon falou e agiu de tal forma como se quisesse ser visto como enganador.

A diferença entre o caso de Truman e de Nixon é uma postura presidencial com indícios de haver a intenção de enganar em grande escala, substancial e de longo prazo, dirigida tanto a associados quanto a cidadãos. Não é de estranhar que, no caso de Nixon, eles reagissem da mesma forma. Tratar os norte-americanos desta maneira é quebrar os pressupostos de um governo representativo, interferindo também no serviço que a Presidência presta enquanto a coisa mais próxima que temos de um símbolo humano de nossa nacionalidade e continuidade – resumindo, a nossa forma de realeza. As esperanças em relação a um bom rei, uma vez destruídas, ferem profundamente, mas não tão profundamente quanto o medo de um mau rei. O "Massacre de Sábado à Noite" induziu a ambos, por parte de todos os envolvidos.

Uma brecha tão profunda na credibilidade, a ponto de lançar dúvidas sobre a legitimidade do rei, ameaça o trono, precisamente porque os súditos e a corte o percebem e a ele reagem nos mesmos termos. Se eu tivesse que reescrever *Presidential Power,* os riscos pendentes sobre tais lacunas seriam incluídos nas discussões sobre prestígio e reputação, sendo o impacto sobre a legitimidade ainda maior em se tratando de poderes formais. Pois mesmo as vantagens que um Presidente obtém de sua autoridade parecem ficar em risco caso os washingtonianos o desprezem nos mesmos termos e na mesma ocasião que os cidadãos em geral. Diz-se que, no final, Nixon sofreu verdadeiro golpe de Estado.[7]

O termo *lacuna de confiabilidade* foi amplamente usado pela imprensa de Washington, bem antes de Watergate. Seu alvo original não era Nixon, e sim Johnson, cuja atitude enganosa em relação a pequenas coisas e a uma grande – Vietnã – afastou parte de seu público, e enfureceu os jornalistas; daí o seu emprego. Mas, exceto pela imprensa, a maioria dos washingtonianos parece não ter sido abalada pelas dificuldades de Johnson com a verdade, exceto quando atrapalharam suas relações com a imprensa e sua popularidade, e assim comprometeram o seu poder futuro. Resumindo, a maioria dos washingtonianos reagiu a ele – mentiras e tudo o mais – com relativo profissionalismo, julgando-o em termos análogos aos aplicados a Truman, algo semelhante ao que os capítulos deste livro afirmam a respeito da reputação profissional e do prestígio público. Em 1968, Johnson não sofria de falta de credibilidade que afetasse sua legitimidade, como no caso de Nixon, mas sim de simples e antiga falta de espaço de manobra, depois de Tet, para perseguir uma faceta da política – a sua guerra – nos mesmos termos que antes.

Em seu brilhante estudo sobre a carreira política de LBJ, Doris H. Kearns descreve o impacto da ofensiva de Tet – primeiro, nacionalmente, sobre os telespectadores (todas as noites, com um noticiário filmado), e depois sobre os cálculos da comunidade de Washington.

> O ataque-surpresa do inimigo (...) de repente expôs a falsidade dos relatórios otimistas do Governo (...) O que aconteceu em Tet ensinou ao público norte-americano uma lição completamente diferente daquela que Johnson tencionava transmitir (...) No espaço de seis semanas, a percentagem de norte-americanos que aprovava a maneira de Johnson exercer a Presidência caiu de 48% para 36% (...) Este declínio de apoio público era tanto o motivo quanto a conseqüência de igualmente dramática redução no apoio da mídia (...) Isso também afetou o Congresso, o Partido Democrata, o Gabinete, e a equipe da Casa Branca (...) até mesmo os membros do Grupo de Conselheiros Sênior".[8]

O que parece haver acontecido aqui foi um furo no prestígio, muito parecido ao de Truman após a intervenção chinesa na Coréia, seguida de opinião generalizada entre os washingtonianos de que a Johnson faltavam recursos para reverter o sentimento público e, conseqüentemente, de que não possuía capacidade de protegê-los (ou, até a si mesmo) da oposição, atenta à continuidade de sua política. Muitos deles começaram a pressioná-lo para que mudasse o curso. O apoio a favor da guerra caiu no Congresso e entre a burocracia – também nas empresas de advocacia de Nova York e Washington – enquanto os subordinados-chave começavam a se opor e a barrar como nunca antes. A deferência a Johnson declinava, não somente entre os democratas em estados com eleições preliminares antecipadas, mas também nos círculos oficiais do Pentágono. Depois disso, ele mudou de curso, pelo menos cosmeticamente, no Vietnã, onde os bombardeios foram restringidos, e decisivamente na política, onde desistiu de concorrer à Presidência.[9]

O que importava em Washington então não era a falta de honestidade de Johnson há três anos, quando havia gradualmente americanizado a guerra, sem reconhecer seu provável escopo ou caráter. Para os washingtonianos, tratava-se de aposta na boa sorte além-mar, já há muito tempo percebida e descontada – ponto contra sua habilidade, sem dúvida, que afetou o seu prestígio, mas que havia sido enterrado sob três anos de ações interventoras mais relevantes para as previsões do momento. Antes, o que importava, era a sensação de que os adversários eram ainda fortes demais no Vietnã, e que o apoio popular agora era fraco demais neste país para justificar a continuação da guerra na presente escala, ou até maior; e que, se não aumentássemos a escala, perderíamos. Johnson talvez quisesse discordar, mas taticamente, pelo menos, assumiu posições sensíveis. Ele, naturalmente, sabia contar e, olhando ao seu redor, evidentemente sentiu que não tinha outra escolha.

Johnson foi levado a essa situação por uma progressiva falha sua (embora muitos outros tenham contribuído). Durante os três anos de uma guerra que deteriorava, deixou de proteger-se – e, conseqüentemente, deixou de proteger a política que escolhera – da reação negativa gerada pelas esperanças frustradas na vida privada de milhões de norte-americanos. De fato, em 1964 e 1965, construiu expectativas positivas que certamente seriam frustradas por uma guerra de longa duração, enquanto ao mesmo tempo fazia dela "sua" guerra – aumentada, sem o reconhecimento de sua autoridade – e então, em 1966 e 1967, ele parecia prometer o que Tet iria desmentir: de algum tipo de vitória em breve. Revendo as dificuldades de Truman durante a guerra da Coréia, escrevi no capítulo 5:

> Por não poder controlar os acontecimentos, um Presidente precisa fazer o melhor que pode – e manter a esperança. Seu prestígio está a salvo enquanto as pessoas fora de Washington aceitarem as duras condições em que vivem ou, pelo menos, não o culparem por isso. Se conseguir fazê-las pensar que as dificuldades são necessárias e se conseguir fazê-las querer suportar a situação de bom grado, o seu prestígio pode não sofrer quando elas o sentirem. Se o público de Truman tivesse pensado que a guerra-interminável-dentro-de-certo-limites era uma necessidade, o seu prestígio teria aumentado, e não diminuído, em 1951. Um Presidente preocupado com espaço de manobra dentro do Governo precisa tentar dar forma aos pensamentos das pessoas fora do Governo. Para ser efetivo enquanto guardião de seu *status*, precisa ser efetivo enquanto professor perante o público. Truman fracassou enquanto professor durante a Guerra da Coréia.[10]

Assim foi com Johnson na Guerra do Vietnã. Observando suas dificuldades, não encontro nada de novo para dizer sobre o guardião do prestígio, nenhum preceito que possa acrescentar àqueles oferecidos em capítulos anteriores.

Poder presidencial e os Presidentes modernos

O prestígio parece sempre ter estado na mente de pelo menos um Presidente moderno: Eisenhower. À luz de eventos subseqüentes, esse é um aspecto da sua Presidência que, entre outros, acho mais atraente agora do que o achava então. Como herói nacional da Segunda Guerra Mundial, emprestou ao cargo a sua própria aura, e estava consciente de que o fazia, e pensava que esse empréstimo era indispensável após os anos de Truman. Eisenhower achava difícil compreender como um Governo poderia ser sustentado, se três quartos do país desaprovavam o desempenho de um Presidente. Ele evitava o tipo de controvérsia que, em sua opinião, havia contribuído para as baixas avaliações de Truman nas pesquisas de opinião. Também evitava compatriotas que pusessem em risco sua reputação como o homem bom acima da política. Anos mais tarde, Nixon, o vice-presidente de Eisenhower, queixou-se a respeito da sua posição em relação a Sherman Adams, então chefe da Casa Civil da Casa Branca, quando se descobriu que havia aceitado presentes que deveria ter rejeitado: "Ele não devia ter sido posto na rua, não deveria ter sido (...) Isso é injusto (...) Isto era tudo com o que Eisenhower se preocupava – Meu Deus, 'pode ter certeza: ele estava limpo' ".[11] Ainda que esse termo não fosse usado na época, com que Eisenhower de fato se preocupava era com sua própria credibilidade. Ele lhe dedicou a sua máxima lealdade – o que foi bastante sensato, como Nixon agora provavelmente deve saber.

Escrever no tempo de Eisenhower, após servir a Truman, é contorcer-se com a preocupação do Presidente por sua extraordinária reputação pública, o prestígio de herói, cuidando dele e não o arriscando; sendo, não fazendo. Especialmente durante seu segundo mandato, após a divisão dos anos de Truman se haver acalmado, a calma de Eisenhower parecia ser mais conservadora em termos de política do que eu considerava prudente. Ainda penso assim. Pagamos um preço por contermos as reformas até a inundação que veio em meados dos anos sessenta. Mesmo assim, ele também foi conservador em termos institucionais, identificando a pessoa com o cargo, gerando vantagens para o cargo. Ao olhar para trás, depois de Nixon, essa parece ter sido uma contribuição mais impressionante do que parecia antes.

Agora, deixem-me passar para o assunto da lealdade. Quando reprovou a maneira como Eisenhower tratou Adams, Nixon estava avaliando o que ele próprio devia ao seu chefe da casa civil, H.R. Haldeman. Era no início de 1973. Haldeman, por sua vez, seria despedido em breve, mas Nixon estava altamente indeciso. Sentia que deveria retribuir a lealdade recebida, e Haldeman lhe havia prestado serviços de forma devotada. Que os Presidentes atraiam esse tipo de serviço é atributo do cargo, não peculiar a Nixon. Isso nos diz um bocado sobre o *status* da Presidência. Sugere ainda mais sobre os anseios dos norte-americanos em servir a uma causa externa a deles próprios, e de elevarse ao mesmo tempo. Desde 1960, foi-me dito repetidamente que *Poder Presidencial* subestimava esse serviço como fonte de influência para os Presidentes. "Faça isso, faça aquilo" e esses vassalos tentarão fazê-lo, sem exigir justificativas, sem nenhuma negociação implícita.[12] Até os tempos de Nixon, eu garanto que entendia o mecanismo, pois havia participado dele; nunca pensei que poderia alcançar resultados significativos em assuntos de grande importância para um Presidente. Porque assuntos dessa natureza, por definição, iriam engajar aqueles parceiros separados em uma autoridade presidencial; funcionários públicos devendo lealdade a outros além dele – ao Congresso, ou a subordinados, ou a clientes, ou a eles próprios – e assim iriam incitar um processo mais parecido com a barganha do que com o serviço. Mas se a lealdade não consegue mover montanhas, certamente pode produzir efeitos colaterais catastróficos. Watergate demonstrou isso. Meus críticos, portanto, estavam certos pelas razões erradas.

No sentido negativo, eu realmente subestimara a lealdade. Um Haldeman ou Ehrlichman, ou assessores como Egil Krogh podem não ser capazes de desfazer-se de David Ellsberg, mas, ao tentar, conseguem cavar um buraco tão profundo a ponto de se livrar de Nixon.[13] Se existe algo como influência negativa, então a lealdade mal-orientada – para cima ou para baixo – pode ser fonte importante dela. É algo que Eisenhower evidentemente sabia. Nixon parece que não.

É a necessidade de barganhar que mantém o *Poder Presidencial* tão incerto na maioria dos casos com os quais me deparo. E a necessidade de barganhar é produto de um sistema constitucional que compartilha poderes formais com instituições separadas. Dessas, a Presidência é somente uma. Os controles e contrapesos ainda continuam conosco, como o destino de Nixon nos mostra.

Mas os detalhes daquele compartilhamento, os termos exatos desse controle têm mudado de muitas formas desde 1960. Algumas mudanças são estatutárias, algumas – muito poucas – refletem ordens dos tribunais, a maioria é muito menos formal, derivando não de leis, mas de práticas costumeiras ou de expectativas muito difundidas. Os detalhes são essenciais ao exercício do poder, dia após dia, e mudanças nos detalhes prenunciam um desenvolvimento institucional; eles se acumulam, e assim sugerem o caráter futuro do sistema. Essas mudanças constituem minha próxima preocupação.

Não conseguirei abordar cada alteração de detalhes desde Eisenhower, mas aqui temos oito que me parecem indicativas de todas. Afetam as seguintes atividades: o agendamento de compromissos, as relações com a imprensa, os contatos com o gabinete, as relações com o Congresso, as consultas bipartidárias, as atividades bélicas, as contenções e as renovações de indicações. As primeiras cinco diminuem as restrições a um Presidente. As últimas três agregam, no mínimo, restrições processuais. Após me dedicar a cada uma, retornarei aos seus efeitos finais.

Primeiramente, vêm os compromissos de um Presidente; com isso, não me refiro a tarefas, mas antes a horários na agenda. Em 1960, Kennedy, após sua eleição, foi advertido (para seu desconforto) que se esperava dele que retomasse a prática de Truman – uma longa tradição em tempos de paz –, a de conceder entrevistas de quinze minutos a congressistas e outros altos funcionários, a critério *deles*, dentro do prazo de um dia a partir do pedido feito, se possível. Eisenhower havia acabado com a maior parte dessa prática, interpondo auxiliares da Casa Branca, uma mudança que ninguém questionou depois de 1955, quando ele sofreu um ataque cardíaco. A equipe de Kennedy de transição não esperava tanta tolerância para com ele – relativamente jovem e com boa saúde –, mas se enganou: ele conseguiu. Washington havia evoluído, aceitando o costume de Eisenhower. Kennedy considerava-se relativamente livre para escolher a quem receberia ou não. Johnson também era assim. A liberdade de escolha preparou o caminho para Nixon, o mais recluso dos Presidentes em tempos modernos. Ford, por contraste consciente, foi mais acessível, especialmente a membros do gabinete, mas, de novo, como uma questão de escolha. A mudança que aconteceu foi a seguinte: uma geração antes, a prática de Nixon teria parecido praticamente uma abdicação, e a de Ford, restauração de má vontade. Agora são consideradas questões de estilo, e a pessoa pode proceder como quiser.[14]

Em segundo lugar, vêm as relações do Presidente com a imprensa. Desde os tempos de Roosevelt até os de Kennedy, estavam centralizadas no que parecia uma instituição estabelecida: a regularmente programada conferência de imprensa, na qual os correspondentes da Casa Branca faziam perguntas ao Presidente sobre assuntos da escolha deles, sem avisar antecipadamente e sem censura. Desde FDR, a programação havia sido reduzida de duas a uma vez por semana. A partir de Eisenhower, as mudanças de programação e os adiamentos deixaram de ser raridade. E já nos tempos de Truman, as conferências foram transferidas – para acomodar mais correspondentes – para fora do Salão Oval, tendo se tornado mais um relato de fatos para a imprensa do que uma performance para o público. A cobertura ao vivo pela TV – o esquema de Kennedy – completou essa transição. A TV fatalmente corroeu a questão da regularidade do jornalismo, que se baseava na necessidade dos jornais e serviços telegráficos. Johnson logo evitou ser regularmente televisionado em formato de conferência. Reagia aos riscos contra sua própria imagem e aos seus programas inerentes a um meio – um meio de *entretenimento* – no qual muitas coisas, além das palavras, são transmitidas a muitas platéias que as assistem como audiência passiva. Dotado de estilo e temperamento diferentes, Kennedy enfrentou estes riscos com prazer. O mesmo não é verdade para Johnson, nem Nixon. Eles se saíram bastante bem, mas odiavam fazê-lo. LBJ manteve conferências em horas inesperadas e a intervalos cada vez maiores. Nixon virtualmente se desfez delas. Sob Ford, foram ressuscitadas. Em realidade, elas estão florescendo agora mais do que nunca, desde os primeiros meses de Johnson. Mesmo assim, não existe um compromisso de serem regulares, exceto por uma promessa antecipada nesse sentido. Outra vez, a escolha é de Ford – e com uma liberdade que teria sido considerada caprichosa uma geração atrás.[15]

Em terceiro lugar vêm as relações do Presidente com os chefes de departamentos federais, os assim chamados membros de seu Gabinete. Ford, assim como Eisenhower, havia mantido reuniões regulares do Gabinete (a intervalos mais longos), enquanto os seus assistentes, como os de Eisenhower, buscavam agendas que fomentassem o espírito de equipe, mas não o tédio – tarefa difícil. E de novo como Eisenhower – pelo menos antes do seu ataque cardíaco – Ford, segundo informações, está disposto a honrar o pedido de qualquer membro do gabinete para uma entrevista individual, sobre qualquer assunto. Ele naturalmente recebe alguns mais do que outros, conforme os eventos o exigirem. O secretário de Estado comparece mais do que outros. Em princípio, está disposto a vê-los todos – ninguém supostamente está submetido ao juízo do secretário do Interior de Nixon, Walter Hickel.[16] O mesmo poderia ter sido dito do início da gestão de Eisenhower, em relação aos membros do seu gabinete. Ou de Truman e seu pessoal. Superficialmente, tudo é "como era" há trinta anos. Há, porém, pequena mudança que faz diferença substancial. Espera-se dos membros do gabinete de Ford que fiquem gratos pela cortesia. (Nos tempos de Truman, isso era considerado um direito.) Disseram-me ser essa uma expectativa da Casa Branca. Espera-se que saibam reconhecer um privilégio quando o vêem. E, de fato, é um privilégio. Porque, até a ascensão de Ford, muitos dos seus antecessores eram excluídos. Na época de Johnson, mais ainda na de Nixon, os principais conselheiros do Presidente estavam concentrados na Casa Branca; os chefes de departamento, em sua maioria, sendo considerados como de segundo ou terceiro nível de importância. Duas ou três exceções eram feitas, normalmente envolvendo os departamentos de Estado, Defesa, Fazenda e Justiça. Para os demais, o acesso era raro e o *status* relativamente pequeno. Até em comparação com os primeiros anos de Eisenhower, nos anos sessenta, quando os membros do Gabinete doméstico pareciam estar mais dependentes do apoio e dos serviços do Presidente do que ele deles. Isso aconteceu, presume-se, porque, na formulação de programas e nas *liaisons* legislativas, a Casa Branca tinha acumulado seus próprios recursos.[17] Ela ainda os tem. Funcionários do Gabinete fariam bem em ser gratos. O que Ford concede, pode tomar de volta.

Em quarto lugar, está o relacionamento do Presidente com as lideranças do Congresso, o porta-voz do Congresso, os líderes do Congresso e do Senado, os relatores das comissões-chave. Após 1954, Eisenhower não mantinha relações formais com nenhum deles, já que eram democratas. Em seu lugar, presidia regularmente as sessões com os líderes republicanos e com a equipe de *liaison* da Casa Branca (sua inovação) para discutir suas possibilidades combinadas junto à oposição. Ao mesmo tempo, porém, mantinha uma relação pessoal muito próxima com um velho amigo dos anos de liderança militar, o porta-voz Sam Rayburn, cujo protegido era o novo líder do Senado, Johnson. Com isso, Eisenhower conseguiu não só se tornar o "novo Eisenhower" de 1959 – executor do veto contra os gastos dos democratas – mas também manter ambiente de boa vontade na política exterior, bem como nos assuntos domésticos-chave, acima do partidarismo. O Ford de 1975, com seus velhos amigos no Capitólio, fez muita coisa semelhante por algum tempo, cedendo depois às novas condições da campanha.[18] O precursor foi Truman, em 1948, quando os republicanos mantinham maioria, denunciando o Congresso – "terrível", "fazendo nada" –, enquanto abraçava decretos de política exterior como o Plano Marshall, que ele mesmo havia alimentado através da colaboração do presidente da Comissão Republicana de Relações Exteriores do Senado, Arthur Vandenberg.[19] Presidentes assim posicionados estão relativamente livres para olhar para os dois lados ao mesmo tempo.

Onde está a mudança? Em termos de personalidade, é enorme. Rayburn e Johnson se foram, enquanto Ford, o republicano de carreira, substitui o herói Eisenhower. Por outro lado, institucionalmente, não existe nenhuma mudança. Isso, porém, é um acidente de cronograma. Se comparássemos os meados dos anos 1970 com os meados dos anos 1960, digamos, ou 1950, 1940, até mesmo 1930, encontraríamos o Presidente e "seus" líderes da maioria se relacionando de forma muito diferente. Truman não poderia ter-se dirigido, de forma tão súbita, a uma instituição liderada por Rayburn. Nem o teria desejado isso. Nem o fez, de fato, durante os seis anos em que foi Presidente com Congressos democratas. Brigas de família são assuntos internos, e diferentes de conflitos com o clã rival. Mas essa é a pergunta: ainda existe uma família?

A resposta pode muito bem ser não. Não no sentido de HST e Rayburn. Se um Presidente democrata estivesse no cargo, as lideranças do Senado e do Congresso poderiam tratar a Casa Branca como seu território de reuniões. As relações com o Presidente poderiam fortalecer seu *status* no Capitólio, pelo menos se fossem ouvidas mais do que os outros. Mas ele, olhando-as, poderia achar que tivessem ainda menos tropas do que antes. O tempo de serviço está desmoronando, os eleitores estão ligando, as cadeiras seguras têm de ser trabalhadas, todo mundo está cuidando do que é seu. Quanto menos tropas, tanto mais vago o parentesco. Primos com o mesmo nome, por certo. Mas colegas? Mais como parentes pobres, esforçando-se em guardar as aparências. E ele, aos olhos deles, talvez aparente o mesmo.

Em quinto lugar, estão as consultas do Presidente em épocas de situações graves e de estresse para com o estabelecimento bipartidário no Congresso e fora dele, que, desde o início da II Guerra Mundial, havia sustentado a política exterior, apoiando a virada histórica, afastando-se do isolamento tradicional. Eisenhower que, pessoalmente, incorporava o *establishment* – ao mesmo tempo, herói e símbolo dele –, usava suas conexões com Rayburn e Johnson como principais formas de reconhecimento de elementos do Congresso e democráticos fora de sua família oficial. Um exemplo – dentre tantos – foi a forma como lidou com o apoio de emergência para a França no Vietnã, à época de Dien Bien Phu: deferiu-lhes a decisão, e eles "arrastaram os pés", como ele deve haver esperado[20] (Ver capítulo 13). Kennedy avançou mais, impelido por sua juventude e tornando-se prudente pelo acontecimento na Baía dos Porcos no terceiro mês de seu governo. Em seu clímax em termos de tensão – a crise dos mísseis cubanos –, atraiu para o seu mais alto círculo de consultores Dean Acheson, Robert Lovett, Douglas Dillon, Lyndon Johnson e Adlai Stevenson. Essas pessoas tinham, respectivamente, sido secretários de Estado e de Defesa de Truman, sub-secretário de Estado de Eisenhower, ex-colega de Rayburn na liderança legislativa, e o próprio antecessor de Kennedy como candidato democrata à Presidência. Eram, em poucas palavras, um grupo de substitutos para estadistas seniores e seus apoiadores em ambos os partidos. Acheson era muito consultado por senadores-chave, muitos deles homens de Johnson; Lovett era muito respeitado por seus colegas banqueiros; Dillon também estava bem situado no mundo financeiro; e Stevenson havia conquistado o coração dos democratas liberais – tudo isso era muito útil. Que três deles na época ocupassem cargos governamentais – Dillon como secretário da Fazenda, Johnson como vice-presidente, Stevenson como embaixador para as Nações Unidas – diz muito sobre as preocupações de Kennedy quando os nomeou, mas pouco sobre por que os trouxe para serem consultados quando enfrentou uma crise nacional. Até onde consigo enxergar, não eram suas posições que o atraíam – ou lhes dava o direito – mas antes, suas perspectivas e sua proeminência enquanto substitutos.

Achei isso tão significativo que, por algum tempo, o tomei como sinal de novo controle sobre o poder de decisão do Presidente em declarar guerra, substituição pragmática para o antigo controle exercido por declaração de guerra constitucional, quer dizer, congressional.[21] Em 1970, porém, Nixon provou que eu estava errado, como Arthur Schlesinger observara com mais tato do que mereço.[22] Nenhum círculo de substitutos, para não falar do Congresso, foi consultado antes de nossa incursão no Camboja ou nossos outros atos de guerra lá. Nixon parece não haver consultado ninguém fora do Grupo Especial de Ação em Washington do Conselho de Segurança Nacional, que nem tinha membros qualificados, nem foi aumentado para se adequar.[23]

Quando escrevo, Ford ainda não foi ouvido. O máximo que se pode dizer é que tem diante de si, por um lado, os precedentes de Kennedy e Eisenhower e, de outro lado, os de Nixon (com os casos de Johnson que tendem primeiro para um lado e depois para o outro). Outra vez, a escolha é de Ford.

Em sexto lugar está a continuação de hostilidades, quando as tropas são engajadas sem declaração de guerra. Nos anos de Eisenhower, isso de fato nunca aconteceu, mas a contingência foi atendida, buscando antecipadamente do Congresso um "cheque em branco" (termo de Rayburn), conhecido genericamente, desde a primeira vez em que foi usado, como "resolução Quemoy-Matsu". Foi expressão de apoio ao uso contingente da força dentro de determinada área geográfica, solicitada quando algum distúrbio palpável na área ameaçasse interesses norte-americanos (isto é, que o Congresso não pudesse facilmente recusar). Com isso, Eisenhower empenhou-se em poupar-se das dificuldades de seu antecessor durante a guerra da Coréia, "a guerra de Truman", que o Congresso apoiou, mas não sancionou (pois não lhe foi solicitado).[24] Eisenhower solicitou tais resoluções por duas vezes: uma vez para a Ásia Oriental; outra, para o Oriente Médio. Em cada caso, forças foram deslocadas, mas não engajadas. O tempo passou e as perspectivas melhoraram. Johnson então aplicou o mesmo esquema ao sudeste asiático e o sobrecarregou a ponto de destruí-lo, com ações bélicas numa escala nunca imaginada, nem endossada pela maioria dos congressistas que apoiavam a decisão sobre o Golfo de Tonkin. Nixon então, não tendo outro recurso, retornou à posição de Truman e se baseou na sua autoridade de comandante-em-chefe. O desfecho foi nova legislação, a Resolução sobre Poderes de Guerra de 1973, reação ao Vietnã, à luz de Watergate.

Segundo essa resolução, um Presidente que inicia hostilidades deve primeiramente submeter seu raciocínio ao Congresso, e então pará-las após 60 dias, a não ser que o Congresso as aprove.[25] Anteriormente, uma vez iniciadas, o Congresso somente poderia pará-las negando recursos, ou limitando os níveis das tropas, ou restringindo seu emprego. Essas são ações que se originam nas comissões de apropriações e das Forças Armadas de ambas as Casas. Agora, a Comissão de Relações Exteriores do Senado e a Comissão dos Negócios do Congresso ganharam papel pelo qual ansiavam, e que lhes faltava. E agora, dentro da Casa Branca, assessores legislativos, assessores políticos, escritores de discursos podem exigir uma participação – como especialistas em reportar ao Congresso – no trabalho da equipe anteriormente monopolizado por assessores da segurança nacional. Se essas complicações de procedimentos tornam um Presidente mais cauteloso ou mais enérgico, e o Congresso mais ou menos inclinado a se juntar à bandeira, continua incerto. O que a resolução coloca fora de discussão, é que ele, de fato, possui precisamente a iniciativa sustentada por Truman e Nixon. O Congresso, naturalmente, pode intervir com um banimento específico, como no Vietnã e em Camboja após 1973. O Congresso sempre pode.

Em sétimo lugar, estão as mudanças colocadas em andamento por aquele outro monumento erigido em decorrência do Watergate: a Lei de Orçamento do Congresso e de Controle de Impedimento[26], de 1974. Suas providências sobre sanções de impedimento chancelam velha prática presidencial – ordens para parar de gastar recursos apropriados – mas tornam cada ordem sujeita à aprovação do Congresso. As jurisdições das comissões mais uma vez tornam-se cruciais. Até 1950, as comissões de apropriação tinham papel muito claro no Congresso, o de quase garantir que Presidentes não apreendessem recursos, sem o conhecimento delas. Consultas informais estavam na ordem do dia. No segundo mandato de Eisenhower, porém, e, daí em diante, partes de cada capítulo do orçamento federal seriam disponibilizadas somente após autorizações anualmente renovadas. Isso fez com que as comissões importantes entrassem no jogo. Sua presença ampliou o processo de apropriação, enquanto diminuía o papel das comissões de apropriação que, nos tempos de Nixon, não mais podiam exigir serem consultadas. Nixon então continuou, no início do seu segundo mandato, a reter fundos mais amplamente e mais substancialmente do que antes – não após consulta, mas apesar das contestações vindas de todos os cantos do Congresso democrático. Os tribunais federais, desde então, derrotaram uma quantidade de suas ordens, respaldados na alegação de que não tinham base legal suficiente. A nova lei corrige isso. Porém, seu custo é a flexibilidade.[27] A aprovação do Congresso agora tornou-se questão formal, que assegura algum tipo de voz a cada comissão interessada.

As providências orçamentárias do novo ato legislativo podem se mostrar bem mais importantes para a Casa Branca no decorrer do tempo do que o impedimento. Tudo depende de o Congresso poder criar e apoiar novas instituições próprias, incluindo um orçamento coerente próprio, ao qual realmente passe a aderir com certa fidelidade. Caso não o faça, um Presidente não fica em situação pior do que agora. Caso o faça, pode ficar entre os principais beneficiários; mais a respeito, mais tarde.

Em oitavo lugar, estão a decisão e o anúncio do Presidente de querer concorrer a outro mandato; sua disposição, ou não, de aceitar a indicação de

Poder presidencial e os Presidentes modernos

seu partido. Os Presidentes sempre consideraram o *timing* desses assuntos como importantes para a sua influência. Seu cálculo habitual, caso estejam se preparando para não concorrer, era adiar tal anúncio, que poderia identificá-los como perdedores. Truman, em 1952, (a vigésima segunda emenda constitucional o eximiu disso), e Johnson, em 1968, guardaram suas decisões até fins de março. Se a intenção é concorrer, o *timing* tradicional aponta também para a primavera do ano eleitoral. Até Eisenhower, depois do seu ataque cardíaco, colocou em dúvida sua capacidade de servir e anunciou a sua candidatura somente no início de março de 1956, enquanto FDR, em 1940, quebrando a tradição de dois mandatos, nunca anunciou nada; simplesmente evitou a palavra *não*. E os arranjos organizacionais para a campanha tradicionalmente também são deixados para a primavera ou verão. De fato, uma das vantagens mais noticiadas de quem está no cargo é a flexibilidade para tratar essas coisas mais tarde do que os que não ocupam o cargo.

Por detrás daquela vantagem, havia antigamente a suposição, aceita como fato durante a maior parte deste século, de que em cada partido mais importante umas cinqüenta ou cem pessoas – líderes de estados, chefes locais, estadistas antigos, grandes contribuintes – decidiam o lançamento de candidatos; a maioria deles, sagazes ou conservadores demais para lançar campanha nacional que derrubasse quem já estava no cargo. Esses barões dos partidos realmente controlavam e conseguiam levar delegados para a convenção nacional, angariar serviços e trabalhadores, dinheiro, às vezes até votos para a campanha. Aqueles que já ocupavam cargos e que estivessem inclinados a concorrer podiam se dar ao luxo de esperar, porque sabiam com quem tratar para planejar a campanha. Os titulares que estivessem inclinados a abandonar a corrida sabiam com quem teriam que lidar para escolher um sucessor.

Ford, porém, anunciou sua candidatura e o dirigente de sua campanha, com uma organização elaborada, em julho de 1975, treze meses antes da convenção nacional de seu partido, sete meses antes das primeiras eleições primárias, seis meses antes do que o não-titular Kennedy se mexeu em 1960. O que, naquela época, foi considerado pressa nunca antes vista. A causa imediata do anúncio de Ford foram as Emendas da Lei Federal de Campanhas Eleitorais de 1974, outra medida relacionada a Watergate. Tão complexa em suas exigências de relatórios financeiros e tão gratificante em sua fórmula para fundos públicos, e quase que impossibilitando atrasos.[28] O sucessor de Nixon teria que estar acima de qualquer suspeita na questão de finanças para a campanha. O jeito era organizar cedo. Porém, causas mais profundas corriam por debaixo da superfície daquela lei. Seus dispositivos refletem, em parte, mudança extraordinária nos processos de lançamento de candidatos desde 1960, duplicando o número de eleições primárias estaduais para os delegados às convenções nacionais. Essa onda crescente de eleições primárias é parcialmente a resposta de funcionários do Estado, duramente pressionados, às regras complexas do Partido Democrata para convenções estaduais representativas, a alternativa às eleições primárias, adotada após 1968, através de reformas associadas ao senador George McGovern. Aquelas reformas, juntamente com sua candidatura em 1972, refletem o virtual abandono dos antiquados barões de partidos, incentivando novo estilo de competitividade em eleições primárias, bem como em convenções. O que o lançamento da candidatura de McGovern significou para os democratas, a convenção de Barry Goldwater, oito anos antes, havia significado para os republicanos: a morte da velha ordem.

Enquanto os republicanos guardavam a nova ordem para si, os democratas se apressavam em entrincheirar a deles em ambos os partidos, por meio das leis estaduais que valessem para os dois. Juntamente com fundos federais para a campanha, os novos dispositivos dos estados para a seleção de delegados fazem mais do que incentivar a competição entre os democratas. Parecem também ter incentivado Ronald Reagan. Enquanto escrevo, outros republicanos aguardam nos bastidores. O início antecipado de Ford deve muito à possível força de seus concorrentes republicanos. O *timing* deles e os procedimentos, por outro lado, devem muito a leis que acomodam as reformas dos democratas.

Deixamos a era dos barões e entramos na era dos candidatos. Sua marca é o gerenciamento por empresas privadas, apresentações pela televisão, financiamento por meio de campanhas via mala direta, e solicitação de votos por voluntários zelosos.[29] Que um candidato a Presidente se torna candidato declarado um ano antes de seu partido se reunir em convenções nacionais parece ser sinal seguro e adequado de uma nova era.

Essas oito não são as únicas mudanças desde os anos cinqüenta nas letras miúdas de nosso sistema de controles e contrapesos. Há muitas outras, algumas bem conhecidas, como o privilégio do Executivo, em que um direito que os Presidentes anteriores não haviam concedido – o de reter evidências de tribunais em casos criminais – foi negado a Nixon pela Corte Suprema e seus sucessores (pelo menos até encontrarem melhor desculpa do que ele).[30] Mas, essas oito são representativas, penso eu, do que tem ocorrido desde os anos de Eisenhower. Eu as ofereço como tais.

Quais são então os efeitos reais sobre a posição de um Presidente no sistema? Simplesmente, não houve nenhuma revolução. Os riscos permanecem. Ele ainda compartilha a maior parte de sua autoridade com outros e não é mais livre do que antes de governar através do puro comando. A persuasão, de certa forma parecida com a barganha, continua na ordem do dia para assuntos maiores. Mas, alguns dos riscos com os quais o Presidente lida, pelo menos parecem menos terríveis que antes. A despeito das conseqüências legislativas de

Poder presidencial e os Presidentes modernos

Watergate, suas próprias vantagens, embora arranhadas aqui e ali, podem ter sofrido relativamente menos que as deles no decorrer dos anos. E isso aparece em sua autonomia, sua liberdade, relativamente falando, para lidar com eles em seus termos, não nos deles.

A liderança do Congresso e suas comissões-chave, os departamentos, o *establishment,* o partido, antigamente, exigiam de qualquer Presidente pessoas que chegassem tão perto de serem "colegas", no sentido britânico, quanto instituições (e eleições) conseguissem permitir. Com eles, o Presidente tinha que tratar continuamente, dia após dia, de certa forma em nível de igualdade, solicitando opiniões, recebendo conselhos antecipadamente porque os seus serviços lhe eram tão importantes quanto o que lhes prestava. O equilíbrio, evidentemente, tende na direção contrária à deles. Os detalhes que agora citei sugerem que podem precisar dele bem mais do que necessita deles. Se for assim, eles agora são menos colegas que clientes, a quem o Presidente tem também que "vender", mas não consultar – não nesses termos.

C aso Ford ou o seu sucessor tivessem que lidar com o mesmo ambiente de políticas públicas que Eisenhower, há vinte anos, minha impressão de desequilíbrio em nosso sistema governamental poderia ser forte: as vantagens do Presidente essencialmente intactas; o Conselho de Ministros, condescendente; o Congresso acuado e os partidos em colapso. Contudo, em meados dos anos 70, outros atores enchem o palco de nosso Governo, impelidos por desenvolvimentos históricos. Um deles refere-se à herança da 'Grande Sociedade' de Johnson, emaranhado de programas federais, estaduais e municipais. Um segundo é a conjunção de inflação com recessão no contexto de emergentes problemas relacionados a recursos. Um terceiro é o declínio da bipolaridade no exterior, acompanhada da proliferação nuclear. Esses três desenvolvimentos – e não apenas eles – confrontam um Presidente com outros executivos do alto escalão público e privado, fora e dentro do país, cada um à frente de sistema "governamental" próprio. Aqueles outros chefes são de categoria bem diferente da dos membros do Conselho de Ministros, do Congresso e dos burocratas. Nem colegas em potencial, nem meros clientes dos Presidentes, mas, antes, soberanos separados, todos monarcas, na melhor das hipóteses, aliados em potencial e, na pior das hipóteses, eventuais oponentes em uma guerra. Na época de Eisenhower, é claro, eles estavam sentados em seus tronos, como agora. Mas, uma conjunção de condições históricas, econômicas e políticas específicas fez com que sua interação e dependência mútua fossem um tanto menores que as de Ford – agora, altamente dependente. Seu sucessor igualmente o será por muitos anos. As razões estão embutidas naqueles três desenvolvimentos. Permitam-me abordá-los separadamente.

Em primeiro lugar, vêm os programas sociais definidos pela lei nos anos sessenta. Significaram salto quântico na supervisão e no financiamento de serviços públicos com efeitos mais diretos sobre vidas privadas, serviços tradicionalmente em mãos locais – ou particulares – agora subvencionados e supervisionados por Washington. Considere a educação, a saúde, a reabilitação humana. Essas esferas e outras, repentinamente, tiveram acesso à ajuda e supervisão federais, e, em escala próxima àquelas concedidas às rodovias nos anos cinqüenta, à construção de moradias suburbanas nos anos quarenta, ou à previdência social nos anos trinta. Esse movimento, nos anos sessenta, foi o maior salto de empreendimentos federais na área doméstica, desde o *New Deal*; não muito diferente das alianças e níveis de forças na arena internacional, logo após a Guerra da Coréia.[31] E depois dessa explosão de decretos sociais, vieram problemas de gerenciamento administrativo, impossíveis de serem comparados com qualquer coisa anterior, exceto, talvez, à consolidação do *New Deal*. Esses problemas eram fruto da complexidade substancial, da tecnologia limitada e do emaranhado de jurisdições – tudo de uma só vez e na mão de cada um. Na época de Johnson, e desde então, a Casa Branca tem tentado, alternadamente, abraçar e escapar desses problemas e de seu ônus. De qualquer modo, um Presidente irá encontrar na soleira de sua porta pessoas com as quais tem que lidar em termos relativamente iguais. Caso consiga escapar de um colega CEO, corre o risco de dar poderes plenipotenciários a um intermediário com o qual então tem que lidar. Se Ford, por exemplo, espera poder guardar distância daqueles problemas, interpondo alguns chefes de departamentos, então as cortesias concedidas a membros do Gabinete em breve se tornarão direitos que terá de respeitar como forma de compensação. Então ou respeita seus assessores em suas posições, ou se verá confrontado pelos governadores e prefeitos. No outono de 1975, conforme reportado, a conseqüência por ter se isolado do prefeito da quase falida cidade de Nova York e do governador do estado de Nova York foi uma elevação no *status* do secretário do Tesouro, que os recebeu.

Em segundo lugar estão as questões econômicas dos anos setenta: inflação, recessão e recursos. Essas ressaltam a dependência necessária do Presidente do desempenho no setor privado, fora do Governo como tal. Companhias de petróleo se tornaram para Ford, ou para seu sucessor, o que as companhias de aço outrora o foram para Truman: executores diretos de propósitos presidenciais que não podem ser alcançados sem eles, ou apesar deles. O mesmo pode ser dito de muitas outras companhias, sejam bancos, sindicatos e outros semelhantes. Se não executores, então vetadores: vendas de trigo para Moscou são, por exemplo, dependentes da concordância do AFL-CIO. Eis outro conjunto de instituições separadas – de fato, outro ramo executivo –, isolado pela Lei de Direitos e Garantias[32], protegido pela Justiça, encarregado das decisões sobre investi-

Poder presidencial e os Presidentes modernos

mentos, produção, preços, salários e emprego que fazem ou quebram políticas administrativas. Escolhas formais conseguem ser regulamentadas – para se ter certeza, com o apoio do Congresso – mas sua execução real, muitíssimas vezes, não. E o Presidente pode odiar ou temer ter que regulamentá-las, ou o Congresso não as querer, ou aos reguladores faltar competência. O que então um Presidente pode fazer? A resposta *ad hoc* de Truman, o confisco governamental, foi declinada pela Corte Suprema, pelo menos para ele. O capítulo 2 conta essa história. [33] Sua situação angustiante sugere problemas em potencial.

Em terceiro lugar vêm problemas externos relacionados a riscos atômicos. Um aspecto extraordinário da Guerra Fria, vários anos depois da Guerra da Coréia, e muito mais depois de Suez, é o grau com que um Presidente dos Estados Unidos, eminência solitária, fica afastado – tanto de seus inimigos, quanto de seus aliados – pela preponderância de poder de seu Governo no mundo. Entre outros chefes de Governo, ele, às vezes, tinha velhos amigos que trocavam sentimentos, de Macmillan a Eisenhower, ou tios holandeses oferecendo conselho, de De Gaulle a Kennedy, ou clientes exercendo vetos, de Thieu a Johnson, mas não aliados, no sentido dos Três Grandes – Roosevelt, Winston Churchill, Joseph Stalin – durante a II Guerra Mundial, ou mesmo no sentido de Neville Chamberlain antes da guerra, enfurecido, mas concebido para ser a chave das esperanças de Roosevelt para conter Hitler. Após a guerra, a Grã-Bretanha, embora enfraquecendo-se progressivamente, permaneceu o aliado mais próximo disponível, e os londrinos preservaram seu *status* muito tempo depois de perder seu poder, porque os washingtonianos assim o queriam: "alguém com quem conversar no mundo" (citando Dean Rusk.) Na época de Johnson, contudo, foram afastados da mesa, pela ambivalência em relação ao Vietnã. Nixon, ao começar, mas baseando-se em inícios feitos por Kennedy e Johnson, encontrou alguém mais poderoso que ele com quem conversar: os russos.

Uma *détente*, na prática atual, expressa tendência que pode ter origens em choque mútuo em 1962: o choque do confronto nuclear. Desde a crise dos mísseis de Cuba, ambos os lados parecem ter criado interesse mútuo: o de evitar a destruição por erro de cálculo mútuo. Desde então, também podem ter descoberto aversão compartilhada para com os riscos potenciais de proliferação nuclear em um mundo multipolar. Se foi o caso, ainda não foram impelidos a agir de forma eficaz, ou a encontrar um caminho. Mas parecem, pelo menos, bem conscientes de uma comunidade de interesses. Consciência parecida se manifesta no espaço, por parte de astronautas e cosmonautas, os que possuem alta tecnologia, distinguindo-se daqueles que possuem pouca e dos que não a possuem. Essa é a distinção na raiz da *détente*.

Em um mundo onde receita e riqueza estão distribuídas de forma desigual, enquanto a fabricação de armas atômicas se alastra por todos os continentes, os ricos (tendendo a perder mais que todos) podem eventualmente enfrentar riscos diversificados com o passar do tempo. Riscos por parte de Governos, guerrilheiros, criminosos, ameaçando com uma bomba nas mãos. Os riscos não representam apenas o que tais bombas possam causar, mas também a tensão sobre Washington, tentando, juntamente com Moscou, não calcular mal. Dessa forma, Moscou é de fato fonte de aliados para um Presidente, essencial no aspecto mais contundente de seu cargo, ajudando e restringindo e, potencialmente, destruindo – tudo ao mesmo tempo.

Ao avaliar John Kennedy, percebi que a possibilidade de um segundo ataque nuclear, possível igualmente a Moscou e Washington, havia empurrado o perigo de guerra para nova dimensão, a da "irreversibilidade que se torna irreparável." Com isso, quis dizer não apenas que algumas escolhas ficavam além da possibilidade de revogá-la, depois de feitas – uma dimensão antiga –, mas, ainda pior, pois nada mais tarde poderá afastar, reduzir ou reparar os custos para a sociedade de cada país."[34] O que se tornou claro com Kennedy, e continua o sendo, é que essa nova dimensão força os Presidentes dos Estados Unidos a novo grau de isolamento: nenhum outro norte-americano vive diariamente com tanta responsabilidade por apenas esse tipo de escolhas. De forma peculiarmente desconfortável, a nova dimensão pertence à deles, pessoalmente, isolando-os, tanto intelectual quanto emocionalmente. Jonathan Shell lembra, de forma brilhante, aquele isolamento e sua causa, para explicar o desenrolar da Guerra do Vietnã e de Watergate, vinculando uma ao outro, possivelmente de forma simples, concisa demais, de maneira que não pode ser levianamente desprezada.[35] Se no passado eventos como esses foram afetados por pensamentos acerca de riscos atômicos, então mais significativas ainda são as reações de um Presidente nas circunstâncias ainda piores de proliferação atômica.

E um Presidente agora enfrenta isolamento não apenas em termos de mente e coração, mas também no âmbito operacional. Pode ser controlado e avaliado por um conjunto de chefes, sejam aliados ou opositores, mas, ainda menos que os velhos colegas do partido, do Conselho de Ministros, do Congresso – estes chefes do alto escalão permitem a um Presidente a possibilidade de um apoio sustentado. Poucos devem sentir-se ligados a ele por serem da mesma classe ou origem étnica, ou pela educação, treinamento, ou experiência, ou mesmo aspirações, a não ser no sentido mais generalizado, sem falar em partido. Se puder preservar a lealdade em seu Conselho de Ministros, terá mais sorte do que muitos Presidentes antes dele. Se conseguir preservar relacionamentos confiáveis com governadores, prefeitos, empresários e líderes sindicais, e também com os russos, será fazedor de milagres. Vistas dessa forma, as mudanças cumulativas nos detalhes das instituições, diminuindo as restrições sobre um Presidente, são contrabalançadas pelo desenvolvimento histórico nas políticas. Isso mantém um bocado de equilíbrio em nosso sistema. Na verdade, pode ser equilibrado a ponto de chegar à imobilidade. A carga de um Presidente, de forma alguma, é diminuída. Antes, o contrário. Governar continua, como sempre o foi, ou ainda mais, dependente de qualidades humanas.

A nteriormente, falei sobre qualidades humanas em termos de três coisas que um Presidente traz consigo para o cargo: senso de propósito, senso de poder, e fonte de autoconfiança. Defendi a idéia de que as duas primeiras eram condicionadas pela terceira e que autoconfiança era moldada por experiência e temperamento. Tracei brevemente as conexões em três casos, os de Roosevelt, Truman e Eisenhower, mais tarde acrescentando Kennedy, mas não extraí deles nenhum outro indicador para o futuro, além das duas generalizações amplamente mencionadas e, estranhamente, de nenhuma ajuda: "A Presidência não é lugar para amadores" e "exige políticos experientes e de temperamento extraordinário." Depois de Johnson e Nixon, ambos experientes e, sem dúvida, extraordinários, não consigo mais deixar isso assim!

Aqueles dois – Johnson e Nixon – eram diferentes sob vários aspectos: em relação à afiliação regional, às lealdades partidárias, às simpatias humanas, às aspirações políticas, às abordagens políticas e, especialmente, aos seus estilos operacionais: Johnson, por exemplo, era viciado em encontros cara-a-cara (ou voz-a-voz); Nixon temia surpresas, e não confiava em suas próprias reações, preferindo o papel. Contudo, se parecem em dois sentidos. Cada um era altamente motivador e motivado, com tendência a excessos, busca compulsiva pelo controle, com dificuldades para lidar com a frustração.[36] Ao mesmo tempo, quem sabe, pelas mesmas razões, cada um presidia uma corte real, com amplo mandato. George Reedy, após breve e infeliz estada durante o Governo Johnson, a descreveu como "uma massa de intrigas, de posturas, de ostentação, bajulação, e de piedoso 'comprometimento'(...)" a conspiração dos...incapazes, dos sem-entusiasmo, e dos insinceros."[37] Reedy estava correto ao pensar ter inesperadamente caído em nova Versalhes, mas incorreto na sua descrição do problema. Seus colegas não eram os bajuladores que via, pois muitos não o eram (tampouco, é claro, homens como Haldeman, de Nixon). Aqueles adjetivos, em sua maioria, estão mal empregados. O problema era que LBJ e Nixon, ambos, compraziam-se com o cargo, extraindo da Casa Branca e da suavidade com que funcionava, falsa sensação de segurança e domínio. A auto-indulgência tomou forma de ilusão de onipotência, não nas grandes, mas, pior, nas pequenas coisas (o que, de fato, se havia tornado a essência da antiga Versalhes). Johnson parou de respeitar o horário das refeições dos outros. Nixon parou de ver a maioria de seus associados. Nessas e em uma infinidade de outras maneiras "colocaram-se acima" da polidez e dos deveres da vida pública norte-americana, conforme praticada pela maioria dos políticos, incluindo Presidentes anteriores. Pode ter sido boa coisa para FDR a comida na Casa Branca, na sua época, ter sido tão horrível quanto sugerem os relatos. Certamente, foi uma coisa ruim para Johnson e Nixon que, na sua época, todo tipo de serviço funcionasse superlativamente bem. Do ar-condicionado e dos trabalhos de carpintaria, até os helicópteros – tudo estava à mão e em ordem. Era essa a sedução, não a bajulação da equipe, que levou esses homens a uma extraordinária auto-indulgência.

Todos os Presidentes, desde Coolidge, possuíam motivação e todos, desde Hoover, tiveram a seu redor um conjunto de assistentes, que pareciam, de certa forma, cortesãos. Alguns viveram sua vida oficial de forma bastante pródiga, como Eisenhower, o general, e Kennedy, o rico herdeiro. Mas nenhum parece ter sido tão motivado, tão cercado, ou tão auto-indulgente nas pequenas coisas quanto LBJ e RMN. Naqueles aspectos, os dois aparentam ter sido diferentes de Roosevelt, Truman, Eisenhower, Kennedy – e Ford, pelo menos em seu primeiro ano.

Que Ford possa ser incluído naqueles outros, mesmo provisoriamente, resguarda seus dois antecessores imediatos da ameaça de serem uma tendência, mas suas peculiaridades continuam danosas às esperanças depositadas na experiência. Nixon, para se ter certeza, havia tido uma experiência limitada de Governo, antes de se tornar Presidente: quatro anos no Congresso, dois no Senado, e oito anos na Vice-Presidência, sentado em segundo plano. Mas, a de Kennedy poderia ser comparada à dele: seis anos no Congresso e oito anos no Senado, dos quais quatro, em sua maioria, gastos com doenças ou em campanha. E LBJ tinha experiência imensamente maior: três anos numa equipe do Congresso, três como administrador, onze como membro do Congresso, doze como senador – seis como líder da maioria – seguidos de três como vice-presidente. Entre os Presidentes modernos, não houve nenhum além de FDR – com dois anos em uma legislatura, oito no subgabinete de Wilson, e quatro como governador do estado de Nova York – com carreiras remotamente comparáveis em suas variações. Nenhum, exceto novamente Roosevelt, com aqueles quatro anos em Nova York, chegou perto de exercer poder comparável.

Talvez a qualidade da experiência conte mais que a quantidade. A experiência de Roosevelt, embora menor que a de LBJ, foi muito mais relevante quanto ao Poder Presidencial. A de Kennedy denotava mente já aberta à experiência dos outros – à de seu pai e à de seu avô. Ele também chegou ao cargo como "vencedor", tanto em seus envolvimentos em eleições, quanto com uma doença desesperadora, e na escalada de sua família ao topo de nossa sociedade. Nixon, relativamente falando, chegou ao cargo como "perdedor", alimentando ressentimentos de uma vida inteira. Johnson, conforme nos foi dito por Kearns, trouxe consigo um medo enorme de perdas. A qualidade pode contar; em todos esses sentidos, acredito, contava. Mas a variedade na experiência é tal que nenhuma previsibilidade pode ser aplicada com segurança. Theodore Roosevelt tivera apenas dois anos como governador; Abraham Lincoln fora uma espécie de perdedor.

E quanto ao temperamento? A ambição de Lincoln, segundo seu sócio na advocacia escreveu, era "uma locomotiva que desconhecia o descanso".[38] A mesma coisa pode-se dizer de todos os homens, à exceção de dois, em nossa lista moderna: Truman e Ford, os dois que nunca tiveram a intenção de se tornar Presidentes. E, mesmo eles, uma vez lá, prontamente se tornaram ambiciosos, a fim de permanecer, de se vingar, de entrar para a história por seu próprio direito. A ambição evidentemente conta, ao lado de motivação ou, mais precisamente, como parte da motivação – a parte que escolhe objetivos pessoais. E a motivação chega a ser energia tão forte, a ponto de resgatar um Roosevelt da poliomielite, um Nixon do limbo, ou levar um Truman ao cargo, saboreando sua tarefa. Em todos os casos, Johnson possuía energia superabundante, e Nixon, o suficiente. Mas isso, assim como a ambição inserida nela, dificilmente os distingue dos outros. Não é sua motivação, mas a capacidade de serem motivados: um ataque violento, seguido de um fechar-se dentro de si, suspeita furiosa levando a um isolamento mal-humorado.

Mencionei o assunto frustração de forma superficial demais no capítulo 8:

Conta-se que FDR certa vez comentou que Lincoln "foi um homem triste porque não pôde obter tudo de uma só vez. E ninguém pode." Se um Presidente pretende ajudar a si mesmo ao longo das vicissitudes que encontrará em quatro ou oito longos anos, sua fonte de confiança deve fazê-lo capaz de suportar a tristeza de Lincoln com graça.[39]

Esse é um teste no qual Johnson e Nixon não foram aprovados, cada um à sua maneira. Johnson sentiu uma frustração imensa com o Vietnã e seus próprios compatriotas. Em 1967, tornara-se um homem mal-humorado e receoso. Reconquistou certa quantidade de auto-satisfação apenas quando se convenceu de que sua retirada da corrida presidencial iria ajudá-lo a alcançar seus objetivos e servir a seu país. Nixon, no final, sem semelhante conforto, incapaz de acreditar que suas metas eram servidas por sua desgraça – como, de fato, não o foram – entrou em imobilidade rígida, e a seguir, por algum tempo, desintegrou-se. Nisso, foi menos vítima de sua frustração aguda para com os eventos que dos eventos em si. Contudo, eram questões que ele próprio havia posto em movimento, a partir de frustração anterior, com coisas relativamente tão triviais, como vazamentos de informação.

No fundo da má vontade deles, quando as coisas saíam erradas, ficava a insegurança, ou assim parece, um redemoinho interno estressante que só desapareceria quando as coisas se saíssem bem. Aparentemente, ambos estavam nas garras de anseios humanos; esforçavam-se em apaziguá-lo sendo Presidentes: Johnson, procurando sempre se assegurar de que havia executado maravilhas e conquistado o amor; Nixon, sempre demonstrando a si mesmo que havia mantido o domínio e permanecido tranqüilo. Nada na Presidência lhes garantia satisfação constante, antes o contrário. Mas constantemente estavam precisando dela.

A fonte de autoconfiança deles era um desempenho no cargo além do seu alcance. Johnson poderia ter logrado viver à altura de sua imensa concepção do cargo (isto é, suas enormes exigências para consigo mesmo), se tivesse chegado antes ou mais tarde e escapado do Vietnã. Mas seu papel é o mais fácil, porque parece ser personalidade mais sólida. Nixon, autodidata em todos os sentidos, observando-se, dominando-se, quase que com certeza teria achado sua Presidência dura de executar; um tormento, mesmo sem Watergate. Ambos, em todos os eventos, absorviam confiança através de imagens do cargo que freqüentemente lhes foram destinadas a não alcançar, por falta de competência. Não é de estranhar que aceitassem mal a frustração. Porque a tomavam totalmente de forma pessoal.

David Barber, no esforço pioneiro de tirar lições de biografias políticas, classificou Johnson e Nixon, juntamente com Wilson e Hoover, como Presidentes "ativos-negativos", referência a seus personagens, não a suas posições.[40] Isto vai longe demais para mim. Eu admiro, mas duvido, de um esquema que amontoe esses quatro dentro de um quadro só. Seja como for, a visão de Barber do que é comum aos seus personagens pelo menos ajuda a delinear dois temperamentos – os dois que agora nos preocupam:

> A contradição está entre um esforço relativamente intenso e uma recompensa emocional relativamente pequena (...) A atividade tem uma qualidade compulsiva, como se estivesse tentando compensar algo, ou tentando escapar da ansiedade através do trabalho árduo (...) Tipos ativos-negativos jogam energia para dentro do sistema político, mas é energia que já vem distorcida de dentro.[41]

E essa distorção me parece profunda insegurança refletida em suas imagens do cargo. Truman e Eisenhower, ambos projetaram no cargo imagens a cuja altura conseguiriam viver, e esse fato lhes dava segurança. Roosevelt e Kennedy abordaram o cargo como seu habitat natural e extraíram dele segurança ao serem eles próprios. Johnson e Nixon ainda mais; por outro lado, impuseram a si próprios exigências que muitas vezes não conseguiam satisfazer – e sofreram por isso.

A simples lição, então, é se distanciar dos inseguros. Mas, como podemos reconhecê-los? Johnson, o líder do Senado, cargo que lhe caía como luva, parecia estar totalmente no comando, tanto de si próprio como de seus recursos. Assim fez de novo, surpreendentemente, na transição após o assassinato de Kennedy, para não dizer nada da sua própria campanha de eleição e primeiros estupendos meses de seu novo mandato. Do advogado nova-iorquino, Nixon, tendo deixado a Califórnia para trás, ouvia-se em geral que se havia expandido, amadurecido, acalmado e descarregado a tensão da campanha governamental. E o Presidente-eleito que pediu aos americanos para "abaixarmos nossas vozes", enquanto colocava na sua equipe um rockefelleriano republicano com um democrata kennediano – Henry Kissinger e Daniel Patrick Moynihan, ambos de Harvard, para se vingar – também parecia ser assim.

Algumas indicações poderiam eventualmente ter sido encontradas no estilo de agir do senador Johnson e do candidato Nixon. A tensão que caracterizaria suas equipes mais tarde tinha antecedentes. A equipe de Johnson no Senado dizia-se ter sido dominada por ele, por sua vontade e seus caprichos, muito além do usual, nas relações entre senadores e assessores. Muitas vezes era fascinante, raramente confortável. A equipe da campanha de Nixon, segundo opinião geral, nunca esteve confortável, desde que Haldeman veio a bordo; era sua personalidade que dominava desde então, e por escolha de Nixon. Mais importante é que não há nada que sugira que nem Nixon, nem Johnson não se levariam a sério. Não ouvi, nem li nada que dissesse que tivessem rido de si mesmos. Johnson foi um maravilhoso contador de histórias, cheio de casos sobre si mesmo – de fato, autocríticas, mas nunca se autodepreciando. Tinha o dom do ridículo, mas parece não tê-lo dirigido contra si próprio. Suas pretensões pessoais não eram temas para piadas. Nixon, embora não dotado desse talento texano especial, parece ter sido igualmente inibido. O contraste entre eles e Kennedy é enorme. Essa grande diferença é instrutiva. Kennedy era freqüentemente alvo de suas próprias brincadeiras. Observava-se com certo distanciamento; seu senso de humor era sinal da sua perspectiva. Perspectiva era exatamente o que faltava aos outros. A solenidade deles para consigo era da mesma índole das suas reações à frustração, intensamente pessoais.

Como então poderia melhorar minha afirmação de que a Presidência precisava de "políticos experimentados, de temperamento extraordinário?" Dois pontos emergem; nenhum abala o mundo. Primeiro, o prazer do e no cargo: sentir-se à vontade, desfrutá-lo parece ser essencial. O sentido de diversão de Roosevelt, combinado com um tipo de auto-confiança, continua sendo para mim o que foi há dezesseis anos: meta a ser atingida. É preciso temperamento que alimente esses ingredientes. Um sinal externo, às vezes, é o senso de humor de uma pessoa, como no caso de Kennedy. Outro sinal às vezes é uma auto-afirmação despretensiosa, como a de Eisenhower. Algumas vezes ainda é um enraizamento desinibido, sentimento forte de "lar", como o que Truman possuía por Kansas City. Aliás, tais sinais podem ser fingidos. Isso me leva ao segundo ponto: é recomendável que nós – e ele – sempre busquemos sinais independentes da sua campanha (e do seu *merchandising*). A procura deve incluir sua ocupação anterior. Já que nada do que tenha feito será exatamente como a Presidência, nada em seu passado pode ser conclusivo. Porém, quanto mais próximas as comparações, tanto mais sugestivas. Daí a relevância para ele – e nós – da experiência prévia, sua utilidade primordial, sobrepujando habilidades adquiridas: isso testa seu temperamento e, com sorte, fortalece sua perspectiva sobre si mesmo (e nos dá alguma sobre ele). O caso de Kennedy ilustra ambos os pontos, e o sempre discutido argumento sobre seu futuro comportamento irá sugerir seus limites: sinais externos não são infalíveis; a experiência pode mostrar-se irrelevante.

Se os casos de Johnson e Nixon tivessem sido como o de Harding – vitimado por amigos infiéis – suas qualidades humanas não nos dariam trégua agora. Mas, bem pelo contrário, esses Presidentes recentes foram pessoas que vitimaram a si mesmas, pessoas com inteligência e acuidade, perseguindo com determinação uma grande causa que elas próprias colocaram em perigo pelas ações em defesa dela, ações induzidas por sua própria insegurança. A causa de Johnson – pela qual queria ser lembrado – era a Grande Sociedade, seu esforço em ultrapassar o New Deal, passar a perna em conflitos grupais, ignorar estruturas de classe, e melhorar o destino de todos na América. O equivalente de Nixon, calculado mais friamente, ainda que talvez não menos romântico, era uma geração de paz, conseguida com cuidadosa manobra entre as Forças Armadas e a diplomacia norte-americanas, e recursos econômicos para apoiar e ajustar um equilíbrio de poder mundial. Essas eram as coisas com as quais se preocupavam, e essas foram as que colocaram em risco: Johnson, ao tentar simultaneamente proteger o Vietnã do Sul; Nixon, ao tentar pegar seus inimigos reais e imaginários e depois encobri-los.

Como suas causas eram notáveis, os fracassos foram lamentáveis. É pena que suas metas tenham sido deixadas em dificuldade: a de Johnson, em impasse; a de Nixon, no mínimo distorcida. Ambas, questionadas. Há tanta maldade no drama de Nixon que sua causa e a realidade de seu comprometimento passam a ser questionáveis. Estou disposto a aceitá-las por sua aparência. Assim, ele é colocado lado a lado com Johnson, como figura digna de atenção e compaixão. Falando comparativamente, Nixon caiu muito mais, mas as terríveis dimensões da queda parecem muito parecidas, pois Johnson caiu de um lugar mais alto. Incomparável enquanto líder da maioria no Senado, chegou perto de uma Presidência sem precedentes e de uma carreira política única nos anais norte-americanos. O que então lhe aconteceu? O que aconteceu com ambos? Como puderam deixar de servir tão claramente àquelas causas?

O que os Presidentes fazem todos os dias é tomar decisões, as quais, em sua maioria, lhes são lançadas, muitas vezes com prazos fora de controle; opções, na maioria das vezes, armadas por outros; assuntos abarrotados de complexidades técnicas e resultados incertos. Para os Presidentes, os aspectos técnicos podem não ser menos misteriosos que as incertezas. Contudo, têm que escolher, ainda que apenas para adiar. Fazer escolhas, nesses termos, ocupa posição de destaque entre suas funções em nosso Governo. De fato, é a essência do que chamei de sua função enquanto funcionários públicos.

Na primeira edição deste livro, empenhei-me em recomendar algo que o Presidente pudesse fazer, ele próprio, independentemente de todos os demais, para fazer com que algo dele mesmo pudesse atuar sobre aqueles mistérios. Não tanto no sentido de colocá-los de lado, mas para compensá-los com um sistema direcional que ele próprio poderia usar e controlar. Prendi-me à possibilidade de que, entendido de forma correta, seus interesses e riscos pessoais em relação ao poder em dada escolha, seu peso sobre suas próprias perspectivas de influência, poderiam facilmente sugerir-lhe perguntas-chave em relação a ações políticas, questões de relevância, efetividade e escolha do momento oportuno em qualquer ação por ele considerada:

> As coisas nas quais um Presidente deve pensar se quiser construir sua influência, não são diferentes daquelas que apontam para a viabilidade política pública. A correspondência pode não ser exata, mas chega perto. O homem que pensa sobre uma, dificilmente pode deixar de contribuir para a outra (...) A amplitude e o alcance de suas bases eleitorais, suas expectativas, aliadas à incerteza de sua reação, o tornam ansioso para ver e avaliar (...) sua viabilidade política, administrativa, psicológica e pessoal. E como o marco referencial do próprio Presidente é, ao mesmo tempo, tão abrangente e tão político, o que enxerga (...) em termos de poder, lhe fornece indicações em termos das políticas que o ajudam a buscar sob a aparência das questões.

> Nosso sistema não confere a ninguém fonte melhor de indícios.[42]

No centro de expectativas convergentes de cinco fontes – do funcionalismo, dos membros do Congresso, de colegas de partido, dos cidadãos em geral e do estrangeiro – a vantagem de um Presidente como buscador de indícios mostra-se pelo fato de que mais ninguém tem "eleitores" tão diversificados que, na sua coletividade, decidem tanto seu futuro e o destino da política nacional. Por isso, argumentei que cada Presidente pode dar contribuição especial ao desenvolvimento das políticas, fazendo perguntas acionadas pela preocupação com suas próprias possibilidades/perspectivas. E, quanto melhor sua percepção do que está atrás de suas possibilidades, quanto melhor especialista for em relação às fontes de sua influência, tanto mais provável será que agarre questões-chave quando se trata das perspectivas políticas de apoio, tanto no início, como na medida que as condições forem mudando. A "perícia presidencial, portanto, é útil para uma política eficiente". Assim rezava meu argumento de 1960.

Mas, em 1965, Johnson lançou sua Grande Sociedade, enviando ao Congresso uma enxurrada de leis e, quase que simultaneamente, americanizou a Guerra do Vietnã, bombardeando o norte enquanto mandava tropas a Saigon (também ocupou a República Dominicana por algum tempo, aumentando temporariamente o barulho). Em julho, o Congresso estava promulgando leis sociais, com velocidade e escopo sem precedentes desde os Cem Dias, de 1933. Johnson tinha volume de leis equivalente a mais de um ano para apresentar, e pressionava contra a menor demora. Ao mesmo tempo, comprometeu 175.000 tropas para combater em favor do Vietnã do Sul, sabendo que seus conselheiros acreditavam que seria necessário o dobro, por dois anos e meio, para assegurar o domínio de Saigon sobre o país, quebrando a resistência das guerrilhas e de seus aliados do norte.[43] Sabemos agora que essas estimativas de homens e de tempo eram ridiculamente baixas, comparadas aos esforços subseqüentes, mas ainda insuficientes. Mas Johnson e seus ajudantes sabiam então que suas estimativas eram terrivelmente altas, comparadas às expectativas do Congresso e do público. Os conselheiros do Pentágono pressionaram-nos a cobrir essa lacuna, convocando reservistas, propondo novos impostos e solicitando a aprovação do Congresso para seus objetivos. Johnson recusou. Em lugar disso, tentou levar a guerra adiante, sem revelar sua escala ao Congresso, ao público ou, em realidade, a seus próprios conselheiros econômicos.

LBJ optou por não correr riscos com seu programa legislativo por causa de uma guerra, mas optou, ao mesmo tempo, por ela e, dessa forma, por tornar-se um enganador. Com isso, preparou caminho para um surto inflacionário, transformou colegas em panela de pressão, desviou energias, inclusive sua própria, do desafio administrativo de sua Grande Sociedade e, decisivamente, colocou-se na direção de sua perda posterior de reputação pública. Oito meses após extraordinária eleição em 1964, que lhe havia dado os votos do Congresso para a reforma doméstica, mergulhou em direção a uma conjunção de eventos e sentimentos que, três anos depois, o forçou a se retirar da reeleição, com uma guerra não vencida, a Grande Sociedade se desfazendo, os democratas em desordem, e Nixon, de volta da tumba política, bem a caminho da Presidência.

Onde então estava a perícia de Johnson no poder, quando fez sua escolha por uma guerra não-declarada? Será que viu o quanto estava se arriscando? E, percebendo-o, será que investigou as implicações de um plano de ação eficiente? Apesar de meu argumento, a resposta parece ser "sim", em ambos os casos. Talvez não o tivesse percebido totalmente e, quase com certeza, tivesse deixado de investigar suficientemente. Mas viu e investigou.[44] O problema é que o que viu, cortava-lhe ambos os caminhos da questão. Toda fonte de poder oferecia percepções para planos de ação, mas esses divergiam.

Muitas das percepções de Johnson ajudaram a guiá-lo em direção à fraude. Em termos das vantagens que extraía de sua autoridade, uma parceria formal com o Congresso em relação à guerra paralisaria sua liberdade de manter as hostilidades dentro de limites, ou para negociar a paz, enquanto, ao mesmo tempo, estava oferecendo desculpas aos membros do Congresso para que passassem a legislação relativa à Grande Sociedade. Em termos de sua reputação profissional, uma reconhecida necessidade de impostos – que, justamente por sua insistência, haviam sido cortados no ano anterior – sugeriria que não era tão onipotente, não era o lendário mestre político do Senado e da campanha de 1964. Alternativamente, pedindo imposto para a guerra sugeriria que os tempos e suas prioridades haviam mudado. Ele não queria nada disso. Contudo, fracassando no Vietnã, pareceria violar seu juramento após a morte de Kennedy: "Vamos continuar". Pior ainda, poderia fazer soar sobre sua cabeça (assim acreditava) um grito do homem que, humanamente, mais temia: Robert F. Kennedy. E o fracasso também geraria dificuldades por parte dos linha-dura tradicionais no Capitólio, os conservadores do oeste e do sul, os quais, à maneira de Nixon, haviam atacado Truman pela "perda" da China. E por fim, em termos de prestigio, de aprovação popular, validar a guerra não prometeria a Johnson nada do que desejava. Por esse motivo, tampouco poderia dela se retirar. Uma corrida de apoio à bandeira poderia eventualmente incitar exigências para guerra ainda maior – "nenhum substituto para a vitória", sombras de MacArthur –, enquanto a derrota no Vietnã do Sul, quando o deixássemos, possivelmente dispararia uma orgia de recriminações.

Essas não foram as únicas intuições de Johnson referentes à influência, mas, aparentemente, o impressionaram acima de tudo. Cada uma transmitia um risco de curto prazo para seu poder futuro. Cada risco era percebido facilmente. Cada um era tangível, participando prontamente de imagens concretas, como votos no Congresso, manchetes nos jornais, *slogans* nas eleições, nomes, datas, lugares. Creio que percebeu tudo isso. Em termos de prestígio – e com isso, de reputação – havia, além de risco de longo prazo, menos tangível, porque menos imediato, risco de ampla frustração gerada por expectativas desapontadas, sendo o desapontamento culpa sua; risco, em poucas palavras, de algo que de fato ocorreu e acredito que o vira também.[4545]

Mas, por ser risco de longo prazo, optou por apostar nos dois anos e meio dos quais lhe haviam falado que sua guerra duraria, no máximo. Pensou que se tratava de aposta no nosso próprio equipamento militar, na nossa capacidade – em termos de rifles e bombas – para fazer Hanói parar e fortalecer Saigon. Sabendo, como sabia, um bocado sobre nossa capacidade bélica, acreditou ser boa aposta e arriscou. Mas, de fato, tratava-se de aposta envolvendo a psicologia vietnamita, a respeito da qual nada sabia. Hipotecou seu prestígio em nome daqueles regimes, tanto o do norte como o do sul, e sofreu as conseqüências. Nisso, se assemelhava até certo ponto a Truman durante a primeira fase da Guerra da Coréia, que colocou seu prestígio nas mãos de MacArthur e Mao Tse-tung, ambos estranhos a ele. O capítulo cinco conta a história de Truman.[46] É tão triste quanto a de Johnson, embora não tão longa.

No que tange a Nixon, no encobrimento de Watergate, alguns aspectos da sua própria psicologia não ficaram claros, pelo menos até que publique suas memórias - se é que ficarão, então –, mas, para os anais públicos, como se aparentam agora – com detalhes sem precedentes, possibilitados por suas fitas – os ganhos tangíveis de curto prazo outra vez parecem ter obscurecido os riscos de longo prazo. De fato, os últimos quase nem parecem ter sido vistos, obscurecidos por arrogância ou ignorância, suspeitas ou medo, ou todos eles, até ser tarde demais. Esse foi o padrão de um estágio para outro.

Em junho de 1972, quando Nixon parece ter tomado conhecimento pela primeira vez da entrada forçada no Quartel-Geral da Comissão Nacional Democrata (no edifício Watergate de escritórios, daí o termo), evidentemente temia não apenas o constrangimento imediato para sua campanha se o envolvimento de seus associados mais chegados fosse conhecido, mas também o incentivo aos opositores da guerra, se também fossem revelados os arrombamentos e as escutas realizadas diretamente para a Casa Branca, em esforço tipo "faça-você-mesmo", para pegar vazamentos de informação. Nixon havia pessoalmente criado, pelas preocupações sucessivas com assuntos momentâneos, riscos à sua diplomacia (e política), preocupado com atos específicos da oposição, inclusive vazamentos. Em 1970 e 1971, ele e seus assessores foram frustrados pelo que lhes parecia ser lentidão excessiva das agências de contra-espionagem devidamente constituídas, notadamente o *Federal Bureau of Investigation-FBI*. Ações do tipo "faça-você-mesmo" eram frutos daquela frustração. Com isso Nixon entregou cada aspecto de sua influência – prestígio, reputação, poderes formais, enfim – ao julgamento exercido por Haldeman e outros, ao dirigir equipe escolhida aleatoriamente, composta por malfeitores e incompetentes, os assim chamados "encanadores" da Casa Branca. Depois, para protegê-los da descoberta, Nixon assumiu outra hipoteca, dessa vez para com a lealdade de um conselheiro que mal tinha conhecido, John Dean, que dirigiu o acobertamento inicial. Em 1973, quando Dean ficou irrequieto e com medo, Nixon tentou, através de Haldeman e Ehrlichman, abafar esse acobertamento. Após a despedida forçada deles, ele próprio continuou com a ação, escondendo algumas coisas mesmo de seus substitutos. E durante todo esse tempo suas conversas foram gravadas por um sistema automático, um dispositivo de Haldeman, que Nixon havia aceitado em nome da história.

O último guardião do poder de Nixon tornaram-se as fitas que – seja por prudência, confiança, falta de visão ou indecisão – deixou intactas, em sua maioria. Não era de surpreender, exceto talvez para ele, que a existência delas se tornasse pública e a Corte Suprema insistisse, a tempo, em considerá-las como provas. A gravação de suas palavras, então, o derrubou.[47]

Entrementes, durante dezesseis meses, de abril de 1973 a agosto de 1974, as iniciativas de política exterior e doméstica, uma vez confidencialmente planejadas para o segundo mandato de Nixon, caíram por terra, vítimas das preocupações obrigatórias do Presidente para com o complicado desfecho de Watergate. O assim chamado Ano da Europa, então promulgado como uma nova abordagem, logo desapareceu de vista. Compras soviéticas de trigo fizeram subir os preços norte-americanos, e o mesmo fizeram os produtores de petróleo do Oriente Médio, após a guerra do Yom Kippur. Washington, antes vigorosa no combate à inflação, agora estava flácida. A própria guerra complicou seriamente nossas aproximações, tanto com a Europa, quanto com o Oriente Médio. Mais complicações foram acrescentadas pelo levante no Chipre, inspirado pela Grécia, além do devastador rastro da intervenção turca. Um Presidente surfando na crista da onda no ambiente doméstico poderia ter sido útil; Nixon, por sua vez, estava se afogando. Pouco antes que o escândalo o surpreendesse, havia retirado, "de forma honrosa", nossas tropas do sudeste asiático. Após isso, o Congresso lhe proibira de recolocá-las e também começou a apertar a ajuda militar a Saigon e Pnom Penh. Nixon, parece, tivera a intenção de reagir com dureza, usando ajuda ou bombas, ou ambas, contra pressões militares naqueles Governos.[48] O Congresso tirou os instrumentos de suas mãos.

Esse contratempo à sua política, como aqueles na Europa e no Oriente Médio, os dilemas energéticos e a inflação (e o início da recessão), a conexão de todos com perspectivas de uma *détente*, agora tiveram da Casa Branca de Nixon apenas reação mínima, intermitente, quando não desatenta. Sua mente, dizia-se, estava sobretudo fixada na reputação que estava perdendo, seu prestígio caindo vertiginosamente, e seu impeachment provável. Assim, a perda de tempo, bem como de impulso – e as oportunidades passadas que o impulso parecia prometer – eram preços que Nixon pagou duramente em forma de ações políticas por seu envolvimento com aqueles "encanadores".

De um estágio para o seguinte naquele envolvimento, Nixon sem dúvida pensara sobre suas próprias perspectivas de poder. De fato, deve ter pensado em pouca coisa. Mas cada coisa que fazia para proteger algum aspecto de sua influência expunha outro que, muitas vezes, era mais importante. E, em contraste com Johnson (ou Truman), os aspectos que Nixon negligenciou eram tão tangíveis quanto os que procurava atender. Antes dele, teria dito com confiança, que nenhum Presidente, de boa fé, poderia deixar esses "encanadores" se aproximarem de sua casa, ou delegar a assessores como Dean massiva obstrução à justiça, muito menos fazer tais coisas levianamente em comentários a meia voz para Haldeman ou Ehrlichman. Nixon foi claramente incompetente em um aspecto-chave do poder – e o mais concreto de todos: em quem confiar. Também foi incrivelmente insensível a respeito de outro aspecto crucial de seus poderes formais, o aspecto mais tradicional de todos: o *status* de seu cargo como "chefe da magistratura", representando todos os norte-americanos para que cumpram suas leis. Contudo, sabendo que havia deixado de enxergar coisas importantes, também sabemos que o que enxergou – e temeu e combateu – não deixou de afetar sua influência. Ele parece ter sido terrivelmente incompetente em distinguir o crucial do irritante. Também parece ter sido inapto em distinguir as implicações de longo prazo de efeitos momentâneos. Para os propósitos presentes, porém, sua experiência, ou falta de, é de interesse menor que a evidência, no seu caso como no de Johnson, de que as percepções que o poder oferece para a política divergem, apontando muitos caminhos ao mesmo tempo, conseqüentemente limitando sua utilidade como guias à viabilidade. Do inicio até o fim do caso Watergate, Nixon escolheu cursos de ação que se mostraram inviáveis.

Onde isso deixa meus argumentos? Ainda válidos, a meu ver, mas nem de perto tão úteis quanto havia esperado.

Um Presidente continua, como sempre foi o caso, necessitando de algumas fontes que possa considerar suas para questões que clareiam o julgamento e os critérios que lhe são passados por outros. Eu não deixaria, por um momento sequer, de defender tais interesses e riscos em relação ao poder como sendo essa fonte. Usados por homens mais hábeis do que Nixon, poderiam ser suficientes. Mas destreza maior que a de Johnson não é encontrada todo dia, ainda que prejudicada por temperamento, e sua situação me leva a pensar que algo mais talvez seja necessário, como salvaguarda e controle.

O que poderia ser? Eu sugeriria que os Presidentes eventualmente devessem tentar, nunca como substituição, porém, freqüentemente como complementação, reverter meu procedimento original, procurando, dentro do sistema, indícios de problemas de poder, os quais, caso contrário, poderiam não encontrar. O aspecto de um plano de ação a ser observado é sua necessidade para implementar uma ação, de forma resumida, sua "possibilidade de fazer" (ou, caso já implementada, sua adaptabilidade). A maneira de ver a possibilidade de fazer é, primeiramente, visualizar o resultado, o efeito sobre a sociedade a que dada opção visa, e então identificar o último ato – suficiente ou não em si mesmo – de quaisquer membros, de qualquer organização, que seria, em última instância, necessário para produzir aquele efeito. Se o resultado que Nixon desejava era um regime sem vazamentos, o ato final teria que ser a negação por parte de todos os servidores na esfera da segurança nacional, especialmente no topo, onde vazamentos são mais prováveis. Uma vez identificado aquele último ato, nesse caso o não falar, então o próximo passo seria ponderar os pré-requisitos, olhando do fim para o início. O não falar necessita, por sua vez, de um conjunto de sanções obrigatórias para todos. Essa potencialidade, em troca, requer que carreiras sejam destruídas, de forma bastante consistente, segundo critério executável de não-vazamento. Tal critério implica tanto padrões quanto supervisão, distribuídos através de uma dúzia de sistemas de pessoas. E assim vai, estágio por estágio, até Nixon, na Casa Branca, dando a ordem inicial. Nenhum Presidente precisa pensar em toda a seqüência. Aproximando apenas os últimos estágios deveria ser o suficiente. Para esses, providenciar padrão prático, facilmente delineado em alguns minutos de pensar intenso, com o qual avaliar a utilidade das opções formuladas por outros, como, por exemplo, as daqueles "encanadores" extraordinários. Avaliada assim, a inadequação deles poderia ter dado trégua até para um homem inconsciente da incongruência deles.

O "retromapeamento", como alguns de meus colegas o chamam, é um método – não o único – para dar início a um exercício de estimativas para o caso de existir brecha entre a forma que uma instituição funciona, em média, e a segundo a qual teria que funcionar para contribuir para dada finalidade.[49] O planejamento prospectivo, passo a passo, torna-se outro método – muito mais usual – para avaliar uma brecha dessa índole, pensando, ao mesmo tempo, em como preenchê-la.

Avançar gradualmente para frente é o que a maioria das pessoas faz: com algum tipo de objetivo em mente, pensa-se sobre os obstáculos, especialmente os mais próximos, ponderando seus recursos para passar por cima, por baixo, ou pelos lados. Formula-se um primeiro passo, testando-o, olhando-o e escutando-o, reavaliando-o, e então formulando outro passo (ou, talvez, outro objetivo). Não irracionalmente, ou seja, como a maioria dos buro-cratas e políticos em nossa vida pública – e os três Presidentes que eu mesmo tenho visto – parecem planejar. É processo feito em partes e processo interativo, e, decididamente, dependente de retroalimentação. Muito diferente de mapear de trás para frente. Mas insisto freqüentemente com os alunos que pretendem se dirigir ao setor público que, quando entrarem no Governo, tentem misturar os dois, trabalhando retroativamente de vez em quando, o bastante para notar para onde seu movimento para frente os leva, e o quanto estão fora do rumo. Meus alunos, suponho, não terão nenhuma opção a não ser experimentar alguns tais julgamentos de implementação. Diferente de um Presidente, dificilmente podem – pelo menos por longo tempo – esperar tratar o poder como guia útil para ações políticas. Todavia, Presidentes, eu sei, acham isso suficientemente difícil de fazer – assim posso justificar um pouco o planejamento inverso para eles também.

Estudantes à parte, isso não é nenhum exercício acadêmico. Mudando as ilustrações para um nível mais substancial, menos bizarro que o de Nixon, permitam-me voltar para Johnson e suas escolhas referentes ao Vietnã, em 1965. O resultado que Johnson evidentemente desejava era um Vietnã do Sul separado, com apoio popular e forças suficientemente vigorosas para dominar os guerrilheiros, enquanto o Vietnã do Norte estaria impossibilitado de fazer intervenções em grande escala, e ambos os Vietnãs floresceriam economicamente, com doses maciças de ajuda norte-americana. Assim estavam as coisas em 1968. A data era parte do resultado que desejava. Traduzidos em atos finais das organizações, supostamente significava para o Vietnã do Norte uma cadeia de ordens nas Forças Armadas e no partido, comandando uma restrição, mantida constantemente e fielmente obedecida a cada nível, ano após ano. Para o Vietnã do Sul, evidentemente significava longa lista de reformas, eficazmente traduzidas para o trabalho diário de funcionários públicos e oficiais do Exército junto a aldeãos, refugiados e tropas, bem como aos endinheirados homens em Saigon. Retrocedendo um estágio, no Vietnã do Norte parece não haver dúvidas – o centralismo democrático funcionando do jeito que funciona – de que a liderança de Hanói poderia dar e receber obediência a ordens dessa índole, caso o desejasse. Mas, salvo em termos estritamente táticos e temporários, isso era exatamente o que os líderes estavam de acordo em não querer. Em contraste, no Vietnã do Sul, os líderes de todas as facções do Governo e do Exército poderiam concordar, em tempos de desespero, por reformas de todo tipo, sem terem a capacidade, para não falar da vontade, para orientá-los no sentido da obtenção dos resultados desejados ao longo do labirinto de políticas, facções e burocracias. Assim pelo menos parece de longe, dez anos depois.

E no que os associados de LBJ insistiram que fizesse para assegurar o resultado que desejava? Bombardear o Norte indefinidamente, em escala crescente, dentro de limites, e retomar os combates no Sul, com total apoio à sua economia (adicionando dólares também para o Norte, quando emitiu aquelas

Poder presidencial e os Presidentes modernos

ordens). Contudo, a história não oferece quaisquer indícios, nem o fizera então, de que bombardeios da maneira como foram propostos e tentados pudessem quebrar a vontade de Governos ou fazer com que mudassem o curso. A evidência disponível sugeria, e ainda sugere, que bombardeios enrijecem o apoio popular e tornam um regime ainda mais determinado.[50] Quanto à guerra no Sul, só o conseguimos com número suficientemente grande de nossos próprios homens e recebemos todo impacto; e, mesmo quando apoiamos tanto a guerra deles quanto a sua economia, ficamos incapazes de reformular, a nosso contento, os métodos operacionais do Governo deles e de seu Exército. Mas, qualquer pessoa familiarizada com o funcionamento de nosso Departamento de Estado e de Defesa, nossas Forças Armadas, nossas missões de ajuda, nossos destacamentos de serviços de inteligência, e nossas embaixadas, poderia muito bem ter sabido que eram todos instrumentos ineficazes: todos são grandes máquinas, cada uma com seu próprio impulso, mas nem de longe capazes de interagir com as partes correspondentes de Saigon, para produzir, em segunda mão, uma mudança fundamental nos serviços públicos de outrem, sem falar nos corações e nas mentes.

Um aspecto triste de nossa intervenção é que havia amplas evidências em relação a esse placar – assim como em relação aos bombardeios – disponíveis em Washington para todos os que se preocupassem em olhar ao redor e pensar sobre isso, sem considerar o que pudesse vir de Saigon. Mas poucos pensavam nessas coisas. A maioria estava ofuscada pela crença na capacidade de nossa burocracia, sempre que empurrada pelas pessoas certas para fazer qualquer coisa que quisessem. Alguns se confortavam com analogias forçadas da Grécia ou da Coréia, nenhuma das quais de fato era muito comparável. Os ativistas no Departamento de Estado que pressionaram a favor da reforma política eram mais negligentes que a maioria em relação às potencialidades americanas. Mas como os *Pentagon Papers* sugerem, o nível de sofisticação a esse respeito era baixo, até mesmo segundo os opositores da intervenção.[51]

Contudo, se as questões alguma vez tivessem sido colocadas a Johnson nesses termos, sugerindo a alta probabilidade de haver grande distância entre os fins desejados e os meios recomendados, o seu ceticismo senatorial bem-desenvolvido poderia, pelo menos, tê-lo levado a fazer perguntas sérias sobre as capacidades de execução. Se tivesse feito um pouco de planejamento inverso, ele próprio teria topado com aqueles termos. Então, poderia ter exigido mais facilmente de seus associados – porque poderia ter facilmente detonado seus argumentos – um conjunto de opções maior que as três opções fatais que lhe deram em julho de 1965.

Se Johnson então estivesse disposto a pensar seriamente sobre alternativas para ampliação da guerra, precisaria de argumentos que se apoiassem não

291

em assuntos que estivessem a seu próprio critério, não em prioridades de planos de execução, e principalmente não em política – mas preferencialmente em tecnologia ou algo muito parecido. Ele precisava desses argumentos para aliviar a aglomeração de seus próprios riscos de curto prazo já assumidos, para armar-se contra eles, e para ajudá-lo a mudar a mente de seus conselheiros em direção a riscos de longo prazo. Ele evidentemente sentia não poder dar-se ao luxo de – ou não suportar – ser visto como "brincando de política com a segurança nacional", nem pela imprensa, nem pelo público, nem pelo Congresso, nem pelos seus conselheiros de política exterior, todos homens de Kennedy. Essa visão pode bem ter sido repugnante também a seus próprios olhos. Estava convencido, aparentemente, de que todos, talvez inclusive ele próprio, mas enfaticamente incluindo os seus conselheiros, estivessem interpretando qualquer afrouxamento de nossa preocupação com o Vietnã do Sul, qualquer redução no nosso comprometimento, qualquer rejeição, ainda que gradual, como forma de apaziguamento em favor de objetivos domésticos – portanto, basicamente políticos. "A política pára à beira da água", havia sido o lema e a crença de Truman, quando construiu o bipartidarismo sobre fundamentos escavados por Roosevelt durante a II Guerra Mundial. Agora, numa reviravolta, não fazer algo que tivesse recebido o *imprimatur, a autorização* do *establishment* bipartidário, era, *ipso facto,* "política". E os conselheiros de LBJ, todos pilares do bipartidarismo, davam justamente aquele *imprimatur* para a intensificação da guerra. Ele poderia fazê-los ganhar tempo com uma parceria com o Congresso na guerra, porque essa era a margem desse lado da água; porém, não poderia rejeitar ou modificar seu pedido de bombas e tropas, a não ser que seus fundamentos fossem comprovadamente não-políticos, e sim, conseqüentemente, técnicos. Argumentos de inviabilidade operacional poderiam chegar perto. Se estes tivessem pelo menos colocado em dúvida todos os métodos que representassem menos do que a total eliminação do Norte, combinada a uma completa administração colonial para o Sul – realmente factível em termos estritamente operacionais – tal perspectiva poderia ter mudado o tom de seus assessores e a maioria certamente teria preferido a retirada.

Alternativamente, se Johnson estivesse pensando apenas em ampliar a guerra dentro de certos limites, conforme de fato o fez, o que precisava era de argumentos fortes para exercer pressão firme, para ajudá-lo a enfrentar risco de longo prazo: risco de que hostilidades aumentadas apenas por ele, qualquer coisa aquém do sucesso na hora certa, implicaria frustração popular dirigida contra ele. O que conseguiu em lugar disso foi um jogo de argumentos abafados, apresentados de forma frágil. O seu secretário da Defesa e outros recomendavam com insistência a franqueza para com o Congresso e sinais claros para o país. Agindo assim, parecem ter estado cônscios – de modo geral ou até mesmo com precisão – daquele risco de longo prazo. Mas, por ser preeminentemente risco político – e ele, aos olhos deles, ser o mestre político, enquanto eles, amadores aos olhos dele – expressavam o argumento em termos de adequação constitucional, mais do que como imperativos políticos. Todavia, era o segundo que ele mais precisava ouvir para fazê-lo enfrentar, sem medo, a possibilidade de fracasso. Se o tivesse feito, fornecendo-lhe direção para seu pensamento naquela época, poderia, provavelmente, ter optado por mais bombardeios mais cedo, em vez de comprometer-se publicamente com uma guerra prolongada. Mas em vez de consentir em bombardeios totais, aqueles assessores muito provavelmente teriam preferido a retirada (outra vez). Se não sua mente, então a deles poderia ter sido aberta por aquele intercâmbio. Contudo, devido ao respeito deles, isso não aconteceu.

Como essas observações sugerem, a ajuda que Johnson precisava então não era apenas a auto-ajuda, não apenas o que deixou de contribuir aos seus próprios atos de escolha, mas também o que os seus próprios assessores deixaram de lhe oferecer quanto a uma análise pormenorizada, bem como forma de ajuda e conforto. Penso que nesses momentos eles lhe ofereceram muito pouco, mas os pecados deles parecem pequenos, comparados com aqueles dos assessores de Nixon em relação a Watergate. A edição de 1960 de *Poder Presidencial*, com foco no indivíduo, dava pouco espaço às equipes presidenciais. A evidência dos anos passados desde então mostra que essa falta de ênfase foi um erro.[52] Os associados de um Presidente podem contribuir tanto para sua destruição pessoal, que a composição da equipe da Presidência deveria ser discutida com base em seus próprios termos.

Anteriormente, havia comentado oito detalhes do desenvolvimento institucional desde 1960; agora, acrescento um nono: em 1960, os membros-seniores da equipe da Casa Branca – aqueles comissionados pelo Presidente com títulos que representavam alguma relação direta com ele – eram 24, tendo sido 12, durante o último ano de Truman. Em 1963, o número correspondente era 17, permanecendo igual em 1967. Em 1962, Nixon deixara subir para 52, fixando então o padrão de 40 para seu segundo mandato (para ele, naturalmente, a maioria daqueles títulos significava que não era bem assim). Três anos mais tarde, o número de Ford estava abaixo de 30 e diminuindo, contraste tranqüilizador, embora alto para um primeiro ano. Truman, seguindo padrão estabelecido por FDR, começou com 11. Esses números excluem a equipe secundária – os assessores dos assessores e outros semelhantes – da qual Truman, Eisenhower e Kennedy toleravam cerca de 10, e Johnson às vezes alguns a mais, enquanto Nixon tinha doze. Ford, reduzindo a quantidade de Nixon, ainda tem pelo menos uma dúzia. Equipes administrativas de serviço e ajuda doméstica contam algumas centenas a mais, naturalmente, mas são caso à parte.[53]

A equipe da Casa Branca é tradicionalmente presidencial, em sentido especial, diferente de outras funções associadas formalmente ao Gabinete Executivo do Presidente. Unidades como o Departamento de Administração e Orçamento, antes denominado Escritório do Orçamento, o Conselho de Assessores Econômicos, a equipe do Conselho de Segurança Nacional, e agora a equipe do Conselho Doméstico possuem *status* de segundo nível na Casa Branca, embora seus chefes possam contestá-lo. A maioria tem números telefônicos, papel timbrado personalizado, geralmente edifícios separados, histórias e futuros separados, e no Conselho de Administração e Orçamento, equipes substanciais de funcionários de carreira. Dentro do Conselho Executivo algumas funções foram criadas e outras eliminadas desde 1960. Para aquelas com continuidade, como três das quatro acima, os aumentos e decréscimos numéricos são muito menos interessantes do que no caso dos assessores da Casa Branca. Uma agência emerge, outra desaparece, mas os números são o de menos.

O que torna essas variações da Casa Branca interessantes não é apenas a idiossincrasia de Nixon – ou talvez, mais corretamente, de Haldeman – mas o fato de que, retrocedendo até Roosevelt, são classificadas por partido: democratas menos, republicanos mais. Eu penso que não é por acaso. Atrás disso encontram-se sensibilidades diferentes quanto ao cargo presidencial, suas obrigações e usos. Estritamente falando, não é diferença de partidos. Durante quarenta anos, porém, parecem ter sido combinados e avaliados de forma bem diferente, dependendo do partido que detivesse a Casa Branca. A essência das diferenças está nas atitudes para com a administração e o que significam no nível presidencial em nosso Governo.

As instituições que agora rodeiam a Presidência foram, por isso, costuradas a partir de dois padrões bem diferentes, favorecidos alternadamente por administrações sucessivas. Doutrina alguma tem sido seguida sobre o que as equipes devem fazer, ou como, ou por que, sem encontrar ou ser contrariada por doutrina diferente. Não é de estranhar que um Presidente consiga menos ajuda do que necessita. A partir de instituições montadas de tal maneira, é surpreendente que Ford, ou qualquer outro, possa conseguir tanta ajuda como consegue.

Os Presidentes democratas, desde FDR até Kennedy, tinham alguns instintos em comum. LBJ compartilhava a maioria desses, embora talvez menos nos seus últimos anos. Um deles era a verdadeira paixão pela Casa Branca como sendo a casa deles, o orçamento a ser distribuído parcimoniosamente por eles, e sua equipe para servi-los pessoalmente. Ninguém deveria trabalhar lá sem que tivesse que lidar diretamente com alguns aspectos do trabalho do próprio Presidente, dia após dia. "Aqui é a Casa Branca chamando" significava ele ou alguém confiável em contato com ele, capaz de avaliar sentimentos e intenções de primeira mão, não por meio de relatório. O papel timbrado da Casa Branca estava no mesmo patamar. Assim eram os cargos, os carros, os privilégios e outros sinais de *status*. Assessores-seniores, com títulos terminando naquelas palavras-chaves "... do Presidente", poderiam ter graduação, quando combinasse com a realidade, e não de outra forma (permitindo exceção, uma vez ou outra, para casos de caridade, como no caso de ex-membro do Congresso, com méritos especiais). E os assessores-juniores daqueles assessores-seniores somente seriam tolerados se tivessem trabalho que também os colocasse freqüentemente em contato com o Presidente, o bastante para poderem aferir as atitudes dele, e ele os seus julgamentos. Se estivessem regularmente em contato com ele menos do que uma ou duas vezes por semana, não tinham nada o que procurar em "sua" casa, mesmo sendo juniores. Essa era uma regra empírica de Truman da qual Kennedy gostou. Se fosse aplicada na Casa Branca de Eisenhower, a maioria dos juniores teria saído, e alguns dos seniores também. Se aplicada por Nixon, teria tido equipe menor que Truman.

Na visão de um Truman ou de um Kennedy, o lugar para qualquer assistente que não satisfizesse essas regras era fora daquele charmoso círculo, fora do telefone, e no papel timbrado de outrem. Onde então? O lugar preferido de Roosevelt era o Departamento de Orçamento. Truman, durante algum tempo, brincou em perpetuar o Departamento de Mobilização de Guerra e Reconversão. Kennedy tentou transferir obrigações extras ao Conselho de Assessores Econômicos e enfrentou firme resistência. Para seu terceiro mandato, Johnson pensou em novo Departamento de Coordenação de Programas. Qualquer solução que esses homens improvisassem, sua resposta a "onde então?" sempre começava com "aqui não".

Esse ponto de vista, conforme expresso inicialmente por Roosevelt quando as primeiras equipes modernas estavam sendo desenvolvidas, no final de 1930, incentivou a outrora acirrada distinção entre "pessoal" e "institucional". As agências do Gabinete Executivo[54] fora da Casa Branca foram concebidas para ser o lugar das equipes institucionais; em suma: o lugar para todos os demais. Havia ali sentido político de auto-proteção para com os subordinados do segundo escalão que trabalhavam para ele. Havia também sentido de auto-proteção em relação a atividades do segundo escalão que pudessem ser impulsionadas por terceiros. Combinada a estes, porém, havia crença bastante forte em pontos de vista separados, que deveriam contar com equipe e ser cultivados separadamente, para que o Presidente pudesse ficar seguro em relação a ambos. Os assessores institucionais tinham instruções para pensar de forma ampla, não-departamental, com escopo tão amplo como o do próprio Poder Executivo, em termos tão altos quanto os da sociedade politicamente organizada, tão profundos quanto o Congresso, mas *não* em termos pessoais ou partidários, cultivando "competência neutra", nas palavras de Hugh Heclo.[55] A equipe da Casa Branca pensaria sobre interesses e riscos do próprio Presidente, incluindo a política *partidária,* enquanto ele poderia avaliar ambas as posições e escolher dentre elas.

Quarenta anos antes, esse mesmo evangelho havia guiado Harold D. Smith, o construtor do moderno Departamento de Orçamento.[56] A distinção dentro dessa repartição pública se manteve até os anos sessenta, e também entre a equipe dos Presidentes democratas. Truman e Kennedy seguiram praticamente os passos de Roosevelt. Assim fez LBJ, pelo menos nos seus primeiros anos de mandato. Mas Eisenhower parece ter encontrado pouco sentido nessa distinção e Nixon, nenhuma. A linha que traçaram refletia hierarquia, não perspectiva, separando aqueles com acesso imediato daqueles que tinham que solicitá-lo. Na prática de Eisenhower, os primeiros eram um punhado de assessores da Casa Branca e uns poucos chefes de departamento, enquanto os últimos englobavam outros membros do Conselho de Ministros e todo o seu Gabinete Executivo, inclusive o resto da Casa Branca. Pelo que sabia, ou com que se preocupava, penso eu, assessores juniores da Casa Branca podiam ser tanto ou tão pouco *institucionais* quanto um diretor de Orçamento poderia ser *pessoal.* Esses termos logo perderam seu sarcasmo: carreira ou não-carreira não é a mesma coisa. Tampouco é o caso de político ou não-político. Os antigos assessores de Eisenhower ficam simplesmente perplexos com a distinção antiga. Antigos assessores de Kennedy, não. Mas, enquanto sua prática temporariamente a reviveu, a prática de Nixon a enterrou, talvez definitivamente. Smith havia rejeitado ser incluído no Gabinete (Conselho de Ministros), enfatizando o seu status não-departamental; e evitou receber emolumentos da Casa Branca para enfatizar seu papel institucional. O diretor de Orçamento de Eisenhower sentou-se à mesa do Conselho de Ministros; o de Nixon, assumiu cargo na Casa Branca, e também título. O ponto defendido por Smith foi perdido, mas na verdade tratava-se de ponto de FDR.

Para Roosevelt, o Presidente não era a Presidência; ambos teriam que ser providos de assessores, e o Presidente deveria ponderar os conselhos de ambos. Também solicitava conselhos a qualquer outra pessoa que estivesse acessível: membros do Conselho de Ministros, do Congresso, e de colunistas, grupos de interesse e membros do partido, cidadãos e amigos. Roosevelt nunca pensou nas equipes como tendo monopólio sobre o julgamento, nem sobre as informações. Tampouco se baseava exclusivamente em assessores quando buscava idéias programáticas - "pensamentos alegres".

Isso tinha um corolário para a prática de Roosevelt, o que, novamente, agradava mais a seus sucessores democratas que aos republicanos. Ele fugia de atribuições fixas de caráter programático que levassem seus assessores a se tornarem especializados. Para que tentá-los com negócio próprio? Para que colocar níveis no Poder Executivo? Em lugar disso, a maioria das atribuições fixas que conferia tratava de seu trabalho diário. Geralmente eram colocadas como forma de ajudá-lo a lidar com uma enxurrada de prazos específicos e recorrentes, que o obrigavam a realizar ações das quais, pessoalmente, não poderia escapar: montar a equipe de sua programação, alimentar a imprensa, proteger sua assinatura, preparar seus discursos, delinear suas propostas e polir vetos ou, durante a guerra, tratar com Churchill e Stalin, os comandantes no exterior, e o Estado-Maior das Forças Armadas. Atribuições como essas eram organizadas em torno de obrigações presidenciais recorrentes, não como assuntos funcionais. Diferenciavam-se por ações de tipo específico, não por áreas programáticas. As pessoas com tais atribuições eram obrigadas a ser generalistas, com perspectiva quase tão não-especializada quanto a do próprio Presidente. Se as atividades de alguém não a motivassem, a pessoa normalmente recebia segunda atribuição. Em tempos de guerra, Harry Hopkins tratava com Governos aliados e também ajudava a escrever discursos políticos.[57] Além disso, as atribuições os confundiam. Ações presidenciais se interligavam e sobrepunham. Essas pessoas sabiam quais suas tarefas, mas não conseguiam cumpri-las sem observar, conferir, acotovelando-se umas com as outras. Roosevelt gostava disso assim".[58]

Tudo isso não somente se aplicava às atribuições da equipe pessoal, mas também ao diretor de Orçamento, Smith, que encabeçava a unidade principal da então equipe institucional, e seu trabalho envolvia extraordinária torrente de prazos para o Presidente: o processo orçamentário. Smith sacudia todos os outros, e vice-versa.

Em 1960, Kennedy considerou que esses arranjos estavam de seu agrado e restaurou conscientemente as atribuições rooseveltianas, em uma Casa Branca transformada, de forma irreconhecível, sob Eisenhower. Junto com os relacionamentos com a imprensa e a agenda de compromissos – atribuições invariáveis de todos os Presidentes – JFK recolocou nas mãos de Theodore Sorensen um pacote de atividades que Roosevelt havia dado a Samuel Rosenman, seu conselheiro, tanto em Washington, quanto em Albany.[59] Essas atividades abrangiam a elaboração de todos os documentos públicos, através dos quais o Presidente definia e pressionava o seu programa: discursos, mensagens para o Congresso, minutas para leis, declarações sobre leis em pauta, ordens executivas. Isso colocou o Conselho no centro dos assuntos domésticos. Ao mesmo tempo, Kennedy fez de McGeorge Bundy um equivalente limitado de

Hopkins em tempos de paz, que o assessorava em relação a uma torrente de ações presidenciais voltadas para a diplomacia e a defesa: aprovações, instruções e pedidos de informação.[60] Após os acontecimentos da Baía dos Porcos, Kennedy trouxe Sorensen – assim como Robert Kennedy – para dentro do círculo que revia as opções com Bundy, e incluiu Bundy na revisão dos principais discursos. Foi uma composição salutar de atribuições. Infelizmente para LBJ, não sobreviveu a Kennedy.

Como FDR já o havia feito, e Truman também, Kennedy não colocou ninguém entre ele mesmo e as pessoas com essas atribuições. Ou seja, não tinha um chefe da Casa Civil. Mais precisamente, menos bem compreendido, o modelo de Roosevelt não deixava espaço para tal. Os conselheiros do Presidente recebiam atribuições para executar tarefas que ele próprio teria que fazer; eles o ajudavam a fazê-las; ele os supervisionava. E se não o ajudassem dessa forma, não pertenceriam à Casa Branca. Roosevelt provavelmente não teria se oposto a um chefe para uma equipe institucional, fora da casa. Na verdade, algumas vezes pode ter pensado em Smith como alguém assim. Smith certamente incentivava o conceito. Apesar disso ter sido possível, ninguém, fora o Presidente, podia comandar a equipe da Casa Branca, porque, por definição, era-lhe algo pessoal: executava *seu* trabalho, repleto com *sua gente*.

Em uma Casa Branca sob o modelo de Roosevelt, os assessores-seniores eram convocados para fazer duas coisas ao mesmo tempo: ajudar o Presidente a colocar suas preocupações numa perspectiva pessoal, e ajudá-lo para que seu trabalho também incluísse informações provenientes de outras perspectivas. Essas duas coisas são um tanto contraditórias. Para gerenciá-las, uma pessoa precisa ter empatia, lealdade e autodisciplina – todas as três. Para obter essas qualidades combinadas, Roosevelt se valia dos velhos conhecidos da política e do Governo: Hopkins, Rosenman e, antes deles, Louis Howe. Truman o seguiu o melhor que pôde. Com a falta de associados confiáveis no início, escolheu a maioria de seus assessores quando jovens, e os fez crescer no cargo – Clark Clifford, por exemplo, que sucedeu a Rosenman.[61] Com o tempo esse método funcionou muito bem fora da esfera da segurança nacional. Truman nunca teve ali equipe pessoal contínua. Kennedy, que a tinha, escolheu pessoas fora de seu círculo íntimo para aquelas atribuições. Todo o resto, porém, tinha estado com ele no Senado ou em campanhas, ou em ambos; na maioria, em ambos. Eisenhower, recém-chegado à política, alienado de seus associados no Governo de Truman, e debruçado sobre um modelo diferente para sua equipe, trouxe para a Casa Branca, em sua maioria, pessoas que mal conhecia. Adams, seu chefe de equipe, tinha-lhe sido estranho, um ano antes, exceto por sua reputação. Com John Foster Dulles – o seu "Adams no lado estrangeiro", o secretário de Estado – não era muito diferente. Contudo, à época do "novo

Eisenhower", no final de seu segundo mandato – com as personalidades serenadas ou então afastadas, Adams e Dulles foram embora e os sobreviventes se acostumaram uns aos outros e a ele – a Casa Branca de Eisenhower, embora divergindo quanto à forma e ao tamanho, tornou-se mais pessoal em sua essência, mais parecida à dos democratas. Isso se ajustava a ele melhor que antes. A essa altura, naturalmente, seu tempo estava acabando.

Isso me leva a Johnson e Nixon, nossos dois homens que necessitavam de tanta ajuda nas circunstâncias que mencionei acima. Mas nenhum dos dois ajudava a si mesmo, nem recebia ajuda de seus conselheiros. Cada um de seus casos apresenta aspectos curiosos. Johnson, o democrata bem versado nos caminhos de Roosevelt, dos quais talvez nem gostasse de todos, passou seu primeiro ano conciliando assessores que havia herdado de Kennedy, e dirigindo, de fato, duas equipes da Casa Branca ao mesmo tempo. Passou o seu segundo ano em feliz simbiose com uma parte de sua herança – os assessores legislativos ao redor de Lawrence O´Brien – e em relacionamentos desconfortáveis de liga-desliga, com a outra parte, a parte de Bundy, que Johnson, alternadamente, usava e ignorava.[62] Entrementes, perdeu um de seus homens mais capacitados, que tinha vindo com ele do Capitólio, disciplinado e empático até demais: Walter Jenkins.[63] Quando Bundy se foi, não havia ninguém do peso de Jenkins na equipe de Johnson para fazer o papel de Sorensen, muito menos RFK, junto ao sucessor de Bundy. Mas, a essa altura Johnson já estava há oito meses na rota que escolhera em julho de 1965. Quando americanizou a guerra, não usou Bundy de forma consistente, nem colocou um dos seus no seu lugar. Para fins de aconselhamento pessoal, diferente da equipe do NSC como tal, LBJ não procurava ninguém em lugar algum dentro da Casa Branca. Em vez disso, confiava em amigos de fora, cujos pontos de vista não estavam sujeitos ao desgaste diário de um trabalho de equipe. Um era advogado em Washington, muito bem relacionado; outro era juiz da Corte Suprema.[64] Eles viam os riscos que ele via e podem tê-lo pressionado. Na falta de trabalho de equipe, podiam apenas ecoar objetivos, não mapear meios, nem para frente, nem para trás.

Quanto a Nixon, as circunstâncias peculiares de sua própria carreira o deixaram, em 1969, com dois grupos díspares de antigos associados: um datando da era de Eisenhower, o outro, do seu longo caminho anterior; um, principalmente, dos anos cinqüenta; o outro, dos anos sessenta; um, principalmente washingtoniano, o outro, californiano; um, inclinado a governar, o outro, a se empenhar em campanha. Isso deixava tudo simples demais, mas não por muito tempo. Ele trouxe consigo à Casa Branca grande número dessas pessoas, dando-lhes *status* sênior. Do grupo mais antigo: Bryce Harlow, Arthur Burns, e Herbert Klein; do grupo mais novo, especialmente Haldeman e Ehrlichman.[65] Os novos acabaram empurrando os velhos para o lado, e Moynihan também.[66] Em 1971, para a maioria das intenções e dos objetivos, os "velhos" associados na casa de Nixon eram os da campanha dos anos sessenta, homens da publicidade ou advogados da Costa, realmente políticos, mas com nenhuma experiência prévia de Governo – e sem perceberem que lhes faltava alguma coisa. Eram leais, empáticos e ignorantes. Ignorância e arrogância se agruparam em Watergate. Nixon bem poderia ter feito tudo melhor sozinho. E se Haldeman tivesse alguma sensibilidade para com o Governo, digamos como Harlow, compartilhando os valores daqueles que contavam com longa experiência, Nixon provavelmente teria terminado seu mandato.

Os assessores de Nixon buscavam somente preservar os interesses dele, conforme entendimento deles. Nada sabendo a respeito de distinções rooseveltianas – como poderiam? – esses homens não perceberam nenhuma diferença entre a Casa Branca e o Gabinete Executivo ou, realmente, entre seu Presidente e o Poder Executivo. Pensavam que fosse assunto dele – e que o deles era manter mão firme a seu favor. O seu impulso para a maldade fazia parte de como percebiam seu dever presidencial. Pensavam que a cláusula constitucional de "cuidar de" fazia dele administrador-geral, como se tivéssemos um Governo unitário com poderes hierárquicos, não compartilhados. Era visão completamente simplista, mas sendo quem eram, dificilmente podem ser considerados culpados. Ele, sendo quem era, dificilmente poderia dizer-lhes outra coisa; sua única experiência executiva anterior havia sido como mero espectador, na Casa Branca de Eisenhower. E Presidentes democratas tinham deixado para trás nuvens de retórica enganosa. Kennedy e seus jovens também haviam deixado para trás imagem prematura de vigor intervencionista. Johnson, por sua vez, havia deixado práticas e até mesmo planos enganosos. Mas o pior de tudo era a retórica.

A prática rooseveltiana lidava com escolhas de forma seletiva. Enfatizava escolhas que a Constituição e as principais leis impunham ao Presidente. Sua tarefa era considerá-las, preparar o país para elas, articulá-las, defendê-las (ou propor emendas a elas): escolhas quanto à conduta na diplomacia, escolhas quanto ao uso de tropas no exterior ou no próprio país, escolhas de candidatos a serem enviados ao Senado, políticas econômicas às quais o Congresso ou o setor privado deveriam apoiar, leis a propor ou a vetar, orçamentos departamentais a endossar ou cortar – escolhas a respeito de tudo isso e também do que devia dizer a respeito delas; como, a quem e quando. A "administração", para FDR, estava no refinamento de moldar, arejar ou postergar exatamente tais escolhas, enquanto evitava outras que não precisasse fazer.

Isso mostra o que fez quando foi mais bem-sucedido – ideal do que fazer – mas o que disse foi bem diferente. Em 1937, sua Comissão de Gerenciamento Administrativo[67] exigiu equipes presidenciais, junto com uma reorganização departamental. Expressou as propostas nos termos que endossou, extraídos de tradição de trinta anos de reformas executivas desde a Era Progressiva:

> O Presidente é o principal executivo e administrador dentro do sistema e do serviço federal (...) os cânones da eficiência requerem o estabelecimento de um executivo-chefe responsável e eficiente como centro de energia, direção, e gerenciamento administrativo; a organização sistemática de todas as atividades, (...) o estabelecimento de funções gerenciais e de equipes adequadas.

Quando Roosevelt enviou isso ao Capitólio, colocou-o em linguagem vigorosa.[68] Desde então, o tema foi repetido durante outros trinta anos por estudos públicos e privados, sob patrocínio presidencial. Em 1949, veio a Primeira Comissão Hoover, sendo que a maioria de suas conclusões foi abençoada por Truman. Seguiu-se a força-tarefa de Heineman, em 1967, revisão não divulgada para LBJ, sobre a qual ficou remoendo sem ação, mas que foi descoberta pelos assessores do seu sucessor, que dela gostaram e a usaram.[69] Os homens de Nixon pensaram que estavam levando isso em frente, e limpando o que os democratas haviam feito mal, mas sempre haviam pensado em fazer.

Nesse sentido, eram apoiados pelo que conseguiam discernir da prática de Johnson, fortalecidos pela compreensão imperfeita do relatório Heineman. LBJ havia, intermitentemente, afastado suas enormes energias de escolhas das quais ele não conseguisse escapar, para escolhas de outras pessoas que esperava o fizessem de forma diferente, ou melhor. Essas eram, em sua maioria, escolhas na área das políticas sociais a respeito da implementação de ações para a Grande Sociedade, escolhas sobre caminhos e meios de fazer (ou rever) o que sua torrente prévia de estatutos havia autorizado enorme número de agências a fazer. Essa torrente havia emaranhado de tal maneira essas agências nas atividades umas das outras que freqüentemente não faziam nada, faziam mal, faziam em dobro, ou tentavam empurrá-lo para o andar de cima.[70] Não somente havia mais programas emaranhados em comparação, digamos, com os anos de Eisenhower; havia agora ainda mais programas para emaranhar, e mais funções para tratar delas, e mais níveis superiores para encher de funcionários. Nasceu todo um novo grupo de novos interessados – o funcionalismo da Grande Sociedade – para pressionar LBJ a fazer as escolhas operacionais que não queriam ou não conseguiam fazer; uma nova dimensão para o seu funcionalismo, e porque a Grande Sociedade era sua, era na verdade um funcionário profundamente interessado, um funcionário aplicado. Estava disposto a colocar sobre seus ombros o trabalho deles, mas, freqüentemente, era incapaz de fazê-lo. A guerra cuidava disso. Frustrado, considerava possibilidades tais como o realinhamento de departamentos, e uma Agência de Administração Pública mais vigorosa. Entrementes, deixara Joseph Califano – o sucessor de Sorensen (cortado da redação de discursos) – reunir assessores-júnior o suficiente para arrancar a coordenação operacional dos interstícios da programação legislativa.[71] O trabalho de Califano estabeleceu certo precedente para o Conselho Doméstico de Ehrlichman.

As intervenções de Johnson, reais e imaginadas, enquadravam-se em suas prioridades pessoais, chegando a ser uma opção, não uma necessidade absoluta. Os associados de Nixon aparentemente não notaram essa nuance. Diferente da política exterior – estabelecida pela Constituição – ou das ações políticas econômicas – herança da depressão –, as políticas sociais ainda não impunham mandato para que o Presidente interviesse nas escolhas operacionais do dia-a-dia. Não sendo obrigatórias, as intervenções desse tipo eram opcionais. Ele podia pedir ajuda, ou tentar de qualquer jeito, sempre que visse necessidade ou razão para seus propósitos. A maioria dos Presidentes, especialmente FDR, havia interferido seletivamente nas escolhas departamentais, embora raramente de maneira tão ampla quanto Johnson, o que pode haver ajudado a induzir os homens de Nixon ao erro. "O problema é todo seu, não meu", Roosevelt certa vez havia dito a membros do Gabinete sobre questão que não queria assumir. Nixon era livre para fazer o mesmo. Talvez seus assessores não o soubessem. Ou, se sabiam, preferiam assegurar-se de que ele, além deles, estivesse livre para fazer o oposto, em vez de não assumir a responsabilidade. Portanto, esforçaram-se em criar um sistema – uma "Presidência Administrativa", nas palavras de Richard Nixon[72] – que pudesse garantir ao Presidente ou a seus funcionários, a qualquer hora, o domínio sobre as escolhas de qualquer um, em qualquer lugar do lado doméstico do Governo. Colocaram todo o centro esmerado de seu sistema dentro da Casa Branca, atraindo grande quantidade de atividades de nível secundário, ao mesmo tempo em que poupavam Nixon de certos detalhes.[73] E estavam pensando o tempo todo que lhe prestavam um favor.

Trinta anos antes, Smith e outros membros do círculo de Roosevelt – homens que haviam lidado com um Governo crescente desde o *New Deal,* incluindo os controles operacionais da economia em tempo de guerra – haviam pensado no trabalho da equipe presidencial para o período pós-guerra que, então, parecia provável que iria produzir uma série de programas novos na esfera doméstica. Observando tanto a Casa Branca quanto sua repartição, Smith pensou em deixar a primeira em paz, a do próprio Presidente, enquanto agregava à segunda uma equipe nova, preocupada com conteúdo. Na época, assim como agora, o Departamento de Orçamento era dominado pelo processo do orçamento e de sua coloração – dinheiro. Smith propôs igualar a presente

Poder presidencial e os Presidentes modernos

organização a uma nova, focada não em dinheiro, mas em políticas e programas no contexto do desenvolvimento nacional. Enquanto a entidade mais antiga, entre outras coisas, elaborava o Orçamento Federal, essa nova iria fazer trabalho de equipe referente ao Orçamento Econômico Nacional, exigido pela Lei de Emprego Pleno, ainda pendente. Aqui estaria um centro, tanto para revisão substancial de programas, como para planejamento de longo prazo, mas diferente do Conselho Nacional de Planejamento de Recursos[74], função sem ligação com a atividade que ficara de lado durante a guerra. Esse centro envolveria processo que promovesse a ação, levando diretamente ao Presidente, e dali ao Congresso. Um processo tão direto quanto uma elaboração orçamentária e, potencialmente, também tão sólido quanto. Os dois se encontrariam na mesa de Smith, a um passo da Casa Branca, fazendo dele, em realidade, o chefe da equipe institucional. Mas as duas perspectivas ainda passariam pelo desafio do pessoal, sendo FDR ainda avisado à parte sobre o fato. A idéia de Smith enfrentava desafio na pessoa do então diretor de Mobilização e Reconversão na guerra, Fred. M. Vinson, o administrador de disputas entre repartições de gerenciamento econômico em tempos de guerra. Vinson queria o trabalho de equipe do Orçamento Econômico para si próprio em tempos de paz, unidade separada do departamento de Smith, que ajudaria a formular e coordenar programas domésticos.[75] Então, existiriam duas equipes institucionais e dois chefes para demitir. Roosevelt pode ter gostado disso. Mas morreu, e mais tarde, para dissabor de Vinson (que havia levado suas ambições para o Tesouro), e de seu sucessor no OWMR[76], e de Smith – uma trindade de reivindicadores se bloqueando mutuamente – o Congresso aprovou lei diferente, criando novo departamento para trabalho menos importante: o Conselho de Consultores Econômicos. Em seguida, o OWMR foi deixado de lado. O Tesouro não se expandiu. O Departamento de Orçamento nunca concretizou as esperanças de Smith. Nem de seu sucessor.

Se Roosevelt tivesse vivido e escolhido uma dessas alternativas, e obtido a aprovação do Congresso e as implementado, então, no seu devido tempo, Johnson teria se frustrado menos. Nixon e seus noviços poderiam ter ficado mais contentes em assumir a Presidência do jeito como a encontraram. O modelo de Roosevelt poderia ter significado mais para eles, porque, na sua forma completa, pareceria mais relevante. Além disso, se sua revitalização sob Kennedy tivesse incluído sólida equipe programática, seus aspectos mais importantes poderiam ter sido repassados intactos, de Johnson a Nixon. O departamento de Bundy, com certeza, precisava de alguns consertos após Johnson, mas de qualquer forma foi um caso especial: Nixon sabia exatamente o que queria fazer com isso, e Kissinger o fez para ele. Na ausência dessas eventuais possibilidades, porém, a sugestão de eventos desde 1960, ou para

303

esse caso, desde 1952, é que nenhuma continuidade do modelo, nenhuma estabilidade de doutrina, e pouquíssimo conhecimento sobrevivem de um Governo para o próximo quando o assunto é tão importante para um Presidente como o de onde colocar os conselheiros, como usá-los, e a quem buscar.[77] Montar equipes para a Presidência agora é jogo de pique-pega, com pouquíssimas regras.

Antigamente a experiência de um Presidente levava algumas regras adiante. Diferenças de partido tinham papel na formação de equipes até agora, mas mesmo essa parte da continuidade parece transitória. Os democratas de hoje são políticos profissionais que admiraram FDR, enquanto Eisenhower foi um amador, assim como Haldeman, o formatador de padrões de Nixon. Mas Roosevelt já se foi há tempo. O profissionalismo pode contribuir para algo mais. A Casa Branca de Ford é notável por conter mais associados políticos com experiência governamental que já o conheciam quando seu *status* ainda se igualava ao dele, ou quase, do que qualquer Presidente desde Roosevelt. Contudo, Ford não deve nada ao exemplo de Roosevelt. E, desde 1945, não tivemos nenhum Presidente cuja experiência anterior incluísse, ao mesmo tempo, experiência eletiva e executiva. O amadorismo pode afligir profissionais veteranos em campanhas – como sabemos ter sido o caso de Nixon – e muitos casos nos falam agora que avançar do Congresso para a Casa Branca requer enorme treinamento no cargo. A experiência, pelo menos a que se adquire hoje em dia, não é fonte estável de continuidade ao montar equipes presidenciais. Nem qualquer outra coisa o é.

Independentemente de como tivesse organizado o seu Gabinete, um Presidente, nas circunstâncias de Roosevelt, contava com a continuidade de alguns conselheiros dos quais não conseguiria escapar: a liderança do Congresso, os empresários poderosos do seu partido e os membros do seu Conselho de Ministros – dificilmente todos, mas normalmente alguns – cujo peso político lhes garantia que seriam ouvidos. Assim, havia conselhos que ele pelo menos teria que ouvir. Tratava-se de conselhos de colegas – que foi o termo que usei – mas também conselhos interessados, preocupados, conselhos da família, pois essas pessoas compartilhavam pelo menos um laço partidário, com interesses maiores que o puramente casual, criando para cada um não apenas interesses e riscos de longo prazo, mas também lealdades duradouras. O que faz com que a instabilidade da composição de uma equipe presidencial hoje em dia pareça tão árida é que esse contexto praticamente desapareceu, em parte declinando juntamente com nossas organizações partidárias, e o resto suspenso pela constante divisão de chapas eleitorais[78]. Enquanto o Congresso e o Presidente usam distintivos de partidos diferentes, ele escolhe entre os que lhe são leais, e menos que colegas – faltando-lhes poder independente o suficiente – e colegas que, em termos de partido, não lhe conseguem ser leais. Além disso, o Congresso, visto como pessoas ou como costumes, tem mudado rapidamente desde as maiorias de LBJ, sem mencionar as de FDR. Agora, é incerto o que um laço partidário restaurado por intermédio de associados poderosos e leais pode oferecer aos presidentes.

Uma retrospectiva pode induzir a um certo romantismo. Seria fácil enxergar mais do que realmente havia nas negociações de Roosevelt com aqueles conselheiros partidários. Suas relações não comissionaram os seus poderes, nem nos deram algo que se aproximasse da disciplina partidária como os ingleses a concebem. Aliás, James MacGregor Burns certa vez atacou FDR por deixar de promover um Governo do partido.[79] Deixemos Burns ser um lembrete de quão longe estamos disso. Colegas com sentimento de família, Ford agora não tem nenhum.

Notas

[1] A discussão consta do livro de Woodrow Wilson, *Congressional Government*, New York: Meridian Books, 1956), "Preface to Fifteenth Edition."

[2] Henry James Ford, *The Rise and Growth of American Politics*, New York: Meridian Books, 1898, capítulo xxii: uma explanação notável que poderia ter ajudado muito a educar Woodrow Wilson.

[3] Eu uso o termo *Watergate* para me referir, em primeiro lugar, à primeira entrada forçada e tentativa de escuta, em junho de 1972, da sede da Comissão Nacional Democrata no complexo de Watergate em Washington.D.C. Além disso, uso o termo para me referir ao que o ex-procurador-geral John Mitchell uma vez caracterizou como "faça-você-mesmo... os horrores da Casa Branca," associado a assim chamada "unidade de encanadores" na Casa Branca, com os escritórios de Charles Colson e John Dean, o conselheiro da Casa Branca e com o Escritório de Segurança da Comissão para Reeleger o Presidente (CREEP). As ramificações são praticamente infinitas. Para um giro introdutório, vide Carl Bernstein e Bob Woodward, *All the President's Men*, New York: Simon & Schuster; 1974.

[4] Para um resumo dessa seqüência, vide Theodore H. White, *Breach of Faith; The Fall of Richard Nixon*, New York: Atheneum, 1975, especialmente capítulo 10.

[5] Para um resumo do caso MacArthur, vide pp. 79-81.

[6] Vide pp. 88-90.

[7] Vide White, *Breach of Faith,* pp. 13-29.

[8] Doris H. Kearns, *Lyndon B. Johnson and the American Dream,* New York: Harper, 1975, cap. 12.

[9] Para versões contrastantes da seqüência dos eventos, vide Townsend Hoopes,"The Fight for the President's Mind, and the Men Who Won it", *Atlantic Monthly.* volume 224 (outubro de 1969), pp.97-114; e Lyndon B, Johnson, *The Vantage Point,* New York: Rinehart and Winston, 1971, especialmente pp. 380-437. Vide também Kearns, *Johnson,* cap. 12.

[10] Vide p. 84 e as seguintes.

[11] "Transcriptions of Eight Recorded Presidential Conversations" (22 de março de1973), *Hearings,* Committee on the Judiciary, House of Representatives, 93rd Congress, 2nd Session (maio-junho de 1974), série no. 34, p. 183.

[12] Vide, por exemplo, Peter W. Sperlich, "Bargaining and Overload". An Essay on *Presidential Power*" em Aaron Wildavsky, ed., *The Presidency* (Boston: Little, Brown, 1969), pp. 168-92.

[13] As referências são para H.R. Haldeman, assistente do Presidente e chefe de equipe, assessor de campanha em 1960, 1962, 1968 e, anteriormente, publicitário executivo em Los Angeles; John Ehrlichman, assistente do Presidente para assuntos domésticos, assessor de campanha em 1960 e 1968 e, anteriormente, advogado em Seattle; Egil Krogh, um assistente de Ehrlichman e antigo associado de Seattle que foi escolhido, dentre a equipe do Domestic Council, para chefiar a unidade de investigação especial da Casa Branca que se tornou conhecida como "os encanadores"; Daniel Ellsberg, antigo funcionário do Departamento de Defesa e consultor RAND, que vazou estudo histórico do Departamento de Defesa (*The Pentagon Papers)* para o *New York Times* e, subseqüentemente, foi processado sem sucesso. Com a aprovação de Ehrlichman, a unidade ilegal de Krogh pilhou as fichas do psiquiatra de Ellsberg em Los Angeles, procurando material para desacreditá-lo publicamente.

[14] Para a prática de Nixon, vide, em breve disponível, estudo por Stephen Hess da Brookings Institution sobre o uso de membros do Gabinete e da equipe por Presidentes modernos. Para maiores detalhes, vide William Safire, *Before the Fall* (New York: Doubleday, 1975), especialmente pp. 112-17.

[15] "Nos primeiros quatro anos de Nixon como Presidente, manteve apenas 31 conferências de imprensa. Em contraste, Kennedy manteve 64, em pouco menos de três anos. Johnson manteve 126, em pouco mais de 5 anos. Eisenhower teve 193, em oito anos. Truman teve 322, em quase oito anos, e Roosevelt teve 998 em um pouco mais de doze anos." David Wise, *The Politics of Lying,* New York: Random, 1973, p. 246. Vide também Elmer E. Cornwell, *Presidential Leadership of Public Opinion,* Bloomington, University of Indiana Press, 1965.

[16] O primeiro secretário do Interior de Nixon, Walter Hickel, foi forçado a deixar o cargo em novembro de 1970, por discordar da incursão no Cambodja, que havia mencionado publicamente em maio. Seus assessores relataram então, como parte de sua queixa, que havia conseguido falar com Nixon apenas duas vezes em 15 meses. Vide *New York Times,* 7 de maio de 1970, pp. 1 a 18.

Poder presidencial e os Presidentes modernos

[17] Vide Hess, nota 14, capítulos sobre Johnson e Nixon. Como pano de fundo sobre desenvolvimentos de Johnson na formulação de programas e em contatos legislativos, vide, respectivamente, Joseph A. Califano, Jr. *A Presidential Nation*, New York: W.W. Norton, 1975, especialmente pp. 19-25, 37-52, e Lawrence F. O'Brien, *No Final Victories*, Garden City, NY: Doubleday,1974, especialmente pp.181e 97, que tratam também dos contatos no Governo de Kennedy.

[18] No 86º Congresso, os democratas tinham maioria de 281 contra 152 e 65 contra 35 no Senado, Eisenhower vetou ou vetou indiretamente vinte leis durante a primeira sessão; o Congresso apenas teve êxito em uma de cinco tentativas de anular o veto. (Para um comentário sobre o "novo Eisenhower" de 1959, vide pp. 82-84). Comparativamente, Ford, após seu terceiro mês, enfrentou o 94º Congresso com os democratas da Câmara de Deputados por 290 contra 145, e o Senado por 61 contra 38. Em seus primeiros 14 meses no cargo, Ford vetou ou vetou indiretamente 39 leis. Em 15 de outubro de 1975, o Congresso fracassou em oito tentativas para anular o veto, e com êxito em sete outras.

[19] Vide pp. 42-47.

[20] Chalmers Roberts, "The Day we did not go to War", *The Reporter*, vol. 11, nº 4 (14 de setembro de 1954) *The Pentagon Papers: The Defense Department History of United States Decisionmaking on Vietnam*, 4 vols., The Senator Gravel edition, Boston: Beacon Press1971, especialmente pp.107, 443-87.

[21] Vide Richard E. Neustadt e Graham E, Allison; Afterword, em Robert F. Kennedy; *Thirteen Days*, New York: Norton, 1973, pp. 118-50.

[22] Vide Arthur M. Schlesinger, Jr. *The Imperial Presidency*, Boston: Houghton Mifflin, 1973 pp. 189-90.

[23] "Ninguém" significa civis fora dos departamentos de Defesa e de Estado e da Casa Branca. Eu presumo que houve consultas junto a assessores militares, comandantes de campo, e o Governo de Saigon, talvez também com o de Pnom Penh. Para detalhes disponíveis, vide *New York Times*, 14 de junho de 1970, pp. 1,18; vide também David. R. Maxey "How Nixon decided to invade Cambodja", *Look*, vol. 34, nº 16 (11 de agosto de 1970), pp. 22-25.

[24] Vide Schlesinger, *Imperial Presidency*, pp. 127-76.

[25] Vide War Powers Resolution, 87, Stat. 555, baixado em novembro de 1971 contra o veto de Nixon.

[26] N. T.: *Congressional Budget and Impoundment Control Act*.

[27] Vide *Congressional Budget and Impoundment Control Act*, 88 Stat 207, promulgado em 12 de julho de 1974.

[28] Vide *Federal Election Campaign Act Amendment of* 1974, 88 Stat 1263, promulgado em 15 de outubro de 1974.

[29] Para um comentário sugestivo, vide David S. Broder, *The Party´s Over:The Failure of Politics in America*, New York: Harper & Row, 1972.

[30] *US versus Nixon 418 US683*. A opinião da Corte apenas determinou que, num caso criminal perante uma corte, uma necessidade concreta por provas tem preferência sobre uma declaração generalizada de privilégio executivo, não relacionado à defesa ou diplomacia.

Richard E. Neustadt

A opinião respeitou aquele privilégio como tal, realmente baseando-o na Constituição e sugerindo que poderia bem ser absoluto para questões de segurança nacional.

[31] Para oferecer uma leve idéia das dimensões dessas várias mudanças na escala dos empreendimentos federais, são oferecidas as seguintes indicações de "antes" e "depois": de 1932 a 1937, o seguro social federal direto e a assistência ao trabalho cresceram de zero para 2,527 bilhões de dólares, enquanto que no mesmo período as despesas com obras públicas foram de 499 milhões para 1,102 bilhão de dólares. De 1949 a 1953, as garantias de créditos habitacionais federais cresceram de 465 milhões a 2,498 bilhões de dólares. De 1956 a 1959, a ajuda federal para rodovias saltou de 783 milhões para 2,709 bilhões de dólares. Durante os anos sessenta, a ajuda federal para a educação e treinamento técnico cresceu de 2,553 bilhões em 1965, para chegar a 6,135 bilhões de dólares em 1967, enquanto que a ajuda federal para a saúde saltou de 1,73 bilhão em 1965, para 11,696 bilhões de dólares em 1969. (Todos os números são despesas extraídas do *The Budget of the United States,* vários anos fiscais [Washington D.C.: Gráfica Governamental]). Como um índice do impacto governamental dos esforços federais crescentes nos anos sessenta, os números de recursos federais categóricos para governos estaduais e locais cresceram de 1670, em 1962, para 379, em 1967, 109 dos quais haviam sido acrescentados somente em 1965, vide Advisory Commision on Intergovernamental Relations, *Fiscal Balance in the American Federal System* (Washington D.C.:1967), vol.1, pp.140-44. Outro trabalho problemático a esse respeito é o de Maeva Marcus*"Truman and the Steel Seizure Case: The Limits of Presidential Power".*

(New York: Columbia University Press, 1977). Enquanto ela não apóia ponto de vista do secretário Sawyer, tampouco apóia o meu, com respeito ao caráter de aumentos parciais de salários e preços, abortado pela ordem de suspensão da Corte Suprema de 3 de Maio. Em longa nota de rodapé (capítulo 5, nota 13, pp. 289-90), ela especula sobre a matéria. Estranhamente, cita em notas posteriores – aparentemente sem entender o seu significado – peças-chave de evidência sobre as quais me apoiei. Vide capítulo 6, nota 92, pp. 306-7; capítulo 7, nota 49, p. 316; também nota 79, p. 320. Na 147, cita a imposição do Presidente aos negociadores na manhã de 3 de maio, referente a mudanças nos salários e condições de trabalho que entrariam em vigor, caso não fosse encontrado um acordo. Esses eram precisamente os aumentos sobre os quais escrevi. Penso que poderia ter ajudado a sra Marcus a conectar isso, mas estava de licença quando solicitou entrevista.

[32] N. T.: *Bill of Rights.*

[33] Vide capítulo 2

[34] Vide p. 180.

[35] Vide Jonathan Shell, "Reflexions on the Nixon Years," *The New Yorker,* vol. 51, nos. 15-20 (2, 9, 16, 23, 30 de junho e 7 de julho de 1975).

[36] Para um comentário solidário e ilustrações significativas, vide Kearns, *Johnson,* especialmente capítulos 8 e 11, e William Safire, *Before the Fall,* especialmente pp. 97-106, 351-65, 599-627 e 688-93.

[37] George Reedy, *The Twilight of the Presidency,* New York: New American Library, 1970, pág. xiv

[38] William H. Herndon e Jessie W. Weik, *Herndon´s Life of Lincoln,* New York: Albert e Charles Boni, 1930 p. 304.

[39] Vide p. 253.

[40] Vide James David Barber, *The Presidential Character: Predicting Performance in the White House,* Englewood Cliffs, N.Y.: Prentice-Hall 1972, especialmente capítulos 2-5, 10 - 13.

[41] Ibid., p. 12.

[42] Vide p. 154.

[43] Sobre os detalhes da decisão de Johnson no verão de 1965, *The Pentagon Papers* indicam que seus conselheiros militares estimaram as Forças Armadas americanas necessárias no Vietnã, entre 200 mil e 400 mil homens. A maioria era de opinião de que o total final estaria perto do número máximo daquela escala. Naquele tempo, Johnson realmente comprometeu quarenta e quatro batalhões ou aproximadamente 175 mil homens (estimativas do tamanho efetivo deste comprometimento variavam de 175 mil a 219 mil). O plano com que operava especificava que somente vinte e quatro batalhões adicionais seriam usados na segunda fase do plano. Isso não lhe foi apresentado como limite superior. Mas o plano presumia um fim do envolvimento americano nas hostilidades até 1^0 de janeiro de 1965 – dois anos e meio à frente. Inicialmente – 28 de julho de 1965 – Johnson apresentou publicamente sua decisão de enviar apenas 50 mil homens acima dos 75 mil anunciados por McNamara em junho; daí seu compromisso *público* de tropas foi de apenas 125 mil homens. Vide nota 20 em *The Pentagon Papers,* vol.3, pp. 462-85.

[44] Vide Kearns, *Johnson* , capítulo 9; vide também Rowland Evans e Robert Novak, *Lyndon B. Johnson: The Exercise of Power,* New York: The New American Library,1966, pp. 530-56; Barber, *Presidential Character,* pp. 32-42; O´Brien, *No Final Victories,* pp. 189-93.

[45] Kearns, (*Johnson,* capitulo 9) cita Johnson como dizendo retrospectivamente:

"Eu sabia, desde o início . . .se eu deixasse a mulher que realmente amava - a Grande Sociedade – para combater essa puta de uma guerra . . . então eu perderia tudo em casa. Todas as minhas esperanças ... sonhos.

Oh, eu bem que conseguia vê-lo acontecer. A História fornece casos demais, quando o toque do clarim punha um fim imediato às esperanças e sonhos dos melhores reformadores: a guerra hispano-americana . . . a Primeira Guerra Mundial . . . A Segunda Guerra Mundial . . . a guerra, uma vez iniciada, então todos esse conservadores no Congresso a usariam como arma contra a Grande Sociedade . . . e os generais . . . Eu não gostei nada disso, mas acho que a situação no Vietnã do Sul me incomodava mais que tudo. Eles nunca pareciam ser capazes de chegar a um acordo.

Isso não se enquadra no que vários membros da equipe de Johnson me contaram em 1965 e 1966, o que lhes dizia naquela época. Naturalmente, como via muitas coisas, as dizia de forma seletiva o que cada um desejava ouvir.

[47] Ainda não existem versões definitivas sobre o caso Watergate. Para uma visão geral, os leitores fariam bem em começar com William Safire, *Before the Fall,* que tem o mérito de ver Nixon de forma solidária. White*, Breach of Faith*, resume, do começo ao fim, de forma relativamente direta, desfigurada pelo sentimento de traição pessoal do autor. Nada substitui o extenuante, mas soberamente organizado *Statement of Information,* especialmente livros 1-8, Hearings, Committee on the Judiciary, House of Representatives, 93rd Congr., 2nd. Sess., maio-junho de 1974.

[48] Vide garantia pessoal de Nixon aos vietnamitas do Sul, em cartas ao Presidente Thieu, em 16 de novembro de 1972 e 5 de janeiro de 1973, exatamente antes da assinatura dos acordos de paz em Paris. A carta de Nixon de 5 de janeiro de 1973 foi publicada à época do colapso, dois anos mais tarde, enquanto o Presidente Ford lamentava estar incapacitado de intervir. Vide New York Times, 1º de maio de 1975, p.16, para o texto das cartas.

[49] Para discussões adicionais sobre esse ponto destinado a estudantes, e não Presidentes, vide Graham T. Allison, *The Massachusetts Medical School Case,* Kennedy School Case Program, Harvard University, caso número C14-75-001, 1975. Para versão mais curta, vide Allison, ImplementationAnalysis. A Teaching Exercise, Benefit-Cost and Policy Analysis 1974, Chicago: Aldine Publishing Company, 1975 pp. 369-91.

[50] Ernest R. May, *"Lessons of the Past: The Use and Misuse of History in American Foreign Policy.* (New York: Oxford University Press, 1973, capítulo 5, "Analysis: Bombing for Peace"). Vide também relatórios emitidos pelo United States Strategic Bombing Survey, especialmente *The Effects of Strategic Bombing on Japan's War Economy,* Washington, D.C.: Overall Economic Effects Division, 1946; Overall Report (European War), Washington, D. C.: U S Strategic Bombing Survey, 1945; e *Japanese Air Power,* Washington D.C.: Strategic Bombing Survey, 1946.

Vale a pena notar que o bombardeio de Natal de Nixon, em dezembro de 1972, era de natureza diferente do que aqueles ordenados por Johnson; o bombardeio de Natal tinha objetivos limitados, não atingiu o coração do esforço de guerra do Vietnã do Norte, e a intenção não era a de persuadi-los a se retirar do Sul.

[51] Vide meu testemunho perante a Subcomissão do Senado sobre Segurança Nacional e Operações Internacionais, 29 de junho de 1965 (em Conduct of National Security Policy, *Hearings,* U.S. Senate Committee on Operations, 89th Cong. 1st.Sess., Washington D.C.: 1965, parte 3, págs. 119-49). Vide também nota 20, *The Pentagon Papers,* vol. 2, pp. 717-28, vol.3, pp. 43-44, e vol.4, pp. 615-19.

[52] Cheguei a essa conclusão não muito tempo depois de publicar o livro, tentando avisar o senador John F. Kennedy sobre problemas que enfrentaria ao compor a equipe da Casa Branca, se ganhasse a corrida de 1960. Em 1963, procurei fazer retificações, publicando artigo que tratou extensivamente do padrão de Roosevelt ao montar a equipe e, rapidamente, das experiências de Kennedy até aí, em adaptá-la. A peça foi escrita em setembro de 1963. Vide Approaches to Staffing the Presidency: Notes on FDR and JFK, *"American Political Science Review",* vol 57, nº. 4 (dezembro de 1963): 855-64.

[53] Todos os números são estimativas do autor extraídas do *Congressional Directory and the Government Organization Manual,* com alguns ajustes para fins de uniformidade, suplementadas com entrevistas.

[54] N. T.: *Executive Office.*

[55] Vide Hugh Heclo, *OMP and the Presidency* – The Problems of " Neutral Competency" *The Public Interest,* nº. 38 (inverno de 1975); 80-98.

[56] Harold. D. Smith foi o primeiro diretor de Orçamento após o *status* do Budget Bureau ter sido elevado, pela recomendação da *The President's Committee of Administrative Management.* Smith foi nomeado em 1939 e assumiu equipe de quarenta, que elevou para mais de quatrocentos em dez anos, dando ao lugar seu caráter moderno, e realmente tornando-o mais central para a Presidência, do que em qualquer época, antes ou depois. A guerra diminuiu o *status* do departamento, embora não o de Smith, mas seu relacionamento com

Roosevelt não foi igualado por aquele durante o Governo de Truman. E depois da guerra, Smith se retirou. A história do departamento, nos anos de Truman, pertence ao sucessor de Smith, James T. Webb.

[57] Harry L. Hopkins, de Iowa, e administrador profissional da Assistência Social, começou sua associação com Roosevelt quando Hopkins servia como administrador-substituto, e depois como administrador do Programa de Assistência estabelecido por Roosevelt em 1931. Quando Roosevelt se mudou para a Casa Branca, em 1933, levou Hopkins consigo para chefiar o *Federal Emergency Relief Administration,* departamento similar àquele dirigido por Hopkins em Nova York. Hopkins continuou servindo como chefe da *Civil Works Administration* e a *Works Progress Administration.* Em 1938, foi nomeado secretário de Comércio, posto que ocupou até 1940. Durante a guerra, foi incumbido de algumas missões diplomáticas para Roosevelt, fazendo freqüentes viagens para a Inglaterra e a União Soviética. Faleceu em 1945. Vide Robert E. Sherwood, *Roosevelt and Hopkins: An Intimate History,* New York: Harper, 1946.

[58] Essa caracterização é adaptada do meu artigo de 1963, *Approaches to Staffing the Presidency,* pp. 856-57.

[59] Theodore Sorensen foi conselheiro especial do Presidente durante o Governo de Kennedy, vindo com ele do Senado. Samuel Rosenman havia sido conselheiro do governador com FDR em Albany e juntou-se a ele na Casa Branca em 1941, permanecendo ali durante o primeiro ano de Truman. Vide Theodore C. Sorensen, *Decision-Making in the White House: The Olive Branch at the Arrows,* New York: Columbia University Press, 1963, e Samuel I. Rosenman, *Working with Roosevelt,* New York: Harper, 1952.

[60] McGeorge Bundy, que serviu a Kennedy e depois a Johnson como assistente especial para Assuntos de Segurança Nacional, chegou ao cargo em 1961, vindo da reitoria da Faculdade de Artes e Ciências de Harvard, e saiu no início de 1966, para assumir a presidência da Fundação Ford. Bundy foi o primeiro portador do título da Casa Branca, a ter um papel forte e substancial. Seus antecessores sob Eisenhower haviam servido mais como secretários de comissões do que como membros da equipe. Bundy, assim é, merecidamente, considerado o fundador da unidade da equipe, a qual, mais tarde sob Nixon, foi acrescentada por Henry Kissinger. Enquanto professor de Governo em Harvard, Kissinger se tornou o assessor de política exterior de Nelson Rockefeler. Em 1969, Kissinger assumiu o departamento de Bundy, como assistente do Presidente para assuntos de segurança nacional. Nixon, em seguida, o fez secretário de Estado, com o que manteve os dois cargos ao mesmo tempo, até 1975, quando Ford separou os dois novamente, promovendo o substituto de Kissinger, Brent Scowcroft, para a assistência da Casa Branca.

[61] Clark M. Clifford, que sucedeu Rosenman em 1946, como conselheiro especial do Presidente, chegou a Truman saindo do serviço naval, altamente recomendado por amigos íntimos e mútuos. Antes da guerra, Clifford havia sido um jovem advogado bem sucedido em St. Louis. Clifford deixou a Casa Branca em 1950 e reassumiu a banca de advocacia, dessa vez em Washington, a qual interrompeu para se dedicar a serviços de assessoria com Eisenhower, Kennedy e Johnson. Clifford foi secretário da Defesa no último ano de LBJ.

[62] Com experiência anterior na política de Massachusetts, e breve experiência no Capitol Hill, Lawrence O'Brien tornou-se chefe da equipe de contato com o Legislativo de Kennedy em 1961, e ficou, sob Johnson, até 1967, quando LBJ o nomeou o seu diretor-geral dos correios. Ele continuou a ajudar Johnson em assuntos legais até 1968. O'Brien mais tarde serviu como presidente do Conselho Nacional do Partido Democrata e como comissionário da Associação Nacional de Basquete. Vide O'Brien, *No Final Victories.*

[63] Walter W. Jenkins havia sido assistente principal de Johnson no Senado e na vice-presidência e veio à Casa Branca como um tipo de coordenador para operações de equipe, realmente um 'pau para toda obra'. Seus serviços eram exemplares e destruíram sua saúde. Ele partiu em outubro de 1964.

[64] Um foi Clark Clifford; o outro, Abe Fortas.

[65] Arthur F. Burns, professor de Economia em Columbia, presidiu o Conselho de Assessores Econômicos, de 1953 até 1956. Durante esse período, tornou-se um assessor pessoal íntimo de Nixon. Burns se juntou à Casa Branca de Nixon em 1969, como conselheiro do Presidente, e mais tarde assumiu o cargo de presidente do *Federal Reserve Board*. Bryce Harlow, antigo chefe de equipe do *House Armed Services Committee,* sob presidentes de comissões tanto republicanos, quanto democratas, serviu na equipe de contatos legislativos de Eisenhower de 1953 até 1961. Nixon o trouxe de volta, de janeiro de 1969 até dezembro de 1970. Após o escândalo de Watergate, Harlow voltou outra vez, por curto período, como conselheiro do Presidente, parte da tentativa de Nixon de tosquiar sua equipe, sem Haldeman e companhia. Herbert G. Klein, amigo de longa data das campanhas de 1952, 1955 e 1960 de Nixon para cargos nacionais, juntou-se, em 1969, à equipe da Casa Branca como diretor de Comunicações, cargo novo, honorífico, mas não muito poderoso, a não ser confundido com a Secretaria de Imprensa.

[66] Para resumo e caracterização do processo pelo qual a Casa Branca de Nixon foi consolidada sob Haldeman e Ehrlichman (e Kissinger), vide Safire *Before The Fall,* pp. 10, 278-93, e 463-73. Daniel P. Moynihan, professor de Governo de Harvard, com experiência nas administrações de Kennedy e Johnson, veio para a Casa Branca de Nixon em 1969, para dirigir o trabalho da equipe de assuntos urbanos. O Plano de Assistência Familiar de 1969 foi o resultado principal. Ehrlichman o sucedeu, e Moynihan retornou para Harvard em 1971. Desde então, serviu como embaixador na Índia e para as Nações Unidas, e, depois, como senador de Nova York.

[67] N. T.: *Committee on Administrative Management.*

[68] Vide President´s Committee on Administrative Management, *Report with special studies,* Washington, D.C.: Government Printing Office, 1937, pp. 2-3. As recomendações de Roosevelt foram para o Congresso em 12 de janeiro de 1937. Sua mensagem está impressa com o relatório da comissão.

[69] Vide Commission on Organization of the Executive Branch of Government, "General Management of the Executive Branch" (Washington, D.C.:Government Printing Office, fevereiro de 1949). A segunda e principal força-tarefa do Presidente Johnson para assuntos da estrutura do Governo foi encarregada, em 1967, de rever a organização de toda a parte executiva. Seus membros incluíam Ben W, Heineman (presidente), Frederick M Bohen (secretário-executivo), McGeorge Bundy, William Capron, Hale Champion, Kermit Gordon, Herbert Kaufman, Richard Lee, Bayliss Manning, Robert McNamara e Charles Schultze. A existência dessa força-tarefa nunca foi tornada pública e seu relatório nunca publicado. O Presidente Johnson não colocou esse relatório à disposição de seu sucessor, mas, membros da força-tarefa, foi-me dito, compartilhavam suas conclusões com membros do correlativo de Nixon, o assim chamado Ash-Council, que gerou os Planos de Reorganização de 1970-71.

[70] Para ilustrações detalhadas e análises sugestivas, vide Martha Derthick, *Uncontrollable Spending for Social Services Grants* (Washington, D.C.: The Brooking Institution, 1975), e Bernard F. Frieden and Marshall Kaplan, *The Politics of Neglect: Urban Air from Model*

Cities to Revenue Sharing, Cambridge, Mss.: MIT Press, 1975. Vide também James L. Sundquist e David W. Davis, *Making Federation Work,* Washington, D.C.: The Brookings Institution, 1969.

[71] Joseph Califano veio da Defense Organization para a Casa Branca em 1965 para substituir Bill Moyers naquilo que uma vez fora o trabalho de Sorensen em desenvolvimento de programas legislativos. Califano ficou na Casa Branca até 1969. O seu livro sobre a Presidência foi citado na nota 15.

[72] A referência é para Richard P. Nathan, *The Plot That Failed: Nixon and the Administrative Presidency* (New York: Wiley, 1975, especialmente capítulos 3 e 4. Essa é uma revisão e uma apreciação séria do desenvolvimento da equipe sob Nixon, por um observador íntimo e, algumas vezes, participante. Nathan encontra forte motivação de ações políticas para a sistematização à qual me refiro. Outros o atribuem a uma orientação muito menos substancial, principalmente controle por amor ao controle.

[73] Para exemplos das "atividades de segunda linha", vide Derthick, *Uncontrollable Spending,* pp. 43-70.

[74] N. T.: *National Resources Planning Board.*

[75] Fred. M. Vinson, antigo congressista e juiz de circunscrição, bem como estabilizador econômico em tempos de guerra, serviu como secretário do Tesouro de Truman e depois como ministro-presidente do Tribunal Superior. Quando Vinson foi para o Tesouro, tornou-se defensor da idéia de colocar lá o trabalho de equipe das ações políticas. Ele foi sucedido no OWMR por John Steelman, que lutou para que esse local fosse tanto para o desenvolvimento de políticas, quanto para a coordenação de programas. Smith também tivera idéias sobre a coordenação de programas. Para isso, planejou aproveitar a divisão de gerenciamento administrativo existente do seu departamento, em combinação com as repartições de campo do departamento, instalações de "olhos-e-ouvidos", das quais havia quatro na época. Ele esperava obter mais. Observações sobre os planos e opiniões de Smith são extraídas de notas contemporâneas e de uma revisão dos arquivos do *Budget Bureau* em 1949.

[76] Office of War Mobilization and Reconversion.

[77] Isso incomoda outros observadores menos do que a mim. Vide Stephen Hess, nota 14, vide também Thomas E. Cronin, *The State of the Presidency,* Boston: Little, Brown, 1975, capítulo 5.

[78] N. T.: *Ticket splitting.*

[79] Vide James MacGregor Burns, *Roosevelt: The Lion and the Fox,* New York: Harcourt, Brace, and Company, 1956, *"Epilogue".*

Capítulo 11
Os Perigos da Transição

Ao se observar o Presidente Jimmy Carter, em 1979, levantou-se a seguinte pergunta: a Presidência é possível? Existem pelo menos quatro formas de lidar com o tema. Dessas, a primeira é de natureza física: os memorandos a serem lidos – trezentas páginas diárias, no caso de Carter, e fui informado de que eram quatrocentas e cinqüenta páginas no primeiro ano –, os visitantes, as viagens, as ligações telefônicas, as reuniões, as cerimônias e o fluxo incessante de tudo isso podem desgastar uma pessoa. As fotografias de Carter de agora o fazem parecer dez anos mais velho do que o candidato de três anos atrás. Todavia, ele, como os seus recentes predecessores, está mais dono do seu tempo do que Truman, mais capaz de se desviar desses fluxos quando assim o desejar, organizando sua agenda com o intuito de adequá-la ao seu próprio senso de prioridades.[1] Truman – para começar, dez anos mais velho –, também envelheceu no cargo, mas viveu e floresceu em comparação com a geração posterior. A nação ainda sobrevive. Nesse sentido, a Presidência certamente parece possível: Carter *gosta* de ler.

Uma segunda maneira de tratar a questão é moral e emocional. O maior fardo da Presidência, para alguém sensível, é a posse norte-americana de uma capacidade nuclear intercontinental, numa época em que outras nações também a detêm – um dia, talvez, também os terroristas. Ainda que não tenha existido confronto nuclear visível entre superpotências durante uma geração, os Presidentes continuam acompanhados pela responsabilidade por ações que arriscam as conseqüências irreparáveis mencionadas no capítulo 9. Os cidadãos reprimem e esquecem. Os Presidentes, aparentemente, não podem fazer o mesmo. Quando Carter atrelou sua reputação aos esforços de paz no Oriente Médio, observou a área, tal como relatado, de forma semelhante aos Bálcãs antes da Primeira Guerra Mundial: a fonte de instabilidade mais provável para levar as superpotências a um erro de cálculo mútuo. Sua insistência em Salt II é comparável à anterior.

Tal como Jonathan Schell escreveu sobre o Presidente Nixon:

> O advento das armas atômicas não fez mais que posicionar o Presidente em uma relação radicalmente nova para a totalidade da realidade humana.

Ele, juntamente com quem quer que seja o responsável na União Soviética, tornou-se ponto determinante para a existência humana (...) [Ele] ou a sua contraparte soviética podem destruí-la da mesma maneira que alguém pode apagar uma vela. [2]

Nenhum código de ética adequado para a vida privada entrega a decisão de atear fogo ao hemisfério – ou mesmo de tomar medidas que arrisquem tal desfecho – nas mãos de um mero ser humano, falível e imperfeito. Essas coisas pertencem a Deus, não a um homem ou a uma mulher. Entretanto, na nossa vida pública, nenhuma divindade demonstrou disposição para assumir a carga: os seres humanos são deixados por conta de seus próprios dispositivos. Enquanto nossas sociedades permitirem tais decisões, alguém deve assumir a responsabilidade. Por que não o Presidente? Faz parte da tarefa para a qual é pago. O fardo pode ser desumano, mas alguém precisa carregá-lo. Nesse sentido, a Presidência de Carter é tão ou menos possível para ele como o foi para seus predecessores, remontado ao tempo de Eisenhower, quando os riscos nucleares mútuos começaram.

Uma terceira maneira de observar a questão da possibilidade presidencial é intelectual – mais uma vez, em termos humanos: quando a sabedoria convencional falha, os peritos discordam e a confusão predomina. Em muitas esferas da política social e econômica, os anos setenta representaram isso. Essas esferas retrataram as desilusões para com as concessões governamentais e os processos reguladores: uma taxa de inflação alta combinada com desemprego, severa queda do dólar sem rápido crescimento das exportações, problemas de investimento, atrasos de produtividade, crises de energia, e assim por diante; tudo isso em meio a incessantes discussões entre economistas desconcertados. Os keynesianos e os monetaristas colocam em xeque suas alegações reciprocamente, enquanto os advogados intermedeiam e os políticos tateiam. Isso está muito longe de ser consenso majoritário, como nos otimistas anos sessenta.

Entretanto, é provável que os últimos anos da década de setenta sejam menos confusos; certamente, não mais do que os últimos da de trinta. A Grande Depressão pôs fim às velhas atitudes e introduziu muitas hipóteses incompatíveis, todas empurradas aos políticos por peritos assertivos. Foi dito de FDR, em 1933, que estava pronto para tentar qualquer coisa dentro dos limites constitucionais e capitalistas; e ele tentou. Os seus programas refletiram a confusão ao seu redor. Não há evidências de que essa desestrutura o tenha sobrecarregado indevidamente, e os efeitos sobre as políticas públicas, duvidosas quanto à sua substância, serviram de razoável auxílio psicológico. Caso ele e seus compatriotas então achassem que a Presidência era possível nesse aspecto, devemos presumir que ainda o seja.

A confusão naquele tempo não estava confinada à economia e à administração; estendia-se também ao papel que o país exercia internacionalmente, o qual se modificou a partir da I Guerra Mundial, no momento em que ganhamos – se comparados aos demais países – em termos de poder potencial. Relativamente falando, estamos agora descendo a ladeira, mais uma vez confusos, mas não necessariamente mais do que antes. Observar a queda de Saigon e tornar-se dependente da importação de petróleo no intervalo de uma década não parece tão desconcertante quanto encarar uma Segunda Guerra Mundial, ainda tendo que superar a raiva remanescente em relação à Primeira.

Uma quarta maneira de abordar as possibilidades dos Presidentes é operacional. Significa tratar a questão em termos do trabalho de baixo nível. Parece mundana, se comparada às três outras maneiras, mas se encaixa no contexto deste livro. Permitam-me proceder nesse intuito.

A questão nessa espécie de indagação torna-se: pode um Presidente manter a Presidência em funcionamento, produzir o trabalho que mantém o Governo em funcionamento e passá-lo, razoavelmente intacto, a seu sucessor? Isso requer administrar processos de escolhas que redundam na distribuição de tropas em formação de combate, na ajuda externa, nos encontros com a imprensa, nas aparições públicas, nas agendas do Congresso, nos interesses e riscos em relação a tendências econômicas adversas, nos clamores por objetivos ou sacrifícios sociais, e assim por diante, dando uma volta completa no círculo de seus cinco eleitorados. Levando-se em consideração as expectativas contraditórias geradas pelos poderes formais do Presidente, a administração inclui preservar certo grau de credibilidade para seus papéis gêmeos, como chefe de Governo e chefe de Estado.

Continuar o jogo em andamento é objetivo relativamente humilde. Não há necessidade de elevar muito o padrão. A efetividade mínima satisfaz. Todavia, Nixon exauriu a credibilidade doméstica dos seus papéis. O caso de Ford é controverso, em função dos termos de sua ascensão e de seu fracasso eleitoral. Já em relação a Carter, as evidências ainda não estão todas disponíveis. Vista operacionalmente, a questão da capacidade para administrar, nos dias de hoje, convida a uma resposta problemática: "Sim (...) talvez".

O que é minimamente efetivo? Watergate pode derrubar Nixon, mas com que padrão mais elevado devemos comparar Carter?

O padrão que, instintivamente, sinto-me tentado a evocar – a operação presidencial, da forma como dela me aproximei pela primeira vez – é o de Truman; sem nenhuma pretensão. Em termos operacionais, seus dois primeiros anos foram conturbados e incertos em meio ao retorno ao estado primitivo do pós-guerra e ao início da Guerra Fria. Robert Donovan agora nos fornece os altos e baixos.[3] Simbolizando tudo isso, a aprovação do Presidente nas pesquisas de opinião Gallup caiu drasticamente a um nível baixo para um primeiro mandato: 32%. Em 1946, o Comitê Democrático Nacional incentivou-o a não fazer campanha para os congressistas, a fim de que não piorasse as chances deles. Comparativamente falando, o Carter de 1978 não enfrentou nada semelhante. Mas em 1946 Truman não viu nada que pudesse equiparar-se ao que enfrentaria depois, durante a Guerra da Coréia. Nos seus dois primeiros anos, ele governou com índices de aprovação que oscilavam entre 32% e 23%, os mais baixos das pesquisas Gallup para qualquer Presidente, à exceção de Nixon nos meses finais que antecederam sua renúncia.[4]

Todavia, uma geração mais tarde, Truman está na moda, lembrado agora pela força na sua política externa (senão, principalmente, pelos seus excessos), pela persistência nas esferas domésticas – preparando terreno para LBJ colher os frutos – e pela sua franqueza: sincero, tipo centro-oeste, sendo ele mesmo. Denegrido antes, na moda agora; nesse padrão, a Presidência continua claramente possível.

O padrão de Truman é muito baixo para os críticos de Carter. Praticamente desde o começo de seu mandato – e, de forma brutal, em intervalos desde o primeiro verão –, os críticos na imprensa e no Congresso lastimaram as deficiências de Carter, sugerindo padrão acentuadamente mais alto, aparentemente composto de pedaços de performances de outros Presidentes desde Truman, tal como os washingtonianos se lembram deles.

Para caracterizá-los rapidamente, um desses padrões compreende as habilidades de Johnson com o Congresso, especialmente em 1965 (algumas vezes a imprensa retoma os Cem Dias de Franklin Roosevelt, de 1933). Um outro é a popularidade de Dwight Eisenhower; por conseguinte, sua credibilidade: por oito anos, seu índice de aprovação manteve-se bem acima dos 50%, exceto uma vez, por um mês apenas, quando caiu para 49%. Em boa parte do segundo ano de Carter, seu índice pairou acima dos 40%. Um terceiro padrão é o senso de estratégia de Nixon, como manifestado pela abertura a Pequim, a então chamada aliança com Moscou, e, na política, com seu plano em apoiar John Connally para 1976. [5] Agregue-se, em quarto lugar, a atuação de John Kennedy na televisão, a qual havia se tornado romance de maestria, de qualidade de "estrela", de eterno interesse; portanto, sempre entretendo nos meios de comunicação de massa. Finalmente, em quinto lugar, há uma implícita Era de Ouro, quando os assessores da Casa Branca estavam sob estrito controle, verdadeiramente anônimos e deferentes a seus superiores dos grandes departamentos. O próprio Carter contribuiu para tanto, com sua conversa sobre um "Governo de Gabinete". Mas Ford e Nixon não se qualificam, tampouco LBJ ou Kennedy; poucos críticos conseguem lembrar de um passado mais longínquo que esse. O assunto, portanto, é vago.

Nos seus primeiros dois anos, Carter não conseguiu sustentar nenhuma dessas imagens e foi reprovado pela imprensa por desconhecer tudo. Alguns exemplos aleatórios de seu primeiro ano foram:

Carter, que não passa de um grande estrategista, está lidando com um Congresso que (...) se tornou desconfiado. [6]

"Nunca ouvi tantas insinuações de falta de aptidão acerca de um novo Governo", diz um membro da equipe de um senador democrata. [7]

O Presidente decide ele próprio até mesmo pequenas questões. Ele se preocupa com os mínimos detalhes com um grau obsessivo. [8]

Parece não ter existido uma razão de ser para este Governo (...) pouca imaginação ou inspiração, em 1977. [9]

E ao final de dois anos, quando o *Wall Street Journal* observou:

As críticas se intensificam (...) simpatizantes de longa data ficam desiludidos. Fred Dutton (...) "Eu não o vejo controlando isso". Harry McPherson (...) "Ele precisa transmitir um senso mais forte de que existe alguma força vital nele" (...) Uma pesquisa democrática (...) "A estabilidade deve vir de cima; não tenho certeza de que ele possa fornecê-la" (...) Fred Wertheimer (...) "[Ele não consegue] atrair a atenção do povo americano".[10]

Ambos os padrões precisam de ajustes. O de Truman, admito, é indevidamente baixo. Governar na contramão do apoio popular acumula muitos custos. A militarização das nossas ajudas externas, as depredações do mccarthismo, os vinte anos de isolamento de Pequim, os quinze anos de paralisia nos programas domésticos: tais coisas são, em parte, subprodutos do abissal prestígio popular de Truman. Todavia, o padrão construído pelos críticos de Carter parece-me muito alto – mais alto do que o realismo recomenda ou a necessidade exige.

Espera-se demais de um Presidente que ocupe o lugar de Carter. Um relativo desconhecido, com pluralidade de 0,04% dos votos populares, não é bem aquilo que se entende por uma combinação adequada para um mandato. Entretanto, as expectativas inflamadas se assemelham às tendências muito genéricas que tivemos ao longo de todo o período, desde FDR. Os washingtonianos, assim como os públicos menos atentos, tendem a projetar na Presidência expectativas que de longe excedem a capacidade de realização de qualquer Presidente. Objetivamente falando, 1977 teve pouco em comum com 1965; ainda assim, quando Carter deu início ao seu mandato, a analogia com LBJ ocupou muitas mentes, algumas das quais no seu próprio meio. O que será que estavam pensando? A ignorância é uma dádiva.

O s assessores de Carter, com expectativas agora reduzidas, o defendem apontando para tendências específicas no Governo, que teriam confundido até mesmo LBJ. Os estudiosos também observam essas tendências; inclusive, têm um termo para elas: "atomização", termo cunhado por Anthony King, perspicaz observador externo.[11] O termo sugere uma poeira indiferenciada, que vai bem longe, mas, se observada em termos relativos, torna-se útil, termo conciso para grande número de desenvolvimentos em anos recentes. Ele enfatiza, entre outras coisas, quatro tendências que parecem complicar o trabalho de ser Presidente e dá aos defensores de Carter munição urgentemente necessária.

Em primeiro lugar, o Congresso se torna mais disperso – entidade menor do que jamais o foi desde o início do século XIX. Em 1885, época de partidos relativamente fortes, Woodrow Wilson caracterizou o Congresso como um "Governo de Presidentes das Comissões Permanentes (...)". [12] Existem muito mais comitês na atualidade (incluindo subcomitês), e os Presidentes, no geral, têm, decididamente, menos poder. Comandam poucos votos. Não muito antes do tempo de Truman, o Capitólio tinha 180 subcomitês; existe quase o dobro hoje. Em épocas tão recentes quanto a de Johnson, uma barganha com um presidente da comissão permanente era uma negociação; hoje, geralmente é apenas uma esperança. O mesmo pode ser dito dos líderes de partido, cujas posições vêm se enfraquecendo por décadas; por mais que tentem, não conseguem angariar votos. Os congressistas e os senadores retornam ao que eram bem antes de Wilson, ou seja, diversos indivíduos, agrupados de forma frágil em torno de bancadas estaduais ou relacionadas a matérias específicas, olhando por sobre seus ombros para os interesses (e a mídia) de suas bases eleitorais.

A obsessão pelas bases eleitorais e o medo delas são impressionantes, assim como as rápidas mudanças de sentimentos por parte dos membros. Em 1978, quando os californianos votaram cortes nos impostos das propriedades locais, reagindo a uma situação especial no seu estado, os congressistas liberais, de quase todos os outros estados, pareceram mudar os seus posicionamentos tão rápida e decididamente quanto os isolacionistas depois de Pearl Harbor. Estou exagerando, mas apenas um pouco.

Em segundo lugar, o "Governo", na outra ponta da Avenida Pennsylvania, torna-se mais fragmentado, menos coerente do que nunca (e a coerência nunca foi ponto forte). Os membros do alto escalão – indicados pelo Presidente, sujeitos a serem removidos segundo sua vontade, diferentes dos servidores públicos, e supostamente os seus controladores – somam mais de 700 membros de gabinetes e subgabinetes, secretários-assistentes, substitutos, assistentes especiais e similares. Mas nos três Governos que antecederam Carter, os detentores de tais cargos mudaram, em geral, a cada dois anos. [13] Ainda não existem indícios de que isso tenha se alterado muito. Caso não tenha, detêm os menores mandatos de toda a comunidade de Washington, perdendo na comparação com seus equivalentes no Congresso, na imprensa, nas burocracias, nos grupos de interesses, e escritórios de advocacia. Não é de espantar que haja incoerência aqui.

Enquanto isso, as tarefas que esses funcionários graduados deveriam dirigir proliferam. Nos tempos de LBJ, foram cerca de duzentas novas tarefas, na maioria complicadas subvenções que, autorizadas pelo Congresso, enraizaram-se profundamente nos departamentos executivos. Também sob a administração de LBJ, ainda mais que sob a de Nixon, os programas reguladores complexos em determinadas áreas – tais como saúde, segurança, educação e meio ambiente – foram agregados às responsabilidades dos oficiais do Executivo. Não é de espantar que haja fragmentação. [14]

Em terceiro lugar, os grupos de interesses proliferam e também tendem à permanência, mais notadamente aquele atual vilão da imprensa – o grupo de "interesse único". É como se os defensores do imposto único, os *free-silverites*[15], os proibicionistas, as defensoras do voto para as mulheres ainda atuassem em Washington, com ramificações por todos os distritos do Congresso, financiados por doações angariadas via mala-direta, gerenciados por profissionais em tempo integral, atentos de uma só vez aos orçamentos, aos projetos de lei e às nomeações, tão bem treinados quanto qualquer outra pessoa em eventos da mídia, e aptos a negociar nas duas pontas da Avenida Pennsylvania.

Na verdade, em vez disso, temos grupos contra e a favor de direitos iguais para mulheres, do controle de armas, do aborto, dos acordos Salt e de dezenas de outros temas. Além deles, existem os escritórios-sede, os assessores jurídicos, as associações que representam corporações, os sindicatos, as universidades, igrejas, hospitais, estados, cidades, assim como doutores, cientistas e professores, entre outros – as instituições e profissões bem assentadas na nossa sociedade – sem mencionar os escapes para os altruísmos de profissionais, os grupos de "interesse público", como a Causa Comum[16]. Os Governos de outros países também estão representados, não apenas por meio de suas embaixadas, mas também pelos seus advogados. Essas representações vêm de longa data. Muitas são financeiramente fortes. A maioria pretende continuar atuando por tempo indeterminado. E quase todas contam com uma equipe que lhes permite isso.

Em quarto lugar, as equipes crescem por toda a cidade (com contrapartes de todos os tipos nas capitais dos estados e nas grandes cidades). Quatro anos atrás pensei em observar isso como detalhe institucional para o capítulo 10 (mas não o fiz). Agora o enfatizo como sendo bem mais que detalhe: o crescimento quantitativo é tal que sugere mudança qualitativa. Por exemplo, os profissionais em tempo integral empregados pelos grupos de interesse em Washington, sozinhos, somam agora cerca de 15.000 pessoas, talvez quantidade dez vezes maior que nos anos de Truman (estimativa questionável).[17] As equipes administrativas cresceram para servir aos principais oficiais, do Presidente ao secretário-assistente de menor posição hierárquica. A Casa Branca oferece indícios. Sob o Governo de Carter, aumentando gradativamente desde seu primeiro ano, o número de assistentes, dos mais altos cargos aos mais baixos, totaliza quase 40 pessoas, com números bastante semelhantes para os corpos de auxiliares nos âmbitos da segurança nacional e das políticas domésticas: 120 desses profissionais, comparados com menos de 30 no primeiro ano da Guerra da Coréia. O caso de Carter é decepcionante para um democrata (ver capítulo 10), mas, provavelmente, inevitável. E o Congresso vem sendo preenchido com funcionários a ponto de tornar-se irreconhecível, quase impossibilitando que se enxergue os seus membros: os assessores profissionais dos subcomitês passaram de 400 para 3.000; o número de profissionais nas equipes privativas passou de 2.000 para 10.000 – tudo isso em trinta anos. [18]

O aumento no número de funcionários praticamente representa um programa de emprego pleno para os profissionais da classe média. Supostamente serve de incentivo para os recém-formados das faculdades de direito e economia, juntamente com as novas faculdades de políticas públicas e de administração. Representa também fonte daquilo que Hugh Heclo chamou de "redes temáticas", pólos mutantes de indivíduos atentos, dentro e fora do Governo e em todos os níveis, que parecem dominar qual formação de coalizão, e, portanto, qual Governo é formado. [19] Heclo escreve como se os políticos eleitos quase não tivessem nenhum papel; isso vai longe demais: alguns senadores e congressistas são membros bem ativos dessas redes, conduzindo seus próprios funcionários ao sabor dos seus temperamentos, enquanto o Presidente se relaciona com a maioria das redes, pelo menos enquanto funcionário. Mas o ponto de vista de Heclo diz muito: a maioria dos construtores de coalizões, na maior parte do tempo, é formada por assessores não eleitos, profissionais entre outros profissionais, massa sem rosto de washingtonianos semi-permanentes e semi-soberanos. Além disso, muitos congressistas e funcionários são impossíveis de serem distinguidos, compartilhando *status* como equipe. Os rostos elegíveis desaparecem na multidão.

Em termos de funcionários em tempo integral, o Governo Federal quase não cresceu em trinta anos (agora, como antes, menos de três milhões). Adicionar um corpo de funcionários contratados dificilmente o dobraria. Mas aquela "massa", aquela multidão de profissionais, é muito maior do que antes, e continua crescendo rapidamente.

Pode-se argumentar que um Presidente empossado é beneficiado por essa situação. Em termos comparativos, deve deixá-lo altivo e seguro para enfrentar qualquer situação. Sua posição foi legitimada por eleição nacional, após campanha por todo o território nacional; pode reivindicar alguma autoridade em cada esfera de ação no mesmo momento em que, relativamente falando, as exigências de outros indivíduos no Governo perdem força. O que pode fazer – ou deixar de fazer – ajuda a definir agendas para os demais. Sua imagem está quase que constantemente nos noticiários de tevê; não consegue evitar ser visto pelos eleitorados de todos os congressistas ou grupos de interesse. Quanto mais atenção lhe é dada em sua base eleitoral, mais conta com eles; quanto mais conta com eles, mais importa aos responsáveis pelos programas departamentais, que dependem dos congressistas para obter a aprovação de leis e recursos. A altivez e a segurança podem ser o próprio prêmio.

Ao adotar essa postura, um Presidente não se sente inibido nos dias de hoje pelos apelos ou ameaças dos caciques dos partidos – pois não existem mais, ao menos não na antiga acepção. Como aponta o capítulo 10, os líderes e os financiadores locais, outrora tão importantes para a política presidencial, se foram: são raça em extinção. Suas funções foram assumidas pelas eleições primárias e pela mídia, pelos consultores de campanha e comitês de ação política. As mudanças ocorridas nos processos de indicação de candidatos e nas campanhas se enquadram nas mudanças acima esboçadas, com efeitos comparativos sobre as instituições: "atomização". [20]

Além disso, Carter conseguiu passar dois anos, até março de 1976, como "Jimmy quem?" – o novo, mas desconhecido candidato surgido do "nada" (que é σ que os seus quatro anos de governador do estado da Geórgia significaram para o país) – e então ser eleito Presidente oito meses depois. [21] Em 1960, ou mesmo em 1968, isso simplesmente não poderia ter ocorrido. Em 1940, algo mais aconteceu: Wendell Willkie não foi nomeado por conta própria; uma facção procurou-o. [22]

Desprovido de bagagem partidária, velhos comprometimentos, ou de histórico, Carter estava ostensivamente bem posicionado para tirar o melhor proveito de uma posição, destacando-se acima da multidão de profissionais, desprendido dos concorrentes lá em cima, e livre para conquistar os eleitores de todos para si; os cidadãos contra os washingtonianos.

Essa talvez tenha sido a lógica de Carter em 1976. Expressou algo semelhante na época. O mesmo o fizeram seus assessores. De fato, outros também. Com certas qualificações quanto ao estilo televisivo e não prevendo preocupações com quem era – essa é a lógica que eu, pessoalmente, proponho para esse caso.

Mas ao menos nos seus dois primeiros anos, a lógica não funcionou para Carter. Pelo contrário, à exceção de esforços temporários, em momentos de grande esperança de paz no Oriente Médio, as reações do Congresso e da imprensa ao Presidente, juntamente com as pesquisas de opinião e outros sinais, sugeriram não que estivesse altivo e seguro para enfrentar quaisquer adversidades, mas sim que praticamente não causava impressão alguma nas pessoas. A dispersão e a aglomeração de profissionais nada adicionaram às suas vantagens comparativas – de qualquer modo, não à efetiva utilização delas – durante aqueles anos.

Isso geralmente é relacionado ao estilo operacional de Carter e é descartado como idiossincrasia, mas acho que devemos ir mais longe. Juntamente com seu próprio senso inicial de poder e de finalidade, e em parte moldado por ele, o estilo de Carter contribuiu, sem dúvida; o redator dos seus discursos, James Fallows, retrata vividamente as conexões, sugerindo um Presidente mais não-político do que Eisenhower.[23] Todavia, mais elementos sistêmicos também parecem ter contribuído. Nesse caso, a fragilidade da lógica sobreviverá à Presidência de Carter.

Em primeiro lugar, Carter sofreu com cada medida, diversidade e complexidade de seu programa legislativo inicial. Começou como ativista legislativo naquilo que, desde FDR, havia sido a tradição dos Presidentes democratas. Grande parte daquilo que Carter buscava – totalmente controvertido e em grande parte, redistributivo – encontrava-se dentro da jurisdição do Comitê de Finanças do Senado: energia política, reforma tributária, reforma da previdência, seguro de saúde, financiamento da seguridade social. Com inesperado vigor, o presidente do comitê, senador Long, tratou de obstruir as iniciativas do Presidente em todos os sentidos. Long tinha por trás grupos efetivos, ainda que mutáveis, de membros prontos para defender o *status quo* ou opor-se a Carter e, por trás, havia ampla gama de interesses econômicos e regionais. A "atomização" é expressão útil, mas seu significado deve estar de acordo com a atuação de Long (entre outras). Os tradicionais vínculos partidários estão praticamente pulverizados, mas a estrutura constitucional permanece intacta. Instituições separadas continuam compartilhando poderes. O Senado representa fortes interesses de e em muitos estados. A Câmara possui uma espécie de doença focada na política local, tal como pretendia a Constituição; a iniciativa do Executivo é checada. Exceto quando os interesses conseguem aglutinar-se, não há muito que possa ser feito no âmbito doméstico, e qualquer beneficiado por essa estrutura está tão livre quanto o Presidente para tentar pôr sua habilidade à prova na formação de coalizões através das redes temáticas. Nisso, Long tinha experiência. Carter era novato. Além disso, Long estava defendendo, não propondo.

Outro golpe contra a lógica da vantagem comparativa durante os primeiros dois anos de Carter é que aqueles que se tornaram seus principais objetivos – em parte como resultado da sua própria ação, em parte em decorrência da história – exigiam implementação por parte de executivos de fora do Governo, em locais onde a autoridade do Presidente era mais fraca, onde seus poderes constitucionais e estabelecidos por lei eram atenuados ou não se aplicavam: tomadores de decisão no setor privado e Governos de países estrangeiros. No âmbito doméstico, propunha a conservação de energia e a estabilidade salarial e de preços; no âmbito internacional, o Salt de Moscou, os acordos de paz de Jerusalém e Cairo, para não dizer nada de Amã e da normalização de Pequim (e da aquiescência de Taipei), entre outras coisas. Cada um desses objetivos exigia ação da parte de muitas pessoas que estavam escudadas pela Declaração de Direitos[24] ou por sua soberania. Essas pessoas não apenas eram indivíduos, tais como simples motoristas, mas, acima de tudo, representavam os gerenciadores de organizações, cada um com seus objetivos, rotinas e políticas internas estabelecidas e capacidade limitada para mudanças – sem falar da vontade. Carter podia ser o "executivo-chefe", mas essas pessoas eram seus executores, que atuariam segundo suas próprias opções, não as dele. O comando ultrapassava sua autoridade constitucional e também as leis. Em relação aos preços e aos salários, por exemplo, embora estivesse enfrentando taxa de inflação três vezes mais alta que a de Nixon em 1971, Carter não podia fazer nem o que Nixon conseguiu, isto é, evocar autoridade para controles obrigatórios. Em 1978, não existia tal autoridade; o Congresso deixou isso passar. Buscar uma restauração – mesmo que Carter a tivesse desejado, o que não era o caso – implicava promover aumentos antecipados, cura que pioraria a doença. Dentre suas razões para não o desejar estava o medo, baseado na experiência, da incapacidade organizacional associada a uma lentidão estrutural.

Além disso, Carter evidentemente sofria as conseqüências de ser um "Jimmy quem?" antes das eleições; posteriormente, poucos corações bateram mais forte. Parece que não desencadeia fortes lealdades, nem contra nem a favor, em lugar algum deste país. Uma campanha sem brilho e uma votação baixa foram seguidas por uma reação nacional morna à sua pessoa e a seus programas. No início, houve algumas indagações insinuantes: qual poderia ser o significado para a Casa Branca de um indivíduo nascido duas vezes – um batista da Geórgia – alguém proclamado *outsider*? Muitas questões foram levantadas pelo caso Lance, que mencionarei depois. Durante oito meses, de um lado estava ele, e do outro o Congresso, a imprensa e os interesses; ambos se entreolharam e depois fizeram picadinho dele. Supostamente notaram que não havia conquistado os cidadãos. À expressão "Jimmy quem?", seguiu-se "Quem se importa?".

Richard E. Neustadt

Uma causa mais profunda da inabilidade de Carter em explorar suas supostas vantagens é que se envolveu, de forma ruim, nos perigos que a História reserva para os novos Governos. Estes são perigos de transição, associados às novidades no cargo, bem como às novidades em relação ao cargo. Sendo, em ambos os sentidos, "mais novo" que os seus predecessores, a administração de Carter pareceu particularmente propensa a esses perigos. Mas nenhuma administração pôde ou poderá fugir deles. E a novidade de Carter pode ser sintomática em relação ao futuro. Os processos e campanhas de nomeação podem continuar a se desenvolver na mesma direção de 1976. Esse é um pensamento sóbrio. Muitas transições como as de Carter podem de fato, muitas vezes, tornar a Presidência impossível.

O terceiro ano de Carter o encontrou em posição triplamente apertada. A história agora o encurralava com uma série de eventos difíceis. A campanha eleitoral concentrava-se praticamente toda nele e em Ford, e diferentemente de Kennedy ou até mesmo de Nixon. Ainda assim, Carter trouxe para seu terceiro ano recursos ainda menores em termos de reputação em Washington e de prestígio popular; nesse sentido, estava em pior situação do que qualquer outro Presidente eleito dos tempos modernos. Sua queda parece ser associada com um punhado de feridas auto-infligidas, atribuídas à novidade. Numa perspectiva de longo prazo, pode vir a parecer muito específico; Carter pode aparentar ser, em vez de vítima da reação nacional depois do Vietnã e do *Watergate*, apenas fenômeno transitório que ocorreu para cercá-lo. Mas a mera possibilidade de que Carter tenha se feito de vítima sugere que algum sucessor também assim o fará; perspectiva inquietante.

Com essa perspectiva em mente, permitam-me apresentar o que considero perigoso para eles; permitam-me, também, especular alguns meios pelos quais os riscos podem ser atenuados. Começo com algumas suposições. De forma alguma, as transições necessariamente oferecem os piores riscos que um Presidente pode vir a encarar durante seu mandato; tampouco, representam a fonte dos piores erros que algum Presidente tenha feito. Mas o apuro de Carter sugere que os perigos da transição crescem na medida em que a "atomização" avança. As mudanças no nosso sistema parecem tornar esses perigos ainda piores, ao mesmo tempo mais freqüentes e mais onerosos para um Presidente. Pelo menos, é assim que os relacionamentos aparecem no período de Carter, pelas razões que anunciarei a seguir. Ainda assim, embora os riscos piorem, parecem ser do tipo em que algo pode ser feito; um aspecto esperançoso. Quando as feridas são auto-infligidas, estão sujeitas a serem evitadas pela autoconsciência. A despeito dos eventos externos e da independência das instituições exteriores, os riscos aqui são altamente influenciados pelos que estão expostos a eles. Por sinal, são apenas as pessoas menos dispostas a

Poder presidencial e os Presidentes modernos

enxergá-los. Os perigos da transição giram em torno disso. Todavia, o cuidado poderia ajudar, a consciência poderia induzi-los. Vejamos.

A transição de um Presidente pode ser identificada de duas maneiras: limitada, considerando apenas o breve espaço de tempo entre eleição e posse; e ampla, até que ele e seus principais assistentes se tornem familiarizados com o trabalho que devem realizar, inclusive quanto ao que pedir uns dos outros e o que esperar em resposta. A transição, no primeiro sentido, dura aproximadamente onze semanas. A do segundo, prolonga-se até por volta de quando (dois anos depois das eleições) a "nova" administração já experimentou ambas as sessões do Congresso, assim como os amigos e adversários em outros países, e começa a enxergar a forma dos eventos e, portanto, dos compromissos que dominarão o mandato presidencial.

As onze semanas são perigosas porque são poucas. Deixam pouco tempo para transformar uma campanha em um Governo, que assume o cargo três semanas depois do Congresso. Deve existir um padrão para a formação do corpo de assessores da Presidência e para as nomeações iniciais. Deve haver indicações para o Gabinete de Ministros e para os subgabinetes, juntamente com as nomeações em cadeia e os procedimentos para produzi-las (e de alocação dos que participaram da campanha). Deve haver um programa legislativo, ou ao menos ação em suspensão, para dar início às especificidades. Deve existir um ponto de vista em relação às iniciativas diplomáticas e de defesa deixadas em suspenso pelos outros Governos. O regime que sai apresenta um orçamento no momento em que parte. Deve existir um discurso de posse "memorável". Além disso, e mais importante, a nova cara do Presidente eleito – não mais um candidato – deve ser gravada em um público temporariamente atento e em uma Washington insaciavelmente curiosa.

Essas, entre muitas outras coisas, pressionam os ajudantes de campanha, felizes, exaustos, entusiasmados, tensos de tanta expectativa, necessitando, acima de tudo, de ajustes nas suas próprias psicologias de campanha para Governo. A tirania do tempo lhes permite pouca folga entre um e outro; e ainda pior – a não ser que sejam notavelmente autoconscientes – o trabalho das onze semanas pode decepcioná-los por parecer continuidade da campanha.

Tivemos quatro transições dessa ordem nos tempos modernos – 1952, 1960, 1968 e 1976 – deixando de lado aquele fenômeno instantâneo, isto é, o da sucessão vice-presidencial. Dessas quatro, a de Kennedy parece ter sido a mais tranquila, mais próxima do sucesso em todos aqueles aspectos de uma só vez, dando-lhe ainda uma vantagem no dia da posse (aspectos que, em breve, perderia com a Baía dos Porcos). A transição de Carter foi certamente a mais difícil, com um tempo enorme sendo desperdiçado em guerra interna entre os diversos níveis da equipe e sem um mínimo ajuste dos antigos ajudantes de campanha aos novos papéis. O pessoal de Kennedy saltou para dentro da governança; já o de Carter mostrou relutância.

Ironicamente, Carter havia alocado muito mais recursos e pessoal ao "plano de transição", separado da campanha eleitoral, do que qualquer um dos seus predecessores. Isso provou ser parte do seu problema: equipes paralelas antecipadas levaram a derramamentos de sangue posteriores. O triunfo inevitável dos ajudantes de campanha ajudou a diluir a ênfase dos planejadores na governança.

Da eleição até a posse, o pessoal de Carter competiu entre si. Suas dificuldades podem ter sido compostas pelo fato de que Ford, o Presidente que estava de partida, tinha sido ele mesmo vencido, diferentemente de Truman, Eisenhower ou Johnson. O acesso ao orçamento de Ford foi menor que o que Truman havia dado ao pessoal de Eisenhower, ou Eisenhower a Kennedy. Os ajudantes de Carter foram excluídos das análises do alto escalão.[25] Poucas coisas são mais moderadas que escolhas presidenciais quando se manifestam em debates orçamentários; para o pessoal de Carter, a dosagem foi retardada. Mais importante deve ter sido o fato de que, por causa da legislação aprovada por iniciativa de Kennedy, Carter tinha US$ 2,000,000 em recursos destinados a salários e a despesas que antecedessem sua posse. Com jovens e ávidos ajudantes de campanha sedentos por Washington, o resultado foi um corpo de auxiliares de transição de Carter seis vezes maior que o de Kennedy. Somente o decreto de Carter segurou a contratação nesse nível. Alguns recursos foram devolvidos. Mas o dinheiro impulsionou as discussões que reinaram na comitiva de Carter e quase lhe garantiu uma grande equipe na Casa Branca, preenchendo os espaços de Ford; houve nomeações em aberto até janeiro, seis ou oito semanas de atraso em relação a Kennedy. O tempo de Carter enquanto isso foi gasto com decisões de Gabinete. Kennedy havia feito a maioria delas de forma apressada, enviando nomeados a Washington para que estudassem seus novos papéis; Carter deliberou, enfatizando a importância dos chefes de departamento no seu esquema intencional de coisas. A incompatibilidade de uma grande equipe, futuramente competitiva, talvez lhe tenha passado despercebida naquele momento, ou talvez ele estivesse se resguardando. Enquanto recrutava membros do Gabinete, permaneceu a maior parte do tempo em casa, em Plains, no estado da Geórgia, longe de sua equipe de transição em Washington e de suas disputas. Em Plains, existiam poucas coisas excitantes, exceto as partidas de *softball*, que ele mesmo jogava horrivelmente. Além disso, incorreu no ódio dos seus repórteres designados (cujas contrapartes, em 1960, haviam desfrutado de mais prazeres, melhores histórias, e nenhuma severidade em Hyannis Port, Palm Beach, Georgetown e Manhattam). Por isso, ainda iria pagar alto preço no devido momento. [26]

Em retrospectiva, Carter teria se saído melhor se mantivesse informais e anônimos seus esforços de planejamento antes das eleições, e os conduzisse de forma tal que seus ajudantes de campanha não se sentissem ameaçados (a menos que desejasse que sentissem mal-estar permanente, o que não era o caso). Depois da eleição, teria feito bem em começar a pensar e organizar o seu *staff* inicial na Casa Branca, o qual então poderia realizar ou delegar o trabalho de planejamento mais aprofundado. Uma equipe temporária ligada aos funcionários de carreira no OMB – fonte de memória institucional – poderia ter resolvido tal delegação. Caso uma equipe de transição adicional tivesse existido, seu foco deveria ter sido os departamentos, e também seu futuro. Uma regra útil para Carter teria sido a seguinte: adicione pessoas a seu gabinete apenas quando achar que precisa. Antes da posse, ele e seu *staff*, constituídos de qualquer forma, não deveriam ter estado tão distantes de Washington quanto é o caso de Plains. Deveria ter prestado mais atenção neles. Se por razões simbólicas evitava Washington, esse também havia sido o caso de Nixon, oito anos antes, acertando as contas com o seu pessoal no centro de Manhattan. Carter poderia ter escolhido Atlanta. Melhor ainda, poderia ter se mantido em movimento, estando freqüentemente em Washington, mas não fazendo parte da cidade. Em cada ponto, Carter poderia ter recorrido aos washingtonianos com experiência para manter-se informado. Isso é algo que nenhum auxiliar de campanha poderia fazer por ele, e que aquela equipe provavelmente não encorajaria. Deveria ter lidado com isso diretamente; aparentemente, não viu motivo para tanto. Todos esses "deveria" e "poderia" lembram coisas que JFK fez, de alguma forma acidentalmente, com um mínimo de planejamento. Sua transição, no sentido mais estreito, foi marcada pela sorte. A de Carter, não.

A confusão das onze semanas é subproduto de reforma adotada de maneira alegre e precipitada em 1933 para curar o que então parecia ser um longo e desastroso período entre eleição e posse. Em cumprimento aos dispositivos da Constituição naquele tempo, passaram-se quatro meses entre a eleição de FDR até sua posse, em 4 de março de 1933. No dia 3 de março, o antigo Congresso saiu, estando o novo fora da cidade até dezembro, a não ser que FDR o convocasse para sessão extraordinária. Esse ajuste de tempo parece maravilhoso nos dias de hoje. Em 1933, parecia terrível; naqueles quatro meses, o sistema bancário do país entrou em colapso. A Vigésima Emenda da Constituição depois disso passou a garantir que tal fato não voltasse a acontecer. Assim como outras mudanças constitucionais, essa teve efeito colateral não intencional: a confusão contemporânea. As onze semanas provaram ser problemáticas para Carter. Se Lincoln tivesse encarado espaço de tempo tão curto, com a pressão do Congresso sobre ele, possivelmente a Guerra Civil nunca teria começado, ou então, uma vez iniciada, teria sido conduzida a partir do Capitólio e piorada ainda mais do que o foi por ele.

Deixando-se de lado os "poderia-ter-sido", os problemas da transição estreitamente definidos, as semanas antes do juramento de janeiro não se mostraram piores até aqui do que o foram os meses de Governo que se seguiram à posse. Pelo contrário, os maiores perigos vieram depois, pois esses meses representam tempo de aprendizagem, e aqueles que aprendem estão propensos a erros de percepção de tipo característico. Aqui se encontram os distintos perigos da transição. O paradigma não é um caso de Carter, mas sim de Kennedy. Ter-se saído bem nas primeiras onze semanas não fez com que se saísse bem no período seguinte. De fato, o senso de ter-se tornado mestre nessas semanas gerou euforia – por si só, fonte de problemas. Esse exemplo tem nome: Baía dos Porcos. Esboçá-lo significa ilustrar esses perigos.

A eleição de 1960 teve resultado muito próximo. Kennedy venceu Nixon, antes vice-presidente, por menos de um por cento dos votos populares. O Presidente que se aposentava, ainda imensamente adorado, fez campanha, mas não tanto, por razões inexplicáveis: sabemos hoje que foi por questões de saúde.[27] Nixon fez campanha intensa, mas o fato de ocupar o cargo algumas vezes foi motivo de constrangimento na ausência de Eisenhower na plataforma.

A campanha incluiu quatro "debates" na tevê, nos quais os candidatos eram indagados por terceiros e faziam comentários acerca das respostas uns dos outros. Durante o quarto debate, Kennedy atacou a relativa passividade de Eisenhower, em face da revolução cubana de Fidel Castro: o regime de Castro havia sido proclamado comunista depois de chegar ao poder, expropriando e exportando (na sua maior parte para Miami) grande parcela de sua classe média e alta, aliando-se aos soviéticos, e enviando revolucionários para o sul. Sem pensamento premeditado, Kennedy foi convincente; Nixon ficou furioso, mas não demonstrou, reagindo calmamente. Sabia, mas não podia dizer, que Eisenhower, meses antes, havia autorizado a Agência Central de Inteligência a preparar opção para uma contra-revolução, mediante a qual os cubanos, sem nossa ajuda, pudessem depor Castro.[28]

Nixon era o mais furioso, pois pensava que Kennedy, tendo sido informado pela CIA, na qualidade de candidato, soubesse disso também – o que, na verdade, desconhecia. Apenas depois de eleito é que foi informado; todos os detalhes foram postos à sua disposição depois que assumiu o cargo, em janeiro de 1961. Kennedy, então, descobriu algo que havia crescido para além de uma opção, quase do tamanho de uma exigência, e com prazos estabelecidos. Na Guatemala, onde alguns anos antes a Agência havia dirigido uma revolução com sucesso, o exército operacional estava treinando uma brigada de uns mil e quatrocentos cubanos recrutados em Miami. O treinamento estaria completo muito em breve. O plano era mandar a brigada nos seus próprios navios, protegidos pelas suas próprias aeronaves – equipamentos, é claro, fornecidos secretamente por Washington – para desembarque anfíbio no centro-sul de Cuba, perto da cidade de Trinidad. Essa localidade era próxima de montanhas bem parecidas com aquelas nas quais o próprio Castro havia começado uma guerrilha. A brigada iria atacar e dominar uma ponta de praia em nome do novo Governo. Uma vez que estivesse segura, esse Governo desembarcaria em solo cubano, clamaria por revolta popular e, na medida em que a população se levantasse contra Fidel, buscaria reconhecimento americano; isso, uma vez concedido, permitiria amplo fornecimento e outras formas de ajuda, caso fossem necessárias. Caso a ponta de praia não fosse dominada por alguma razão, a brigada poderia desaparecer nas montanhas e começar ação de guerrilha. O apoio americano, contanto que secreto, continuaria. Castro, se não fosse eliminado, ainda sofreria as dores. O plano, assim, não poderia falhar por completo.

Os planejadores enfatizaram para Kennedy que a implementação era urgente. Pareciam existir dois prazos. A obsoleta Força Aérea de Castro poderia ser facilmente derrubada até maio, mas então seria modernizada com jatos de Moscou, pilotada por pilotos treinados em Praga – mais que o suficiente para brigadistas que tinham em sua posse apenas aeronaves que poderiam ter sido compradas no mercado mundial. Além disso, o Governo da Guatemala estava ansioso para que a brigada e seus treinadores seguissem em frente. E para onde deveriam ir senão para Cuba? Para Miami (onde poderiam falar demais sobre os planos cancelados do general Eisenhower)?

Kennedy foi cauteloso. Sabia que essa tarefa era bem maior que a que a tentada antes pela CIA. Sabia que os desembarques anfíbios não eram brincadeira. Temia que um apoio secreto de tamanha proporção pudesse se tornar público. E recusou-se a autorizar envolvimento americano aberto. Seu discurso de posse havia enfatizado que a nova geração, recém-chegada ao poder, era simultaneamente determinada e idealista. Quando começou seu mandato, não queria parecer nem fraco nem fomentador de guerra, muito menos agressor não provocado.

Então, como uma de suas características, buscou uma segunda opinião sobre o plano da CIA; buscou-a entre os que apoiariam a utilização de tropas, o Estado Maior das Forças Armadas. Os comandantes, agindo por conta própria sem os auxiliares, em nome do sigilo, revisaram o plano que a CIA lhes havia estabelecido. Responderam afirmando que achavam que tinha "satisfatória chance de sucesso"; ressaltando, com aprovação, a possibilidade de subir e retroceder para as montanhas em caso de fracasso. Os comandantes não foram

331

perguntados se suas respostas seriam as mesmas caso fossem designados para a operação, questão que teria colocado seus próprios planejadores no cerne da ação, expondo as restrições do Exército e do Corpo de Fuzileiros Navais. Eles haviam sido solicitados meramente a comentar sobre operação de outrem. Pelo menos foi assim que entenderam a questão; se algo mais era esperado deles, Kennedy deixou de transmitir a mensagem. Eles também compreenderam que ele incorporava a nova geração. Não era o caso deles: todos veteranos e na casa dos cinqüenta; Kennedy tinha quarenta e três. Além disso, haviam ouvido e lido sobre ele naquele quarto debate.

Durante várias semanas após esse pronunciamento do Estado Maior, Kennedy continuou a discutir o refinamento do plano com os que estavam envolvidos na CIA. Ao agregar opiniões, trouxe para o conclave secreto o secretário de Defesa, Robert MacNamara, e o secretário de Estado, Dean Rusk. McNamara apoiava-se em um dos seus secretários assistentes, William Bundy, aluno da CIA que, por acaso, também havia sido amigo de faculdade do chefe de Planejamento da Agência nessa iniciativa, Richard Bissel. McGeorge, irmão de Bundy, era o assistente pessoal do Presidente para temas de segurança nacional. Reassegurados por Bissel – a quem todos admiravam – e impressionados pela serena confiança de Allen Dulles, diretor da CIA, esses homens tornaram-se os primeiros defensores da idéia.

Esse não foi o caso de Rusk, que pode ter tido dúvidas, mas nunca chegou a externá-las; pareceu questionar sua jurisdição pessoal em relação ao assunto e, por razões de segurança, manteve todo seu pessoal desinformado e fora do caso. O subsecretário compareceu no seu lugar uma vez e ficou aflito, nunca mais retornando. Nem mesmo seus oficiais da inteligência foram informados. Se vazamentos ocorressem, não viriam do Estado! Rusk, um antigo funcionário Governo, acreditava na compartimentalização.

O mesmo ocorreu com Dulles. O braço operacional da CIA era completamente separado do seu braço planejador, dos avaliadores da inteligência (que trabalhavam com o alto escalão do Estado e com seus pares militares). Poderiam facilmente ser excluídos; e o eram, quando a segurança parecia demandar. A ocasião o exigia. Os avaliadores não foram informados de que seus colegas operacionais haviam informado o Estado Maior e os demais acerca do ataque contra Castro; se soubessem, teriam tratado a questão com escárnio: suas impressões acerca das perspectivas dentro de Cuba diferiam drasticamente. Mas eles não sabiam; não foram perguntados.

Kennedy não sabia que eles não sabiam. Os procedimentos dentro da CIA eram mistério para ele. Teria ficado atemorizado. Mas de fato se preocupava com vazamentos, com perda de cobertura para o apoio americano; e tinha motivos para tanto: os cubanos na Guatemala haviam, já fazia um bom tempo, começado a despertar o interesse da imprensa americana. No momento em que os planos haviam sido finalizados, já eram muito bem conhecidos em Miami e em Nova York. Ainda assim, para Rusk e Dulles, a preocupação de Kennedy justificava a compartimentalização de Washington.

Além disso, uma das duas bases do otimismo da JCS repousava sobre a areia: as esperanças sem sustentação de planejadores com interesses próprios para um levante em Cuba. A outra base foi rapidamente descartada por planejamento mais aprofundado: o local de desembarque foi deslocado para mais de 100 quilômetros a oeste. Entre esse local e as montanhas, agora passava um pântano. Kennedy, Rusk, McNamara e os seus auxiliares não perceberam a importância disso. Apoiaram essa mudança para reduzir a escala visível do desembarque, pelo qual esperavam aumentar as chances de que pudesse parecer completamente cubano. Os comandantes, sem serem indagados explicitamente, não fizeram nenhuma estimativa das chances de sucesso; todavia, viram os planos revisados. Isso fez com que o Presidente achasse que eles os tivessem aprovado.

Deparando-se com prazos que não questionou, contando com a confiança de Dulles e do admirável Bissell, com aparente otimismo por parte do Estado Maior, sua base inexplorada, Kennedy concordou. Estabeleceu uma condição: o que quer que acontecesse, não aprovaria a utilização das Forças Armadas americanas (nisso provavelmente foi influenciado por dois oponentes da empreitada, os quais consultara paralelamente). Dulles e Bissell concordaram, os comandantes não fizeram objeção; talvez não tenham acreditado nele.

Então a brigada partiu em abril de 1961. Seguiu-se então uma clássica demonstração da Lei de Murphy: se algo puder dar errado, dará. E deu. Um ataque contra a Força Aérea de Havana foi mal-conduzido e levantou suspeitas quanto ao apoio americano; um segundo ataque foi cancelado para reduzir o constrangimento dos EUA. Os aviões de Castro apareceram sobre a ponta da praia, em maior número e mais bem pilotados do que os planejadores haviam previsto. De que importam jatos e pilotos? Esses eram bons o suficiente. Uma de suas primeiras bombas explodiu a embarcação de comunicações da brigada. Uma segunda embarcação de munição, lenta ao desembarcar, também foi afundada. A polícia de Castro eficientemente prendeu cem soldados cubanos; não havia sinal de levante popular. As tropas de Castro, também eficientes, bem armadas e móveis (para surpresa dos americanos), rapidamente chegaram à praia e moveram-se na direção dos invasores. Um ataque aéreo foi desesperadamente improvisado, e Kennedy cedeu quanto a evitar envolvimento direto, apenas o suficiente para permitir que nossos fuzileiros navais dessem cobertura aérea aos bombardeiros da brigada. Aliás, a hora estava coordenada, mas não o fuso horário: os caças que pularam dos nossos transportadores próximos a Cuba saíram de cena antes que os bombardeiros, vindos da Nicarágua, chegassem lá; o pessoal de Castro derrubou os aviões ou os perseguiu.

Não importa o que Bissel tenha planejado. Os instrutores da CIA, no campo da Guatemala, não haviam ensinado os seus treinando-os a seguirem para as montanhas, muito menos através de um pântano (ao invés, haviam sido ensinados a contar com tropas norte-americanas). Além disso, um pântano não era local para guerrilhas na era dos helicópteros, dos quais Castro também dispunha. Então, alguns dos invasores morreram; alguns poucos nadaram para alto mar e foram resgatados por nossas patrulhas; a maioria se rendeu. Esses foram presos e subseqüentemente resgatados por Kennedy, mediante pagamento em remédios e outras coisas que Castro queria.

Kennedy ficou com cara de tolo e sentia-se como tal. Em casa, sua aprovação nas pesquisas Gallup na verdade subiu, o efeito de vamos-nos-unir-em-torno-da-bandeira, o que apenas o fez pensar o pior acerca das percepções populares. Mas sua reputação profissional caiu em muitas áreas, e isso doeu. Fora dos EUA, conseguiu, com sucesso, parecer negligentemente agressivo aos olhos dos seus amigos; fracamente indeciso aos dos seus adversários. Essa visão dupla também foi registrada no Senado, sem falar no funcionalismo. Assim, os conselheiros do Congresso e os diplomatas lhe disseram. Ele se contorcia ao se imaginar como bobo, e se preocupava em ser visto como trouxa, especialmente em Moscou e Havana. De acordo com todos os registros, ainda se preocupava com isso quando, nove meses depois, ele forneceu apoio americano ao Vietnã do Sul. Durante todo seu mandato, sancionou mais atividades da CIA, pequenas e, portanto, passíveis de serem negadas, contra Castro. [29]

Nesse caso da Baía dos Porcos, o processo decisório do novo regime mostrou duas surpreendentes características: ignorância e esperança. A ignorância tinha um toque de inocência e a esperança, de arrogância.

Primeiro, consideremos a ignorância. Os novatos, à exceção de Rusk e William Bundy, não eram novos apenas para os cargos que ocupavam, mas também no Poder Executivo. Eram, além disso, ainda mais novos uns para os outros. Kennedy, de fato, conhecia pouco Rusk e McNamara quando os nomeou, tampouco eles conheciam-se. Mesmo os que se conheciam, não haviam se relacionado nos seus atuais papéis. Kennedy, um administrador de Harvard, admirara McGeorge Bundy, o principal reitor daquela universidade, relação muito diferente da que tinham agora. E daí por diante. Em abril de 1961, nenhuma dessas pessoas havia exercido suas novas posições o suficiente para saber no que deveriam acreditar e o que deveriam deduzir, ou quando. E tampouco conheciam seus superiores, nem eles os conheciam.

Os Bundys, raciocinando prontamente a partir de outros papéis, pensavam que sabiam tudo sobre Bissell. O Presidente talvez tenha pensado isso também. Antes de assumir o cargo, via Bissell como a única pessoa a quem conhecia suficientemente bem para confiar na comunidade da inteligência. [30] Mas agora Bissell tinha que assumir papel de defensor; os outros três eram tidos como céticos e juízes. Ele compreendia o seu papel; os outros não tinham jeito para os seus. Há tanta inocência nisso!

A inocência é do mesmo tipo que levou ao encaminhamento de JFK aos chefes do Estado Maior e sua ênfase no sigilo: inocentemente ignorante das conseqüências no contexto burocrático. As novas pessoas, na sua grande maioria, pouco sabiam sobre as histórias das instituições, assim como também pouco sabiam uns dos outros. O muro dentro da CIA era desconhecido a todos. As histórias da política geralmente também eram livros fechados.

À ignorância, juntou-se a esperança. Deixando Dulles e Bissell de lado, quem conhecia os argumentos em torno da virada de Eisenhower, da tolerância para com Castro em busca de criar uma opção para tirá-lo do poder? Quem se importava? Nesses casos, a falta de preocupação é comum. A própria reviravolta o conduz. O novo assume o lugar do velho, e o vigor é substituído pelo cansaço; a euforia expulsa a tola experiência. A Casa Branca brilha com a tinta fresca, e a Ala Leste, com os novos rostos. As possibilidades parecem, no momento, infinitas, pois muitas personalidades ainda são desconhecidas, e as relações ainda são potenciais. Tudo é aumentado pelo fato de que para um Kennedy ou um Carter e seus assistentes a chegada na Casa Branca, depois de anos de dura campanha, é como chegar num oásis em pleno deserto: ar-condicionado perfeito; central telefônica inigualável; secretárias fantásticas; visitantes apenas se agendados (incluindo a imprensa); carros à disposição; juntamente com quadras de tênis, saunas, helicópteros para o Presidente e até mesmo, caso o deseje (LBJ queria), um drinque instantâneo.

Por toda parte, há a impressão de página virada, de novo capítulo na história do país, e também de nova chance. E com isso, irresistivelmente, vem o sentimento de "eles" não podiam, não conseguiram, não fizeram, mas "nós" faremos. Já fizemos a coisa mais difícil que existe na política. Governar tem de ser um prazer em comparação: ganhamos, portanto, podemos! A psicologia, em parte, se assemelha a ter subido uma montanha, a próxima então parecerá mais fácil; em parte, a de ter tido uma maré de sorte, que certamente não irá mudar agora!

A arrogância que vem junto com isso é natural para as nomeações e campanhas, e para os jovens que as realizam. Existem algumas semelhanças entre os homens de 1961, de 1969, e de 1976, mas Kennedy e assessores foram distintos, também. Suas posturas de autoconfiança e seu posicionamento pró-ativo refletiram igualmente a consciência de que eram bastante inteligentes. Como grupo, eram excepcionalmente capazes e inteligentes; e cada um deles sabia disso, inclusive o Presidente. Também naquele tempo distante, apreciavam a "sorte de Kennedy". Não é de se espantar que Rusk – secretário-adjunto de Estado no período de Truman, quando a cortesia sulista antiquada dominava nas questões externas – falasse em tom abafado, ou simplesmente não falasse, nas reuniões de grupo de Kennedy. De acordo com os relatos, nunca deixaram de chocá-lo.

A ignorância e a esperança foram, semelhantemente, abrandadas pela experiência da Baía dos Porcos; muito da inocência foi perdida; de igual maneira, parte da arrogância. Nada é mais salutar para os espertos do que fazer algo claramente absurdo, e assim o viram. Sendo espertos, procuraram aprender com isso, especialmente o Presidente, e os eventos subseqüentes no Laos, em Berlim e na crise dos mísseis de Cuba sugerem que de fato aprenderam. Aprendizado mais apurado foi realizado, também; não há dúvida. E também por outros, como LBJ, no caso dominicano de 1965: vinte mil tropas para esmagar uma insurreição local.

Os problemas da transição podem vir revestidos de prata, mas nem sempre é o caso. A Baía dos Porcos foi rápida, brusca, chocante e acabou rapidamente, deixando várias lições óbvias espalhadas em seu rastro. Mas os novos Governos geralmente não aproveitam seus erros de transição. Considere o "porco" de Carter, a coisa mais próxima a Kennedy em termos de impacto imediato sobre a reputação profissional: o caso Lance. A história dificilmente será estudada com o intuito de encontrar muitas compensações. Retirar Bertram Lance do Governo pode, em retrospectiva, ter poupado embaraços posteriores; depende em grande parte do que vai ser dele. Porém, maneiras mais fáceis de lidar com a questão abundavam, tanto antes quanto depois de 1977. Examinando mais profundamente, não vejo nenhum raio de esperança no que aconteceu.

Em novembro de 1976, logo após as eleições, Carter anunciou como seu diretor-designado para Orçamento Bert Lance, amigo, apoiador e líder banqueiro de Atlanta. A nomeação foi bem recebida no meio dos negócios e no círculo de Carter. Lance, homem forte e entusiasmado, rapidamente fez sua presença ser sentida. Quando o novo Governo assumiu, em 1977, ficou claro que seria mais do que seu título sugeria: teria fácil acesso ao Presidente em qualquer assunto, sem ter que se submeter a ninguém na Casa Branca. Para o Grupo de Política Econômica (*Economic Policy Group* – EPG), cujos outros membros representavam má combinação de temperamento ou estilo operacional ou ambos, a personalidade de Lance e seu acesso rapidamente pareceram indispensáveis para ajudar seus colegas a estabilizar as relações uns com os outros e com Carter.

No âmbito doméstico do Governo, quase todos recorriam a Lance para obter acesso, ajuda e decisões, à exceção dos auxiliares da Casa Branca mais velhos, os quais tinham acesso ao Presidente tão facilmente como ele. Hamilton Jordan, o conselheiro político, Jody Powell, o assessor de imprensa, Frank Moore, assessor parlamentar – esses e outros, todos da Geórgia, respeitavam Lance, gostavam dele e aparentemente o viam como um deles, mas em plano diferente: o conselheiro independente e mais velho deles, bem como amigo da família – do Presidente e da sra. Carter, também. Sua postura como banqueiro e como ponto de contato com o mundo dos negócios, ofuscando o secretário do Tesouro, acrescentou à sua reputação na Casa Branca: sobressaía entre os demais georgianos.

Em junho de 1977, Lance deparou-se com um problema pessoal. Antes da sua confirmação pelo Senado, havia prometido, ao comitê que revisara sua nomeação, que venderia, naquele ano, as ações no banco de Atlanta que gerenciara anteriormente. Isso seguia a severa lógica dos próprios pronunciamentos de Carter contra conflitos de interesses, bem como as críticas do Senado em anos recentes. A nova gerência do banco então cancelou certas perdas; o que fez com que o preço das ações caísse. Vendê-las dentro de um ano, antes que o preço subisse, poderia custar a Lance uma proporção majoritária do seu capital e, sob outros aspectos, poderia lhe causar embaraços financeiros. Ele estava comprometido a ponto de a falência não parecer impossível. Parecia uma acusação exorbitante para o serviço público. Ele perguntou aos seus colegas da Casa Branca se poderia retornar ao comitê do Senado, solicitando mais algum tempo. Foi um pedido incomum. Desde que tais condições haviam se tornado a norma, o costume era cumpri-las, a não ser que a reabertura desfizesse a nomeação. Mas Bert era um caso especial; seus colegas tiveram compaixão; a autoconfiança dele os arrastara. Pelo menos quatro dos assessores veteranos da Casa Branca foram várias vezes consultados. Assim como o presidente do comitê, o senador Ribicoff, de Connecticut. Impressionado com Lance, e também simpatizando com ele, Ribicoff foi cordial. Isso deixava a Casa Branca satisfeita, e Lance recebeu sinal verde. O quanto Carter se envolveu nesse estágio não está claro. [31]

No mês de novembro anterior, quando a nomeação de Lance foi anunciada, suas práticas bancárias em Calhoun, Geórgia, onde começara, haviam estado sob minucioso exame do controlador da moeda (a agência do Tesouro que regulava os bancos) e também do Departamento de Justiça. Mas ambas as investigações terminaram logo depois, sem qualquer ônus para ele. Alguns dos assessores de Carter sabiam disso; alguns dos de Ribicoff o haviam descoberto depois, antes da confirmação. Aparentemente, isso lhes chamou a atenção naquela época, mas não em junho.

Então o conselheiro da Casa Branca de Carter, Robert Lipshutz, escreveu a Ribicoff em nome de Lance, formalmente pedindo uma extensão do prazo. Os problemas começaram. Os repórteres de Washington perceberam, entre os quais William Safire, um colunista do *New York Times* e ex-assessor de Nixon, que estava alerta quanto a um eventual padrão duplo democrático. Aquela carta "soava como falsa", Safire relembrou depois. "Eu sabia que Lance estava escondendo algo". [32] Com Safire na linha de frente, determinando o ritmo – ele ganharia um Prêmio Pulitzer pelas suas colunas –, os repórteres começaram a vasculhar as finanças de Lance. Logo no início, descobriram que Lance havia comprado suas ações com o dinheiro emprestado de um banco do norte e refinanciado por outro; até suas ações serem vendidas, os seus débitos permaneceriam elevados. A extensão do prazo para a venda, portanto, iria prolongar não um, mas dois potenciais conflitos de interesses. Os repórteres espalharam-se rapidamente. Jornalistas investigativos baixaram em Calhoun, Atlanta, e nas agências federais, juntamente com bancos em Nova Iorque e Chicago. Alegações adversas se seguiram. Para respondê-las, Lance se apresentou ao comitê de Ribicoff três vezes em julho. Parecia alegre e paciente, e, muito em breve, receberia seu prêmio. Em 25 de julho, Ribicoff denunciou as alegações como "difamação", e foi apoiado pelo representante da minoria, senador Percy.

Isso deveria ter encerrado o assunto, segundo os cálculos da Casa Branca, mas não foi o que ocorreu. As avaliações do Comitê haviam gerado ação autoprotetora quanto ao relator financeiro para um relatório sobre as práticas bancárias de Lance. O relator fora indicado por Carter, e seus carreiristas sofreram arduamente com as críticas. Ambos estavam na defensiva, ambos responderam quando quiseram. O relatório chegou em 17 de agosto e não encontrou nenhuma evidência de crime, mas foi crítico sob vários aspectos, dentre os quais os freqüentes saques bancários nos anos de Lance em Calhoun, realizados por ele e por membros de sua família. Eles sempre colocavam o dinheiro de volta, mas o haviam utilizado quando queriam, como se fosse deles próprios. Isso mexeu com os jornalistas e cidadãos, que sentiam forte desejo de realizar seus próprios saques, mas não podiam. Esses, argumentou Lance depois, eram coisa normal para gerenciamentos de pequenos bancos. Talvez fosse, mas dizê-lo custou-lhe o apoio da maioria dos banqueiros.

Todavia, Lance ganhou, por um tempo, apoio do Presidente. Desde o momento das primeiras histórias adversas, Carter havia se distanciado, para evidente embaraço de Lance. Mas quando o controlador limpou o nome de Lance, o Presidente decidiu endossá-lo; a firmeza, pensou-se, poderia terminar a questão. "Bert", afirmou Carter na tevê, em rede nacional, "estou orgulhoso de você". Por trás do comentário carinhoso, escondia-se extraordinária falha do trabalho do corpo de auxiliares. Pelo que se sabe, nem Carter, nem seus assessores mais próximos haviam lido o texto do controlador, contando, ao invés, apenas com o resumo de Lipshutz.

Isso aconteceu em 18 de agosto; para a imprensa americana, evidentemente, parecia um desafio e como tal foi compreendido. Os republicanos no Congresso assistiam com satisfação, relembrando *Watergate*, e marcaram pontos com os repórteres. Os jornalistas relembram isso também e marcaram pontos eles mesmos. Os esforços investigativos foram redobrados. O banco de Lance, de Atlanta, havia sido dono de um avião e o uso dele por Lance, juntamente com Carter, durante a campanha, tornou-se campo para reportagens mais aprofundadas. Assim também o foram as finanças pessoais de Lance nos anos em que estava comprando bancos, e agora que os estava vendendo (ou não). Assim também foi o fato de que as agências federais haviam descartado suas investigações depois que os oficiais de carreira descobriram quem era o novo diretor de Orçamento. Sublinhando cada implicação, o então controlador em ação, um carreirista, havia de fato endossado Lance para o cargo em uma rude carta para o comitê de Ribicoff.

Até o Dia do Trabalhador, as acusações haviam alcançado tal altura que Ribicoff estava chorando um *mea culpa*. Aqueles saques causavam raiva. Também parecia impossível que Lance tivesse usado os depósitos de um banco com outro como, na verdade, garantia para financiar seu próprio empréstimo. Ele já estava em duplo conflito de interesses no seu cargo federal, como acionista e devedor, enquanto ajudava a criar a política econômica. Agora haveria mais investigações assim que o período do orçamento começasse. Ribicoff e Percy visitaram o Presidente para dizer-lhe que Lance deveria sair. Uma semana depois, senador Byrd, líder da maioria, publicamente afirmou ser a renúncia de Lance "inevitável". O elogio de Carter tinha vinte e quatro dias de vida.

Em 15 de setembro, o comitê de Ribcoff reuniu-se novamente e Lance compareceu, ante seus membros, em sua própria defesa, fazendo um grande show na tevê ao vivo por três dias, com cobertura comparável aos pontos altos das audiências do *Watergate* no Senado, cinco anos antes. Lance tomou a ofensiva; realizada com perícia – tendo Clark M. Clifford como seu conselheiro –, poderia ter salvo sua reputação pessoal por um tempo, mas não o seu cargo.[33] Muitos senadores pareciam não estar convencidos, bem como muitos repórteres, e, de qualquer forma, as investigações oficiais estavam crescendo novamente, apoiadas pelos carreiristas ávidos por mostrar vigor em suas agências. A renúncia de Lance se deu em cinco dias. O Presidente a aceitou, com todos os sinais de dor, mas nenhum de maior indecisão, e seu amigo retornou para Atlanta, parando em Calhourn para uma violenta recepção.

Lance saiu de Washington ao final de setembro. Seus colegas da Casa Branca, do Presidente para baixo, estavam evidentemente tristes por vê-lo sair.

De fato, estavam aflitos, senão amargurados; alguns pareciam desorientados, também. Os relacionamentos em volta do Gabinete do Executivo sem ele estavam fora de ordem e tinham, agora, de ser reorganizados, ou ao menos prolongados (o caso, parece, dos relacionamentos da política econômica). Mas muitos ex-colegas também se sentiam aliviados. Por nove semanas, os problemas de Lance haviam preocupado a todos, fascinado senadores, eletrizado a imprensa, e conduzido as últimas notícias noturnas. E deveriam ter sido semanas em que uma administração forte mobilizasse a liderança do Senado para as propostas de energia que Carter havia apresentado quatro semanas antes – enquanto intimava o país ao "equivalente moral da guerra". O que os líderes do Senado teriam feito com ou sobre determinadas oposições do Comitê de Finanças do Senado (*Senate Finance Committee*) permanece como mistério, mas o verão era o tempo de alicerçar as bases.

Ao invés, aconteceu o caso de Lance. Quando o caso acabou, havia colocado um ponto final na lua-de-mel de Carter, mantida aquecida com sua reputação profissional, e posta em dúvida na afinidade que dizia ter com seus eleitores. As dúvidas ficaram ainda maiores quando sucessivas pesquisas mostraram que os eleitores tinham cada vez menos afinidade com ele. Entre agosto e setembro, sua aprovação, na classificação do *Gallup Poll*, caiu de 66% para 54%; naquele inverno, começou a cair novamente, chegando a 40% em abril do seu segundo ano. Lá, com variações mínimas, permaneceu por vários meses. Essas classificações seguiam padrões anteriores, mais do que o de Truman, ou o de Ford, que os de quaisquer outros Presidentes. [34] Era o "Jimmy-quem-ness" funcionalmente equivalente à vice-presidência? Além disso, ao alcance de Truman estavam os problemas da reconversão; ao de Ford, a descida à recessão. Nada comparável ao atrapalhado Carter quando sua consideração pública caiu.

O prestígio de Carter caiu junto com sua reputação, ao invés de se desviar para o lado, como no caso de Kennedy. A queda de 1977 corresponde ao período em que os washingtonianos o estavam olhando com desprezo. Isso explica o que aconteceu com sua consideração pública no inverno? [35] É difícil resistir à conexão causal sugerida. As reações de Washington ao caso de Lance não poderiam ter sido as únicas influências nas atitudes gerais do público: muitos brancos ficaram chocados com o Tratado do Panamá (*Panama Treaty*), muitos negros irritados pela cautela em relação ao desemprego entre adolescentes. [36] Mas, fora dos guetos, parece que na queda de 1977 nada de tão ruim estava acontecendo, no que diz respeito a eventos que complicassem a vida privada. Sem tais critérios e sem conhecer Jimmy, milhões de pessoas devem ter tomado para si o tom dos comentaristas televisivos, os quais, sucessivamente, haviam lido os colunistas falando sobre Lance. Os espectadores podem não obter informações de revistas e jornais, mas produtores de tevê, editores e âncoras assim o fazem.

Conduzido pelas corporações da imprensa, os washingtonianos de todas as classes sentiram-se então livres para se voltar contra Carter, e freqüentemente assim faziam com gosto especial: "Ele havia sido tão moralista", um respeitável repórter contou-me, "(...) 'Nunca mentirei para vocês' etc., e aquele terrível período em Plains, e agora aconteceu que ele era exatamente como pensávamos: nada melhor que os outros". Isso deve ser para confundir a linguagem de Carter com Carter, um problema para o observador secular do norte ou oeste. Mas é exatamente o que os washingtonianos geralmente são, e de onde muitos deles procedem.

Em retrospectiva, parece óbvio que Lance, para seu próprio bem e, de igual maneira, para o de Carter, nunca deveria ter buscado um prolongamento da situação. Ao invés, deveria ter suportado suas perdas ou deixado o Gabinete, para o profundo arrependimento de todos. Era possível ouvir os senadores em coro: "Volte, volte, homem útil, e não se preocupe com as ações de mercado." Na pior das hipóteses, ele deveria ter sido um estadista das antigas até que suas ações fossem vendidas. Então, Carter poderia tê-lo trazido de volta mais respeitável do que nunca (ao menos, é claro, que a imprensa tivesse sido provocada por outra pessoa).

A observação do passado vence a presciência. Ainda assim, pistas substanciais para essa conclusão estavam disponíveis em junho de 1977. Deixando Safire de lado, um verão chato se encontrava à frente, sem convenção, campanha ou guerra para ocupar uma corporação de imprensa nacional, saboreando virtude coorporativa depois de *Watergate*, coçando-se para revelar com imparcialidade indiferente a Carter, e rompendo com possíveis Woodwards e Bernsteins. [37] Qualquer investigação federal que terminasse como questão de discrição pode parecer com um "abafamento", algo ainda presente na mente das pessoas. E o julgamento dos senadores geralmente não eram melhores que o do grupo de trabalho que os precedeu; o corpo de auxiliares de Ribicoff tinha reputação mista.

Essas são, quintessencialmente, pistas de "dentro", assuntos da inteligência de Washington, longe de óbvia, parece, para os "georgianos" de Carter quando deram a Lance o sinal verde. Aquele era o seu Rubicon, comparável à aquiescência de JFK à CIA. Caso tivessem atentado a pistas como essa e analisado-as, não se pode saber o que aconteceria. As memórias talvez revelem mais do que posso encontrar. Enquanto isso, presumo que eles não o fizeram. Evidentemente não haviam feito nada parecido em novembro e deixaram essa segunda chance passar, não fazendo mais nada em junho. O que mais havia para ser feito? Eles *conheciam* Bert. Também conheciam seu golpe e sentiam sua confiança. Acenaram-lhe dessa maneira. No que diz respeito a Watergate e o que toda aquela experiência significou para os que a vivenciaram em Washington, os homens de Carter encontravam-se em outro lugar no momento, vivenciando outra coisa, os planos para sua extraordinária campanha.[38]

Aqui novamente está a ignorância na inocência, mas ignorância de coisas bem diferentes. Um Kennedy teria conhecido nuances em atitudes jornalísticas e na formação do corpo de auxiliares do Senado (um Carter teria lido com mais atenção e questionado mais precisamente as opiniões de JCS). E aqui, mais uma vez, encontra-se a esperança, acompanhada por arrogância de outra espécie, ingênua, não brilhante, "nós, povo decente", em vez de "nós, a minoria feliz".

Cada nova administração parece trazer sua mistura especial de ignorância e esperança, de inocência com arrogância (exceto Ford e Truman, que nunca haviam disputado para chegar lá e estavam longe de ser arrogantes quando chegaram). As diferenças começam com os particulares da ignorância. Para JFK, o mistério foram as operações executivas. Para Johnson, os Governos externos. Para Nixon, evidentemente, os jornalistas do leste e os liberais democratas. Para Carter, parecem ter sido as nuances de Washington. Se é assim, Carter talvez tivesse a pior de todas. Graças à "atomização" na terceira década da televisão, as dele eram particulares, onde as sutilezas modificaram-se mais rápido, enquanto os erros estão sujeitos às imediatas punições públicas na reputação ou prestígio, ou em ambos. Presumidamente, as mesmas condições confrontarão os sucessores de Carter.

A punição que Carter recebeu depois do caso de Lance foi cumulativa. Muito dela havia sido armazenado por "porquinhos", em meses precedentes, atribuível à mesma causa, ignorância de nuances em grupos de interesse, relacionamentos diplomáticos e do Congresso, sem mencionar a imprensa: a estada pós-eleição de Carter, em Plains, foi como Porquinho Número Um (*Piglet Number One*). Outros se seguiram rapidamente. Entre eles estava um plano para abatimento de cinqüenta dólares a todos os contribuintes, anunciado publicamente pela primeira vez – alegrando a muitos – e então publicamente retirado. Outro foi um assalto bem gratuito nos projetos de água apreciados no sul e no oeste, financiados pelo Congresso, que Carter inicialmente mandou parar e depois, sob pressão, aceitou. Também ocorreu explosão dramática, ainda que casual, de discussão sobre direitos humanos bem no meio do problema dos arranjos soviético-americanos para as novas conversações sobre o Salt. Isso foi seguido por arrojada iniciativa americana nessas conversações para as quais Moscou não havia se preparado. Imediatamente depois surgiu o plano de Carter para energia, complexo e multifacetado, entretanto indeciso no seu cerne, apresentado para os grupos de interesse e Congresso – e para os próprios economistas de Carter – com quase nenhuma consulta avançada. Foi

Poder presidencial e os Presidentes modernos

apresentado, além disso, como o maior desafio para a vida nacional. Então, uma vez que o Presidente havia reunido a Câmara dos Deputados, a energia foi tratada pela Casa Branca como se apenas um dos muitos imperativos legislativos. "Prioridade" é palavra que Carter descobriria depois; o atraso era ainda outro "porquinho". E esses foram intercalados com gafes bem extraordinárias nas minúcias das relações do Congresso. A totalidade de Washington havia assistido a tudo maravilhada. Depois de Lance, muitos observadores pararam de se maravilhar.

Desde então, numerosas nuances têm sido aprendidas (alguns dizem que em demasia). Até o início de 1979, a Casa Branca estava repetindo pouco desses erros. Em alguns aspectos, de fato, ele havia melhorado no trabalho do pessoal de regimes anteriores, como na "assessoria pública", sob Anne Wexler. Mas a reputação de Carter apenas (se é que de alguma forma) registrou melhorias na atuação. A lentidão em 1979 atesta a severidade das punições em 1977. E o seu público e prestígio permaneceram baixos; de fato caíram ainda mais, atacados por fatores irritantes acumulados nas vidas privadas, mais notadamente a inflação.

Erro é palavra que sustenta essa observação. O que deu errado no caso de Lance – e presumidamente nesses outros – não é que o objeto escolhido por Carter fosse equivocadamente necessário, mas, sim, muito mais estreitamente, que quando o escolheu, não fez esforço suficiente para identificar e pesar mesmo os possíveis riscos que muitos washingtonianos experientes poderiam tê-lo decifrado. Tudo o que era requerido era pensado sobre as corporações de imprensa e sobre os burocratas em um conhecimento que duas investigações haviam cessado depois da eleição. Caso as implicações fossem dispostas, é concebível, ao menos para mim, que Carter teria sancionado uma aproximação a Ribicoff, caso Lance ainda o desejasse, pois precisava dele e o queria; nada nos registros mostra que estava errado sobre a utilidade de Lance desde que ele assumiu o Gabinete. Mas se Carter e Lance tivessem compreendido o que estavam encarando, pesado os riscos, e continuado, certamente teriam seguido preparados, o que simplesmente não o fizeram. Lance se voltou para Clifford em agosto; ele foi necessário em junho, se não mais cedo.

Erro é ainda uma referência, aqui, para os meios, não para os fins. Se o objetivo de Carter em manter Lance estava errado, ao menos ele foi amplamente compartilhado no início pelo comitê de Ribcoff, entre outros. A mesma idéia pode ser esboçada, e ainda mais forte, no que diz respeito ao fiasco da Baía dos Porcos. Caso JFK sentisse que deveria ter a brigada fora da Guatemala, mas não contida em Miami, que talvez tenha se tornado seu objetivo imediato, não havia necessariamente nada de errôneo nisso. Os democratas, de qualquer maneira, teriam concordado aos móntes, e também, presumidamente, Eisenhower.

343

Mas isso supõe que Kennedy deixou razoavelmente claro que seus clientes não desembarcariam nas prisões de Castro – para isso, desejava menos, menos até que Miami. "Razoavelmente claro" significa algo não mais obscuro do que um pântano. Kennedy, no mínimo, precisava cuidar para que realmente existissem montanhas, com espaço para as guerrilhas se esconderem, e que elas saberiam como chegar lá; queriam chegar lá, e poderiam assim fazer. Ao invés disso, sancionou os planos e estabeleceu restrições que em conjunto os levaram direto para a cadeia, para maior embaraço de Kennedy.

Pode-se discutir que, em ambos os casos, o que estava faltando não poderia ter sido aprendido de outra forma. Acho que poderia. Comparado a Kennedy ou Carter, Nixon, no seu primeiro ano, parece não ter tido nenhum "porco" ou poucos "porquinhos", o que sugere que existe algo a ser dito sobre a representativa experiência de uma longa vice-presidência. Deixando isso de lado, os assessores dos Presidentes e da Casa Branca aprendem constantemente, desde o primeiro dia, educados por rios de atividades necessitadas em cada esfera. A ignorância das pessoas, papéis, instituições, políticas – e nuances – desgastar-se-ão. Tanta coisa é evitável, que dificilmente parece existir a necessidade de apressar o processo de aprendizagem com ações discricionárias de tipos incomuns, especialmente as ações desconhecidas para os mais antigos também. Tanto o plano de Bissell quanto a extensão de Lance estavam nessa categoria. Ambos eram incomuns para todos os envolvidos, inclusive, mas não somente, para a nova administração. Uma lição, possivelmente, é a de postergar novidades, ou de alguma maneira a de olhar para elas com especial atenção.

O adiamento parece, para muitos, com um falso conselho. O erro de tentar mais de um saber como se faz (ou pensar que se sabe) é comparável ao do tipo de não tentar o que alguém poderia fazer (ou viver com) caso fosse tentado. Continuo a argumentar por adiantamentos. As transições não são para sempre, a ignorância se desgasta, a esperança amaina, e, se as novidades não são impelidas pela pura necessidade (por prazos que fazem frente a exames mais detalhados do que Kennedy deu àqueles alegados em 1961), deve ser válida a falta de ganhos presumidos, para ultrapassar as perdas que se ocultam onde a ignorância e a esperança de um indivíduo se combinam. Mas esse é um argumento que cada administração acha repugnante, quase por definição. Começos lentos não estão na moda. Do Ano Novo para a posse, vêm os artigos característicos dos Cem Anos de Roosevelt.

Então a alternativa é o cuidado. Os sinais podem estar à vista do incomum, especialmente em bases desconhecidas; aí, eles não estavam claros para Kennedy ou Carter. Ninguém os havia mostrado.

Poder presidencial e os Presidentes modernos

Nos vinte anos desde que Nixon perdeu para Kennedy, tivemos cinco novos Presidentes, contra três dos vinte anteriores. Desde 1969, apenas o então incumbido, isto é, Eisenhower, completou dois mandatos. Kennedy demorou três anos e foi morto. Johnson demorou cinco e foi quase compelido a se aposentar. Nixon também teve cinco antes que fosse virtualmente impedido (*impeached*). Ford terminou o mandato e foi vencido para a eleição. Carter agora aparece decidido a um segundo.

Seja lá o que venha a acontecer em 1980, cinco Presidentes, em vinte anos, já nos trouxeram muitas transições. Entre 1980 e 2000, não podemos constitucionalmente ter menos do que três Presidentes e poderíamos, mais uma vez, ter cinco (ou mais). Esse prospecto obscurece as vantagens positivas que o nosso sistema cambiante poderia, em tese, fornecer a um Presidente. Os perigos da transição estavam entre os fatores que se combinaram para manter Carter altivo e seguro. Seus sucessores deparam-se com esses perigos, também. Em suas trajetórias, serão também ignorantes e esperançosos. O mesmo pode ser dito de seus corpos de auxiliares!

Cinco transições, em vez de três, tornam piores os perigos. Cada mudança tem como conseqüência a mistura, o embaraço, a troca de pessoal e os ajustes para os *issue networkers* de Washington. Na autodefesa, as redes devem crescer mais robustas, mais complexas, mais interativas, mais entrincheiradas, e seus relacionamentos devem possuir mais nuances com cada mudança. A carreira no oficialismo deve esconder-se da vista o quanto mais possível. Se mudarmos as administrações no presente por muito tempo, as sutilezas de Washington podem, em breve, confundir aqueles washingtonianos que pareceram desconfiados no tempo de Carter.

Uma vez que não podemos determinar com antecedência se um Presidente viverá ou morrerá, muito menos se ganhará nomeação e eleição para um segundo mandato, não podemos garantir contra cinco ou mais mudanças a cada geração. O problema poderá ser facilitado pelo alongamento do mandato presidencial. Seis anos era a percepção de Nixon, agora proposta por Connally e Carter, também, mas com a dúbia característica da não reeleição. Isso torna a Presidência menos responsável, ao passo que garante mais transições do que a Constituição agora requer.

Deixando a reforma constitucional de lado, os casos de Kennedy e de Carter poderiam sugerir que nada dentro do alcance praticável poderia facilitar os perigos da transição mais do que o realismo sobre eles na mídia, mais do que a tolerância por tomar tempo e também agüentar as humilhações. Precisamos popularizar a idéia de que um processo de aprendizado é de uma vez só inevitável e legítimo; que a ignorância, em alguns aspectos significantes é o destino de toda a pessoa (portanto nosso), fadada a produzir ajustes,

345

desapontamentos, mudanças e reversos, ambos em política pública e de pessoal. Se aquela idéia fosse sancionada por públicos atentos, se espalharia na direção dos desatentos de um lado, e na de candidatos, do outro. Algum dia, um Presidente eleito poderá sentir que poderia dizer para os repórteres (e para si mesmo), "Não existirá nenhum Cem Dias; eu não posso saber como realmente quero organizar a minha Casa Branca, pergunte-me novamente no próximo ano; ainda não entendemos como as obrigações da campanha se encaixam nos eventos e tendências, ainda desconhecidos para nós, para isso é que servem quatro anos" – e daí por diante.

Paradoxalmente, uma redução das expectativas em todos os lugares ajuda um Presidente no lugar de Carter a se manter altivo e seguro mais do que ele se manteve, melhor para ser visto, ouvido, e sentido porque sua reputação e prestígio não foram emprestados às nuances que ainda tinha de aprender. As altas expectativas ajudaram a colocá-lo para baixo nos primeiros anos, o (desconhecido) tempo de aprendizado. Admita-se isso, e possivelmente um outro Carter surja aos olhos dos washingtonianos e dos cidadãos similares.

As expectativas realistas poderiam ser menos produtivas em um caso como o de Truman ou como o de LBJ. Para eles, a transição, no sentido estrito, foi indistinguível da transição no seu sentido mais amplo. Entre as novidades e o juramento, devem ter tido duas horas, mas a Presidência de fato começou para eles no momento em que FDR e Kennedy morreram. Naquele momento e daí então, o que foi pedido pela imprensa, pelos washingtonianos em geral e pelas massas públicas foi a garantia de continuidade efetiva: o rei está morto, vida longa ao rei. Que Deus não permita que não esteja pronto para ser rei, ou que não saiba como, ou que não se sinta disposto a tanto. A situação de Johnson foi extrema porque seu predecessor havia sido assassinado, o país se assustou. O problema de Truman no resultado da morte de Roosevelt foi mais fácil; tornou as coisas mais difíceis para ele mesmo, tal como o Capítulo 5 registra, ao ser humilde. Passou então por uma fase de reações rápidas e impensadas. Sua reputação profissional sofreu com os públicos atentos (chegou mesmo a deplorar, anos depois, seu abrupto cancelamento do Lend-Lease, um "porquinho" do início). A imagem pública de Truman foi sustentada pela bandeira até o final da guerra, então ela caiu. "Deixe-nos continuar" era sua senha e ele visivelmente melhorou. A aprovação se seguiu, impulsionada pelo alívio.

Johnson encarou o desafio sem precedentes de assumir o Gabinete e então concorrer para a eleição no mesmo primeiro ano; naquela época parecia fazer tudo certo. Mostrou habilidades como Presidente que cheiravam a perícia sem falhas, não a aprendizado na função. Em parte, fez isso ao adiar assuntos no campo externo, não menos as decisões do Vietnã, onde se sentia com menos conhecimento; ele se justificou ao clamar por continuidade. No curto prazo, manteve sua apresentação de habilidades irrepreensível. Maestria era o que o país evidentemente queria observar e foi o que viu (na medida em que manteve aquelas decisões ao alcance do braço). Nas circunstâncias, o realismo teria sido impopular, talvez até fora da realidade.

Ford, o terceiro vice-presidente a assumir nos tempos modernos, de fato tinha algum aviso prévio, embora menos do que é comumente suposto, já que temia parecer um conspirador contra Nixon. [39] Uma vez no gabinete, Ford encarou uma extraordinária variante do problema de Johnson. Sucedendo um homem desgraçado, mas não sendo ele mesmo legitimado pela eleição popular, precisava assegurar a continuidade do gabinete pela sua demonstrada *diferença* do seu predecessor. Isso clamava não por maestria – o que foi bom, porque Ford não tinha as habilidades de Johnson – mas, sim, por decência inquestionável. Isso ele conseguiu transmitir com sucesso por cerca de um mês, quando perdoou Nixon, que não havia ainda sido indiciado.

O perdão parece questão menos de novidade que de consciência, simpatia ou cálculo de partido. Talvez tenha custado a Ford sua eleição dois anos depois. Se e quando pensou sobre os republicanos, talvez tivesse feito bem mais coisas como líder da minoria (que havia sido) que como candidato presidencial para 1976 (que ainda não havia sido escolhido para ser). Nesse sentido, Ford certamente inovou. Mas a simpatia e consciência poderiam ter tornado a façanha descuidosa. Nixon, como lhe foi informado, parecia suicida. [40]

Logo após ter perdoado Nixon, Ford realizou encontro de cúpula de economistas; lá, declarou guerra à inflação, infelizmente no exato momento em que a recessão estava para se mostrar. Aquela guerra, mais os broches para "varrer a inflação agora" (*WIN – whip inflation now*), tornou-se um "porco" real. [41] A reputação de Ford desmoronou, seu prestígio já estava em queda, e a mídia o tratava com tanto escárnio quanto em relação a Carter quatro anos depois. [42]

Mais realismo sobre o tempo de aprendizado necessário pode muito bem ter deixado os críticos de Ford fazerem exatamente o que fizeram. De fato, o realismo nessa medida pode não ser o que estava faltando nesse caso. Antes do perdão, Ford foi aclamado, a despeito dos problemas de transição. Depois do perdão, poucos estavam dispostos a desculpá-lo.

Aconselhar o realismo é, portanto, não oferecer aos Presidentes nenhum remédio universal para os efeitos adversos da novidade no trabalho. Na melhor das hipóteses, duvido que esse efeitos pudessem ser esquivados todos juntos. Nem mesmo LBJ o conseguiu. Tudo o que fez foi passar os seus "porcos" adiante, até que se afastasse do que sabia, para lidar com Ho Chi Minh.

O que o realismo não pode curar pode ser suavizado por outras coisas. Uma delas é o cuidado de caso a caso, como acima indicado. Depois disso, presumidamente, vem a técnica não muito freqüentemente usada pelos

Presidentes, ou seja, confissão e revogação. Em abril de 1961, JFK assumiu, na televisão, a responsabilidade por tudo o que havia dado errado. "A derrota é órfã", disse, e reclamou paternidade. A frase foi memorável, e aquilo agregou à sua reputação profissional de maneira positiva. Em relação ao seu prestígio popular, o gesto galanteador evidentemente elevou o nível. Coisa como essa é muito para se esperar de LBJ, uma vez bem alocado dentro de sua guerra, mas não de alguém menos desesperadamente engajado, como, por exemplo, Carter. Ainda assim, Carter pessoalmente estava mal equipado para fazê-lo – mal equipado, de todas as formas, durante seus dois primeiros anos. Carecia de estilo pessoal que mexesse com o público nacional. E, muito possivelmente, depois do caso de Lance, perdeu esse público.

Os problemas da transição foram de dificuldades sistêmicas que seguravam Carter nos seus primeiros anos, negando-lhe as presumidas vantagens do lugar onde seu eleitorado podia com prazer distingui-lo de Washington e cerrar fileiras em torno dele. As outras dificuldades, tal como mencionei acima, combinavam falta de poder constitucional e estatutário com resposta popular insuficiente para suplementá-las. Exceto nos períodos de crises amplamente perceptíveis, como o da Grande Depressão ou do começo da Segunda Guerra Mundial, essa combinação de algum modo deixa lamentos para cada Presidente moderno. O caso de Carter não é novo, mas apenas Ford ou Truman oferecem analogias para "Quem se importa?" no resultado do "Jimmy quem?". A confissão e revogação são uma técnica aberta apenas quando os relacionamentos de confiança se estabelecem, ou ao menos quando há respostas quentes e aconchegantes. Os relacionamentos de Carter eram frágeis. O que se ampliou para ele a partir da novidade na cena pública reforçou o problema de sua novidade na Presidência. Essas se sobrepuseram. E na sua junção, tornaram-se piores por causa de seu estilo televisivo.

A televisão é ao mesmo tempo fonte primária de informação para a maioria dos americanos, veículo para campanhas políticas nacionais, meio crucial para vender produtos de consumo, e uma quase que universal fonte de entretenimento. Essas quatro características podem muito bem ser colocadas na ordem inversa de importância. Mesmo assim, o Presidente dos Estados Unidos lida com o público em geral por meio desse veículo transmissor, e sua presumida efetividade como ator soma-se à sua reputação profissional, especialmente quando ele é novo. A presunção gera impacto público, difícil de julgar, mas, aqui, tanto quanto em qualquer outro lugar na nossa política, ou mais, a aparência conta. O corpo deste livro foi escrito antes que a televisão atingisse a maturidade como fonte de notícias. [43] À luz dos primeiros dois anos de Carter, alguns comentários estão em ordem.

O estilo televisivo de Carter, nos seus primeiros anos, deu origem a uma reclamação padrão da parte dos aliados, para não mencionar dos críticos. Se ao menos tivesse utilizado a televisão como JFK, ou como FDR o fez com o rádio, então milhões teriam chegado a se "importar", ao menos o suficiente, para dispersar, membros mal-assombrados de Congressos contemporâneos (possivelmente excluindo o senador Long). No âmbito doméstico, poderia ter dado a Carter cenouras para atrair e porretes para bater no setor privado. Poderia, inclusive, ter facilitado seu caminho de alguma maneira, aumentando suas certezas, e protegendo seus cuidados. A personalidade televisiva de Carter emprestou credenciais para a lógica do "se somente". Durante aqueles anos, respondeu bem às questões e freqüentemente concedia coletivas à imprensa, ainda que fossem apresentadas no meio da manhã ou da tarde, e os excertos nos noticiários de rede eram convincentes, ainda que não fossem entusiasmados. Seus discursos escritos para horário nobre eram soporíferos, questão em parte por conta do tom brando e curiosa cadência, em parte reflexão da sua personalidade pública, suave, "sem pompa".

De forma alguma Carter é o primeiro Presidente que falhou em mexer com o público televisivo. Uma vez que as mídias comerciais haviam começado no período de Truman, todos, à exceção de Kennedy, têm sido medíocres ou piores na leitura de discursos de horário nobre, salvo os momentos de alta dramaticidade, centrados não nas suas técnicas, mas nos seus poderes ou no pano de fundo dos eventos. Ford, Nixon, Johnson, Eisenhower, Truman: raramente conseguiam com sucesso inspirar na televisão; mais freqüentemente, entediavam. Isso pode ser fácil e rapidamente descrito nas várias deficiências de estilo pessoal. Da mesma maneira, pode ser vista a insipidez de Carter. Ela pode representar o que o assassinato de John Kennedy ocasionou para o rompimento da ordem natural da sucessão política, atrasando a chegada de uma geração televisiva. Mas pode dizer algo mais. Pode sugerir que a exposição ou defesa da política pública é mais difícil na televisão do que no rádio (para não dizer nada dos impressos) porque os espectadores buscam e facilmente podem encontrar formas mais interessantes de entretenimento.

Não está claro que o estilo, por si só, impeça Presidentes de transformar telespectadores em lobistas, com congressistas ou grupos de interesses ou outras instituições. Kennedy, a despeito do seu estilo, não conseguia incitar o interior a imediatas ações congressistas, mesmo em se tratando da redução de impostos, para não mencionar direitos civis. LBJ, em contraste, jogava com eles em cada demonstração de apoio popular, evocada não pelo valor de entretenimento, mas sim pelo "deixe-nos continuar", com Kennedy morto. No capítulo 5, discuti:

> Os eventos determinam a atenção do público para um Presidente. Eles também tornam suas ações mais importantes do que suas palavras.

Quando os eleitorados crescem, conscientes de sua relevância, na sua concepção, já estão aprendendo – a partir de eventos. Até esse ponto, a narrativa dele não transmitirá quaisquer lições independentes das coisas que parece fazer dentro do contexto dos eventos.

O que Roosevelt ensinou em 1933 era governado apenas pelo futuro. Ele não tinha passado presidencial (...) mas, para Presidentes, em outras circunstâncias, conversa e ação podem fazer sentido a partir do último período, bem assim do próximo, e o ensino é posto em duplo perigo. [44]

Era assim quando a televisão ainda não se havia tornado a principal fonte de notícias para a maioria dos americanos, e quando havia apenas começado a ser cativante fonte de entretenimento adulto. Assim, ainda permanece. Mas, nos dias de hoje, os veículos de comunicação estão no pódio, são grupo para toda transação, moldando as palavras do Presidente, e mesmo os eventos, às suas dimensões, como uma fonte de entretenimento, e à nossa, como espectadores.

Deixando de lado o estilo, isso coloca o Presidente em triplo perigo. Ele necessita de eventos por trás dele, algo que Johnson possuía no seu primeiro ano, mas Carter carecia. Na medida em que os anos passam, ele precisa de um intervalo de tempo em relação àquilo que eles venham, quase de forma mágica, a criar. E agora também necessita de um tempo das associações visuais. Como os espectadores saberão se devem rir ou chorar? Não das palavras dele somente; o que diz o corpo de assessores dele? O que a lembrança de sua pessoa agrega: "Lembra-se de como ele parecia antes?" Se alguém deve ser a cabeça que fala na televisão – e todos os Presidentes são isso – as associações prévias parecem contar. Ver é acreditar quando a cabeça é Walter Cronkite. LBJ em 1964, muito embora não Kennedy, era asseguradamente familiar. Em 1977, Carter permaneceu estranho. Cronkite, é claro, tem a vantagem extra da confiança, coisa relativamente escassa para os Presidentes por toda a década de 70.[45]

Carter começou o seu primeiro mandato sem nenhum talento para ler textos na televisão, nenhum evento bem definido para dramatizar sua profusão de programas, e nenhum registro nas mentes dos espectadores, salvo sua própria e assombrosa emergência da obscuridade. Esse trunfo foi então dissipado por uma série de desventuras, culminando no caso de Lance. O quão maduro estivesse o Congresso e os assuntos de rede parecessem estar relacionados à pressão presidencial por meio dos eleitores, Carter não conseguia fazer com que a televisão estivesse do seu lado na tarefa de torná-los parte do seu eleitorado.

Alguém pode? Os espectadores podem nunca ser convertidos em seguidores, caso isso signifique *fazer* algo. Ou como sugerido pelo Selma March de 1965, o "Massacre do Sábado à Noite", de 1973, e outras poderosas visões, os espectadores podem se tornar fazedores quando o drama do teatro humano se encaixa em algo útil a ser feito – tal como se dirigir para o Sul ou grampear a Casa Branca – e não o contrário. Além disso, existe o problema da superexposição, ameaça constante para os Presidentes contemporâneos. Os fragmentos quase que diários nos noticiários noturnos mesclam algo tanto contínuo quanto ameno. Franklin Roosevelt teria detestado isso (ver capítulo 5); agora, pode ser que não exista como evitá-lo.

Uma característica dos deveres dos funcionários da Presidência é fornecer a Cronkite e a seus âncoras amigos suas linhas telefônicas principais, algumas noites, todas as semanas. Junto com a superexposição vem o perigo de sub-reação, alimentada pelas visões e dramas de todas as partes do globo todos os dias, mais ou menos um minuto cada uma, aglomeradas entre comerciais, com o Presidente (não importa o que diga ou faça) sendo mais um do mesmo, geralmente menos ativo, portanto, menos interessante.

Ainda assim, a questão permanece aberta. Desde que a coalizão do anti-*New Deal* se desgastou no Congresso, que os grupos de assessores profissionais ganharam sua presente proeminência em Washington, que as redes de assuntos de Heclo vieram a ser – provável – característica dominante da cidade, não tivemos um Presidente cuja desenvoltura com os meios de comunicação se igualasse a JFK, para não dizer mais nada sobre FDR com o rádio, ou TR, nesse aspecto, com os serviços de grampos. Tampouco a desenvoltura tem sido favorecida por um rosto conhecido de longa data, evocando sentimentos de respeito ou amor.

De fato, nenhum Presidente recente, nem mesmo Kennedy, esteve preparado para utilizar esses meios de comunicação como seus profissionais o fazem, enfatizando imagens, ação, conflito, tirando proveito da desenvoltura em comentários. Nenhum Presidente até aqui sentiu que tinha talento para fazê-lo e ainda parecer "presidencial".

Será interessante ver o que acontece se conseguirmos alguém que o faça. A despeito de suas desvantagens, a televisão, indubitavelmente, tem sido de utilidade para os Presidentes. Mesmo os sem talento organizam sua agenda de acordo com suas escolhas, e, quando apoiados por fortes eventos, combinados com visuais notáveis, ganham pontos. Quando o Primeiro Ministro Begin, de Israel, e o Presidente Sadat, do Egito, vieram de Camp David para a Casa Branca, em setembro de 1978, e lá anunciaram na televisão um princípio de acordo, seus felizes elogios a Carter, que os havia mediado por uma semana – elogios calorosamente humanos, com idas e vindas à parte – marcaram sua aprovação no *Gallup Poll*, temporariamente, dos 42% para os 56%. Presume-se, portanto, que, se um Presidente demonstrar talento na televisão, desenvoltura, inovando na sua utilização, terá então, chance melhor que a de

Carter para minimizar, ou reparar, erros de transição, tanto em termos de conseqüências para sua reputação em Washington quanto em impacto no seu prestígio popular.

Reputação e prestígio não representam nada de novo para os Presidentes – tal como os capítulos 4 e 5 o atestam –, mas a televisão, provavelmente, modificou os termos de seus relacionamentos e utilização. Houve tempo em que as impressões causadas pela habilidade e determinação pessoal do Presidente dominavam a opinião de Washington, enquanto o público em geral reagia a fatos que mexessem com sua vida pessoal. Vinte anos atrás, argumentei que esses fatores eram autônomos e, freqüentemente, divergiam. Assim o foram com a Baía dos Porcos de Kennedy. Até o período de Nixon, vimos ocasiões – notadamente no "Massacre de Sábado à Noite" (ver capítulo 10) – em que os washingtonianos reagiram da mesma forma que outros cidadãos. O prestígio então se fundiu com a reputação. No primeiro ano de Carter, acredito que vimos o oposto: as opiniões profissionais moldaram a visão geral, também diretamente, na ausência de mudança patriótica. Assim interpretei os relatórios do *Gallup Poll* sobre Carter no inverno de 1977-78. Quando a extensão de suas marcas de aprovação caíram dos "meio-cinqüenta" para os baixos "quarenta", foi a reação de Washington, transmitida pela televisão – por meio de noticiários, programas de auditório, comediantes, suplementada por meio da mídia impressa, é claro –, que evidentemente guiou a opinião pública. Pelo menos não encontrei nenhum evento brusco que afetasse as vidas privadas ao ponto de oferecer competição causal. [46]

No mesmo momento em que o prestígio parece mais influente do que no passado para refletir a reputação, pode vir a importar mais *em* reputação. A capacidade de um Presidente de persuadir e mexer com o público televisivo parece tão interessante aos atuais washingtonianos quanto sua habilidade para manejar seus poderes formais. O interesse deles está no senso de oportunidade do Presidente. Enquanto as organizações do partido nacional enfraquecem, a disciplina do partido congressista relaxa, os grupos de interesse proliferam e as redes de assuntos se elevam, um Presidente que deseje competir pela liderança na formação da política e das coalizões deve fazer o melhor que possa na sua conexão popular. Antecipando reações em casa, os washingtonianos, que balançam ante uma brisa da revolta dos impostos na Califórnia, ficam vulneráveis a qualquer brisa oriunda das palavras e da visão do Presidente. Se ele for considerado efetivo na televisão, eles anteciparão. Essa é a essência da reputação profissional.

No outro extremo, questiona-se se qualquer um poderia governar agora como Truman governou por dois anos, com desaprovação de três quartos dos seus compatriotas. Nixon contribuiu com o precedente da renúncia.

Poder presidencial e os Presidentes modernos

Esses comentários sobre os possíveis efeitos e usos da televisão nos levam à prospecção de um Presidente cujas habilidades abraçam, de uma só vez, a criação de fortes conexões para juntar o grupo ao seu redor, e o surgimento de respostas em um público televisivo. A pessoa que pode fazer essas coisas aparece bem colocado, comparado com Carter, para superar o "Jimmy-quem?", caso sofra de algo parecido com isso, e para facilitar os usuais perigos de transição. Ele pode, entretanto, encarar um perigo especial próprio: seu talento para a televisão pode, por si só, lhe desencaminhar, encorajando inocência de tipo especial.

O Presidente com talento para a televisão estará propenso a colocá-la no cerne das suas esperanças quando assumir o Gabinete. Se isso significa lutar por um equilíbrio com os profissionais de Washington, buscar bases vantajosas para barganhas, então tudo bem. As reações antecipadas devem torná-los dignos de atração na tevê, ao menos enquanto não o for irrelevante (e isso leva tempo para mostrar). Mas, se um Presidente encara as inovações substanciais, quer conservadoras, quer liberais, então quase tudo na história moderna clama por cautela para tais esperanças, a menos que estejam acompanhadas de crises com potencial para consenso. Ainda assim, a televisão não é cura para tudo.

Crises desse gênero não têm sido características do nosso panorama desde os anos 40. Podem os temas dos anos 80 produzi-las? Penso em muitos temas que quase certamente serão divisores, não consensuais. Por outro lado, ao menos três devem conter as sementes de um consenso antiquado: a constante falta de combustível, os riscos ambientais e o terrorismo. Mesmo a possibilidade distingue os anos futuros dos passados, e pode dar ao novo Presidente razões para suas esperanças.

Olhando para os anos sessenta, escrevi há vinte anos que:

impedindo grande depressão ou guerra ilimitada (...) nada na experiência sugere que veremos quer consenso do tipo disponível para FDR em 1933 e 1942, quer demanda popular para ajustes constitucionais propensos a auxiliar o Presidente (...) consenso de crise (...) está provavelmente além do alcance do próximo Presidente. Talvez tenhamos nos estipulado um preço fora do mercado para crises "produtivas", de acordo com o padrão que Roosevelt conheceu – produtiva no sentido de reforço à chance do Presidente de apoio constante dentro do sistema. A julgar pelos anos cinqüenta, nem a guerra limitada, nem a depressão limitada são produtivas nesse aspecto. Qualquer coisa ilimitada provavelmente romperá o sistema. [47]

353

A julgar pelos anos setenta, pode-se dizer o mesmo da inflação, da recessão, ou da Guerra Fria revivida. Mas a independência dos árabes pode ainda vir a ser consensual, caso os avanços tecnológicos ofereçam luz no fim do túnel. Uma ameaça ambiental, grande, próxima, e indiscutível, pode, algum dia, oferecer algo comparável. E o terrorismo amplamente disseminado provocaria ultraje consensual, acredito, a despeito da sua fonte; e não nos importemos com o que se encontra no fim desse túnel. Essa última é ambígua; a primeira, entretanto, parece promissora, tal como Carter observou, talvez prematuramente, em 1977 e então. Os esforços de Carter, no mínimo, prepararam o terreno para um sucessor, senão para ele mesmo.

Além disso, minha previsão para os anos sessenta foi deficiente em ao menos um aspecto: não permitiu o que defini como consenso "planejado" – consenso *sem* crise. Refiro-me a uma bem tecida rede de acomodações entre interesses, emaranhando todos, os quais os públicos de massa mais proximamente aquiescem do que antecipam. Tal coisa requer por um lado a tecedura do tipo mais habilidoso em Washington e, por outro, satisfação suficiente sobre as vidas privadas para prover a aquiescência no país. O protótipo moderno é o consenso de LBJ sobre os programas domésticos durante o ano de 1965, a então chamada Grande Sociedade. Relativamente falando, Washington era menor, os profissionais em menor número, as corporações de imprensa tanto menos numerosas quanto menos seguras que na atualidade. Johnson teve de ir mais longe, para alguns dos interesses que emaranhou na sua rede, que os sucessores: a cidade cresce; tudo é mais acessível. O mesmo pode ser dito dos poderosos. Qualquer um que viva em outro lugar é representado, lá, em níveis cada vez maiores ou para lá são chamados em crescente curto aviso. Até o ano 2000, a Washington moderna talvez seja uma capital parecida com a tradicional Londres. Então, o consenso planejado se torna mais fácil. Existe um *establishment* real de relações pessoais no seu interior. Do lado de fora, nada deve ser necessário, salvo a aceitação. O Presidente disposto a assegurar isso é consentido, no posicionamento local, como *primus inter pares*. Responder ou reagir a ele estimula a acomodação.

O consenso planejado de Johnson durou meros dois anos. Nisso, deve ter dado demonstração mais forte do que os seus similares o poderiam nos dias de hoje, pois a atomização enfraquece a formação de coalizões, para não dizer da manutenção, e substitui senão maiorias transitórias, "coalizões construídas na areia", tal como Anthony King colocou. Como essas coisas poderiam sustentar o consenso sem crise? King parece subtender que não poderiam. [48] Às vezes acho que poderão. Os washingtonianos estão estilhaçados entre interesses, especialidades, e comunidades locais, certamente. Mas, simultaneamente, fazem parte do mesmo *establishment*, sua própria comunidade.

Ele não teria interesses próprios? A cidade deles já é introspectiva; a despeito da sua miríade de conexões com o país, os habitantes de Washington não se confundem com o restante do país, e vice-versa. Compartilham molduras de referência, estilos de vida, mídia, tradições, costumes, até a língua, dando a Washington identidade regional tão forte como em qualquer outra parte dos Estados Unidos. Até esse ponto, não estão construindo completamente na areia quando buscam acomodações uns com os outros.

Os temas que podem levar ao consenso nos anos oitenta quase que certamente necessitariam de medidas mais estritas de realização do que nos anos trinta. Em meio à falência dos bancos de 1933, com um quarto da força de trabalho desempregada, FDR pôde dizer "a única coisa que temos de temer é o medo em si", proclamar que a ação federal tinha a chave, e colher um prêmio psicológico de quase todo tipo de ato. Seis anos depois que Roosevelt discursou, o desemprego, que seria solucionado apenas na Segunda Guerra Mundial, ainda ocupava o primeiro lugar dentre os problemas sociais do país. Energia, meio ambiente, ou terror não poderiam permitir resultados produtivos nesses termos. O conteúdo deles é muito técnico, as opções muito específicas. Em relação às futuras Grandes Sociedades , ou opostos em termos de devolução, redução de impostos, a mesma coisa parece acontecer. O consenso planejado, se e quando vier novamente, é provável que seja formulado a partir de materiais técnicos em linhas bem específicas.

Isso aconselha tratamento especial nos primeiros anos de um Presidente; se for talentoso na televisão, mais ainda. Estabelecer consenso de uma situação de crise, quando o técnico e o específico dominam a tarefa, não poderia ser fácil em qualquer tempo. Da mesma maneira, não se poderia tecer consenso sem crise. O quão mais difícil tais tarefas devem obrigatoriamente ser em um tempo de aprendizado! Esforços específicos de implementação, técnicos em escopo, necessariamente dependem dos especialistas federais, interagindo com as burocracias nos níveis estadual e local, e por todo o setor privado: empresas petrolíferas, empresas de serviço público, empreiteiros, investidores institucionais ou polícia, entre outros. Aqui se encontram organizações amontoadas sobre organizações, cada uma com linhas de carreira pouco conhecidas, incentivos, e rotinas que moldam suas capacidades. De maneira alternativa, os esforços passam pelos departamentos de Defesa, Estado, ou Tesouro, todos os três instrumentos insensíveis às organizações externas ainda menos conhecidas.

As complicações para motivar os burocratas, em organizações complexas, são mais prováveis do que não haver Presidente com talento para televisão. Nos Estados Unidos, a apresentação pública habilidosa é identificada com os atos de advogar, atuar, ou reportar; a maioria dos nossos administradores cresce com a língua presa. Além disso, na nossa proficiência política, as relações com o Legislativo, os grupos de interesse e a imprensa são mais visíveis e mais gratificantes que a administração. Todavia, equilibrar as possibilidades administrativas e públicas – os usos dos eventos e as capacidades das instituições – parece essencial para o Presidente que busca fazer o melhor de quaisquer prospectos para consensos. Quanto menos tenha lidado com organizações no passado, mais necessitará compreendê-las. Quanto mais proficiente como usuário de eventos, menos poderá conceber que deve aprender. Nisso poderia residir sua inocência especial. Ela realça ambos os riscos dele e nossos, nos perigos da transição para uma pessoa com o talento dele.

Esse capítulo foi completado na primavera de 1979. Dois anos depois, Ronald Reagan demonstrou que tínhamos, novamente, um Presidente com habilidades televisivas. Também mostrou que as transições poderiam causar problemas maiores que uma Baía dos Porcos ou um caso Lance, pois o pessoal de Reagan produziu, e ele perpetrou, um "porco" tão grande quanto diferente em estilo, necessitando de rótulo diferente. David Stockman, o primeiro diretor de Orçamento de Reagan, cunhou um para nós: "cenário rosa". [49] Essa foi a citação de Stockman para a falha previsão econômica, produzida sob a pressão da transição, que ele e seus associados empregaram para justificar as reduções do imposto de renda que Reagan buscava e obteve em 1981. Essas reduções levaram diretamente aos déficits orçamentários do seu segundo mandato – como Stockman observou quando os recalculou. Quando ele observou isso, entretanto, o seu Presidente estava comprometido. No evento, Reagan pessoalmente não sofreu nada por isso. O quanto o país sofreu permanece em dúvida. No mínimo, perdemos opções para futuras recessões. Mas o próprio Stockman chegou a temer bem mais que isso, e encontrou maneiras de contar ao mundo suas preocupações. [50] Já que ele causou o problema, seus medos podem ser tidos como uma medida do seu potencial.

De acordo com esse padrão, utilizado ambos os termos genericamente, um *porco* parece médio se comparado com um *cenário rosa*. Esse último é embaraçoso, um arranhão na reputação e uma checagem na política. Já o primeiro tem potencial para ser ruinoso. O que Reagan nos mostrou é que ambos representam perigos para uma nova administração cujos esforços se concentram no movimento rápido. De janeiro a maio de 1981, ele evitou inclusive os "porquinhos" (até que foi contra o seguro social). Isso se deu, em parte, porque seu corpo de funcionários havia revisto o registro de Carter e tentado fazer tudo diferente. Mas, em fevereiro, Reagan soltou um pacote de orçamento e impostos baseado no cenário de Stockman. Os perigos vêm em mais de um disfarce.

Notas

[1] A grande mudança adveio com o ataque cardíaco de Eisenhower. Ver capítulo 10.

[2] Jonathan Schell, "The Time of Illusion: VI - Credibility", *The New Yorker*, 7 de julho de 1975, p.61.

[3] Robert Donovan, *Conflict & Crisis, The Presidency of Harry Truman*, 1945-1948, New York: Norton, 1977, esp. pp. 15-305.

[4] Para detalhes das pesquisas eleitorais sobre Truman, ver capítulo 5, nota 10. As pesquisas sobre Nixon deslizaram abaixo dos 30%, em outubro de 1973 (*the "Saturday Night Massacre"*), e, uma vez mais, em fevereiro de 1974, depois de flutuarem entre 26% e 24%. As pesquisas do *Gallup Poll* são utilizadas por serem as únicas medidas de "aprovação" que retomam a linha do tempo de maneira ininterrupta com, basicamente, as mesmas questões e técnicas de entrevista por quarenta anos. Ver capítulo 5, nota 9.

[5] Henry Kissinger pode, indubitavelmente, reclamar para si parcela do pensamento estratégico internacional, mas Connally parece ter sido a própria concepção de Nixon. A julgar pelas aparências, no início do segundo mandato de Nixon, ele avançou em três anos ao utilizar cada recurso que a Casa Branca comandava (presumidamente, incluindo excedentes de fundos de campanha de 1972) no intuito de granjear para Connally a nominação republicana em 1976. Ainda não houve, neste século, outro presidente que estabelecesse planos de tamanha importância para o realinhamento político com tanta deliberação ou com tanto tempo de antecipação. Ver Harry S. Dent, *The Prodigal South Returns to Power* (New York: Wiley, 1976), esp. pp. 269 – 80.

[6] Richard H. Revere, "Letter from Washington", *The New Yorker*, 11 de outubro de 1977. A referência a Lance é explicada, posteriormente, neste capítulo.

[7] Charles Mohr, *New York Times*, 23 de outubro de 1977, p.1, col.4.

[8] Curtis Wilkie, *Boston Sunday Globe*, 1° de janeiro de 1978, p. A 4.

[9] *Ibid.*

[10] *Wall Street Journal*, "*Washington Wire*", 23 de fevereiro de 1979. Para uma avaliação de meio termo mais elaborada, ver uma série de seis partes de James Deakin no *St. Louis Post-Dispatch*, 12 de novembro de 1979, *et seq.*

[11] Ver Anthony King, *The New American Political System*, Washington, D.C.: American Enterprise Institute, 1978. Esp. pp. 388-95. Para a elaboração das seguintes caracterizações, ver especialmente os ensaios de Hugh Heclo (cap. 3), Samuel C. Patterson (cap. 4), Jeane Kirkpatrick (cap. 7), e Richard Brody (cap. 8). Ver também os ensaios de Fred I: *Greenstein on the Presidency*.

[12] Ver Woodrow Wilson, *Congressional Government*, Boston: Houghton Mifflin, 1885. p. 102.

[13] Ver Hugh Heclo, "*Issue Networks and the Executive Establishment*", em Anthony King, *System*. Ver também Heclo, *A Government of Strangers*, Washington: Brookings Institution, 1978, esp. pp. 84-109.

[14] Para comentário mais aprofundado, ver capítulo 10, especialmente nota 30. Ver também Heclo, *Strangers*.

[15] N. T.: Grupo do século XIX que defendia que a prata deveria continuar sendo padrão monetário, assim como o ouro.

[16] N. T.: *Common Cause.*

[17] Para as várias estimativas, ver *Newsweek*, 16 de novembro de 1978, p. 48 ff; *Time*, 7 de agosto de 1978, p. 15 ff; ver também *New York Times*, 14 de novembro de 1978, pp. 1. B 14.

[18] Ver Samuel C. Patterson, *"The Semi-Sovereign Congress"*, em Anthony King, *System*, pp. 163-66. Para informações completas sobre os dados de 1974, ver Harrison W. Fox e Susan W. Hammond, *"The Growth of Congressional Staffs"* em Harvey C. Mansfield, Sr., ed., *Congress Against the President*, New York: Praeger, 1975.

[19] Ver Hugh Heclo em Anthony King, System, especialmente pp. 98-108. Em relação ao prelúdio de onze semanas para a posse de Gabinete, enquanto ele é curto para os padrões americanos, parece ser longo no britânico, onde algumas poucas horas são suficientes. Mas a Grã-Bretanha possui dois sistemas de carreira: o de nomeação e o eleito. O novo Gabinete então não muda tanto; parte dele já está lá, do outro lado do corredor.

[20] Ver Austen Ranney, Jeane Kirkpatrick e Richard Brody em Anthony King, *System*. Ver também James David Barber, ed., *Race for Presidency* (New York: Prentice Hall, 1978). Para interações mídia-campanha, ver também o próximo livro de Christopher Arterton, tentativamente intitulado *Media Politics: The News Strategies of Presidential Campaigns.*

[21] Para um relato criterioso da campanha de Carter do início ao fim, ver Jules Witcover, *Marathon*, New York: Viking, 1977.

[22] Do lado republicano em 1940, um grupo de velhos caciques do partido do leste, da ala internacionalista, aglutinou-se em volta de um homem de negócios antes desconhecido, isto é, Wendell Willkie e o levou a cabo na convenção nacional do partido. Mas as diferenças são tão surpreendentes quanto as semelhanças: existiam caciques para se juntar, e a convenção foi o lugar para a manobra. Ainda continuava com a arena para a negociação de nomeações mais do que para o registro do que as eleições preliminares e a mídia haviam feito, com uma quase obrigatória decisão na primeira votação.

[23] Ver James Fallows, *"The Passionless President"*, *Atlantic Monthly*, maio de 1979, pp. 33-48. Como Fallows explica, o presidente Carter falhou em compreender, no seu primeiro Congresso, a necessidade por estratégia, e, portanto, prioridades com respeito a uma multiplicidade de promessas de pré-eleição, moldadas à imagem das tradicionais coalizões democráticas. Isso provavelmente se deve ao fato de que não tinha forte senso acerca de onde desejava ir, como questão de substância. Assim Fallows sugere, sem reconhecer o quão comum tem sido para os Presidentes adquirirem seus comprometimentos específicos substanciais depois que assumem o Gabinete, bem depois, moldado por eventos (Ver capítulo 9). Fallows também indica que Carter falhou em ir além de uma meia dúzia de ajudantes veteranos, quase todos da Geórgia; falhou em levantar e manter as lealdades dos seus assistentes da segunda e terceira eleições. Se tivesse ido além, poderia ter obtido o apoio deles só pelo fato de o ter pedido; evidentemente, ele não o fez. As evidências vão além de Fallows. Ainda que fosse recatado – muito menos que Ford, ou mesmo Nixon – Carter construiu para si um "time". É isso que as entrevistas sugerem, no que pode ser o aspecto mais triste dos seus primeiros anos. Ainda assim, nada foi contra isso, salvo seu estilo operacional, impressionante comentário nas suas habilidades de gerenciamento como Presidente.

[24] N. T.: *Bill of Rights.*

[25] Truman, que fez os primeiros arranjos, permitiu que os designados por Eisenhower participassem dos encontros no então Departamento de Orçamento (*Budget Bureau*), inclusive

o diretor de revisão. Kennedy renomeou o vice-diretor de Eisenhower, resultando no mesmo. O diretor OMB de Ford negou o acesso comparável do pessoal de Carter, aparentemente sem nenhum conhecimento dos antigos precedentes, com efeitos na "memória institucional" da única organização na comitiva do Presidente, a qual deveria ter uma memória.

[26] Esses comentários foram feitos a partir de observações diretas em 1952 e 1960, a partir de entrevistas com os funcionários do Departamento de Finanças (*Budget Bureau*), das ajudas que chegavam da Casa Branca, dos consultores de transição em 1968, e de entrevistas por telefone (na sua grande maioria) com fontes comparáveis em 1976. Fui hospitalizado naquele ano, no final de novembro, portanto impossibilitado de observar ou entrevistar pessoalmente, exceto por três dias, de 12 a 14 de novembro. Minhas observações foram facilitadas de forma diferente, em diferentes ocasiões, por vários posicionamentos. Em 1952, fiz parte do corpo de funcionários de Truman. Em 1960, servi como consultor especial para Kennedy na organização da Casa Branca em assuntos de transição relacionados ao tema. Em 1968, trabalhei como consultor para a força-tarefa de transição presidida por Frank Lindsey, que o *Institute of Politics* de Harvard financiou para beneficio do corpo de funcionários de Nixon. Em 1976, antes da eleição, fui consultor para os planejadores de transição de Carter, tarefa que, de alguma maneira, continuei a realizar por telefone posteriormente.

[27] De acordo com Nixon, a Sra Eisenhower lhe implorou para que mantivesse seu marido de fora o quanto possível, mas não para revelar a preocupação dela. Nixon diz que assim o fez para aborrecimento do Presidente, uma vez que Eisenhower queria fazer campanha extensivamente. Caso o tivesse feito, Nixon teria sido eleito. Ver Richard M. Nixon, *Memoirs* (New York: Grosset & Dunlap, 1978), pp. 221-22.

[28] Para isso e subseqüentes detalhes acerca do caso da Baía dos Porcos (*Bay of Pigs*), apoiome na obra de Arthur M. Schlesinger, Jr., nos registros em *A Thousand Days*, Boston: Houghton Mifflin, 1965, pp. 206-97, e em *Robert Kennedy and His Times*, Boston: Houghton Mifflin, 1978, pp. 443-49. Para este, Schlesinger teve acesso aos arquivos ainda secretos de Robert Kennedy acerca do "Grupo de Estudos de Cuba", *post-mortem* do qual participou a pedido de seu irmão. O resumo desse trabalho foi liberado pelo Conselho de Segurança Nacional (*National Security Council*), sob a Lei de Liberdade de Informação (*Freedom of Information Act*): ver General Maxwell Taylor, *Narrative of the Anti-Castro Cuban Operation ZAPATA*, 13 de junho de 1961. Também revi o registro no *Kennedy* de Theodore Sorensen, New York: Harper, 1965. Além disso, considerei minhas próprias anotações de conversas daquele tempo com membros do alto escalão na Casa Branca (servia, então, como consultor para o Presidente em problemas organizacionais). Falta, nessa informação, um comentário crucial sobre o caso de Cuba, que, naquela época, tive a chance de ler: um corajoso e bem elaborado memorando de aprendizado, escrito enquanto a cabeça-de-ponte caía, dirigido ao Presidente pelo seu assistente especial para temas de segurança nacional, McGeorge Bundy. Isso, presumidamente, estará disponível na Biblioteca Kennedy (*Kennedy Library*), em Boston, depois da desclassificação no curso normal. Tal como dela me lembro, era uma crítica cândida e penetrante, sem ter sido superada por comentários desde então.

[29] Schlesinger, Robert Kennedy: ver especialmente pp. 474-96. Schlesinger discute que nem o Presidente Kennedy nem seu irmão Robert, secretário de Justiça, haviam sancionado ou sabiam qualquer coisa sobre as tentativas de assassinato contra Castro. Todavia, Robert Kennedy, presumidamente com a aprovação de Kennedy, de uma maneira geral, ajudou a lançar uma operação de baixo nível de perturbação, a que a CIA aparentemente deu continuidade muito depois de ele perder contato com ela (os cubanos de Miami, com a fama de *Watergate,* estavam engajados nisso). E que ambos os Kennedy eram forte e pessoalmente

antipáticos ao regime de Castro, talvez tendo sido isso entendido pelos oficiais da CIA no geral, senão indireta ou intrinsecamente como autorização para muitas empreitadas, inventadas por pessoas estranhas, empregadas pelos Kennedy.

[30] Assim me contou Kennedy, em novembro de 1960, quando o pressionei em relação a um esquema para enquadrar a renomeação de Allen Dulles como um de seus próprios assistentes. Ele se perguntava o porquê; insisti para que checasse minha visão, como observador externo, com alguém de dentro em quem confiasse; ele certamente conhecia alguém. Concordando, disse que checou: "Dick Bissel". Para Kennedy, representava verdadeiro infortúnio o fato de que um membro do seu pessoal, com acesso a informações sigilosas, já possuísse a tarefa de desenvolver a opção de Eisenhower para Castro.

[31] Isso e caracterizações subseqüentes de Bert Lance e seu caso encontram-se na cobertura da imprensa, no *New York Times*, *Washington Post*, e *National Journal*, de julho a outubro de 1977, suplementado por entrevistas contemporâneas com quatro consultores do OMB e assessores da Casa Branca. Durante esse período, servi, intermitentemente, como consultor da OMB na reorganização da Casa Branca. Isso fornece conhecimento em primeira mão para relações e entendimentos, mas não de maneira profunda que se encaixasse com o de abril de 1961. As minhas tarefas, como consultor, não poderiam ser comparadas. Além disso, nenhum registro definitivo, que se enquadrasse na Baía dos Porcos (*Bay of Pigs*) foi publicado por outrem. O que ofereço, aqui, são impressões pessoais tão próximas como pude.

[32] *Newsweek*, 23 de abril de 1979, p.88.

[33] Clark M. Clifford, advogado de Washington de extraordinário julgamento e alto posicionamento com a imprensa, havia sido conselheiro próximo de Truman, Kennedy e Johnson. Ver nota 58, capítulo 10. Até 1977, Clifford havia se tornado um símbolo da compreensão de Washington.

[34] Em treze meses posteriores à guerra, a classificação da aprovação de Truman, na Gallup Poll, caiu de 82% para 32%, seguida por recuperações (e quedas) com uma alta no primeiro trimestre de 60% depois da ajuda greco-turca do início de 1947. Ford, em apenas cinco meses, deslizou de 71% para 38%; então também teve recuperação com uma alta de 51% no verão de 1975, depois uma queda de "trinta". Carter, começando com 70% de aprovação, caiu em treze meses para 40% e pairou nessa marca até setembro de 1978, quando o sucesso no ápice do *Camp David* foi seguido por uma classificação de 56%; no verão seguinte, cairia novamente nos "quarenta", com tendências para mais baixo. Em relação aos outros Presidentes eleitos, desde que essas pesquisas começaram, Eisenhower, Kennedy, Johnson e Nixon, nenhuma caiu abaixo de 60% de aprovação nos seus primeiros dois anos, à exceção de Nixon, e ele apenas para 55%.

[35] Sugere-se que a aprovação na classificação da Gallup subiu cinco pontos, com desaprovação caindo de forma proporcional, por um período de duas semanas imediatamente após o testemunho televisivo de Lance e despedida pública. Ele pode ter ganhado crédito pelo seu posicionamento, e o Presidente por tê-lo deixado ir graciosamente. Mas essa era uma mancha no padrão; Carter perdeu aqueles cinco pontos imediatamente depois, e não conseguiu reavê-los. Será o motivo pelo qual as percepções diretas do público foram corrigidas na medida em que a palavra veio por meio de colunistas e comentaristas? Parece que sim.

[36] Para uma avaliação das atitudes públicas próximas do período de um mês da renúncia de Lance, ver Adam Clymer, *New York Times*, 2 de novembro de 1977, p. 1, col. 5. Clymer relata as descobertas de uma pesquisa da *Times-CBS*, em meados de outubro.

[37] A referência é para os repórteres do *Washington Post* em tarefas da mesa metropolitana, que anunciou a história de *Watergate* em primeiro lugar; eles tornaram-se figuras nacionais, escreveram *best-sellers*, ganharam *royalties* na casa dos milhões, e se tornaram os heróis de um filme campeão de bilheteria, *All the President's Men.*

[38] Durante 1974, o seu último ano como governador da Geórgia, Carter trabalhou com o Comitê Nacional Democrático (*Democratic National Committe*) em campanhas do Congresso, movendo-se pelo país, fazendo amigos. Os seus futuros assessores de hierarquia mais alta na Casa Branca, em grande parte, já estavam envolvidos e trabalhando em Atlanta.

[39] Ver, entre outros, Ron Nessen, It Sure Looks Different from the Inside, Chicago: Playboy Press, 1978, pp.29-39.

[40] Existem alegações controversas de que o então chefe do Gabinete da Casa Branca, Alexander Haig, que orquestrava a renúncia de Nixon, o fez com o fito de mais tarde conseguir-lhe o perdão, o que o fez ao expor o estado físico e psicológico de Nixon a Ford. Também existem muitas diferentes alegações de que o motivo primário de Ford era político, para colocar o assunto de Nixon por trás do Partido Republicano em 1974, em vez de 1975 ou 1976, depois do julgamento de Nixon e do que todos podiam prever, sua provável condenação de conspiração para obstruir a justiça.

[41] Para alguns detalhes e tratamentos apropriados das dificuldades de transição acompanhadas ver Roger Porter, *Presidencial Policy Making: The Economic Policy Board*, New York: Cambridge University Press, 1980. Ver também Nessem, *It Sure Looks Different.*

[42] As classificações de aprovação de Ford na *Gallup Poll* caíram de 71% em agosto para 50% em setembro, 55% em outubro, 38% em janeiro. O declínio começou com o seu perdão a Nixon e se iniciou juntamente com a recessão. O quanto o caso WIN contribuiu à luz do perdão para os 50% fica a cargo de qualquer aposta. Observações contemporâneas na comunidade de Washington sugerem que a sua reputação sofreu mais com o WIN do que com o perdão. Isso pode ser refletido na *posterior* imagem pública de Ford.

[43] No seu intrigante livro sobre os noticiários de televisão, centrados na NBC, ultrapassados agora em muitos aspectos técnicos e de reportagem, mas ainda de uso conceitual, Edward Jay Epstein sugere a queda de 1963 como um tempo de maturação para os veículos de comunicação em termos de notícias. Isso foi quando duas das três apresentações de noticiários de rede foram estendidas dos tradicionais quinze minutos para os atuais trinta. Ver o seu *News from Nowhere,* New York: Random House, 1973, especialmente o capítulo 3. Além disso, apenas algumas semanas depois, as empresas de televisão deram quase que constante cobertura durante quatro dias ao assassinato do Presidente Kennedy e seu resultado, o funeral dele, incluindo ao vivo o assassinato do seu assassino. Muitos observadores acham que isso conferiu à televisão *status* completamente novo como fonte de notícias e de extraordinária credibilidade na mente das pessoas; aparentemente, também deu aos noticiários impulso substancial na mente dos executivos da rede de televisão.

[44] Ver capítulo 5.

[45] Para um posicionamento detalhado dos problemas resultantes, ver o meu *Swine Flu Affair, Decision-Making on a Slippery Disease*, com Harvey V. Fineberg [Washington, DC.: Imprensa Oficial (*Governement Printing Office*), 1978, Estoque No. 017-000-00210-4], especialmente pp. 26-30 e 63-71. O Presidente em questão era Ford, não Carter, distinção sem importância em termos dos problemas referidos.

[46] Algo da mesma espécie parece ter ocorrido com Ford. Na queda de 1975, muito depois que

a reação popular ao seu perdão e à subseqüente recessão – e perda de Saigon – haviam demonstrado as suas classificações na pesquisa, essas caíram novamente, dos altos quarenta para os baixos trinta, onde permaneceram por meses. A isso se seguiu um surto de escárnio nas colunas e da parte dos âncoras (e tiras cômicas), dando grande importância aos momentos em que Ford havia fisicamente caído na visão das minicâmeras, a pavorosa invenção do tempo.

[47] Ver capítulo 8.

[48] Ver King, *New American Political System*, especialmente pp. 388-94.

[49] Ver David Stockman, *The Triumph of Politcs*, New York: Harper & Row, 1986, pp. 96-99, 133-34, 342-49. Ver também Richard E. Neustadt, *Presidents, Politics, and Analysis* (Seattle: Universidade de Washington, Escola de Relações Públicas, 1986).

[50] William Greider, *The Education of David Stockman and Other Americans*, New York: Dutton, 1981; também Stockman, *Triumph*, especialmente pp. 355-411.

Capítulo 12
Uma Questão de Detalhe

Durante seus oito anos como Presidente, Ronald Reagan mostrou-nos muitas coisas, além de novo perigo de transição. Em pelo menos quatro outros sentidos, a conduta desse homem, enquanto esteve no cargo, foi um comentário contundente a favor da argumentação apresentada neste livro.[1]

Quais são esses quatro sentidos? Primeiramente, se é possível afirmar que a Presidência moderna começou com FDR, também se pode dizer que Reagan foi o último democrata rooseveltiano que teremos como Presidente. O passar dos anos (juntamente com as credenciais republicanas de George Bush) o confirma. Independentemente de Reagan ter se tornado republicano na década de 1950, votou quatro vezes em Franklin Roosevelt, e uma vez em Harry Truman. Dessa forma, encerra uma era em que sete de seus antecessores presidenciais trabalharam à sombra da Presidência de Roosevelt. Apesar das ambigüidades e falhas que marcaram as gestões de vários desses sete, sem mencionar as limitações do próprio Reagan, sua Presidência recuperou a imagem pública do cargo, aproximando-a (embora um tanto raquiticamente) de seu molde rooseveltiano: uma posição com popularidade, influência e iniciativa, fonte de liderança programática e simbólica, determinante tanto do ritmo, quanto do tom; a voz da nação, tanto para o mundo, quanto para nós, e – amando ou odiando suas políticas – alguém que muitos de nós adorávamos ver como Chefe de Estado. Um trabalho de restauração ainda mais efetivo, provavelmente, por se igualar à imagem que Reagan cultivava em sua própria mente. Uma imagem do cargo a cuja altura procurou viver, ali implantada por FDR enquanto Reagan era ainda jovem e ardente democrata.

Em segundo lugar, Reagan foi o primeiro Presidente a ser profissionalmente treinado como ator e porta-voz televisionado. As habilidades rotineiras que havia adquirido com isso ajudaram-no a explorar novas oportunidades, que contribuíram enormemente para a influência da Casa Branca, na onda do desenvolvimento das tecnologias de comunicação. Essas oportunidades, usadas de modo eficaz, compensaram de certa forma as vantagens tradicionais propiciadas pelo partido e experiência no Congresso, e pelo sucesso de outros nas eleições – fatores esses que agora se tornam menos úteis do que costumavam ser ou que desaparecem totalmente. Assim, Reagan talvez tenha iniciado – e encerrado – uma era. Isso deve ser ressaltado e observado.

Em terceiro lugar, parece ter combinado menos curiosidade intelectual, menos interesse nos detalhes, do que qualquer Presidente, pelo menos desde Calvin Coollidge – a respeito de quem continuo tendo dúvidas – com maior comprometimento inicial e de longo prazo, mais convicções – independentemente dos eventos ou evidências – do que qualquer Presidente, pelo menos desde a liderança de Woodrow Wilson. E, se aqueles atributos são excepcionais individualmente, sua combinação parece única, extraordinária. Com quem, nesse caso, Reagan pode ser comparado? Andrew Johnson? Andrew Jackson? Mas ambos parecem ter se preocupado mais com detalhes do que Reagan, enquanto seus comprometimentos prévios, apesar de intensos, eram poucos. A combinação de Reagan, com toda a certeza, não é encontrada em qualquer outro Presidente dos tempos modernos, de Franklin Roosevelt a George Bush.

Única ou não, por ter ocorrido, corrobora todas as outras generalizações anteriores sobre o Poder Presidencial e sobre o trabalho na Casa Branca. Portanto, merece ser reconhecida aqui. Além do mais, exatamente essa combinação – ausência de curiosidade e delegação, de um lado, e compromissos e convicções do outro – imediatamente estruturou o estilo de governar de Reagan e, aparentemente, é responsável por seus impactos sobre o rumo das políticas públicas. Na avaliação de qualquer pessoa, estes foram substanciais, gostem ou não: por exemplo, aumento nos gastos com defesa; projeto Guerra nas Estrelas, mas também Start e emergência da possibilidade de nova *détente*; continuação dos déficits orçamentários, com conseqüências para os déficits comerciais; limite imposto às medidas de assistência social, o escopo da liberalização – Reagan influenciou pessoalmente áreas como essas, tanto por sua política de delegação, quanto por suas convicções. A primeira permitiu que sua mente permanecesse livre para questões de apresentação, e as últimas lhe diziam quando tinha que ser rigoroso: era sim ou não. Surpreendentemente, muitas vezes funcionou de forma totalmente satisfatória para ele. Pelo menos, é o que parece.

Em quarto lugar, essa combinação peculiar ampliava todo e qualquer risco herdado pelo Presidente, causado por informações imperfeitas. Falhas haveria, com certeza. E em situação específica, a falha, tanto em relação ao método, quanto às políticas, teve tanta repercussão que chegou a comprometer, por longo tempo, a crença na utilidade da combinação da ignorância com a insistência.

Eu me refiro ao caso Irã-Contras, conforme divulgado em 1986 e posteriormente. Não fosse por isso, nossas faculdades de administração e outras universidades hoje, possivelmente, ainda exaltariam sua administração ordeira. E os mitos daí decorrentes podem ter confundido estudos sobre a Presidência por anos e anos a fio. Contudo, o mais importante – pelo menos para mim – é que essa ocorrência ilustrou, até mesmo validou, da maneira mais extrema, embora óbvia, o problema operacional que se encontra no coração deste livro. Um Presidente não tem nada que ele (um dia será 'ela') possa fazer em relação às suas perspectivas de influência eficaz futura, a não ser suas escolhas atuais. E não há ninguém com quem possa contar, a não ser ele próprio, para ajudá-lo a avaliar as perspectivas, escolha por escolha. Muitas vezes, as escolhas não bastam, surpreendidas por eventos externos que não podem ser evitados; muitas vezes julga mal, o que talvez pudesse ser evitado. Mas como? Fiz essa pergunta pela primeira vez em 1960. Ela continuava existindo – e incomodando – em 1986, à vista de todos.

Irã-Contras é, de fato, um caso clássico. Reforça todas as demais admoestações feitas neste livro, desde os tempos de Harry Truman até Jimmy Carter.

Foi isso, acima de tudo, que me fez optar por uma quinta edição. O problema persiste. É evidente. Fica à espreita de todo novo titular. Bush não conseguirá escapar dele – não mais do que Reagan. Mas, provavelmente, vê-lo sob a perspectiva do caso Irã-Contras permitirá enxergá-lo mais claramente que antes. Pode permitir com que se lide melhor com ele no futuro – pelo menos, melhor que Reagan o fez, segundo meu julgamento pessoal.

Permitam-me tomar esses quatro aspectos de Reagan, e então, como conclusão, vejam que luz podem lançar, se é que conseguem, sobre nossos outros Presidentes modernos – e eles, sobre Reagan.

Essas três primeiras coisas podem ser abordadas juntas.

As conexões entre Reagan e Roosevelt foram importantes para sua Presidência, de várias formas e todas correlacionadas. Por um lado, a imagem que Reagan tinha do cargo: em 1933, FDR havia transformado a consciência do país sobre o que o seu Governo deveria ser e fazer. A aspiração de Reagan não era menor, embora na direção oposta. Por outro lado, considere seu carisma popular. A personalidade que, nos primeiros anos de seu segundo mandato, merecera as mais altas taxas de aprovação das pesquisas Gallup jamais registradas para tal fase, obviamente continha ingredientes como calor, toque humano e humor que, durante os anos de Roosevelt, haviam se tornado marca registrada dos democratas.

Norte-americanos de todas as classes sociais que haviam se mudado para o lado dos republicanos em 1980 ou depois, conseguiam se identificar com Reagan: ele havia feito o mesmo percurso. Mas, mais do que isso, eles obviamente gostavam dele, gostavam dele como pessoa. Eram pessoas do mesmo tipo das que haviam gostado de FDR – isso na mesma época em que as

365

mesmas posições na esfera doméstica e da defesa atraíam-lhe os herdeiros daqueles que odiavam Roosevelt. Não é de surpreender que, exceto pela fase da recessão de 1982-83, os índices de Reagan nas pesquisas chegaram a 65%, permanecendo nas alturas (com pequenas variações) exatamente até a revelação de suas negociações de armas com os iranianos.[2]

Não é de surpreender que em 1988 – depois da confissão de seu erro, de mudar a equipe da Casa Branca, ter participado de várias reuniões de cúpula bem-sucedidas – os índices de popularidade de Reagan subiram novamente às alturas, tornando-o, no final, mais popular do que Eisenhower, o herói.[3]

Além disso, Reagan parece ter absorvido grande parte do que passou quando tinha seus vinte, trinta anos. Os anos 30 e 40 evidentemente foram fonte importante de referências e analogias para ele. Isso ainda não pode ser confirmado por seus documentos – ainda não liberados – mas há fortes provas circunstanciais nesse sentido. A autoconfiança inicial de Reagan, ao testar teorias não comprovadas – defendidas por economistas de tendências não-convencionais, os assim chamados *supply-siders* –, lembra Roosevelt durante o ano de 1933, ao abandonar o ouro a favor do corporativismo.[4] A desconfiança de Reagan, um tanto suprimida, quanto ao sistema de previdência social em sua versão contemporânea parece combinar com as reivindicações iniciais (e modestas) de Roosevelt em relação a ela – na época, prevendo já alguma oposição em relação ao que poderia daí resultar.[5] O mergulho de Reagan no sentido de dar apoio pessoal às mais extremas esperanças em relação ao projeto Guerra nas Estrelas sua Iniciativa da Defesa Estratégica (SDI), – através da qual pregava a defesa máxima, o escudo do qual a maioria se afastara temerosamente, parece ofuscar a jogada de Roosevelt após Pearl Harbour – quando proclamou metas da produção de aviões muito mais altas do que o Departamento de Defesa então acreditava viáveis, tendo feito aposta ainda maior no ano anterior, quando, secretamente, destinou fundos para o projeto e depois para a produção de bombas atômicas. As comparações não são exatas. Os aviões de 1942 seriam construídos de acordo com projetos já conhecidos, e a tecnologia da bomba de fissão nuclear já havia sido esquematizada pelos ingleses – enquanto a tecnologia da Iniciativa da Defesa Estratégica (SDI) ainda nem apontava em nenhum horizonte.[6] Contudo, pode ser que a ousadia de Roosevelt em relação a metas de produção e recursos para seus cientistas tenha ficado gravada na memória de Reagan, esperando que esse escudo surgisse. As metas de produção de Roosevelt haviam sido superadas, como todos sabem. E do drama da bomba de fissão, revelada somente após o fato consumado, os leigos deduziram que a "ciência" não pode ser refreada e consegue, com recursos suficientes, fazer qualquer coisa. Quem pensava assim? De um lado, Truman e, presumivelmente, também Reagan.[7]

Os anos do pós-guerra também parecem ter fornecido a Reagan o tipo de matéria-prima de que são feitas as analogias e os pontos de referência. Sua expansão militar, o apoio à OTAN, a lealdade à Alemanha Ocidental e sua perspectiva severa acerca de Moscou (amenizada depois de Gorbachev) faziam eco quase que submissamente às últimas críticas de Dean Acheson, o terceiro secretário de Estado de Truman, com floreios retóricos, reminiscências do sucessor de Acheson sob o Governo de Eisenhower, John Foster Dulles. Acheson e Dulles tinham sido mais próximos um do outro quanto a assuntos essenciais do que nenhum dos dois estaria disposto a admitir. Reagan obviamente recebeu dali a tendência. Os europeus se arrepiam freqüentemente ao pensar na inconstância americana em suas relações exteriores, mudando com – e durante – cada novo Governo. Contudo, em se tratando da OTAN em particular, nada poderia se assemelhar mais às políticas de 1951 que a de Reagan, trinta anos depois.

Isso basta em relação a Reagan enquanto rooseveltiano. E quanto a Reagan como primeiro ator profissional a ocupar o cargo? A título de introdução, é útil observar semelhanças e diferenças entre Roosevelt e Reagan quanto ao estilo operacional, sua maneira de executar o trabalho. Quanto à curiosidade e ao interesse nos detalhes, eles evidentemente estavam em pólos opostos. Mas quanto ao carisma, ambos estavam de acordo: eles o possuíam e o usavam, em público através da mídia e também pessoalmente, de maneira mais consistente do que qualquer dos Presidentes entre os dois, com a possível exceção de Kennedy. Como Roosevelt, Reagan tinha a habilidade de fazer com que visitantes o achassem simpático – até mesmo visitantes com visões contraditórias – e uma habilidade idêntica em preencher o tempo, dominando a conversação (as famosas histórias de Reagan), impedindo falas por parte dos outros que talvez não quisesse ouvir. E ambos delegavam muitíssimo, embora não no mesmo espírito: nem mesmo o veterano californiano de Reagan, Edwin Meese, ou o chefe de Gabinete James Baker receberam delegações de autoridade tão absolutas durante a primeira gestão como aquelas concedidas a Harry Hopkins ou Harold Smith, o diretor de Orçamento de Roosevelt, em certos momentos durante a II Guerra Mundial.[8] Contudo, essas delegações valiam por prazo limitado e mudavam com certa freqüência; o que Roosevelt concedia, retirava sem avisar – enquanto Reagan, assim parece, conseguia delegar cegamente, ano após ano. Um deles evidentemente sabia o que estava delegando e agia de acordo; o outro talvez tivesse pouca ou nenhuma idéia.

Reagan dependia de seu pessoal e sentia-se confortado por isto. Tanto que supostamente ficava muito chateado quando Meese e Baker discordavam em sua presença.[9] O mesmo não se aplica a FDR. Não sei de nenhum caso em que a dependência lhe tivesse transmitido conforto e ele adorava estar em meio às argumentações. Diferenças entre os membros de sua equipe significavam controle – seu controle; ele freqüentemente as encorajava. Reagan odiava disputas não resolvidas entre seus "camaradas". Não tinha vontade nenhuma de observá-los se debatendo, e estava modestamente consciente de que sua falta de detalhe muitas vezes o deixava sem recursos para tomar uma decisão.[10]

Sob as diferenças de estilo encontram-se diferenças de autoconfiança. Abordei FDR no capítulo 7: bastava-lhe ser ele próprio. Reagan extraía autoconfiança, assim parece, da reação da platéia a seu desempenho pessoal – em um papel que havia definido enquanto observava Roosevelt de longe e então embelezara por meio de sua experiência como ator. Como Truman, Reagan projetou no cargo imagem a cuja altura era capaz de viver, e de fato o fez. Ficava evidente de que se tratava da imagem de um ator. Sua satisfação pessoal estava associada a seu desempenho, dia após dia, nos afazeres atribuídos a cada dia, sejam conferências de imprensa ou palestras ou "oportunidade de fotografias" ou visitas ao exterior – o que quer que seja."[11] O "desempenho" era julgado pela reação da platéia. Contudo, não apenas por ela – era também julgado por padrões profissionais: estavam corretos o senso de oportunidade, a postura, a ênfase, os gestos? Supostamente, Reagan encontrava-se em seu ponto de autoconfiança mais baixo em dezembro de 1986, em meio ao clamor sobre a venda de armas a Teerã. "Eles não acreditam em mim", disse, profundamente desencorajado, sobre o público em geral.[12] E seu ponto mais confiante, comentava-se, fora em julho de 1981, depois de uma conversa ao pé da lareira a respeito de cortes nos impostos. Comentou-se que Reagan perguntara com genuína satisfação:" Que tal o *timing*?". E ficou radiante quando lhe responderam: "Na mosca!"[13]

Reagan tinha todo o direito de estar satisfeito. Melhor do que a maioria dos políticos de seu tempo, sabia exatamente como dar uma entrevista de televisão de 28 minutos em exatamente 28 minutos, em usar um *teleprompter* sem parecer estar lendo, de olhar para uma câmera como se fosse uma pessoa, de usar cartões de lembrete sem se atrapalhar, marcas de giz sem tropeçar, e assim por diante. Aquelas pequenas habilidades evidentemente reforçavam sua autoconfiança. E mais do que isso, elas eram absolutamente relevantes no caso de oportunidades relativamente novas de administrar as notícias. Contando com equipe habilidosa, Reagan tirou o máximo proveito dessas habilidades, especialmente durante seu primeiro mandato.

A administração de notícias – naturalmente não a chamavam assim – nos tempos de Reagan valeu-se da natureza do trabalho dos repórteres e produtores de TV na década, depois que a combinação de minicâmeras, processamento rápido e transmissão via satélite transformaram a cobertura "ao vivo". As fontes de notícias agora abrangiam o mundo todo, e os prazos para os noticiários noturnos eram estendidos para o fim da tarde ou, quando necessário, totalmente abolidos. Isso valorizou as histórias ao vivo. Também valorizou as fontes das notícias que mereciam ser divulgadas. Como o Presidente sempre era uma fonte, os correspondentes da Casa Branca sempre tinham a oportunidade de entrar no ar. Já que acreditavam que sua promoção profissional era afetada pela freqüência com que apareciam, tentavam aparecer o máximo possível. E como seus produtores separavam e escolhiam a cada dia dentre várias histórias potenciais – não somente em função da aprovação de uma fonte ou pessoa, mas também por interesse visual – esses mesmos correspondentes precisavam de fotografias do Presidente para intercalá-las com os seus próprios rostos. Além do mais, em dias monótonos, os produtores precisavam de qualquer coisa da Casa Branca, ainda que fossem apenas cabeças falantes, para agregar pelo menos algo que parecesse ter significado para os espectadores: melhor que golpes em países dos quais somente especialistas haviam ouvido falar. Todas essas necessidades conseguiam ser transformadas em vantagens para o Presidente. Os assistentes de Reagan o perceberam e tiraram disso o máximo proveito.

Além disso, os noticiários das redes de TV não eram os únicos distribuidores de notícias televisivas da Casa Branca; nem seus correspondentes eram os únicos intermediários. Desde os tempos de Nixon havia um "diretor de Comunicações", separado do Gabinete de Imprensa, oferecendo histórias sobre a Casa Branca, diretamente para as distribuidoras locais de notícias, tanto impressas quanto eletrônicas, rádio e televisão. A tecnologia agora fazia com que esse contato direto se tornasse de interesse crescente para os noticiários de TV locais nos principais mercados. Esses programas, com o avançar dos anos 1980, culminaram em fotografias de todos os lugares, tiradas de programas transmitidos, sem intermediários nem agradecimentos ao noticiário das redes. O pessoal de Reagan embarcou nessa tendência. Seu primeiro diretor, David Gergen, trabalhando com Michael Deaver e outros assistentes, incluiu inovações formidáveis nas práticas da Casa Branca.[14]

O que os ajudantes de Reagan decidiram fazer, e fizeram, era literalmente "produzir" o Presidente, definindo seu roteiro diário, palavras, e fotografias para formar um "tema do dia", sem disponibilizar mais nada para correspondentes e produtores. Eventos imprevistos, fotografias anexadas, de qualquer lugar do mundo podiam derrubar seu tema, ou bloqueá-lo – não havia remédio para isso. Mas os assistentes de Reagan faziam todo esforço para reduzir a concorrência por parte de seu Governo e do séquito do próprio Presidente. O "tema do dia" ia cedo para os funcionários de informação de todos os departamentos e para os líderes dos partidos. Era esperado que suas notícias nesse dia estivessem em conformidade com – ou enfatizassem – as do Presidente.

Como os membros do Gabinete achavam que isso era sério, tentavam colaborar. Até certo ponto, os republicanos do Congresso também contribuíam.

Mas o funcionário do Governo mais graduado e que mais ajudava era o próprio Reagan. Pela primeira vez na história da Casa Branca, até onde sei, os compromissos do Presidente eram consistentemente subordinados às suas relações com a mídia. Havia um "tema" da semana, tanto como para o dia, e visitações que provavelmente podiam ser publicadas com proveito eram programadas de acordo, tanto quanto possível. Pela primeira vez, as oportunidades de fotografias conseguiram ser programadas com o mais alto grau de prioridade. Reagan não se saía tão bem nas cenas tumultuadas, como era o caso das conferências de imprensa. Mas comportava-se como ator experiente, quando os jornalistas conseguiam, apenas de passagem, gritar perguntas que podia ignorar. Assim, uma forma especial de oportunidade de fotografar foi desenvolvida para essa finalidade: sua espontaneidade, nessas ocasiões, muitas vezes seguia roteiro predefinido.

Mas Reagan sabia como ler um roteiro e como segui-lo, e geralmente ficava feliz quando tinha um.[15] Esta é a questão: seu treinamento profissional reforçava o enfoque que seus assistentes davam ao noticiário de televisão. Esse enfoque exigia grau elevado de passividade e disciplina em relação ao que o Presidente dizia e fazia, com quem se encontrava, e aonde ia, dia após dia. A maioria dos precursores de Reagan teria se irritado/ficado impaciente, ou teria reclamado, recusando desdenhosamente, e teria escapado da situação. Talvez seus sucessores também: dizem que Bush começou agendando alguns visitantes por conta própria! Mas é bastante provável que, como conseqüência, eles não vissem suas mensagens preferidas na TV tantas vezes quanto Reagan e seu pessoal conseguiam promover.

O preço de explorar as necessidades dessa mídia a favor das finalidades da Casa Branca poderia bem representar passividade, disposição de seguir roteiros, e disciplina em usá-los, associada a performance ou a uma das outras artes dramáticas. Será que políticos que não são profissionais nessas áreas aprenderão a pagar esse preço? Mesmo que o façam, por quanto tempo as notícias de TV, submetidas a um desenvolvimento tecnológico vertiginoso, oferecerão tal abertura para o "gerenciamento" presidencial? Se os noticiários das redes de TV se desviarem para uma rotina de entretenimento sobre orçamentos restritivos, seus correspondentes e produtores deverão tornar-se menos interessantes para as estratégias da Casa Branca; seus incentivos, menos úteis de serem seguidos. Na medida em que a penetração de canais fechados aumenta a passos largos, a 'alimentação a colheradas' pode ficar comprometida por necessitar de colheres demais. Bush talvez consiga reaver sua programação, por razões não somente de temperamento, mas também por mudanças na tecnologia. Nesse sentido, Reagan pode simplesmente ter vindo da profissão certa no momento tecnológico certo.

A profissão, naturalmente, não era tudo, porque a passividade pessoal de Reagan ultrapassava as exigências dos roteiros. Sua ignorância sobre importantes detalhes de medidas pendentes era proverbial. Sua atitude habitual parecia ser que, quando precisasse saber um ou outro detalhe, seu corpo de assessores iria informá-lo; então, até aí, por que se preocupar? O que não chega a ser importante para um ator, porém, é altamente incomum tratando-se de um Presidente.

Isso me leva a um terceiro assunto que torna Reagan aqui especialmente interessante: a combinação singular entre falta de curiosidade e convicção. Com referência à curiosidade, os precursores modernos de Reagan podem ser divididos em dois campos: os que sentiam ser seu dever dominar os detalhes e os que o faziam por amor. Mas os membros de ambos os grupos viam os detalhes – pelos menos seletivamente – como a essência, reconhecendo Deus neles; alimentando sua curiosidade com eles (e seus egos também), e a maioria adquirira por eles grande apetite . Seus incentivos não eram todos idênticos. Truman e Ford, a partir do Capitólio, antes de existirem grandes equipes, orgulhavam-se de destrinchar um orçamento. Carter, o engenheiro, orgulhava-se de compreender detalhes técnicos. Nixon, quando se preocupava com um assunto, gostava de trazer à luz as suas opções – e os seus inimigos. Kennedy era fascinado pela comédia humana. LBJ, como sempre, desejava maestria, como o fizera seu modelo, FDR. Mas Reagan, parece, desejava finais felizes em alguns assuntos mais importantes e, conseqüentemente, não se preocupava com detalhes, exceto o de ser informado sobre o que deveria saber, no momento em que necessitasse sabê-lo. Assim, aparentemente, dependia de seus companheiros de forma mais completa e mais pessoal do que qualquer um dos outros, exceto Eisenhower, durante as semanas que se seguiram a seu infarto.

É isso que apreendemos das memórias – outras, que não as do próprio Reagan – e das entrevistas com outros, que não o próprio. Seus documentos e sua biografia autorizada podem nos dizer algo diferente, é claro. Mas hoje Reagan se sobressai como excepcional entre seus pares pela falta de interesse em buscar os detalhes das políticas públicas – nem mesmo das suas.

Contudo, não relembremos de Reagan como "passivo" em termos de políticas públicas. Apesar de sua confessada preferência por Calvin Coolidge, Reagan deixou um histórico muito mais ativo – ao qual pessoalmente contribuiu, às vezes arbitrariamente. Defendeu corte de impostos em 1981, conseqüentemente originando déficits federais posteriores. Forçou uma expansão militar (em armas, não em preparo) – o que foi insustentável politicamente – iniciando dessa forma nova rodada de alternância entre excessos e carências entre as Forças Armadas. Disse não aos aumentos de impostos que poderiam ter aliviado as preocupações para com os déficits – e nesse processo, colocado limite político sobre a legislação social. Disse sim à conferência de cúpula com Gorbachev. Reagan começou a Iniciativa da Defesa Estratégica (SDI) quase que sozinho e, não fosse por ela, teria – juntamente com Gorbachev, em Reykjavik – embarcado na eliminação de todos os mísseis intercontinentais soviéticos e norte-americanos.

Os "não" e "sim" de Reagan – dele próprio, não os que meramente expressou a conselho de seus assessores – emanavam da convicção que trouxera consigo para o cargo. Estes contribuíram para uma legião de detalhes deficientes em políticas-chave, tanto internas quanto externas. Muito antes de 1981, convencera-se da necessidade de aliviar impostos, especialmente os pessoais.[16] Durante o ano de 1981, freqüentemente mencionou perante sua equipe seu horror aos mísseis nucleares, um desejo de livrar o mundo deles.[17] Também mencionara, tanto publicamente quanto em particular, que, segundo seu ponto de vista, negociações vantajosas com os russos somente reavivariam seu senso de inferioridade militar.

E Reagan também estava convencido de que o *New Deal* de Roosevelt não fora finalizado, mas pervertido pela Grande Sociedade de LBJ (expandida em suas formas de regulamentação e em suas medidas referentes à assistência social sob Nixon). Isso se expressa com clareza no consistente apoio de Reagan ao alívio regulador para o setor privado. Também ficou aparente no que Reagan disse e fez, no início, em relação à previdência social. Em sua campanha de 1980, sucintamente insinuou um teste de significância. Durante a sessão do Congresso de 1981, endossou cortes nos benefícios. O prejuízo político foi tal que, desde então, sempre negou o que acreditava – embora, creio eu, nunca deixasse de acreditar.[18]

Nesse sentido – e em outros – esse Presidente assumiu o cargo com preparo bastante diferente da maioria, senão da totalidade, de seus antecessores.Trouxe consigo suas convicções e, fora a previdência social, tratou delas, desde o começo, como compromissos públicos e irreversíveis – compromissos no sentido dos Direitos Civis para JFK, *após* sua ida ao Congresso em 1963, ou das relações com a China para Nixon, *após* sua viagem a Beijing. Nos termos do capítulo 9, Reagan já trouxe seus "propósitos" consigo, seus comprometimentos, enquanto que outros adquiriram os seus no exercício do cargo, vivenciando o impacto dos eventos sobre suas intenções iniciais. As intenções de Lincoln inicialmente não incluíam nenhum compromisso com a emancipação. Tinha apenas uma intenção desta natureza: a preservação (de alguma forma) da União. Tudo o mais evoluiu com os eventos, o que parece normal.

O caso de Reagan, em contraste, é inusitado: quatro ou mais intenções iniciais – mesmo sem guerra iminente – que percebe como compromissos e trata como tais por oito anos! Redução do imposto de renda, aumento nos gastos com defesa, redução do risco nuclear, retração da Grande Sociedade. E isso estava bem para Reagan, já que lhe permitia atuar, alterar, escolher, não como fantoche de seus assistentes, senão por decisão própria, apesar de seu desdém igualmente inusitado pelos detalhes. Compromissos eram sua compensação: não compromissos extraídos a partir de eventos, mas sim de convicções anteriores.

Os comprometimentos de Reagan, congruentes com suas convicções, eram às vezes contraditórios. Seu recurso habitual era a contínua defesa de todos os seus compromissos, enquanto, na prática, os subordinava uns aos outros (nisso se assemelhava a muitos dos Presidentes que o antecederam). Assim era com os déficits federais. Reagan assumiu o cargo, convencido de que eram maus, ao mesmo tempo em que estava convencido da necessidade de redução do imposto de renda e do aumento do orçamento militar. Um erro de cálculo por parte de seu diretor de Orçamento, Stockman, entre outros, levou Reagan a comprometer-se cedo demais com cortes nos impostos e aumentos nas despesas militares, cujos recálculos logo demonstraram que isso poderia produzir, daqui a alguns anos, os maiores déficits já vistos em tempos de paz – daí os receios de Stockman, amplamente divulgados. Essas probabilidades, e os fatos posteriores, Reagan os aceitou sem reconhecer-lhes os riscos. Em vez disso, encontrou neles o benefício, talvez inesperado, que o ajudaram bastante a mudar o clima político – bloqueando a maioria dos esquemas em prol de gastos sociais. E Reagan nunca abandonou, nenhuma vez sequer, sua intercessão por orçamentos equilibrados, nem mesmo quando seus próprios orçamentos desequilibrados alimentaram déficits. Negou sua responsabilidade e culpou o Congresso por não cortar programas sociais além do que uma maioria bipartidária estava disposta a fazer.[19]

Para Reagan, os déficits foram muito parecidos com o que o confisco governamental das usinas de aço havia sido para Truman: solução provisória na busca por duas metas diferentes, com sentido mais profundo, porém incompatíveis. No caso de Truman, essas foram, respectivamente, o firme controle dos preços e o fornecimento ininterrupto de aço. No caso de Reagan, eram taxas de imposto de renda menores e orçamentos militares maiores. Nenhum dos dois esperava que as soluções temporárias se tornassem permanentes. Truman aguardava esperançoso um acordo entre empregados e empregadores, e Reagan aguardava crescentes superávits do PIB e da Previdência Social.[20] Suas perspectivas temporais eram notoriamente diferentes: as de Truman, questão de semanas, as de Reagan, talvez uma década - até que o

Richard E. Neustadt

crescimento econômico e impostos sobre salários resolvessem seus problemas com o déficit. Mas a lógica deles parecia ser a mesma: Truman *jamais* quis operar usinas de aço, nem Reagan queria amontoar déficits.

Reagan, porém, diferenciava-se de todos os seus antecessores com relação à sabedoria convencional da época. Aqueles teriam se sentido obrigados a enfrentá-la, enquanto ele a ignorava (o mesmo não se aplica à sua equipe, que o pressionou, durante anos, para que mudasse). Déficits orçamentários do tipo que Reagan incorreu iam contra o senso comum. Eram percebidos como danosos pela maioria dos economistas convencionais, investidores na bolsa da Wall Street, editores e comentaristas estrangeiros daquela época, bem como pelo gestor do Orçamento, Stockman – o mau calculador arrependido – e pelo resoluto vice-presidente do Conselho Econômico de Reagan.[21] Mas Reagan consistentemente negou-se a agir de acordo com as preocupações deles, exceto ocasionalmente pelas bordas. Caso contrário, não concordaria em aumentar taxas do imposto de renda, ou defender gastos militares menores.

Compare FDR que, após desmantelar os déficits republicanos em 1932 e reduzir os departamentos quando assumiu pela primeira vez, mudou de direção. A Assistência Social e as obras públicas desequilibraram seus orçamentos durante todo seu primeiro mandato. Mas Roosevelt se sentia culpado por isso; em sua mente ecoavam as preocupações pré-keynesianas da maioria dos economistas e banqueiros. O avanço econômico durante seu primeiro mandato lhe proporcionou o que parecia ser uma oportunidade para segui-los. No início de seu segundo mandato, cortou gastos federais. Juntamente com a política monetária – que o *Federal Reserve Board* havia apertado, diante da ameaça do que, sob seu ponto de vista, era uma incipiente inflação – abortou a recuperação e levou a economia de volta às profundezas onde Roosevelt a havia encontrado cinco anos antes.[22] Ele nunca mais tentou fazer isso. Contudo, fazendo-o em 1937, equivalia a aceitar as exigências da sabedoria convencional. Quanto a seus próprios déficits, Reagan nunca aceitou essas alegações – somente as mencionava.

Chegamos agora ao caso Irã-Contras e seu significado para os métodos de Reagan. Sendo uma história de quatro fases, dominará este capítulo de uma forma que não equivale a quanto dominou sua história. Porque Reagan se recuperou dela. Em realidade, a recuperação é uma história de sucesso, e lamento não ter espaço para contá-la. A história anterior, contudo, recebe o espaço por ilustrar tão claramente todo meu argumento, do início ao fim. Independentemente do que mais tenha feito, Reagan ofereceu exemplo perfeito, e eu pretendo tirar o máximo dele. Mas que ninguém pense que eu acho que isso equivale à totalidade da sua Presidência, pois não é isso.

Comprometimentos poderiam prejudicar Reagan, tanto quanto ajudá-lo. E isso acaba mostrado em dois compromissos que assumiu no cargo, da forma habitual. Um, profundamente sentido, foi o de forçar mudança política nos sandinistas, o regime leninista da Nicarágua. Foi derivativo – penso, mas não sei – da atitude fundamental de Reagan para com Moscou – suposto patrocinador de Manágua – aprimorado pela exposição à Jeane Kirckpatrick e a aspectos latino-americanos da política do partido republicano. O outro compromisso foi encontrar uma maneira de libertar os cinco ou mais reféns norte-americanos mantidos em Beirute – os números variaram ao longo do tempo – especialmente (mas não exclusivamente) o chefe local da CIA, raptado em seu local de trabalho e torturado (até a morte, como se descobriu mais tarde). A associação desses dois compromissos por parte de subordinados de sua equipe deu lugar ao que, em público, tornou-se conhecido como Irã-Contras. A seqüência demonstra que um compromisso, ao substituir um detalhe, pode ser perverso, armadilha a ser evitada como a peste! Contudo, como um Reagan pode distinguir onde uma substituição é indicada e onde não? Quando agir sem detalhe, e quando insistir nele? Para um Presidente habitualmente indiferente a detalhes, são perguntas importantes. Mas, antes de me ocupar com elas, precisamos olhar o caso Irã-Contras em si. Há muito a aprender ali – e inferências válidas a fazer.

Comecemos com um fato extraordinário. Apenas 14 anos após Nixon ter encorajado – e depois encoberto e sofrido por isso – a instalação em sua própria casa, a Casa Branca, de uma operação *ad hoc* – isto é, designada para uma tarefa específica, secreta, de curto prazo, os assim chamados "encanadores"[23] –, cresceu entre a Equipe de Segurança Nacional – universalmente considerada pela mídia como a equipe da Casa Branca em si – outra operação secreta, maior, melhor e de mais longo prazo. Em realidade, desenvolveu-se uma série delas, identificadas com seu chefe, aquele valentão da Marinha, o tenente coronel Oliver L. North.[24]

A Casa Branca é um santuário nacional. É o lugar onde Abraham Lincoln sofreu e alimentou esperanças; é onde o corpo de Franklin Roosevelt foi velado, onde Jacqueline Kennedy e Charles de Gaulle iniciaram sua caminhada televisiva para o funeral de JFK, e onde, quase que todas as noites, resplandecem colunas quando a fachada norte aparece no noticiário da TV - sinal e símbolo da Presidência no Governo. Ouvi certa vez Bess Truman, conversando com seu marido, chamar o lugar de "a casa do povo". Ela estava correta. Um Presidente não é apenas nosso monarca temporário, mas também o guardião sacerdotal desse santuário. Não é nada provável que qualquer coisa que aconteça lá, ou nas adjacências imediatas, e identificadas como sendo "lá", possa ser publicamente separada dele. Em termos de relações públicas, com certeza, os encanadores, uma vez descobertos, deram uma lição, como também foi lição sua participação na queda de Nixon.

Sim, independentemente dessa lição, William Casey, o diretor da Central de Espionagem (*Central Intelligence*) – e o administrador da campanha de Nixon em 1980 – ajudou entusiasticamente a instalar, e praticamente dirigiu as atividades de North, segundo North testemunhou, incluindo vendas de armas para o Irã. Casey o fez, apesar do sigilo dessas vendas estar arriscado a explodir a cada momento através de qualquer uma das facções em Teerã, como de fato aconteceu, revelando todas as atividades de North. Conseqüentemente, a opinião pública atribuiu a Reagan tanto a responsabilidade quanto o conhecimento, incluindo do aspecto que Casey mais gostava (diz North), a "idéia genial", a "ironia suprema" de armar os Contras da Nicarágua, apesar de a legislação barrar o uso de fundos públicos, de lucros – os assim chamados pagamentos residuais acima do custo – sobre armas vendidas para o Irã. Aqui estava o começo do que North diz que Casey queria: uma capacidade "independente" e à mão, pronta para ações secretas ("independente" por ser auto-financiada).

Como um Presidente podia estar tão encurralado, especialmente por causa tão duvidosa? As respostas começam com Casey e North.

Casey foi o primeiro – e até agora o único – diretor da CIA a ser nomeado membro de Gabinete e a servir como conselheiro e executor fora da área de seus deveres estatutários. É de supor que será o último, pelo menos por longo tempo. Mas deve-se dizer em favor de Casey que o próprio Presidente desejava ardentemente continuar a ajudar os Contras quando o Congresso proibiu a CIA de armá-los. As operações de North na NSC iniciaram-se como resposta a esse desejo. E Casey escondeu escrupulosamente seu comando sobre North a fim de poupar seus próprios associados de se preocuparem com o fato de a Agência não estar cumprindo com suas obrigações. Dentro da CIA, Casey era muito admirado, inclusive como elo vivo com os "anos dourados": ele havia feito coisas perigosas e arrojadas para *"Wild Bill"* Donovan, o chefe da CIA na II Guerra Mundial, a quem Casey venerava. Isso comovia muitos corações. Muito mais corações ficaram comovidos pela influência orçamentária de Casey. A comunidade da Inteligência prosperou nos tempos de Reagan como jamais havia ocorrido nos tempos de Ford ou Carter. Com cuidado e discriminação, Casey construiu, entre outras coisas, os recursos analíticos sobre o Leste Europeu e as Repúblicas Soviéticas, que ficaram à disposição de Bush em 1989. Casey não arriscou a boa vontade de sua gente, ou o bom nome deles, onerando-os com o conhecimento acerca de seu papel nas atividades de North. Mas Casey o tinha, e o Presidente supostamente ficou tranqüilizado. Isso provavelmente liberou Reagan da necessidade de ficar muito a par de qualquer outra coisa. Porque Casey, em público um resmungador pouco cativante, era na vida privada homem multifacetado, culto, simpático, experiente, capaz, que inspirava confiança. É evidente que Reagan confiava nele.

As operações secretas, sob o comando de North, desenvolveram-se ao longo de quatro estágios. Primeiramente, veio o esforço, em princípios de 1984, para financiar armas para os Contras através de fontes particulares, já que o Congresso estava por barrar o uso de dinheiro público para essa finalidade (ele o fez em outubro; o veto duraria dois anos). Com a total aprovação de Reagan – em realidade, a seu pedido –, a CIA criara os Contras e os sustentara. Agora seria explicitamente negada a autorização para usar recursos para armá-los, daí a necessidade de dinheiro privado e também de que alguém de fora da CIA o solicitasse ativamente. Esse alguém ficou sendo North, o protegido de McFarlane, ele próprio antigo membro da Tropa de Choque da Marinha, então assistente do Presidente para questões de segurança nacional, e, como tal, chefe do estado-maior do NSC, onde North trabalhava. Desde o início, "privado" foi entendido como significando não apenas dinheiro de pessoas privadas, senão também de outros Governos. Que tal solicitação a outros por parte de um agente nosso poderia, legalmente, transformar as doações deles em recursos públicos nossos, sujeitos ao Congresso, foi discutido pelos assessores do Presidente na sua presença, e rechaçado pela maioria, inclusive por ele.[25] Na seqüência, North começou a abordar doadores potenciais: cidadãos amigos e também reis amigos com dinheiro sobrando. O secretário do Estado participou relutantemente da ação, abordando o sultão de Brunei. Assim também fez o Presidente, sem mostrar qualquer relutância e agradecendo pessoalmente ao rei da Arábia Saudita. Este contribuiu com mais recursos que qualquer outro.

A solicitação parece ter sido para Reagan diplomacia na surdina, e não operação secreta. Assim poderia ter sido, efetivamente, se os próprios Contras tivessem sido equipados suficientemente com financiamentos, aquisições e transporte. Mas haviam confiado na CIA para esses assuntos. Na sua ausência, impedida pelo Congresso, North improvisou. E quanto mais se envolvia, tanto mais orquestrava, tanto o financiamento, quanto o fluxo.

Essa foi a segunda fase. Mais tarde North testemunhou que havia deixado Casey informado sobre o que estava fazendo. Mas o desiludido McFarlane testemunhou também que uma vez, em 1985, sem o conhecimento dele ou do Presidente, North teria ultrapassado os limites: aconselhando os Contras sobre onde encontrar ajuda ou possíveis ajudantes, sobre onde encontrar um Contra, passando a organizar e dirigir suas permutas, desenvolvendo e mantendo as linhas de suprimento – uma operação secreta, se é que alguma vez houve uma.

Reagan mais tarde afirmou que só soube disso bem depois. Podia ele não saber disso? Não se Casey lhe contasse. Mas, caso contrário, era bem possível. E McFarlane? Somente se, nesse caso, sua própria falta de curiosidade se igualasse à de Reagan. Talvez fosse assim ou talvez os dois tivessem tomado como 'certas' algumas capacidades que, em realidade, nem existiam por parte dos Contras.

Então, como terceira fase, veio a intercalação de uma diplomacia mais "tranqüila", dessa vez na direção de Teerã. Por insistência de McFarlane, Reagan autorizou um diálogo, através de terceiros, com funcionários iranianos relativamente moderados, que provavelmente se candidatariam à liderança depois da morte do aiatolá Khomeini. Um gesto de boa fé foi considerado essencial. A conselho dos israelenses, isso tomou a forma de armas. A guerra Irã-Iraque era iminente. As armas poderiam – apenas poderiam – conseguir um gesto como resposta: a intercessão iraniana junto aos terroristas de Beirute para soltar os reféns norte-americanos, incluindo o chefe local de Casey. Inicialmente as armas não seriam norte-americanas e sim israelenses, subentendendo-se que seriam complementadas pelo Pentágono. Sobrou outra vez para North a tarefa de elaborar os detalhes. Pouco tempo depois, no início de 1985, Reagan sancionou algumas vendas diretas de armas, deixando de lado os israelenses e seus intermediários, agora transformados em suspeitos. Casey apoiava a manobra, mas os departamentos de Defesa e de Estado, não. E Reagan, preocupadíssimo com a situação angustiante dos reféns, assegurou a si mesmo de que não estava tentando permutar armas por eles, de Washington a Beirute e de volta novamente, conforme os departamentos de Estado e de Defesa alegavam. Mais precisamente, *ele* estava tentando permutar gestos recíprocos de boa vontade, de Washington a Teerã e vice-versa. Estes ele continuou tentando. Em maio, North e McFarlane (fora do cargo, mas ainda atuando como consultor) foram secretamente a Teerã, em um carregamento de armas. Esperavam conseguir a soltura de todos os reféns remanescentes. Para desapon-tamento de Reagan, não houve tal gesto. Um refém acabou sendo solto, mas novos foram tomados.

Antes dessa viagem, North havia ultrapassado outro limite, mais uma vez sem o conhecimento de Reagan ou McFarlane, como mais tarde disseram. Com isso, começou a quarta e culminante fase das operações secretas de North. Ele próprio as planejou. Casey ria de satisfação quanto à ironia. Os iranianos seriam superfaturados – iriam pagar mais pelas armas que recebiam dos norte-americanos do que estes iriam pagar para substituí-las. A diferença – esses "valores residuais" – ajudaria a pagar as contas das armas dos Contras, e nesse processo ajudaria a apoiar a capacidade para ações secretas que Casey desejava, independentemente do Congresso. Dessa forma, North interligou suas incumbências, e, com isso, ultrapassou aquele outro limite. Dessa vez, estimulado por Casey, North chegou a contá-lo a seu superior, John Poindexter, o antigo vice de McFarlane, então seu sucessor junto ao NSC. North mais tarde alegou, com razão, haver acreditado que Poindexter o transmitiria a Reagan. Mas Poindexter respondeu que, de propósito, não o havia feito (aparentemente, nem Casey). A "idéia genial" de North, a fase culminante desses esforços, parece ter sido ocultada justamente da pessoa em cuja casa seria executada.

Reagan se expunha a grandes riscos ligados a operações secretas acontecendo dentro de sua própria casa, especialmente naquela fase culminante. Isso ficou claro, uma vez iniciado o vazamento das informações à imprensa. Durante e depois de novembro de 1986, Reagan publicamente negou ter conhecimento prévio da conexão Irã-Contras. Investigações subseqüentes parecem confirmá-lo. Mas, de acordo com pesquisas de opinião sucessivas, a maioria dos norte-americanos nunca aceitou isso. "Eles gostam de mim, mas não acreditam em mim", ele mesmo o disse, pouco depois. Essa descrença, combinada com o choque geral do povo norte-americano a respeito do envio de armas aos aiatolás, custou-lhe perda permanente de 15 pontos na taxa de aprovação, segundo pesquisas Gallup. Isso foi mudança semelhante à de Carter após Bert Lance, ou a de Johnson após Tet, em 1968, ou à de Truman, após a entrada da China na guerra da Coréia. Reagan caiu de patamar mais alto que o deles. Também manteve aprovação não muito mais baixa que a de Eisenhower, em espaço de tempo comparável, e de fato superou Eisenhower bem no final, após a conferência de cúpula com Gorbachev. Mas as relações de Reagan com o Congresso dependiam mais da incerteza que havia nas mentes dos membros (do Congresso) sobre as conseqüências de desafiar sua popularidade sem precedentes – 66% de aprovação em seu *sexto* ano – até o momento em que aquelas vendas de armas foram reveladas. Além disso, existe o efeito debilitante das lacunas de credibilidade nos próprios Presidentes e em seu cargo. Isso vimos em Johnson e Nixon. Todos os relatos concordam que também Reagan ficou confuso e preocupado. De antemão, o risco era proporcional aos resultados.

O risco aumentou a cada fase, cada vez que North ultrapassava um limite, e disparou quando interligou suas duas atribuições. O desejo de Reagan de manter os Contras combatendo era bem conhecido. Sua determinação em encontrar financiamentos privados não era segredo. Se o dinheiro buscado de monarcas amigos deveria ser considerado público, era questão que poderia pôr em xeque sua legalidade, mas não levantou dúvidas quanto à sua credibilidade. Tampouco foi esse o caso com a linha de fornecimento que ia do Gabinete de North até a América Central. Uma revelação seria constrangedora e de fato começou a tornar-se assim pouco antes de o caso iraniano estourar. Mas, deixando o Irã de lado, a revelação não teria feito mais que mostrar o que todos os interessados em Washington já sabiam: em seu zelo, Reagan de alguma forma estava providenciando para que os Contras recebessem algumas armas, sem zombar da vontade do Congresso ostensivamente. Na realidade, esse conhecimento poderia ter aliviado a consciência de alguns congressistas que votaram a favor do banimento de armas. North de fato havia, sem querer, conseguido ajuda complementar de algumas pessoas da CIA; portanto, ele – e Reagan com ele – enfrentava questões legais a isso relacionadas. Contudo, o cerne da credibilidade pública de Reagan poderia eventualmente ter permanecido incólume, porque sua paixão pelos Contras e seu desinteresse pela letra miúda eram também amplamente conhecidos. Se as operações de North não tivessem ido além do segundo estágio, e aí viessem à luz – como começaram a vir quando um avião com suprimentos caiu –, a reputação profissional de Reagan teria sofrido: os "encanadores" estariam na boca de todo mundo. E a popularidade de Reagan bem provavelmente teria sofrido um bocado com as manchas de ilegalidade e inépcia. Mas uma queda de 15 pontos, mantida por vários meses? Duvido.

O que Reagan, antecipadamente, poderia ter feito com esses riscos da segunda fase é discutível, em função de sua aparente falta de conhecimento sobre a linha de abastecimento de North. O que poderia ter encontrado de fato é comprometido pelas vendas de armas ao Irã. Estas, ligadas à pessoa de North e seus assistentes, e especialmente a seus valores residuais, colocaram nítida marca em tudo o mais: "Irã-Contras". Elas também exacerbaram todo o risco, especialmente o risco à credibilidade. Reagan havia assumido o cargo em meio a uma onda de antipatia popular contra os aiatolás, oriunda da crise prolongada dos reféns de 1979-80. Ele e seu secretário de Estado, George Shultz, desde então, adotaram a política de nunca ajudar terroristas. Além disso, suas inclinações estavam a favor do Iraque. O Presidente, de jeito algum, havia preparado seus compatriotas para vê-lo armando o Irã em algo que ninguém, exceto ele e McFarlane, distinguia de um comércio de armas com terroristas em troca de reféns.

Cada risco que Reagan corria em cada fase do trabalho de North, tanto a favor dos Contras como dos reféns, foi maximizado, parece-me, pelas "idéias geniais" desse último. Valores residuais criados pelo superfaturamento a Teerã *não* eram dinheiro público? Qualquer que seja a resposta final no tribunal (caso haja um), muitos congressistas e jornalistas certamente os considerariam fundos governamentais, usados contra a lei. Em comparação, os presentes solicitados aos sauditas, caso se tornassem conhecidos, seriam considerados falta menor. A publicidade, conseqüentemente, permitiria criar monumental confusão, que poderia, de uma hora para outra, ser usada por pessoas bem-informadas, inclusive os iranianos. Como poderiam fazê-lo, alguém certamente iria fazê-lo (a Lei de Murphy). A publicidade seria pior, porque iria trazer a público o que parecia ser manobra envolvendo tais valores residuais, associada à farsa da venda de armas, contradizendo a linha declarada das políticas públicas – vendas justamente àquele povo que havia humilhado os Estados Unidos seis anos antes: os aiatolás e seus reféns anteriores.

Portanto, Reagan poderia prevê-lo quando o assunto lhe fosse apresentado – caso o tivesse sido. Contudo, aparentemente não o foi. Como no caso anterior, em que North avançara da primeira à segunda fase, foi dito que o Presidente nada sabia quando North avançou da terceira para a quarta fase. Com referência à primeira dessas ocasiões, até parece possível que, caso Reagan o tivesse sabido, teria sancionado uma linha de suprimentos saindo de dentro do NSC, apesar do episódio dos "encanadores" – ignorando-o ou desrespeitando-o –, a fim de manter o fluxo de armas para os Contras, compromisso seu. Mas essa última ação – a de ligar essa operação ao empreendimento com os iranianos, de maneira ardilosa – poderia facilmente ser vista como ameaça ao compromisso com os Contras – como em realidade o foi, ao descarrilar North –, sem garantir a liberdade dos reféns de Beirute como compensação.

Resumindo, observando o que se arriscava tendo North dentro da própria casa, abastecendo os Contras, poder-se-ia ficar tanto mais alerta quanto ao risco muito maior, implícito em suas "geniais" manobras para fraudar os iranianos. Mas Reagan, me parece, não conseguia enxergar nada disso; não estava ciente de nenhum dos dois, como nos foi dito, por desconhecer a linha de abastecimento de North e os tais valores residuais. Poindexter naturalmente sabia de ambos, assim como Casey, segundo North. Aparentemente, raciocinaram de maneira muito diferente. Mesmo assim, não eram o Presidente – e o que deve ser dito dele é que, evidentemente, Reagan nunca teve, de maneira alguma, chance de raciocinar sobre o caso. Até onde ele se lembra, ninguém lhe havia contado esses detalhes.

Ainda que seja tentador acompanhar as aventuras de North enquanto fornecedor dos Contras, vamos nos concentrar na questão do risco ainda maior para Reagan, como o vejo: a questão dos iranianos e dos valores residuais que ligavam os dois. Com referência a esses, é surpreendente que Casey, em quem Reagan confiava acima de todos os demais, nunca tenha lhe contado a respeito. E ainda mais surpreendente é que Reagan nunca tenha sido informado por Poindexter, seu assistente no NSC, o então vice-almirante, o vice de McFarlane desde 1983, e seu sucessor a partir de dezembro de 1985. Mais tarde, Poindexter testemunhou que acreditava que o Presidente teria aprovado, caso lhe tivesse sido contado. Mas nada lhe disseram, a fim de lhe assegurar a "negabilidade plausível", caso o sigilo fosse quebrado no futuro, como de fato o foi. A responsabilidade, disse Poindexter, pervertendo a expressão de Truman, parou *nele* (quando a publicidade sobre o caso começou, Reagan negou que teria dado sua aprovação e demitiu Poindexter.)

Aqui temos problemas já conhecidos, na forma mais crua possível. Presumindo que Poindexter tenha dito a verdade, ou algo próximo a ela, como poderia conceber que uma negação seria plausível, em se tratando de ações encetadas por pessoas às quais todos os repórteres se referiam como "funcionários da Casa Branca"? Especialmente sendo ele próprio realmente, literalmente, assessor sênior da Casa Branca, "assistente do Presidente", que lhe fornecia resumo das informações mais relevantes a cada manhã? Isso deve bastar para recordar aqueles dois ocasionais "consultores" da Casa Branca do caso famoso Watergate: Howard Hunt e Gordon Liddy. Mas talvez Poindexter estivesse embarcado em 1973 ? Ou talvez pensasse que diferenças burocráticas internas (entre o NSC e a Casa Branca) significassem para a imprensa e o público tanto quanto para ele? Ou talvez – não sendo especialista, nem em ações sigilosas, nem em assuntos políticos domésticos – tivesse sido treinado por Casey? A "negabilidade plausível", bem aplicada, é uma idéia sofisticada. Em todos os casos, em ambas as possibilidades, Pointdexter parece ter ultra-passado os seus próprios limites. Ele é um homem inteligente, com um PhD em física nuclear.

E o favor que Poindexter acreditava estar fazendo a Reagan, evidente-mente estendeu a três outros membros do NSC com direito a reivindicar conhecimentos específicos, exatamente em áreas importantes para esse caso: relações públicas políticas. Um deles era o chefe da Casa Civil da Casa Branca, Donald Regan. Dois outros eram precursores de Regan no primeiro mandato, que haviam trocado de lugar com ele: James Baker, que se tornaria secretário do Tesouro, e Edwin Meese, o conselheiro da Casa Branca na primeira gestão, que se tornou Procurador-Geral. Os três haviam sido nomeados membros do NSC a convite de Reagan, mas foram deixados por fora dos assuntos Irã-Contras, por falta de "necessidade de saber". Contudo, Regan era responsável pelo trabalho da equipe da Casa Branca em geral, incluindo relações políticas, com o Congresso e com a imprensa, enquanto Meese e Baker haviam sido conselheiros políticos íntimos (freqüentemente não em harmonia, mas sempre à mão) por todo o primeiro mandato de Reagan – e no caso de Meese, muito antes disso.

Além do vice-presidente, cujo papel permanece ambíguo, o único em condições de reivindicar para si algum conhecimento especial nessas esferas e que não foi cortado me parece ter sido Casey, o entusiasta por ação. Mas Casey havia sido removido faz tempo para longe do cenário doméstico nos últimos anos. Dizem que menosprezava o Congresso, a imprensa e os demo-cratas praticamente com igual fervor. Além disso, tinha dois interesses especiais que derivavam de seu próprio posto: a capacidade de "posição independente" e, anteriormente, a liberdade do *seu* chefe local. Em assuntos políticos públicos, uma perícia como a de Casey é suspeita, embora talvez não para o almirante Poindexter.

De forma alguma, porém, o Presidente havia sido totalmente passivo. Em algum momento em 1985, evidentemente concordou com o envio de armas para Israel, substituindo as vendas de armas de Tel Aviv para o Irã. E, mais para o fim daquele ano, assinou "constatação" retrospectiva, o documento exigido pelo estatuto, que naquele tempo regia as atividades sigilosas da CIA. Esse documento havia sido solicitado pelo vice de Casey (que logo a seguir foi forçado a sair devido à sua falta de cumprimento aos regulamentos) para encobrir coisas já feitas. O documento havia sido redigido na CIA e era tão pouco representativo das intenções do próprio Reagan que, um ano depois, Poindexter o rasgou, como mais tarde testemunhou, para poupar Reagan de constrangimentos quando as investigações começaram. O Presidente não lembrava de nada disso. Talvez o tivesse assinado sem ler, como mero detalhe administrativo de Casey.

Depois disso, em janeiro de 1986, Reagan assinou outros documentos que transferiram para as mãos dos Estados Unidos – de fato, às mãos de North e de amigos do setor privado, todos sob os olhos atentos de Casey – a responsabilidade direta de vender armas ao Irã. O Presidente fez essa escolha, contra a oposição de dois membros estatutários do NSC, seus secretários de Estado e de Defesa, contestados por Poindexter e, suponho, por Casey, nos bastidores. Reagan fez duas outras coisas que podem ter sido mais decisivas que as decisões formais: repetidamente externava preocupação a assessores seniores sobre a necessidade de continuar financiando os Contras e, freqüentemente, mencionava sentir-se infeliz com o caso dos reféns. O Presidente aparentemente não participou dos detalhes. Poindexter e North assumiram esses detalhes – assessorados pelos conselhos de Casey.

Tudo isso parece consistente com o estilo de administração de Reagan: escolha objetivos e pessoas e deixe os detalhes com eles – exceto que, evidentemente, foi descuidado quanto à escolha de palavras e visivelmente negligente na escolha de pessoas. Casey, apesar de aliado político, não havia estado próximo de Reagan até 1980. Regan e Baker foram autorizados a trocar seus postos entre si, por iniciativa própria, embora o temperamento e intelecto de Regan não fossem adequados para o trabalho na Casa Branca, como Baker provavelmente o sabia. Permitiu-se que Deaver deixasse a Casa Branca tendo como único motivo sua ansiedade, confusa em relação a família, fama e dinheiro, o que o destruiu um ano mais tarde: ele foi excelente como RP de Reagan, terrível como seu próprio RP. Meese foi para a Justiça porque era o que *ele* queria. McFarlane e Poindexter, por sua vez, foram escolhidos para chefiar a equipe do NSC porque já estavam lá como vices, aparentemente brandos, enquanto os membros do Gabinete se debatiam sobre candidatos rivais. North era considerado "herói" – palavra que Reagan usou ao falar dele mais tarde – aparentemente porque tinha aparência adequada para quem estivesse olhando de longe: de acordo com o Presidente, eles nunca conversaram longamente ou a sós.

Esses eram os homens de Reagan e, considerando que os detalhes eram deixados por conta de alguns deles, todo esse caso acabou fora de seu controle. Isso aconteceu apesar do fato de que todos os quatro estágios dessas operações saíram da sala de North, no *Old Executive Office Building*, a menos de 100 metros de onde estava sentado o Presidente – e apesar disso, se o caso viesse a público, o alarde e a confusão afetariam o Presidente, já que o edifício era "seu" edifício: esse "Escritório Executivo" era o Gabinete do Presidente. Em testemunho posterior, North descreveu com orgulho sua disposição para "agarrar a lança" e a preocupação de Casey de que talvez fosse inexperiente demais para a tarefa. Ao que Poindexter acrescentou o seu próprio orgulho de que teria estado lá para fazê-lo. Pessoas tolas – *nenhuma* delas poderia fazê-lo! Isso estava destinado a ricochetear em qualquer um deles e atingir o Presidente, deixando cicatriz ou até mesmo algo pior que isso.

Se tivessem contado mais a Reagan, e lhe oferecido a escolha que Poindexter lhe poupou, teria ele percebido aquilo? Talvez. Durante toda a sua carreira política, parece ter recuado perante perigos sérios para sua posição pública, e muitas vezes parecia preocupado com sua credibilidade. Como os acontecimentos mostrariam mais tarde, estava arriscando tanto sua popularidade quanto sua credibilidade. Se tivesse confrontado o que escondiam dele, seu perigo poderia tê-lo atingido de forma ainda mais severa do que aparentemente o fez ao abordar as escolhas que lhe permitiram fazer, ou quando expressou suas preocupações em relação aos reféns e aos Contras. Apesar dessas duas causas o terem envolvido tanto, não eram as únicas coisas que queria de seus anos finais. Portanto, desperdiçar seu prestígio com elas era de fato perigoso. E ainda que o perigo não tivesse assustado Reagan, considero inconcebível – considerando a história deles – que Baker, Meese, ou até Regan pudessem ter deixado de perceber que o peito que estava a descoberto era e tinha que ser o do Presidente.

Teria Reagan realmente mudado sua posição caso lhe tivessem solicitado aprovar os 'valores residuais' iranianos de North para os Contras da Nicarágua, pensando, ao mesmo tempo, no alcance dos possíveis efeitos sobre a influência futura do Presidente – a provável perda, tanto quanto o ganho desejado? Apesar das reivindicações retrospectivas, não há como saber, mas pelo menos se pode dizer que – na falta de questões colocadas naqueles termos – as considerações puramente substantivas, "políticas" em si, não poderiam fazer Reagan arredar o pé. Porque, como mencionado antes, Shultz e Caspar Weinberger, o secretário de Defesa (unidos dessa vez, raridade na administração Reagan) haviam combatido a luta das políticas, sem sucesso. Embora

Poder presidencial e os Presidentes modernos

houvessem divergido sobre a busca de recursos de estrangeiros para armar os Contras, estavam unidos contra armas para os iranianos. Nisso, fracassaram.

Esses membros graduados do Gabinete haviam tentado persuadir Reagan de eliminar a venda de armas de seu esforço – como o via e persistiria por bastante tempo em vê-lo – para criar novo relacionamento com Teerã, o qual, como subproduto, ajudaria a libertar os reféns. Os secretários argumentaram que, com ou sem subproduto, o Presidente não deveria vender armas àqueles que patrocinavam o terrorismo e que, apesar do seu interesse em melhorar relacionamentos, isso representaria nada mais que uma permuta por reféns – algo que o Governo havia condenado publicamente. Como Shultz mais tarde testemunhou: "Quando você vai a fundo nos detalhes operacionais mais sujos, você sempre acaba na permuta de armas por reféns."[26] Reagan, porém, recusava-se a acreditar nisso e essa continuou sendo sua posição até, segundo ele, ler o relatório *Tower Board*, no início de 1987, quando soube o que seu próprio pessoal andava fazendo. Criado com o objetivo de encontrar os fatos, esse conselho havia recebido todos os arquivos desenterrados até então – passo em direção à reabilitação de Reagan. A possibilidade de rever o que o almirante havia rasgado, poderia tê-lo ensinado mais cedo.

Mas até o empreendimento ser desvendado e começarem os rituais funerários, Reagan seguiu o caminho de Poindexter (leia-se Casey), não o de Shultz nem o de Weinberger. A cada escolha, tinha a possibilidade de fazê-lo. E, aparentemente, as escolhas que lhe foram oferecidas não mostraram, à primeira vista, o risco que pessoalmente corria em termos públicos. Mostravam-lhe exatamente o contrário. Shultz mais tarde citou Reagan dizendo: "O povo americano jamais me perdoará se eu fracassar em reaver os reféns."[27] De onde Reagan tirou essa idéia? Provavelmente não da pessoa que acompanhava as pesquisas de opinião pública. As pesquisas disponíveis em 1986 não apóiam essa impressão. Possivelmente, o Presidente, predisposto a isso por ter-se reunido com as famílias dos reféns, absorveu essa idéia, como tantas outras, através da porta dos fundos de Casey – o indispensável Casey –, o aliado político de Reagan e, aos olhos presidenciais, assim parece, o especialista em inteligência, políticas públicas e política, todas as três – para não mencionar que, aos olhos do próprio Casey, ele era também o chefe de um refém assassinado. Isso, contudo, não passa de especulação. Casey morreu de câncer, antes de testemunhar sobre o assunto, exceto de forma preliminar – algo que não será divulgado. [28]

Aqui temos um Presidente, com os olhos fixos em uma direção, posicionando-se de modo a ser apunhalado de outra – sem instintos protetores despertados por qualquer coisa ou pessoa ao redor dele. Será que isso é exclusividade de Reagan? Dificilmente. Cada exemplo neste livro, exceto pelo Plano Marshall e a crise de mísseis cubanos, uma vez em andamento, enquadra-se nessa descrição em algum grau. Dois exemplos, em particular, parecem próximos: o de 1950, sobre a ofensiva vença-a-guerra, de MacArthur. A outra, seis anos mais tarde, na conferência de imprensa de Humphrey sobre o orçamento. Pois Casey (apesar de escondido atrás de Poindexter) parece ser o MacArthur ou o Humphrey desse caso: o homem a quem o Presidente, em parte por inadvertência, concedeu o poder de criar ou comprometer suas próprias possibilidades para influenciar os *disse-me-disse* dos outros. Analogias mais suaves também podem ser encontradas adiante: Casey atuou como Arnall, o diretor de Preços de Truman na questão do confisco do aço (com Shultz representando Wilson); ou Casey, North e Poindexter combinados, como Dulles e Bissel a caminho da Baía dos Porcos (com Schlesinger e Fulbright fazendo o papel de Shultz); e assim por diante. A vulnerabilidade presidencial aos julgamentos pessoais equivocados, alimentados por conselhos duvidosos, é assustadora – e constante.

O estilo operacional de Reagan pode tê-lo deixado especialmente vulnerável. O relato de pessoas que estiveram por dentro do caso Irã-Contras demonstrou, com pouco espaço para dúvidas, a habitual falta de curiosidade de Reagan. Ele se prendia ao "quadro geral", com os acréscimos que lhe chegavam por meio dos 'causos' que lhe eram contados. Mas não se prendia a qualquer quadro – tinha algumas convicções firmes, sustentadas por comprometimentos específicos – que eu já identifiquei, todos relacionados ao patriotismo antiquado e ao anti-sovietismo de um democrata pró-Truman. Os testemunhos de Shultz, Poindexter e Weinberger corroboram isso.[29]

Como de costume, fica evidente que o compromisso substituiu o detalhe. Se sei o que penso, que importam os detalhes? Uma fórmula para a determinação! Essa qualidade freqüentemente era atribuída a Reagan, quando se pretendia ressaltar um compromisso (mas não em outros casos).

A determinação de Reagan foi aparentemente reforçada, por um lado, por sua autoconfiança, pela tranqüilidade em se tratando de seu desempenho pessoal e, por outro lado, pelo que ele desejava fosse realidade – o que pode ter aumentado com a idade. Mais que outros Presidentes modernos (embora isso seja tendência universal), parecia projetar seus desejos e então transferi-los para o caso em questão. A falta de detalhes supostamente facilitava isso. Não armas por reféns, mas esmolas para os moderados. Presidentes anteriores também tinham tido a mente cheia de compromissos ao chegarem ao sexto ano – adquirindo-os durante a caminhada, como Kennedy começou a fazê-lo, ou como FDR e Truman o fizeram. Mas os de Reagan estavam lá desde o início. Aqueles adquiridos posteriormente parecem mais como novas elaborações, especificidades subordinadas, do que questões novas. Assim, a necessidade por detalhes pode nunca ter passado por sua cabeça, nem mesmo no início. Nesse caso, sua confiança em seu estilo costumeiro deve ter sido forte o tempo todo – até novembro de 1986. Sua vulnerabilidade era proporcional.

A questão do detalhe é assunto irritante. FDR a adorava; Carter aparentemente era compulsivo quanto a encontrá-los. Reagan, não. Antes de irromper o caso Irã-Contras na imprensa, foi parabenizado por esquivar-se do "gerenciamento de detalhes".[30] Mas assim como a suposta necessidade de Carter de dominar cada assunto deu má reputação aos detalhes, Reagan, talvez, tenha restaurado sua reputação. Assim pelo menos espero. Não importa o que digam a respeito dos executivos-chefes de corporações privadas, um Presidente dos Estados Unidos não deveria esquivar-se dos detalhes quando aquilo que quer tem o óbvio potencial de envolvê-lo pessoalmente em constrangimentos gigantescos (assim como o executivo do setor privado que não entende que, quando *a própria* coroa está em jogo, deve cuidar de cada detalhe que lhe possa trazer problemas).

Na medida em que se desenrolaram as vendas de armas ao Irã, havia sinais suficientes acerca de potenciais constrangimentos. Aqueles sinais equivaliam a indícios embutidos nas escolhas feitas, iluminados pela preocupação para com as perspectivas de poder. Os indícios incluíam a proximidade de North, a frente unida de Weinberger com Shultz, a possibilidade de vazamentos em Teerã, e a vulnerabilidade das linhas de suprimento para os Contras. Mas um constrangimento máximo? Sem as informações, embaladas pelas escolhas que o pessoal de Reagan escondia dele, isso poderia não ser tão óbvio assim. Três desses sinais acauteladores empalideceriam; o quarto iria desaparecer. Então ele não tinha nenhuma maneira de contornar essas pessoas? Algum sistema de alarme que funcionasse independentemente delas? De fato, tinha, ou assim parece. E o capítulo 13 irá descrevê-lo. Infelizmente, nessas circunstâncias, não era possível.

Minhas perguntas anteriores permanecem: quando trabalhar sem detalhes? Quando insistir neles? Ao que agora devemos agregar: como um Reagan, delegador habitual, algum dia irá aprender a fazer esse julgamento? As respostas transfiro-as para o próximo capítulo. Em termos de esclarecimento, porém, cabe uma questão ainda anterior.

Para reintroduzi-la, considere isto: temos agora um 'caso de cartilha' sobre como um Presidente fracassou em resguardar sua influência futura, deixou de verificar o que estava em jogo em termos de poder, deixou de cuidar daquelas coisas que ele próprio deveria fazer. É um exemplo de cartilha, inclusive sobre o porquê de ele próprio precisar fazê-lo, e qual poderia ser o

resultado indesejado, ao ignorar ou desdenhar – ou confiar na leitura de outrem sobre – as indicações, os sinais de cautela, especialmente aqueles não
tão aparentes.

Se estivesse reescrevendo meu argumento original, certamente
começaria com o caso Irã-Contras. Ele é tão simples. As dificuldades de
Reagan parecem tão facilmente evitáveis. O país não estava gritando pelo
resgate *desses* reféns, nem havia pressão pública para negociações de armas
com *aqueles* iranianos. Pelo contrário, as políticas oficiais conforme Shultz
as expusera – nada de resgates para reféns, nada de negociações com terroristas – tinham amplo apoio (outro sinal, caso necessário). O mesmo vale
para os Contras. Eles, de fato, precisavam de recursos, mas de maneira
alguma era Teerã a única fonte concebível, nem está claro (após pagamentos
aos intermediários) se alguma vez receberam algo dali. Em comparação, o
orçamento de Eisenhower para 1958 o colocou em terrível dilema envolvendo
o cerne das questões públicas. A mudança efêmera de Truman nos objetivos
de guerra na Coréia foi realmente trágica. Por contraste, a iniciativa inapta de
Reagan contra o Irã parece secundária, quase ridícula (à parte a tentativa de
Casey de promover uma iniciativa independente, e a confusão de Poindexter
sobre a quem pertencia a responsabilidade).

O caráter de cartilha do caso de Reagan consiste exatamente nessas
qualidades. Não é de estranhar que tantos conselheiros presidenciais o tivessem
prevenido em relação à venda de armas a Teerã, desde o começo.
Independentemente dos possíveis efeitos sobre sua credibilidade e popularidade
futuras, o esquema apresentava falhas de lógica e de substância, e baseava-se
em pressupostos duvidosos que, como Weinberger gostava de mencionar,
mereciam 'rápido estrangulamento'. Quase ninguém na arena oficial era a favor
disso, salvo três oficiais militares e Casey, o aventureiro. Muitos Presidentes
teriam ficado alertas tão-somente por essa fileira de apoiadores. Até o plano de
Bissel para a Baía dos Porcos havia contado com aparente aquiescência – na
forma de silêncio – por parte dos secretários de Defesa e de Estado, aliada a
uma "boa chance" por parte de JCS.

Mas se estivesse agora reorganizando os argumentos de *Poder Presidencial,* deveria fazer mais que agregar um simples exemplo. Teria que confrontar
outra vez um problema que a simplicidade do caso de Reagan aparentemente
desmente. Porque o comportamento de dois antecessores obcecados pelo poder
– Johnson e Nixon – colocou em xeque se os riscos e interesses no poder são
suficientes para obter pistas úteis para as políticas, com base em escolhas
pendentes. E ainda que a conduta de Reagan ofereça apoio suficiente à minha
proposta original – de que as pistas são boas, e seu emprego, excelente – as
condutas de Johnson e Nixon continuam a aconselhar sua reformulação.

Em escolhas seriadas de natureza complicada – como a americanização da Guerra do Vietnã e Watergate –, já havia ressaltado que as pistas que aquelas pessoas obtiveram a partir de seus próprios cálculos de poder não se revelaram confiáveis: não confiáveis por serem contraditórias, e porque o curto prazo colidia com o longo prazo. Em um caso como o Vietnã, me parece, com enormes incertezas e riscos por todos os lados – riscos os mais altos possíveis na escala de um político (superáveis apenas por ameaças nucleares) –, o risco imediato se sobrepõe ao perigo mais distante e leva a conclusões incompatíveis. A "perda" do Vietnã do Sul em 1965 parecia pior que uma guerra que se estendesse até 1968. Em parte, porque esta poderia não acontecer, enquanto a primeira era vista como estando à mão. E uma guerra total contra o Norte, apesar de se alegar decisiva, parecia arriscar uma intervenção da China – sombras de 1950 –, ao mesmo tempo em que comprometia a reforma doméstica. Então a escolha foi uma expansão limitada. Olhando para trás, a partir de 1968, alguns dos personagens responsáveis pelas decisões desejariam que tivessem sido poupados das conseqüências. Essas eram previsíveis em 1965, aliás, haviam sido previstas por alguns conselheiros políticos, tais como Clark Clifford e Hubert Humphrey – e, possivelmente, pelo próprio LBJ. [31]Não se agiu de acordo porque os riscos efêmeros eram tangíveis, estavam à mão, enquanto as conseqüências de longo prazo não estavam.[32] O mesmo aconteceu com as ações secretas de 1972, conforme percebidas retrospectivamente – e com arrependimento – pelo braço direito de Nixon, H.R. Haldeman.[33]

O caso Irã-Contras não está isento de incompatibilidades entre o curto e o longo prazos, mas essas não são convincentes. É o que torna o caso relativamente simples. A esperança de conseguir a volta de todos os reféns e de tornar o curso do Irã mais moderado, sem dúvida surgiu na mente de Reagan para justificar o risco de vazamentos e, conseqüentemente, o conhecimento público de que teria fornecido armas aos iranianos, apesar das críticas de Shultz e, em realidade, das suas próprias. Mas nas mentes de quase todos os outros membros da família oficial – talvez, à exceção de Poindexter e North –, essas eram fantasias, não objetivos, enquanto seu prestígio público e sua reputação como homem resoluto, juntos, continham o segundo trunfo mais substancial que Reagan ainda preservava em suas relações com o Congresso (o primeiro sendo o controle do Senado pelo seu partido, que estava prestes a perder, o que acabou acontecendo exatamente quando o caso do Irã-Contras explodiu). Acrescente-se a possibilidade de vazamentos sobre os valores residuais para os Contras. Reagan, caso tivesse conhecimento disso, muito provavelmente teria considerado o risco alto demais e teria mudado seu tom. Em todos os casos, Baker e Meese teriam levantado a voz contra, creio eu, o que, provavelmente, é a razão de não lhes ter sido contado.

Contudo, concentrando-me em casos mais complicados, tendo a perguntar (se não o fiz antes, o faço agora): o que mais cabe a um Presidente fazer, além de tomar em consideração os riscos e interesses pessoais, para tornar os indícios que assim vier a obter tão úteis nesses casos como o foram, presumo, em um caso tão simples quanto esse? Se Reagan estava posicionado de tal forma na questão do Irã, de modo que um pouco do meu conselho original poderia ter-lhe bastado para preservar sua influência pessoal, então, pergunto, que novo conselho eu teria para seus sucessores quando chegassem a algo difícil?

Por que então se preocupar em aconselhar? Mas é essa a razão do exercício. Nunca tive muito interesse em expor problemas, ponto final. A razão é procurar pelo menos um vislumbre de possíveis soluções. O desejo da torcida? Talvez. Mesmo assim, deveriam ser buscadas. Os Presidentes e suas equipes procuram conselhos; necessitam deles. E merecem, de todos nós, o melhor que podemos oferecer.

Então, como melhorar os conselhos da edição original? Essa pergunta torna-se, por enquanto, prioritária sobre as três perguntas feitas acima.

Revisando os destinos infelizes de LBJ e Nixon, sugeri um complemento para ajudar a resolver as contradições entre riscos de curto e de longo prazo: "retromapeamento" (ou um pouco disso). Significa nada mais do que pensar nos resultados reais que se quer alcançar e, então, postular a última ação por parte do braço adequado do Governo, pré-requisito para aquele resultado, e em seguida pensar rapidamente nas ações intermediárias, seguindo assim até onde a escolha está sendo feita – e então adequar nossos pensamentos acerca de autoridade, prestígio e reputação de acordo. Não vejo por que mudar isso, pois não faz mal algum. Mesmo no caso do Irã, onde havia um mínimo de necessidade de complementação, se Reagan tivesse pensado nas conexões causais implícitas entre uma promessa de armas aos "moderados" em Teerã (promessa a ser cumprida por terceiros e quartos, todos com fortes interesses pessoais) e a soltura de reféns por parte de terroristas em Beirute – promessa que, além disso, qualquer xiita na corrente informal e muitos fora dela poderiam revelar – talvez tivesse enxergado razão para restringir seu medo de ônus público, caso falhasse em libertar cinco reféns. Com prudência, tinha mais a temer do que isso: outras coisas podem eventualmente parecer menos perdoáveis, como fazer uma promessa sem domínio sobre aqueles elos – algo que Reagan não conseguiria atingir.

Mesmo assim, o "retromapeamento", embora útil, não é nenhuma panacéia. Especialmente não para alguém com falta de interesse por detalhes. O que mais, ou o que em seu lugar, poderia ajudar um Presidente a pensar de forma mais precisa e avaliar as perspectivas de forma mais exata do que aparentemente o fez, quando invocou o perigo público ao não trazer de volta aqueles reféns – sem falar dos contra-riscos por abastecer com armas os aiatolás?

Mas, espere: não é justo colocar novamente essa pergunta aos leitores que ainda precisam ver a coisa bem feita. Os erros são a matéria-prima do cardápio que ofereci aos leitores até agora, e o de Reagan relacionado ao Irã é o maior de todos. Será que, em tempos modernos, não houve nenhum sucesso bem registrado e pesquisado, em que aquele que ocupa a Casa Branca tenha feito, por impulso próprio, aquilo que aconselhei inicialmente e simplesmente teve sucesso? No qual tenha consultado os próprios riscos e interesses envolvidos numa escolha iminente, agido de acordo com o que percebeu e assim melhorado sua própria influência futura? A resposta, claro, é sim. Assim, antes de me concentrar novamente em como melhorar o meu conselho original, é meu dever produzir pelo menos um exemplo onde a formulação original parece ter funcionado. O sucesso, segundo meus termos originais, parece tão provável quanto o fracasso – ou mais – de conter dicas sobre como aqueles termos podem ser melhorados.

Para completar, permitam-me oferecer, em seguida, não um exemplo, mas dois. Então poderemos voltar aos problemas de Reagan com novo discernimento em relação ao que poderia ter feito, e com isso, concluir. Então responderei às perguntas, até agora duas vezes postergadas, sobre como chegar aos detalhes e como saber o suficiente para fazê-lo.

Notas

[1] Amplia o meu trabalho publicado em Larry Berman, ed., *Looking Back on the Reagan Years* (Baltimore, Md: *Johns Hopkins University Press,* no prelo).

[2] Os índices de aprovação de Reagan nas pesquisas de opinião Gallup, que continuavam a dirigir a mesma pergunta de sempre à sua amostra de cidadãos, começou com 55% em fevereiro de 1981, cresceu até 68% após a tentativa de assassinato em fins de março, e

estava em 60% naquele verão. Os índices então acompanharam a queda na economia durante a recessão de 1982 até o ponto baixo de 35%, e voltaram a subir, retornando aos 55% no início de 1984. Durante todo aquele ano, a aprovação subiu, chegando a 66% no início de 1985. Aí permaneceu, com pequenas variações, até novembro de 1986. Em 1987, a aprovação flutuou entre 49% e 54%. No verão de 1988, começou a subir mais, ultrapassando os 60%, antes do fim do ano. Os índices de desaprovação após as revelações do caso Irã-Contras seguiram padrão oposto. Como se podia esperar dos dados e análises de Richard Brody, aquelas revelações, desmentindo declarações presidenciais anteriores, se juntaram com as derrotas no Senado, apesar da campanha pessoal de Reagan, aumentando sua taxa de desaprovação em mais 15%, em dois meses. O intervalo seria mais curto, não duvido, se a pesquisa Gallup não tivesse omitido outubro. Para maiores informações sobre a lógica, vide Richard A. Brody, *"Daily News and the Dynamics of Public Support for the President"*, preparado para ser apresentado durante o Encontro Anual da *Western Political Science Association,* Eugene, Oregon, 22 a 34 de março de 1986. Vide também James W. Caesar, *"The Reagan Presidency and Public Opinion",* em Charles. O. Jones e, *The Reagan Legacy,* Chatham N.J. : Chatham House, 1988.

[3] Eisenhower e Reagan, ambos, deixaram o cargo com taxas de aprovação nas pesquisas Gallup que haviam subido acima de 60% nos seus últimos dois meses. Reagan terminou com alguns pontos acima de Ike, o que resulta em bela distinção retórica, mas não diferença de significado real.

[4] Para a história de Reagan, vide, entre outras coisas, as memórias de seu diretor de Orçamento, David A. Stockman, *The Triumph of Politics before the Reagan Revolution Failed,* New York: Harper & Row, 1986, especialmente pp. 24-134, 245-75. Para a história de Roosevelt, vide, entre outros, Arthur Schlesinger, Jr., *The Coming of the New Deal,* Boston: Houghton Mifflin, 1959, capítulos 6,7 e 12.

[5] Vide meu *Thinking in Time,* com Ernest R. May, New York: Free Press, 1986, capítulos 2 e 6. Vide também o estudo de caso da *Kennedy School of Government,* sobre as origens da Previdência Social - *Social Security (B)* (case nro. C14-77-198.0) e Frances Perkins, *The Roosevelt I knew,* New York:Viking 1946, especialmente capítulo 23.

[6] Vide Harold Stein, *"The Feasibility Dispute: Determination of War Production Objectives for 1942 and 1943",* Washington, DC: *Committee on Public Administration Cases, 1950.* Vide também McGeorge Bundy, *Danger and Survival: Choices About the Bomb in the First Fifty Years,* New York: Random House, 1988, pp. 23-43.

[7] Posso testemunhar a respeito do raciocínio de Truman. Que Reagan raciocinou assim, me foi relatado por um membro de sua equipe na Casa Branca. Não o sei por conhecimento direto.

[8] Em 1943, por exemplo, a maioria das decisões sobre a alocação entre os aliados da munição fabricada na América foi delegada a Hopkins, incluindo as Forças Armadas dos Estados Unidos. Em 1944, enquanto Roosevelt se preparava para Yalta, *todas* as decisões para o orçamento do ano fiscal de 1946 foram delegadas a Smith (contra seu próprio protesto).

[9] Vide, entre outros, Hedrick Smith, *The Power Game: How Washington Works,* New York: Random House, 1988, p.299.

[10] Ibid., pp. 297-300, e Stockman, *Triumph,* páginas 296-97. Vide também Lou Cannon, *Reagan,* New York: Putnam, 1982, pp. 125-29, 233-38, 376-86.

[11] Vide Cannon, *Reagan,* Smith, *Power Game,* e Stockman, *Triumph;* especialmente, Cannon, capítulo 12, sobre Reagan enquanto governador da Califórnia. Vide também Donald T.

Regan, *For the Record,* New York: Harcourt Brace, 1988, especialmente pp. 226, 247-48, 266-68. Ademais, vide Harry Brandon, *Special Relationships,* New York: Atheneum, 1988, pp. 398-99,408-9.

[12] Vide *New York Times*, 26 de março de 1987, p. A1.

[13] Conforme me foi relatado por um então membro da equipe da Casa Branca. O discurso em questão foi transmitido pela TV em 27 de julho de 1981.

[14] Para indicações esboçadas dessas inovações, vide a dissertação pelo porta-voz de Reagan, Larry Spikes, *Speaking Out: Inside the Reagan White House*, New York: Scribner´s, 1988, pp. 111-17, 217-45. Ele dá pouca importância a Gergen e passa rapidamente por Deaver, erro em ambos os casos, a meu modo de ver. Vide também as memórias de Michael Deaver, *Behind the Scenes,* New York: Morrow, capítulos 6-8. Se Gergen escrevesse suas próprias memórias, aprenderíamos mais, e mais sistematicamente, mas não o fez. O mesmo pode-se dizer, enfaticamente, de Richard Darman. Na falta desses relatos, a melhor descrição disponível encontra-se em Smith, *Power Game,* especialmente capítulos 11 e 12. No mesmo sentido, vide Steven R .Weisman, "The President and the Press: The Art of Controlled Access, *The New York Times Magazine*", 14 de outubro de 1984.

[15] Vide, entre outros, Regan, *For the Record,* p. 271.

[16] Vide, entre outros, Cannon, *Reagan,* especialmente pp. 324-25.

[17] Como me foi contado, em separado, por dois membros da então equipe da Casa Branca, relatando suas próprias experiências.

[18] Vide Neustadt e May, *Thinking in Time,* pp. 20-21, 29-31. Em 30 de janeiro de 1982, os Reagan ofereceram almoço festivo na Casa Branca, para celebrar o 100º aniversário de FDR. Foi evento de gala bipartidário, no decurso do qual o Presidente levou membros da família Roosevelt à Sala Vermelha e lhes falou de seu amor pelo seu avô ou tio-avô (conforme o caso). Ele venerava o *New Deal,* disse Reagan, e nunca sonharia em voltar atrás. A *Great Society* de LBJ era algo diferente; ele queria podá-la. Assim um daqueles netos, antigo aluno meu, contou-me logo depois. Ao final do evento, um congressista democrata se queixou ao porta-voz O'Neill, "Ele roubou Roosevelt, bem embaixo do nosso nariz", ao que Tip respondeu "Bem, ele tem o direito, penso. Afinal, votou nele 4 vezes!"

[19] Vide, entre outros, Stockman, *Triumph*, pp. 324-26, 373-75. Vide também Paul E. Peterson e Mark Rom, "Lower Taxes, More Spending, and Budget Deficits " em Jones, ed., *Regan Legacy;* especialmente pp. 222-27.

[20] Reagan começou, aparentemente, com esperanças alimentadas pelos *supply-siders*, de que o crescimento econômico aceleraria imediatamente após os cortes de impostos, o que não aconteceu. Ele então mudou de posição e esperou que um crescimento moderado fosse suficiente, caso combinado com uma inflação baixa, com cortes orçamentários contínuos (exceto para Defesa), e com recursos acelerados provenientes do imposto sobre salários, no contexto da reforma da previdência social, de 1983. Após 1981, Reagan conseguiu poucos cortes orçamentários, mas os aumentos nas despesas foram mantidos baixos (a partir de1983, também na Defesa, por iniciativa do Congresso), e no fim da década de 80 as receitas da previdência social começaram a amontoar-se a uma taxa muito acima das expectativas. Superávits altos estavam surgindo para aliviar déficits nominais. Sem recessão, inflação, ou fuga do dólar, o ano de 1992, ou por essa época, deveriam testemunhar os últimos anos; ver os últimos dos déficits extra-anuais de Reagan. Assessores me disseram que ele deixou o cargo bem consciente disso.

Richard E. Neustadt

[21] Professor Martin Feldstein, de Harvard.

[22] Para um resumo, vide James M. Burns, *Roosevelt: The Lion and the Fox*, New York: Harcourt Brace, 1954, pp. 316-36. Para tons mais contemporâneos, vide *Diaries* de Harold Ickes e de Henry Morgenthau.

[23] N.T.: Referência ao caso Watergate, que derrubou Nixon.

[24] A discussão a seguir do caso Irã-Contras se baseia, sobretudo, em quatro fontes: primeiro, ao relatório da assim chamada *Tower Commission,* oficialmente conhecida como *President´s Special Review Board,* datada de 26 de fevereiro de 1987. Segundo, *Joint Hearings of the U.S Senate and House of Representatives Select Committees on Intelligence, Iran-Contra Investigation, 110th Congress, 1st Session, May-August, 1987,* especialmente os testemunhos de McFarlane, North, Poindexter, Regan, Shultz e Weinberger. North, Poindexter e Shultz são particularmente sugestivos no assunto de Casey, que morreu no dia após o início desses interrogatórios. Terceiro, as conferências com a imprensa e outros pronunciamentos públicos do Presidente sobre o assunto, principalmente em 13, 19, 25 de novembro e 6 de dezembro de 1986; 4 e 19 de março, e 12 de agosto de 1987. Eu os complementei com entrevistas confidenciais de antigos assistentes, membros da Casa Branca em maio e setembro de 1987, e em março de 1988. Em quarto lugar, por fim, está *Veil,* de Robert Woodward, New York: Simon & Schuster, 1987. O livro inclui o que foi reportado como conversações com Casey.

Esse livro é menos importante pelo que transmite em relação a especificidades – a maioria das quais relatada acima, de uma ou outra forma – do que pelo que oferece sob a forma de tom, sobre atitudes e relacionamentos, especialmente de Casey. Vide, por exemplo, pp. 39-129, 258-95, 310-46, 484-507. Mas não fundamento minhas suposições sobre o papel de Casey e possíveis motivos no relato de Woodward. Eu as fundamento, antes, em declarações explícitas e indicações amplas no testemunho ao Congresso, citado acima, e na simples proposta de que nada mais é suficiente para explicar a conduta de Reagan. Aqueles que consultei, e que conheciam Casey profissionalmente naquele tempo, concordam. O mesmo acontece com os antigos ajudantes de Reagan. Contudo, com referência a ambos os homens, minha reconstrução deve aguardar alguma luz que os arquivos – se é que existem – possam trazer, quando abertos. Regan e Speakes, previamente citados, agregam fragmentos de detalhes interessantes sobre Reagan, mas não muito sobre Casey, à exceção do comentário descuidado de Reagan de que os dois freqüentemente se encontravam a sós.

Já o julgamento de North, em 1989, pelo que pude acompanhar pelas reportagens no *New York Times*, não agregou nada substancial à história referente ao Irã. As novas revelações que surgiram estavam concentradas mais no lado dos Contras, especificamente sobre os esforços para obter recursos para eles, de fontes estrangeiras ou privadas. Isso é de muito menor interesse para meus propósitos, especialmente porque acredito, de modo geral, que o fato tenha sido bem conhecido dos repórteres e congressistas interessados, enquanto em andamento – e portanto, era bem mais aberto do que, em retrospectiva, foi feito parecer. O lado dos Contras da história – deixando o Irã de lado – conseqüentemente envolve certa hipocrisia por parte do Capitólio, possivelmente numa intensidade suficiente para embotar o sentido olfativo de qualquer Presidente em relação a coisas que não deveriam acontecer em sua casa. Até mesmo a possibilidade desloca o financiamento dos Contras para posição secundária, relativamente falando, para uso meramente ilustrativo aqui.

[25] Um documento que foi liberado de sigilo durante o julgamento de North, em 1989, perante a Corte Distrital de Columbia – presidida pelo juiz Gesell – foi um conjunto de atas da reunião do Grupo de Planejamento do SNC (NSPG) de 25 de junho de 1984, com a presença

394

Poder presidencial e os Presidentes modernos

de Reagan, onde a primeira Emenda Boland (cortando ajuda militar) foi prevista, levando a discussões sobre uma eventual ação remediadora. O assunto da solicitação a Governos estrangeiros veio à tona, com Shultz citando James Baker como sendo contra isso, enquanto Weinberger e Casey discutiam veementemente que não havia problema nisso, pois o Presidente havia assinado parecer generalizado, o qual poderia ser usado para legalizá-lo. Baker, alegaram, havia concordado. Ele não estava ali. O Presidente não apresentou nenhuma objeção. Schultz foi menosprezado. Para comentários sobre esse e outros documentos nesse julgamento, vide Theodore Draper, *"Revelations of the North Trial, New York Review of Books,* 7 de agosto de 1989.

[26] *Joint Hearings* (testemunho do secretário Shultz), parte 3, 21 de Julho de 1987.

[27] *Ibid.*

[28] Casey apareceu rapidamente, em sessões fechadas separadas, perante a Câmara dos Deputados e os Comitês de Inteligência do Senado, onde foi evasivo, em 20 de novembro de 1986, um dia após a primeira notícia pública sobre os "valores residuais" para os Contras. Na manhã em que deveria retornar para mais testemunhos, sofreu um ataque e foi hospitalizado para uma cirurgia de emergência, seguida de um tratamento severo. Ele nunca se recuperou, e morreu em 6 de maio de 1987. De acordo com *Veil,* de Woodward, Casey sabia que tinha câncer desde março de 1986, porém não o havia contado a ninguém no Governo, exceto a Reagan.

[29] *Joint Hearings.* Vide, por exemplo, parte 2, pp. 20-23, parte 3, pp. 39-45, 131-33.

[30] Ann Reilly Dowd, "What Managers Can Learn from Manager Reagan*",* *Fortune,* 15 de setembro de 1986, pp. 33-41.

[31] Vide, entre outros, Larry Berman, *Planning a Tragedy",* New York: Norton, 1982, especialmente pp.79-94, 141-53, 187-95. Vide também Doris Kearns: *LBJ: An American Dream* (New York: Harper & Row, 1976), pp. 263-99.

[32] Vide Neustadt & May, *Thinking in Time,* capítulos 5 e 9.

[33] Vide, por exemplo, Samuel Kernell e Samuel L. Popkins, eds., *Chief of Staff,* Berkeley: University of California Press, 1986, p.66.

CAPÍTULO 13
DOIS EXEMPLOS DE AUTO-AJUDA

Entre os livros sobre Presidentes publicados desde 1960, há uma análise detalhada de um exemplo no qual um deles engajou-se de fato no tipo de autoproteção que defendi há trinta anos. O caso aconteceu seis anos antes, e teria sido outro exemplo perfeito para mim, caso soubesse o suficiente a respeito na ocasião, o que não ocorreu. Mas sei agora, e é com alegria que compenso a falha.[1]

Trata-se de caso dos tempos de Eisenhower, que joga luz bastante diferente sobre sua Presidência – diferente da caracterização apresentada no capítulo 7. Isso aumenta ainda mais seu interesse e sua relevância. A ironia acompanha a pesquisa, assim como a vida. O caso gira em torno das decisões a respeito da assistência norte-americana aos franceses durante o sítio de Dien Bien Phu: "O dia em que não entramos em guerra", na expressão de Chalmers Roberts, mas de fato refere-se a vários dias em que não o fizemos.[2]

Assim, como medida provisória, suspendendo-o agora todas as minhas perguntas, e retorno à primavera de 1954. Em seguida, em busca de um segundo sucesso relativo, alcançado com base em termos diferentes – aumentando, portanto, nossa percepção sobre a matéria-prima de um sucesso – avançaremos oito anos, até Kennedy, em 1962. Depois disso, ressuscitarei a pergunta sobre o que mais há para se tentar, além de consultar seus interesses e riscos quanto ao poder, e também ao que Reagan poderia ter feito para melhorar suas perspectivas em e após 1985 – e, por extensão, o que um Presidente posterior pode fazer.

Em meados de março de 1954, elementos-chave das tropas francesas que estavam combatendo uma insurgência de nove anos nas regiões vietnamitas da Indochina francesa foram sitiados em Dien Bien Phu, a oeste de Hanói, próximo à fronteira com o Laos. Retrocesso drástico, em 15 de março, foi a perda da única pista de pouso dos defensores. Seguiu-se uma situação desesperadora, acompanhada por todos.

Por iniciativa britânica, uma conferência já estava marcada para iniciar-se em Genebra, seis semanas mais tarde, que reuniria ambas as partes do conflito e as grandes potências interessadas, incluindo Beijing. Os insurgentes eram vietcongues, seguidores de Ho Chi Minh, que agora tentavam uma vitória antes das negociações. Os chineses de Beijing também eram comunistas, não-reconhecidos pelas Nações Unidas e, na verdade, estavam em guerra com as forças das Nações Unidas na Coréia, até nove meses atrás. John Foster Dulles, o secretário de Estado norte-americano, que desaprovava totalmente tanto o comunismo quanto a pacificação, chegou à Conferência de Genebra cético, por ambos os motivos. O patrocinador da conferência, Anthony Eden – o secretário de Relações Exteriores da Grã-Bretanha, que em breve seria primeiro-ministro – a via como uma maneira, crítica para a Europa, de ajudar seus amigos mútuos em Paris a sair com elegância do emaranhado em que rapidamente se transformava o compromisso da política francesa na Ásia – ao mesmo tempo em que, pela primeira vez, incluía Beijing na diplomacia ocidental.

Eden não havia contado com o desastre militar francês; tampouco Paris. Mas a guerra da Indochina havia se tornado tão onerosa – tanto em termos financeiros quanto em vidas humanas – a ponto de deixar a França amargamente dividida. Grande parte do dinheiro era norte-americano e assim havia sido durante quatro anos. As perdas humanas, não. Juntamente com legionários e vietnamitas, a essa altura tantos franceses já haviam sido mutilados ou mortos que não era mais possível conseguir maioria na Assembléia Nacional para enviar mais. Ainda assim, o sítio a Dien Bien Phu agora precisava ser submetido a Genebra. O que fazer?

Essa pergunta foi esboçada em Washington, assim como em Paris. Na verdade, desde janeiro, quando as principais unidades vietcongues pela primeira vez haviam surgido nos arredores de Dien Bien Phu, Eisenhower e seus assessores do NSC consideravam ativamente a possibilidade de uma derrota francesa e como agir depois disso. O mesmo haviam feito os membros interessados do Congresso. Agora, tal contingência se aproximava. Uma delegação militar francesa de alto nível veio de Paris, de braços estendidos. Naquele ponto, no fim de março, o presidente do Estado Maior das Forças Armadas dos Estados Unidos, almirante Arthur Radford (inclinado a intervir, desde o início), apresentou-se como defensor de ataques aéreos norte-americanos sobre os sitiantes vietcongues: eliminá-los, ou grande parte deles, e permitir que a guarnição pudesse sair de lá, para um lugar melhor. Essa idéia ganhou pouco ou nenhum apoio na época do secretário de Estado Dulles. Ele próprio não estava muito interessado em salvar uma tropa francesa específica, mas sim em comprometer a França e também a Grã-Bretanha, se possível, juntamente com as potências regionais, com promessas de ações unidas no futuro. Esperava, dessa forma, impedir Beijing e Moscou – o assim chamado bloco

Poder presidencial e os Presidentes modernos

sino-soviético – de tomar todo o sudeste asiático comunista (gente como Ho Chi Minh ele evidentemente tomava como sendo fantoche, sob as ordens da liderança de Berlim Oriental). Mas, se negar a vitória a Ho pudesse ajudar a promover tal mecanismo de dissuasão, então Dulles talvez pudesse ser convencido; logo depois, ele o foi. E Radford conquistou apoio explícito de Richard Nixon, o vice-presidente. Nixon dificilmente seria aliado decisivo, mas suas credenciais anticomunistas e sua posição junto à direita republicana lhe davam mais peso que a um sucessor como Bush, trinta anos mais tarde. Contudo, Radford não conquistou o apoio de seus colegas do Estado Maior, a quem a Coréia havia tornado cautelosos e desconfiados quanto aos franceses.

Homem engenhoso e determinado, Radford valeu-se do que tinha em mãos e divulgou suas idéias, primeiro em um memorando ao Presidente e mais tarde, em 1°. de abril, seguindo instruções do Presidente, durante reunião do NSC. A isso seguiu-se reunião mais privativa com Dulles, entre outros; outra reunião desse tipo aconteceu na manhã seguinte. Eisenhower presidiu todas e participou ativamente. O Presidente já havia expressado alguma simpatia por ataques aéreos e, em dado momento, durante o almoço, perguntou-se em voz alta o que aconteceria se realizassem um único ataque secreto, com aeronaves não identificadas. Ele já o havia mencionado a Dulles. Contudo, Eisenhower rapidamente desistiu da idéia, aparentemente porque não seria possível negá-lo – e não havia certeza de sucesso. Depois, tomou direção oposta e, como condição para qualquer intervenção, determinou que ela teria que ser explícita e contar com o apoio do Congresso.

Três semanas antes, em 10 de março, respondendo a uma pergunta, Eisenhower havia dito em uma conferência de imprensa: "Não haverá envolvimento de norte-americanos na guerra, exceto como resultado de um processo consti-tucional, nas mãos do Congresso"[3]. Em 1°. de abril e depois disso, aplicou-o a Dien Bien Phu. Ele já o havia utilizado, em discussões com seus assessores, referindo-se a questões de longo prazo para toda a região. Durante o seu Governo, não haveria repetição das decisões unilaterais de Truman em relação à Coréia, acionando o que passou a ser chamado de "a guerra de Truman". Radford e Dulles foram informados de que deveriam consultar os líderes do Congresso.

Começaram a fazê-lo. Dulles, sendo o mais velho, assumiu a liderança. Naqueles tempos relativamente ordenados, os líderes dos partidos em ambas as casas e os presidentes das comissões de Relações Exteriores e Assuntos Internacionais (ou Forças Armadas, conforme o caso), juntamente com as principais minorias, constituíam o Congresso para fins de consulta bipartidária. O senador Joseph McCarthy, de Wisconsin, apesar de estar no auge à época, causando ao regime de Eisenhower tanto trabalho quanto havia causado ao de Truman, não ocupava nenhum desses cargos e, portanto, não havia sido incluído.

Mas estava em suas mentes. Tendo subjugado elementos do departamento de Dulles, estava voltando sua atenção para o Exército. Eisenhower, então, buscava, indiretamente, levantar os líderes do Senado contra ele. Dien Bien Phu tinha o potencial contrário: de armar McCarthy contra eles – acima de tudo, contra o Presidente. Como observara Fred Greenstein, as duas coisas forçosamente estariam vinculadas.[4]

Em 3 de abril, após instruções adicionais recebidas no Salão Oval, o secretário e o almirante informaram oito dos líderes do Congresso, no Departamento de Estado. Não está claro se os ataques aéreos de Radford foram discutidos especificamente no contexto da "ação unida" de Dulles. De qualquer modo, a resposta foi bipartidária e unânime: os Estados Unidos deveriam avançar, alternando com os britânicos – os dois aliados com tarefas globais, cujas responsabilidades regionais corriam em paralelo (Malásia e Filipinas) – caso contrário, não. Quanto aos franceses, a ação de apoio deveria ser condicionada à imediata independência para os estados da Indochina; caso contrário, pareceria que os norte-americanos estavam apoiando o colonialismo.[5] Esse consenso entre os líderes minoritários – senador Sam Rayburn e seu protegido no Senado, Lyndon Johnson – podem tê-lo comentado pessoalmente com o velho amigo de Rayburn – Eisenhower –, durante reunião particular.[6]

O apoio britânico e a descolonização francesa foram, assim, acrescentados à aprovação do Congresso, como condição para a intervenção armada na Indochina. O Presidente e Dulles, tendo concordado pessoalmente, o relataram perante reunião completa do NSC, em 6 de abril. Não houve dissidentes. A não ser que Eden ou os franceses dessem para trás (seja lá em que ordem), não haveria possibilidade de ataques aéreos. Quando planejadores subordinados levantaram o assunto novamente, o Presidente voltou a derrubá-lo.

Eisenhower então enviou Dulles a Londres para ver o que poderia fazer com Anthony Eden e com o primeiro-ministro Winston Churchill, então a caminho da aposentadoria. Eisenhower já havia escrito a Churchill a respeito da ação unida; não escreveu nada – até onde sei – acerca de intervenção imediata. Eden e Dulles não simpatizavam um com o outro – seus estilos e temperamentos estavam a quilômetros de distância – mas ambos, Churchill e Eden, gostavam de Ike, seu parceiro próximo durante a II Guerra Mundial e, recentemente, na OTAN. Mesmo assim, após algumas idas e vindas que confundiram Dulles durante um tempo, Eden mostrou-se totalmente em desacordo. Do seu ponto de vista, a intervenção aconteceria tarde demais. Independentemente do campo de batalha, a França teria que largar o controle da Indochina – e Genebra era o lugar para barganhar sua retirada. Quanto a unir forças para manter o inimigo afastado, era cedo demais. Genebra teria que acontecer primeiro. Seu resultado determinaria as especificidades do problema.

Em Paris, o ministro das Relações Exteriores da França, George Bidault, explicou ao embaixador norte-americano – como já o havia feito antes – e depois ao próprio Dulles – agora a caminho de Genebra – que, depois de tanto sacrifício, o seu Governo não poderia dar soberania à Indochina antes mesmo das negociações de Genebra terem-se iniciado; melhor ser retirado de campo. Dulles pode ter dado esperanças a Bidault, talvez através de um mal-entendido, de que aeronaves providas de armas nucleares ainda poderiam salvar a situação em Dien Bien Phu. Isso levou a uma enxurrada de solicitações e recusas transatlânticas, mas nenhuma ação. Nada poderia ter agradado menos a Eden e Churchill. E a reação do próprio Eisenhower espelhava o que teria sido a reação deles. A opção atômica de fato foi levantada junto a ele, mais ou menos na mesma época em que os ataques aéreos convencionais. Ele mais tarde lembrou ter dito a Robert Cutler (o remoto precursor de Pointdexter como diretor do Estado Maior do NSC): "Vocês devem estar malucos. Não podemos usar aquela coisa terrível contra os asiáticos pela segunda vez em dez anos. Meu Deus!"[7]

Nas próximas semanas, por duas vezes os apelos franceses (sem o pedido de independência) foram recebidos em Washington e ouvidos por todos os envolvidos, inclusive o Presidente. Mas ninguém, de Radford para baixo, contestou a propriedade da aprovação do Congresso, e ninguém negou a falta de apoio britânico, ao qual havia sido vinculada.

A conferência de Genebra iniciou-se em 26 de abril. Onze dias mais tarde, Dien Bien Phu caiu, após extraordinária resistência. Um novo Governo francês havia negociado os melhores termos possíveis e de fato se saiu melhor do que o esperado, concedendo independência aos estados da Indochina, mas cedendo somente metade do Vietnam para controle imediato de Ho Chi Minh. Parece que Moscou e Beijing tinham seus próprios motivos para limitá-lo. Dulles, por princípio, negou-se a assinar os acordos de Genebra – o que fatalmente deixou Washington livre para intervir no futuro – e retomou sua busca por um mecanismo de contenção. Ninguém culpou Eisenhower por não intervir naquela primavera. O Congresso e nossos aliados foram responsáveis por isso.

A partir desse relato um tanto cru, seria tentador concluir que Eisenhower havia decidido desde o princípio contra os ataques aéreos norte-americanos e deliberadamente elaborado uma maneira à prova de erros para vetá-los, sem que ele próprio jamais tivesse que dizer não. A tentação fica ainda maior se levarmos em consideração suas relações pessoais: Rayburn era amigo de longa data; Eden era próximo, em decorrência da II Guerra Mundial. As reações de ambos poderiam muito bem ter sido antecipadas a partir das posições anteriormente assumidas: Eden, em relação a Genebra, entre outras coisas; Rayburn, em relação ao fato de Truman não ter vinculado o Congresso à Coréia. No entanto, mais do que antecipar, será que Eisenhower não sabia da reação de

Eden, antes mesmo de enviar Dulles para descobrir? Havia canais disponíveis. E, sabendo-o, será que o Presidente não poderia ter combinado com Rayburn e, supondo que ele concordasse, então deveria tornar a posição de Eden determinante para os democratas, assegurando que os líderes diriam a Dulles o que de fato disseram? Bastaria um telefonema.

As respostas poderiam ser 'sim'. Ainda que os registros governamentais e os documentos de Eisenhower (assim como os de Dulles) não o corroborem, não são decisivos para a natureza do caso. Melanie Billings-Yun, cronista do caso que vasculhou todos os registros norte-americanos, conclui que, mesmo o Presidente tendo montado todo o esquema, depois disso teria deixado a natureza seguir seu rumo. Ela crê que ele tenha decidido, desde o início, não intervir e nem assumir o ônus, e aguardou pelas reações do Capitólio e do exterior, confiante de que não necessitavam de nenhum empurrão seu.

Os registros admitem ainda outra interpretação, favorita de dois cronistas: John Burke e Fred Greenstein. Essa é a que Eisenhower cultivava na época. Enquanto continuasse havendo oportunidade, nunca formalmente excluiria a possibilidade de intervenção. De fato, continuou a discuti-la em diversas ocasiões, algumas das quais no Congresso, sempre como uma questão entre outras. Para ele, aquela opção poderia permanecer em aberto *se* a situação militar o justificasse e *se* os franceses concordassem – e *se* Eden desse meia volta, o que poderia ter feito sob aquelas circunstâncias. Eisenhower deve ter estado ciente de que, caso acrescentasse sua voz enfaticamente à de Dulles, Eden o teria percebido.

Mas seja lá qual tenha sido a realidade à qual Eisenhower tenha atribuído tal opção, provavelmente também sabia que, caso a escolhesse, caso interviesse após o cumprimento das pré-condições, não estaria inaugurando uma "guerra de Eisenhower", do modo como Truman havia feito na Coréia. E se não optasse por isso, como de fato ocorreu – deixando Dien Bien Phu cair, com todas as conseqüências disso para Genebra, enquanto suas condições anglo-francesas não fossem atendidas –, então não teria sido Eisenhower que teria "perdido" a Indochina, mas sim o colonialismo francês. Ainda mais: ninguém, nem McCarthy, nem ninguém mais, poderia acusá-lo de ser "suave" em relação ao comunismo por ter ignorado os conselhos de um almirante como Radford, um estadista como Dulles, ou um caçador de comunistas como Nixon (Alger Hiss havia sido condenado por perjúrio três anos antes). Nenhuma sombra sequer de Truman e China ou de Truman despedindo MacArthur! Pois Eisenhower não havia ignorado os conselhos deles. Oficialmente, o Congresso e Eden, juntamente com os próprios franceses, haviam impedido sua implementação.

Assim, seja lá qual for a maneira segundo a qual escolhemos interpretar Eisenhower, seja como nunca tendo pretendido levar a cabo uma intervenção

Poder presidencial e os Presidentes modernos

ou como disposto a considerá-la, suas escolhas no fim de março e no início de abril – da convocação do NSC à consulta aos líderes do Congresso, ao estabelecimento das três condições, à carta a Churchill, ao envio de Dulles ao exterior – foram tais que protegeram sua autoridade constitucional, sua reputação em Washington e sua posição perante o público, seja intervindo ou não, e a França perdendo a Indochina ou não. Isso Eisenhower conseguiu, apesar das analogias com Truman ainda estarem assombrando a consciência do público – e apesar de Joe McCarthy.

Na medida em que o Presidente se acercou dessas escolhas, quem o aconselhou a ser tão autoprotetor? Quem o aconselhou em relação àquelas escolhas nesses termos? Os registros não mostram. Ou ele se valeu de assessores fora do círculo de seus assessores no NSC – pessoas discretas que não registraram nada a respeito – ou, o que é mais provável, tirou tais considerações de sua própria cabeça. Eisenhower era experiente quanto a relações relevantes com o Congresso, pois trabalhara para o Estado Maior do Exército, onde começou sua amizade com Rayburn. Ele tinha enorme experiência nas relações com aliados relevantes, primeiro através de seus comandos durante os tempos de guerra e depois enquanto chefe do Estado Maior do Exército, e depois – com intervalo de apenas três anos – na OTAN. Sua experiência relevante era enorme, apesar de não maior que a sua natural preocupação para com sua própria imagem, agora como Presidente. A experiência e a preocupação convergiam. Portanto, tinha os recursos para pensar sobre tais coisas por si só – e é bem provável que o tenha feito.

Será que esse é o mesmo "estranho no mundo da política e do poder", de 1959, que descrevi no capítulo 7? Dificilmente! Não em 1954, quinze meses antes de seu infarto; não em relação a questões tão diretamente vinculadas a seus interesses habituais e a sua experiência.

O histórico de Eisenhower – mesmo após cerca de trinta anos como estudioso – ainda me desconcerta nesse sentido. Se durante os seus últimos anos veio a preocupar-se profundamente – como agora parece ser o caso – com o controle de armas, assim como com a responsabilidade fiscal – e com o vínculo entre os dois – por que será que não foi tão habilidoso em fazer valer sua potencial influência para alcançá-los, como foi o caso aqui, ao proteger o potencial?[8] Estou ciente, é claro, do incidente com o U-2: planejamento inadequado e muito falta de sorte. Mas isso foi no final da história.

Talvez as enfermidades de 1955 e 1957 tivessem lhe custado tempo e forças cruciais. Sem o seu infarto, será que Eisenhower teria estado menos cansado e menos incerto em dezembro de 1956 do que sugere o caso Humphrey, no capítulo 6? Mais parecido com o Ike de Dien Bien Phu? Sem as perdas cumulativas de tempo causadas pela doença, será que o "novo" Eisenhower de

Richard E. Neustadt

1959, ou alguém parecido com ele, teria emergido em 1957, certo de suas prioridades, internacionais e domésticas, tendo clareza de seus compromissos? Pronto para manobras e batalhas para alcançá-los, com mais de três anos pela frente? Não sei. Na verdade, durante seus dois últimos anos, Eisenhower fez o mínimo em relação ao que McGeorge Bundy e outros nos dizem ser o que mais queria: o que, dez anos mais à frente, na época de Nixon, seria denominado *détente*. O homem que determinou o curso em direção à derrota na Indochina de forma tão competente a ponto de McCarthy nunca conseguir colocar as mãos nele, buscou a *détente* tão silenciosamente, de forma tão sigilosa, que seu sucessor – JFK – pôde aumentar os gastos militares em 10 bilhões de dólares ao ano sem sofrer nenhum dano político por isso (muito pelo contrário). Bundy, como historiador das escolhas nucleares, agora se queixa – e não é de estranhar.[9] Uma gestão "por mãos ocultas"? Talvez esse tenha sido o problema. Às vezes vale a pena mostrar as mãos. Eisenhower não fez essa mudança. Possivelmente, lhe tenham faltado tempo e energia. Sua enfermidade talvez o tivesse desgastado. Ou então é bem possível que ser herói nacional certificado durante 16 anos talvez seja barreira psicológica contra duras lutas na medida em que se aproxima do final.

Seja lá como for, em 1954 – sem enfermidade à vista –, Eisenhower nos ofereceu um modelo de como as escolhas presentes podem ser creditadas à conta da influência futura quando se está preparado para atuar como seu próprio especialista no assunto.

Com esse exemplo em mente, retornaremos à minha pergunta final: se um Presidente deseja fazer com que suas escolhas sirvam à sua influência, o que o ajuda a pensar sobre as pistas proporcionadas por seus interesses e riscos em termos de poder, além dos próprios interesses e riscos? Eisenhower obviamente pensou a respeito dos riscos de curto prazo que havia para ele na derrota francesa; escolheu minimizá-los todos. Quanto ao risco de longo prazo – o risco "ele-perdeu-a-Indochina", tão logo uma França desalentada caísse fora de lá – as escolhas de Eisenhower parecem elaboradas em parte de modo a enfatizar que a Indochina a ser perdida não era dele – e de fato não era. Ataques aéreos a Dien Bien Phu não poderiam ter mudado aquele fato, mas poderiam tê-lo deixado menos claro. O longo prazo, na ausência da França, certamente continha outros tipos de risco: riscos substanciais, riscos políticos. Eisenhower – juntamente com Dulles – evidentemente também se preocupava com eles. Contudo, não convergiam para o próprio Presidente mais do que convergiam para seus aliados e seu país; nada pessoal – contanto que preservasse sua influência no curto prazo, enquanto a França, não ele, era percebida como batendo em retirada.

O que ajudou Eisenhower em seus julgamentos (supondo que foram de fato seus, conforme parecem ter sido)? Na situação que enfrentou durante março e abril de 1954, seus interesses e riscos pessoais eram bastante fáceis de reconhecer, considerando as posições dos franceses, dos britânicos, dos chefes do Estado Maior, dos líderes no Congresso, do secretário de Estado, do vice-presidente – e do senador McCarthy. Mas perceber riscos e interesses é uma coisa; resolver suas diferenças enquanto elabora uma estratégia para lidar com eles é outra coisa. O que o ajudou a fazer isso?

A resposta evidentemente é a experiência, aquela "experiência relevante" mencionada acima. Ela aparentemente deixou três grandes depósitos em sua mente, dos quais pôde servir-se nessa situação, com vantagem, como acho que o fez. O primeiro era uma rica – porém inexata – aproximação da história da questão – mais precisamente das diversas questões – colocada pelos ataques aéreos recomendados por Radford. O segundo era uma lembrança mais pontual, mas ainda ampla, das instituições afetadas e pelo menos de suas histórias recentes, das relações entre Congresso e Executivo desde a década de 1930 até as Forças Armadas francesas após a II Guerra Mundial. O terceiro era um amplo círculo de conhecidos entre os principais atores dos Governos britânico e francês, e do Exército francês, assim como na esfera diplomática e da defesa desses países. Eisenhower conhecia idade, realizações, muitas vezes frustrações, e algo a respeito da história e do estilo de cada um. Em suma, podia tirar da própria cabeça – especialmente quanto aqueles com os quais estava lidando em relação à Indochina – recursos para fazer o que Ernest May e eu denominamos "colocação"[10]: tratar eventos públicos passados, no contexto das histórias pessoais, como guias prováveis para perspectivas e reações presentes.[11] E ainda que Eisenhower soubesse bem menos a respeito dos atores vietcongues ou chineses, sua necessidade de sabê-lo era menor nessa situação em particular. Em relação às suas escolhas de abril, eram praticamente irrelevantes.

Consideremos os acasos na carreira de Eisenhower, aos quais devia precisamente àqueles depósitos adquiridos através da experiência. Antes de Pearl Harbor, as tarefas que assumira junto ao Estado Maior permitiram-lhe familiarizar-se tanto com o Congresso, como com o respeito – às vezes agonizante – de FDR por sua autoridade para declarar guerra. Em 1942, Ike tornou-se comandante norte-americano no Norte da África, oscilando entre Vichy e a França Livre. Depois, foi enviado à Inglaterra como planejador – e para a Europa como comandante – da segunda frente que liberou a França, e por fim encontrou os russos no rio Elba. Ao retornar aos Estados Unidos como herói, tornou-se comandante do Estado Maior do Exército, logo após Truman permitir aos britânicos transportar as tropas francesas de volta à Indochina, onde encontraram Ho Chi Minh no poder e o derrubaram – começando o que terminaria em Dien Bien Phu. Eisenhower – diferente da maioria dos norte-americanos – sabia como isso havia começado. Em 1950, depois de três anos na vida civil, foi chamado novamente e enviado à Europa para transformar a OTAN de tratado em força aliada para deter Stalin. Do quartel-general em Paris, Eisenhower observou os problemas crescentes de Truman com os coreanos, chineses, o Congresso, MacArthur e McCarthy. Eisenhower também acompanhou – de fato, tornou-se parte de – a negociação dedutiva entre os franceses – que necessitavam de dinheiro para sua guerra na Indochina – e os norte-americanos, que queriam que eles se unissem à Comunidade de Defesa Européia (EDC). A EDC era um dispositivo para usar tropas alemãs sem criar exércitos alemães. Assim como Acheson e Dulles, Eisenhower exultou com essa possibilidade. Conviveu bastante com líderes civis em países da OTAN, assim como com oficiais militares, até partir e colocar-se à disposição para concorrer à indicação do partido republicano. Um ano mais tarde, já era Presidente.

Como fonte da qual obter diferenciações entre interesses e riscos de poder pessoal e diretrizes para estratégias correlatas, é difícil imaginar uma experiência mais pertinente que essa – exatamente para as escolhas que Eisenhower enfrentou em relação a Dien Bien Phu, em abril de 1954. Não pretendo sugerir que ele tenha absorvido todas as facetas do que viveu, ou que lembrasse de tudo ou que tenha entendido tudo corretamente, ou que invariavelmente o aplicasse corretamente. Nenhum ser humano poderia. Sob outras circunstâncias, aqueles depósitos em sua mente serviram-lhe menos do que parecem tê-lo feito nesse caso. Quanto à EDC, por exemplo: continuou não entendendo corretamente as perspectivas políticas francesas, agarrando-se pessoalmente por prazo demasiadamente longo a um compromisso impossível de acontecer na ausência dos britânicos, que há muito já o haviam descartado. Mas Dien Bien Phu apresentava algo mais simples, em termos franceses: a pergunta se – caso tivessem repelido esse ataque – estavam politicamente preparados para seguir em frente, indefinidamente, até quando Ho determinasse. Em 1954, com ou sem Dien Bien Phu, a maioria dos observadores qualificados havia concluído que provavelmente não. As observações de Eisenhower evidentemente eram as mesmas (e ele não tinha nenhum compromisso contrário a isso).

Raramente a necessidade presidencial por *insights* propiciados por conhecimento se encaixa tão perfeitamente com o conhecimento disponível na cabeça do próprio Presidente. Dê-se uma olhada em todos os outros exemplos neste livro. Esse não foi o caso de Eisenhower no caso Humphrey: pode ter sido seu quarto orçamento, mas parece que a política do orçamento presidencial ainda não havia entrado na sua cabeça tanto quanto, digamos, as políticas de intervenção militar. Tampouco foi o caso de Ike em Little Rock, lidando com

Faubus, um relativo estranho. Nem foi o caso de Truman no período em que se equivocou, de forma tão fatal, quanto às intenções chinesas e às capacidades de MacArthur – ou quando permitiu que outros interpretassem os juízes da Suprema Corte. E assim por diante. Somente o modesto manuseio de Truman em relação ao Plano Marshall – outro grande sucesso – mantém alguma semelhança com o caso de Dien Bien Phu, no sentido de que a experiência do Presidente o preparara para o papel – conhecia as pessoas no Capitólio a quem devia deferência, assim como as pessoas no Executivo por trás de quem deveria se esconder.

De resto, o que temos neste livro são impressões e interpretações equivocadas, ignorância quanto a certos temas e seus históricos, como aconteceu com Carter e o caso Lance. Ou quanto a instituições, como foi o caso de Eisenhower e seu orçamento de 1957. Ou em relação a indivíduos: Eisenhower com Faubus exemplifica isso novamente; também foi esse o caso de Truman em relação a "Electric Charlie" Wilson. Ou ainda de questões, instituições e indivíduos – tudo de uma vez só – como aconteceu com Kennedy nos preparativos para a Baía dos Porcos. Esses casos e outros similares são exemplos nos quais a experiência pessoal não era suficiente, onde o depósito mental estava ausente ou era perverso, sugerindo analogias inadequadas. As analogias inadequadas, por sua vez, confundiram o Presidente ou o induziram a erro.

Se os Presidentes não podem contar com sua própria experiência, como poderiam copiar o Eisenhower de Dien Bien Phu? Qual a moral de minha história? A resposta é óbvia. Eles podem tentar valer-se da experiência de outros, seja direta, através da observação, ou indireta, através do estudo. Em suma, podem fazer perguntas. E podem imprimir em seus assessores a necessidade – ao invés de respostas (raramente há respostas firmes) – de mais perguntas, mais precisas, de modo a gerar mais *insights*. As histórias dos casos, das instituições e dos indivíduos certamente não são livros abertos, mas também não é provável que sejam tão impenetráveis a ponto de que perguntas sérias vindas do alto não possam acionar algo que se assemelhe a um substituto para a experiência relevante de Eisenhower. Lembre-se de por que são necessárias: para acrescentar perspectivas, e assim ajudar a realizar uma seleção em meio a indícios divergentes e, às vezes, absolutamente contraditórios, gerados pela preocupação com a influência futura. A questão não é a certeza; a questão são os pesos relativos, a perspectiva; *insights* tornam-se absolutamente importantes.

"A história" – May e eu argumentamos em *Thinking in Time*, nosso livro sobre essas questões – "é o último refúgio dos leigos"[12]. A experiência de primeira mão – quando usada tão bem quanto Eisenhower o fez nesse caso – se sobrepõe à experiência de segunda mão por não requerer intermediação de mais ninguém – nenhum funcionário, nenhum especialista, nenhum pesquisador, nenhum documento. Mas ambos são passado, como May e eu o entendemos, e ambos podem ser disponibilizados para os Presidentes. Nenhum deles está livre de risco, e abordamos extensivamente os riscos que ameaçam o Presidente de modo especial. Ele pode ater-se a analogias falhas ou deixar de olhar atentamente para as boas – assim como Truman, acreditamos, deixou de fazer em 1950. Ou pode agarrar-se a pressupostos pessoais, coisas que toma como certas, e nunca testá-los ou não permitir que outros os questionem. Em 1961, Kennedy, em relação a Cuba, Castro, JCS, CIA e Bissell, oferece alguns exemplos espetaculares – sem falar de Reagan, insistentemente supondo que suas negociações de armas não eram uma "troca" porque Teerã não era Beirute. E a colocação permite erros também, seja em relação a pessoas ou a organizações: Truman interpretou MacArthur erroneamente; Johnson achou que Ho Chi Minh era uma espécie de senador; Nixon achou que podia eliminar a Procuradoria-Geral; Reagan – assim parece – achou que Casey fosse político.

Um Presidente também pode não conseguir distinguir qual a questão mais relevante a ser acompanhada. Pois cada escolha traz consigo muitas questões, com diferentes preocupações e em diferentes níveis de responsabilidade, e cada questão tem história um pouco diferente. May e eu relatamos a triste história de Carter, que se precipitou ao pedir a Moscou cortes profundos em armas estratégicas, enquanto seu *staff* fornecia histórias de negociações anteriores. Essas estavam mais de acordo com a principal preocupação da Secretaria de Estado, não com a sua. Ele precisava saber das histórias associadas aos orçamentos para a Defesa, sobre os quais sabia muito, muito pouco.

O Eisenhower de Dien Bien Phu oferece contraste animador. Aqui o Presidente sabia algo a respeito das histórias por detrás de todas as questões relevantes para todos – e também podia diferenciar as mais significativas para ele, para suas preocupações enquanto Presidente. Eisenhower sabia um pouco a respeito da história de ataques aéreos em territórios similares e também a respeito do histórico de atividades sigilosas negáveis durante o seu próprio Governo. Juntou os dois e ficou em alerta. Ele também sabia algo a respeito do desgaste de Paris em relação à guerra e das reações norte-americanas à perda da China. Juntou os dois e, assim parece, mais uma vez ficou em alerta. Além disso, sabia algo a respeito das disposições, doutrinas, estratégias e táticas militares e do generalato durante os nove anos que se passaram desde que Ho fugiu de Hanói, prometendo retornar. Essa história sem dúvida afetava Eisenhower, mas os registros sugerem que ele nunca considerou a virilidade francesa – ou a falta dela – como sendo *a* questão. Caso já não soubesse tudo isso, poderia jamais ter enchido sua cabeça com isso, desdenhando detalhes – como o fez com freqüência – muito antes de Reagan. Pois a questão militar – a questão de Radford por assim dizer – dificilmente era essencial para a Casa Branca. As

Poder presidencial e os Presidentes modernos

questões políticas – entre elas, francesas, e acima de tudo (como sempre), norte-americanas – eram outra questão. E um conjunto diferente de histórias: essas Eisenhower precisaria conhecer muito mais. Ele evidentemente – e felizmente –, as conhecia muito bem.

Fazer perguntas como substituto à própria experiência, e então submeter as respostas à consideração da própria influência, assemelha-se a fazer perguntas que exponham e testem os nossos próprios pressupostos – há exemplos em abundância desse tipo, enquanto casos positivos e documentados são raros. Contudo, recentemente a exata utilidade desse tipo de perguntas para avaliar interesses e riscos e definir estratégias foi exposta no mais famoso dos casos de Kennedy: a crise dos mísseis cubanos, em 1962.[13] Aí, o seu desempenho resgatou sua reputação da Baía dos Porcos. Como se sabe há muitos anos, Kennedy expressou crescente interesse nos motivos e nas circunstâncias de seu adversário no Kremlin, Nikita Khrushchev e no comportamento passado da União Soviética – de fato, no comportamento imperial russo – que pôde jogar alguma luz sobre o estado de espírito de Khrushchev e dos interesses e riscos de poder a partir do *seu* ponto de vista. Os registros contemporâneos mostram questionamentos continuados por parte de Kennedy a Llewellyn ("Tommy") Thompson, antigo veterano do ex "Serviço Russo" do Departamento de Estado, a quem o Presidente manteve em seu círculo mais próximo ao longo de toda a crise – e não apenas fazendo perguntas, mas mantendo conversação de mão dupla, e de especulação mútua. Thompson não apenas respondia às perguntas de Kennedy, mas também as refinava e explorava as nuances de respostas alternativas. Foi um desempenho exemplar, e provocou de JFK reações impressionantes.

Na medida em que se passavam os dias, Kennedy ia ficando cada vez mais preocupado em dar espaço de manobra a Kruschev, protegendo seus flancos dos próprios colegas. A essa preocupação, o Presidente acrescentou conscientemente outra em relação à sua própria posição, em particular junto a seu público, que não refletia nada do que lhe havia sido dito por seus assessores – exceto possivelmente por seu pai ou talvez pelo premier britânico, Harold Macmillan. JFK provavelmente não precisava que lhe dissessem, pois a segunda preocupação desenvolveu-se a partir de sua percepção acerca das fontes de sua influência, tanto presente quanto prospectiva.

Essa combinação de preocupações teve conseqüências marcantes. Naquele segundo sábado apoteótico, o décimo-segundo dia da crise, 27 de outubro de 1962, Kennedy estava atento a um conjunto diferente de questões das que seus assessores oficiais estavam engajados. Os soviéticos haviam tentado – com atraso – negociar a retirada de seus mísseis, recém-instalados em Cuba, pela retirada norte-americana de alguns mísseis obsoletos que

409

Eisenhower havia posicionado na Turquia. Em termos concretos, teria sido uma troca fácil para os Estados Unidos, visto que seus submarinos Polaris – os precursores dos Trident – já estavam quase prontos, um dos quais poderia ser em breve substituído e posicionado na costa da Turquia. Porém, politicamente, os atuais mísseis turcos foram atribuídos à OTAN, e o Governo turco preferiu não mudar isso até que um submarino, igualmente atribuído à OTAN, de fato estivesse disponível. Impor mudança brusca a esse aliado e à OTAN horrorizava os representantes do Departamento de Estado e da Defesa, especialmente esse último. Mesmo assim, Kennedy via necessidade de entregar *algo* a Khrushchev, facilitando sua retirada junto a seus colegas moscovitas, e também para não arriscar nenhum tipo de intensificação do conflito por parte de qualquer dos lados, arriscando a situação a sair de controle. Arriscar tal perda de controle – e, portanto, uma guerra – em troca de mísseis obsoletos parecia intolerável e impraticável: a maioria dos norte-americanos, e também europeus, nunca o entenderia ou apoiaria tão logo o soubessem. Kennedy continuou afirmando-o, enquanto seus assessores se aconselhavam mutuamente em relação ao seu problema com a OTAN. As transcrições de suas reuniões em 27 de outubro, recentemente liberadas de sigilo, mostram total divergência entre algumas das preocupações dele e outras deles – certificando, portanto, conforme argumentei, que um Presidente não pode contar com mais ninguém para pensar em seu lugar.

Essa história nós conhecemos, de modo geral, há uma geração, e conhecemos o contorno geral de seu desfecho desde 1969, quando foi divulgada versão preliminar das memórias de Robert Kennedy a respeito da crise, logo após sua morte em momento tão inoportuno. Pois ele, em nome de seu irmão, havia estado com o embaixador soviético naquele sábado à noite e havia oferecido troca fácil de deduzir: retirem seus mísseis publicamente e mais tarde retiraremos os nossos, contanto que você não divulgue isso como negociação. Khrushchev aquiesceu e retirou seus mísseis e os Kennedys mantiveram sua palavra: nossos mísseis deixaram a Turquia na primavera seguinte (com um submarino Polaris sendo destinado à OTAN no Mediterrâneo). Assim, todas as preocupações foram atendidas a tempo. Exceto pelos detalhes explícitos de RFK, isso tudo já era conhecido quando escrevi minha avaliação de Kennedy para o capítulo 9.

Agora sabemos mais. Em 1987, veio a público que JFK, não satisfeito em fazer uma proposta, havia providenciado meia-volta, caso fosse rejeitada: Kennedy havia planejado, contingencialmente e em sigilo, que, caso Khrushchev insistisse numa negociação pública, o secretário-geral das Nações Unidas, U Thant, "espontaneamente" faria apelo público. E o faria segundo termos redigidos pelo próprio Kennedy, juntamente com seu secretário de Estado, Dean Rusk, e mais ninguém, naquele sábado à noite.[14] Isso foi ditado por telefone a um intermediário de confiança, o ex-subsecretário-geral Andrew Cordier, naquela ocasião lecionando na Universidade de Columbia, para ser transmitido a U Thant no dia seguinte, sujeito a ser acionado por novo telefonema (que, claro, nunca aconteceu). Caso o apelo das Nações Unidas fosse feito e aceito – como a autoria secreta de Kennedy implicava que o seria –, o Presidente certamente enfrentaria claras desvantagens em público e no Congresso por ser visto "negociando", ao mesmo tempo em que se alinhava com as Nações Unidas e os soviéticos contra os turcos e a OTAN. Mas contrapondo-se àquelas desvantagens imediatas, de curto prazo, estavam outras, pouco mais de longo prazo: a rejeição soviética da oferta de RFK poderia forçar JFK a tomar medidas de escalada norte-americana, às quais Moscou poderia responder de alguma maneira que exigisse escalada ainda maior, à qual Moscou... e assim por diante, em direção à total perda de controle.

Parece que Kennedy estava disposto a assumir responsabilidade por problemas de curto prazo, se necessário, de modo a evitar até mesmo um passo que fosse em direção à escalada. Ele evidentemente estava preparado para, pelo menos, considerar – e provavelmente realizar – exigir do Capitólio e do país que acomodassem os russos a um custo para nossos aliados – o mesmo que havia confrontado Eisenhower como risco em Dien Bien Phu e eventualmente acabaria empurrando Johnson em direção à sua guerra por terras no Vietnã. Mas Kennedy talvez o tivesse preferido – descobrimos hoje – a qualquer tipo de movimento ascendente em direção a uma escalada bélica com a outra superpotência mundial de então. Pelo menos, havia providenciado outra alternativa.

Esse fato evidencia o peso intimidador representado pela então minúscula força dos mísseis balísticos intercontinentais termonucleares: aproxima-damente, cinqüenta ogivas na época, em comparação com as dez mil de hoje. Isso também evidencia o senso de fragilidade do próprio Kennedy em relação ao seu controle – ou ao controle de qualquer pessoa – em seu próprio Governo. Além disso, mostra o que Thompson havia lhe dado: um *feeling* em relação a Khrushchev e às circunstâncias dele em seu contexto – mais um governante cujo controle não era nem infinito, nem certo, enfrentando sua palheta de riscos políticos.

Para Kennedy, portanto, o questionamento substituía a observação direta de Eisenhower. Tratou-se, claro, de questionamento inteligente por parte de um especialista sensível, bem treinado e bem escolhido para a tarefa – quali-ficação importante.

Temos agora dois exemplos, além de Truman no Plano Marshall, de Presidentes modernos que pensavam intensa e efetivamente a respeito dos interesses e riscos prospectivos inerentes aos atos de escolha atuais – especialmente interesses e riscos quanto à posição do Congresso e do público. O que distingue esses dois de Reagan, no caso Irã-Contras? Por que foram efetivos e ele não?

Recuso a resposta do cartunista: Reagan não pode ter sido estúpido. Ninguém que tenha sido governador do maior estado deste país por dois mandatos, que tenha concorrido à Casa Branca por três vezes, vencido duas, e se despede depois de oito anos como o Presidente mais popular desde que as pesquisas de opinião Gallup se iniciaram, pode sê-lo. Pode ter sido preguiçoso, como muitos alegam, e mal-informado em muitas frentes. Mas também deve ter sido perspicaz. E sua sorte era proverbial. Por que, então, fracassou nesse caso quando outros tiveram sucesso nos seus?

A título de resposta, permitam-me oferecer quatro considerações. Primeiro, em 1985-86, não eram questões aparentemente militares, muito menos de guerra nuclear, demandando muita atenção do comandante-chefe constitucional que, pessoalmente, envia garotos para lutar. Em vez disso, no caso de Reagan, o que o impulsionava eram as famílias dos reféns e as iniqüidades dos sandinistas, juntamente com o sofrimento humano dos Contras. Em segundo lugar, a experiência de Reagan, ainda que longa e mais diversificada em certos aspectos que a de Eisenhower, não era tão relevante para as histórias de qualquer das questões envolvidas em sua venda de armas ao Irã, real ou política, doméstica ou internacional. Mesmo que Reagan tivesse vasculhado sua experiência – pelo que sei, o fez –, dificilmente poderia ter encontrado tesouros equivalentes aos de Ike a respeito de Dien Bien Phu. Em termos de experiência relevante, os dois se encontravam em pólos opostos. Em terceiro lugar, em termos de questionamento e de certo gosto pela história, Reagan parece estar no pólo oposto a Kennedy. E em quarto lugar, talvez não em último, a natureza sigilosa da venda de armas e dos lucros para os Contras – aquela ironia última, tão ao gosto de Casey, acerca do que Pointdexter insiste que Reagan nunca foi informado – pode ter privado esse Presidente daquilo que costumava usar como substituto para o questionamento (descrito abaixo), em ocasiões em que esse prestígio ou o seu lugar na história pareciam em risco. Essas quatro considerações ainda precisam ser revisadas.

Pode-se dizer tanto de Eisenhower quanto de Kennedy que qualquer posição em relação às hostilidades que comprometesse norte-americanos a lutar no exterior chamava sua atenção e concentrava suas mentes, chegando ao nível do detalhe. No caso da Baía dos Porcos, Kennedy supôs que não estava comprometendo nenhum norte-americano. No Vietnã, pelo menos até a morte de Dien – três semanas antes de sua própria morte –, Kennedy aparentemente acreditou que ainda estava longe o dia em que tivesse que defrontar-se com tal compromisso. Em outras ocasiões – tais como Laos ou

Berlim –, a generalização prevalece. E isso fica ainda mais forte no caso de 1962, o primeiro confronto militar direto com os russos (em oposição aos alemães orientais), desde o início da era dos mísseis. A atenção de Kennedy aos detalhes, e no que Thompson tinha para lhe dizer, mostra a extraordinária qualidade de sua responsabilidade – e, portanto, de sua preocupação. Eisenhower foi o primeiro a contemplar tal confrontação seriamente, na medida em que a era dos mísseis avançava, mas lhe foi poupada a experiência real. Truman, deixando o cargo antes dos mísseis, havia alertado Stalin quanto à guerra termonuclear, mas protegido pelo escudo oferecido por uma Força Aérea superior. Ironicamente, o sigilo de Eisenhower em seus últimos anos, e sua evidente relutância em apoiar a *détente* abertamente, pode ser parcialmente atribuído a uma preocupação tão intensa quanto a de Kennedy: contudo, como expressá-lo no tempo futuro, de modo a conquistar apoio, mas não suscitar fúria ou medo, de um público acostumado à supremacia aérea? Esse enigma pode ter deixado Eisenhower perplexo, silenciando-o. A posição de Kennedy em certo sentido – e somente nesse – era mais fácil: grande parte de seu público podia compartilhar sua preocupação; o potencial havia-se tornado real – e até mesmo, óbvio – sendo que o perigo parecia ainda maior do que de fato o era.[15] Em Dien Bien Phu, contudo, ao enfrentar situação nada comparável – exceto a responsabilidade e os prazos estabelecidos para a tomada de decisão –, a disposição de Eisenhower para vencer seu problema, para abordá-lo, pensar a seu respeito, agir, parece comparável à de Kennedy, oito anos e meio depois.

Tanto Kennedy como Eisenhower viam a si mesmos confrontando o uso da força, com a responsabilidade pública e congressional daí decorrente. Trinta anos depois, Reagan aparentemente não percebeu nada semelhante quando Casey e outros se ofereceram para resolver suas preocupações através de um esquema sigiloso, cujos detalhes seria melhor ele não conhecer. A prudência deve ter-lhe parecido em sintonia com suas inclinações.

Se a experiência do próprio Reagan tivesse – mesmo que remotamente – sido tão relevante quanto a de Eisenhower no caso de 1954, poderia ter-lhe oferecido analogias para alertá-lo, para chamar-lhe a atenção, até mesmo para suscitar-lhe algum nível de curiosidade acerca de detalhes que seu temperamento permitisse. Mas toda a carreira de Reagan – no rádio, em filmes e na Associação de Atores; na televisão como porta-voz da General Electric; na política, primeiro democrata e depois republicana, e como governador da Califórnia – fora doméstica, norte-americana, dentro dos limites continentais, a 12.000 km de distância de Beirute, sem falar de Teerã, talvez a um milhão de quilômetros do *mulahs* e até mesmo a uma distância considerável de Washington D.C.. Era a distância de um californiano do sul, saído de Illinois, bastante bem-sucedido, que havia partido para o oeste – não para o leste – e que nunca se arrependera. Comparativamente, Eisenhower e Kennedy haviam sido criados naquilo que costumava ser chamado – de forma pejorativa – de *Establishment*, voltado para a Europa, acostumado a Londres, assim como a Nova York, chamando Washington de "meu lar", em épocas cruciais de suas carreiras. Apesar da diferença de idade (o primeiro era trinta e sete anos mais velho do que o segundo), ambos estavam amplamente familiarizados com o cenário político de Washington – Reagan, não. Ele veio de outro país: a Califórnia. Ficou alegremente desobrigado dos ressentimentos e das inseguranças nixonianas. Mas também foi desobrigado de uma consciência de *insider* em relação às nuances das relações internacionais.

Reagan não dependia mais do que Kennedy apenas da experiência direta. Ambos evidentemente tinham a cabeça cheia de experiências hipotéticas, adquiridas de segunda mão, por prazer, assim como por vocação. Kennedy, leitor ágil, devorava livros de história e selecionava especialistas. Reagan, nos contam, lia *Readers Digest* e assistia a filmes antigos.[16] Enquanto trabalhava como ator, aparentemente era sistemático em selecionar os filmes de outros, assim como os seus próprios. Assim, os filmes da década de 1930 e 1940 evidentemente suplantaram eventos e personalidades políticas daquelas décadas como lembranças vivas em sua mente. Ele se valia de suas analogias e histórias tão livremente quanto um *gentleman* inglês do século passado se valia dos antigos gregos. Reagan, às vezes equivocadamente, lembrava-se de episódios de filmes como realidades de sua própria vida, e falava deles nesses termos. Isso vai pouco além de fazer analogia entre nossa própria situação e uma história antiga, transmitida com imperfeição ao longo dos séculos com sabe-se lá quantas distorções. Nos filmes talvez seja mais fácil identificar as distorções.

Toda relação entre o que era real, historicamente, e o que era cinematográfico e imaginário ficou um tanto quanto confusa na época de Reagan, não apenas na cabeça dele, mas na visão que dele tinha o país. O apelido de um herói do futebol que ele havia representado em antigo filme tornou-se de fato seu, empregado universalmente sem aspas, até mesmo por aquele "jornal de registros", o *New York Times*. Isso, suponho, provém do fato de todo o país ter assistido pela televisão, horrorizado, no terceiro mês de seu mandato – sempre uma época de elevado interesse público, quando pessoa e cargo formam nova combinação, aumentada pelas lembranças assustadoras da década de 1960 – a um candidato-a-assassino atirar em Reagan, e vê-lo transportado às pressas para um centro cirúrgico. As câmaras não tinham autorização para acompanhá-lo lá dentro, mas todos os relatos estão de acordo quanto à sua valentia e ao seu bom humor. Exatamente como nos papéis que havia representado na tela. A natureza imitava a arte em cadeia nacional de televisão, com conseqüências – penso eu – que se tornaram profundas. Na medida em que se recuperava, conquistando triunfos legislativos, expulsando a recessão, e presidindo o início de novo crescimento econômico, tornou-se *Gipper*. A arte havia sido assimilada pela natureza; o filme Reagan foi importado para a vida real – porque a vida real havia sido exatamente como o cinema. Quando pensei mais a esse respeito, deixei de criticar o *Times* por ter abandonado aquelas aspas.

Ainda que a psicologia sem dúvida seja mais complexa e sutil do que sugiro, e necessite de muito mais estudo, espero que essa conjectura seja suficiente pelo menos para um aspecto: muitos ou a maioria dos norte-americanos fizeram o mesmo que Reagan, transformando velhos filmes em histórias relembradas – pelo menos em relação a Reagan.

Mas Reagan, de sua parte, parece não ter visto velhos filmes o suficiente, cujos argumentos e cenários pudessem compensar por sua inexperiência em ações sigilosas e Oriente Médio. Kennedy tinha em mente *Guns of August*, de Barbara Tuchman, tendo acabado de lê-lo, quando começou a crise dos mísseis. Nada tão útil parece ter estado na mente de Reagan quando sancionou as armas para o Irã.

Mesmo assim, pode ser que sua maior falha não tenha sido sua falta de experiência, direta ou indireta, ou a falta de fontes de experiência indireta – como uma Tuchman ou um Thompson –, mas sim de qualquer coisa que ativasse o assessor encarregado de alertá-lo quando aparecessem ameaças contra sua posição perante o público ou ao seu apelo histórico. Esse papel tão especial para um membro de seu *staff*, de imensa importância para alguém habitualmente não-curioso em relação a detalhes, havia sido atribuído à sua esposa. Mais precisamente, ela havia assumido esse papel desde Sacramento.[17] Há muito tempo, assim parece, havia se tornado a resposta à pergunta que fiz anteriormente: como um Reagan julga quando deve prestar atenção a detalhes que ameacem o seu prestígio ou seu lugar na história?

Durante seu primeiro mandato, Reagan tinha uma equipe pequena e informal, sem hierarquia rígida – nesse sentido um pouco semelhante à de FDR. Ela era pequena se contarmos somente as pessoas nas quais o próprio Presidente confiava para assisti-lo, no dia a dia. No ápice da guerra, a equipe pessoal de Roosevelt chegava a cerca de doze pessoas – além dos técnicos e datilógrafos – três dos quais tinham mais peso do que outros em algumas ocasiões e em relação a alguns assuntos.[18] Reagan começou com um trio que se transformou em quarteto, complementado por outros seis, dois dos quais serviam como ponto de estrangulamento para controlar o fluxo de atividades a partir de fora ou de baixo.[19] Pois tudo o que importava ao próprio Reagan, ao fazer o que ele próprio fazia, o trabalho realizado pelo resto do Gabinete Executivo do Presidente – incluindo os assessores de mais baixo escalão da Casa Branca – poderia muito bem ser distribuído entre os departamentos e o Capitólio, como em grande parte havia ocorrido durante os anos iniciais de

Roosevelt e antes dele. Em diferentes períodos, as equipes de Roosevelt e de Reagan, assim definidas, variavam em termos de personalidades e circunstâncias. Mas a variação nunca foi grande em termos de números.

Ambos tinham esposas e as usavam como *staff*, mesmo que de maneira muito diferente. Eleanor Roosevelt era substituta para as pernas de seu marido – e, portanto, também para seus olhos e ouvidos – fora do confinamento físico dele. Muitas vezes, também funcionava como uma espécie de 'silício' em questões sociais – freqüentemente bastante útil. Mas não era pessoa íntima. Nancy Reagan, por outro lado, especializou-se em intimidade. Como pessoa mais próxima do Presidente – talvez a única – era intensamente devotada ao seu prestígio, e ao seu eventual renome na história.[20] Como tal, evidentemente podia e de fato policiava suas políticas e seu pessoal, alertando-o quanto a ameaças contra sua posição pública. Pois, apesar da falta de curiosidade e da propensão à delegação, Reagan, tanto quanto Roosevelt, tinha uma maneira de cancelar nomeações e mudar políticas, não ao primeiro sinal de problema, mas pouco antes do problema tornar-se irremediavelmente identificado com ele. Em 1983, por exemplo, a saída de James Watt enquanto secretário do Interior teve muito em comum – em termos de *timing* – com o desaparecimento de Hugh Johnson como administrador da recuperação nacional, quase cinqüenta anos antes.[21] Ou consideremos o *timing* de Reagan na virada de 1984, quando "transferiu para o mar" (que eufemismo para uma retirada!) os marines remanescentes de Beirute.[22] Ou consideremos a partida, marcada para pouco antes das eleições de 1988, do procurador-geral Meese, um presente ao candidato Bush. Ou a demissão – foi isso – do chefe da Casa Civil da Casa Branca, Donald Regan, tempo demais depois do caso Irã-Contras vir à tona, mas ainda auxiliando Reagan em sua própria recuperação. Nancy Reagan foi identificada pelos relatos da imprensa (leia-se "vazamentos") – que ninguém negou de forma convincente – como associada a ambos os casos. [23]

FDR, para manter a cabeça fora da água, lia cinco jornais por dia, fofocava incessantemente com seus contatos em todo o país, conversava com repórteres duas vezes por semana, com os congressistas praticamente todos os dias, e com grupos de eleitores aos montes. Também tinha um conhecido faro para detectar problemas.

A sra. Reagan talvez tenha sido substituta para grande parte disso. Então por que não percebeu e poupou seu Presidente das denúncias do caso Irã-Contras? Supostamente porque a venda de armas ao Irã, especialmente seus valores residuais, não sendo conhecidos pela imprensa e pela grande maioria dos assessores da Casa Branca, também eram desconhecidos por ela. Nesse caso, o sigilo – como em muitos outros casos antes deste – comprometeu o trabalho da equipe.

Poder presidencial e os Presidentes modernos

Nancy Reagan era talvez aquela raridade: uma assessora desinteressada. Ou talvez fosse neuroticamente obcecada, como seus detratores dão a entender. Seja como for, os associados mais próximos de seu marido, não importa quão valiosos ou benquistos ou até mesmo amados fossem, do ponto de vista dela deveriam ser sacrificados a partir do momento em que sua presença pudesse comprometer as relações públicas do Presidente. Por preocupação com a sua segurança física, fazia algo que Regan (já fora do cargo) divulgou como absurdo: consultar um astrólogo a respeito dos compromissos de seu marido, sempre que a Casa Branca tinha a possibilidade de estabelecer uma data – certamente absurdo, mas não mais do que os caprichos do *staff*, ou da imprensa, ou dos membros do partido, ou de famílias um tanto tradicionais em relação a tais decisões. Mas quando se tratava de pessoas, seus alvos eram bem escolhidos, sua pontaria não errava, e o *timing* era absolutamente certo para alguém que precisa esperar para que outra pessoa puxe o gatilho. Supostamente, teria dispensado – mais cedo que o próprio Presidente foi levado a fazê-lo – uma longa lista, que incluía Regan e até mesmo Meese. Visto que Reagan – e a maioria dos Presidentes antes dele – detestava demitir qualquer pessoa, era ela, em tais casos, quem supostamente insistia para que o fizesse.[24]

Durante o primeiro mandato, a sra. Reagan havia assumido posição bastante discreta nesse sentido. Podia dar-se ao luxo de fazê-lo. Michael Deaver, um dos membros do triunvirato inicial do *staff* de Reagan, era pessoalmente próximo a ela e suas preocupações semelhantes às dela: o dia do Presidente, seu conforto e sua imagem. O chefe da Casa Civil, James Baker, também era adepto dessas coisas e transformara Deaver em aliado. Os demais assessores relevantes eram de Sacramento e ela já estava acostumada com eles (e vice-versa): Meese e, durante certo tempo, William Clark. Mas no segundo mandato, não tinha nenhum deles à mão e, além disso, tinha de confrontar-se com Regan, cujos talentos e ego dificilmente o colocavam à altura para realizar o trabalho dela, no lugar dela. Mesmo assim, tentou fazer justamente isso.

Pior ainda: Regan publicamente declarara seu controle sobre a equipe da Casa Branca, mas nunca de fato conseguiu supervisionar o trabalho de Pointdexter junto a Reagan, sem falar no de Casey. O que eles não queriam dizer a Reagan, eles não diziam a Regan.[25] Portanto, mesmo se tivesse mantido as relações calorosas de Deaver com a Ala Leste, Regan mesmo assim não poderia ter contado a Nancy que Pointdexter, através de North, estava executando os esquemas sinuosos de Casey, que poderiam vazar para a imprensa, a partir de Teerã, a qualquer momento. E como a outra fonte usual de alertas antecipados dela era a própria imprensa, até o vazamento acontecer ela dificilmente poderia pressionar seu marido no sentido de estar atento às implicações para sua posição pública. Não há nenhum indício de que ela o tenha feito.

O sigilo a manteve sem acesso, assim parece, a sinais de alerta de qualquer espécie. Mesmo que ele lhe tivesse contado o que mais tarde relatou como tendo compreendido acerca daqueles esquemas, alguém que conhecesse Teerã tão pouco quanto ela dificilmente poderia obter dele recursos necessários para alertá-lo acerca das relações públicas. Ele não sabia o suficiente. [26] Isso também foi ferida auto-inflingida.

Quando um Presidente enfrenta assessores políticos divergentes, especialistas concorrentes, dados conflitantes e perspectivas incertas, e ainda assim precisa escolher, simplesmente *há* algumas outras coisas que pode fazer por si mesmo, além de consultar seus próprios interesses e riscos em relação ao poder. Mas há uma condição – contanto que o tenha feito primeiro e mantenha claro em sua mente o quanto suas perspectivas podem depender da sua autoridade, de sua reputação, da posição pública. No mundo em que Reagan vivia, onde reputação e prestígio estão muito mais interligados do que na época de Truman – ou até mesmo de LBJ – essa condição não é teste fácil de *expertise* presidencial. Requer bom ouvido e olho aguçado. [27]

Aquelas outras coisas eram complementos – não substitutos – para o pensar a respeito das perspectivas de poder pessoal. Ajudam a ordenar o emaranhado de riscos de curto e de longo prazos. Ajudam a ampliar a perspectiva e a aprofundar o *insight*. Ajudam a dar forma à estratégia para reconciliar ou contornar os conflitos entre curto e longo prazos. Um complemento – já comentado – é um esboço das possibilidades operacionais através de exercícios de retromapeamento. Agora posso oferecer mais do que isso. Como segundo complemento, o Presidente pode trazer à consciência e testar seus próprios pressupostos, como Kennedy poderia tê-lo feito, mas não o fez, antes da Baía dos Porcos, mas conseguiu no ano seguinte, ao longo de colóquios com Thompson, entre outros. [28] Como terceiro complemento, o Presidente pode consultar as histórias dos casos, contanto que tenha clareza acerca de quais questões o preocupam mais. Essa condição diz por que ele deve enfocar primeiro seus interesses e riscos. Em quarto lugar, pode consultar as histórias das instituições – e é melhor que o faça, se é que espera tirar máximo proveito de um retromapeamento. E em quinto, pode "posicionar" indivíduos no país, no exterior – seja lá onde for – que sejam de fato *seus* executores, amigos ou inimigos, sem os quais não conseguirá que suas decisões sejam executadas.

Essas coisas ele não precisa fazer sozinho, a não ser que o consiga fazer de pronto, a partir de sua própria experiência, como foi o caso de Eisenhower e como evidentemente o fez no caso de Dien Bien Phu. Na falta de experiência, um Presidente volta-se para outros que possam lhe oferecer observações ou opiniões acerca de terceiros, ou a analogias oferecidas pela história. Pode ler, se quiser, como Kennedy o fazia. Pode engajar-se numa intensa troca de idéias, como Kennedy também o fez. A maioria dos Presidentes preferiu uma maneira – não ambas – e qualquer uma delas pode funcionar.

Mas quando um Presidente se volta para outros, independentemente da maneira, depende do conhecimento, do julgamento e da boa vontade deles. Se volta-se essencialmente para um, sozinho, coloca um peso imenso sobre o conhecimento desse outro. Se escolhe não ler ou ouvir detalhes, coloca um peso ainda maior sobre o julgamento do outro. Se, além disso, consente em que todos cuja tarefa na vida é proteger seus flancos mantenham segredos, então está brincando com o perigo – e dos grandes. Não se deve esperar que a boa vontade vá além da resistência. Em um sistema caracterizado por instituições separadas que compartilham poderes, onde os interesses presidenciais irão divergir em algum grau daqueles de praticamente todos os outros, é recomendável não abusar.

Contudo – segundo o meu entendimento do caso Irã-Contras –, devemos entender que Reagan fez todas aquelas coisas perigosas de uma só vez; o outro – encoberto pelo sigilo e protegido desde então pela morte – suponho tenha sido Casey. Aparentemente, foi Casey quem convenceu o Presidente a sobrepor-se às secretarias de Defesa e Estado, foi Casey quem opinou que o público de Reagan iria condená-lo caso não conseguisse libertar os reféns, foi Casey quem supostamente lhe disse que, caso ocorresse um vazamento, o público aceitaria a diferenciação entre vendas a Teerã e reféns de Beirute: "não um comércio". E era Casey que precisava das brasas para assar o seu próprio peixe – suas preocupações institucionais, seu chefe local e mais: sua visão de uma capacidade independente para operações sigilosas. Quando Reagan ouviu falar disso na medida em que o público era informado, desaprovou, insistindo que jamais o teria aprovado. Casey era um homem à beira da morte; jamais saberemos os seus motivos. Temo que seria um erro pensar que meramente se equivocou ao avaliar interesses e riscos de Reagan em relação à credibilidade e, portanto, ao apoio popular. Pois Casey pode ter sido movido pelo que lhe parecia ser um interesse maior que o do Presidente. Reagan de qualquer modo em breve estaria fora do jogo, mas todos os Presidentes se beneficiariam para sempre dessa capacidade, do ponto de vista de Casey, de dispor de financiamento e de pessoal, sem precisar submeter-se ao Congresso. Seria o legado de Casey, não para o Presidente em vias de se aposentar, mas para a Presidência, o país? O seu monumento a "Wild Bill" Donovan? Penso que pode tê-lo visto assim. Se for o caso, então foi um grande erro Reagan confiar nele a ponto de eliminar Nancy.

Nunca permitir que sua Nancy seja imobilizada poderia ser regra geral para os futuros Presidentes. E eu extraí outra regra desse caso: assim que os seus arranjos permitirem o isolamento dela, é melhor você mesmo se debruçar sobre os detalhes. Essa segunda regra pelo menos fornece resposta para as perguntas colocadas após minha história sobre o caso Irã-Contras: de fato, quando os habituais delegadores deveriam começar a cuidar de detalhes?

Tais regras simples podem não se aplicar a todos, ou todo o tempo. Um Presidente experiente o suficiente pode se virar sem uma Nancy (mas por que deveria? Um segundo par de olhos, se verdadeiramente confiável, não fará mal algum). Assim como um Presidente que adore questionar e adore detalhes. Contudo, tal pessoa provavelmente evitaria fontes únicas a respeito de qualquer coisa; é bem mais provável que, uma vez instalado no cargo, haveria pelo menos duas Nancys e três Caseys: então, a questão dificilmente se instalaria. A dificuldade de Reagan no caso Irã-Contras é que não tinha experiência relevante, nem gostava de detalhes, nem via necessidade de complementar Casey, nem compensava de outra maneira a perda da sra. Reagan como radar. O mesmo não ocorreu em outros casos. Um Reagan bastante diferente surgia intermitentemente: a redução do imposto de renda é exemplo excelente. Nas palavras de Stockman:

> O corte nos impostos foi uma coisa que Ronald Reagan realmente queria (...) A única coisa na qual colocou todo o peso de suas amplas costas políticas (...) Um dos poucos episódios de política doméstica e de barganha legislativa no qual assumiu o controle.[29]

Mesmo assim, *aquelas* regras gerais se aplicam precisamente ao tipo de Presidente que surge no caso Irã-Contras – e não tenho motivos para supor que não possa haver mais deles. Daí minha preocupação contínua com relação a regras simples. Espero apenas que o próximo delegador contumaz tenha pouco menos de confiança em seus camaradas e seja pouco mais interessado do que Reagan o foi naquele caso, em saber quem faz o quê, quando, e como.

Pessoalmente, prefiro Presidentes de outro tipo: mais céticos que confiantes, mais curiosos que comprometidos, mais próximos de um Roosevelt que de um Reagan. Creio que os primeiros energizam melhor o nosso sistema governamental e expõem seus defeitos menos que os últimos. Os anos de Reagan não me convenceram do contrário, apesar de seu carisma em outros sentidos. Todos os escândalos que surgiram em seu rastro, por exemplo, devem algo às limitações de suas convicções e à amplitude de sua falta de curiosidade, juntamente com toda aquela confiança. Um Presidente não pode abolir o mau comportamento, mas determina o tom, e, se estiver alerta às possibilidades, poderá colocar armadilhas e, com elas, determinar os limites. O tom de Reagan, aparentemente, foi ouvido por muitos como "enriqueçam!", enquanto aquelas poucas armadilhas que a liberalização economizou parecem ter sido saltadas e deixadas em sua maior parte intocadas. Mas este livro não foi escrito para expor minhas preferências pessoais. Ele tenta, na verdade, expor o problema de um Presidente de qualquer desses tipos que busque cultivar perspectivas para sua influência futura, enquanto faz escolhas no presente – "olhando para o amanhã a partir do hoje", como escrevi no início. Para mim, isso continua sendo crucial. É claro que não é a única coisa que um Presidente deve ter em mente, mas é o tema que venho enfatizando ao longo de todo este livro. Continua sendo crucial, do meu ponto de vista, não simplesmente para os fins dos Presidentes, mas também para os produtos do sistema, seja política efetiva, falha ou nenhuma. Portanto, torna-se crucial para todos nós.

Nós agora nos encontramos no umbral de um tempo no qual essas instituições separadas – Congresso e Presidente – compartilham poderes integralmente e de forma desconfortável em todas as áreas das políticas, tanto internacionais quanto domésticas. Da década de 1940 até a década de 1960 – o "meio de século", segundo os termos deste livro –, o Congresso, constrangido em Pearl Harbor pelo isolacionismo demonstrado anteriormente, deu a sucessivos Presidentes mais escopo em relação ao orçamento para a defesa e na conduta da diplomacia em relação a Europa e ao Japão do que era usual entre as duas guerras mundiais. Tão logo a Guerra Fria se instalou, e depois de tornar-se altamente militarizada, após a Coréia, o escopo foi ampliado. Com o início da era dos mísseis, aprofundou-se. Caso uma guerra nuclear se torne iminente, o Presidente se tornará árbitro final do sistema. Foi assim que caracterizei JFK, tendo a crise dos mísseis cubanos como pano de fundo. Mas em 1975, o desfecho de Watergate e do Vietnã – dentro do prazo de oito meses – colocou um ponto final na relutância do Congresso que havia sobrado de Pearl Harbor. E o encerramento da Guerra Fria – agora à vista, mas de forma alguma alcançado – promete dar fim à ameaça nuclear entre Estados Unidos e União Soviética. As ameaças de ataque nuclear podem continuar, vindas de ditadores do Terceiro Mundo ou de terroristas, mas não mais uma ameaça de destruição do Hemisfério Norte. Assim, no âmbito dos preparativos militares – de fato, até mesmo das operações sigilosas –, o papel do Congresso se expande na medida em que a Guerra Fria desvanece, voltando à normalidade, conforme entendida nos primeiros dois mandatos de Franklin Roosevelt.

Em um mundo multipolar, perpassado por relações transnacionais, com importantíssimas questões econômicas e ambientais, e onde questões de segurança foram remodeladas em linhas regionais, nossos Presidentes cada vez menos terão motivos para buscar consolo nas relações exteriores quando houver acúmulo de frustrações nas questões domésticas. Suas frustrações estrangeiras também irão sofrer acúmulos.

Desde FDR em tempos de guerra, cada Presidente – inclusive Bush – achou o papel de soberano de superpotência sedutor: a responsabilidade pessoal direta e alta; questões urgentes e antigas; políticas opostas, freqüentemente intrigantes e bem educadas; aclamação por parte de públicos internacionais ecoando em casa; viagens internacionais relativamente glamorosas, em comparação com as domésticas; grupos de interesses menos clamorosos, exceto em casos especiais; autoridade cada vez mais forte; Congresso muitas vezes mais manso. Mas as diferenças diminuem – comparem-se os tempos de Bush com os de Nixon, sem falar de Eisenhower – e provavelmente diminuirão mais. As tele-comunicações, o comércio, a ajuda internacional, o sistema bancário e as bolsas de valores combinados com a Aids e o controle de natalidade e a fome, acres-cidos de lixo tóxico e aquecimento global – essa não foi a matéria-prima do Congresso de Viena e muito menos das reuniões de cúpula de outrora. Além disso, os europeus de daqui a dez anos, assim como os japoneses, podem não se assemelhar muito aos "poderes intermediários" relativamente aquiescentes com os quais nos acostumamos nos anos 1960 e 1970. Para os Presidentes, cooperar com eles pode não parecer mais fácil do que cooperar com o Congresso. Nossos amigos no exterior irão vê-lo de outra maneira: como é que irão cooperar com nossa mistura peculiar de instituições separadas que compartilham poderes? Eles têm Governos ordenados – o nosso é uma confusão só. Que os outros se queixem de nós em relação a isso não é nada novo. As queixas foram fato comum ao longo de todo este século. Mas no próximo, alguns dos principais queixosos podem ter menos necessidade de nós, enquanto nossa necessidade deles pode crescer, mais que em qualquer outra época desde a II Guerra Mundial. Nesse caso, a política internacional pode deixar de ser fonte de prazer para um Presidente. Da mesma forma, ele ou ela poderia ter que agir no exterior da mesma maneira que no Capitólio ou em Peoria: checar cuidadosamente os possíveis efeitos das escolhas atuais sobre a reputação e o prestígio futuros, pensando nos outros Governos e nos outros públicos tanto quanto no doméstico. Talvez não sejam apenas os nossos aliados na OTAN e no Pacífico, aos quais estamos acostumados, que passarão a forçar o ritmo aqui, mas também a União Soviética, caso se mantenha unida, e potenciais grandes potências – China, Índia e talvez o Brasil – assim como nossos vizinhos, ao norte e ao sul.

Do mundo multicêntrico e interdependente que agora está surgindo – ambien-talmente ameaçado do jeito que está – os Presidentes talvez olhem para trás, para a Guerra Fria, como uma era de estabilidade, autoridade e *glamour*. Talvez venham a ansiar pela simplicidade que enxergam retrospectivamente, e também pelo consolo. Que pena. A tarefa de ser Presidente é mais dura quando os que estão no cargo têm que lutar por influência efetiva nas esferas internacional e doméstica, com seu comando das forças nucleares perdendo relevância imediata e a economia norte-americana despida de sua antiga influência. Contudo, há compensações – uma em particular. Se sobrevivermos à Guerra Fria, a responsabilidade pessoal vinculada às armas nucleares deveria tornar-se menos pesada para os próprios Presidentes, enquanto a contemplação de sua mera humanidade se torna menos assustadora para a maioria de nós. Para mim, parece ser uma troca justa.

Notas

[1] As principais fontes que consultei ao reconstruir a conduta de Eisenhower na época de Dien Bien Phu são Melanie Billings-Yun, *Decision Against War: Eisenhower and Dien Bien Phu, 1954*, New York: Columbia University Press, 1988, e John F. Burke e Fred Greenstein, *How Presidents Test Reality: Decisions on Vietnam, 1954 and 1965*, parte 2, *Failure to Intervene in 1954*, New York: Russell Sage Foundation, 1989. Ambos utilizaram todos as fontes documentais disponíveis neste país. Burke e Greenstein utilizaram longas entrevistas e também os registros do Departamento Internacional britânico. Sempre que essas duas fontes discordaram, fiz meus próprios julgamentos ou indiquei a diferença entre as visões, dependendo do caso. McGeorge Bundy oferece relato breve, porém cuidadosamente pesquisado e consciente em *Danger and Survival* (New York: Random House, 1988), pp. 260-70.

O relato anterior de Townsend Hoope, *The Devil and John Foster Dulles*, Boston: Little, Brown, 1973, inclui percepções interessantes. A biografia de Stephen E. Amrose oferece contexto de interesse, *Eisenhower the President* (New York: Simon &Schuster, 1984). O mesmo ocorre com *The Hidden-Hand President: Eisenhower as Leader,* New York: Basic Books, 1982.

[2] Chalmers Roberts escreveu o primeiro relato jornalístico sério para a revista The Reporter em 1984, sob o título "The Day We Didn't Go to War", citado na nota 20, capítulo10.

[3] *Public Papers of the Presidents*, 1954, Washington, D.C.: Government Printing Office, 1955, p. 306.

[4] Conforme mencionado por Fred Greenstein na Universidade da Califórnia, Davis, conferência mencionada na nota 1, capítulo 12.

[5] Os líderes no Congresso também estavam interessados em garantias de que os franceses manteriam suas tropas na Indochina indefinidamente, caso outras forças aliadas se unissem

Richard E. Neustadt

a eles. Essa também se tornou questão em relação à qual Eisenhower e Dulles mais tarde pressionariam Paris com resultado bastante previsível.

[6] Houve muitos rumores na época a respeito, nunca comprovados. Mas Rayburn, sabemos, às vezes juntamente com Johnson, ocasionalmente entrou às escondidas na mansão para beber e bater papo com Ike. Tais visitas não precisavam ser registradas para a posteridade; comprová-las provavelmente será impossível.

[7] Citado em Bundy, *Danger and Survival,* pp. 270.

[8] A primeira vez que me conscientizei da profundidade do compromisso pessoal de Eisenhower em relação ao controle e à redução de armas – começando com um banimento dos testes, mas indo muito além disso, prospectivamente – através das discussões realizadas no fim da década de 1960 com o meu então colega de Harvard, o falecido George Kistiakowsky, o vice-assessor de Ike para assuntos científicos. "Kisty" trabalhou mais intimamente com este Presidente neste sentido do que qualquer outro assessor de ciência e tecnologia antes ou depois dele. Agora esta história é contada de forma abrangente, com brilhantismo e simpatia, por Bundy em "*Danger and Survival*", capítulo 7.

[9] Idem, especialmente pp. 342-43, 348-49.

[10] N.T.: Em inglês, *placement.*

[11] Ver Richard E. Neustadt e Ernest R. May, *Thinking in Time*, New York: Free Press, 1986, capítulos 9-11.

[12] Idem, pp. 269.

[13] Idem, capítulo 1, contém breve resumo. A literatura sobre a crise dos mísseis é enorme. As primeiras referências são Graham T. Allison, *Essence of Decision*, Boston: Little, Brown, 1971; Robert F. Kennedy, *Thirteen Days*, New York: Norton, 1971. O mais recente, com revelações novas, é James G. Blight e David A. Welsh, *On the Brink: Americans and Soviets Reexamine the Cuban Missile Crisis*, New York: Hill & Wang, 1989. Veja também as reflexões no capítulo 9, acima. A transcrição das reuniões do Comitê Executivo mencionadas no texto foi de 27 de outubro de 1962. A transcrição foi feita pelo próprio Bundy. Há cópias disponíveis na Biblioteca John F. Kennedy, em Boston.

[14] Blight e Walsh, *On the Brink*, pp. 83 e seguintes, 113-15. Ver também, dos mesmos autores (em ordem reversa), "The Eleventh Hour of the Cuban Missile Crisis", *International Security* (inverno 1987/88): pp. 5-92. Versão resumida da transcrição das reuniões do "Comitê Executivo" do NSC com o Presidente Kennedy em 27 de outubro segue esse artigo. A transcrição completa, não mais submetida a sigilo, está disponível na Biblioteca JFK em Boston, Massachusetts.

[15] Nos círculos do NSC pensava-se, na época, que um intercâmbio nuclear intercontinental completo, considerando os armamentos disponíveis em ambos os lados, poderia custar aos norte-americanos cinco milhões de mortes e aos soviéticos, cem milhões de mortos. Parece que cinco milhões foram suficientes para convencer o Presidente de que isso não deveria acontecer (em quatro anos, a Guerra Civil norte-americana havia causado um resultado equivalente em ambos os lados, em proporção à população). Isso poderia acontecer em 15 minutos, deixando atrás de si uma radiação e uma destruição sem precedentes, sem mencionar os cadáveres. Isso evidentemente foi suficiente para Kennedy. Contudo, para muitos de seus concidadãos, especialmente na Costa Leste, as evidências sugerem que as expectativas eram ainda piores. Leigos acreditavam que uma guerra nuclear, caso acontecesse, causaria

Poder presidencial e os Presidentes modernos

aos norte-americanos algo semelhante ao que o seu Governo previa poderia acontecer com os russos.

[16] Para comentários sobre as preferências de Reagan em relação a como passar uma noite, a partir dos anos 1950, ver Lou Cannon, *Reagan*, New York: Putnam, 1982, ver também Michael Deaver, *Behind the Scenes*, New York: Morrow, 1987.

[17] Cannon, *Reagan*, pp. 141-45.

[18] A equipe de Roosevelt nos tempos de guerra, em 1943, incluía Harry Hopkins, Samuel Rosenman como conselheiro especial, e o ex-juiz James Burns como diretor de Mobilização para a Guerra. Caso existisse um "trio principal", seriam eles, mas não como coletividade. Também havia três secretários (para agendamentos, imprensa e correspondência), um chefe do Estado Maior para o comandante em chefe (Almirante Leahy), que servia como presidente do Estado Maior das Forças Armadas (atuando essencialmente como ponto de contato), um assessor estatístico, dois assistentes administrativos, um redator de discursos em tempo parcial, Robert Sherwood, que ajudava Rosenman e Hopkins, e um civil de carreira, William Hopkins, como funcionário executivo do escritório da Casa Branca. Burns tinha cerca de dez assistentes próprios na Ala Leste.

[19] Reagan, em seu primeiro mandato, tinha o triunvirato inicial de Baker como chefe da Casa Civil, Deaver como vice-chefe da Casa Civil (título equivocado), e Meese como conselheiro. William Clark, o antigo assistente-executivo de Reagan na Califórnia, mais tarde foi acrescentado como assistente do NSC, enquanto Richard Darman – o substituto de Baker e de fato o substituto de Meese – e Craig Fuller, o secretário do Gabinete, formavam um segundo escalão. O principal ponto de contato, o ponto de contato do Partido Republicano, o diretor de Comunicações, e o substituto de Clark, então McFarlane, vinham logo a seguir. Fuller, pelo computador, controlava itens da agenda dos comitês do gabinete, exceto o NSC. Em escritório adjacente, Darman, como secretário da Casa Civil, controlava o fluxo e a circulação de papéis.

[20] Ver basicamente Cannon, *Reagan* e Deaver, *Behind the Scenes*. Donald Regan, *For the Record* (New York: Harcourt Press, 1988), aborda o tema rapidamente, com mais indicações transmitidas com raiva, pois todos concordam que a Sra. Reagan forçou sua saída. Ele também revela quão arduamente ela trabalhava sobre e contra ele para que Casey saísse, a partir do momento que este foi hospitalizado. A explosão de raiva de Reagan na verdade confirma para mim o julgamento e o senso de *timing* da Sra. Reagan em relação a tais questões. As memórias dela não o esclarecem .

[21] O general Hugh Johnson, administrador da recuperação nacional em 1933-34, tornou-se cada vez menos popular, na medida em que a satisfação com o ato que estava administrando e com os números de suas provisões declinavam. Suas qualidades pessoais tampouco ajudaram. Mas Roosevelt se agarrou a ele durante um ano e meio, simbolizando fidelidade ao programa inicial de recuperação. A certa altura, contudo, depois que as críticas da mídia e o bate-boca interno haviam-se tornado praticamente constantes, Johnson foi liberado, com base em motivos não reconhecidos, mas devidamente vazados, de que havia perdido o controle sobre a bebida. James Watt, o primeiro secretário de Interior de Reagan em 1981-83, fortemente ideológico, também era apoiado enquanto suas políticas ficavam sob crescente ataque, recebendo crescente atenção por parte da mídia. Até que um casual comentário falso, ofensivo a diversos grupos minoritários, tornou-se oportunidade para sua demissão.

[22] Em outubro de 1983 os marines dos EUA estiveram posicionados em Beirute durante mais de um ano, numa missão amiga que azedou na medida em que todos os seus pressupostos

caíram por terra. A presença prolongada dos marines – provocada uma estagnação nas políticas em Washington, apesar da inteligência coletada sugerir falência – tornou-se motivo para um ato violento de terrorismo contra seus alojamentos. Foram explodidos. Quase trezentos homens morreram. O Presidente imediatamente afirmou a importância de sua missão e sua determinação para mantê-la. As substituições rapidamente chegaram a Beirute, e enxames de repórteres de TV chegaram ao local. A inteligência de Washington agora fora duplicada pelo jornalismo eletrônico. A futilidade fora carregada para as salas de estar em todo o país. As críticas aumentaram, também na mídia impressa. Três meses depois da explosão, os marines remanescentes foram "transferidos para o mar", enquanto um navio de guerra transitava para cima e para baixo ao longo da costa, convencendo os aldeões a colocarem minas em vilarejos nas montanhas. A visão transmitida pela TV era assustadora. Mas não por muito tempo. Os repórteres norte-americanos e as equipes de cinegrafistas se apressaram em seguir os marines para fora de Beirute. A cidade desapareceu das telas de TV norte-americanas – e o mesmo aconteceu com as críticas à antiga política norte-americana.

[23] Regan, de fato, os confirmou posteriormente em seu livro já citado.

[24] Idem; por exemplo, pp. 77-78.

[25] Idem, pp. 39-40, 323-24. O testemunho nas Audiências Conjuntas (*Joint Hearings*) citadas acima cobre o mesmo tema, mais extensamente e com muito mais detalhes.

[26] Isso implica aceitar as negações de Reagan, as afirmações de Pointdexter e as opiniões de Shultz e Regan a respeito do que o Presidente sabia e quando. Com base nisso, poderia ter dito à sua esposa a respeito das esperanças de McFarlane quanto a influenciar os "moderados" e a respeito das próprias, de que eles, de alguma maneira, poderiam influenciar aqueles que mantinham os reféns em Beirute. Mas ele poderia não ter dito muita coisa em relação aos detalhes operacionais envolvendo armas e reféns – ou absolutamente nada, devido à posição "independente", "instantânea", à prova de Congresso e seu suposto financiamento por meio de valores residuais.

[27] Em relação a relacionamentos em transformação entre prestígio e reputação, parcialmente superando o capítulo 5, ver capítulos 10, 11 e 12.

[28] Por exemplo, na primeira semana da crise, Kennedy aprendeu através de Paul Nitze a mudar seu próprio pressuposto anterior: de que os mísseis em Cuba não alteravam o equilíbrio estratégico. Esse havia sido o argumento do secretário de Defesa, Robert McNamara. Mas Nitze, na ocasião atuando como secretário-assistente da Defesa, argumentava que os mísseis de médio alcance sobre a ilha poderiam tornar os oficiais soviéticos cientes de sua própria fraqueza em termos de mísseis intercontinentais, pensar que seus parceiros norte-americanos ficariam intimidados com o aumento absoluto na capacidade ofensiva soviética. Tal pensamento poderia induzi-los a falsas esperanças de resposta norte-americana suave a futuras demonstrações de agressividade soviética, desestabilizando o equilíbrio. Kennedy entendeu o ponto e, evidentemente, alterou seus pressupostos. Para maiores detalhes, ver fontes na nota 11.

[29] Stockman, conforme citado na nota 46, capítulo 11. Ver também meu texto "Presidents, Politics and Analysis", também citado lá.

POSFÁCIO – NEUSTADT NO BRASIL

As boas instituições, para a Polônia, só podem ser fruto do trabalho dos poloneses, ou de alguém que tiver desenvolvido um estudo de primeira-mão, completo, sobre a nação polonesa e seus vizinhos. Um estrangeiro não poderá fazer muito mais do que oferecer algumas observações gerais, para fins de esclarecimento, mas, não de orientação, ao reformador da lei.

Jean Jaques Rousseau,
Considerações sobre o Governo da Polônia, 1772.

A vida não precisa imitar a arte, mas pode, no impulso, pegar umas dicas com ela.

A arte de Richard E. Neustadt – seus artigos acadêmicos e conselhos a Presidentes – transbordam cheios de vida. Para um biógrafo, no entanto, a vida de Neudstadt também transborda em arte, e nenhum capítulo é mais repleto de arte do que o último – que também a imita.

Em 2003, Neustadt foi convidado a viajar da Inglaterra para o Brasil para prestar consultoria a um caso incomum: a transição para o poder de um novo e improvável Presidente, o candidato do Partido dos Trabalhadores, conhecido simplesmente como Lula. A aventura em vida real de Neustadt reflete uma da arte: em 1886, Sherlock Holmes viajou para o Brasil para aconselhar sobre outro caso intrigante, o roubo de um Stradivarius que o Imperador do Brasil havia dado à sua amante. A comparação se encerra aqui. Nos dois casos, observadores renomados aplicaram seus bem conhecidos métodos e deixaram registros duradouros de seus trabalhos que valem ser examinados. As duas visitas se provaram, também, notáveis, pelo impacto revigorante que tiveram sobre seus visitantes – e o deles, sobre o Brasil.O Conto de Holmes é contado no romance best-seller de 1995: *O Xangô de Baker Street*. O de Neustadt é contado aqui.

A Eleição Presidencial de 2002 no Brasil

Para muitos estrangeiros, incluindo instituições financeiras, a eleição do Presidente da esquerda Luiz Inácio Lula da Silva – conhecido como Lula – em outubro de 2002, foi recebida como um choque, mas não uma surpresa. Lula nunca foi mal nas pesquisas. De fato, sua liderança melhorava com cada previsão alarmista (bem noticiadas no Brasil) que vinha do hemisfério norte. "Quando um gigante cai, o barulho é alto e os prejuízos colaterais são amplos," escreveu Tony Smith, no *New York Times*, antes das eleições. "O medo dessa perspectiva está dominando a América Latina."

América *Latina*? O artigo de Smith estava recheado de citações de fontes de Wall Street, referências a preços de ações e receios das companhias norte-americanas que investiram pesadamente no Brasil, como a General Motors e a WorldCom. Olhando para trás, os medos parecem tolos, o produto de pesadelos do norte, filtrados pelo cascalho contaminado da história financeira e do contexto político da América Latina. No norte, a Enron havia falido récentemente, a WorldCom havia quebrado e a Costa Oeste havia sofrido um aumento, devastador à sua economia, nos preços de energia elétrica e gás natural – os ataques do 11 de setembro e seus impactos econômicos permaneciam ainda frescos na memória. O crescimento econômico, que era confiável nos anos noventa, havia se invertido. A guerra esquentava no Afeganistão e se entranhava no Iraque.

Na América Latina, a Argentina inadimpliu em US$ 141 bilhões as suas dívidas. O Uruguai fechou seus bancos provisoriamente e, em Montevidéu, a polícia confrontou saqueadores. Hugo Chávez, uma nova ameaça a ser enfrentada pela América do Norte, crescia beligerante na Venezuela. A moeda brasileira despencava, as taxas de juros subiam vertiginosamente, e o Brasil buscou a ajuda do Fundo Monetário Internacional. A grande preocupação era de que, depois das eleições, o Brasil iria "renegociar" sua dívida pública de um quarto de um trilhão de dólares – ou seja, caminharia ao precipício da inadimplência, para assustar os credores. Em termos internacionais, isso poderia ser cataclísmico. Com 175 milhões de pessoas, o Brasil era o 5º maior país do mundo.

Os problemas financeiros do Brasil não eram inteiramente autoprovocados. Eles também refletiam um círculo vicioso de percepções: o medo internacional da eleição de Lula, quando manifestado, impulsionava uma probabilidade maior de sua vitória, elevando, conseqüentemente, os receios internacionais. Na oposição à Lula estava José Serra, do Partido da Social Democracia Brasileira, centrista – partido que há muito estava à frente do governo – piorava a situação.

Como bem colocou o artigo do *New York Times*, "Serra pode também ter cometido um erro tático ao alertar os eleitores de que sua derrota nas eleições poderia provocar um colapso econômico, como o da Argentina. Em vez de afastar os eleitores dos seus rivais, o comentário só serviu para agitar mais os mercados brasileiros".

E quanto a Lula? Se os norte-americanos ouviam "Castro" ou "Chávez" quando as multidões gritavam "Lula," o erro tinha uma explicação plausível.

Lula havia emergido da pobreza, de fato (apesar de que não era da pior pobreza existente no Brasil). Ele conheceu a fome. Ele recebeu pouca educação, trabalhou como torneiro mecânico e, durante duas décadas, liderou o combativo e popular Partido dos Trabalhadores – o PT, com sua bandeira vermelha, que ajudou a fundar em 1980. (Os membros do Partido dos Trabalhadores são chamados de *petistas*; o partido tem diversas facções, das quais a de Lula é considerada de centro-esquerda.) Em dado momento, Lula, inclusive, declarou apoiar a renegociação da dívida.

À medida que a eleição de Lula se tornava cada vez mais inevitável, os observadores estrangeiros, no entanto, notaram alguns sinais incentivadores. Lula começou a vestir terno e gravata (mas também não teriam Juan e Eva Peron se vestido bem em meio a um público de descamisados?). Ele parou de falar sobre a renegociação da dívida (mas, será que isso era uma manobra para frustrar os planos do adversário?). Ele se curvou à pressão do Presidente em exercício, Fernando Henrique Cardoso – o principal apoiador de seu rival, Serra – e anunciou que apoiaria as medidas de estabilização que haviam sido negociadas por FHC com financiadores internacionais. Começou a ser mencionado, e a chamar a atenção, o fato de que Lula havia se candidatado para Presidente três vezes, mas, no entanto, continuava a liderar seus seguidores até as urnas, e não às ruas.

Nas semanas finais da campanha, o mundo passou a ter uma visão um pouco diferente de Lula. Ele já não parecia mais ser tão cabeça quente, como um Castro ou um Chávez. Ele começou a se parecer com aquilo que dizia ser: um democrata, um realista, uma pessoa disposta a aceitar críticas internacionais e financeiras, alguém que queria simplesmente enfrentar algo que ninguém havia conseguido atacar com sucesso: a pobreza do Brasil, a fome, as disparidades de renda e a alarmante desigualdade. Ele venceu por uma maioria esmagadora de votos e tomou posse em janeiro de 2003.

Esse foi o homem por quem Neustadt – aos 84 anos de idade, morando na Inglaterra, com aparelhos de audição nos dois ouvidos – atravessou o Atlântico, cinco meses depois, para auxiliar. Até lá, Lula já havia estado no poder tempo suficiente para levar seus assessores a concordarem que as coisas não estavam indo inteiramente bem.

Convite e Aceite

Os convites a especialistas geralmente são feitos com base na recomendação de uma fonte de confiança. Aqui não foi diferente. O convite a Sherlock Holmes veio do próprio Imperador Dom Pedro II, depois de receber uma dica de bastidores da estrela dos palcos, Sarah Bernhardt, então em visita ao Brasil. O convite a Neustadt veio de uma assessora de Lula, Helena Kerr do Amaral, a nova Presidente da Escola Nacional de Administração Pública – ENAP, com base na recomendação do Professor Michael Barzelay. Barzelay, uma autoridade no assunto 'Brasil', havia sido apresentado a Neudstadt na Kennedy School, e veio a conhecê-lo melhor depois de assumir um cargo na *London School of Economics*.

Durante uma reunião no Brasil, membros do círculo interno de Lula confidenciaram a Barzelay suas preocupações de que o iniciante governo estaria enfrentando algumas dificuldades. Barzelay imediatamente pensou em Neustadt. "Barzelay disse que a pessoa mais importante que ele conhecia que poderia ser convidada a falar sobre o papel de decisões prematuras referentes a agenda, processos e estrutura, na medida em que essas afetam o sucesso presidencial, seria o Professor Neustadt," escreveu Kerr mais tarde, referindo-se àquela reunião: "Em junho, ele estava aqui."

Na verdade, não foi assim tão simples. Kerr, naturalmente, queria conselhos específicos de Neustadt sobre como o novo Presidente e sua equipe poderiam melhorar seu desempenho – e rápido. O Partido dos Trabalhadores não tinha nenhuma experiência em administração nacional: os petistas já haviam ocupado postos municipais e de governador, mas nunca a Presidência. Nada havia preparado Lula, nem seu partido, para essa transição. Na verdade, a posse de Lula marcou a primeira vez em oito anos que um líder brasileiro eleito sucedia a um líder eleito de um partido diferente (antes, o partido dominante de centro-direita, o Partido da Social Democracia Brasileira, havia participado de transições presidenciais na época dos governos militares). Kerr achava que Neustadt certamente saberia mais sobre transições presidenciais do que os petistas. Na verdade, ela acreditava que "ele sabia mais sobre o governo democrático do que qualquer um no Brasil," em todos os sentidos. Kerr conseguia facilmente imaginar como Neudstadt poderia ajudar.

Kerr e Barzelay, entretanto, não previram a modéstia de Neustadt. Quando, durante um almoço em Londres, Barzelay transmitiu a oferta de Kerr – uma consultoria paga para assessorar o Presidente Lula e sua equipe na transição presidencial brasileira – Neustadt ficou lisonjeado, mas, um tanto quanto surpreso. Como disse à sua filha, Beth, ele sabia um pouco sobre a Presidência dos Estados Unidos, porém, nada sobre a do Brasil e relativamente pouco sobre o Brasil em si, tendo visitado o país uma única vez, há quatro anos, com sua esposa, a líder política britânica Shirley Williams. Neustadt prontamente recusou ser consultor de Lula.

Barzelay, no entanto, deve ter pressentido a tentação que a oferta representava para Neustadt. Então, propôs uma alternativa. Os brasileiros, ele sugeriu, convidariam Neustadt para fazer uma palestra. O tema seria as transições presidenciais americanas, não a brasileira. Em termos práticos, Neustadt nem prestaria consultoria, nem assessoraria o círculo interno de Lula; em vez disso, eles poderiam extrair lições e aprendizados a partir dos relatos de Neustadt sobre as experiências americanas, se julgassem as lições pertinentes. Barzelay conhecia esse homem. Depois, como Kerr escreveu: "Em junho, ele estava aqui."

A palestra de Neustadt e as reuniões particulares em Brasília

Neustadt chegou ao Brasil no dia 4 de junho de 2003. "Ele não parecia cansado da viagem de avião," relata Kerr: "Meu marido (um petista proeminente) e eu o levamos para jantar em um restaurante italiano em Brasília. Às onze e trinta da noite, ele continuava nos fazendo perguntas excelentes e intrigantes. O professor já estava nos ensinando. Nós ficamos profundamente impressionados com a sua curiosidade. Que jovem professor de 84 anos de idade!"

Em 6 de junho, Neustadt proferiu uma palestra na ENAP para um público de membros de alto escalão do Governo Lula. Diferentemente das escolas de administração pública nos Estados Unidos, que são parte da Academia, a ENAP é uma instituição governamental que existe especificamente para treinar servidores públicos e funcionários do Governo. Aos brasileiros foi fornecida tradução simultânea, realizada por uma excelente equipe de intérpretes. Direcionada para o círculo interno de Lula, a palestra se encaixa na categoria dos artigos de Neustadt preparados especificamente para aconselhar Presidentes e suas equipes, e não com fins de publicação. Não está entre os trabalhos já publicados de Neustadt, mas a ENAP gravou a palestra e o próprio Neustadt deu a Kerr o texto a partir do qual ele a proferiu.

O discurso de Neustadt chama-se "A Longa Sombra das Transições Presidenciais". Kerr disse: "Levou um bom tempo para acharmos (uma) tradução adequada para esse título inspirador de sua palestra." Aqueles que conhecem o trabalho de Neustadt sorriem em reconhecimento; pode ser que leve um tempo para se encontrar uma tradução em inglês adequada para esse título. Neustadt usava palavras com tal precisão que, muitas vezes, as palavras dos outros não conseguem captar exatamente o seu sentido. Mas, nesse caso, não foi ele que escolheu o título. Conforme o Professor Barzelay depois escreveu à Beth Neustadt:

> Eu disse (em um e-mail para os brasileiros) basicamente que eles deveriam somente ouvir o que seu pai dizia durante o almoço (com Barzelay, em Londres). Então, me veio a idéia da longa sombra, como uma síntese (da) tese básica de suas reflexões durante o almoço – e eu argumen-

tei que essa idéia iria intrigar as pessoas a entrarem no raciocínio dele, porque elas estavam obviamente tentando contemplar os efeitos de mais longo prazo das decisões que estavam tomando à época. Os brasileiros aceitaram esse conselho – e seu pai ficou extremamente satisfeito com o convite que pedia que ele discursasse sobre esse assunto. Eu acho que o pedido os aproximou dele. Ele de fato suspeitou que eu estivesse por trás do título e, num dado momento, realmente dei a entender que sim.

A palestra de Neustadt é sobre como os primeiros meses de governo, a gerência e ingerência desses primeiros dias pode moldar – e talvez assombrar – todo o mandato de um Presidente. A expressão "longa sombra" captura exatamente o sentido dado por Neustadt:

> Hoje à noite, eu gostaria de falar para vocês sobre um fenômeno norte-americano, um aspecto da política do meu país, os Estados Unidos, que tem efeitos colaterais relevantes sobre a política, bem como sobre a administração pública, nominadamente, sobre o longo tempo de apren-dizado dos novos Governos, a partir da posse de novos Presidentes – principalmente se eles vêm de um partido diferente do de seu antecessor. Nós chamamos esse período de 'transição presidencial', incluindo não só as onze semanas entre as eleições e a posse, mas, também, depois disso, os vinte-e-um meses – quase dois anos – de governo.

Neustadt limitou a abrangência de seus comentários, tal qual ele havia prometido: toda a apresentação é dedicada a experiências de Presidentes dos Estados Unidos, não do Brasil – pelo menos, não na superfície. A palestra é menos um novo artigo do que uma destilação dos temas neustadtianos já conhecidos, uma costura das ilustrações e observações sobre os perigos da transição, que Neustadt havia oferecido, de forma particular, a Presidentes americanos, desde Kennedy a Clinton (conforme sabemos a partir da divulgação e publicação dos memorandos de recomendações de transição de Neustadt). O discurso proferido no Brasil tem a ver com preocupações de vida de Neustadt: a capacidade do Presidente de conseguir o que quer; de manter o controle; de conseguir que as coisas saiam como ele quer – e a maneira como as próprias atitudes dos Presidentes determinam seu futuro poder.

O que torna a costura desfigurada é que apesar de Neustadt dizer que não, a palestra foi personalizada, mesmo que repentinamente, especificamente para a equipe de Lula. Não seria da natureza de Neustadt simplesmente aparecer perante os brasileiros e falar sobre os Presidentes dos Estados Unidos. A atenção que ele devotou, previamente, à situação e às necessidades deles, como ele os entendeu antes da sua chegada – uma qualificação importante – aparece no texto, a partir de detalhes do uso da língua inglesa à escolha de 'pontos importantes' frisados, para serem lembrados (um termo que Neustadt teria detestado, mas entendido).

Por exemplo, em momento nenhum, Neustadt se refere ao "Presidente americano" ou à "Presidência americana" – a conjunção de palavras à qual ele é mais conhecidamente associado. Neustadt "era muito educado e sempre preferiria dizer os Presidentes dos Estados Unidos, em vez de os Presidentes americanos," observou Kerr. "Ele argumentava que somos todos americanos das Américas. Da mesma forma, ao apresentar a humilhação do Presidente Kennedy na Baía dos Porcos, como a primeira ilustração sobre um perigo do período de transição, Neustadt menciona, aparentemente de forma improvisada, a 'eficiência do governo de Castro' ao se opor à invasão militar patrocinada pelos Estados Unidos. Nada na palestra de Neustadt é improvisado, ou por acaso, claro. Aqui, repentinamente, e sem hesitar, Neustadt presumivelmente estabeleceu sua objetividade (e neutralizou qualquer resistência a seus laços com o governo dos EUA) perante um poderoso grupo de 'esquerdistas' latino-americanos."

As suas ilustrações históricas de erros que dispersam o poder, cometidos por Presidentes americanos neófitos, foram cuidadosamente escolhidas – um detalhe que ele queria que os brasileiros entendessem. Essas ilustrações específicas oferecem um *insight* ao que Neustadt, antes de chegar, parece ter considerado os três principais riscos diante de Lula:

• Simplesmente dar continuidade às políticas de seu antecessor; devido à falta de autoconfiança ou por um excesso de zelo, ou por ser incapaz de fazer as perguntas corretas (como no caso de Kennedy e a Baía dos Porcos).

• Ao contrário, romper com essas políticas, de forma muito precipitada e desdenhosa, como se elas representassem armadilhas deixadas por um inimigo que retrocede à batalha (um erro que Neustadt atribuiu a George W. Bush em relação a Quioto e a outras questões internacionais), ou agir de forma muito aventureira, logo no começo.

• Não ser capaz de aproveitar a oportunidade única do "período de lua-de-mel" para avançar, por meio de leis, na própria agenda política doméstica do Presidente (aqui, Neustadt contrastou o projeto de lei de Carter na área de energia, apresentado tarde demais, à proposta tributária de Clinton, em 1993, apresentada oportunamente – apesar de que Neustadt tenha dito que Clinton prejudicou seu governo ao permitir que lhe empurrassem goela abaixo outra proposta legislativa prematura).

Todos esses erros, argumentou Neustadt, surgem da incapacidade de se perceber e compreender as nuanças e sutilezas da Presidência, o que tende a acontecer com novatos. Todos eles reduzem o poder pessoal do Presidente. E são difíceis de superar depois.

Neustadt pode ter considerado que esses eram os principais riscos a se apresentarem diante de qualquer Presidente, mas, no caso de Lula, eles pareciam ser ainda mais acertados. O governo anterior havia imposto medidas fiscais e monetárias que constrangiam, relativamente bem, a capacidade de Lula de implementar novas políticas domésticas e, ainda, amarravam suas mãos, ao obrigar o Brasil a honrar acordos rígidos com financiadores internacionais. Ainda assim, Lula havia sido surpreendentemente eleito com esmagadores 62 por cento de votos, com base na promessa de impulsionar mudanças progressivas: reduzir a fome, a pobreza e as desigualdades econômicas. Lula havia ganhado um mandato, mas, um mandato de mudanças que poderia, depois, ser impossível de realizar. Diante disso, Lula poderia desistir fácil demais, sem conseguir empreender esforços com determinação suficiente contra as restrições que ele havia herdado – ou, se frustrado, ele poderia impulsivamente esmagar aquelas restrições, afundando o país em sabe-se lá o quê. A fala de Neustadt implicitamente alertou sobre os dois extremos, e sobre o perigo de os petistas perderem o foco sobre os objetivos políticos próprios de Lula.

Mantendo suas restrições e objetivos, depois das primeiras linhas de sua palestra, Neustadt não mais mencionou o Brasil, até seu parágrafo final:

> Como, de alguma forma, essas observações e lições extraídas das experiências dos Estados Unidos podem se aplicar ou serem traduzidas para o caso do Brasil? Quais semelhanças e diferenças, entre Washington e Brasília, são relevantes? E, sobretudo, a experiência norte-americana oferece alguma coisa que seja de aprendizado útil para atender às suas finalidades? Essas perguntas não devem ser levantadas por mim. Elas, necessariamente, se tornam questões para vocês. E eu aguardo, com ansiedade e interesse, as suas respostas.

As respostas, de fato, corresponderam ao que Neustadt devia estar esperando: *Estamos impressionados; você parece ser uma pessoa de visão e digna de confiança; mas nós ainda não lhe contamos nossos problemas mais preocupantes.* Pois aconteceu que os perigos previstos por Neudstadt, os quais ele abordou em sua palestra, não eram os que, privadamente, preocupavam o círculo interno de Lula. Isso ficou claro assim que Neustadt se afastou da tribuna e mergulhou em um mar de reuniões particulares que Kerr havia agendado com cinco dos ministros de Lula e dez vice-ministros e assessores especiais. Talvez existam anotações referentes a essas reuniões (Kerr relata que um esboço fora preparado e fornecido pessoalmente a Lula), mas não foram compiladas. Nem parecem ser particularmente importantes aqui, por dois motivos:

Primeiro, porque Neustadt participou dessas reuniões somente como ouvinte, não continuou discursando. Depois, ele refletiu sobre o que a equipe de Lula lhe havia contado. Depois de partir, filtrou o que eles haviam dito e os seus próprios conselhos e agregou tudo em um único grande documento (discutido depois). Segundo, porque o que é notável, hoje, é justamente o fato de os conselhos de Neustadt terem sido procurados, de o círculo interno de Lula tê-lo imediatamente incluído entre os de sua confiança – compartilhando de suas maiores preocupações e buscando a ajuda desse norte-americano de mais idade, uma autoridade no seu próprio país, mas nada mais do que um estranho para eles.

A história é repleta de observadores estrangeiros e comentaristas, como Tocqueville, e voluntários estrangeiros para causas nacionais, como Lafayette. O pensamento político de filósofos e teóricos estrangeiros, sacramentado em leis e ideais (como nos casos de Montesquieu e Locke) ou consagrados em correspondências (como nas cartas de Jeremy Bentham aos revolucionários franceses), tem, repetidamente, inspirado líderes políticos, desde Jefferson a Gandhi. Raramente, no entanto, pensadores políticos vivos foram convidados e confiados a fornecer consultoria efetiva a um governo estrangeiro sobre assuntos relacionados à própria formação governamental. Imagine George W. Bush, em seu primeiro mandato, junto com sua equipe, pedindo para um acadêmico europeu se reunir com eles em Camp David, ouvir suas mais profundas preocupações e fazer recomendações sobre as questões relativas a agenda, equipe e compromissos. Jean-Jacques Rousseau, cujos conselhos foram requisitados quando dos novos governos do século XVIII na Polônia e em Córsega, é a contraparte histórica que mais se aproxima a Neustadt no Brasil. Neudstadt não perde na comparação.

As Entrevistas

De volta à Inglaterra, o Professor Barzelay foi informado por Kerr da intensa programação que ela havia preparado para Neustadt e ficou "um tanto quanto alarmado," lembra Kerr, rindo. Barzelay mandou mensagens insistindo para que se desacelerasse o ritmo da agenda do Neustadt, que se permitisse que ele descansasse. Mas Neustadt estava extremamente interessado e satisfeito. Na verdade, além das reuniões com os membros do círculo interno de Lula, Neustadt teve vários encontros com a mídia. O que incluiu duas entrevistas para a televisão, uma quando da sua chegada e outra depois da sua palestra; e uma entrevista à revista *Carta Capital*.

A primeira entrevista para a televisão, que foi ao ar somente como um breve segmento, obrigou Neustadt a confrontar expectativas prematuras irrealistas – e descontentamento – com relação ao desempenho inicial de Lula no poder. Lula não fez nada, dizia o entrevistador; ele não está fazendo o que ele prometeu e poderá fracassar. "Mas, se você consegue explicar ao seu povo," respondeu Neustadt, "que não é assim que você pretende agir para sempre, mas, que é isso que você tem que fazer por agora... (então) o que mais eles poderão perguntar? Você pretendia fazer aquilo que prometeu, *contanto que fosse possível fazê-lo*, e num período de tempo de quatro anos. Então, só resta esperar que eles não o julguem até as próximas eleições."

"Então, você sugere que o governo faça campanhas e veicule propaganda?", perguntou o entrevistador.

"Educar o povo não é o mesmo que enganá-lo", respondeu Neustadt.

Na segunda entrevista para a televisão, concedida depois que Neustadt já havia passado vários dias em Brasília, o entrevistador Luiz Fara Monteiro também perguntou sobre as críticas a Lula "por não estar fazendo muito." Neustadt respondeu com firmeza: "Minha opinião é a de que, se comparado a Presidentes norte-americanos, ele fez muito em cinco meses."

Quando perguntado sobre a luta de Lula contra a fome, que seu anfitrião considerava intimidador (se não idealista), Neustadt respondeu com termos neustadtianos: "Eu acho que é, dado o interesse do Brasil, a luta certa. Em vista de seu próprio interesse, é uma luta na qual ele tem que se engajar." Outras questões levaram Neustadt a prever que Bush e Lula poderiam se dar bem ("Os dois são propensos à franqueza e à integridade"), que Hillary Clinton não se candidataria a Presidente ainda, e que Bush seria reeleito. A observação mais arrasadora de Neustadt, proferida com uma concisão característica, foi em resposta a uma pergunta que não se referia ao Brasil, mas sobre Bush no Iraque: "No meu ver, a guerra do Iraque foi um infortúnio. Agora que já aconteceu, a minha opinião é que a única forma de o Presidente Bush conseguir transformá-la em algo de positivo, no longo prazo, é intervindo seriamente e persistentemente na questão Israel-Palestina. E essa questão é quase tão difícil de se acertar quanto o é a fome no Brasil."

Em referência ao fato de um funcionário de chão de fábrica ter se tornado Presidente do Brasil, no entanto, Neustadt expressou-se favoravelmente, o que ele repetiu várias vezes ao longo do seu discurso: "Eu acho que é uma situação maravilhosa. É a mais empolgante experiência democrática encontrada hoje no globo."

O entrevistador de Neustadt para a revista *Carta Capital*, Luiz Alberto Weber, estava em situação de vantagem por trabalhar na área de jornalismo impresso e, portanto, havia recebido de Kerr um *briefing* sobre as idéias e sobre o trabalho de Neustadt. Talvez por isso, Weber conseguiu extrair de Neustadt uma avaliação ampla sobre Lula e seu poder, em termos tradicionalmente neustadtianos – e uma avaliação que refletia aquilo que Neustadt havia aprendido no Brasil. A entrevista publicada poderia ser utilmente acrescentada à lista de leitura de qualquer curso que aborde o trabalho de Neustadt (apesar de que não houvesse nenhuma versão publicada em inglês, a entrevista com Neustadt teria que ser traduzida do português). Ainda assim, o que Anthony King escreveu sobre o *Poder Presidencial* se aplica aqui: "Utiliza argumentos que são sutis e interligados e impossíveis de serem resumidos."

A manchete, no entanto, consegue resumir a idéia principal defendida por Neustadt: "Aposte em Lula e no Brasil." E Weber consegue que Neustadt explique essa surpreendente conclusão. Primeiro, Neustadt relaciona as vantagens de Lula e suas fontes de poder – que os Presidentes norte-americanos "usualmente não têm":

> Ele está cercado de pessoas sofisticadas, companheiros de longa data, que possuem importantes experiências administrativas e políticas, adquiridas na oposição e em diversas partes do país. Os ministros e assessores de Lula parecem já estar no poder há mais de um ano, e não só há meses... Então, ao se combinar as qualidades do homem, seu prestígio pessoal e poder de persuasão, à equipe do PT (Partido dos Trabalhadores), tem-se algo formidável.

Ainda assim, argumenta Weber, algumas pessoas dizem que isso não é poder suficiente para mudar o Brasil. Neustadt diz já ter ouvido essa reclamação dos ministros de Lula, e considera isso um bom sinal: significa que o Governo ainda pretende correr atrás da sua ambiciosa agenda eleitoral, que exige mais poder do que Lula herdou de seu antecessor. Um Weber cético e um Neustadt paciente, então, exploram a arte do possível em termos de Lula e do governo petista. Weber vê o poder de Lula diminuindo, à medida que suas promessas de campanha continuam sem ser cumpridas; Neustadt acha que Lula está bem equipado para realizar parte de sua agenda, ao mesmo tempo, explicando aos seus seguidores sobre as limitações e realidades que se apresentam. "Talvez as pessoas aceitem explicações," concorda Weber, "mas, elas também querem resultados." É por isso que uma rápida retomada do crescimento econômico é essencial, responde Neustadt: é importante que os eleitores de Lula sejam convencidos de que as condições no Brasil estão melhorando.

E as detestáveis alianças com outros partidos, que Lula forjou no Congresso, pergunta Weber? Acordos e aliados repugnantes não diminuem o poder presidencial? Será que os fins realmente justificam os meios? "Em um país grande e diversificado como o Brasil, nunca se terá um governo composto só de pessoas com valores idênticos," responde Neustadt. "Talvez nem na Noruega isso seja possível. Não é maquiavélico quando um líder tampa o nariz, cria uma coalizão e realiza oitenta por cento do que ele havia originalmente proposto. Isso é o que eu chamo de um bom governo."

"Então, ainda há saída para o Brasil?" pergunta Weber, com tom de quem ainda não se convenceu.

"Eu acredito que com um pouco de sorte, o governo Lula vai ter bastante sucesso", responde Neustadt. "Lula tem a combinação de elementos necessários para o sucesso...Se Lula fracassar, minhas teorias serão profundamente abaladas. Mas, eu sou um otimista, especialmente com relação ao Brasil."

Tendo dito isso, Neustadt embarcou em um avião e viajou de volta para casa. Ele havia passado menos de noventa e seis horas no Brasil. Ainda assim, havia aplicado seus métodos e conquistado a afeição e a admiração de seus anfitriões e – tal qual o tempo viria a dizer – ele também havia acertado em suas previsões. Sua melhor obra sobre o Brasil ainda estava por vir. Sherlock Holmes, ao contrário, teve o privilégio de passar diversos meses no Brasil. Ele também aplicou seus métodos e conquistou a afeição e a admiração de seus anfitriões. Mas, Holmes errou; ele não foi capaz – como Neustadt o foi – de compreender aquilo que havia observado. E, diferentemente de Neustadt, uma vez que Holmes voltou para casa, não há nada que indique que ele tenha voltado a refletir sobre o Brasil.

A Carta de Neustadt do dia 15 de junho e as "Três Inquietações"

Anthony King escreveu que "Neustadt tinha uma mente rápida como um raio, mas, justamente por isso, falava muito devagar. Ele pesava e organizava cada frase em sua cabeça antes de proferi-la." Isso pode ter ficado claro para aqueles (inclusive no Brasil) que o ouviram discursar ou ser entrevistado. Neustadt achava escrever ainda mais agonizante – lento e difícil. Sua prosa tão precisa – um estilo de escrever tão "direto, certo e claro," como bem colocou o Professor Charles O. Jones – sugere uma facilidade natural. Na verdade, refletia um raciocínio minucioso e diversos retoques. Poucas pessoas que leram a prosa de Neustadt o viram escrevê-la. Aqueles que o fizeram, testemunharam verdadeiras batalhas.

Ainda assim, uma semana depois de retornar, Neudstadt redigiu e enviou para Helena Kerr uma carta de 2.500 palavras (vide página 447) com suas idéias cuidadosamente organizadas para Lula e seu círculo interno. Que ele pudesse produzir um trabalho assim com tanta rapidez pode parecer notável. Afinal de contas, ele não era jovem. Ele havia viajado uma longa distância, trabalhado duro no Brasil, dormido pouco. (De fato, nas fotos tiradas perto do fim de sua viagem, Neustadt parece estar exausto). Escrever, para Neustadt, lhe exigia um esforço tremendo, como sabemos. E o que ele escreveu na sua carta do dia 15 de junho nada tinha a ver com sua palestra do dia 6 de junho. Era tudo novo. A pretensão de recontar os equívocos presidenciais norte-americanos, como forma de elucidar os brasileiros, já tendo servido a seu propósito, agora, havia desaparecido. A carta de Neustadt do dia 15 de junho consistia inteiramente de pensamentos originais: a resposta que ele considerava dar aos ministros de Lula, uma vez que eles haviam, de forma privada, revelado a ele as suas preocupações. Agora, Neustadt oferecia conselhos puros, concretos e práticos; fruto de uma mente extraordinária, dedicada a trabalhar além do horário.

A partir da carta, é possível deduzir o que aconteceu quando Neustadt se encontrou com os ministros de Lula. A carta resume o conselho inicial que Neustadt havia dado: concentrem-se em "definir os objetivos prioritários e o conjunto de pessoas necessárias para implementá-los." Como escreveu Kerr do Amaral: "No Brasil, ele disse que a questão mais importante era a agenda." O que estava em consonância com a sua palestra, que efetivamente insistia para os petistas agarrarem a oportunidade e levarem adiante a agenda política do Presidente.

Mas, escreveu Kerr, "a maioria do alto escalão e dos ministros que se encontrou com ele perguntou sobre as dificuldades de coordenação governamental." Quando os ministros enfatizaram a necessidade de ter "coordenação", Neustadt inicialmente refutou: "Disse- lhes que o problema não era a gestão, mas, a agenda." Talvez ele tivesse entendido a palavra "coordenação" como tendo o sentido de facilitar e melhorar a eficiência dos *processos* governamentais – e os processos, de forma isolada dos seus impactos sobre a política, nunca soaram como sendo particularmente importantes para Neustadt.

Talvez tivesse havido dificuldades de tradução. Um ministro citou – "no que soou como uma delicada refutação," Neustadt escreveu – que para o círculo interno de Lula, o termo "coordenação" na verdade representava "três diferentes inquietações, cada qual tão importante quanto a outra, pois impediam que fossem feitas escolhas efetivas sobre os programas e as pessoas. A primeira das inquietações, os ministros reconheceram, referia-se às suas inquietações pessoais, e àquelas dos assessores mais próximos de Lula, com "o próprio ativismo, excitação, honestidade e idéias frescas do Presidente face às necessidades deles de manterem-no concentrado." Um resumo preciso dessa observação está refletido no seco comentário de Neustadt, "Permitam-me rotular o problema resultante, 'domar o chefe'."

Visivelmente, os petistas haviam revelado a Neustadt suas preocupações, com uma franqueza desarmada. Só os brasileiros sabem quais conselhos Neustadt deu na hora. Mas, em sua carta, Neustadt brevemente reafirma as três "inquietações" – as outras têm a ver com a distância e com a falta de confiança entre o círculo interno de Lula, de um lado, e os ministros de outros partidos coligados, bem como servidores públicos, do outro – e depois as desmembra em cinco problemas distintos. Para cada problema, Neustadt apresenta sugestões específicas – que tomam a maior parte da carta, representando reflexões profundas – e conselhos insistentes. Ao mesmo tempo, Neustadt não perde de vista sua mensagem original. Ele enfatiza que os cinco problemas "não diminuem a importância de se priorizar a agenda ou de se realocar pessoal. Muito pelo contrário. Lidar com as inquietações é útil para ambos."

Os últimos parágrafos da carta abordam a agenda em si, "o conteúdo de programa(s) prioritário(s) para os pobres." Nas reuniões, Neustadt havia manifestado entusiasmo "pela simples garantia de uma refeição completa, por dia, para cada criança com menos de 18 anos, a ser administrada pelas escolas, na medida do possível." Neustadt agora relatou que sua esposa, Shirley Williams, havia chamado sua atenção para a existência de um programa dessa natureza na Índia, "a principal fonte de (proteína) das crianças atingidas." Além disso, ela lhe disse que em tempos de guerra na Inglaterra, "vitaminas essenciais eram distribuídas nos lanches escolares... por 'merendeiras', empregadas especificamente para realizar essa tarefa," um conceito que agradava a Neustadt, tanto por motivos nutricionais, como por favorecer o pleno emprego. Através de Neustadt, Williams também recomendou que o Brasil observasse e considerasse o novo programa de saúde sul-africano para mães e crianças, que tem apresentado relatos de sucesso. Essa referência a esses programas diz muito sobre os interesses comuns do casal e suas conversas posteriores à visita de Neustadt ao Brasil. Também revela Neustadt trabalhando duro, para ajudar não só as crianças e os pobres, mas também Lula e os petistas.

Neustadt e o Brasil em Contexto

Se algum dia for compilado e publicado o produto completo do trabalho sobre o Brasil, produzido e preparado por Neustadt, poderá se observar que ele representa não um ponto de partida, mas, sim, a extensão final perfeita a todo o seu produto profissional e às suas idéias. O que a obra significa e representa intelectualmente, em muitos aspectos, nem parece ser específico ao Brasil, e pode ser mais bem compreendido a partir de outros relatos de Neustadt, como pelas explicações a respeito do seu trabalho, oferecidas por Charles O. Jones e Anthony King, entre outros. No entanto, em pelo menos dois aspectos, há algo de especial sobre Neustadt e o Brasil.

O primeiro aspecto surge da comparação com Rousseau, que ilustra a particularidade da experiência brasileira de Neustadt e suas realizações. Rousseau, mundialmente famoso aos cinqüenta anos de idade pela filosofia moral e política de *O Contrato Social* (1762), foi solicitado duas vezes que aplicasse suas teorias em contextos da vida real e que fornecesse conselhos práticos a futuros novos governos. Ele levou esses pedidos a sério e produziu o *Projeto Constitucional para a Córsega,* em 1765 e *Considerações sobre o Governo da Polônia*, em 1772. Porém, acontecimentos históricos frustraram as duas tentativas: a França ocupou a Córsega e a Polônia foi repartida, portanto, o texto sobre a Córsega permaneceu como um fragmento e o *Polônia* não foi publicado. Rousseau, na verdade, não tinha a intenção de publicar nenhum dos dois. Ele os preparou para servirem de conselhos confidenciais para líderes políticos individuais.

Se as duas obras nos parecem estranhas – e elas parecem, de fato – não é por causa da sua prosa rebuscada (Rousseau escrevia belissimamente), nem pela mera passagem de tempo (a *Declaração da Independência* e *Os Artigos Federalistas*, contemporâneos a *Córsega* e *Polônia* se sustentaram bem), ou pela falta de *insights* intrigantes ("A pobreza não se consolidou na Suíça até que o dinheiro tivesse começado a circular lá"); tampouco pela ausência de detalhes fascinantes (como a descrição dos corsos enfrentando o bloqueio).

Em vez disso, a estranheza dessas obras está no fato de que os conselhos propostos por Rousseau simplesmente não são práticos – abolir a moeda em favor do escambo, por exemplo, ou restringir o casamento e a maternidade ou paternidade àqueles que trabalham nas terras. Ninguém poderia ter implementado as sugestões de Rousseau. Mesmo quando "ele não conseguia resistir ao apelo de um povo (os poloneses) engajado numa batalha de vida ou morte contra o despotismo," o grande homem se mostrou incapaz de gerenciar sua própria mudança, de teórico para consultor.

Neustadt era mais ágil que Rousseau e sempre havia se considerado mais um consultor que um teórico. Sobretudo, Neustadt acreditava que melhores resultados poderiam ser alcançados por meio de líderes mais esclarecidos; ele considerava que, no curto prazo, eram imutáveis tanto a natureza humana, como as instituições políticas que uma sociedade por acaso possuía. Rousseau acreditava que melhores resultados poderiam ser alcançados por meio de instituições esclarecidas; ele considerava que, no curto prazo, eram imutáveis tanto a natureza humana como o comportamento que ela tende a produzir. As teorias de Neustadt, concentradas sobre os efeitos das ações de um líder, lhe permitiam oferecer conselhos concretos a agentes políticos. As teorias de Rousseau, não. Diante disso, o fato de Neustadt ter se reunido com os assessores de Lula, e depois ter ele próprio lhes dado conselhos, parece ser um acontecimento historicamente notável e, possivelmente, ímpar.

O Brasil como Anfitrião

Quando Sherlock Holmes visitou o Brasil, o seu secretário, Dr. John Watson, o acompanhou, mas Watson ainda não havia começado a escrever as crônicas sobre as investigações do detetive, o que ele fez mais tarde, em *As Aventuras de Sherlock Holmes*. Portanto, nós temos somente um romance, que confirma que Holmes achou sua visita revigorante, que se apaixonou pelo (e no) Brasil e que, para o alívio de Watson – Holmes havia estado meio *baixo astral* – ele retornou, para a Inglaterra, renovado e rejuvenescido. No caso de Neustadt, nós temos as palavras do próprio homem – e elas são quase uma canção.

Esse é o segundo aspecto pelo qual Neustadt no Brasil parece especial. A experiência energizou Neustadt completamente. E conseguiu isso ao concluir um círculo em sua vida; transportando-o, do alto dos seus oitenta e quatro anos de idade e semi-aposentado, de volta para uma capital agitada, de volta para um círculo interno presidencial, de volta a uma nação em marcha, de volta a ser útil. Isso foi um grande presente que os brasileiros lhe deram, tão valioso à sua própria maneira, como qualquer presente que Neustadt poderia ter lhes dado. "Ele disse que era difícil para ele trabalhar em Washington com os Republicanos no poder, então, ele estava encantado em poder trabalhar conosco no Brasil," lembra Kerr. "E ele pretendia continuar a fazê-lo." Claro que, à sua idade, teria sido difícil para Neustadt continuar trabalhando em Washington, mesmo que os Republicanos não estivessem no poder. O Brasil foi uma dádiva de Deus.

Muito antes da viagem de Neustadt, Charles O. Jones o entrevistou para um artigo publicado no *Annual Review of Political Science (Revista Anual de Ciência Política)*. O pai de Neustadt havia sido um servidor público que "mergulhou de volta no serviço público com entusiasmo", durante a Depressão.

Isso significava (Neustadt disse a Jones), entre outras coisas, "que eu morei em Washington durante todo o meu segundo grau, de 1933 a 1936. E isso, de certa forma, é a primeira parte da minha atuação na área pública. As pessoas não acreditam quando eu digo que ninguém andava nas calçadas de Washington, em 1934; elas flutuavam a seis polegadas sobre ela. À noite, era possível parar no meio do Parque Lafayette, ver aquela auréola sobre a Casa Branca. Então, ter um pai que partilhava das idéias de Teddy Roosevelt a respeito do serviço público, e depois ter morado lá durante esse período glorioso, isso foi o bastante."

Em vista disso, considerem-se as primeiras linhas da carta de 15 de junho de Neustadt para Helena Kerr. "Que conjunto de pessoas interessantes e motivadas! Que conjunto de desafios! Como a minha estada foi proveitosa! Desde que cheguei a Massachusetts [onde Neustadt tinha uma casa de férias], estou falando para todas as pessoas que eu encontro que conhecer Brasília nessas circunstâncias foi como conhecer Washington DC em 1933 ou 1934 – tão revigorante quanto inspirador."

A filha de Neustadt, Beth, confirma isso. Ao retornar, Neustadt telefonou para ela, eufórico, e disse que se sentiu "como na época do FDR [Franklin Delano Roosevelt], tudo de novo.

(...) Essas pessoas são ótimas," ele continuou. "Elas realmente querem erradicar a pobreza! Se elas têm capacidade para isso... bem, o que importa é que realmente vão tentar." Sua voz, lembra Beth, tinha um tom de uma "inabalável felicidade", algo que Shirley Williams comentou também.

Nada desse interesse é visível na palestra que Neustadt preparou antes de sua viagem, ou na entrevista para a televisão concedida quando da sua chegada. Suas experiências em Brasília, no entanto, provocaram impactos rápidos. Já à época da sua entrevista do dia 6 de junho, Neustadt dizia: "Eu acho que é uma situação maravilhosa. É a mais empolgante experiência democrática encontrada hoje no globo... Certamente, é um ótimo momento para estar aqui." E como ele disse à *Carta Capital*, "O Presidente e o PT sabem quais são os compromissos políticos que eles fizeram e, ao mesmo tempo, sabem quais são as restrições práticas impostas pelo mundo externo. A solução para esse problema é o experimento mais interessante em curso hoje no mundo moderno."

E Neustadt pretendia permanecer no cerne disso. Sua carta do dia 15 de junho é repleta de planos de voltar a Brasília e se encontrar com Lula, promessas de pesquisas em Londres e informações de Washington, providências de viagem para sua esposa e também para ele. "Seu entusiasmo era contagioso," escreveu Kerr. "Ele disse que gostaria de ser mais jovem, para poder viver aquilo que nós estávamos vivendo. Nós também."

Ele não era mais jovem. Nada, nem ninguém, podia mudar isso. Ele faleceu em outubro, antes de conseguir retornar ao Brasil. Mas havia completado um ciclo e experimentou, novamente, nos seus últimos meses, a sensação de estar completamente vivo. Isso não é pouca coisa.

Resultados

Lula e seu governo seguiram sua agenda – na medida do possível. Neustadt teria aprovado o desempenho deles. Restrições sobre a capacidade do governo de provocar rápidas mudanças sociais geraram algumas frustrações e reclamações de que Lula teria abandonado a esquerda. No entanto, aos poucos, retomou-se o crescimento econômico. Sem romper com nenhum acordo, nem renunciar a nenhuma dívida – o Fundo Monetário Internacional foi pago em tempo, talvez um pouco desdenhosamente – o Governo Lula começou a cumprir com suas mais importantes promessas sociais.

Para contemplar a fome e a pobreza, o Governo adotou o programa Bolsa-família, para 11 milhões de famílias brasileiras mais pobres, aquelas com renda mensal inferior a US$ 38.57. Para receber o benefício, é necessário que as famílias matriculem suas crianças na escola e utilizem os serviços de saúde de pré-natal e pediatria, oferecidos em hospitais públicos. Estudos indicam uma queda na desigualdade no Brasil, um pouco devido às transferências de renda governamentais. Claro que ainda há um longo trajeto a percorrer. Se a desigualdade continuar a cair no mesmo ritmo de hoje, "ainda assim, levará mais de duas décadas para o Brasil alcançar os níveis observados em outros países."

"Domar o chefe," como Neustadt se referiu em sua carta, também se mostrou ser uma tarefa difícil. O exemplo mais famoso é o de Lula ter expulsado um repórter do *New York Times*, que escreveu que a ingestão alcoólica de Lula havia se tornado uma preocupação nacional – depois Lula se consertou, arrependendo-se da irritação impulsiva. Segundo Kerr, Neudstadt havia confidencialmente alertado a equipe de Lula, "o Presidente é quem ele é; vocês não conseguirão mudá-lo. Vocês precisam se adaptar ao estilo dele." Esse foi um conselho que o círculo interno aceitou, disse Kerr.

A maior ameaça à Presidência de Lula acabou não sendo prevista: a corrupção. Chegada a época de Lula pleitear sua reeleição, seu partido estava afundado em denúncias. No entanto, a palavra "corrupção" não consta em lugar nenhum dos registros de Neustadt sobre o Brasil. Isso parece, refletindo agora sobre o passado, uma omissão curiosa. Dentre os perigos da transição freqüentemente apontados por Neustadt está a tendência de os novatos se acharem melhores do que seus antecessores – mais espertos, mais capazes, mais sintonizados com o eleitorado, mais honestos. A corrupção era um problema conhecido dos políticos a que Lula sucedeu. Em sua campanha, Lula havia "pregado firmemente pela limpeza da política sórdida do Brasil." No entanto, alguns petistas – se é que não o Presidente pessoalmente – depois de ganhar o poder, sucumbiram.

Será que Neustadt não previu esse perigo? "Ninguém perguntou a Neustadt sobre corrupção durante sua vinda porque ninguém do PT imaginava que poderia acontecer com eles," refletiu Kerr. "Quando acabou acontecendo, ficamos surpresos e envergonhados. 'Vergonha' é a palavra. Mas, depois, percebemos que, tirando isso, o governo estava se saindo bem, e que o Presidente não estava pessoalmente envolvido." Alguns suspeitam que Neustadt tivesse, sim, previsto o risco. No entanto, ele estava no Brasil por muito pouco tempo, tinha muito a fazer; ele era também um novato à equipe de Lula, compelido a ser educado – e envolvido pelo mesmo entusiasmo dos próprios petistas. Teria sido difícil mencionar a corrupção nessa primeira viagem, e muito fácil desejar e fingir que ela não existia.

Sherlock Holmes, o convidado de um imperador cercado de escravos, não foi capaz de prever o iminente colapso da monarquia brasileira. Neustadt, o convidado dos petistas, previu que Lula possuía poderes presidenciais ao seu alcance e poderia ter sucesso. No dia 29 de outubro de 2006, depois de uma campanha difícil, Luiz Inácio Lula da Silva foi reeleito Presidente do Brasil, com 62 por cento dos votos: outra maioria esmagadora.

Eric C. Redman

Dickinson, Matthew J., e Elizabeth A. Neustadt, eds. *Guardian of the Presidency: The legacy of Richard E. Neustadt*, pp. 149-166. © 2007, Brookings Institution. Reimpresso com permissão. A responsabilidade da tradução é da ENAP Escola Nacional de Administração Pública.

CARTA DE RICHARD E. NEUSTADT PARA HELENA KERR

15 de Junho de 2003
Sra. Helena Kerr
ENAP, Brasília

Prezada Helena

Para começar, deixe-me agradecer novamente, do modo mais enfático, sua hospitalidade, amabilidade, e os esforços extraordinários que empreendeu para assegurar que eu fosse adequadamente introduzido no maravilhoso círculo de petistas formado em torno do Presidente Lula da Silva. Que conjunto de pessoas interessantes e motivadas! Que conjunto de desafios! Que ótimos momentos vivi! Desde que cheguei em Massachusetts, eu comentei com todos que encontrei que visitar Brasília nestas circunstâncias era como visitar Washington DC em 1933 ou 1934 – tão revigorante quanto foi inspirador. Seus problemas, é claro, estão quase todos diante de vocês; eu compreendo isso muito bem. Ainda assim, círculos como esse não se formam muito freqüentemente no mundo, e ocorrem somente em torno de pessoas extraordinárias, como o deve ser seu Presidente. Da próxima vez eu preciso realmente encontrá-lo. Mas foi bom eu não tê-lo encontrado nesta vez. Eu certamente preciso conhecer os outros primeiro, e então aprender mais da história e perspectivas, o que eu tentarei fazer em Londres neste outono.

Você se lembrará que anteriormente eu fiz um comentário sobre a maneira como eu pensava "coordenação" como uma proposição geral menos importante que definir os objetivos prioritários, e as pessoas necessárias para implementá-los. Mas, um de seus ministros argumentou, o que resultou em uma refutação polida, que o termo coordenação usado freqüentemente nesse círculo, na verdade era realmente uma metáfora para três diferentes desconfortos, cada um de igual importância, porque impedia escolhas efetivas de programas e pessoas. Esses desconfortos que ele identificou – você se lembrará, pois estava lá – são os seguintes:

1. O desconforto dos assessores do gabinete pessoal do Presidente com o ativismo, entusiasmo, honestidade e novas idéias do Presidente diante da necessidade em conseguir mantê-lo focado no fluxo das decisões que são trazidas por outros até ele e que dependem dele. Nós ouvimos sobre isso também

em outra reunião. Deixe-me rotular o problema resultante como "perturbando o chefe." (Embora meu pensamento de fazer um clone talvez fosse mais eficaz).

2. O desconforto daqueles que pertencem ao núcleo duro do PT com dois grupos distintos (ainda que algumas vezes relacionados), a) Ministros de outros partidos na atual coalizão de poder, e b) servidores federais nos ministérios permanentes que possuem suas "culturas" próprias, seu sentido de missão, senso de oportunidade e rotinas, que acabam sendo diferentes daquelas que são há muito encorajadas no PT, mesmo em São Paulo. Diferentes e talvez impossíveis de compreender. Deixe-me rotular esses dois problemas como "ampliar os limites de uma pessoa" e "ampliando a empatia de uma pessoa".

3. Os desconfortos no sentido contrário dos ministros de outros partidos e dos servidores públicos seniores que talvez percebam o círculo do PT como fechado, indiferente (a eles), não amistoso, até mesmo hostil, e talvez percebam o Presidente deste modo, uma vez que ele é diferente de seu antecessor em tantos aspectos. Deixe-me rotular estes problemas irmãos como "ampliação do sentido do círculo" e "fortalecimento da simpatia do serviço público".

Os cinco problemas, originados desses desconfortos, não enfraquecem a questão de priorizar a agenda ou redistribuir pessoas. Muito pelo contrário. Lidar com os desconfortos ajuda em ambos os casos. Desse modo, eu tentei pensar a experiência dos Estados Unidos com novas administrações que talvez seja útil para vocês, especificamente em um ou outro desses cinco aspectos. Os resultados não são tão significantes para abalar o mundo. Tal como eles são, eu ofereço os resultados a vocês sob os rótulos antes indicados.

Perturbando o chefe

"Só pode ser realizado se o Presidente permitir e compreender, e mais, se ele se comprometer". Levou boa parte dos dois primeiros anos do mandato de Bill Clinton para que o seu Gabinete o convencesse em parar de sabotar sua agenda. Ele tendia a falar demasiado e freqüentemente convidava pessoas por sua conta própria. Somente quando foi convencido de que os resultados o estavam prejudicando, eliminando alternativas que ele desejaria optar, ou prejudicando sua reputação onde de fato importava, é que ele relutantemente aceitou a necessidade de ter uma agenda diária e de mais ou menos cumpri-la.

O Presidente Lula evidentemente deixa seus assessores próximos malucos se recusando a responder suas agendas de decisões e, ao invés, lança novas idéias para que eles comentem e acompanhem. Talvez ele o faça para evitar tomar decisões, ou para fugir do tédio, ou para conseguir tempo. Se é isso, não há nada que o impeça, a não ser que seus assessores consigam torná-lo simpático aos seus problemas. Mas talvez ele o faça como um desejo genuíno

Poder presidencial e os Presidentes modernos

de articular uma idéia e escutar críticas a ela, como um estágio de solidificação de suas próprias visões. Muitas pessoas habilidosas pensam desse modo, fazendo declarações e testando-as com outros. Se é assim, talvez ele possa ser persuadido de que a melhor maneira de perseguir um desafio intelectual seja testar essas idéias com pessoas cujas mentes não estejam completamente tomadas pelo que precisam convencê-lo a fazer até a borda, por aquilo que estão tentando convencê-lo a fazer. Melhor seria separar, de alguma forma, as reuniões de tomada de decisão, daquelas de discussão de novos pensamentos. Melhor para ele porque seu público interativo para novas idéias estaria mais animado e atento.

Talvez isso forneça ao Presidente um incentivo (mais poderoso que a simpatia) para organizar tais momentos separadamente e comprometer-se com eles?

Ampliando os limites de uma pessoa

Depois de seis meses, certamente chegou o tempo para os membros-chave do círculo petista estenderem as "boas-vindas" aos ministros da coalizão com o potencial de serem amigos (e talvez também potenciais inimigos). Como fazê-lo? Nos Estados Unidos, uma maneira é a socialização familiar. Outra maneira é o almoço informal de trabalho. Uma terceira maneira é a consulta informal. Na América do Norte, ao menos, a maioria das pessoas ama ser consultadas. Da perspectiva de Brasília, a residência oficial do Presidente oferece outras oportunidades: convites para um futebol informal? Participar em uma viagem de final de semana? Tomar chá (ou qualquer outra coisa que as esposas gostam)? Eu reconheço os limites. O Presidente Kennedy não podia fazer um uso completo de tais meios sociais porque, em primeiro lugar, sua esposa era uma pessoa muito reservada, e por outro, ele preferia se socializar com amigos antigos e íntimos.

Dentro de quaisquer limites, estas coisas não devem ser combinadas aleatoriamente mas, idealmente, devem ser planejadas de maneira detalhada, de um modo completamente privado, não divulgado. Se o Presidente assumir a liderança, outros de vocês com certeza o seguirão, e os acidentes da amizade humana tomarão conta. Mas isso deve ser silenciosamente analisado para que nenhum parceiro da coalizão seja por descuido ignorado.

Ampliando a empatia de uma pessoa

O deputado José Dirceu, me informaram, é o servidor público que parece ser inteiramente razoável. Menos razoável é que, como me foi dito, ele acumu-

449

lava três Secretarias de Estado. Foi dito dele que era de alguma forma belige-
rante, temido por ambos os lados. Se ele realmente está sozinho, não é nenhum
mistério. E dar a seu círculo algum sentimento de mundo no qual os servidores
trabalham, sua "cultura", seus procedimentos, suas ambições, seus limites,
vocês precisam muito mais do que sentimentos vindos direto do círculo imediato. Esse tipo de entendimento é importante quer vocês queiram utilizar o
serviço público ou evitá-lo em alguns casos particulares. De qualquer modo,
seu pessoal não deve agir com desconhecimento. Mas para agir com conhecimento de causa vocês precisarão de mais deputados que apenas um. Cinco,
seis, no mínimo, para interagir informalmente e informativamente com os
servidores seniores do círculo. Sem esse círculo externo na periferia imediata
do núcleo-duro, eu não consigo ver como a maioria de seus membros
conseguirá obter conhecimento sobre o serviço público da maneira que necessitarão para alcançar a completa efetividade.

Em Washington, sempre que temos grandes mudanças de partido na
Casa Branca, acaba que uma grande parte dos servidores federais vota com a
maioria e vislumbra com entusiasmada antecipação a chegada do novo regime;
então, ficam desapontados com as suspeitas que recaem sobre eles da parte
dos novos ocupantes do poder. Somente gradualmente algumas pessoas do
quadro permanente conseguem provar que não são apenas competentes mas
simpáticos o suficiente para serem chamados para o campo dos novos
ocupantes. Certamente que isso vai acontecer com vocês com o tempo, pois
eu percebo que em seu caso também, muitos dos servidores públicos votaram
em vocês, ou ao menos estavam animados com a perspectiva de sua vitória.
Portanto, vocês devem somente observar, testar, e selecionar aqueles que são
mais bem adaptados, pelo temperamento e simpatia, para juntar-se a vocês.

O problema é que vocês têm menos tempo que nós, na América do
Norte. As escolhas são tão cruciais e fundamentais que suas necessidades de
conhecimento sobre todos os seus ativos, servidores incluídos, é maior do que
em qualquer outro momento em Washington que eu me lembre. Mesmo em
1933, no pior momento da depressão e da crise bancária, o novo presidente
tinha sido o virtual encarregado por um ministério-chave pelos últimos doze
anos e conhecia mais sobre o serviço público que a maioria dos que o circun-
davam. Isso é um luxo que vocês não têm.

Ampliando o sentido do círculo

Vocês estão tão acostumados a trabalhar com quem é de seu grupo e
tão pouco acostumados a trabalhar com igual intimidade com quem não pertence
a esse grupo, que será difícil alcançar essa graça, entre todas suas outras

Poder presidencial e os Presidentes modernos

preocupações: tratar esses "outros" ministros e servidores públicos da melhor maneira possível, de forma que não mais sintam que você os vê como estranhos. Claro que você o faz e o fará. Nenhuma das sugestões anteriores impede isso. A única coisa que impede isso será a experiência compartilhada enquanto o regime segue seu rumo.

No entanto, talvez a ENAP seja uma organização que pudesse intensificar experiências, talvez rapidamente, não através de um curso formal, para muitos, mas pela troca informal, entre poucos, misturando membros do círculo interno com secretários e outros servidores graduados para diálogos sobre temas de mútuo interesse. Teria isso algum valor.

Fortalecendo a simpatia no serviço público

"Eles" deveriam lembrar, mas não o farão, que são vocês os recém-chegados, merecedores da simpatia e da tolerância até que se encontrem no nível federal. Eles deveriam ajudar vocês por iniciativa própria. Principalmente eles deveriam aguardar, enquanto esperam por vocês ajudarem ou ao menos instruí-los. Curiosamente, talvez esta seja uma deformação profissional, por assim dizer, dos servidores públicos em todas as partes. Então seu pequeno círculo tem de tentar fazê-los pensar sobre seus problemas na sua perspectiva. Julgando a partir de Washington, isto só pode ser feito ao dar-lhes experiências concretas do que vocês querem e por quê.

De minha própria experiência em Washingnton, eu penso que nada acorda mais um servidor público que ver um político lidar seriamente com um dilema real, tendo o resultado sido o que o servidor pensa ou não. Esse tipo de situação tem algum eco aí em Brasília?

Agora, para um problema inteiramente novo, especificamente o conteúdo dos programas prioritários para o combate à pobreza. Você vai lembrar do meu entusiasmo diante da vontade de assegurar uma refeição completa por dia para cada criança abaixo de 18 anos, administrada através das escolas o quanto isso for possível. Minha esposa Shirley Williams, me disse que Nova Deli (India) tem sido bem-sucedida nesse tipo de programa por anos, e que ele é responsável pela principal fonte de carne para as crianças. Vocês não vão precisar de nós para introduzi-los aos indianos para saber mais detalhes.

Ela também me diz que no período da Guerra no Reino Unido, vitaminas essenciais eram distribuídas na merenda escolar (ou fora da escola) por "me-rendeiras" empregadas com esse propósito, assim a meta de saúde era obtida ao mesmo tempo, enquanto emprego era assegurado para os segmentos menos qualificados da população. Isso é relevante para outros dos meus entusiasmos, o Works Progress Administration (WPA) nos Estados Unidos dos anos trinta,

451

chefiado por Harry Hopkins. Se Brasília pudesse caminhar para um equivalente, não esquecendo das "merendeiras"! Estou procurando encontrar algumas boas informações que tenham um formato transportável na WPA e na Hopkins.

Shirley também sugere que, na África do Sul, Mandela introduziu com sucesso um programa de saúde materno-infantil, baseado em uma rede de clínicas simples, financiadas nacionalmente e administradas pelos governos das províncias. Há um outro programa com potencial que necessita de concretude, visibilidade local e relativa simplicidade na administração, tudo o que eu penso ser essencial para seus programas prioritários. Se esta saudável aventura tiver interesse, vocês não precisam de nós para apresentar vocês aos Sul-africanos

Finalmente, com relação a Shirley – a Baronesa Williams de Crosby. como é conhecida em sua vida pública, e que é a líder do Partido Liberal Democrata na Casa dos Lordes – ela adoraria estar aí em janeiro, mas me fez notar que convites do British Council têm origem local, o que significa, eu suponho, que vocês terão de sugerir à equipe local a necessidade de ouvir um especialista em Democracia Social Européia!

Mais uma vez, obrigado.
Afetuosamente

Richard E. Neustadt

Douglas Dillon *Professor of Government, Emeritus*
Harvard University, Cambridge Massachusetts, USA